Frank Böckelmann ⚞ Die Gelben, die Schwarzen, die Weißen

Frank Böckelmann

Die Gelben, die Schwarzen, die Weißen

Eichborn Verlag ❧ Frankfurt am Main 1998

Erfolgsausgabe
ISBN 3-8218-4475-2
© Eichborn GmbH & Co. Verlag KG
Frankfurt am Main, 1999

Vorgriff 7
Kleine Begegnungskunde 10
Auflösung und Erneuerung des Themas 19

● Japaner sehen Europäer

1994: Zehn Interviews 35
16. Jahrhundert: Die Fremden von nirgendwoher 51
19. Jahrhundert: Zivilisationsgenossen 67
1900: Der bessere Japaner 86
Gegenwart: Die Rasse der Ausländer 95

● Chinesen sehen Europäer

1996: Zehn Interviews 137
13. bis 18. Jahrhundert: Randerscheinungen 153
19. Jahrhundert: Gelb und Weiß 174
20. Jahrhundert: Die paradoxen Körper 191

● Weiße sehen Gelbe

13. bis 18. Jahrhundert: Gegenwelt................. 213
Von 1880 bis zur Gegenwart:
Die fremde Frau und das Nichts 235

● Gelbe sehen Schwarze

9. bis 19. Jahrhundert: Sklaventeufel 263
20. Jahrhundert: Unberührbare 271

Weiße sehen Schwarze

15. bis 18. Jahrhundert: Im Treibhaus 289
19. Jahrhundert: Der Kannibale als Mündel 298
20. Jahrhundert: Die Grenzgänger 309

Schwarze sehen Weiße

1997: Dreizehn Interviews 339
Vorkoloniales Afrika: Die Günstlinge Gottes 354
Koloniales Afrika: Die Makler der Dinge 370
Nachkoloniales Afrika: Die durchschauten Weißen 395

Innen ohne Außen 419
Amerikaner 429
Keine Vielfalt 437
Alles Vergleichen überdauernde Einfalt 444

Dank an die Mitwirkenden 453

Vorgriff

Daß alles knapp zu werden droht, Raum, Zeit, Sicherheit und Nahrung, schürt die Macht zentraler Instanzen, bei denen jede Lebensart einen Platz unter der Sonne einklagen kann. Aber für das Unvergleichliche ist Gleichbehandlung der Anfang vom Ende. Minderheiten, Geschlechter und Volksgruppen, deren Angehörige darin wetteifern, einfach nur Menschen zu sein, verändern sich im Verteilungskampf bis zur Unkenntlichkeit. Es geht ihnen wie bedrohten Tier- und Pflanzenarten auf Planstellen im Umweltbudget.

Unterschiedslosigkeit infiziert die besten Zwecke. Retten wollen um der Rettung willen, keine Ahnung haben, was man retten möchte – solche Menschlichkeit macht mit ihrem Gegenüber weniger Federlesens als Todfeindschaft. In Deutschland läßt sich beobachten, wie die Kampagne gegen eine verteufelte Fremdenfeindlichkeit (meist ungewollt bagatellisierend Ausländerfeindlichkeit genannt) die Fremdheit selbst obszön werden läßt. Als verachteter Regung wird der Feindlichkeit nicht die Ehre einer genauen Betrachtung erwiesen. Der Berührungsekel hält den Gerechten aber zugleich das vom Leib, was sie schützen wollen. Das maßstablos Andere, auch das Undurchdringliche der Deutschen selbst, ist anstößig, und für Anstößiges gibt es in einer Welt der guten Freunde keinen Platz. Wie sollten auch jene, die nicht mehr bereit sind, Unterschiede zu machen, in Unterschieden mehr als Beiwerk sehen?

Die Gelben, die Schwarzen, die Weißen

Der Generalverdacht lastet heute bereits auf der bloßen Wahrnehmung des Fremden; die gleichgültige Toleranz entledigt sich ihres Gegenstands.

In Redaktionen, Instituten und Parteien haben sich hierzulande Wohlfahrtsausschüsse für die Belange aller Menschen etabliert. Zur Selbstüberwindung, scheint es, ist nicht mehr vonnöten als ein bißchen Einsicht. Wo sind sie hergekommen, die Zehntausende von Publizisten, Fachleuten und Lehrern, die für das freie Niederlassungsrecht jedes Erdenbürgers eintreten und »Deutschland« am liebsten mit »Welt« übersetzen? Wer noch glaubt, daß Einsicht nur dort siegt, wo sie eine materielle Stütze hat, muß diese Zehntausende für herkunftslos halten, für Schaumgeborene.

Aber das sind sie natürlich nicht, und dies wiederum läßt mich daran zweifeln, daß sich die Asiaten, Afrikaner und Amerikaner, wüßten sie von ihren deutschen Anwälten, vertreten fühlen würden. Ich drehe also den Spieß um und frage: Wer achtet die Fremden mehr – einer, der in ihnen das All-Einende, den Menschen, und sonst gar nichts sieht, oder einer, der vor dem Unbekannten in ihnen erschauert?

Einspruch! höre ich. Das ist doch keine Alternative. Das eine schließt das andere nicht aus, sondern bedingt es geradezu. Indem ich das Menschsein des anderen über alles stelle, gestehe ich ihm das gleiche Recht zu, anders zu sein, wie mir selbst...

Dann stelle ich die Frage anders: Was bleibt dem Fremden von seinem Menschsein, wenn er das, was mit meinem Eigensinn unvereinbar ist, aufgeben soll? Subventionierte Folklore?

Hier tritt der Disput (den ich aus umlaufenden Argumenten komponiere, weil er nirgendwo stattfindet) in die Sphäre des Unerbittlichen ein. Man sagt, daß die Unterstellung von Unvereinbarkeit diese erst hervorbringe. Daß es überlebensnotwendig sei, das Unvereinbare vereinbar zu machen. Daß der Einheimische im Ausland selbst ein Fremdling und für Weltbürgerrechte dankbar sei. Wobei großzügig angenommen wird, daß zwischen dem Fremdsein des Afrikaners in Europa und dem Fremdsein des Europäers in Afrika oder etwa dem Fremdsein des Europäers in Japan kein großer Unterschied besteht.

Der Gegenstand wird nicht zur Betrachtung zugelassen, weil er erst einmal bekunden soll, ob er gutartig oder bösartig ist – was er nicht kann. So dient er als Vorwand für Rituale der Selbstgerechtigkeit und verflüchtigt sich, obwohl und weil er in aller Munde ist. Auf diese Weise lange Zeit gefoppt und irritiert, mache ich mich auf die Suche nach ihm.

Die an Exorzismen erinnernde Erziehungsarbeit der Medien steckt in einer Paradoxie. Unter der Devise »gegen Ausgrenzung« werden die Deutschen ermahnt, Fremdheit endlich zu ertragen *und* sie zu beseitigen: einzusehen, daß die Fremden gar nicht fremd sind. Aber dieses Paradox zu sehen, befreit noch nicht von ihm. Wer viel von Fremdheit redet – beispielsweise ich selbst in dieser Einleitung –, täuscht ein Gesamtverständnis für ganz verschiedene Zustände vor, die sich von Oberbegriffen nicht vereinnahmen lassen. Kommt er von dieser Redeweise nicht ab, ist der Verdacht begründet, daß er seinen Gegenstand überreden will zu verschwinden.

Ich habe mir Mühe gegeben, den Fremdheitsbegriff nur zitierend oder als Provisorium auf dem Weg zu anderen, von der Überraschung inspirierten Bezeichnungen zu verwenden. Mich interessiert, wie Angehörige beziehungsweise Abkömmlinge von Kulturen, die weitgehend unabhängig voneinander entstanden sind, auf den Anblick der jeweils anderen reagieren, wenn kein Zweifel besteht, wer die Einheimischen und wer die weither Gekommenen sind. So gut wie immer ist bereits der Anblick zweifelsfrei. Die Überlieferung einer jeweils eigentümlichen Art zu gehen, der Gestik und des Mienenspiels vollzog sich jeweils jahrtausendelang unter einem bestimmten Himmelsstrich und ist von diesem nicht zu trennen. Gesichtsform und Hautfarbe (Herkunft und Klima) sind selbst kulturelle Faktoren und werden von der kulturellen Entwicklung ausgeprägt und pointiert.

Bei Begegnungen zwischen den einen und den anderen ist kein Austausch komplementärer Empfindungen zu erwarten. Die einen werden vom Unbekannten heimgesucht, die anderen treten ins Unbekannte. Die einen starren, die anderen blicken verstohlen. Im fremden Land wohnen keinen Fremden – fremd sind immer die Besucher und Eroberer, die Einwanderer und Verschleppten.

Kleine Begegnungskunde

● Die Bewohner eines Weilers im oberbayerischen Landkreis Miesbach erzählen, daß im Frühjahr 1946 drei amerikanische Soldaten in einem Jeep mit aufgepflanztem Maschinengewehr im Hof des Bauern M. auftauchten. Sie hatten den Befehl, das Haus zu durchsuchen und den Bauern zur Vernehmung zu holen. Die siebenjährige Tochter öffnete und blickte in das Gesicht eines Negers – zum erstenmal in ihrem Leben. Sie bekam das Gliederschlottern und dann einen Schock, der einer schweren Zuckerkrankheit zum Ausbruch verhalf, an der das Mädchen elf Jahre später starb.

Geschichten wie diese fordern eine Erklärung.

Erster Erklärungsversuch: Starke seelische Belastungen lösen bei Kindern häufig spontan eine Zuckerkrankheit aus. Bleibt zu verstehen, daß der Anblick des schwarzen Gesichts eine solche Belastung war.

Zweiter Erklärungsversuch: Die Geschichte hat eine Vorgeschichte. Der Bauer war ein Hitlertreuer, der im Braunhemd mit der Hakenkreuzbinde umherging und nicht einrücken mußte. Polnische Gefangene, die ihm als Arbeitskräfte zugewiesen wurden, ließ er schuften und schikanierte sie. Nach Kriegsende wurden die Befreiten mit acht Tagen Plünderungsfreiheit entschädigt. Sie streunten umher und durchsuchten Ställe und Truhen. Eine Horde schlich sich nachts in den Hof und verprügelte den Peiniger. Daraufhin tat sich dieser mit einem Nachbarn zusammen und zahlte es einem Polen, der den beiden allein begegnete, mit gleicher Münze heim. Das Mädchen fühlte sich im eigenen Haus nicht mehr sicher.

Desungeachtet war das, was dann von draußen hereinkam, etwas völlig anderes als die Fortsetzung der Vorgeschichte. Außerdem brach 1946 bei Nazikindern nur ganz selten die Zuckerkrankheit aus.

Dritter Erklärungsversuch: Des Vaters Haß und Verachtung gegenüber Juden und Negern hatte sich seinen Kindern mitgeteilt. Das Mädchen war bereits voreingenommen und konnte nach der deutschen Niederlage in amerikanischen, gar schwarzen Soldaten nur grausame Rächer sehen.

Aber solch abstrakter Rassismus, sofern er bei dem siebenjährigen Kind in einem entlegenen Weiler überhaupt zu Schreckbildern geronnen war, steht nicht zur augenblicklichen Deutung einer unerwarteten Erscheinung parat. Das Mädchen hatte im übrigen schon amerikanische Militärkolonnen auf der nahen Landstraße vorbeifahren sehen. Und hätte es der Anblick eines bewaffneten Juden in der gleichen Weise entsetzt?

Heute hört sich diese Mädchengeschichte übertrieben an, fast wie eine Sage. Mittlerweile hat jedes oberbayerische Mädchen im Fernsehen sowie in den Kreisstädten, in München und in den Ferien Tausende von Schwarzen gesehen und ist darin geübt, ihnen gelassen zu begegnen. Die alten kuriosen Geschichten sind Anlaß zu historischen Erklärungen, die allesamt die Meinung bestätigen, daß Gewöhnung das Kuriose erledigt. Dennoch fällt es nicht leicht, aus einer Geschichte ein Exempel zu machen. Je mehr Bedeutung wir dem Leben des Mädchens vor dem Katastrophentag beimessen, desto merkwürdiger erscheint das Entsetzen an der Haustür. Die Furcht des Mädchens wurde von der Entmachtung und dem schlechten Gewissen des Vaters, den Gesichtern der Polen und deren Rachedurst genährt. Daß die Drohung plötzlich eine schwarze Gestalt annahm, düpierte die Furcht und erstickte sie. Und eben dies war das Schlimmste. Auf die Furcht ist kein Verlaß.

Ein einziger Blick und ein einziges Angeblicktwerden zogen dem Kind den Boden unter den Füßen hinweg. Das konnte nur einem Kind geschehen, mag man denken, einem Kind, das in der für zwischenmenschliche Kontakte so wichtigen Fähigkeit, den eigenen Blick zu verhüllen, noch kaum geübt war. Der gänzlich unverhüllte Blick ist ebenso schwer zu ertragen wie der Glanz der unverhüllten Sonne. Er macht die einander Zugewandten schutzlos und ist daher verpönt, außer im Zustand der Fassungslosigkeit von Kampf und Liebe, wenn zwei sich ermuntern, einander zu verschlingen. In weniger oder nicht intimen Situationen halten wir den Blick auf verschiedene Weise bedeckt und teilen so den anderen mit, auf welcher Ebene wir mit ihnen zu verkehren wünschen.

Die dem Sonnengleichnis entlehnte Begrifflichkeit (Glanz und Strahl, enthüllt und verhüllt) täuscht aber darüber hinweg, daß die Nacktheit des Blicks nicht der Normalzustand aufeinander gerichteter Augen ist. Einen Normalzustand kennt das Blickverhalten gar nicht. Im Verhältnis zum offenen Blick kann der bedeckte, je nachdem, Anspannung und Entspannung sein. Den Blick zu enthüllen (in verschiedenen Arten und Graden) wiederum, ist in vielen Situationen ein Kraftakt.

Nun sieht jeder, der ein dreijähriges Kind beobachtet, daß dieses schon ein Repertoire hat, den Blicken anderer auszuweichen und den eigenen Blick zu mäßigen. Es kennt noch nicht die sozialen Erwartungen, die das Blickverhalten regeln, aber weiß anzufragen und sich zu schützen. Das Bauernmädchen, das die Tür öffnete, glitt sozusagen aus, weil der An-Blick des Schwarzen keinen Leitstrahl bot, und stürzte ins Bodenlose. Ähnliches kann auch Leuten mit vollkommener Beherrschung der Blickverschleierungskunst geschehen, wenn die Situation und das Gesicht des anderen verhindern, daß sie ihren Augen trauen können. Jeder Blickkontakt beantwortet gewöhnlich unzählige ungestellte Fragen, besser gesagt: bestätigt, daß wir unzählige Fragen nicht stellen müssen. Bleibt dieser Triumph des Wiedererkennens aus, gerät die Welt des Überraschten aus den Fugen.

In solchen Augenblicken bricht mit der sinnlichen auch die soziale Orientierung des Überraschten zusammen. Der Körper des anderen (Fremden) steht vor ihm als unbestimmte Gestalt, die sich sofort mit phantasmagorischen Merkmalen besetzt. Bei diesen handelt es sich nach herrschender Auffassung ausschließlich um die Projektionen des Überraschten. Ohne Erwartung und Bestätigung starren sich die Konfrontierten an. Oder der Fassungslose stürzt zu Boden oder davon.

Ich hatte bemerkt, daß meine Hütte und ihr Besitzer, das heißt ich selbst, auf die Eingeborenen irgendeinen besonderen Eindruck machten: sie konnten bei mir nicht ruhig sitzenbleiben, sie blickten sich um, als erwarteten sie jede Minute das Erscheinen von etwas Ungewöhnlichem. Sehr wenige entschlossen sich, mir in die Augen zu sehen, und sie wandten sich sofort ab oder bückten sich, wenn ich sie anblickte...

Ein Mann von niedrigem Wuchs mit wildem und scheuem Gesichtsausdruck konnte sich nicht entschließen, zu mir zu kommen. Also trat ich selbst an ihn heran. Er wollte schon davonlaufen, wurde aber von den anderen zurückgehalten. Als er mich anblickte, lachte er lange und begann dann auf der Stelle zu hüpfen...

Stärkstes Entsetzen spiegelte sich in dem Gesicht der Frau, die einen Weißen noch niemals gesehen hatte. Dem halbgeöffneten Mund entströmte ein gedehntes Ausatmen, die Augen öffneten sich weit und begannen dann heftig und konvulsivisch zu

blinzeln, die Hände griffen krampfhaft nach dem Rohr, und die Beine versagten den Dienst...
Die Frauen, die einen Weißen vorher niemals gesehen hatten, blieben vor mir wie angewurzelt stehen. Sie konnten weder sprechen noch schreien; endlich, als sie zu sich gekommen waren, stürzten sie... schreiend Hals über Kopf nach unten davon...
Blickte ich irgend jemanden an, so wandte sich dieser schnell ab oder sah so lange zur Seite, bis ich meinen Blick auf ein anderes Gesicht oder auf einen anderen Gegenstand gerichtet hatte. Dann begann er seinerseits mich zu betrachten, mich von Kopf bis Fuß zu mustern...[1]

Die so reagieren, sind Papuas vom Stamm der Astrolabebai an der Nordostküste Neuguineas in den Jahren 1871 und 1872. Der weiße Mann, der die Wirkung seines Erscheinens protokolliert, ist der russische Forschungsreisende Nikolaj Miklucho-Maklaj, Schüler des deutschen Zoologen Ernst Haeckel. Als Eindringling ist er über die Papuas weniger erstaunt als diese über ihn, denn er hat außer der Korvette *Witjas* (»Held«), die vor der Küste ankert, einen Forschungsplan und eine Vorstellung von Wildheit mitgebracht. Bei den Wilden sucht er nach Exemplaren, die dieser Vorstellung besonders gut entsprechen. Er sieht die Wildheit »nicht in den Gesichtszügen, sondern in dem Ausdruck und dem schnellen Wechsel eines Ausdrucks mit dem anderen, sowie in der Beweglichkeit der Gesichtsmuskeln«[2]. Das heißt wohl, daß die Gesichter, mögen sie »sympathisch« oder »finster«, »hübsch« oder »häßlich« sein, den Ausdruckstanz einer anderen Welt aufführen. Da ist auch der Hübschheit mancher jungen Frauen nicht zu trauen; diese sind in ihrem eigenen Lebenskreis womöglich gar nicht hübsch oder unterliegen anderen Kriterien von Beliebtheit, so daß die Avancen des sympathisierenden Weißen nicht nur rätselhaft beschieden, sondern auch selbst rätselhaft werden.

Den Reisenden hilft es wenig, daß sich Freude und Trauer, Ausgelassenheit und Niedergeschlagenheit, Zutrauen und Mißtrauen in allen Kulturen ähnlich äußern. Auch wenn sie die Sprache der Eingeborenen erlernt haben, hören sie Gelächter,

▶[1] Nikolaj Nikolajewitsch Miklucho-Maklaj: Tamo Russ. Reisetagebücher. Aus dem Russischen übertragen von E. Sabel. Berlin (DDR) o. J. (fünfziger Jahre), S. 57, 83, 152, 205 und 210. ▶[2] Ebenda, S. 182 f.

Zornesrufe und Weinen wie Laute von Worten, die sie nicht verstehen. Schließlich ignorieren sie einfach ihr Unverständnis und machen ihre Aufgaben, sammeln Riten und Strukturen wie der Naturforscher Tier- und Pflanzenarten.

Doch genau dies hilft ihnen weiter, kann man in Zusammenfassung der jahrzehntelangen ethnologischen Methodendiskussion sagen. Zwar mißlingt die teilnehmende Beobachtung der Eingeborenen, und das Bekenntnis zum Verzicht auf die eigene, eurozentrische Grundhaltung ist trügerisch (abgesehen davon, daß in einem solchen Verzicht die abendländische Anmaßung gipfelt). Und für die Entdeckten, die in die Länder der Entdecker gehen, um Brücken zwischen den Welten zu bauen, gibt es kein Zurück zu den Gemeinschaften, in denen sie aufgebrochen sind. Doch aus dem Zusammentreffen von Ignoranten und Überraschten entsteht etwas Neues, Drittes: die Pidgin-Kultur. Die Besucher mischen sich unweigerlich ein, ob sie nun den Kannibalismus der Papuas im Namen des Kulturrelativismus begleitend beobachten oder im Namen des Humanismus ausrotten. Die Entartung beginnt mit hartnäckigem Verstehenwollen.

Der Blick des Weißen ist für die in kultureller Abgeschiedenheit Lebenden der Blick eines Außerirdischen. Er zerstört eine Abschirmung, von der die Bevölkerung noch nicht einmal wußte, daß sie bestand. Die Papuas reagieren auf die einzig angemessene Weise, indem sie außer sich geraten: in wahnsinniges Gelächter ausbrechen, Starrkrämpfe bekommen, zu Boden stürzen oder schreiend davonrennen. Bald gewöhnen sie sich zwar an die Anwesenheit des Unsäglichen, werden mit ihr aber nicht fertig. Sie versuchen, das Eintreffen Mikhucho-Maklajs mit Hilfe alter Ankunftsmythen zu begreifen, seine Macht in Stammeskriegen einzusetzen und zu ihr überzulaufen, indem sie Bewohnern benachbarter Dörfer denselben Schock versetzen, der ihnen selbst versetzt worden ist: Sie stellen sich vor Miklucho-Maklaj hin und treten, wenn arglose Frauen des Wegs kommen, schnell auseinander.[3] Doch der Integrationsversuch scheitert, denn der Eindringling durchkreuzt jedes Manöver mit undurchsichtigen Gegenmanövern, seinen Experimenten. Die Gegenwart des Weißen, den sie mit ihren Blicken verschlingen, ist der Riß in ihrer Welt, durch den Bilder und Zeichen eindringen, die sie rituell nicht mehr bewältigen können. Ihr Erstarren, Zittern, Kreischen und Erkranken bannt nicht die

▶[3] Nikolaj N. Miklucho-Maklaj: a.a.O., S. 152 und 205.

Macht des Unbekannten. Die Deutung der rätselhaften Signale wäre Arbeit für Jahrhunderte, wenn die Stämme ihre Abschirmung wiederherstellen und bewahren könnten.

Aber der Blick des Jenseitsboten stellt mehr in Frage als eine Tradition der Welterfahrung. Irgendein Informationsaustausch findet zwischen Hereinblickenden und Zurückblickenden immer statt, nur daß der eingespielte Austausch von einem improvisierten und regellosen abgelöst wird und niemand auf beiden Seiten weiß, um welchen Austausch es sich handelt. Dieser Blick ist vor allem ein Existenzproblem. So angeblickt zu werden, bedeutet: Wer bin ich? Bin ich noch da? Ist das noch meine Welt?

Und keiner kann sicher sein, ob ihn das unbekannte Gegenüber mit offenem oder stumpfem Blick betrachtet. Die Blicke öffnen und verhüllen sich in jeder Erdgegend auf andere Weise. Der nackte Blick des einen kann dem anderen als diskret erscheinen, und umgekehrt. Als ich nach Literatur über Kurzschlüsse zwischen den Kulturen suchte, erwartete ich, früher oder später auf eine Universalgeschichte der Augensprache zu stoßen. Ein so nahes und einleuchtendes Thema müsse, dachte ich, längst systematisch behandelt worden sein. Aber noch habe ich keinen Hinweis auf eine derartige Schrift gefunden. Möglicherweise suche ich mit den falschen Schlagworten. Möglicherweise jedoch – und das halte ich mittlerweile für wahrscheinlicher – schrecken die Verhaltensforscher davor zurück, auch noch die letzten Selbstverständlichkeiten zur Strecke zu bringen. Die Sprache der Augen ist eine Unsprache, ein wort- und gestenloses Zeigen, mit dem wir Zustände und Wünsche übermitteln, ohne uns festzulegen. Niemand will die Blicke katalogisieren und diese Ungeschiedenheit von Empfangen und Mitteilen der Verkehrssprache preisgeben.

Mein Blick berührt und verschlingt den anderen auf körperlose Weise – auf den Hauptstraßen wandeln wir in kalter Gefräßigkeit. Mit Blicken zu deuten, zu locken und zu drohen, ist eine nachgeordnete Augenkunst, auch wenn Romane und Filme einen großen Teil der Handlung mit sprechenden Augen und markanter Mimik bestreiten. Hauptsächlich ist das Gesicht damit beschäftigt, Urteile zu fällen und zu vollstrecken. Mit den Augen nehme ich den anderen *wahr*; wie er in den Blick tritt, so ist er. Ich erkenne den anderen, indem ich den Abstand zwischen ihm und mir erkennen lasse und selbst zur Kenntnis nehme. Die Blicke treffen sich und tauschen Urteile aus. Doch sind sie kein Naturereignis. Ich weiß, daß mein Nahesein und Abstandhalten gesehen wird, und der andere weiß, daß ich es weiß, und die gezeigte Distanz von Interessenten für Absicht gehalten werden darf.

Wenn mein Abstandsvorbehalt mißachtet wird, fühle ich mich belästigt. Aber wenn mein Blick ins Leere geht und auf mich zurückgeworfen wird, weil er im Gesicht des anderen nichts Bezeichnetes erkennt, verliere ich die Fassung. Ich muß ja dann befürchten, daß der andere auch meinen Blick nicht erkennt. Augenblicklich verliere ich das Gesicht oder weiß nicht mehr, ob ich es noch habe.

Daß der Blick Distanz hält, hat indes noch einen anderen Grund als die Abschätzigkeit der Wahrnehmung: Die Nacktheit der Gesichter zähmt ihn. Jeder hat umstandslos Zugang zum Gesicht des anderen und ist dem anderen ausgesetzt. Diese Freiheit hielten schon die Stammesgesellschaften nicht aus. In frühen Hochkulturen war es streng geregelt, wer wen fixieren und nicht fixieren durfte, und in den Großstädten der Gegenwart wird der emanzipierte Blick vom Reizüberfluß und dem Kalkül der Kontaktchancen abgestumpft. Doch stets kann er der Zwanglosigkeit entkommen und ins Starren geraten; dies ist auch heute noch und heute erst recht eine zutiefst kränkende Obszönität. Warum gerade ich? fragt sich das Opfer.

Seit jeher war die ständige Drohung visueller Übergriffe ein Ansporn für die Züchtung von Blickschleiern, die sich über die Blöße des Gesichts legen. Chinesen empfinden ausgedehnten Blickkontakt in nichtintimen Situationen als Einleitung von Feindseligkeiten und zeigen sich aufmerksam, indem sie am anderen vorbeisehen. Wir Europäer hingegen erkennen am ausweichenden Blick, daß der andere einen Groll hegt oder etwas hinter dem Berg hält, und sei es die eigene Inferiorität. Wir wahren die Distanz, indem wir uns offen und herzlich geben. Solche Vergleiche sind aber ein wenig schäbig, weil sie den Eindruck erwecken, beim Vermeiden und Forcieren des Blickkontakts handele es sich um austauschbare und beliebig erlernbare Praktiken (nach dem Motto: ich mache es so, du machst es anders, lernen wir also voneinander und verstehen uns). Wer solche Vergleiche anführt, vertraut meist darauf, daß Blicken, Sprechen und Schweigen überall ähnliche Bedeutung haben.

Alle menschlichen Gemeinschaften eint jedoch – dies ist ein rein formelles Fazit –, daß dort, wo Verbote nicht durchzusetzen sind, eine Kultur der Eigenhemmung besteht, die wiederum ein intimes Verhältnis zur Regelverletzung hat. Das ungeschützte Gesicht lädt zur eingehenden Betrachtung und zum direkten Deponieren von Botschaften ein, aber es wäre peinlich, ohne weitere Ermunterung dieser Einladung Folge zu leisten. Desungeachtet schwelgen wir in der Erfahrung des Peinlichen. Ich sage nicht: weil wir uns vor Übergriffen fürchten, gibt es Diskretion. Diese hat viele Ursachen und unübersehbar viele Gestalten und trägt Früchte, die in Ursachen keine Erklärung finden. Ich will vielmehr auf die unlösbare Verwandtschaft zwischen bösem (faszinierendem) Blick und Rücksicht hinaus. Der Blick in seiner Wohlerzogenheit und Unverschämtheit mag durch und durch das Resultat von Eingewöhnung sein. Aber er ist schneller als Worte und Gedanken und unaufhaltsam, und diese seine Natur verleitet ihn dazu, mit seiner Formung zu spielen, und sei es nur, um ihre Regeln zu ändern. Das vom Fernsehen erzogene Auge dient schließlich selbst als Bildschirm, aber die Zusammenschaltung mit anderen blickenden Schirmen suggeriert ihm, Angriffsfläche, somit Persönlichkeit, zu sein. Kein Sehender ist vor ungeregelten Kontakten geschützt. Wir finden uns im sozialen Gespinst raffinierter Aus- und Eingrenzungen blindlings zurecht und setzen doch mit jedem Blick alle Unterscheidungen aufs Spiel.

Regulär in Europa sind kurze forschende Blicke und lange ausdruckslose Blicke auf Personen, die wir nicht kennen. Der ausdruckslose Blick fixiert geziemenderweise einen Punkt hinter der betrachteten Person; gleichzeitig sollten die eigenen Gesichtsmuskeln erschlaffen. Der Ausdruck von Empfänglichkeit kaschiert die Neugier. Bewohner von Großstadtvierteln, deren Traditionen erst wenige Jahre alt sind, schätzen es nicht, auf der Straße oder an der Wohnungstür von Fremden angesprochen zu werden. Sie sehen in solchen Konfrontationen einen Mißbrauch von Gelegenheiten, die durch das Fehlen abschirmender Pufferzonen entstehen.

Beim zufälligen Zusammentreffen von Passanten beginnt der Mißbrauch, wenn ein Kontaktsuchender in das wehrlose Gesicht des Gegenübers hinein Zeichen gibt: zwinkert, glotzt, grimassiert, die Augen aufschlägt. Er nutzt eine nichtssagende generelle Zugänglichkeit für persönliche Zwecke aus. Das irritierte Gegenüber kann die Attacke ignorieren oder seinerseits persönlich werden. Gewöhnlich wird es einschätzen können, wer der andere ist und was vor sich geht (Annäherungsversuch, Mitteilungsdrang, Hilferuf, Psychose).

Wenn aber Blick und Mimik beredt werden und die empfangenen Signale dennoch keinen Text bilden, wird der Bedrängte an sich selbst irre. Er sieht Wut, Spott oder Begehren und weiß nicht, wie er sie erregt hat und was sie in der Welt des anderen bedeuten. Blick und Wahrnehmung fallen auseinander. Zwischen dem Gesicht des anderen, das er blicken sieht, und seinem eigenen angeschauten Blick öffnet sich ein Staunen ohne Grund. Er verliert sich in Bestürzung und Faszination und kehrt erst im nachhinein zurück.

Eine acht- oder neunjährige Japanerin verarbeitete Anfang der achtziger Jahre die Begegnung mit einem Ausländer in dem folgenden Gedicht:

Ausländer haben hohe Nasen und sind hochgewachsen.
Meines Erachtens
sehen Ausländer gut aus.
Aber letzthin
bin ich schön zusammengefahren.
Auf dem Heimweg vom Schwimmen
stieg ich mit Mutter in die Bahn,
da saß ein Ausländer drin.
Weil es mich langweilte,
nur immer zum Fenster hinaus zu schauen,
betrachtete ich den Ausländer.
Der Ausländer trug einen Bart.
Als ich eine Weile geguckt hatte,
begegneten sich unsere Augen.
Der Ausländer
schaute mich an
und zwinkerte.
Ich erschrak.
Meine Mutter aber weiß nichts,
ich behalte es
als mein Geheimnis.[4]

▶[4] Gedicht von Fukutome Aimi, Schülerin im 3. Schuljahr. Aus: Sugikko – Sugunami Kodomo Shibun-shû (Sugikko – Sammlung von Kindergedichten des Stadtbezirkes Suginami, Tokyo). Tokyo: Suginami-ku Kyôiku Kenkyû-kai. Band 10, 1983, S. 74. Abgedruckt in: Japan. Selbstbild – Fremdbild: Zürich 1993, S. 113.

Nicht etwa, daß die japanische Schülerin Ausländer (sprich: weiße Amerikaner und Europäer) abstoßend fände. Sie hatte offenbar schon reichlich Gelegenheit, auf den Straßen Tokyos, in amerikanischen Filmen, in Zeitschriften und auf Plakatwänden Ausländer in aller Ruhe zu betrachten, und gibt ihnen eine gute Note. *Dennoch* habe sie einer neulich erschreckt, sagt sie und stellt damit einen bemerkenswerten Zusammenhang zwischen gutem Aussehen und Vertrauenswürdigkeit her. Sie riskierte ein wenig zuviel und erlebte prompt, wie unberechenbar Ausländer sind und wie beunruhigend es ist, von ihnen *gemeint* zu werden. Obwohl ihr Anblick vertraut ist, sind sie doch nicht geheuer.

Auflösung und Erneuerung des Themas

Aber wie steht es mit uns, die wir nicht auf Inselreichen, sondern in europäischen Transitländern leben? Können wir über Abkömmlinge entfernter Erdgegenden noch staunen und erschrecken? Der öffentlich geförderte Kulturaustausch und der Boom der Exotik-Reisen belegen diese Fähigkeit ebensowenig wie das, was die Medien von fremdenfeindlichen Anschlägen berichten. Die wenigen Fremdenfeinde, die in den Sondersendungen vorgeführt werden, gebärden sich als Hüter von Hygiene und Besitzstand oder als Fetischisten der Gewalt. Überhaupt passen die Fanale zum Design des Überbietungswettbewerbs in der Fernsehlandschaft. Die Ereignisse mühen sich ab, Thema zu werden, und treiben uns erkalteten Sehern das letzte Staunen aus.

In den Fernsehprogrammen ist längst die Weltgesellschaft angebrochen. Vor dem Bildschirm haben wir gleiche Nähe zu allen Völkern. Dabei ist es unerheblich, welche Länder gegenüber anderen bevorzugt und mit welcher Voreingenommenheit sie abgefilmt werden. Die höhere Gerechtigkeit des Fernsehens bewährt sich im Reigen der unterschiedlichsten Sujets und darin, wie der Zuschauer mit Fernbedienung durch die Programme zappelt. Als uns die ersten japanischen Geschäftsleute und die ersten Asylbewerber aus Ghana begegneten, waren sie uns schon aus dem Tele-Prospekt bekannt. Selbst Gelegenheitsfernseher bekamen 1997 beiläufig mehr Indianer, Papuas, Eskimos, Mongolen und Chinesen zu Gesicht als der Weltreisende Alexander von Humboldt in seinem ganzen Forscherleben.

In das Weithergeholte sind wir bestens eingeübt. Jeder Flugplan erzählt, wie klein die Welt geworden ist. Erst schrumpften die Entfernungen, dann verschwand die Dimension der Entfernung selbst. (Wenn heute die Orte wiedergefunden werden, ist das keine Verteidigung von Restbeständen, sondern eine Reaktion auf das Verschwinden der Ortschaften, eben reaktionär.) So wie der Anblick des Treibens in den Schluchten Manhattans bei vielen Amerikareisenden das Gefühl weckt, zurückgekehrt zu sein, weil sie sich als Kinobesucher und Fernseher zeit ihres Lebens in New York aufgehalten haben, so erübrigt das Panoptikum der Auslandsberichterstattung in gewisser Weise das physische Zusammentreffen mit Hergereisten: Wir sehen ja bereits, was aus solchen Treffen entstanden ist und welche Alternativen in anderen Erdteilen es jeweils zu ihnen gibt. Die Mühen eines langwierigen Mißverstehens werden uns zuviel, weil die Abenteuer der Entdeckung ausgereizt zu sein scheinen. Eine zeitgemäße Definition von Einfalt ist es, Dinge so eifrig zu tun, als seien sie nicht schon mehrfach im Fernsehen gezeigt worden. In den Studios und Verkehrsmitteln, in den Hauptstraßen und Fernsehsesseln – dort, wo wir die Programme kennen müssen, um mithalten zu können – versetzt uns nur noch wenig in Erstaunen, und falls wir staunen, behalten wir es für uns.

Stellen wir uns vor, wir lebten ohne diese Kennerschaft. Stellen wir uns vor, wir hätten nicht einmal Zeitungen und Fernverkehr und einige Ethnologen träfen ein, um unser Dasein zu erforschen. Vielleicht versammelten wir uns zu Hunderten, um die Boten der jenseitigen Welt ihrerseits auf Herz und Nieren zu prüfen. Vielleicht erschnüffelten wir ihre Ausdünstungen, registrierten ihre Körperhaltung, kommentierten jede ihrer Bewegungen und beratschlagten stundenlang über ihre von Dolmetschern oder in Zeichensprache übermittelten Fragen und Wünsche. Vielleicht stöberten wir sogar in ihren Exkrementen und schlössen aus dem Fehlen der uns bekannten Parasiten, daß die Besucher tatsächlich ganz andere Menschen seien.

Eben dies widerfuhr den Ethnologen und Filmemachern Barbara Keifenheim und Patrick Deshayes Ende der siebziger und

Anfang der achtziger Jahre bei den Kashinawa-Indianern an der peruanisch-brasilianischen Grenze.[1] Die beiden Forscher stellen den Überlegenheitsanspruch unserer Zivilisation in Frage und reflektieren viel über die Folgen ihrer Arbeit und darüber, wie sie es vermeiden können, die Indianer als bloße dokumentarische »Beute« zu behandeln, kommen aber mit Foto- und Filmausrüstung – schnell, schnell, bevor das Biotop verschwunden ist. Von der Hauptanmaßung unserer Zivilisation, nämlich der Überzeugung, daß wir den Unterschied zwischen unseren guten und unseren schlechten Absichten selbst beurteilen können, lassen die Dokumentatoren selbstredend nicht ab. Der Stamm der Kashinawa lebte noch in Isolation, von wenigen Berührungen mit Siedlern und Missionaren abgesehen, und ist insofern ein extremes Beispiel für eine Daseinsweise, die nichtsahnend den Luft- und Datenverkehr unterläuft.

Ich benutze dieses Beispiel als Kontrastmittel, weil es schwerfällt, das andere, ebenso verwunderliche Extrem gebührend hervortreten zu lassen: einen Zustand unbestimmter, blinder Weltoffenheit, die gegen alles immunisiert, was an Besuchern reizen und aufreizen könnte. Sie ist unser gegenwärtiger Normalzustand. Der interkulturelle Austausch orientiert sich am Ideal des reibungslos fließenden Verkehrs. Möglichst ohne Irritation soll einer am anderen vorbeikommen. Kaum vorstellbar ist es, daß sich noch in den fünfziger Jahren Stadtkinder vor interessanten Fremdlingen aufpflanzten und sie verzückt beglotzten. Schalte deinen persönlichen Blick ab, ist die Hauptregel urbaner Normalität. Sei darauf eingestellt, daß das Ungewöhnliche gewöhnlich ist, und bringe es zum Ausdruck. Keines Menschen Erscheinung ist deiner Überraschung wert.

Normalzustände sind nur dichterisch zu beschreiben. Ansonsten behilft man sich mit Aufzählungen dessen, was sie *nicht* sind, so wie ich es hier tue. Ich sage, daß die Akzeptanz des Fremdlings schon besiegelt ist, bevor er überhaupt in Sicht kommt. Daß er in unserem vorbereiteten Wohlwollen keine Chance hat. Das sind keine Beobachtungen, sondern Urteile, die der Wahrnehmung erst auf die Sprünge helfen sollen.

Es ist etwas völlig Neues in der Kulturgeschichte, daß öffentliche Normalität ausgerechnet dem Unterscheiden vorbeugt. Die

[1] Barbara Keifenheim: Wenn Bilder auf die Reise gehen... In: Rolf Husmann (Hrsg.): Mit der Kamera in fremden Kulturen. Aspekte des Films in Ethnologie und Volkskunde. Emsdetten 1987, S. 69–89.

Weißen sagen nicht mehr, daß sie den Schwarzen, Gelben und Roten überlegen seien. Sie sagen nunmehr, daß sie überlegen seien, weil sie sich keinem anderen gegenüber für überlegen hielten. Ihre Normalität erzieht zur Reibungslosigkeit und ist selber reibungslos. Sie wird somit unangreifbar. Es fällt gar nicht auf, daß sie eine bestimmte, absonderliche Haltung ist, die den »Umgang miteinander« gestaltet. Sie verwandelt sich in ein fraglos geltendes Gebot, das angeblich erst unter Aufbietung aller Kräfte durchzusetzen ist. Der herrschende Zustand verbirgt sich, indem er als nahezu unerreichbares Fernziel präsentiert wird.

Was normal ist, hat keinen Nachrichtenwert. Es bildet den amorphen Hintergrund, vor dem sich die berichtenswerten Ereignisse abheben. Daher ist der Hinweis, daß Ausländern bei uns nur selten und nicht häufiger als Inländern etwas geschieht, kein Argument und folglich eine Ausrede. Die Ausnahmen (Aufruhr, Mord und Totschlag) nehmen den Platz des Realen ein und geben Stichworte für den politischen Wettbewerb. Dafür formt die Erwartung, durch Coolneß die wechselhafte Umwelt zu kontrollieren, den Charakter. Mit einer stoischen Durchschnittshaltung wappnen sich die Verkehrsteilnehmer gegen mögliche Ansprüche von Einzelheiten (Individuen und Sensationen).

Nun liegt es nahe anzunehmen, bei der zur Schau getragenen Teilnahmslosigkeit handele es sich um eine raffinierte Form europäischer Heuchelei: wir täten so, als tolerierten wir die Fremden, seien aber in Wirklichkeit haßerfüllt oder, anders gesagt, scharf auf sie. Doch diese Annahme setzt eine kollektive Verabredung und die persönliche Übereinkunft aller unserer sozialen Rollen voraus. Beides wäre heute nur noch mit außerordentlichen organisatorischen Anstrengungen zu bewerkstelligen. Je nachdem, ob wir unter Kollegen, Konsumenten, Passagieren, Bildschirmfiguren, Verbündeten und Gegnern oder Freunden und Verwandten sind, genügen wir anderen Anforderungen, ohne dabei die Persönlichkeit zu spalten. Am Arbeitsplatz erwartet man Kompetenz, aber keine Geständnisse, im politischen Kampf die Loyalität der Mitstreiter, aber keine Antwort auf Wahrheitsfragen. Öffentlich geht es darum, was normal und nicht normal ist, während in den teilweise, annähernd und gänzlich persönlichen Sphären die Frage der Aufrichtigkeit in den Mittelpunkt und die des Normalseins zur

Seite tritt. Zwar haben die verschiedenen Angemessenheiten untereinander ein gespanntes Verhältnis. Es kann vorkommen, daß wir die ganze Stadt persönlich nehmen, und immer wieder gibt es Versuche, das Liebesleben zum Politikum zu machen. Normalität und Aufrichtigkeit werden aber auch weiterhin getrennte Wege gehen.

Unsere Gefaßtheit beim Anblick von Afrikanern und Asiaten in europäischen Städten ist unpersönlich, aber normal. Sie ist das Einfache, das schwer zu erklären ist: daß wir nämlich bei großer Menschen- und Themendichte nicht alles auf einmal sein können. Ich bin entweder normal oder persönlich. Wenn mich aber jemand fragt: Wie bist du eigentlich ganz persönlich? kann ich nur sagen: Ganz normal. Und das ist keine Koketterie. Wir sind von Grund auf das Produkt urbaner Normalisierung und kämen aus ihr wahrscheinlich nicht einmal durch Gehirnwäsche heraus. Unser Gleichmut im Durchgangsverkehr ist unvordenklich. Ihn mit dem Begriff des Selbstverständlichen zu umschreiben, hieße ihn unterschätzen. Man müßte vielmehr sagen, daß er das Selbstverständliche des Selbstverständlichen ist. Er resultiert nicht erst aus Gewöhnung, sondern ist ein Synonym für die Teilnahme am Massenverkehr. Das macht einen Satz wie »Aber ich habe doch gar nichts gegen Ausländer« so absurd. Denn eben dort, wo jemand so etwas sagt, stellt sich ihm persönlich die entsprechende Frage kaum jemals und ist es ihm nur ausnahmsweise möglich, etwas für oder gegen Menschen mit einem bestimmten Äußeren übrig zu haben.

Natürlich entspricht die normale großstädtische Toleranz auch dem Umstand, daß es ausgeschlossen ist, in Menschenströmen auf jede Gestalt zu reagieren. Aber letzteres war schon im alten Rom und im Tenochtitlán Montezumas der Fall. Zwei Neuerungen des 20. Jahrhunderts verflüssigen den öffentlichen Blick vollends: Kino und Fernsehen hinterlassen die Erfahrung, allem schon begegnet zu sein; die Verkehrszonen verlieren ihr regionales und nationales Gepräge, so daß der Unterschied zwischen Einheimischen und Auswärtigen verschwimmt und nur noch die Verkehrsregeln gelten. Was ich sehe, ist ein Provisorium – und zugleich etwas, das schon hinter mir liegt. Ich verhalte mich, *als ob* die anderen des Wegs kämen.

Fernsehen und Fernverkehr sind Entgrenzungsmedien. Sie können keinen Teilnahmewilligen ausschließen, mit Ausnahme derer, die den Entgrenzungsprozeß hemmen, besser gesagt, von denen man solches behauptet. Wer vor der Fernsehkamera bestimmte Gruppen ausgrenzt, ohne sie der Ausgrenzung anderer zu bezichtigen, ist deplaziert. Zwar wählen die aktuellen Medien aus, worüber wir gemeinsam reden, und halten andere Themen fern, doch um dies tun zu können, beziehen sie zunächst alle Themen ein. Wer nach dem Wozu der Entgrenzung fragt, begrenzt sie und sabotiert den Betrieb der allgemeinen Verständigung.

Während jedoch das Reisen zumindest in wohlhabenden Ländern eine Massenleidenschaft ist, hält sich die Neugier darauf, wie andere Menschen leben und empfinden, bei den Reisenden in engen Grenzen. Daß sich nur Pioniere für den Schüler- und Akademikeraustausch und fremde Sprachen interessieren, ist eine Meldung, die sich im Nachkriegseuropa seit vierzig Jahren wiederholt. Wir wollen von der weiten Welt meist nur unterhaltungshalber etwas wissen.

Wenigstens die Einführung von Radio und Fernsehen entsprach einer lebhaften Nachfrage der Haushalte, möchte man meinen – weit gefehlt. Es war der technisch-militärische Wettbewerb, der immer wieder unerbetene Realitäten schuf; später suchte das Angebot nach dem Bedarf. So kamen auch Eisenbahn, Automobil und Flugzeug über die Menschen, bevor diese recht wußten, wie ihnen geschah. Die Bedürfnisse zogen zufriedenstellend nach, doch der Gedankenaustausch der Völker blieb Expertenarbeit.

Auftrieb erhält die Kommunikation über die Grenzen hinweg weniger durch gelungene Begegnungen als durch Kommunikationsbeschränkung. Zensur adelt die Pressefreiheit, Nachrichtensperren werten Informationen auf, Verschwörungen provozieren Enthüllungsjournalismus. Die Berliner Mauer warb unwiderstehlich für den Freien Westen, und auf beiden Seiten des Eisernen Vorhangs wuchs die Sehnsucht nach grenzüberschreitendem Verkehr. Das Lieblingsthema der Talk-Shows ist Apartheid jeglicher Art. Dagegen kämen die totalitären Informationsunterdrücker notfalls auch ohne Feindbilder von offenen Gesellschaften aus (von denen sie allerdings ihren Anteil am Umsatz per Geiselnahme erpressen).

Der Rückstau an den Grenzen bedeutet aber viel mehr als bloßen Nachholbedarf. Wenn die Entgrenzung keinen Inhalt hat außer dem, sich zu wiederholen, ist sie um so mehr auf eine Gründungsgeschichte angewiesen, die der wirtschaftlich und medientechnisch bedingten Völkerverständigung im nachhinein kommunizierbare Motive beibringt. Daher sind Antifaschismus und Antistalinismus auch noch im hundertsten Aufguß für die Fernsehdemokratien unverzichtbar. (Ob der Antifundamentalismus und der Abscheu vor unberechenbaren UNO-Feinden wie Irak und Nordkorea einen Minimalkonsens ermöglichen, wissen wir noch nicht.) Was wird aus der Grenzüberschreitung, wenn alle Grenzen überschritten sind? Was aus dem friedlichen Austausch, wenn alle Feinde eingebunden sind?

Die Eindrücke, die man als teilnehmender Lauscher bei internationalen Kongressen und Arbeitsessen gewinnt, erscheinen, auf Anlaß und Aufwand bezogen, derart unangemessen, daß sie gewöhnlich sofort verdrängt werden. Von Anfang an beschränken sich die persönlichen Gespräche in strikt herzlicher Atmosphäre auf die Anbahnung von Gelegenheiten, füreinander Verständnis zu haben. Man provoziert Antworten und Fragen, die es erlauben, eigene Kenntnisse von den Problemen der Partner zu entfalten. Man spricht über unterschiedliche Lebens- und Forschungsbedingungen unter Gesichtspunkten, die dem Selbstgefühl des anderen schmeicheln (Tradition und Individuum, Geld und Geist), und plant das eigene Erstaunen, um den anderen zu beschenken. Im übrigen bestätigt man sich gemeinsame Erfahrungen von Städten, Transportmitteln und gastronomischen Angeboten. Kurzum, das Ziel der Verständigung ist die Verständigung selbst. Die vorbehaltlosen Aussprachen beginnen und enden als heiterer Starrkrampf. Ganz ähnlich, in der Spur sich selbst motivierender Themen und Meinungen, verlaufen die Small talks unter Rucksackreisenden im Eurocity-Expreß und zwischen Studenten aus Europa, Lateinamerika, Afrika und Asien im Campus-Café.

Dabei werden heikle Themen nicht etwa umgangen. Im Gegenteil, die Gesprächspartner drängen sich zu ihnen, weil sie die Dürftigkeit des bloß Stimmigen spüren und ihre Unbefangenheit an Konfliktstoffen bewähren wollen. Und doch scheint die Demonstration von Offenheit erst recht in die Falle gegenseitiger Bestätigung zu führen. Wie unter Zwang kommt man nun nämlich auf Borniertheiten zu sprechen, die man selbst überwunden zu haben glaubt. Der deutsche Student erkundigt sich etwa bei der arabischen oder türkischen Kommilitonin danach, in welchem Ausmaß sich deren Familie in Liebesangelegenheiten einmischt und wie orientalische Frauen sonst noch bevormundet werden, und räumt im Gegenzug ein, daß es in Deutschland Rassenvorurteile gebe. Das Thema der Zwanglosen ist die Befreiung von Zwängen, so wie das Herz der Kraftfahrer am Fahren hängt und Amateurfunker sich meist über Leistung und Tücken ihrer Ausrüstung verständigen.

Die Weltläufigen neuen Typs sind keine selbsternannten Diplomaten und tauschen keine Artigkeiten aus. Sie wollen die durch das Wegfallen von Grenzen entstandenen Freiheiten nutzen und gehen aufs Ganze; höfliche Menschen hingegen achten die Erfahrung, daß der Verständigung Grenzen gesetzt sind. Vor sechzig und vor hundert Jahren mögen die Gespräche bei internationalen Begegnungen in hohem Maß ritualisiert gewesen sein. Aber die penible Etikette erlaubte es, tiefe Gegensätze zu ertragen. Man baute gewissermaßen schmale Stege über Abgründe und balancierte auf ihnen. Heute befinden sich die Verhandlungspartner auf einer gemeinsamen, neutralisierten Kommunikationsebene und sprechen gemeinsam deren Jargon. Tabus gibt es hier nicht. Behandelt werden können aber nur jene Themen, für die es in der Welthandelssprache Worte gibt. Alle diese Worte sprechen gegen Protektionismus und sonstige nationale Absonderungen.

Oben habe ich die Indifferenz gegenüber Fremden unter anderem damit erklärt, daß die Weltberichterstattung des Fernsehens sich und uns einbilde, die erstaunlichen Begegnungen lägen längst hinter uns. Das liest sich freilich noch wie der Hinweis auf einen psychischen Einwirkmechanismus und wird der Schlichtheit der Verhältnisse nicht ganz gerecht: Zusammen mit anderen Übertragungs- und Transportmitteln erzeugen Fernsehen und Internet eine weltumspannende Sphäre pauschalen Einvernehmens, deren Hauptgesprächsgegenstand sie selbst ist. Da wir dieser Sphäre ohne eigenes Zutun angehören, ersparen wir uns persönliche Berührungen. Die Erinnerung ist ja schon da. Vorgreifendes Verstehen filtert das Irritierende aus dem Blickfeld der Verkehrs- und Fernsehteilnehmer.

Es scheint, daß mit dem Austausch von Höflichkeiten auch der Freimut entbehrlich wurde. Worte, die aus der Anschauung des anderen entstehen und keinen Verträglichkeitsbescheid geben, sind heute lästig wie ein Störgeräusch. Sie klingen verständnisfeindlich, weil in ihnen unübertragbare Eindrücke haften. Hören wir, was Alexander von Humboldt zu Beginn des 19. Jahrhunderts von den südamerikanischen Chaymas-Indianern sagt:

Die Chaymas sind meist von kleinem Wuchs... Ihr Körper ist gedrungen, untersetzt, die Schultern sehr breit, die Brust flach, alle Glieder rund und fleischig. Ihre Hautfarbe ist die der ganzen amerikanischen Rasse von den kalten Hochebenen Quitos und Neugranadas bis hinab zu den heißen Tiefländern am Amazonenstrom. Gegen Nord wird die gleichförmige Hautfarbe röter, dem Kupfer ähnlicher; bei den Chaymas dagegen ist sie dunkelbraun und nähert sich dem Lohfarbigen.

Der Gesichtsausdruck der Chaymas ist nicht eben hart und wild, hat aber doch etwas Ernstes, Finsteres. Die Stirn ist klein, wenig gewölbt; daher heißt es auch in mehreren Sprachen dieses Landstriches von einem schönen Weib, sie sei fett und habe eine schmale Stirn. Die Augen der Chaymas sind schwarz, tiefliegend und stark in die Länge gezogen; sie sind weder so schief gestellt noch so klein wie bei den Völkern mongolischer Rasse... Indessen ist der Augenwinkel den Schläfen zu dennoch merklich in die Höhe gezogen; die Augenbrauen sind schwarz oder dunkelbraun, dünn, wenig geschweift; die Augenlider haben sehr lange Wimpern, und die Gewohnheit, sie schläfrig niederzuschlagen, gibt dem Blick der Frauen etwas Sanftes und läßt das verschleierte Auge kleiner erscheinen, als es wirklich ist. Wenn die Chaymas, wie überhaupt alle Eingeborenen Südamerikas und Neuspaniens, durch die Form der Augen, die vorspringenden Backenknochen, das straffe, glatte Haar, den fast gänzlich mangelnden Bart sich der mongolischen Rasse nähern, so unterscheiden sie sich von derselben auffallend durch die Form der Nase, die ziemlich lang ist, der ganzen Länge nach vorspringt und bei den Nasenlöchern dicker wird, welch letztere nach unten gerichtet sind wie bei den Völkern kaukasischer Rasse. Der große Mund mit breiten, aber nicht dicken Lippen hat häufig einen gutmütigen Ausdruck. Zwischen Nase und Mund laufen bei beiden Geschlechtern zwei Furchen von den Nasenlöchern gegen die Mundwinkel. Das Kinn ist sehr kurz und rund; die Kinnladen sind auffallend stark und breit.[2]

▶ [2] Alexander von Humboldt: Reise in die Äquinoktiagegenden des Neuen Kontinents (1799 bis 1804). In: derselbe: Den Geist der Natur ergreifen. München 1959, S. 105 f.

Hier spricht der Naturforscher als Menschenentdecker. Beim Lesen dieser Passage war es mir, als sähe ich zum erstenmal einen Indianer vor mir. Die klaren Worte bilden mehr ab als eine Fernsehdokumentation über die Ureinwohner Südamerikas. Was solche Beschreibungen aus andächtiger Distanz heute gewagt erscheinen läßt, ist weniger der unbefangene Gebrauch des Rassenbegriffs als die Unverfrorenheit, Angehörige indianischer »Nationen« ruhig ins Auge zu fassen und mit Hilfe von Vergleichen – aber auch mit Einbildung, gesuchten Begriffen – ihre Einzigartigkeit zu benennen. Humboldts Präzision dient dem noch Unverstandenen, nicht dem Selbstverständlichen. Mit dem Verdikt: Wer die Menschen nach ihrem Äußeren unterscheidet, diskriminiert sie, vertreten wir heute die Forderung, in jedem zunächst das Menschlich-Normale zu sehen und alles andere zu relativieren.

Diese Forderung verbirgt, daß sie bereits erfüllt ist. Im öffentlichen Normalzustand sind wir an jeden Menschenschlag gewöhnt, bevor wir ihm begegnen, obwohl ein Gewöhnungsprozeß nicht stattgefunden hat. Nüchterne Trance, eine Art Misch- und Daueremotion, erlaubt das Leben im Menschengewimmel und das Reisen in Beschleunigungskabinen. Schon vor Fahrtantritt begeben wir uns ins Ungefähre. Dazu gehört, daß wir die Bindung an bestimmte Orte und unser Vorleben lockern. Unweit von zu Hause, ja mitten im Wohnzimmer, sind wir schon so gut wie überall. Doch wir bezahlen unser Losgelöstsein mit dem Verlust der Spannung zu den bereisten Orten. Von uns selbst erwarten wir, uns überall zurechtzufinden. Und von den Aufgesuchten erwarten wir, daß sie sich »vernünftig wie jeder Mensch« verhalten und an uns bereits gewöhnt sind. Daraus läßt sich aber nicht schließen, daß wir und sie sich nahestehen.

Zugleich irren jene Bußprediger, die in den starren Mienen der Transitreisenden die menschenverachtende Arroganz der Satten erkennen. Da die in Kleingruppen geschulte Wahrnehmung offenbar ihren Erfahrungsbereich begrenzt, haben sie kein Empfinden für die Entrücktheit von Zufallsmassen. Auf ähnliche Weise desorientiert sind jene Journalisten, die sich ein Publikum vorstellen, das durch die Berichte aus allen Weltteilen zu gemeinsamem verantwortlichem Handeln bewegt wird. Solche Vorstellungen beruhen auf einem tiefgreifenden Mißverständnis oder auf pädagogischem Starrsinn. Die Zufallsmasse ist keine ansprechbare Gruppe. Die Schleusung der Berufstätigen, Konsumenten und Reisenden durch die Verkehrsschneisen verläuft zwar nach bestimmten Regeln, verbindet aber nicht, sondern fördert eine disziplinierte Asozialität.

Wo wir uns unbesehen und interesselos dulden, schützt der Mangel an gegenseitiger Achtung freilich auch vor Mißachtung. Dies wiederum bewahrt aber niemanden davor, zusammengeschlagen, malträtiert und umgebracht zu werden, wenn er am falschen Ort den Berserkern begegnet, die es gerade auf ein gewisses Merkmal (Alter, Kleidung, Herkunft) abgesehen haben – was nicht persönlich gemeint ist und kein Interesse am Opfer voraussetzt. Die Täter tolerieren sozusagen, daß im Transitbereich von keinem äußeren Merkmal auf den Menschen geschlossen werden darf. Sie lassen den Menschen einfach außer acht und begnügen sich mit der Lederjacke, der schwarzen Hautfarbe, dem verwöhnten Gymnasiastengesicht oder anderem. Ob sie gefühllos sind, läßt sich aus diesem Verhalten nicht schließen.

Ebenso hochkonzentriert und bindungsfrei wie der Stadtteilnehmer muß auch der Nutzer von Fernsehprogrammen sein, wenn er es mit dem Überangebot aufnehmen will. Ihm bedeuten die täglichen Katastrophen nicht viel mehr als etwa das Herumtollen einer possierlichen australischen Tierwelt, aber niemand kann ihn deswegen gefühllos nennen.

Es ist und bleibt ein großer Unterschied, ob im Fernsehen (etwa einem Hotel in Chicago) oder bei meinem Nachbarn ein Brand ausbricht, nicht weil mir der Nachbar *näher* steht, sondern weil ich als Nachbar ein personales Wesen bin, als Fernseher jedoch ein transpersonales. Der eine kann sich im Handumdrehen in den anderen verwandeln und tut dies oftmals an jedem Tag. Auch gibt es Zwischenzustände und wechselseitige Durchdringungen. Doch eben das bestätigt den Kontrast zwischen Zuständigsein und Allgegenwärtigsein.

Die Verwechslung oder Gleichsetzung dieser beiden Daseinsarten schafft unerschöpflichen Entrüstungsstoff. Berichte über Ertrinkende und Überfallene, denen kein einziger von vielen Gaffern zu Hilfe eilte, berühren uns als potentielle Opfer und Schuldige zugleich. Zeugnisse von Herzenskälte? Jedenfalls erfordert die Einsicht, für eines der Schattenwesen in der Verkehrszone zuständig zu sein, einen jähen Rollenwechsel. Die meisten Passanten überfordert diese Zumutung. Bezogen auf das, was sie ihr Leben lang geübt haben, ist jener Rollenwechsel reine Willkür – als verlange man von ihnen, für den Protagonisten einer Fernsehserie Zeugnis abzulegen. Überallhin zerstreut, soll sich der eine, auf den das Los fällt, unverzüglich sammeln.

Die Gaffer werden gewöhnlich als erbärmliche Feiglinge der allgemeinen Verachtung preisgegeben. Dabei verkennt man, daß Begegnungen in Räumen ohne Zugangsbeschränkung unter einem generellen Präsenzvorbehalt stattfinden – einerseits bin ich anwesend, andererseits nicht –, und erwartet vielleicht auch, daß mit Touristenblicken die Öffnung der Herzen über alle Grenzen hinweg beginnt.

Wer heute öffentlich von Grenzen spricht, fordert in aller Regel ihre Überwindung. Wer widersprüchliches Verhalten beschreibt, hat Ganzheitlichkeit im Sinn. Wer Sympathien ungerecht, d. h. unbegründet verteilt, macht sich zum Objekt von Umerziehungsmaßnahmen. Die Sprachregelung obliegt den Vorbehaltlosen, die sich ihre eigenen Vorbehalte austreiben und nicht erkennen, daß sie dabei die eigene Daseinsweise in Abrede stellen. Bis zur völligen Ausblendung verpönt ist der Vorbehalt, unter dem wir alle leben: daß unser Verhalten im unbegrenzten Status keinen Rückschluß auf unser persönliches Verhalten erlaubt. Wir haben kein Verständnis, wenn einer, der im öffentlichen Umtrieb zu staunen aufgehört hat, an anderer Stelle den Auftritt eines Ortsfremden entgeistert verfolgt. Daß wir sowohl Leute von Welt als auch Hinterwäldler sind, überfordert uns. Doch der Fremde an der Tür hat eine andere Gestalt als der Exot in der Fußgängerzone, auch wenn die Identitätsausweise beider übereinstimmen.

Verborgen bleibt, daß dies kein Widerspruch ist. In der Ära des uneingeschränkten Verkehrs stürmt zuviel auf uns ein, als daß wir noch zu jedem Ereignis und zu jedem Beteiligten ein direktes Verhältnis haben könnten; also etabliert sich eine Sphäre des persönlich Gleichgültigen. Entgrenzung ist ein Prozeß, der sich totläuft; also erneuert sich eine Sphäre persönlicher, anderswo unvertretbarer Bindungen und Zurückweisungen.

In Diskussionen über Verständigungsprobleme erscheint das Dasein der Leute im Winkel mit ihrem hartnäckigen Fremdeln als zurückgebliebener, unaufgeklärter Zustand, der zu einer sozialtherapeutischen Entwicklungshilfe nötigt. Dieses uneinsichtige Dasein ist der öffentlichen Kommunikation jedoch weit voraus – und liegt zugleich weit hinter ihr zurück. Es gibt eine flexible Antwort auf chronische Überforderung durch Gesprächs- und Lebensangebote und stellt insofern eine neue zivilisatorische Errungenschaft dar.

Die Überforderung zeigt nicht nur an, daß Überfluß besteht, sondern bezeugt auch äußerste Armut, den Verlust aller Möglichkeiten, da wir mehr als ein Leben benötigten, um im gegenwärtigen Angebot angemessen, d. h. wohlinformiert, auszuwählen. Und selbst wenn uns eine Entscheidung auf der Höhe der Zeit gelänge, hätte sich die Lage inzwischen vollständig geändert, und wir könnten von neuem beginnen. Wahlfreiheit aber soll die Prämie für alle sein, die sich der Entgrenzung überlassen. Das Versprechen kaschiert, daß im Sog der Öffnung das Streben nach Angebotserweiterung stets über die Wahl triumphiert. Das gilt für politische Prosperitätsprogramme ebenso wie für den einzelnen. In der Zivilisation der Wahlfreiheit sehen sich die Menschen und ihre Zusammenschlüsse ins Schattenreich abstrakter Möglichkeiten versetzt. Was Wunder, daß sie keine Begründung geben, wenn sie Ernst machen. Begründen hieße, den eingeschlagenen Weg als eine Möglichkeit unter anderen zu sehen.

Warum bleiben sich Menschen fremd, obwohl sie sich fortlaufend offenbaren? Inmitten einer Flut von Motivationsanalysen scheinen die Rätsel fortzubestehen. In der Kommunikationssphäre, dem Status der Normalität, ist unser Verhalten persönlich nicht bindend. Alles verstehend können wir für uns nicht garantieren. Beispielsweise sind wir in den Einkaufszonen deutscher Großstädte an Gruppen musizierender Indios gewöhnt. Vielleicht empfinden wir Scheu vor ihnen. Vielleicht schlägt uns der Reigen ihrer fatalistischen Mienen in Bann. Vielleicht sind sie für uns heimtückische Gnome mit vorindustriellen Künsten, Wiedergänger von Zwerg Nase im Märchen von Wilhelm Hauff. Dies alles bleibt beim Flanieren dahingestellt.

Wo der persönliche Bannkreis beginnt, ist im übrigen auf dem Stadtplan nicht zu bezeichnen. Im Wohnviertel wandert die Grenze je nach Wochen- und Tageszeit und Verkehrsaufkommen, im Fernsehraum geht sie mitten durch den Zuschauer oder wechselt von der räumlichen Dimension in die zeitliche, im Flugzeug oder im Zug läßt sie sich zentimetergenau bestimmen. Außerdem können bei abgeblendetem Blick Körper und Erinnerung ihrer eigenen Wege gehen.

Ich bin mir nicht schlüssig, auf welche Weise das grenzenlose Einerlei und der unerklärte Eigensinn koexistieren. In gewisser Weise bedingen sie einander, in gewisser Weise schließen sie einander aus. Eine Arbeitsteilung zwischen Überall und Abseits auf der Grundlage gegenseitiger Anerkennung ist nicht möglich. Die Sphäre der Entgrenztheit behauptet sich durch forcierte Verständigung, die der Begrenztheit durch begriffsstutziges Sehnen und Meiden. Die Pointe dieser Dualität besteht darin, daß die Kommunikatoren sich zu Sprechern und Deutern der Schweigenden aufwerfen. Sie behandeln deren Selbstabsonderung als Krankheitssymptom und untersuchen, unter welchen Bedingungen die Verweigerer dazu gebracht werden können, mit den von ihnen Abgewiesenen in einen Dialog zu treten. Und abends kehren sie in ihre Wohnungen zurück.

Mit der Forderung nach Verständigung als Allerweltsrezept läßt sich das Problem, dem man sich stellen möchte, trefflich beiseite schieben. Wüßten wir nicht schon im vorhinein, wie das Problem aufgefaßt und welche Antworten gegeben werden, verstünden wir von den Abhandlungen der Ausgrenzungs- und Vorurteilsforschung kein Wort. Die Tatbestände, um die es geht, werden nirgends erläutert, sondern gewissermaßen augenzwinkernd als bekannt vorausgesetzt. Was soll »Diskriminierung« bedeuten? Bestimmte Gruppen (von Ausländern, Frauen, Behinderten, Homosexuellen u. a.) werden von bestimmten Gruppen nicht gleich behandelt wie andere Gruppen; soviel ist klar. Aber was in aller Welt geht zwischen den Diskriminierenden und den Diskriminierten vor? (Wir erhalten nur generelle, somit keine Antworten, als geriete *das* Volk der Diskriminierenden an *das* Volk der Diskriminierten.) Wie sehen die einen die anderen und sich selbst? Was bedeutet es, wenn jemand *aufgrund* beziehungsweise *wegen* seiner Hautfarbe diskriminiert wird? Wie löst eine bestimmte Hautfarbe die Diskriminierung aus? Was ist der Unterschied zwischen der Diskriminierung von Ostasiaten und der Diskriminierung von Frauen?

Dabei lese ich zwischen den Zeilen, daß diejenigen, die den Begriff zur Problembeschreibung (und zur Begründung der Vordringlichkeit des Problems) gebrauchen, eigentlich der Auffassung sind, daß die Hautfarbe oder die Geschlechtszugehörigkeit gar kein Grund sein kann, bestimmte Menschen zu diskriminieren. Und dies bedeutet, daß niemand aufgrund von Irrtümern oder schlechten Projektionen diskriminiert werden soll. Wie erzielen die Irrtümer und Projektionen solche Breitenwirkung?

Bei alledem gewinne ich den Eindruck, daß die Zuständigen sich kein Urteil über die Existenzweise des inkriminierten Tatbestands zutrauen. Sie behandeln ihn so, als löse er sich bei gutem Zureden in Mißverständnisse und Lernprozesse auf. Jedenfalls verwandeln sie ihn in ein Klischee und gehen ihm so aus dem Weg. Sie sagen letztlich nichts anderes, als daß das Böse das Böse ist.

Dort, wo alle mit allen reden, stößt die Parole der Unterschiedsbeseitigung nicht auf Widerspruch. Da die Gesprächsleiter die Massenkommunikation für das Ganze halten, werten sie das Fernbleiben von Uneinsichtigen als Erfolg ihrer Überzeugungsarbeit. Wenn dennoch immer wieder verächtliche Dinge geschehen, keimt der Verdacht, daß den Bekenntnissen der Leute nicht zu trauen sei. Die Wortführer der Verständigung potenzieren daraufhin ihre Bemühungen und ihren Argwohn.

Hinter dem Schweigen, auf das der Argwohn stößt, liegt aber kein Sumpf unbelehrbarer Ressentiments, sondern die Erfahrung, daß sich nach dem in den Medien gefeierten Vorsatz gegenseitiger Anerkennung nur ein winziger Teil des Zusammenlebens gestalten ließe. Sagen wir, ich möchte meinen farbigen Nachbarn respektieren. Abgesehen von einigen Unterlassungsgeboten (ihn unversehrt lassen, nicht verhöhnen, nicht aus Lokalen weisen) gibt mir die Diskriminierungskritik keinen Hinweis, was Nichtdiskriminierung ist. Wie diesem Farbigen in die Augen sehen, ihn begrüßen, mit ihm sprechen, seine Hautfarbe betrachten, neben ihm gehen, seine Grimassen verstehen, auf seine Ausgelassenheit und sein Brüten reagieren, ihn schön und häßlich finden, ihn ausfragen, mit ihm streiten? Wie ihn gewinnen und fernhalten? Ganz normal? Hier gibt es keine Normalität. Wie soll ich, der ich jeden Menschen auf tausendfache Weise unterschiedlich behandle, ausgerechnet bei ihm mit dem Unterschiede-Machen aufhören? Schon gar nicht kann ich in seiner Hautfarbe eine Lappalie sehen.

Diskriminierung als solche gibt es nicht. Sie zum Dauerthema zu machen, ist gesinnungsethische Folter. *Wie* wir diskriminieren und favorisieren, sehen und gesehen werden, verdient Aufmerksamkeit. Im übrigen hat das Vergangene und Gegenwärtige einen höheren Realitätsrang als das bloß Mögliche. Aufschlußreicher als die Möglichkeit, daß Äußerlichkeiten wie Gesicht und Hautfarbe eines Tages zur Nebensache werden, ist die Beobachtung, daß sie Hauptsachen sind.

1994: Zehn Interviews

Im Frühjahr 1994 bemühte ich mich um Gespräche mit Japanern, die in Deutschland leben, weil sie hier ihren Arbeitsplatz oder einen Ehepartner oder beides haben. Ich heftete Zettel an Schwarze Bretter von japanischen Einrichtungen in München und Düsseldorf (wo ich die größten japanischen Kolonien in Deutschland vermutete) und setzte eine Anzeige in das Informationsblatt des Japan Club München:

»Im Rahmen eines Forschungsprojekts suche ich japanische Staatsangehörige mit deutschen oder englischen Sprachkenntnissen, die über ihre Erfahrungen im Ausland und mit Ausländern berichten.«

Die Reaktion war nicht lebhaft, doch ich konnte unter den etwa fünfzehn Anrufern zehn Personen auswählen, die als Gruppe der angestrebten Merkmalsverteilung entsprachen. Jeweils fünf von ihnen waren Männer, jünger als 35 Jahre und Mitarbeiter japanischer Unternehmen und Institutionen. Alle Anruferinnen und Anrufer erkundigten sich eingehend nach meinem beruflichen Status, dem Projekt und meinen Befragungsabsichten. Alle baten darum, in meinem Bericht anonym zu bleiben. Ich sagte ihnen, daß ich als Privatmann an einem Buch über interkulturelle Wahrnehmung arbeite und unter anderem der Frage nachgehe, wie Japaner Europäer und Nordamerikaner sehen, und diese jene. Mich interessiere der Blick von außen auf Europa.

Meine Gesprächspartner waren:

▶ *Frau A.*, zwischen 30 und 35, *Hausfrau*, mit einem Deutschen verheiratet, Studium im ostasiatischen Ausland, seit vier Jahren in Deutschland. Sie erwies sich als Meisterin des Perspektivenwechsels.

▶ *Herr B.*, zwischen 50 und 55, leitender Repräsentant eines japanischen Unternehmens im Informationssektor *(Vizepräsident)*, seit sieben Jahren in Deutschland. Seine Antworten flottierten zwischen offiziöser Stellungnahme und Bekenntnis.

▶ *Frau C.*, etwa 26, *Modedesignerin*, seit dreizehn Jahren überwiegend in Deutschland. Sie berichtete von Auslandsjapanern, die ihren Kindern eine »japanische Identität« anzuerziehen versuchen.

▶ *Herr D.*, etwa 38, *Lehrer* an einer japanischen Schule, seit acht Monaten in Deutschland. Durch sein Verhalten bei zwei Gesprächen und einigen Telefongesprächen gab er mir eine Lektion in japanischem Schamgefühl.

▶ *Frau E.*, etwa 30, *Journalistin*. Sie war ihrem Mann vor vier Jahren nach Deutschland gefolgt. Sie mißtraute sowohl der Höflichkeit ihrer Landsleute als auch der Robustheit der Deutschen.

▶ *Herr F.*, zwischen 45 und 50, *Geschäftsmann*, mit einer Deutschen verheiratet, seit sechzehn Jahren in Deutschland. Er klärte mich darüber auf, daß in Japan heute niemand mehr so guttural, bellend und abgehackt spricht wie die Schauspieler in den Samurai-Filmen.

▶ *Frau G.*, etwa 25, *Musikstudentin*, seit vier Jahren in Deutschland, wo ihr Übles widerfahren war, zierlich und scheu. Gefragt, ob sie auch etwas Gutes über die Deutschen sagen könne, räumte sie ein, daß die Deutschen im Unterschied zu den Japanern zwischen Kitsch und Kunst unterscheiden könnten.

▶ *Herr H.*, 30, *Manager* in einem Unternehmen der Elektronik-Industrie, Anglistikstudium, seit drei Monaten in Deutschland. Er wirkte emotionslos und müde, doch wenn er (abrupt) lachte, straffte sich seine Gestalt.

▶ *Frau I.*, 36, *PR-Expertin* in der Niederlassung eines japanischen Konzerns, mit einem Deutschen verheiratet, kam vor sechzehn Jahren zum Studium nach Deutschland. Sie denkt nicht mehr an eine Rückkehr nach Japan.

▶ *Herr K.*, etwa 60, *Naturwissenschaftler*, mit einer Schweizerin verheiratet, seit gut dreißig Jahren in Deutschland. Ein rastloser Projekteschmied, der sich weder hier noch in Japan aufgehoben fühlt. Er weihte mich in seine Pläne ein, doch ich zog mich in meine Zeitnot zurück.

Gewöhnlich übt der Fragensteller sanften Druck aus, und der Befragte wägt ab, ob er nachgeben oder sich hüten soll und wie er beides miteinander vereinbaren kann. In diesem Fall war es anders. Die Begegnungen kamen jeweils auf Initiative beider zustande, und jeder konnte dem Interesse des anderen vertrauen. Etwa die Hälfte meiner Gesprächspartner brachte eigene Aufzeichnungen mit. Da ich ihnen als Unwissender gegenübersaß, waren sie in der Rolle von Experten, und zwar in doppelter Hinsicht. Als in Japan Geborene und in Deutschland Lebende sahen sie jedes der beiden Länder zugleich von innen und von außen. Das gab ihnen schiedsrichterliche Kompetenz. Die mit Deutschen Verheirateten machten sich Gedanken über ihren nationalen Status: Würden sie in Japan noch als richtige Inländer gelten oder bereits als halbe Ausländer?

Alle zehn hatten viele Male in zwei Sprachen über Japan und Deutschland gesprochen – und auch geträumt. Alle berichteten, daß die große Mehrheit der in Europa residierenden Japaner zurückgezogen unter ihresgleichen lebe und dieses pseudoeuropäische Dasein nicht gern zum Gesprächsthema mache. Meine Experten repräsentierten somit eine Minderheit, doch durfte ich ihnen distanzierte Urteile über japanische Mehrheitshaltungen zutrauen. Als ob sie sich für ihre eigene Mitteilsamkeit entschuldigen wollten, bedeuteten sie mir, daß unsere Gespräche, wären sie in Japan geführt worden, anders verlaufen wären.

Ich traf die Auskunftsbereiten in Münchner und Düsseldorfer Cafés, am Arbeitsplatz oder in Wohnungen. Die Gespräche dauerten jeweils mehrere Stunden; in zwei Fällen wurden sie einige Tage später fortgesetzt. Ich machte mir Notizen und benutzte manchmal, wenn das Gespräch in Fluß gekommen war, ein Aufzeichnungsgerät. Um uns über Schlüsselbegriffe zu verständigen, schlugen wir in Wörterbüchern nach. Ich hatte einen Gesprächsleitfaden ausgearbeitet; doch da die Japaner nach den Präliminarien jeweils selbst zur Sache kamen und die Reihenfolge der Themen keine große Rolle spielte, nahm ich ihn nur zur Hand, um zu prüfen, ob wir alles Wesentliche angesprochen hatten.

Zumindest *einem* Klischee war ich aufgesessen: Ich hatte erwartet, daß die Japaner gewissen Fragen heikel und höflich ausweichen würden. Aber diese korrekten, kontrollierten und konzentrierten Gegenüber überraschten mich durch Offenherzigkeit. (Selbst wenn sie bestrebt gewesen waren, meinen Erwartungen zu entsprechen, tauschten sie deswegen ihre Wahrnehmung nicht in Gefälligkeiten um. Sie waren vielmehr, wenn ich so sagen darf, von schneidender Höflichkeit.)

Ich nannte den Hauptgegenstand meiner Fragen nicht »Westen«, sondern »Deutsche«, »Europäer« und »Amerikaner«. Die Japaner griffen diese Stichworte auf (wobei sie kaum jemals zwischen »Deutschen« und »Europäern« unterschieden), wechselten aber meist rasch zu den Ausdrücken »Weiße«, »weiße Leute« oder »weiße Rasse« und bündelten mit ihnen die Okzidentalen. Vergleichend sprachen sie von »Asiaten« (nicht »Ostasiaten«). Allerdings zogen sie es vor, zwischen »Japanern«, »Chinesen«, »Koreanern« und »anderen Asiaten« zu unterscheiden, wobei sie unter letzteren in erster Linie die Völker im Südosten Asiens verstanden.

Welchen Anblick boten die ersten Europäer und »Amerikaner«, die den Befragten zu Gesicht gekommen waren? Und welchen Anblick bieten sie den Japanern heute? »Die Weißen sehen hübsch aus«, war die nahezu stereotype Antwort auf beide Fragen. Was ist denn hübsch an ihnen? fragte ich.

▶ »Die Nase, die Augen und die gelben Haare. Viele Leute finden auch die großen Nasen hübsch.« (Frau A.)

▶ »Mit sechs Jahren habe ich die ersten Amerikaner oder Europäer gesehen. Sie fielen mir auf, weil sie groß waren und große Nasen hatten. Sie gelten allgemein als schön. Es waren ›weiße Menschen‹, *hakujin*.« (Frau I.)

▶ »Die Weißen haben ein fremdes Äußeres. Sie sind großgewachsen, haben große Augen und große Nasen, sind aber überhaupt nicht häßlich. Vor allem ältere Japaner reagieren immer noch verblüfft bei ihrem Anblick.« (Herr H.)

▶ »Die Europäer sind den Japanern körperlich überlegen.« (Herr D.)

▶ »Nach der Landung in Düsseldorf war mein erster Eindruck so: Die Deutschen haben lange Beine, starke Körper, breite Brustkörbe. Ihre Gesichter sind nicht so flach wie die japanischen Gesichter, sondern *cubic*, ausgeprägt. Schöne, imponierende Gestalten. Japaner sind kleiner.« (Herr B.)

❱ »In früheren Jahrhunderten wurden die Weißen wegen ihres Aussehens manchmal abgelehnt. Weil sie Wein tranken, hieß es: ›Europäer trinken Blut‹. Aber heute ist es das Schönheitsideal, mindestens einen Meter achtzig groß und blond zu sein und große Augen zu haben. Schmale Augen und schwarzes Haar zu haben, ist nicht mehr ideal. In der Werbung treten fast ausschließlich europäische Models auf. Man hat die Vorstellung, sie seien besser proportioniert. In Japan Europäer zu sein, ist ein reines Glück.« (Frau C.)
❱ »Die Weißen haben für Japaner eine angenehme Erscheinung. Nur die Art ihres Auftretens wird bemängelt.« (Herr F.)

Lange Beine, große Brustkörbe, große Augen, gelbe Haare, große Nasen und andere markante Gesichtsvorsprünge. Japaner preisen Extremitäten, die raumgreifende Bewegungen erlauben, exponierte Gesichtsformen mit großem Ausdruckspotential und die Leuchtkraft von Augen, Haut und Haaren. Demnach tritt der schöne Weiße auf den japanischen Plan als ein Wesen, das aus sich herausgeht.

Ich hätte vor diesen Gesprächen darauf gewettet, daß wir Westler für sämtliche Nicht-Weiße häßlich sind (eben weil wir schlechte Menschen sind: alle anderen kolonialisiert oder zu kujonieren versucht haben). Folglich fühlte ich mich von der japanischen Wahrnehmung, die ja nicht anzuzweifeln war, übertölpelt. Und auch später sträubte ich mich dagegen, das Kompliment (das doch gar keines war) uns Westlern selber gutzuschreiben. Hübsch sein, was heißt das schon? Wenn wir uns fragen, wie die Japaner zu dem herausgestellten weißen Wesen stehen, sollten wir uns vor leichtfertigen Schlüssen hüten, etwa der Annahme, daß die Liebhaber sich am liebsten selbst in den gefälligen Körper verwandeln würden. Vielleicht ist der expansive und expressive Europäer nur als *ausgestelltes* Wesen beliebt, das man vorteilhaft agieren läßt, solange es bestimmte Grenzen nicht mißachtet. Doch jedenfalls seltsam mutet die Bereitschaft der Japaner an, zu ihren Ungunsten Vergleiche anzustellen. Sie scheinen zwar Scheu vor Konfrontationen zu haben, aber keine Furcht, bei ihnen schlecht abzuschneiden. Man macht uns das Geschenk, attraktiv zu sein, sagt uns aber nicht, was wir gegeben haben, um es zu verdienen (abendländisch gedacht). Und sofern es kein Geschenk ist, sofern wir grundlos attraktiv sind, wissen wir nicht, was wir dafür bekommen.

Erinnern Sie sich bitte an Ihre ersten Wochen in Deutschland oder anderswo in Europa, bat ich. Was ist Ihnen am Verhalten der Menschen aufgefallen?

Die »sehr direkte«, die »zu direkte« Art der Deutschen, Gefühle und Meinungen zu äußern, hörte ich. Man habe sofort den Eindruck gewonnen, dieses Land sei hart und brutal. Man zeige hier seine Ablehnung öffentlich, spreche mit lauter Stimme, verziehe dabei das Gesicht und mache viele Arm- und Kopfbewegungen (»ein bißchen komisch«). Sogar im Lift begrüße man sich und rede aufeinander ein – in Japan unvorstellbar. Man rüge rücksichtslos die Fehler der anderen und rufe immerzu die Kinder zur Ordnung. Das deutsche Gelächter klinge aggressiv. Die ganze deutsche Sprache sei energischer und rauher als die japanische, durch schroffe Zäsuren gegliedert, »nicht fein«. Von früh bis abends wollten sich die Leute selbstbehaupten. Schon wie sie sich auf der Straße bewegten und einander fixierten, sei eine Kampfansage. Nur keine Schwächen zeigen! Auch die deutschen Frauen übten sich mehr in selbstsicherem Auftreten und Sachlichkeit als in Charme und Höflichkeit.

Über das deutsche Ungehobeltsein sprachen meine Gewährsleute wie mit einer Stimme. Ihre Stimmen hatten jedoch, wenn ich von Frau G.s Empörung absehe, keinen vorwurfsvollen Unterton. Von der deutschen Manier, eindeutige Meinungen zu hegen und anderen ins Gesicht zu sagen, zeigten sich alle ebenso erschreckt wie beeindruckt. In einem Land zu leben, wo alles persönlich genommen wird, empfanden sie als Dauerbelastung, der standzuhalten eine Art von Überlebensstolz weckte.

Jenseits des Eingesponnenseins in der heimischen *Gruppe* trugen sie nur ihr asiatisches Gesicht und ihren Namen. Ob diese Identifizierung angemessen war, fragten sich die in Deutschland Ausgesetzten nicht. Das japanische Zeremoniell der Rücksichtnahme wurde hier nicht praktiziert; hier herrschten andere Sitten, und weil sie herrschten, verdienten sie Achtung. Im übrigen war meinen Gesprächspartnern bewußt, daß »zu große Offenheit« ein Merkmal aller westlichen Gesellschaften ist. Die meisten hatten schon die Vereinigten Staaten besucht, und fast alle hatten als Jugendliche in Tokyo das Gebaren der amerikanischen Gestalten ohne Manieren *(reigi shirazu)* beobachtet. Sie waren auch heute noch von der Großspurigkeit befremdet, doch in der barbarischen Hemisphäre verlor das eigene Empfinden an praktischer Bedeutung.

Deutsche Japanologen hatten mich besonders davor gewarnt, die reichhaltige europäisch-japanische Begegnungsliteratur des 20. Jahrhunderts wahllos aufzuarbeiten und aus den Lesefrüchten ein großes Kompott zu machen. Die Deutungen und Urteile vieler Besucher seien oberflächlich, tendenziös und nicht verallgemeinerungsfähig, sagten sie. Einige wiesen mich auch auf die zunehmend geringere Haltbarkeit der Aussagen über Japan hin. Analysen der siebziger Jahre sind nach ihrer Auffassung heute bereits überholt. Der japanische Sozialcharakter wandle sich so rapide wie der europäische. (Andere hielten diesen Befund für vordergründig.) Dieser Warnung eingedenk glaubte ich dennoch Ähnlichkeiten zwischen den Wahrnehmungen der von mir Befragten und den Reaktionen japanischer Reisender auf die westeuropäischen Umgangsformen zu Beginn des 20. Jahrhunderts zu erkennen. Von einem meiner Funde erzählte ich in jedem Gespräch.

Er betrifft den Schriftsteller Natsume Soseki (Natsume ist der Familienname, Soseki der Vorname), der in seinen Romanen und Aufsätzen an der Selbstvergewisserung Japans im globalen Modernisierungsprozeß gearbeitet hatte. Natsume wurde nach dem Abschluß eines Anglistikstudiums und eigener Lehrtätigkeit im Jahr 1900 von der japanischen Regierung zu Studien der englischen Sprache und Literatur nach England geschickt. Aus seinem Londoner Tagebuch geht hervor, daß der 34jährige sich kontaktscheu in sein möbliertes Zimmer verkroch, unter der Verachtung des Hauswirts litt und auf einsamen Spaziergängen sein Bewußtsein für die japanische Eigenart schärfte, während er befürchtete, in den Augen der Passanten nichts weiter als ein unscheinbarer armer Chinese zu sein. Die englischen Menschen fand er erstaunlich schön. Ihr ungeniertes Benehmen jedoch verblüffte ihn und widerte ihn an. Die Europäer verstünden es nicht, ihre Gefühle zu beherrschen, notierte er. Beispielsweise küßten und umarmten sie sich auf offener Straße. Ihre Architektur, ihre Kosmetik, ihr Theaterwesen und ihre Eßkultur bezeugten, daß sie »intensiv-aufdringliche Dinge« liebten. Den europäischen Charakter versuchte Natsume mit einem einzigen Wort zu fassen: *shitsukoi*.[1]

[1] Vgl. Wha Seon Roske-Cho: Das japanische Selbstverständnis im Modernisierungsprozeß bei Natsume Soseki. Wiesbaden 1973, S. 13 ff.

Meine Gesprächspartner konnten Natsumes Verhalten und Widerwillen gut nachempfinden. Der Versuch, das Europäertum mit einem einzigen Wort zu begreifen, amüsierte sie, doch bei *shitsukoi* waren sie sofort im Bilde. Ich bat um Übersetzungen und hörte:
- Sturheit
- Hartnäckigkeit (beim Nachfragen und Verfolgen eines Ziels)
- Aufdringlichkeit
- Eindringlichkeit
- Penetranz

In der Nachbarschaft von unziemlicher Direktheit umschreibt *shitsukoi*, wie mir scheint, die Selbstbezogenheit eines zielstrebigen und doch »merkwürdigen« Verhaltens. »Merkwürdig« ist es, daß isolierte Zwecke von isolierten Individuen mit Nachdruck verfolgt werden. (Mehrere der von mir interviewten Auslandsjapaner nannten die Deutschen und Amerikaner, aber auch die Italiener und Franzosen, »isoliert«, »egozentrisch« und »kalt«; die Musikstudentin bezeichnete die Italiener als »eng« im Sinne von »engherzig«.) Mit aller ihrer Entschlossenheit entkommen die Europäer nicht der Willkür, denn ihre Taten sind formlos: entsprechen keiner anderen Übereinkunft als bestimmten Regeln, die den Wettbewerb aller gegen alle erlauben. So entsteht von europäischer Lebensweise die Vorstellung eines tumultuarischen Verkehrs zwischen Monaden mit auftrumpfendem Ichbewußtsein. Die Monaden haben große, starke und schöne Körper. Sie setzen sich mit dreister Aufrichtigkeit gegen- und miteinander in Szene, sind dabei aber äußerst effektiv und behaupten unbedenklich einen Anspruch auf Weltherrschaft.

An dem beim Eintreffen in Deutschland entstandenen Deutschen-Bild hat sich bei den Befragten, unabhängig von der Dauer ihres Aufenthalts, bis heute jeweils kaum etwas geändert. Nur die Gewöhnung ließ das Bild verblassen. Den seit mehr als dreißig Jahren in Deutschland lebenden Naturwissenschaftler erschreckt es immer noch, wenn Deutsche ohne Umschweife *nein* sagen. Obwohl er sich von der japanischen Mentalität entfremdet hat und bei jedem Besuch in Japan bald nach Deutschland zurücksehnt, fühlt er sich als Japaner und nicht als Deutscher. (Mit Ausnahme von Frau I. sah sich keiner der Befragten überwiegend als Deutscher.) Zeitlebens kommt die

Sichtweise nicht von der Ankunft und die Ankunft nicht von der Herkunft los. Es erstaunte mich zu hören, wie wenig die einzelnen Deutschen, mit denen die Japaner zusammenleben, arbeiten und befreundet sind, gegen *die Deutschen* zu wirken vermögen. Das geschilderte Verhalten dieser Einzeldeutschen weicht deutlich von der Pauschalvorstellung ab. Aber das Deutschen-Bild der Befragten bleibt weitgehend erfahrungsresistent, obwohl es selbst auf (anfänglicher) Erfahrung beruht und somit kein hergeholtes Vorurteil ist. Das Bild ist richtig, ohne daß wir Deutsche uns in ihm wiederzuerkennen haben.

Erfahrung ist nichts Erstes. Die Eingereisten bringen eigene Wahrnehmungsformen mit, in die sie ihre Deutschland-Erfahrung füllen, und eigene Anlässe, die Augen aufzumachen. (Desungeachtet gibt es keine Deutschen-Wahrnehmung ohne Deutsche.) Daß der irritierende Gesamteindruck von Deutschland bei meinen Gesprächspartnern auch noch nach fünf oder fünfzehn oder dreißig Jahren haftete, kennzeichnet indes nicht nur die Kraft der Prägung, die dem Eindruck vorausging, sondern auch die interkulturelle Position der in Europa lebenden Japaner. Ich hatte vermutet, daß diese Japaner im gleichen Maße, in dem sie sich von ihrem Geburtsland entfremdeten, ein europäisches Selbstverständnis übernahmen. Das Gegenteil war der Fall. Mit dem Abstand zu Japan erlangten die Auslandsjapaner erstmals die Fähigkeit, sich ihrer Herkunft zu *nähern* und das eigene, nun auch entlegene Japanertum zu erschließen. Als aber die Küsten des Eigenen Konturen annahmen, trat zugleich die Absonderlichkeit des Gastlandes schärfer als beim ersten Anblick hervor. Mit zunehmender Eingewöhnung gewahrten die Japaner an Deutschland immer mehr Unbekanntes. Um die Deutschen mit ihren Landsleuten zu vergleichen, führten sie Unvereinbarkeiten und nicht Ähnlichkeiten an.

Ihre Berichte von den japanischen Umgangsformen stimmten in solch hohem Maße überein, daß mir der unsinnige Gedanke kam, sie hätten gemeinsam ein Selbstfremdbild-Seminar besucht und dort gelernt, wie man Zusammenhänge, für die es keine fremdsprachigen Worte gibt, behelfsmäßig darstellt. Japan sei das Land der indirekten Äußerung, sagten sie. Während Europäer beim Sprechen gestikulierten, unterstützten Japaner das Verständnis nur mit Mund und Augen (Frau A.). Es sei unhöflich, die Zähne zu zeigen; man lache leise und hinter vorgehaltener Hand. (Unter amerikanischem Einfluß hätten sich aber manche ein lautes Lachen angewöhnt.) Man vermeide es, sein Gegenüber anzustarren und ihm geradewegs zu sagen, was man fühle und denke (Herr F.). Anfragen bescheide man uneindeutig; Ablehnung signalisiere man häufig »mit einem abgeschwächten Ja«. Die wahre Auffassung des anderen herauszufinden, sei dann »Gefühlssache«. Warum man sich so verhalte? Schwer zu sagen. »Vielleicht wollen wir nicht verletzen.« Ich hatte das Gefühl, dies sei eine zuvorkommende Mutmaßung, um mich nicht durch den Hinweis auf Unfaßliches zu verletzen.

Nach meinem Eindruck geraten Japaner, die von außen über Japan sprechen, in ein spezifisch japanisches Dilemma. Japaner seien »Gruppenmenschen«, übersetzten die Befragten. (»Japaner«, nicht etwa »wir«.) In der Rolle des ausgesetzten Einzelnen beachten sie eine andere, europäische Normalität, in deren Schwerefeld das entrückte Japan rasch seltsam zu werden beginnt – und die kontrastierende Rückerinnerung selbstquälerisch. »Japaner sind so zurückhaltend und verschlossen. Das ist unnormal«, sagte der Manager, der erst drei Monate in Deutschland war. Die Rituale der Rücksicht erscheinen nun »unehrlich«, die Formeln der Höflichkeit »oberflächlich«, die Versicherungen, der andere und seine Angehörigen stünden höher als die eigene Wenigkeit (»und mein Schweinesohn«), »zwanghaft«.

Es ist weder ein Akt der Unterwerfung noch ein Akt kultureller Konversion, wenn der Japaner in Europa, nach Osten blickend, das Augenmaß kräftiger Körper anlegt. Auf dem Boden der »Ellbogengesellschaft« erkennt er in den daheim Gebliebenen »empfindliche« und »zerbrechliche« Menschen, die den Strapazen der Internationalisierung noch immer nicht gewachsen sind. Einzeln betrachtet entpuppt sich der Gruppenmensch als ein »kompliziertes und sentimentales« Wesen. Verschlägt es ihn nach München oder Paris, akzeptiert er das Gebot, sich einzeln behaupten zu müssen, als hierzulande gültige Gruppennorm. Seine Neigung, Japan kleinzumachen, wäre demnach ein Verfahren, Japan treu zu bleiben. »Das Hauptproblem für Japaner in Deutschland ist es zu sagen: Ich bin eine Persönlichkeit. Nein sagen zu können. Anderen in die Augen zu sehen.« (Frau C.)

Stellen Sie sich vor, Sie wollten Ihrem kleinen Bruder mit wenigen Worten das Leben in Deutschland erklären, sagte ich zu Frau I. Was würden Sie ihm sagen? Ihre Antwort: »In

Deutschland muß man erwachsen sein – nicht kindlich, nicht kindisch.« Aber Japan ist doch wohl keine Nation von Kindern.

Ich versuchte, das Gespräch jeweils in die offene Ebene der Erfahrung zu lenken, aber meine Gegenüber kehrten immer wieder in den Engpaß des Vergleichs zurück. Und wenn sie sich als Individuen mit den *weißen* Individuen verglichen, sprachen sie von ihrer Unzulänglichkeit. Ohne daß ich ein Stichwort gegeben hätte, erwähnten sieben der zehn Gesprächspartner »Minderwertigkeitsgefühle«, die ihre Landsleute wegen ihres Aussehens empfänden, wenn sie Europäern und Amerikanern begegneten. Japaner hielten sich für unansehnlich, erläuterten sie, und lebten in der Furcht, belächelt zu werden. Sie schämten sich für ihren Körper und ihre Schüchternheit und zuckten zusammen, wenn sie im Ausland von Kopf bis Fuß gemustert würden – ein Verhalten, das in Japan als Beleidigung gelte. »Sie schämen sich sehr.« (Um dies zu belegen, zitierten mehrere Gesprächspartner Ruth Benedicts kulturpsychologische Schrift »The Chrysanthemum and the Sword« von 1946, ein in Japan offenbar vielgelesenes Buch.) Der Naturwissenschaftler unterstellte Japanerinnen, die Europäer heiraten, generell die Motive des »Minderwertigkeitsgefühls gegenüber Weißen« und der Hoffnung auf kulturelle Aufwertung. Er selbst habe lange Zeit unter dem »typischen japanischen Europakomplex« gelitten, sagte er. Einmal habe man ihn für einen Spanier gehalten, da sei er sehr stolz gewesen. »Asiaten« bemühten sich meist vergebens, europäische Frauen kennenzulernen. Perser, Araber und hellhäutige Inder dagegen würden von weißen Frauen häufig als Partner akzeptiert, denn sie hätten annähernd europäische Gesichter.

Warum würdigt sich der Körper des Japaners vor dem Körper des Europäers herab? Erklärungen, die man für mich improvisierte, vergrößerten noch das Rätsel: Der eindeutige Blick der Weißen werde in Japan als unanständig empfunden. Japaner seien auf sich selbst bezogen und fühlten daher beim Anblick von Weißen ein Befremden. In den japanischen Massenmedien dominierten weiße, zumal US-amerikanische Modelle. Trotz der Intensivierung des Welthandels sei Japan noch immer ein überwiegend isoliertes Land.

Auch unabhängig vom japanisch-westlichen Verhältnis hatte das Thema des Überlegenseins und Unterlegenseins einen festen Platz in den Assoziationen der Befragten. Die hier lebenden

Japaner glauben im forschenden Blick der Passanten den Überlegenheitsdünkel der Weißen zu erkennen – »vielleicht denken solche Leute, die europäische Kultur stehe weit über der asiatischen« (Frau A.). Diese Anmaßung weisen sie, selbst kulturstolz, mit scharfen Worten zurück. Herr F. und Herr K. gaben mir darüber hinaus Einblick in die eigene Rangordnung (von der sie sagten, sie gelte für alle Japaner): Das höchste physische Ansehen genössen die Weißen, doch gleich hinter ihnen rangierten die – großenteils selbst hellhäutigen – Japaner. Ihnen folgten die anderen Ostasiaten, und ganz unten stünden die Schwarzen. Auf Chinesen, Koreaner, Vietnamesen, Burmesen, Malaien und Filipinos blickten auch weltbürgerlich gesonnene Japaner herab.

Diese sehr *direkten* Aussagen machten mich neugierig zu erfahren, welche Aufnahme die angesehenen Weißen in Japan finden. Selbstverständlich werden sie respektvoll behandelt. Aber wie nahe kann ein fünf oder zehn oder zwanzig Jahre im Lande lebender Europäer seinen einheimischen Geschäftspartnern und Mitarbeitern und dessen Familien kommen? »Wenn Europäer sich bemühen, Japanisch zu sprechen, kommen freundschaftliche Kontakte zustande. Aber ein Ausländer bleibt ein Ausländer. Er kann der japanischen Gesellschaft nie vollständig angehören.« (So oder ähnlich Frau A., Frau C., Herr H. und Frau I.) Auch dann nicht, wenn er sich für immer in Japan niederläßt? »Nein, weil er kein Japaner ist.« Was geschieht, wenn ein Amerikaner oder Europäer eine Japanerin heiraten will?

»Das würde den Eltern der Frau nicht gefallen. Sie würden versuchen, es zu verhindern, oder auf Distanz gehen. Ein solcher Schwiegersohn würde nicht akzeptiert.« (Herr B., Frau I., Herr K.)

Und wenn ein Japaner eine europäische Frau nach Hause mitbringt?

»Da sind die Meinungen geteilt. Die Hälfte der Leute sagt: ›schöne Frau‹. Die anderen äußern sich ablehnend.« (Frau C.)

Kurzum, man machte mir klar, daß weder körperliche Überlegenheit noch achtunggebietender Erfolg das angeborene Gebrechen des Ausländerseins vergessen machen kann. Als ich nach den Hintergründen der diskreten Ablehnung geschätzter Europäer forsche, verwies man auf die von Unkenntnis genährte Fremdenscheu japanischer Inselbewohner. Diese Scheu, fügte man hinzu, sei mit großer Neugier gepaart. Nichts, was fremde Gäste in der Öffentlichkeit tun, bleibe unbeobachtet. Unbescheidenes oder ungeschicktes Verhalten reize die Spottlust japanischer Männergruppen. Dann würden die *gaikokujín* (Ausländer) rasch zu *hen na gaikokujin* (komischen/verrückten Ausländern) und *gaikujaro* (Scheißfremden) degradiert.

Vermutlich gibt es für die Figur des hochgeschätzten, nachgeahmten und abgewiesenen Weißen keine Deutung, zu der Motivforschung im westlichen, subjektbezogenen Sinn etwas beitragen könnte. Jedenfalls habe ich in diesen wenigen Gesprächen gelernt, daß die Frage nach Gründen im Kreis herumführt. Wie kommt es, daß Ausländer in Japan Außenseiter bleiben? »Die europäischen Gesichter sehen einfach ganz anders aus.«

Inwieweit Form und Hautfarbe eines Gesichts dem eigenen Äußeren ähnlich oder unähnlich sind, hat in der Wahrnehmung der Japaner einen Beachtungsvorsprung gegenüber anderen Merkmalen. Ich schließe das aus der Vorliebe für bestimmte Themenaspekte und Begriffe, die die Befragten selbst ins Gespräch brachten. Sieben von ihnen stellten unaufgefordert Überlegungen über die »farblichen« Unterschiede und Übergänge zwischen »gelben«, »weißen« und »schwarzen Menschen« an. Der Gebrauch von Begriffen wie »Rasse« *(jinshú)*, »rassisch« oder »Rassenzugehörigkeit« ist in Japan offenbar nicht anrüchig. (Semantische Probleme lasse ich hier außer acht.) Als japanische Entsprechung für »Gelbe« nannten meine Gesprächspartner *oshokujinshú*, für »Weiße« *hakujín*, für »Schwarze« *kokujín*.

Wenn sie auf ihr Verhältnis zu den Weißen eingingen, hielten sie sich an die gewohnten Diskrepanzmodelle. Zugleich jedoch wurde bei einigen ein bestimmter Affinitätswunsch spürbar. Zwischen Gelb und Weiß gebe es fließende Übergänge, sagte Frau A.; nach der bloßen Hautfarbe betrachten, zählten viele Japaner zu den Weißgesichtern. Europäer wirkten daher auf Japaner weniger beängstigend als Schwarze. (*Oshokujinshú* bezeichnet in erster Linie nicht die Hautfarbe schlechthin, sondern ein »gelbes« Merkmalsensemble.) Von dem Bewußtsein, weniger ostasiatisch als andere Ostasiaten auszusehen, mag die Verstimmung japanischer Europareisender herrühren, die es erleben, daß die meisten Europäer nach wie vor nicht in der Lage sind, Chinesen und Japaner auseinanderzuhalten.

Mehrere Befragte überraschten mich durch lebhafte Differenzierungsbemühungen. Zur »eigenen Rasse« gehören nach ihrer Ansicht eine ganze Reihe asiatischer Festlandvölker, von den Mongolen im Norden bis zu den Malaien und Filipinos im Süden und bestimmten Turkvölkern im Westen. Unabhängig von gegenseitiger Verachtung fühlten etwa Chinesen und Koreaner einerseits und Japaner andererseits eine auf gemeinsamer Abstammung und Kultur beruhende Verwandtschaft; diese erleichtere auch sexuelle Beziehungen. Inder und Iraner dagegen gehörten bereits einer »fremden Rasse« an (weswegen die Einwanderung von gut zehntausend Iranern nach Japan von vielen Japanern bereits als eine Art arischer Invasion betrachtet werde).

Frau A. lobte die westliche Toleranz, die es Amerikanern und Europäern erlaube, ostasiatische Kinder zu adoptieren. Der umgekehrte Fall, daß ein Japaner ein europäisches Kind adoptiere, sei nicht vorstellbar:

»Ich bin eine Asiatin – wie kann ich ein weißes Baby bekommen? denken die Japaner. Kinder von Japanerinnen und amerikanischen Soldaten hatten in Japan große Schwierigkeiten. Auch halbeuropäische Kinder werden in Japan gemieden. Japaner akzeptieren nur Menschen, die Japanisch sprechen und eine gelbe Hautfarbe haben. In ihren Augen sind Mischlinge keine Japaner. Das Gefühl für die Reinheit des eigenen Blutes ist in Japan sehr stark. Das Blut muß rein sein. Schon aus Tradition.«

Aber obwohl sie selbst die Mutter eines deutsch-japanischen Kindes ist, würde sie am liebsten den toleranten, arroganten Westen verlassen und nach Japan zurückkehren:

»Ich fühle mich als Asiatin. In Japan sehen alle so aus wie ich. Da gibt es farblich keinen Unterschied, und da fühle ich mich wohler.«

Im Verhältnis der Auslandsjapaner zu ihrem Mutterland durchdringen sich Ablehnung und Ehrfurcht auf eigentümliche Weise. Wie die japanischen Individuen in kleiner oder großer Zahl sich verhalten, darf und soll getadelt werden. Aber den Traditionskern der japanischen Kultur – fast unsichtbar inmitten des kulturellen Sammelsuriums, als das Japan sich darbietet – wagt keiner der Kritiker zu relativieren. Die japanische Gesellschaft sei nur an der Oberfläche westlich, urteilte die Journalistin, und sie werde in zwanzig oder dreißig Jahren nicht westlicher sein als heute. Vor dem Verlust ihrer Eigenart schütze die Japaner das Bewußtsein, einander verpflichtet zu sein, aber auch, wie Frau A. versicherte, die Unübersetzbarkeit der japanischen Literatur, Philosophie und zeremoniellen Überlieferung, beispielsweise der Teezeremonie. So wie es für viele mehrdeutige und lautmalende japanische Worte keine Entsprechung in anderen Sprachen gebe, entzögen sich die Bindekräfte der japanischen Gemeinschaft letztlich dem Kulturvergleich.

Damit tritt die Paradoxie hervor, in der ich die Pointe der Darlegungen meiner zehn Gesprächspartner sehe. Der Japaner wendet dem Europäer – sagen wir ruhig, dem Weißen – ein doppeltes Gesicht zu: das der Selbstverleugnung und das der Gewißheit, einzigartig zu sein. Sobald er mit dem Weißen Worte und Blicke zu wechseln beginnt, gibt er der Neigung nach, sich geringzuschätzen. Er unterläuft damit übrigens auch die Strategie des Weißen, der die anderen für sich einnehmen möchte. Die nach Europa delegierten japanischen Manager pflegen sich abzusondern und kommen bei Außenkontakten mit Weltenglisch aus. Man sagt von ihnen, daß sie den Westen herausfordern, doch unzweifelhaft sind es schüchterne Menschen, die um die Wirkung ihres Auftretens bangen. Ohne Zögern berichten sie von Demütigungen im Ausland – ein Deutscher manövriert den Japaner beim Einparken aus und zeigt ihm den Vogel; grinsend läßt ein Trambahnfahrer die Japanerin an der Haltestelle stehen; Kellner und Kassiererinnen spielen sich als Lehrmeister auf. Aber die japanischen Residenten berichten davon ohne jede Spur von Larmoyanz. Sie sind darauf eingerichtet, daß Menschen, die anders aussehen, anders behandelt werden, konstatieren allerdings die Ahnungslosigkeit der Deutschen – und deren Arbeitsunlust. Die Vorbilder werden an ihren eigenen Maßstäben gemessen und schneiden schlecht ab. Doch das bewährte Rollenschema bleibt von schlechten Erfahrungen unberührt. Als Schüler, die noch viel zu lernen haben, erobern die Bescheidenen die Lehranstalten. Dabei kommt ihnen zugute, daß ihre Selbstbescheidung nicht gespielt ist.

Einige der Befragten hielten die Weigerung japanischer Manager, Deutsch oder Italienisch oder Französisch zu lernen, für Arroganz. Wie verträgt sich Arroganz mit Schüchternheit? Der Lehrer und der Naturwissenschaftler boten die These an, Nichtswürdigkeit und Einzigartigkeit ergänzten sich, seien sozusagen die beiden Seiten des japanischen Kollektivs (in Form des »Hauses«, der Firma und des Staates). Demnach sei es an den einzelnen, sich zu erniedrigen, spekulierte ich. Indem sie sich erniedrigten, erhöhten sie die Gemeinschaft. Darüber zu sprechen, sei sehr schwierig, entgegnete man mir. Der Lehrer bemerkte, dies sei auch eine Generationsfrage. Jüngere Japaner bildeten sich nicht mehr ein, einzigartig zu sein.

Wenn ich dem Wunsch nachgab, verstehen zu wollen, was es mit der Ansehnlichkeit der Weißen und der Unscheinbarkeit der Japaner auf sich hat, schienen die Ausgeforschten meine Fragen mißzuverstehen und sich auf Gemeinplätze zurückzuziehen, was mich um so mehr irritierte, als mein Argwohn, von den Japanern höfliche Nettigkeiten zu hören, schon beim ersten Gespräch geschwunden war. Nach dem letzten Gespräch war mir noch weniger klar als anfangs. Den Vermutungen, die ich nach der Lektüre von Fachliteratur angestellt hatte, traute ich nicht mehr; nicht einmal auf das »Minderwertigkeitsgefühl« war ich vorbereitet gewesen. (Vielleicht sind es *unsere* Fachleute, die sich weigern, etwas zu sagen, das – nach ihrer Meinung – jemanden verletzen könnte.) Aber wenn mir die ostwestliche Konfrontation als eine Reihe denkwürdiger Begebenheiten vermittelt wurde, konnte ich folgen und fühlte mich aufgeklärt.

Eine dieser Begebenheiten ist die Implantierung westlicher Wissenschaften, Techniken und Denkschulen ins feudale Japan des 19. und 20. Jahrhunderts. Nach Jahrhunderten rigoroser Abschottung bestellte sich Japan gleichsam per Katalog eine eklektizistische Moderne. Die Japaner verbeugten sich vor den Lieferanten, doch der alles verdauende Gemeinschaftsgeist, dem sie verpflichtet sind, wurde im Zuge der Modernisierung ungreifbar. »In Japan sagt man: ›Aus nichts können wir nichts machen‹«, erzählte Herr F. »Daher wollte man sich von überallher das Gute holen.« Frau C. kommentierte diese Aneignungslust mit dem Hinweis, daß die Japaner aggressiv reagierten, wenn sie der Meinung seien, andere Völker kopierten sie...

Wie hat diese merkwürdige Auseinandersetzung begonnen, in der es immer nur um den Einsatz des Westens geht und Japan anscheinend nichts zu verlieren hat? Blicken wir zurück in die Zeit der ersten Begegnungen.

16. Jahrhundert:
Die Fremden von nirgendwoher

Im Jahr 1542 oder 1543 trieben widrige Winde eine chinesische Piratenschunke an die Küste der kleinen Insel Tanegashima nahe der Südspitze von Kyushu, der großen Südinsel Japans. Die Dschunke strandete oder wurde, anderen Berichten zufolge, von Fischerbooten in den Hafen von Tanegashima geleitet. Der herbeigerufene Inselgouverneur bemerkte unter den Seeleuten drei sonderbare Gestalten mit langen Bärten und befragte sie mit Hilfe einer Frau, die sich auf chinesisch verständigen konnte. Bei den dreien handelte es sich um die portugiesischen Abenteurer Borralho, Zeimoto und Pinto. Es waren die ersten Europäer, die japanischen Boden betraten. Einer von ihnen, Fernão Mendes Pinto, hat Memoiren verfaßt und seine Reiseerlebnisse, wie es sich gehörte, mit Greuelmärchen und Prahlereien ausgeschmückt. Von den japanisch-europäischen Begegnungen liegen aber jeweils Berichte beider Seiten vor.[1] Worin beide übereinstimmen, kann als belegt gelten.

▶[1] Für dieses Kapitel ausgewertet wurden insbesondere die folgenden Materialsammlungen und Darstellungen (in alphabetischer Reihenfolge der Autoren): Paul *Aoyama Gen* SVD: Die Missionstätigkeit des heiligen Franz Xaver in Japan aus japanischer Sicht. St. Augustin 1967; Walter G. *Armando* (Bearb.): Peregrinaçam oder die seltsamen Abenteuer des Fernão Mendes Pinto. Hamburg 1960; Urs *Bitterli:* Die »Wilden« und die »Zivilisierten«. Grundzüge einer Geistes- und Kulturgeschichte der europäisch-überseeischen Begegnung. München 1991; Bodo von *Borries:* Kolonialgeschichte und Weltwirtschaftssystem. Europa und Übersee zwischen Entdeckungs- und Industriezeitalter 1492–1830. Düsseldorf 1986; Michael *Cooper,* S. J. (Ed.): The Southern Barbarians. The First Europeans in Japan. Tokyo/Palo Alto, Calif., 1970; Gerhard *Dambmann:* 25mal Japan. Weltmacht als Einzelgänger, München 1979; Horst *Hammitzsch* (Hrsg.): Japan-Handbuch. Land und Leute, Kultur- und Geistesleben. Stuttgart, 3. Aufl. 1990; Peter *Kapitza* (Hrsg.): Japan in Europa. Texte und Bilddokumente zur europäischen Japankenntnis von Marco Polo bis Wilhelm von Humboldt. München 1990; Donald *Keene:* The Japanese Discovery of Europe, 1720–1830. Stanford, Calif., 1969; Dietrich *Krusche:* Japan – konkrete Fremde. Eine Kritik der Modalitäten europäischer Erfahrung von Fremde. München 1973; Hisako *Matsubara:* Weg zu Japan. West-östliche Erfahrungen. Hamburg 1983; Gernot *Prunner:* »Zivilisierte« sehen »Wilde«. In: Detlef Hoffmann (Hrsg.): Die Zahmen sehen die Wilden. Kolonisierte in den Bildwerken der Kolonisatoren. Loccumer Protokolle 1/1987. Rehburg-Loccum 1988; Steffi *Richter:* Ent-zweiung. Wissenschaftliches Denken in Japan zwischen Tradition und Moderne. Dissertation. Berlin

Scheußlich anzusehen sollen sie gewesen sein, diese fremden Barbaren, so berichten die Chronisten, mit bärtigen Gesichtern, mit Haaren auf den Armen und auf der Brust, mit großen Nasen, großem Mund und abstoßenden Eßmanieren. Sie griffen mit bloßen Händen ins Essen und schoben es sich zwischen die Zähne.[2]

Waren die ersten Europäer in Japan häßlich? Stellen wir diese Frage zugunsten einer anderen zurück, die nur im Falle Japans möglich ist: Wie reagierte das Land insgesamt auf die Präsenz der ersten Vertreter einer unbekannten Macht »vom Ende der Welt«? Japan war im 16. Jahrhundert und schon viele Jahrhunderte zuvor ein straff organisiertes Gemeinwesen mit hochgradiger Arbeitsteilung, sublimer Alltagskultur und Geschichtsschreibung, mit philosophischer Selbstreflexion und religiösem Pluralismus, mit hochgezüchtetem Kriegertum, Fernhandel und zentraler Führung, verkörpert im Shogun, dem Reichsverweser, und im Tenno, dem verborgen lebenden Garanten der göttlichen Abkunft Japans (beide freilich seit etwa 1200 vier Jahrhunderte lang nahezu ohnmächtig gegenüber Provinzfürsten und Handelsstädten). Als die drei primitiven Wundermänner landeten, reagierten nicht nur einzelne Küstenbewohner. In der Person des Inselgouverneurs und anderer Repräsentanten lokaler Herrschaft handelte ganz Japan.

Die Portugiesen hatten zwei Arkebusen samt Pulver und Blei bei sich und veranstalteten auf Wunsch des Gouverneurs ein Probeschießen auf Enten. Der Gouverneur ließ die beiden Gewehre mit Silber aufwiegen, und die Portugiesen zeigten, wie man Pulver zusammenmischt (oder so ähnlich). In dem vom Bürgerkrieg zerrissenen Land löste die Nachricht vom Eintreffen fremder wilder Männer und ihrer Donnerbüchsen einen Wettlauf um den Besitz der Distanzwaffe aus. Zuerst gelang es den

---

o. J. (neunziger Jahre); Georg *Schurhammer*, S.J.: Die Disputationen des P. Cosme de Torres S.J. mit den Buddhisten in Yamaguchi im Jahre 1551. Tokyo 1929; Gertrude C. *Schwebell* (Hrsg.): Die Geburt des modernen Japan in Augenzeugenberichten. Düsseldorf 1970; Herbert *Scurla* (Hrsg.): Reisen in Nippon. Berichte deutscher Forscher des 17. und 19. Jahrhunderts aus Japan. Berlin 1968; Richard *Storry*: A History of Modern Japan. Harmondsworth 1960; Karl Peter *Thunberg*: Reise durch einen Theil von Europa, Afrika und Asien, hauptsächlich in Japan in den Jahren 1770 bis 1779. Heidelberg 1991; Endymion *Wilkinson*: Japan ist ganz anders. Geschichte eines großen Mißverständnisses. Königstein/Ts. 1982. ▶[2] Hisako Matsubara: a.a.O., S.37.

Schwertschmieden eines Daimyo (Regionalfürsten) auf Kyushu und eines buddhistischen Ordens bei Sakai in Zentraljapan, die Funktionsweise des Zündschlosses zu erfassen, eiserne Rohre zu gießen und die Gewehre nachzubauen. Als Pinto dreizehn Jahre später erneut das Land besuchte, waren bereits die Armeen aller rivalisierenden japanischen Fürsten mit Gewehren und anderen Feuerwaffen ausgerüstet. Japan verfügte über die Waffentechnik Europas.

Schon bei der ersten, unerwarteten Begegnung am Strand zeigt sich jene spontane Empfänglichkeit, mit der Japan bis heute die Absichten des Westens unterläuft. Man ist versucht zu sagen, daß die Rollen der Europäer und Japaner verteilt waren, bevor die Beziehungen zwischen ihnen recht begonnen hatten. Bevor die Eindringlinge wußten, wie ihnen geschah, waren aus ihnen Überbringer von Geschenken geworden. Ohne zu wissen, was die Ankömmlinge waren und wollten, machte sich Japan die Ergebnisse der westlichen Zivilisationsgeschichte zu eigen und trat dem Westen alsbald mit derselben Ausstattung gegenüber. Von sich selbst offenbarte es dabei noch gar nichts. Die Europäer überzogen das Land mit Handel, Christentum, Technik, Wissenschaft und Lebensart, aber es gelang ihnen nicht, Fuß zu fassen.

Ohne zu wissen, wer und was da eingetroffen war, ließ sich das wißbegierige Japan im 16. Jahrhundert von europäischen Profiteuren und Missionaren infiltrieren. Vielleicht sogar: ohne es wissen zu wollen. Vielleicht aber auch: ohne dem Wissen eine Bedeutung geben zu können. Den »südlichen Barbaren« eilte nämlich ein schlechter Ruf voraus. Lange vor der Ankunft der ersten Europäer wußten die Japaner von den Kapitänen ihrer eigenen Kauffahrer, daß im südlichen Meer seltsame Menschen auf schwarzen Schiffen ihre weittragenden Waffen gegen Küstenstädte Annams, Siams und anderer Reiche einsetzten, um Stützpunkte zu errichten, Handelsmonopole durchzusetzen und ganze Inselgruppen (wie die Philippinen) in ihre Gewalt zu bringen.[3]

Mit Unterstützung mehrerer rasch bekehrter Fürsten wirbt der portugiesische Jesuitenpater Francis Xavier seit 1549 in dem von shintoistischem Ahnenkult und Zen-Buddhismus beherrschten Land für das Christentum. Ungeachtet der Proteste buddhistischer Mönche und des Widerstands einiger zwangs-

▶ [3] Hisako Matsubara: a.a.O., S. 36.

weise christianisierter Stadtbevölkerungen haben die Jesuiten dreißig Jahre später etwa zweihundert Kirchen errichtet und hundertfünfzigtausend Menschen getauft. Sie gewinnen Anhänger in allen Ständen und Kreisen, in der Mehrzahl Unterprivilegierte, aber auch Daimyo, Samurai, Kaufleute und den Leibarzt des Tenno. In der Hauptstadt Kyoto schickt Odo Nabunaga, der Militärherrscher des Landes, seine Söhne in den Musik-, Geschichts- und Erdkundeunterricht der Jesuiten und gesellt sich selbst einige Male hinzu. Die neugetauften *kirishitan* (Christen) schwören dem Ahnenkult ab. Zum Beweis ihrer Glaubensfestigkeit verbrennen sie die Namenstafeln ihrer Vorfahren (womit sie nach alter Überlieferung deren Seelen auslöschen), zerstören Gräber und Aschenurnen und rauben Buddhastatuen und Shintogottheiten, damit diese ebenfalls vernichtet werden können. Die Provinzial- und Oberherren sprechen Rügen und Platzverweise aus, schauen dem Treiben aber jahrzehntelang untätig zu. 1580 erhalten die Jesuiten die Stadt Nagasaki mit allen Einwohnern und den umliegenden Feldern und Bergen zum Geschenk, »auf ewig«.

Die portugiesischen Kaufleute genießen die uneingeschränkte Freiheit der Ein- und Ausfuhr und, wie die Jesuiten, gewissermaßen diplomatische Immunität. Sie gehen an Land, wo es ihnen beliebt, transportieren ihre Waren zollfrei auf jeden gewünschten Markt und verkaufen sie mit hohem Gewinn. Viele von ihnen heiraten Töchter aus wohlhabenden japanischen Familien und bewohnen prächtige Häuser. Als Vertreter undurchsichtiger Interessen mischen sich europäische Handelsherren und Priester in den Bürgerkrieg ein – und das in einem Reich mit uralter staatlicher Eigenständigkeit. Sie regieren in einigen Landesteilen mit, liefern sich Seegefechte mit renitenten Daimyo und spielen eine Partei gegen die andere aus, wobei die Jesuiten den Zugang zu begehrten europäischen und chinesischen Waren als Prämie für Konzessionsbereitschaft in Glaubensfragen versprechen.

Die Japaner ihrerseits geben sich Mühe, nichts zu verpassen. Sie lernen von den Fremdlingen fast alles, was es zu lernen gibt: wie man in Europa Krankheiten behandelt, wie man Krankenhäuser, Druckereien, große Schiffe und Uhren baut und wie man leichter in ein gutes Jenseits gelangt als auf dem mühevollen Weg der Wiedergeburt. Sie imitieren den Kunststil der Europäer und finden es aufregend, mit weiten Pumphosen, hüftlangen

Capes, Spitzenkragen und Hut umherzustolzieren. Viele Bewohner der Hauptstadt legen sich als Modeschmuck goldene Kettchen mit Kreuz um den Hals.

Daß die Portugiesen – und wenig später die Spanier – die religiöse, wirtschaftliche und politische Vorherrschaft in Japan anstreben, ist für jeden aufmerksamen Beobachter offensichtlich. Dennoch behandeln die gutinformierten japanischen Feldherren und Fürsten dieses Offensichtliche lange Zeit wie den lästigen, aber unvermeidlichen Begleitumstand einer faszinierenden Begegnung.

Und nun ein kleiner Zeitsprung über wenige Jahrzehnte in das Jahr 1640: Alle Ausländer mit Ausnahme der Chinesen sind des Landes verwiesen. Wer japanisches Territorium betritt, wird hingerichtet. Selbst »Japaner, die aus der Fremde wieder in dies Land kommen, sollen getötet werden«, heißt es in einem Edikt des Shogun Tokugawa Temitsu von 1637. Das Land ist geschlossen (bis 1868) – niemand kommt hinein, niemand heraus. Der Bau seetüchtiger Schiffe ist verboten, auf eigenen Fernhandel wird verzichtet. »Kein japanisches Fahrzeug noch irgendein Japaner soll vermögen aus dem Lande zu reisen. Wer dagegen handelt, soll sterben.«[4] Nähert sich ein fremdes Schiff der Küste, müssen die Einwohner, wenn ihnen ihr Leben lieb ist, jeden Kontakt vermeiden und den Eindringling unverzüglich melden. »Wer jemandem einen Brief aus der Fremde bringet..., soll getötet werden mit seinem ganzen Geschlecht, auch wer für die Schuldigen bittet, soll getötet werden.«[5] Und dieses Mal werden alle Drohungen wahrgemacht.

Christentum und Christen sind ausgetilgt. Missionare und japanische *kirishitan*, die das Land nicht verlassen, haben die Wahl, zu sterben oder abzuschwören – letzteres mit der paradoxen Formel: »Im Namen des Vaters, des Sohnes und des Heiligen Geistes... Wenn ich diesen Eid breche, so möge ich die Gnade Gottes auf ewig verlieren und in den elenden Zustand des Judas Ischariot stürzen.«[6] Man geht also davon aus, daß ehemalige Christen innerlich Christen geblieben sind. Aber auf das Innerliche kommt es in Japan nicht an.

Zugleich formiert sich das japanische Volk in der Beschwörung einer ominösen christlichen Gefahr zur Verdachtsgemeinschaft. Alle japanischen Familien müssen sich einmal

[4] Gertrude C. Schwebell (Hrsg.): a.a.O., S.27. [5] Ebenda. [6] Bodo von Borries: a.a.O., S.243f.

im Jahr die Zugehörigkeitsbescheinigung einer buddhistischen Tempelgemeinde (Schingon, Tendai, Jodo oder Zen) beschaffen. In Stadt und Land müssen sich jeweils fünf Familien gegenseitig beobachten, auf daß keine *kirishitan*-Zelle unentdeckt bleibe. Um religiöse Loyalität unter Beweis zu stellen, muß jeder Untertan einmal jährlich in aller Öffentlichkeit auf eine Kupferplatte mit christlichen Motiven stampfen. Beabsichtigt oder nicht, das Ausgeschlossene bleibt im geschlossenen Japan allgegenwärtig.

Die Portugiesen unternehmen noch einige verzweifelte Versuche, ihre Handelsprivilegien zurückzugewinnen. 1649 läßt der Shogun den größten Teil der Besatzung eines portugiesischen Gesandtschaftsschiffes enthaupten. Nur einfache Matrosen werden verschont. Sie überbringen nach Macao die folgende Botschaft aus Edo, der neuen Hauptstadt: »Ihr habt gesehen, daß sogar die Kleider derer, die hingerichtet wurden, verbrannt worden sind. Laßt sie (die Portugiesen in Macao) dasselbe mit uns tun, wenn sie eine Gelegenheit dazu finden... Laßt sie nicht mehr an uns denken, gerade so, als wären wir nicht länger in der Welt.«[7]

Japan hält sich gleichsam die Augen zu, um für Europa nicht mehr existent zu sein. Mit diesem verkehrt es nur noch durch eine enge Schleuse. Den niederländischen Handelsherren – mit Japan im Kampf gegen Portugal und Spanien verbündet, gleichwohl geächtete Europäer – ist es gestattet, auf Deshima, einer 236 mal 82 Schritt großen *künstlichen* Insel in der Bucht von Nagasaki, ausländische Waren anzubieten. Hier leben Mitarbeiter der Niederländisch-Ostindischen Handelsgesellschaft in Quarantäne, »nicht wie ehrliche Menschen, sondern wie Übeltäter, Kundschafter und Gefangene«.[8] Der Leiter dieser exterritorialen Niederlassung ist verpflichtet, dem Shogun in Edo jährlich Rapport über die Vorgänge in Europa zu erstatten. Außerdem fragen japanische Gelehrte die Holländer auf Deshima beharrlich über den Erkenntnisstand der westlichen Wissenschaften aus. Den Holländern jedoch ist es nicht erlaubt, die japanische Sprache zu erlernen, und strengstens untersagt, den Körper eines Japaners auf irgendeine Weise zu berühren (Prostituierte ausgenommen).[9]

▶[7] Richard Storry: a.a.O., S. 89. ▶[8] Engelbert Kaempfer: Geschichte und Beschreibung von Japan. Lemgo 1777. Wiedergegeben in: Gertrude C. Schwebell (Hrsg.): a.a.O., S. 32. ▶[9] Gertrude C. Schwebell (Hrsg.): a.a.O., S. 48.

Was ist geschehen, daß aus geschätzten Gästen Unberührbare geworden sind? Das Quellenmaterial dokumentiert europäische Anmaßungen und Machenschaften, die das in seiner Souveränität bedrohte Japan zu Notwehrmaßnahmen zwingen. Doch die offene Mißachtung dieser Souveränität kennzeichnet die ibero-katholische Japanpolitik von Anfang an. Und zu keinem Zeitpunkt ist die Abschottung des Landes die letzte Möglichkeit, um die Eroberungspläne der Kolonialmächte zu vereiteln. Plausible Erklärungen gibt es viele; sie suggerieren jedoch, aneinandergereiht, kausale Zwangsläufigkeiten. Die erklärende Geschichtsschreibung der japanisch-europäischen Begegnung verliert ihren Gegenstand, wenn sie außer acht läßt, was aus dem Gang der Dinge nicht abzuleiten ist, vielmehr die merkwürdige Bahn erst bereitet, in der die Dinge ihren Lauf nehmen: daß Japan den Europäern in einer extremen Haltung, blinder Empfänglichkeit, begegnet, die dann vom anderen Extrem, wahlloser Zurückweisung, abgelöst wird. Die wechselseitige Affinität dieser Extreme prägt aus, was Europa für Japan ist.

Wir wissen, daß die unter Druck geratenen Jesuiten bei König Philipp II. um eine Landung von Truppen in Japan ersuchten und rivalisierende Spanier und Niederländer den ersten Shoguns der Tokugawa-Dynastie hinterbrachten, es sei weltweit europäischer Brauch, dem Kreuz und dem Handel das Schwert folgen zu lassen. Jesuiten und Franziskaner ergriffen in den japanischen Wirren Partei und kämpften um Einfluß und Macht. Den Wunsch der Shoguns nach Trennung von Religion und Handel ignorierten sie. Doch warum spielten die militärisch und durch Handel in Südostasien erstarkten Japaner nicht die europäischen Handelsherren gegen die Mönche aus, warum nicht ihre niederländischen und englischen Verbündeten gegen die katholischen Mächte (wie es Tokugawa Ieyasu im Sinn hatte)? Warum ächteten sie nicht selektiv, anstatt alle zusammenzuwerfen, die unter dem »freien Himmel« geboren worden waren – alle Christen und alle Europäer, alle »Barbaren« und alle Weißen?

Europäische Ostasienreisende in der Zeit der Abschließung (Engelbert Kaempfer, Karl Peter Thunberg und andere) stimmen mit den japanischen »großen Herren« darin überein, daß die allmähliche Eskalation der Konflikte den Regenten des unter großen Opfern geeinten japanischen Reiches schließlich keinen anderen Ausweg ließ, als das Land von allen weißen Fremdlingen zu reinigen: Die Missionare förderten separatistische Tendenzen, und die bekehrten Regionalfürsten schienen einem mysteriösen Herrscher in Rom mehr Gehorsam zu schulden als der japanischen Zentralgewalt. Mit ihrem exklusiven Wahrheitsanspruch untergruben die Christen die Koexistenz mehrerer Religionen in Japan, die auf der stillschweigenden Übereinkunft beruhte, Wahrheitsfragen in der Schwebe zu lassen. (»Japan ist das Land vieler Gottheiten«, schrieb Hideyoshi Toyotomi 1591 an den portugiesischen Vizekönig von Goa. »Die christliche Lehre ist keine gute Lehre, denn sie kennt keinen Respekt vor unseren Göttern und vor Buddha.«[10]) Auch schauderte es die Japaner vor dem Fanatismus von Priestern, die sich in allen möglichen Verkleidungen nach Japan einschlichen, um den Märtyrertod zu suchen. Ferner, so heißt es, habe es die japanischen Regenten mißtrauisch gemacht, daß sich Jesuiten, Franziskaner, Dominikaner und Augustiner gegenseitig anschwärzten und in Europa Religionskriege tobten. Wem sei da noch zu trauen gewesen?

So einleuchtend diese Motive japanischer Gegenwehr sind, so wenig taugen sie als Erklärung, warum sich Japan zwischen 1636 und 1868 von der übrigen Welt zu trennen versuchte. Wenn die Japanwissenschaftler das Auseinandertreten von Innenwelt und Außenwelt als Abschluß eines nationalen Lernprozesses darstellen, tritt die Beliebigkeit historischer Ursachenforschung zutage. Hier wird auf das Motiv des christlichen Machtzuwachses in Japan (Bedrohung der Einheit) zurückgegriffen *und* auf das Motiv der christlichen Ohnmacht (Gefahr der »Märtyrer-Hysterie«), das Motiv der neuen Stärke Japans (Fähigkeit zur Ausschließung, Autarkie) *und* das Motiv seiner Zerrissenheit, das Motiv der Komplizenschaft europäischer Nationen gegenüber nichteuropäischen *und* das Motiv der Rivalität der Europäer untereinander (Unglaubwürdigkeit ihrer Selbstdarstellung), das Motiv der jesuitischen Weltläufigkeit (Berechnung) *und* das Motiv des Fanatismus todessehnsüchtiger Eiferer, das Motiv des religiösen Pluralismus *und* das Motiv der Besinnung auf die japanischen Ursprünge, das Motiv der Entlarvung europäischer Absichten *und* das Motiv der Undurchsichtigkeit und Unheimlichkeit der Weißen...

Auch an die Kehrseite der japanischen Isolation, die japanische Empfänglichkeit, kommt die Motivationsanalyse nicht

▶[10] Hisako Matsubara: a.a.O., S.135.

heran. Wie ist es zu verstehen, daß sich Japan im 16. Jahrhundert den Europäern bedenkenlos darbot und sich das europäische Wissen bedenkenlos aneignete? Ein wichtiger Hinweis könnte sein, daß sich das Land vorher noch nie äußerer Feinde erwehren mußte. Doch genaugenommen trügt dieses Argument. Im 13. Jahrhundert versuchten die Nachkommen Dschingis Khans zweimal, von China aus Japan zu erobern; dank *kamikaze* (dem »göttlichen Sturm« auf See) und Kriegsglück wurden beide Invasionen zurückgeschlagen. Das Shogunat ließ daraufhin die Westküsten befestigen, am stärksten die Südinsel Kyushu (wo später die Portugiesen landeten und ihre Hauptstützpunkte hatten). Die Küstenbevölkerung bewahrte die Erinnerung an die Eroberungslust auswärtiger Mächte. Und vor den Fremden im südlichen Meer war sie gewarnt.

Politische und ökonomische Begründungen und der Verweis auf »Unbefangenheit«, »Naivität«, »Kindlichkeit« und »Neugier« im japanischen Volkscharakter lösen das Rätsel nicht auf, sondern schieben es beiseite. Wir hören, daß die japanischen Regenten selbst Expansionspläne hinsichtlich China hatten und daher vom Außenhandel der Portugiesen profitieren und lernen wollten, wie man große Hochseeschiffe baut. Alle Bürgerkriegsparteien einschließlich der buddhistischen Klöster bemühten sich um die Unterstützung der Europäer. Sie waren so fasziniert von all den nützlichen Neuerungen, die ganz von selbst, Geschenken gleich, zu ihnen kamen, daß sie die Ahnung ignorierten, die Importeure könnten eigene, gefährliche Absichten hegen. Im übrigen standen die meisten Japaner jeweils mehreren Religionen zugleich nahe und verrieten somit ihre Traditionen nicht, wenn sie zum Christentum übertraten, um ihren Horizont zu erweitern.

Solche Erklärungen erschließen den Bereich des zweckrational und psychologisch Nachvollziehbaren. Eine Geschichtswissenschaft, die sich mit ihnen begnügt, bringt damit zum Ausdruck, daß alle Völker die gleichen Probleme haben. Sofern wir darüber hinaus an Japan als Japan interessiert sind, könnten wir uns fragen, was in einem europäischen Bürgerkriegsland des 16. Jahrhunderts geschehen wäre, wenn Kaufleute und buddhistische Mönche aus Ostasien gelandet wären und damit begonnen hätten, zu missionieren, bestimmten Parteien Waffen zu verkaufen, Stützpunkte zu errichten und Kirchen niederzubrennen...

Eine Antwort erübrigt sich. Die Unsinnigkeit des Vergleichs spricht für sich selbst.

Keine Einfühlung in die japanischen Verhältnisse macht begreiflich, daß die westlichen Neuerungen vor der Aneignung nicht sondiert wurden, sei es an einer politischen Außengrenze, sei es durch eine Prüfung der Vereinbarkeit eingeführter Produkte und Ideen mit der eigenen tradierten Lebensweise, sei es durch ein Filtersystem von Austauschhandlungen, die es den Einwohnern erlaubt hätten, das Empfangene zu entgelten (das Unbekannte nach einem Äquivalenzmaß einzugliedern), um ihm nicht ausgeliefert zu sein. Wie man weiß, kam von Japan nichts zurück. Dem Christentum, den Feuerwaffen und den westlichen Wissenschaften wurde nichts entgegengesetzt.

Die Vorstellung eines vollständig offenen Landes ist beängstigend, denn ein Land, das sich nicht abgrenzt, will nicht anfangen und nicht enden. Es läßt den Besucher im Zweifel, ob er überhaupt jemals angekommen ist. Das Bürgerkriegsland Japan war derart von sich selbst beansprucht, daß die Realität der Außenwelt in eine unbestimmte Ferne zurückwich, man könnte auch sagen, vertagt wurde. Vielleicht gab ja auch Japans Insellage seinen Bewohnern das Gefühl, das Meer sei bereits Grenze genug.

In dieser totalen Innenwelt landeten die Europäer wie Jenseitsboten; ihre Mitbringsel wurden unverzüglich japanisiert. Selbst ihre Untaten erhielten lange Zeit keine angemessene Antwort, denn sie waren unfaßlich, wirklichkeitsfremd, sozusagen reines Theater. Weder die Bedrohung der Küstenstädte durch die christliche Schiffsartillerie noch die Schändung von Heiligtümern wurden als Herausforderungen *von außen* erlebt. Der Status der Fremden war unbestimmt. Da Japan keine Grenzen hatte, waren sie weder abgewiesen noch aufgenommen worden – und die weitere Entwicklung zeigte, daß sich die Japaner durch ihre Aufgeschlossenheit zu nichts verpflichtet hatten. Wenn sie fremde Bräuche und Verfahren übernahmen und das Christentum ausprobierten, hatten sie sich für nichts entschieden und von nichts abgekehrt. Die japanische Aufgeschlossenheit erwies sich als die Fähigkeit, Festlegungen gegenüber Europäern *aufzuschieben*.

Autoren von Abhandlungen über die west-östliche Konfrontation sehen ihre Hauptaufgabe meist in einer gerechten Bewertung beider Seiten. Man räumt mit Vorurteilen auf, würdigt das Vorgehen der Akteure und führt im übrigen den Nachweis, daß es so kommen mußte, wie es gekommen ist. Weil nun die Portugiesen und Spanier als virtuelle Eroberer Japans zweifellos die Schurkenrolle spielten und ihre Austreibung selbst verschuldeten, nehmen die Historiker nicht zur Kenntnis, wie sehr das geschlossene Japan dem gänzlich offenen Japan gleicht. Die wundergläubigen Empfänger des Europäertums nahmen es mit diesem ebensowenig auf wie die Christenverfolger. Das maßlose Vertrauen und die maßlose Furcht der Japaner hatten etwas gemeinsam: Fassungslosigkeit.

Aneignung und Aussperrung des Westens gingen in Japan ineinander über. Indem die Japaner die Europäer bestaunten, verweigerten sie sich ihnen; indem sie die Abwehr westlicher Infiltration zum Prinzip des Alltagslebens erhoben, huldigten sie ihnen. In der Epoche der Landabschließung waren die japanischen Machthaber an den Ergebnissen der »Holland-Wissenschaften« *(Rangaku)* nicht weniger interessiert als zuvor an den portugiesischen Handels- und Kulturgütern. Die Abschließung belegt gerade nicht, daß man die Weißen gründlich kennengelernt und dann die nötigen Konsequenzen gezogen hatte. Sie belegt vielmehr, daß die Weißen noch immer so unfaßlich waren wie bei der ersten Begegnung.

Dabei wußten die Japaner seit dem Eintreffen Pintos jeweils sehr präzise, was sie von den Ankömmlingen haben wollten. Sie empfingen die Europäer von vornherein im blinden Vertrauen auf die eigenen Nützlichkeitserwägungen – und leugneten auf diese Weise streng die Erschütterung ihrer Welt durch das Eintreffen der Überraschungsgäste. Sie taten immer so, als könne man die Produkte der Europäer von den Europäern trennen.

Auf die Ankunft des Unbekannten in Gestalt der Europäer reagierte Japan mit Distanzlosigkeit und mit äußerster Distanzierung. Beide waren gegeneinander austauschbar, weil ein Maß für die Unterscheidung der Fremden von den Einheimischen fehlte. Strenggenommen waren die Fremden nicht einmal »andere« Menschen, da es ja keine Vergleichsbasis gab. Die Neigung zur Distanzlosigkeit und zur äußersten Distanzierung war kein Effekt der europäischen Einmischung. Zu begreifen ist sie eher als eine Art latenter Veranlagung, die erst sichtbar werden konnte, als das Inselreich durch ein unbestimmtes Außen herausgefordert wurde. Daß Entgrenztsein und Abgeschottetsein zusammenfallen, ist seitdem ein Merkmal des Japanertums.

Allerdings ist es von großer Bedeutung, *wer* die Herausforderer waren. Es waren Europäer, und auf deren unverwechselbare Erscheinung war die erwähnte Neigung fortan geprägt. Beim Anblick der Europäer faßten die Japaner nicht, was sie sahen. Sie mußten ihre eigene Wahrnehmung, und Worte für sie, erst finden.

Eines dieser Worte war *banjin*, ein aus dem Chinesischen übernommener behelfsmäßiger Sammelbegriff, der annäherungsweise »fremde Menschen« bedeutete, aber die Begleitvorstellung von »wilden«, »rohen«, »niederen« Menschen hervorrief. In China unterschied die neokonfuzianische Überlieferung zwischen dem eigenen, »zivilisierten« Volk und den übrigen Völkern *(fan jen)*, zumal in Südchina und auf der indochinesischen Halbinsel.[11] *Banjin* war die negative Selbstbezeichnung einer überlegenen Zivilisation, nahezu ein Synonym für Nichtchinesen und Nichtjapaner. Sie war so wertfrei wie möglich, da sich die hohe Selbstwertschätzung der Japaner und Chinesen jeder Erörterung entzog. Der abwertende Unterton war nicht beabsichtigt, sondern verstand sich von selbst. Noch in der ersten Hälfte des 17. Jahrhunderts stuften sich die Japaner im Hinblick auf die chinesische Zivilisation, der sie Schriftzeichen und die Lehren des Buddhismus verdankten, selbst als *banjin* ein.[12]

Weil sie aus dem Süden, von Macao oder Luzon, nach Japan gekommen waren, wurden die Portugiesen *nanbanjin* (»Fremde aus dem Süden«) genannt. Im 17. und 18. Jahrhundert schlossen die gleichbedeutenden Ausdrücke *nanbanjin* und *seiyoujin* (»Menschen aus dem Westen«) auch Holländer, Briten, Russen und andere Europäer ein. Gerade in ihrer Vieldeutigkeit eigneten sie sich als provisorische Namen für Exoten mit sonderbarem Äußeren, rätselhafter Abstammung und dunklen Absichten. Ihr Gebrauch offenbart aber zugleich die Ratlosigkeit der Japaner, in deren Weltbild für überlegene Wilde kein Platz war. Der Begriff *banjin* bezog sich ursprünglich jeweils auf benachbarte Völkerschaften mit stark kontrastierendem Zivilisationsniveau. Nun aber wurde er auf Seefahrer eines weit entfernten Erdteils übertragen, die schon allein dadurch, daß sie um die Welt zu segeln imstande waren, den Gegensatz

▶[11] Gernot Prunner: a.a.O., S. 48 und 55–58. ▶[12] Mitteilung von Peter Pörtner, München.

zwischen eigener Zivilisiertheit und fremder Wildheit in Frage stellten.

Im Westen wurde *banjin* mit »Barbaren« übersetzt. »Barbaren« hatten die Griechen und Römer jene unverständlich sprechenden, schriftunkundigen und ungesitteten Völker genannt, von denen sie sich abgrenzten, um den Rang des eigenen Gemeinwesens zu erhöhen. Später rückte der denunziatorische Gehalt dieser Bezeichnung in den Vordergrund. Als die europäischen Überseereisenden einen Begriff *aus ihrer eigenen Geschichte* wählten, um zu verdeutlichen, was sie selbst für die Japaner darstellten, schlossen sie aus der abendländischen Vergangenheit auf die fernöstliche Gegenwart. Zugleich nahmen sie auf diese Weise eine moralische Haltung zum japanisch-europäischen Verhältnis ein – nicht als Verteidiger der europäischen Expansion, sondern als deren Kritiker. »Barbaren« waren nach dem Verständnis der frühen Neuzeit gewalttätige und grausame Menschen. Mit der »Barbaren«-Gleichung klärten die Übersetzer darüber auf, daß rücksichtslose Europäer den Bewohnern anderer Erdteile ebenso abscheulich erschienen wie einstmals die blutrünstigen Kelten, Germanen und Parther den römischen Bürgern. Sie gliederten die Japaner der europäischen Selbstreflexion ein und eröffneten eine Auseinandersetzung über kulturelle Überlegenheit: Okzident versus (abendländisch gedeuteter) Orient. Wenn ihre japanischen Gewährsleute sagten: Ihr seid Barbaren, so hieß das: Bemüht euch von nun an, keine mehr zu sein.

Selbstzweifel waren schon im 17. Jahrhundert ständige Begleiter der westlichen Anmaßung. Und entgegen einer verbreiteten Meinung pries die große Mehrheit der europäischen Berichterstatter bei der Schilderung Japans die japanische Wesensart.

Mit dem Bekenntnis, in Japan als Barbaren zu gelten, machten die Europäer sich die Japaner vertraut. Welchen Anblick sie als Barbaren boten, scheinen sie indes nicht gewußt zu haben.

Den Einheimischen imponierte an den Fremden vor allem die starke Behaarung und der unmäßig große und grobe Bau von Gesicht, Leib und Gliedern. In den Gesichtern der europäischen Handelsleute und Matrosen sproßten unterhalb des Mundes und der Nase zerzauste Bärte. Das Kopfhaar bedeckte gewöhnlich Stirn, Ohren und Nacken. Dichte Brauen überschatteten die Augenhöhlen. Auch auf den Armen und der Brust und bei manchen sogar auf dem Rücken kräuselte sich das Haarfell. Bald trat *ketojin* (»Haarige«) als Bezeichnung der Europäer neben *banjin*. Mit ihrem Bewuchs glichen die Südlichen Fremden den Ainu, den Ureinwohnern der japanischen Nordinseln. Wer sich mit ihnen einließ, hatte üble Folgen zu gewärtigen. Auf einem japanischen Holzschnitt des 17. Jahrhunderts wird einer Frau, die mit einem Europäer zusammenlebt, ein Kind mit Haarmähne und Vollbart geboren.[13]

Die üblichen Namen für die Holländer und Engländer waren *akage* oder *komojin* (»Rothaarige«) oder auch *akabanjin* (»rothaarige Fremde« bzw. »Barbaren«). Da vielfach auch blonde, braunhaarige und dunkelhaarige Europäer als »Rothaarige« tituliert wurden und die Japaner hierbei wiederum den Chinesen folgten, ist anzunehmen, daß die ungebärdigen Fremdlinge an jene rothaarigen Tierdämonen erinnerten, von denen es in der chinesischen und japanischen Mythologie wimmelt und die das Motiv vieler buddhistischer Zeichnungen sind.[14] Doch auch ungeachtet solcher »Rothaarigkeit« traten die Europäer als besessene Geister auf, die unergründlich böse und gute Taten vollbrachten. Die Mythologie gab über sie nur unzulänglich Aufschluß, denn sie kamen als Vertreter eines unbekannten, neuen Dämonengeschlechts. Wie alle Dämonen erweckten sie Furcht und schlugen die Furchtsamen in Bann. Die Frage, ob ihr Äußeres angenehm oder häßlich war, stellte sich dabei nicht.

Dieses Geschlecht zeichneten außer der starken Behaarung strotzende Gesichtsorgane und Gliedmaßen aus. Die Fremden hatten riesige Nasen, mit denen sie Witterung aufnahmen. (In der Zeit der Abschließung machten die japanischen Baladensänger mit der rechten Hand »Schneckennasen«, und jeder Zuschauer wußte, wer gemeint war.) Stets hungrig stopften sie große Portionen in breite Münder. Weite runde helle Augen, »Tieraugen«, leuchteten aus diesen Gesichtern, bei den Portugiesen »Katzenaugen«, bei den Holländern »Augen mit weißen Sternen«. In tiefen Höhlen lauerte der Blick der Weißen, so daß verborgen blieb, worauf er sich richtete. Plötzlich schnellte er dann hervor.

Und diese bärtigen, hellen, wuchernden Gesichter waren immer in Bewegung, grimassierten, verzogen sich zu Gelächter und anderen abrupten Gemütsbekundungen. Die Europäer

▶[13] Gernot Prunner: a.a.O., S. 58f. ▶[14] Donald Keene: a.a.O., S.16; Endymion Wilkinson: a.a.O., S. 94; Herbert Scurla (Hrsg.): a.a.O., S. 27.

waren von auffallender Körpergröße und besaßen lange Beine, mit denen sie überall hingehen, eindringen und Besitz ergreifen wollten. Ihre Sprache freilich war monoton, lautarm und unverständlich, einem primitiven Entwicklungsstand der Sprechorgane gemäß. »Alle Barbaren«, heißt es im Vorwort des ersten englisch-japanischen Wörterbuchs aus dem Jahr 1814, »haben nur zwei Laute, den der Zunge und den der Lippen, und da sie die drei anderen Laute nicht haben – mit der Kehle, dem Gaumen und den Eckzähnen hervorgebracht –, ist ihre Sprache schwer zu verstehen. Selbstverständlich haben die Chinesen alle fünf Laute; unser Land, obwohl es nur klein ist, hat auch die fünf Laute, und dies beweist, daß es ein überlegenes Land ist.«[15] Wenig ausgebildet waren auch die Manieren dieser grobschlächtigen Gesellen. Bei aller Flinkheit bewegten sie sich eher plump, trotz hellwacher Sinne waren sie in Gesellschaft unachtsam; obwohl sie schlau ihre Ziele verfolgten, traktierten sie sich untereinander unverschämt und roh.

Die Tierähnlichkeit der Europäer war kein Gerücht, das im abgeschlossenen Japan unter unwissenden Leuten kursierte. Sie wurde von japanischen Beamten und Gelehrten bestätigt, die Kontakt mit den Fremden hatten. Auch wenn diese sich höflich zeigten, trat ihr unheimliches Wesen zutage. Der Besucher eines niederländischen Schiffes berichtete: »Als wir an Bord waren, nahmen der Kapitän und viele andere ihre Hüte ab, um uns zu begrüßen. Sie haben finstere bleiche Gesichter, gelbe Haare und grüne Augen. Sie scheinen von nirgendwoher zu kommen und sind wie Kobolde und Dämonen. Wer würde nicht voller Schrecken vor ihnen davonlaufen?«[16] Die Überzeugungen, die auf Erfahrungen im 16. Jahrhundert beruhten, festigten sich in den beiden folgenden Jahrhunderten sowohl in der Abwesenheit der Europäer als auch beim Umgang mit ihnen.

Erst am Ende des 18. Jahrhunderts, nach langen Debatten unter Freunden der holländischen Gelehrsamkeit über Europa und seine Bewohner, verbreitete sich in Japan die Vorstellung, daß es sich bei den Europäern um Menschentiere uneindeutiger Herkunft handele. Mit Erstaunen und Abscheu wurde registriert, welch große Rolle die verachtete Rasse der *Hunde* im Leben der Europäer spielte. Die Intimität zwischen »Rothaarigen« und Hunden ließ auf eine bestialische Verwandtschaft

▶[15] Gertrude C. Schwebell (Hrsg.): a.a.O., S. 78 f. ▶[16] Donald Keene: a.a.O., S. 16 f.

schließen. Im Volk hielt sich der Glaube, daß die Männer aus dem Westen ein Bein heben müßten, wenn sie urinierten, und daß sie in ihren Hosen buschige Schwänze versteckten. Außerdem erzählte man sich, daß die Holländer keine Fersen hätten und sich deswegen hölzerne Absätze an die Schuhe schnallten (was sie aber um so mehr wie Hunde aussehen lasse).[17] Obwohl solche Berichte bereits 1797 von dem Arzt und Holland-Wissenschaftler Otsuki Gentaku dementiert worden waren, bekräftigte fünfundzwanzig Jahre später ein anderer Holland-Wissenschaftler, Hirata Atsutane, daß die Holländer hundeähnliche Augen, Beine und Geschlechtsorgane hätten, daß sie wie die Hunde urinierten und ihren Fersenmangel durch hölzerne Hacken ausglichen. Der japanische Kapitän Kodayu bekundete in einem schriftlichen Bericht von einer Fahrt nach Rußland, daß auch der Penis der Russen wie ein Hundepenis kupiert sei – er habe es in einem Badehaus mit eigenen Augen gesehen.[18]

Die Japaner liefen vor solchen Kreaturen davon – aber das hinderte sie nicht daran, das handwerkliche und technische Genie der Weißen zu bewundern und sich das »westliche Wissen« von der Beschaffenheit der Welt beflissen anzueignen. Den wenigen Europäern, die als echte oder vorgebliche Holländer mit Sondergenehmigung Japan bereisen durften, brachte die Bevölkerung große Ehrerbietung entgegen. Hirata Atsutane, der die Hundeverwandtschaft der Holländer zu belegen suchte, hielt diese ansonsten für die verständigsten Leute auf Erden, als Mediziner ebenso unübertroffen wie als Astronomen und Geographen. Die allwissenden Wilden faszinierten bereits vor der Öffnung des Landes Generationen von Gelehrten.

Die Hochachtung vor den »Rothaarigen« erschütterte aber wiederum nicht die Überzeugung der Japaner, als Angehörige einer zivilisierten Nation menschengleichen Tierwesen gegenüberzustehen. Auch und gerade die Scholaren westlicher Wissenschaften klassifizierten ihre Lehrmeister als Tiere, und sei es nur, weil diese Lehrmeister in völliger Unkenntnis der Tradition chinesischer Weisheitsschulen dahinlebten. Der Staats- und Wirtschaftswissenschaftler Honda Toshiaki (1744–1821) wurde einmal von einem Daimyo gefragt, warum die Holländer nichtsdestoweniger imstande seien, vorzügliche Handelsgüter

▶[17] Endymion Wilkinson: a.a.O., S.100; Gertrude C. Schwebell (Hrsg.): a.a.O., S.53f.; Gernot Prunner: a.a.O., S.59. ▶[18] Donald Keene: a.a.O., S.170.

zu produzieren. Honda antwortete, daß sogar Tiere erstaunliche Fertigkeiten besäßen. Ein anderer großer Gelehrter, Shiba Kokan (1747–1818), antwortete auf eine ähnliche Frage: »Wenn das, was du sagst, wahr ist, sind Menschen eben nicht so klug wie Tiere.«[19]

Um die verborgene tierische Natur von Menschen kreisten die meisten japanischen Dorfgeschichten. Es war keine Schande, von Tieren abzustammen; auf den südlichen Inseln Japans verehrten viele Familien bestimmte Tierarten als Vorfahren. In einer beliebten, variantenreich überlieferten Sage entdeckten außergewöhnlich schöne Kinder, daß ihre Mutter eine Füchsin war. Füchse, Kraniche und Bergaffen gingen im menschlichen Dasein ein und aus.[20] Hündische Herkunft indessen war keine Empfehlung.

Über und über behaart, großnasig, gierig, sehnig, schlankschenklig, schnell, ausdauernd, unberechenbar, schmutzig und schamlos... Die Portugiesen, Spanier, Holländer, Briten und Russen hätten zwar durch eine öffentliche Zurschaustellung ihrer Blöße beweisen können, daß sie (gegenwärtig) keine Hunde waren. Aber gegen das Urteil, mit Hunden und Dämonen verwandt zu sein, gab es keinen Einspruch. In dieser Hinsicht war der Blick der Japaner die letzte Instanz.

19. Jahrhundert: Zivilisationsgenossen

Japan wäre gern für sich geblieben, aber im Juni 1853 fuhren vier riesige schwarze Schiffe aus Amerika in die Bucht von Edo. Mit seinen Kanonen nötigte Commodore Perry das zaudernde Shogunat, einen Brief von Präsident Fillmore entgegenzunehmen, in dem dieser die Aufnahme von Handelsbeziehungen vorschlug. Im Februar des folgenden Jahres kehrte Perry mit neun Kriegsschiffen wieder und unterzeichnete den von ihm diktierten Vertrag: Drei Häfen wurden für amerikanische Handelsschiffe geöffnet, und ein amerikanischer Konsul mit Sondervollmachten residierte fortan in Japan.

▶[19] Donald Keene: a.a.O., S.17. ▶[20] Vgl. Shingo Shimada: Aspekte des Fremden in der japanischen Kultur. In: Japan: Selbstbild – Fremdbild. Zürich 1993, S. 95–102.

Entsprechende Verträge mit Großbritannien, Frankreich, Rußland und Preußen folgten.[1]

Aus den japanischen Dokumenten der fünfziger und sechziger Jahre des 19. Jahrhunderts und den Lebenserinnerungen, die in diese Zeit zurückgehen, sprechen Verzweiflung, Haß und Ekel gedemütigter Samurai gegenüber Dämonen, die nicht zu besiegen sind. Die Anwesenheit der Amerikaner und Europäer in Küstenstädten empfanden die Japaner als fortgesetzte Entehrung ihres geheiligten Landes. Diese Entehrung erfolgte aber nicht schon dadurch, daß die Öffnung der Häfen erpreßt wurde. Erst die Eigenheiten der Erpresser selbst machten aus dem Gewaltakt eine Schändung.[2]

Wenn im Japan jener Zeit die westlichen Eindringlinge charakterisiert wurden, bediente man sich gewöhnlich des Prädikats »unrein«. Mit diesem Prädikat wurden die Gestalt, das Gehabe und die Handlungen der Weißen gleichermaßen und insgesamt getroffen, nicht nur abstoßende Details wie beispielsweise die Sitte der ersten europäischen Besucher, mit den Fingern statt mit Stäbchen zu essen, und die der Amerikaner, bei Mahlzeiten mit Waffen und Handwerkszeugen (Messer und Gabel) zu hantieren. Die Phänomenologie des Weißen nährte

▶[1] Für dieses Kapitel ausgewertet wurden insbesondere die folgenden Materialsammlungen und Darstellungen (in alphabetischer Reihenfolge der Autoren): Isabella *Bird:* Unbetretene Pfade in Japan. Wien 1990; Gerhard *Dambmann*: 25mal Japan. Weltmacht als Einzelgänger. München 1979; Gerhard *Dambmann:* Wie Japan den Westen entdeckte. Eine Geschichte in Farbholzschnitten. Stuttgart/Zürich 1988; Carol *Gluck:* Japan's Modern Myths. Ideology in the Late Meiji Period. Princeton, New Jersey, 1985; Irene *Hardach-Pinke:* Die Entstehung des modernen Japan und seine Wahrnehmung durch den Westen. In: Irene Hardach-Pinke (Hrsg.): Japan – eine andere Moderne. Tübingen 1990; *Hayashida* Cullen Tadao: Identity, Race, and the Blood Ideology of Japan. Dissertation. Vervielfält. Typoskript. University of Washington, Mai 1976; Joseph *Heco:* Erinnerungen eines Japaners. Schilderung der Entwicklung Japans vor und seit der Eröffnung bis auf die Neuzeit. Nach dessen Originalaufzeichnungen bearbeitet, übersetzt und mit einer Einleitung versehen von Ernst Oppert. Stuttgart o. J. (ca. 1900); Dietrich *Krusche:* Japan – konkrete Fremde. Eine Kritik der Modalitäten europäischer Erfahrung von Fremde. München 1973; Gertrude C. *Schwebell* (Hrsg.): Die Geburt des modernen Japan in Augenzeugenberichten. Düsseldorf 1970; Wieland *Wagner:* Japans Außenpolitik in der frühen Meiji-Zeit (1868–1894). Stuttgart 1990; *Watsuji* Tetsuro: Fudo – Wind und Erde. Der Zusammenhang zwischen Klima und Kultur. Darmstadt 1992; Endymion *Wilkinson:* Japan ist ganz anders. Geschichte eines großen Mißverständnisses. Königstein/Ts. 1982. ▶[2] Vgl. Fukuzawa Yukichi: Eine autobiographische Lebensschilderung. Tokyo 1971.

sich aus dem Erstaunen über eine Monstrosität, zu der sich tausend »schmutzige« Merkmale zusammenfügten und die gleichwohl sehr effizient war. Im Gesamtphänomen des »behaarten Bastards« *(ketojin)* fand der Japaner, der sein Land als »heilig« – auch im Sinne von »unbefleckt« – betrachtete, somit einen idealen Widerpart.

Dies erlaubt aber nicht den Routineschluß, die Schmutzigkeit des Weißen sei nichts anderes als die Schöpfung der japanischen Einbildungskraft, also ein Stereotyp, das nur etwas über den Japaner selbst aussage. Denn zu gut paßten die Eindrücke der Japaner von »angenehmen« und »unangenehmen« Weißen zusammen, und zu unterschiedlich waren die Gelegenheiten, bei denen sie gewonnen wurden, als daß die Welt des Schmutzigen, Bestialischen und Unmäßigen zur Gänze auf eine kollektive Projektion zurückgeführt werden könnte:

- Da bemerkten neugierige Besucher in Yokohama, der ersten Europäer- und Amerikanersiedlung auf japanischem Boden, daß die Ausländer oft unangenehm rochen, sich nur selten wuschen und struppige, stachelige Bärte trugen,
- beobachteten sie, daß die Fremden an den Wohnungstüren nicht die Schuhe auszogen und den Straßenstaub bis ins Schlafzimmer trugen,
- daß sie mit riesigen Hunden spazierengingen
- und sich reihenweise die Hände schüttelten, ohne sich anschließend zu waschen.
- Da gemahnte die »harte und laute Art« der Europäer, zu sprechen, japanische Diplomaten an »den Schrei des Neuntöters«,
- erschien die Art der Europäer, seitwärts zu schreiben, als »Krebsschrift«
- und erinnerten die hellen Augen der »immer gut gekleideten« rothaarigen Frauen in den Vereinigten Staaten an »Hundeaugen«.
- Da erlebten Japaner in den Vereinigten Staaten und Europa, daß jede Geselligkeit in großem Lärm ihren Höhepunkt fand (Kapellen, Händeklatschen, Lachen, Trommeln auf die Tische, Stampfen mit den Füßen, Hochrufe, Öffnen der Champagnerflaschen).
- Da wurde eine japanische Delegation in einem amerikanischen Museum mit einer bizarren Form der Leichen- und Ahnenschändung konfrontiert: Nebeneinander ausgestellt

waren das Haar früherer Präsidenten, Mumien und ausgestopfte Tiere.³

Manch eine Japanerin, so wird berichtet, konnte bei der Ausländerschau in Yokohama ihre Neugier nicht länger zügeln, trat plötzlich auf eine weiße Frau zu und hob ihr die Röcke, um endlich Klarheit über die Extremitäten solcher Frauen zu gewinnen.⁴ »Obgleich man die Abendländer als intelligente und höchst gefährliche Wesen ansah, galten sie doch nicht voll als Menschen; vielmehr meinte man, daß sie dem Tierreich näher ständen als der Menschheit. Sie hatten haarige Körper von seltsamer Form, ihre Zähne glichen denen der Menschen nicht, ihre inneren Organe waren auch merkwürdig – und ihre moralischen Ideen gar waren die der Kobolde.«⁵ Jedenfalls blieben sie eine gespenstische Prüfung der Sinne und des Geistes.

Als sich Perrys Flotte erstmals der japanischen Ostküste näherte, rafften die Fischerfamilien das Nötigste zusammen und flohen ins Landesinnere. Am nächsten Morgen jedoch waren die ankernden Schiffe von kleinen Booten umgeben, in denen beherzte Japaner die Züge der Seeleute und die Umrisse der Schiffe auf Reispapier pinselten. »Sie versuchten Fremde zu porträtieren, wie sie sie wirklich sahen, und sie sahen sie als grünäugige Ungeheuer, mit rotem Haar wie *Shoyo* und mit Nasen wie *Tengu*...«⁶ Von Perry selbst waren bald bunte Holzschnitt-Porträts auf Flugblättern im Umlauf. Zu sehen war eine haarige Schreckensgestalt, und die Bildlegende verdeutlichte: »Das Gesicht ist fahl, hat schräge Augen, eine hervorstehende Nase, die bis in die Stirn reicht. Die Lippen sind rot, als ob er Rouge benütze... Die Nägel sind lang wie die Krallen von Vögeln.«⁷

Im *Bakufu*, der Shogunats-Regierung, stand die Gruppe der zum Krieg gegen die Fremden Entschlossenen gegen eine Gruppe nüchterner Strategen, denen klar war, daß Japan in

▶³ Gertrude C. Schwebell (Hrsg.): a.a.O., S. 251, 259, 260, 267, 270 und 300; Gerhard Dambmann: 25mal Japan, a.a.O., S. 46 und 48; Gerhard Dambmann: Wie Japan den Westen entdeckte, a.a.O., S. 153 und 155. ▶⁴ Gertrude C. Schwebell (Hrsg.): a.a.O., S. 251. ▶⁵ Lafcadio Hearn: Kokoro. Berlin 1905, S. 17f. ▶⁶ Ebenda, S. 16. *Shoyo*: Affenähnliche Fabeltiere »mit rotem Haar und wildem Aussehen, berüchtigt durch ungezügelte Trunksucht«. *Tengu*: »Mythologische Wesen, die in Felsspalten leben sollen; einige werden mit wunderlich langen Nasen dargestellt.« (S. 284) ▶⁷ Gertrude C. Schwebell (Hrsg.): a.a.O., S. 154.

einem solchen Krieg schmählich unterliegen würde. Beide Gruppen – wie die große Mehrheit des Regionaladels – sahen in den Amerikanern und Europäern Menschen, »die nicht besser als Tiere sind«. Der machtlose Kaiserhof des Tenno in Kyoto stachelte die Regierung zum fanatischen Kampf gegen die fremden Mächte auf, obwohl – und weil – die Höflinge wußten, daß die Regierung der Lage nicht Herr werden konnte: »Sollen wir denn unsere Gesetze von stinkenden Hunden und Ziegenböcken empfangen? Die Augen des Tenno sind noch niemals durch den Anblick dieser unsauberen Tiere, dieser haarigen Barbaren, beleidigt worden... Welche Sicherheit hat man, daß die Barbaren nicht die heilige Stadt durch ihre Gegenwart entweihen?«[8] Das Shogunat verhandelte gerade (im Januar 1858) über einen von den Vereinigten Staaten geforderten umfassenden Freundschafts- und Handelsvertrag, der die Öffnung weiterer Häfen, ein erweitertes Wohn- und Handelsprivileg für Amerikaner und die Einschränkung der japanischen Gerichtshoheit auf Japaner festschreiben sollte. Der Kaiser ordnete an, daß vor dem heiligen *Ise*-Schrein »für die Vernichtung der haarigen Halbtiere« gebetet und geopfert werde. Der Erste Minister des *Bakufu* wurde für das Verbrechen, mit den »Barbaren« verhandelt zu haben, seines Amtes enthoben und später zu lebenslangem Hausarrest verurteilt.[9]

Dennoch ging das *Bakufu* den Weg der Selbstverleugnung, schloß im Juli 1858 den »ungleichen Vertrag« mit den Vereinigten Staaten und fügte sich dann auch den Wünschen der europäischen Mächte. Ohne die Hoffnung, Japan gegen Hunderte von dampfgetriebenen Kriegsschiffen und Expeditionskorps der verbündeten westlichen Staaten verteidigen zu können, wählte die Regierung das kleinere Übel, um nicht Land abtreten zu müssen und Japan nicht in Schande zu bringen (wie es der chinesischen Regierung widerfahren war). Am Ende hätte man den Barbaren »sogar das Recht gewähren müssen, mit den Japanern zu leben«, und das wäre das Schlimmste gewesen. 1862 verkündete der Shogun, daß der Zeitpunkt gekommen sei, »wo wir dem Eindringen der Fremden in unser Land nicht länger widerstehen können«.[10]

Die militärische Präsenz fremder Mächte zwang Japan zu Kompromissen mit den Fremden, aber eben zu diesen war es

[8] Gertrude C. Schwebell (Hrsg.): a.a.O., S. 219. [9] Ebenda, S. 222 und 225. [10] Joseph Heco: a.a.O., S. 200.

nicht imstande. Die Nähe derer, die keine Nachbarn sein konnten, brachten die japanische Gemeinschaft aus dem Gleichgewicht; der Machtkampf zwischen Kaiserhof und Shogunat war nur die Folge dieser Erschütterung. Unter solchen Bedingungen mußte die Fremdenpolitik chaotisch sein. Wenige Tage, nachdem das *Bakufu* wieder einmal nachgegeben und eine Entschädigungssumme für japanische Übergriffe auf Engländer gezahlt hatte (im Juni 1863), stellte der Minister des Auswärtigen den Vertretern der fremden Mächte eine Note zu, in der er feststellte, »daß die Gefühle des Volkes von Japan so sind, in Zukunft keinen weiteren Verkehr mit fremden Völkern zu wünschen, und daß dasselbe demzufolge alle Fremden aus den eröffneten Häfen zu vertreiben und diese zu schließen wünscht«.[11] Den Machtverhältnissen entsprechend nahmen die westlichen Konsuln keine Notiz von diesem skurrilen Ansinnen, und weil eine Reaktion ausblieb, kam auch der Minister nicht mehr auf die Sache zu sprechen.

Ein Jahr zuvor hatte der Tenno in einem feierlichen Zeremoniell den 25. Juni 1863 zum »Tag der Vertreibung der Barbaren« bestimmt. Als der Tag kam, eröffneten lediglich die Küstenbatterien des Choshu-Clans das Feuer auf vorüberfahrende westliche Schiffe (und verloren den Kampf). Die Ausländer blieben ungeschoren, im Gegensatz zu vielen japanischen Kaufleuten und Beamten, die wegen ihrer »Vorliebe für fremde Leute« von *Ronin* (herrenlosen Samurai) geköpft wurden. Bereits im März 1860 hatten siebzehn *Ronin* den Shogunats-Regenten Ii Naosuke ermordet und seinen Kopf mitten in Kyoto aufgespießt. Auf einem Schild stand zu lesen: »Dies ist der Kopf eines Verräters, der die heiligen Gesetze Japans verletzt hat, indem er Barbaren den Zutritt erlaubte.«[12]

Der japanische Kaiserhof blieb unerbittlich in seinem Fremdenhaß, bis er 1868 – nach der Abdankung des letzten Shoguns – die Macht übernahm und das Ende der Abschließungspolitik und die Übernahme westlichen Ideenguts und westlicherweise Lebensweise proklamierte. Für fast alle Japaner kam diese Kehrtwendung unerwartet. Japan war keine Übergangszeit vergönnt, sondern erlebte in der »Barbaren«-Frage wieder einmal die Ablösung einer extremen Haltung durch die entgegengesetzte. Wer sich jüngst noch aufgerufen sah, die »fremden Hunde« umzubringen oder ins Meer zu jagen, wurde nun durch

▶[11] J. Heco: a.a.O., S. 211. ▶[12] Gertrude C. Schwebell (Hrsg.): a.a.O., S. 280.

ein Gesetz bedroht, das jede Attacke auf einen Fremden unter die Todesstrafe des gemeinen Mörders stellte und den ehrenhaften Selbstmord ausschloß. Und wohl nicht zufälligerweise verwandelten sich just die rachedurstigsten Verfolger der »Barbaren« in die entschiedensten Verfechter der Verwestlichung, so zum Beispiel die Fürsten von Satsuma, die im August 1863 der englischen Chinaflotte eine Schlacht geliefert hatten. Sie wußten nicht nur vom Hörensagen, daß es tatsächlich mächtigere Länder als Japan gab. Man hat sich daran gewöhnt, von 1868 als dem Jahr der endgültigen »Öffnung« Japans zu sprechen. Aber was sich 1854, 1858 und 1868 in Japan vollzog, war anderes und mehr als die Öffnung gesperrter Grenzen beziehungsweise Küsten. Japan wurde zum Anschluß an die Staatengemeinschaft gezwungen, und das bedeutete: ihm wurden erstmals reguläre Grenzen zugewiesen. Die »fünf arroganten Mächte« brachten das »Land der Götter« dazu, sich zu relativieren.

Bis 1853 kehrte Japan der Staatenwelt den Rücken. Seit der ersten Hälfte des 17. Jahrhunderts war die Erde jedoch neu aufgeteilt und die Bedeutung der Ozeane als Kontinentalscheiden geändert worden. Absenzen von eigenen Gnaden mochte der Westen nicht länger dulden. Mit den Schiffen der Vereinigten Staaten kam der Westen nun auch von Osten. Das japanische Reich lag nicht mehr am Rand der Welt. Da es der Hochseeschiffahrt abgeschworen hatte, war aus dem Pazifik ein westlicher Ozean geworden.

Das Geschwader Commodore Perrys hatte, als es auf die japanische Ostküste und die Verwaltungszentrale Edo vorstieß, die westlich-japanische Grenze an Bord. Mit dem ersten Vertragsabschluß mußte Japan darin einwilligen, künftig an den Westen zu grenzen (und war doch weder bereit noch fähig dazu). Grenzen sind nach beiden Seiten hin zu überschreiten und selbst dann zu überwinden, wenn sie geschlossen worden sind. So wurde Japan zum Ausland anderer Länder degradiert.

Indem der Westen Japan ein Angebot machte, das dieses nicht ablehnen konnte, wurde er Japans Schicksal. Er preßte Japan, das sein eigenes Maß war, den Weltmaßstab auf. Nach dem fremden Maß hatte Japan nunmehr sein Verhältnis zu den Fremden einzuschätzen. Daß die Verträge mit den Westmächten »ungleich« waren, erschien dem Kaiserhof folgerichtig als Hauptärgernis und stimulierte die japanische Außenpolitik der folgenden Jahrzehnte.

In die Enge getrieben, entschloß sich das verzweifelte Japan zu einem Schritt, der einem von Göttern gegründeten Reich würdig war. Als seine Führung einsah, daß es gegen die Besitzer der dampfenden Kanonenboote nicht siegen konnte, vervollständigte sie gleichsam die Niederlage und wechselte so die Ebene der Auseinandersetzung. Sie suchte dem Westen zu entkommen, indem sie selbst westlich wurde: der Kräfte des Feindes teilhaftig. Japan sprang in den Westen, um ihn zu überbieten. Ein Wandel der Gesinnung gegenüber den Weißen ging diesem Sprung nicht voraus. Aber nachdem er getan war, gingen Freundschaft und Feindschaft in der Seele des Japaners eine so enge Verbindung ein wie die Abschließung und die Öffnung des Landes.

Eines Lernprozesses bedurften auch die kühnen Endsieg-Strategien nicht. Sie dämmerten nicht erst in den langen Jahren der Erniedrigung herauf, sondern waren schon wenige Monate nach dem Vertragsabschluß mit Commodore Perry voll ausgebildet. Der Wortführer der kaiserlichen Loyalisten, der junge Samurai Yoshida Shoin (1830–1859), war davon überzeugt, daß Japan sich die westliche Technik beschaffen müsse, um die Herrschaft des Kaiserhauses über Japan hinaus – verbürgt von der Sonnengöttin Amaterasu – herbeizuführen. In einem Brief vom 24. April 1855 bestimmte er die Reihenfolge der zielführenden Schritte: Zunächst seien Modernisierungsmaßnahmen durchzuführen, die das Land stärkten, und alle Zusammenstöße mit dem Westen, insbesondere mit den Vereinigten Staaten und Rußland, zu vermeiden. Unter dem Schutz entsprechender Friedensverträge seien Korea, die Mandschurei, China, Taiwan, die Philippinen, Burma und Siam zu unterwerfen. »Das Endergebnis wird sein, daß Amerika, Rußland, England und Frankreich zerschmettert, der Einfluß der kaiserlichen Macht auf alle Nationen ausgedehnt und die Grundfesten des Staates für alle Zeit gesichert sind.«[13]

Im Shogunat fanden sich rasch jene Kräfte zusammen, die der Parole *Wakon Yosai* (»japanischer Geist, westliche Technik«) folgten. Sie versuchten nicht nur durch Hinweise auf das Ausmaß der gegenwärtigen Bedrohung, sondern auch durch den Ausblick auf künftige Weltherrschaft für Reformen nach westlichem Vorbild zu werben. Der Erste Minister, Hotta Bittsuno-Kami, verfaßte am 12.12.1857 nach einem Gespräch mit dem

▶[13] Wieland Wagner: a.a.O., S. 51.

amerikanischen Konsul Harris eine Denkschrift an alle Daimyo und das *Bakufu*. In ihr forderte er die Vertiefung freundschaftlicher Beziehungen zu den »Barbaren«-Ländern und entwickelte ein außenpolitisches Stufenprogramm: »Wir sollten Schiffe in fremde Länder schicken und Handel führen, das Beste der Barbaren kopieren, unsere nationalen Kräfte fördern, unsere Bewaffnung vervollständigen und so – nach und nach – die Barbaren unter unseren Einfluß bringen, bis am Ende alle Völker der Erde die Segnungen vollkommenen Friedens kennenlernen und unsere Überlegenheit auf dem Erdball anerkannt ist.«[14]

Die Periode der Rundumerneuerung Japans, die mit der Regierungszeit von Kaiser Mutsuhito (1867–1912) fast zusammenfällt, wird paradoxerweise häufig »*Meiji*-Restauration« genannt. Gemeint ist die Rückkehr zur Herrschaft des Tenno, deren Programm die Formel *Sonno Kaikoku* (»Verehre den Kaiser, öffne das Land«) zusammenfaßte. Der Begriff der »Restauration« ist eine jener Zweideutigkeiten, von denen es in den Darstellungen der *Meiji*-Ära wimmelt, weil jeder, der diese Jahrzehnte behandelt, sich zu entscheiden hat, ob er das Geschehen oder die Zielvorstellung der Akteure zur Bezugsebene der Darstellung machen will. Die Entscheidung fällt nicht leicht. Einerseits hatten der Kaiser und seine Berater selbst das ganze Land in einem beispiellosen Kraftakt instrumentalisiert; dies scheint eine Darstellung in »um...zu«-Sätzen, die Rückführung von Prozessen auf Absichten, nahezulegen. Andererseits schafft jede Entwicklung ein neues, ungeplantes Kräftefeld. *Meiji* läßt sich übrigens mit »aufgeklärte Herrschaft« übersetzen, und eine der ersten Maßnahmen der neuen Regierung war es, den Ausdruck *banjin* (»Barbaren«) im Verkehr mit Ausländern offiziell abzuschaffen. Man konnte unreine Halbtiere schlecht zu nationalen Lehrmeistern ernennen.

Wie weit hat sich Japan dem Westen, seiner Schicksalsfremde, anverwandelt? Bei einer solchen Frage stoßen Japanforscher Warnrufe aus. »Ziel der Meiji-Reformen war es... nicht, Japan zu verwestlichen, sondern Japans nationale Identität zu erhalten«, schreibt Gerhard Dambmann.[15] Gewiß, aber ist das Ziel so entscheidend? Könnte sich Japan auf dem Weg zu diesem Ziel nicht irgendwann völlig verwestlicht haben? Unbestreitbar ist es auch, daß sich Japan, wie Irene Hardach-

▶[14] Gertrude C. Schwebell (Hrsg.): a.a.O., S. 206. ▶[15] Gerhard Dambmann: Wie Japan den Westen entdeckte, a.a.O., S. 24.

Pinke hervorhebt, weder ein bestimmtes westliches Land zum Vorbild gemacht noch seine Gesellschaft »nach einem einzigen spezifischen Muster« umgestaltet, sondern sehr wählerisch zugegriffen hat.[16] Nach *preußischem* beziehungsweise *deutschem* Muster entstanden die Verfassung, das Heer, das Gesundheitswesen, Finanz-, Post- und Polizeiverwaltung, Gesetzbücher, Papierfabriken, Druckereien, Bierbrauereien, Schuhfabriken, einige Naturwissenschaften und die Geschichtswissenschaft, nach *US-amerikanischem* Muster Teile des Schulsystems, das Bank-, Finanz- und Münzwesen und unzählige Versatzstücke der Alltagskultur, nach *britischem* Muster die Flotte, das Eisenbahnnetz, die Zwei-Kammern-Legislative und ein ganzes Stadtviertel, das in der neuen und neubenannten Hauptstadt Tokyo (früher: Edo) abgebrannt war, und nach *französischem* Muster der Großteil der Gesetzgebung, die Armee (bevor die deutsche Version sich als erfolgreicher erwies) und die Pflege der Künste.

Zugegeben, hier wurde vieles und sehr Unterschiedliches zusammengestückt und wohl auch nicht immer aufeinander abgestimmt. Desungeachtet resultierte aus dieser Selektion eine Verwestlichung bis zum äußersten, getreu dem unausgesprochenen japanischen Prinzip: Alles oder Nichts. In sämtlichen Bereichen des japanischen Lebens gelangten westliche Standards zur Anwendung: der arbeitsfreie Sonntag, der Gregorianische Kalender, westliche Kleidung, Frisuren und Kosmetik, das Händeschütteln (!), Gesellschaftstänze, Stühle für die Büroarbeit, die Wahl- und Schulpflicht, die Beseitigung von Standesbarrieren und das Verbot des gemeinsamen Nacktbadens von Männern und Frauen. Da war es von untergeordneter – wenn auch für Japan selbst von großer – Bedeutung, daß die weißen Lehrer und Berater, die man als »lebendige Maschinen« einsetzte, so bald wie möglich heimgeschickt und von ihren Schülern ersetzt wurden. Sollte das Leben *soku-hatsu* (»nach europäischer Art«) die »Identität Japans« unberührt gelassen haben? Wie hat es sich auf das Geschichtsbewußtsein der Japaner ausgewirkt, daß ein Professor aus Deutschland sie mit den Regeln vertraut machte, nach denen die eigene Geschichte erforscht und verstanden werden kann?

Das unmittelbare Ziel des Gleichwerdens, nämlich das, mit den Europäern und Amerikanern machtpolitisch und militärisch *gleichzuziehen*, hatten die Japaner bereits in den neunziger Jah-

▶ [16] Irene Hardach-Pinke: a.a.O., S.14f.

ren größtenteils erreicht. Alle Kräfte der Führer und Untertanen wurden aufgeboten, um den Westmächten »den Vorsprung abzugewinnen«, »nicht mehr lächerlich zu sein«, mit dem Westen auf gleicher Ebene zu konkurrieren und schließlich als »zivilisierte Nation« und Großmacht im westlichen Sinne anerkannt zu werden. Nach wenigen *Meiji*-Jahren hatten die Japaner den Zivilisationsbegriff der vormaligen »Barbaren« adoptiert und blickten als frischgebackene Westler auf die »Barbarei des alten Regimes« zurück. Den asiatischen Nachbarn Korea und China trat das »zivilisierte Japan« schon in den siebziger Jahren mit der gleichen arroganten Kanonenboot-Diplomatie und der gleichen Herablassung gegenüber, deren Objekt es erst zwei Jahrzehnte zuvor gewesen war. Zu Beginn der achtziger Jahre propagierte Japan die Öffnung Koreas »als eine auch im Interesse des Westens liegende Zivilisierungsmission gegenüber dem verschlossenen Nachbarn«.[17]

Und wieder stellen wir unsere europäische Frage: Was blieb von der Intention, die Kontrolle über das eigene Schicksal zurückzugewinnen, wenn die Modernisierung nach dem Motto *Fukoku Kyohei* (»reiches Land, starke Armee«) zur Identifizierung mit dem Angreifer führte? Mit technischen Neuerungen, sozialen Umwälzungen und Verwaltungsreformen war es ja nicht abgetan. Die von den neuen Sitten zunächst irritierte japanische Bevölkerung ging bald dazu über, eine wirre Auswahl europäischer Bräuche und Kulturfragmente durchzuprobieren:

1873: das Kaninchenjahr
1874/75: das Hahnenkampfjahr
1882/83: Subskriptionen auf Diktionäre
1885: Gymnastik und Sport
1886: Walzertanzen
1887: große Leichenbegängnisse
1888: Mesmerismus, Tischrücken und – große Ringkämpfe
1889: Aufblühen von Aktiengesellschaften
1890: Eisenbahnspekulationen
1896: Briefmarkensammeln
1901: Riesenausflüge für Kinder und Arbeiter
1903: Nietzsche- und Schopenhauerkult – Selbstmordwelle
1904: Lampionprozessionen[18]

▶[17] Wieland Wagner: a.a.O., S.160. ▶[18] Basil Hall Chamberlain: Allerlei Japanisches (Things Japanese). Notizen über verschiedene japanische Gegenstände für Reisende und andere. Berlin 1912, S. 384–386.

Auch das Christentum wurde wieder zugelassen und gefördert, weil einige japanische Führer der Ansicht waren, daß es notwendig sei, »die Seele des Westens anzunehmen«. Ihrer Empfehlung, das ganze Land zu christianisieren, widersprachen aber andere mit dem Argument, bereits eine kleinere Zahl von Übertritten sei ausreichend, um Japan als eine christliche und zivilisierte Nation erscheinen zu lassen und in die Mitte anderer moderner Gesellschaften zu versetzen.

Der Verzehr von Fleisch war in Japan nach der Einführung des Buddhismus im Jahr 676 untersagt worden. Nun drängte der Kaiser persönlich die Bevölkerung dazu, Rindfleisch zu essen und Milch zu trinken. Beides stärke die Gesundheit und spende die für die Erfüllung nationaler Pflichten benötigte Energie.[19]

Nicht durchsetzen konnten sich hingegen die soziale Bewegung zur Einführung der lateinischen Schrift und die Vorschläge von Politikern und Wissenschaftlern, Englisch oder Französisch als Landessprache einzuführen, da das Japanische bei der Anwendung moderner Technik hinderlich sei. Gescheitert ist auch ein anderes verwegenes Projekt, dessen Erfolg dem japanischen Volk im wörtlichen Sinne ein anderes Gesicht verliehen und damit dem Westen noch näher gebracht hätte. Radikale Modernisierer riefen zu kollektiven Eheschließungen zwischen Japanern und Europäern auf und wollten auf diesem Weg das überlegene Blut der weißen Rasse in die japanischen Venen leiten. In seinem Buch *Nihonjinshu Kairyoron* (»Die Verbesserung der japanischen Rasse«) aus dem Jahr 1883 erklärte Takahashi Yoshio: »Wenn man die These akzeptiert, daß die physische und geistige Konstitution unserer Japaner minderwertiger ist als die der europäischen Völker, so folgt daraus, daß wir, sofern wir in diesem minderwertigen rassischen Zustand verharren, Gefahr laufen, das geschichtliche Fundament unseres untadeligen Reiches zu besudeln. Was also können wir tun? Die einzige Lösung ist, daß wir unsere rassische Qualität durch Mischehen (mit Angehörigen der kaukasischen Rasse) verbessern. Wenn wir europäische Frauen heiraten, gewinnen wir nach der Einführung der Fleischdiät einen weiteren Vorteil.«[20] Angeblich hat nur ein negatives Gutachten des englischen Philosophen und Naturwissenschaftlers Herbert Spencer eine solche Blutauffrischung verhindert.[21]

▶[19] Hayashida Cullen Tadao: a.a.O., S. 64f. ▶[20] Ebenda, S. 65. ▶[21] Am 26. August 1892 schrieb Herbert Spencer an den japanischen Staatsmann

Zwei der 1994 zur Vorbereitung der vorliegenden Arbeit befragten Japaner glaubten darüber hinaus gehört und gelesen zu haben, daß in der *Meiji*-Ära ein japanischer Abgeordneter beantragt habe, das Blut der Japaner mittels massenhafter Transfusionen durch das Blut von weißen Europäern und Amerikanern zu ersetzen. In der Literatur gibt es dafür zwar keinen Beleg, doch ist es bezeichnend, daß offenbar manche Japaner den *Meiji*-Reformatoren solche Absichten zutrauen. Die Japaner wollten im Eifer des Einholens und Überholens die besseren Weißen sein. »Jeder Chinese ist stolz auf die äußeren Zeichen seiner Rasse«, schreibt der in Japan lehrende Universitätsprofessor Basil Hall Chamberlain zu Beginn des 20. Jahrhunderts.

Kaneko Kentaro (der ihn im Auftrag von Premierminister Ito um eine Expertise gebeten hatte) u. a. folgendes: »Was Ihre anderen Fragen betrifft, möchte ich vorerst im allgemeinen sagen, daß die Politik Japans meiner Ansicht nach die sein sollte, *sich die Amerikaner und Europäer soweit als möglich vom Leibe zu halten.* Den mächtigeren Rassen gegenüber ist Japan in chronischer Gefahr, und Sie müßten jede Vorsicht anwenden, damit die Fremden so wenig als möglich Fuß bei Ihnen fassen. — Die einzige Form des Verkehrs zwischen Ihnen und den Fremden sollte sich auf den Austausch von Bedarfsartikeln beschränken, den Import und Export physischer und geistiger Produkte...

Auf Ihre letzte Frage betreffs der Mischehen zwischen Fremden und Japanern, die, wie Sie sagen, ›jetzt unter unseren Gelehrten und Politikern viel erörtert wird und eines der schwierigsten Probleme bildet‹, geht meine Anschauung dahin, daß es da überhaupt keine Meinungsverschiedenheit geben könne. Solche Mischehen müßten strengstens untersagt werden. Denn im tiefsten Grund ist dies keine Frage der Sozialphilosophie, sondern der Biologie. Zahlreiche Beispiele sowohl aus den Mischehen der menschlichen Rasse wie der Kreuzung der Tiere beweisen, daß, wenn die vermischten Varietäten über gewisse leichte Grade hinaus differieren, *das Resultat letzten Endes ein ungünstiges sein muß*... Dies zeigen die Eurasier in Indien, die Mestizen in Amerika. Die physiologische Basis dieser Erfahrung scheint die zu sein, daß jede Varietät von Geschöpfen sich im Verlaufe vieler Generationen eine gewisse konstitutionelle Anpassung für die besondere Form ihres Lebens aneignet und jede andere Varietät wieder ebenso ihre eigene spezielle Anpassung erwirbt. Die Folge ist, daß, wenn man zwei sehr stark divergierende Varietäten, die sich sehr verschiedenen, sehr divergierenden Lebensformen angepaßt haben, mischt, man eine Konstitution erhält, die sich keiner dieser Lebensformen anpassen kann, eine Konstitution, die nicht richtig funktionieren wird, weil sie keinerlei Bedingungsreihen angepaßt ist. Untersagen Sie deshalb in jedem Fall peremptorisch Heiraten zwischen Japanern und Fremden. — Aus den angegebenen Gründen habe ich die Vorschriften in Amerika, die den Zweck hatten, die chinesische Einwanderung zurückzudrängen, vollkommen gebilligt.« (Abgedruckt im Anhang von: Lafcadio Hearn: Japan. Ein Deutungsversuch. Frankfurt am Main 1912, S. 388–390.)

»Dagegen gibt es keinen Japaner, der nicht entzückt wäre, für einen Europäer zu gelten, um die Europäer auf ihrem eigenen Felde zu schlagen.«[22]

Doch selbst wenn wir die Äußerungen der Modernisierungseiferer wie eindeutige Absichtserklärungen behandeln, können wir sie nicht als Ausdruck eines japanischen Selbsthasses und eines heftigen Verwandlungswunsches deuten. Der Verlauf der japanisch-europäischen Begegnungen vor 1868 und im 20. Jahrhundert spricht eher dafür, daß die Japaner der *Meiji*-Zeit solche Annäherungsphantasien unbedenklich ausspinnen konnten, weil sie sich bestimmter Voraussetzungen völlig sicher waren. Diese Voraussetzungen waren mythischer Art und betrafen in erster Linie die Person des siegreichen Tenno, der 1868 wieder zum Symbol für das Staatsganze geworden war. Die treibende Kraft der *Meiji*-Restauration, »das den Tenno verehrende Herz«, brauchte Selbstentfremdungen wie den Verlust von Tradition, vertrauter Umgebung und Sozialordnung, Sitten und Feindbildern, ja, im äußersten Fall selbst die Veränderung der japanischen Physis, nicht zu scheuen, da sie sich bei der Ausführung eines heiligen Auftrags geborgen wußte.

Im übrigen zeigt der Widerstand gegen Versuche, auch noch die Sprache und das Blut zu verwestlichen, daß deren Erhaltung letztlich doch der *raison d'être* des japanischen Existenzkampfes zugerechnet wurde. Schließlich konnten Japaner nur als Japaner gegen den Westen bestehen. Die europäischen *Gegner* im Kampf um die globale Hegemonie wurden bewundert, die europäischen *Vorbilder* im Modernisierungsrennen auf Distanz gehalten.

Aus dem Blickwinkel der zum Kräftemessen auf die Weltebene Hinausgezwungenen hatten ohnehin nicht die eigenen Leute, sondern die »Barbaren«, die plötzlich keine mehr waren, das Gesicht gewechselt. Dies bestätigte, daß sie nicht ganz geheuer waren.

Obwohl die neuen Machthaber gerade dazu ansetzten, mit Hilfe westlicher Berater die gesamte Lebensordnung ihres Landes umzustülpen, versuchten sie diese Berater zu internieren. Die in den siebziger Jahren angeworbenen, annähernd dreitausend Ingenieure und Lehrer mußten in Ausländersiedlungen wohnen und standen dauernd unter Aufsicht. Zwar wäre den

▶[22] Basil Hall Chamberlain: a.a.O., S.46.

meisten Japanern ein Zusammenleben mit Ausländern *(zakkyo)* ohnehin höchst zuwider gewesen. Der eigentliche Grund für die Kontrollmaßnahmen war freilich die Sorge der Gastgeber, die fremden Experten könnten nationale Geheimnisse (welche nur?) ausfindig machen und preisgeben. Behindert wurden auch Kontakte von Japanern zu Ausländern und Reisen in fremde Länder.[23]

In das reformierte Japan wurde gleichsam ein doppelter Boden gelegt, der das Arkanum des Landes aus dem Geltungsbereich der Freundschaftsverträge herausnahm. Japan ging in seiner neuen Existenz als Völkerrechtssubjekt nicht völlig auf. Und es behandelte die anwesenden Bürger der Vertragsstaaten wie Vertreter rivalisierender Mächte, auf die man sich nur so weit wie unbedingt nötig einließ. Außerdem hatte man nicht vergessen, daß die Herkunftsländer der Berater über ein schwaches, desorganisiertes Japan in gleicher Weise wie über China hergefallen wären. »Sie besitzen die Herzen von Tigern und Wölfen«, äußerte der Hofadlige Iwakura Tomomi in der frühen *Meiji*-Zeit, nachdem Japan erneut »ungleiche« Handelsvereinbarungen, diesmal mit fünfzehn Nationen, geschlossen hatte. »Sollten wir vor ihrer Tyrannei in die Knie gehen, werden sie unser Kaiserreich zum Sklaven machen.«[24] Aufgezwungene Verträge freilich enthielten eine unsichtbare Vorbehaltsklausel: Sie konnten zum rechten Zeitpunkt einseitig gekündigt werden.

Um die Jahrhundertwende gelangten nur noch wenige Berater, dafür um so mehr Touristen nach Japan. Willkommen waren auch sie nur in den seltensten Fällen. Die Furcht vor Geheimnisverrat war allerdings längst von dem Argwohn abgelöst worden, daß die westlichen Globetrotter nach ihrer Rückkehr falsche Vorstellungen von Japan verbreiteten. Der Sprache unkundig, unter Zeitdruck und von geldgierigen Dolmetschern anbiedernd informiert, bestätigten sie lediglich ihre vorgefaßten Meinungen. Sie besäßen wohl »scharfe Beobachtungsgabe«, urteilte ein japanischer Gelehrter im Jahr 1904, aber sie seien »von einem Vorurteil beherrscht, von Verachtung der Japaner«.[25] Die Sachwalter des japanischen Ansehens im Ausland litten vor allem unter der Vorstellung, Japan werde immer noch

▶[23] Hayashida Cullen Tadao: a.a.O., S. 66. ▶[24] Wieland Wagner: a.a.O., S. 60. ▶[25] S. Okuyama: Hai-Kara. In: *Die Wahrheit. Erste deutsche Zeitschrift in Japan.* 5. Jahrgang, No. 6 (Juni 1904), Tokyo, S. 112 f.

als »Spielplatz der Welt«, d. h. als Land mit eingeschränkter Souveränität, dargestellt.

Dies läßt vermuten, was es war, das zunächst in seiner Unsichtbarkeit vor Kränkungen geschützt und später in seiner Sichtbarkeit besser ins Licht gerückt und respektiert werden sollte: Japans nationale Größe. Für die Lenker des Reformprozesses war die Frage der Selbstbehauptung von der Frage der Anerkennung durch die westlichen Mächte nicht zu trennen. Das japanische Nationalprestige im Ausland reflektierte nicht allein den Stand des militärischen und wirtschaftlichen Aufschwungs, sondern war auch Selbstzweck. Das Bewußtsein von der japanischen Einzigartigkeit indes, das nach weltweiter Anerkennung verlangte, gründete nicht auf zivilisatorischen Errungenschaften. Oppositionelle Bewegungen der achtziger Jahre wollten das Fundament dieses Bewußtseins sogar vor europäischen Überfremdungen schützen und propagierten einen antiwestlichen »Nationalismus« *(Kokusui-shugi)* und einen neo-shintoistischen »Nipponismus« *(Nihon-shugi)*, die beide Japans »überlegene Kultur« und göttliche Gründung beschworen.[26] Auch Kaiserhof und Regierung förderten, von Modernisierungserfolgen ermutigt, die Rückbesinnung auf eigene Traditionen und eine Art Japanisierung westlicher Institutionen, Verfahren und Lebensstile. In die 1889 in Kraft gesetzte neue Verfassung der »nationalen Staatsform« *(kokutai)* wurde der Glaube an die Göttlichkeit des Tenno als Staatskult eingeführt.

Da mit dem Kaisertitel der Anspruch auf universale Herrschaft verbunden war, fügten sich die Expansionsbestrebungen Japans auf dem asiatischen Festland in die japanische Identitätssuche ein. Aufgrund des Herrschaftsanspruchs auf Asien betrachteten bestimmte nationaljapanische Bewegungen Korea, China und andere Länder nicht als Ausland, sondern als japanische Einflußsphäre. In ihrem Weltbild verknüpfte sich der mythologisch verbürgte Expansionsauftrag zwanglos mit der Hoffnung auf einen Prestigegewinn Japans im Westen. Folglich betrieben sie die Erweiterung der japanischen Herrschaftssphäre, um »die Würde des Landes gegenüber dem Ausland strahlend leuchten zu lassen«. Von dieser Vorstellung war es nur noch ein kleiner Gedankensprung zu der Idee, die ganze Welt unter die Führerschaft Japans zu bringen *(hakko ichiu)*

▶ [26] Vgl. Wha Seon Roske-Cho: a.a.O., S. 3 f.

und auf diese Weise dem Westen endlich den Japan gebührenden Respekt beizubringen.[27]

Nach diesem kleinen Exkurs in die politische Ideologie der *Meiji*-Zeit ist vielleicht zu verstehen, warum der Erwerb einer kompletten neuen Staats- und Gesellschaftsausstattung aus dem Westen nicht zu mehr Vertrautheit zwischen Japanern und Europäern geführt hat. Die Öffnung des Landes erfolgte unter dem stillen Vorbehalt, daß Japan seinen vorpolitischen Gründungsauftrag weder vertraglich aufkündigen noch völkerrechtlich ausdeuten lassen konnte. Ohne diesen Vorbehalt, ohne die Überzeugung von der japanischen Einzigartigkeit, wäre Japan zu dem Kraftakt einer Auswechslung der Zivilisation nämlich gar nicht imstande gewesen. Dabei ließ sich, das ist entscheidend, über diesen Vorbehalt gar nicht sprechen. Das »Mißtrauen« gegenüber den Fremden im eigenen Land war somit ein doppeltes: Man fürchtete, daß die Amerikaner und Europäer von ihren Kolonisierungsplänen noch nicht abgelassen hatten, und wußte außerdem nur zu gut, daß sie Japan »nicht verstehen können«. Ein weiterer Vorbehalt, über den aber zu sprechen war und viel gesprochen wurde, kam hinzu. Japan vertraute darauf, daß rasche Fortschritte in der Modernisierung von Wirtschaft, Armee, Verwaltung und Gesellschaft die Aufhebung der »ungleichen Verträge« (Niedrigzölle, Konsularjurisdiktion, Meistbegünstigungsklausel und Handelsniederlassungen betreffend) beschleunigen würden. Als 1878 trotzdem die Annullierung dieser Verträge auf dem Verhandlungsweg scheiterte, stockte der Verwestlichungsprozeß und erhielt die »Japanisierung« Auftrieb.[28]

Eine Übernahme der westlichen Imperialistenrolle unter Vorbehalt bestimmte auch das Vorgehen Japans in Ostasien. Als »moderner« Staat blickte Japan auf China, Korea und andere Länder mit Verachtung herab. Verachtet wurde aber nicht nur die Rückständigkeit der Nachbarn, sondern auch deren Unfähigkeit, ihre Souveränität gegen die Großmächte zu verteidigen. Der japanische Aufklärer Fukuzawa Yukichi sah Japan als Führer *(Meishu)* Ostasiens und empfahl 1885, Japan solle doch seine zurückgebliebenen asiatischen Brüder auf die gleiche Weise behandeln wie der Westen, damit dieser nicht Japan mit ihnen gleichsetze.[29]

▶[27] Wieland Wagner: a. a. O., S. 170 und 196. ▶[28] Vgl. Endymion Wilkinson: a. a. O., S. 113 f. ▶[29] Wieland Wagner: a. a. O., S. 202.

Mit wachsendem Selbstvertrauen setzte Japan häufiger auf die asiatische Karte. In den neunziger Jahren und zu Beginn des 20. Jahrhunderts versuchte es, die ost- und südostasiatischen Länder gegen den Westen zu einigen. Es machte sich (gelegentlich) zum Anwalt Ostasiens und Indiens gegen die »Heuchelei« der westlichen Zivilisation. Nach der Auffassung der japanischen Asien-Kämpfer sollten sich die »gelben« Asiaten auf ihre kulturelle und »rassische« Einheit besinnen und gemeinsam gegen die Kolonisierungsabsichten der Weißen zur Wehr setzen.[30] Auch dies war eine Antwort auf Commodore Perrys Machtdemonstration in der Bucht von Edo.

Im übrigen interpretierte das geöffnete Japan seine Staatlichkeit und seine Grenzen zur Außenwelt auf eigenwillige Weise. In der *Meiji*-Zeit wurde die japanische Gemeinschaft beziehungsweise das Volk in seiner Gesamtheit gewöhnlich mit einem großen »Haus« *(ie)* assoziiert, einem in Japan bedeutungsschweren Begriff.[31] Eine wichtige Dimension der japanischen Lebensauffassung ist Watsuji Tetsuro zufolge die Gleichsetzung von »Haus« und »innen« *(uchi)* im Unterschied zur aushäusigen Welt, die als »außen« *(soto)* bezeichnet werde. Das Umstandswort *uchi* stehe für die Ganzheit der Familie, die als Raum des »distanzlosen Zwischen« gelte, wo jede Unterscheidung erloschen sei. Da im europäischen Kulturraum keine familiäre Lebensform dieser Art von Inhäusigkeit entspreche, gebe es in den europäischen Sprachen auch keine vergleichbare sprachliche Unterscheidung wie die von *uchi* und *soto*.[32] Die japanische Weise, den Menschen als Ganzes zu verstehen, lehne sich an den Begriff des »Hauses« als Ganzheit an. »Die Ganzheit des Menschen wurde zunächst als *kami* (Gottheit) aufgefaßt; *kami* wiederum war aber nichts anderes als der ›Ahnengott‹, der die Ganzheit des ›Hauses‹ mit seiner Geschichte verkörperte.«[33]

Das nationale Erwachen der *Meiji*-Zeit verdankte sich nach Watsuji einer Wiederbelebung des Mythos von Japan als dem Land der *kami*. (Der Kult des *Ise*-Schreins gelte dem Inbegriff aller Familiengottheiten.) In der *Meiji*-Zeit habe man begonnen, das japanische Volk als Großfamilie zu sehen, an deren Spitze die Tenno-Familie stehe, Japan als das »Haus der Häuser« und die Staatsgrenze als den Zaun dieses Hauses.[34]

▶[30] Wieland Wagner: a.a.O., S.199 und 221. ▶[31] Watsuji Tetsuro: a.a.O., S.130f. ▶[32] Ebenda, S.127f. ▶[33] Ebenda, S.130. ▶[34] Ebenda, S.131.

Den Ort ihres Landes in der Staatengemeinschaft umschrieben die Japaner demnach in Analogie zur Polarität von inhäusig und aushäusig. Die Bürger anderer Staaten stellten sie sich aber nicht als Bewohner eines jeweils anderen »Hauses« vor. Denn einen Plural von Japan gab es nicht. Die westlichen Vertragspartner hielten sich an das Völkerrecht, das Japan keine Sonderstellung einräumte. Das *uchi-soto*-Verhältnis und die Regeln zur Gestaltung der internationalen Beziehungen kamen nicht zur Deckung. Japan bediente sich zwar beider Interpretationsmuster; doch in keinem von ihnen fand das Verhältnis von Japan und dem Westen einen Platz als benennbare, übertragbare *Differenz*.

Zichen wir ein Fazit. Da Japans bipolare Reaktion auf das Erscheinen der Kolonialmächte auch in den folgenden Jahrzehnten sein Verhältnis zum Westen prägte, läßt sich der Prozeß der Aneignung des Westens durch Japan auch als Prozeß der Zurückweisung des Westens verstehen. Japan strebte nach der Anerkennung als ebenbürtige weltpolitische Kraft durch die Westmächte, um deren Aufdringlichkeit zu entkommen. Es übernahm die außenpolitischen und militärischen Strategien der Westmächte, um diese mit ihren eigenen Waffen schlagen zu können. Das widersprüchliche Verhalten Japans gegenüber den Vertragspartnern war eine Folge der ihm aufgenötigten Grenzziehung zwischen Inland und Ausland (Westen): Was *hier* galt, mußte *dort* nicht gelten.

Um das völkerrechtliche Diktat, das Japan zu einem Land wie jedem anderen machte, zu unterlaufen, vervielfachte Japan im 19. Jahrhundert die Scheidung von Innen und Außen. Im aufsuchbaren Inland übernahmen die Japaner die westliche Moderne; im Ausland rivalisierten sie mit den Repräsentanten dieser Moderne. Zugleich widmeten sie das eigene, der Modernisierung überlassene Land gleichsam zur Außenwelt um und hoben von ihr eine symbolische Dimension als das unantastbare, heilige Japan ab, in das kein Ausländer Einblick erhielt. Des weiteren unternahmen sie Versuche, die Innensphäre um asiatische Vasallenstaaten zu erweitern und einen »Großasiatischen Bundesstaat« als Kontinentalblock den Westmächten entgegenzustellen.

Ungeachtet »ähnlicher« Lebenswelten entwickelte sich zwischen Japanern und Weißen keine wechselseitige kulturelle Über-setzung; trotz der pazifischen Grenzziehung entstand keine Nachbarschaft zu Rußland und den Vereinigten Staaten. Die Fremden treten in den Schriften der *Meiji*-Zeit als nicht länger verfemte, merkwürdig eigenschaftslose Wesen auf — als Personen, die (noch) nicht beim Namen genannt werden können.

1900: Der bessere Japaner

Ein Samurai im Abendland. Man hatte ihn zur Härte gegen sich und andere erzogen, zu Kaltblütigkeit und Gelassenheit. Er war bereit, im Augenblick sein Leben hinzugeben, wenn Untertanenpflicht und Ehre es gefordert hätten. Weil seine Familie von hohem Rang war, wachte über seine Erziehung der Daimyo. Zur Verblüffung der Bevölkerung holte dieser einen jungen Engländer als Lehrer in die kleine Residenzstadt, die Fremden bisher verschlossen gewesen war. Der Europäer hatte rote Haare und Augen von seltsamer Farbe, doch war sein Gesicht nicht ganz so häßlich wie das der Fremden auf den Bildern. Die Samurai-Schüler kümmerte es wenig, ob ihr Lehrer ein Menschenwesen war oder nicht, solange er ihnen wertvolles Wissen beibrachte. Hinter der Maske der Höflichkeit jedoch studierten sie seine Gewohnheiten und gelangten gemeinsam zu einem verächtlichen Urteil.

Dann kam das Jahr, in dem die Kriegerkaste ihre Vorrechte verlor und die Lehnsherrschaft vom Fürsten auf den Tenno überging. Der junge Edelmann verstand, daß die Nation nur noch durch Selbstumwandlung ihre Unabhängigkeit erhalten konnte. Weil er seine Englischkenntnisse verbessern wollte, reiste er nach Yokohama in die Ausländerstadt. Die fremden Ansiedler schlugen einen arroganten Ton an, wenn sie mit ihm sprachen, und auch die roten Ziegelbauten widerten ihn an. Nach dem, was er gelernt hatte, waren die Abendländer richtige Menschen, aber sein Empfinden sträubte sich dagegen, sich in ihr Menschentum, wie verwandt es dem seinen auch war, zu versetzen. Bei manchen von ihnen fand er Güte und Hingebung an religiöse Ideale; auf die große Frage allerdings, die ihm keine Ruhe ließ: aus welchen Lehren der Westen seine Stärke schöpfte, gab das Studium des Neuen Testaments und der Werke moderner Geister aus Europa keine Antwort. Daher beschloß der Wahrheitssucher, nach Europa zu fahren und dort das Geheimnis der triumphalen Entwicklung des Westens zu lüften. Nach Aufenthalten in Korea und China schiffte er sich nach Marseille ein, hielt sich lange in Paris und London auf, wobei er auf vielen Gebieten lehrte und lernte, und ging schließlich nach Amerika.

Er bemerkte gewisse Unterschiede zwischen den Nationalitäten, doch verlor bald jedes Interesse an ihnen. Die westliche Zivilisation umgab ihn als ein überwältigendes Ganzes. Sie war eine Welt von lärmenden hastenden Riesen, die ihr eigenes Arbeitsvermögen und das fremder Völker bis zum äußersten verausgabten, um gigantische Industrien und monströse Werks- und Wohngebäude, Banken und Kunsthallen zu errichten. Alles, was diese Riesen schufen, waren Tempel rastloser Selbstsucht. So unfehlbar der Mechanismus fungierte, der den Reichtum der Reichen und das Elend der Armen wachsen ließ und die vereinzelten, entgeisterten Wesen in den endlosen Steinklüften umhertrieb, so wenig folgte er einem religiösen Sittengesetz (entgegen den Versicherungen der Missionare) oder einem Gebot der Ahnen. Im Gegenteil, die Abendländer versanken bei aller Betriebsamkeit in törichter Verweichlichung, bewunderten schamloses Verhalten in der Öffentlichkeit und zeichneten Männer aus, die sich in Blasphemien gegen Glaubenslehren ergingen. Nichts sprach hier den Schönheitssinn des Japaners an, nichts begegnete ihm, das er lieben und dem er sich verpflichten konnte. Diese unwiderstehliche Zivilisation war prinzipienlos sogar in dem Sinne, daß ihre Macht nicht allein auf Egoismus, Vergnügungssucht, Heuchelei und Häßlichkeit gründete. In ihr durchdrangen sich Gut und Böse auf verwirrende Weise. Widersprüchlich, wie sie war, würde sie wie eine Sintflut die Erde überschwemmen, ohne in einen greifbaren Gegensatz zu der japanischen Zivilisation des Wohlwollens und der Tugend zu treten.

In England und Amerika wuchs das Verlangen des Samurai nach der Schönheit seines eigenen Landes. Nachdem er vergeblich nach dem Maß des Westens gesucht hatte, wußte er, daß die japanische Welt *unvergleichlich* höher stand in ihrer absichtslosen Gläubigkeit, ihrem Ethos freudigen Muts, der Schlichtheit, Mäßigkeit und Selbstlosigkeit ihrer Menschen. Nun betrieb er seine Heimkehr. An Bord eines amerikanischen Schiffes, seiner

Verpflichtung eingedenk, sah er eines Morgens die Berge der Heimat vor sich auftauchen. Und er sah die Gesichter und hörte die Stimmen seiner teuren Toten: um diese zu ehren, und nur deshalb, würde Japan sich das Wissen seiner unerklärten Feinde zu eigen machen. Es war ihm, als berührte ihn die Hand seiner Mutter und als führte sie ihn vor die Ahnentafel der Vorfahren, und er murmelte das alte Kindergebet, das sich nun mit neuem Sinn erfüllte.

Der Wahljapaner. Die hier auf die Hauptstationen verkürzte und komprimierte Erzählung trägt den Titel »Ein Konservativer« und wurde um die Jahrhundertwende in Anlehnung an Berichte japanischer Europareisender geschrieben. Ihr Autor ist Lafcadio Hearn, der 1890 als vierzigjähriger amerikanischer Reporter zum Japanertum konvertierte und dann in vielen Büchern die Lebensart des geliebten Landes der westlichen Unkultur entgegenhielt. »Es ist, wie wenn man aus unerträglichem atmosphärischem Druck in klare, stille Luft treten würde«, umschrieb er seine Ankunft in Japan.[1] Nach Unglücksjahren als Übersetzer und Reiseschriftsteller in New Orleans, Martinique und New York fand der Autodidakt Hearn in Japan Erlösung und seine erste sichere Stellung. Er lehrte an der Mittelschule in Matsue und an den Universitäten in Kumamoto (auf Kyushu) und Tokyo die englische Sprache und heiratete eine Frau aus vornehmem Samuraigeschlecht. 1895 nahm er die japanische Staatsbürgerschaft an und ließ sich, um die Voraussetzungen dafür zu schaffen, von der Familie seiner Frau adoptieren; sein neuer Name lautete Koizumi Yakumo.[2]

Lafcadio Hearns Japan – das waren »Menschen mit stiller Freude am Arglosen, Menschen, die Tiere liebten, Kinder und Blumen« und die »fromme, erhabene Duldsamkeit ihres Lebens«[3], kurzum, Kontraste zum bösartigen Abendland. Das mit Europa wetteifernde Japan der Industrialisierung und Kriegsvorbereitung schreckte ihn. Als Konvertit gab er sich streng japanisch und empfing seine Gäste, die meist in europäischer Kleidung kamen, mit Pluderhose, Überwurf und Holzsandalen.[4]

---

[1] Wiedergegeben in: Stefan Zweig: Lafcadio Hearn. In: Lafcadio Hearn: Das Japanbuch. Frankfurt am Main 1911, S. 7. [2] Stefan Zweig: a.a.O.; Elizabeth Bisland: The Life and Letters of Lafcadio Hearn. Vol. I. London/Boston/New York 1906, S. 110–142. [3] Stefan Zweig: a.a.O., S. 7. [4] Elizabeth Bisland: a.a.O., S. 150.

Er verübelte seinen fortschrittlichen Landsleuten die Nachahmerei westlicher Sitten mit dem vernichtenden Urteil »unharmonisch«. Wenn ein Verkäufer seine auf Japanisch vorgebrachte Frage nach dem Preis einer Ware in Englisch beantwortete, wandte er sich ungehalten ab.[5] Nach seinem Tod im Herbst 1904 erzählte seine Frau: »Einmal sagte ich zu ihm im Scherz: ›Du bist überhaupt nicht wie ein Mann aus dem Westen, abgesehen von deiner Nase.‹ Da sagte er: ›Gegen diese Nase kann ich nichts machen. Aber ich bin Japaner. Ich liebe Japan mehr als jeder geborene Japaner.‹«[6]

Mit der Mimikry des Liebenden skizzierte Hearn das »unbekannte Japan« der kleinen Dorftempel, alten Parks und Herrenhäuser, sammelte Geistergeschichten, berichtete von Begegnungen in Eisenbahnstationen und kleinen Begräbnisplätzen neben der Straße und lauschte den Worten schwatzender Frauen, weiser Männer und einsamer Bettler. Selbst als Japaner freilich blieb er westlicher Reporter, denn seine Bücher erschienen nur in den Vereinigten Staaten und Europa. Sie sprachen der rasch anschwellenden Gemeinde zivilisationsmüder Fernost-Amateure aus der Seele (Indien! China! Japan! die Südsee!). Ihren größten Widerhall fanden sie im intellektuellen Publikum, zumal sich Hearn auch in den japanischen Fremdenabscheu einfühlte und so das europäische Unbehagen an Europa bestätigte. Man hörte ihn als authentische Stimme Japans.

Hearns japanischer Blick auf die Fremden. Was den Japaner am europäischen Gesicht frappiert, ist nicht die interessante individuelle Physiognomie, sagt uns Lafcadio Hearn. Es ist das Charakteristische der Rasse. Der Japaner erfaßt den Typus, den der Europäer beim Unterscheiden unter seinesgleichen gar nicht wahrnimmt: die tiefliegenden Augen, die vorspringende Stirn, die Habichtnase und die massive Kinnlade. An der Schwelle des Bewußtseins dämmert dem Japaner – wie jedem Ostasiaten – die entwicklungsgeschichtliche Bedeutung dieser Merkmale. Sie sind Wahrzeichen aggressiver Kraft. Zum einschüchternden Gesicht gehören die große Statur, das mächtige Ausschreiten und die herausfordernde Haltung. So präsentiert sich eine Art, die jahrzehntausendelang gegen Feinde und feindliche Naturgewalten obsiegte und deren Individuen auch untereinander meist in Fehde lagen. Das offenbart sich einer »sanfteren Rasse

▶[5] Elizabeth Bisland: a.a.O., S.149f. ▶[6] Ebenda, S.151.

in derselben intuitiven Weise, wie sich einem zahmen Tier die gefährliche Natur des ersten ihm begegnenden räuberischen Feindes offenbart«.[7]

Daher weinen japanische Kinder vor Furcht, wenn sie Fremden auf der Straße begegnen. Mit ihren »bösen Gesichtern« und ihrem derben rothaarigen Mutwillen verkörpern europäische Seeleute leibhaftige Meer- und Affendämonen. Wie kommt es nur, daß die Fremden niemals lächeln? fragt ein japanischer Freund Lafcadio Hearn, der sich nach sanften, lächelnden Menschen sehnt. Manchmal lächeln sie ja. Aber statt einer Kultur des Lächelns haben sie eine Arena des Imponiergehabes geschaffen.[8]

Auch die Frage, ob Verständnis etwas ändert, beschäftigt Hearn. Natürlich werden den Angehörigen der »sanfteren Rasse« die Unholde durch Beobachtung vertraut. Doch das Verstehen bewirkt keine Annäherung. »Je mehr Einblick die Japaner in unsere Ästhetik und unsere Gefühlswelt erlangen, desto ungünstiger fühlen sie sich im allgemeinen davon berührt«, resümiert Lafcadio Hearn, der hier als Artverwandter seiner Leser spricht.[9] Gerade hervorragende Männer, die Europa bereist haben, ja sogar dort erzogen wurden, bekämpfen entschieden die Verwestlichung der Sitten und Denkweisen und zählen zu den Protagonisten des japanischen Konservativismus.[10] Mit anderen Worten, je mehr die Japaner von Europa verstehen, desto besser verstehen sie das ahnungsvolle Abstandhalten ihrer Vorfahren gegenüber den Europäern.

Hingebungsvoll, nicht absichtsvoll und ableitend, bemüht sich Lafcadio Hearn, den japanischen Blick beredt werden zu lassen. Dies sollte uns davon abhalten, das von ihm vermittelte Europäerbild samt und sonders auf Attitüden des Autors zu reduzieren. (Herbert Spencers Evolutionstheorie, der Hearn anhing, und die von Hearn in Amerika erlittenen Kränkungen böten sich an, sollten wir wieder einmal den Nachweis führen wollen, daß alles, was wir erkennen, aus unserem eigenen westlichen Inneren stammt.) Fatalerweise versucht Hearn selbst,

▶[7] Lafcadio Hearn: Aus dem Tagebuch eines englischen Lehrers. In: derselbe: Izumo. Blicke in das unbekannte Japan. Frankfurt am Main 1907, S.102 f. ▶[8] Ebenda, S.103 f.; Lafcadio Hearn: Das japanische Lächeln. In: derselbe: Izumo, a.a.O., S. 264 f. ▶[9] Lafcadio Hearn: Vom Ewig-Weiblichen. In: derselbe: Kyushu. Träume und Studien aus dem neuen Japan. Frankfurt am Main 1908, S. 76. ▶[10] Ebenda, S. 77.

sich durch Bezug auf die Tradition des abendländischen Selbstzweifels Rückendeckung zu verschaffen. »War es nicht der überspannte Fourier, der von den schrecklichen Gesichtern der ›Zivilisierten‹ sprach?« überlegt er, um Verständnis für die japanische Wahrnehmung werbend.[11] Und allzuoft äußern sich in seinen Studien anonyme »japanische Freunde« und »Schriftsteller« im Tonfall einer den Stand der Unschuld beschwörenden Klage über den Fluch der westlichen Konkurrenzgesellschaft, wie sie in den europäischen Familienjournalen und Reiseromanen der Jahrhundertwende gang und gäbe ist. »Selbstsucht« ist das Stichwort. Die für eine Deutung des westlichen Selbst zumindest zu jener Zeit denkbar ungeeigneten »japanischen Schriftsteller« halten dazu her, den denaturierten Westen nach dem Gesetz einer »natürlichen und unverrückbaren« Lebensordnung, diesmal im fernen Osten deponiert, zu richten. »Kurz gesagt, die bestehenden Zustände im Westen beruhen auf dem freien Spiel der menschlichen Selbstsucht.«[12] Kurz gesagt, ist dies ein spätbürgerlicher westlicher Irrtum, denn etwas Selbstloseres als die Mechanismen der Verwertung des Werts im ausgereiften Kapitalismus hat es nie gegeben. Mißtrauen gegenüber Hearns Leidenschaft für Japan ist immer dann ratsam, wenn sie in Anwaltschaft übergeht und Japan plausibel gemacht wird, damit es als Spiegel dienen kann.

Soweit seine Leidenschaft ein Erleiden ist, können wir ihr vertrauen. Der selbsternannte Japaner Hearn muß es hinnehmen, daß er das Gesicht jener trägt, die er japanisch betrachtet. Besucht er eine Ausländersiedlung in den offenen japanischen Häfen, kann niemand mehr seine Sonderrolle erkennen, und er wird doppelt verwechselt. Rings um die Niederlassung spannt sich ein breiter Gürtel japanischer Vorstädte, die in Symbiose mit dem westlichen Handel wachsen. Hier, wo gegenseitiger Nutzen und Gewöhnung die Stimmung der Eingeborenen für die Fremden aufhellen müßten, ist sie gereizter als im Inneren des Landes. »Wagt man sich allein in das endlose Gewirr japanischer Straßen, wird man von den Hunden angebellt und von den Kindern angestarrt, als wäre man der einzige Fremde, den sie jemals gesehen haben. Vielleicht rufen sie einem auch noch ›Jin‹, ›Tojin‹ oder ›Ketojin‹ nach, welche letztere Bezeichnung ›haariger Fremder‹ bedeutet und keineswegs ein Kompliment

---

▶[11] Lafcadio Hearn: Aus dem Tagebuch eines englischen Lehrers, a. a. O., S. 102. ▶[12] Lafcadio Hearn: Das japanische Lächeln, a. a. O., S. 290.

sein soll.«[13] Mit flottierender Identität bewährt sich Hearn als hellhöriger Auslandskorrespondent. Wir erhalten den Beleg, daß sich die japanischen Bannflüche gegen die Fremden bis zur Jahrhundertwende nicht geändert haben – und nebenbei Aufschluß darüber, daß es im japanischen Haus- und Straßenbewußtsein nur einen wirklichen Ausländer oder Fremdling, nämlich den Europäer, gibt, so daß es ausreicht, die eigentlich nichtssagende Endsilbe *jin* zu rufen, um den weißen *ketojin* zu verschreien. Und Hearn muß sich damit begnügen, selbst zu wissen, daß er Japaner ist.

Verschmähte Liebe. Hearn gibt den Japanern zu verstehen: ich gehöre zu euch und will eure Stimme sein. Und die Japaner sagen dazu vierzehn Jahre lang – nichts. Oder so gut wie nichts, hinhaltende, vieldeutige, abweisende Förmlichkeiten, jedenfalls nicht: wir lieben dich auch. Ist das Land der wahren Empfindung, das Hearn selig durchstreift, somit überhaupt real? In Hearns Briefen an Freunde entlädt sich dumpfe Furcht, der Zweifel am Gegenstand seiner Verehrung. Schon im Januar 1895, während des chinesisch-japanischen Krieges, prophezeit er Basil Hall Chamberlain: »Die Zukunft sieht schlimmer als schwarz aus.« Mit trickreichen Schikanen werde Japan die Fremden aus den Hafenstädten ekeln. »Was mich betrifft, ich befinde mich in einem ständigen Dilemma«, fährt er fort – im Ernstfall als Fremder rubrifiziert zu werden, ohne anderswo leben zu wollen, und einer Nation verpflichtet zu sein, die nun beginnt, ihm ihre »häßliche Seite« zu zeigen.[14]

Die Einbürgerung ist ein Gnadenakt der Behörden, die immer neue peinliche Befragungen ansetzen und die Entscheidung monatelang in der Schwebe halten. Ein Beamter kommt ins Haus und sucht bei Hearns Frau Setsu nach Gründen, den Antrag abzulehnen: »Er erkundigte sich, wie lange wir schon zusammen seien – ob ich immer freundlich zu ihr gewesen sei – ob sie meine, daß ich immer gut zu ihr sein werde – ob sie wohl immer damit einverstanden sein werde, einen solchen Gatten zu haben – ob das ihr Ernst sei – ob sie den Antrag aus eigenem, freiem Willen gestellt habe oder von Verwandten

▶[13] Lafcadio Hearn: Entwicklungstendenzen. In: derselbe: Kokoro. Frankfurt am Main 1905, S.145. ▶[14] Brief an Basil Hall Chamberlain vom Januar 1895 aus Kobe. In: Elizabeth Bisland: The Life and Letters of Lafcadio Hearn. Vol. II. London / Boston / New York 1906, S. 201 f.

unter Druck gesetzt werde – ob ich sie nicht bedrängt hätte, einen solchen Antrag zu stellen – ob sie in meinem Auftrag Eigentum erworben habe. Später wurde sie in irgendein Amt bestellt, wo sie wieder dieselben Fragen beantworten mußte.« Hearn versichert, daß er die Sache von der amüsanten Seite nehme.[15]

Seit Herbst 1896 wohnt die Familie in Tokyo. Kurz nach dem Umzug bestätigt sich Hearns Vorahnung, er werde »in eine Welt der Intrige kommen«. Eine fremdenfeindliche Clique von Kollegen und Hofschranzen will ihn von seinem Posten an der Kaiserlichen Universität verdrängen und legt mit »orientalischer« Raffinesse Stolpersteine auf den Weg des einfältigen – und einäugigen – Englischlehrers. Und dieser vermag bald nicht mehr Wahn und Wirklichkeit zu unterscheiden. Da die anderen, echten Ausländer in Tokyo »in einem Zustand ständiger Panik leben« und Hearn meiden, weil sie ihn für gefährlich halten, gerät er in völlige Isolation. »Die Einsamkeit verdichtet sich. Und gewisse Herren machen es sich zur Regel, mit lautem Geräusch auf den Boden zu spucken, wenn ich vorbeigehe.«[16] Ein Jahr nach der Ankunft in Tokyo teilt Hearn einem japanischen Freund mit, er mache nie irgendwelche Besuche oder Bekanntschaften außerhalb der nächsten Nachbarschaft und sei auf diese Weise »ein rechter *henjin*« (Sonderling) geworden.[17]

Noch sieht er in der Einführung einer konstitutionellen Regierungsform und dem manipulativen »ausländischen Einfluß« die Ursachen für die »totale Instabilität« der Verhältnisse, unter der er zu leiden hat. Er deutet die Intrigen als ein Symptom der allgemeinen politischen Demoralisierung und diese als eine Folge des Traditionsverlusts, nimmt also gewissermaßen Japan vor sich selbst in Schutz.

Doch zum erstenmal räumt er ein, daß die erwählte Heimat ihn gründlich enttäuscht hat. »Tokyo raubt mir meine ganze Kraft, auf eine große japanische Zukunft zu hoffen... Die japanische Rasse muß erst beweisen, daß sie zu radikaler Selbstreinigung und Konsolidierung fähig ist, bevor meine Hoffnungen wieder in ihren alten Regenbogenfarben schillern

▶ [15] Brief an Sentaro Nishida vom Dezember 1895 aus Kobe. In: Elizabeth Bisland: The Life and Letters of Lafcadio Hearn. Vol. II, a.a.O., S. 278f.
▶ [16] Brief an Ellwood Hendrick vom Mai 1897 aus Tokyo. In: ebenda, S. 321.
▶ [17] Brief an Sentaro Nishida vom Herbst 1897 aus Tokyo. In: ebenda, S. 330.

können.«[18] Hearn stellt ihr ganz im geheimen das Ultimatum, unverzüglich seiner Zuneigung zu entsprechen. Sonst wisse er nicht mehr, was er tun solle (das heißt: ob Japan noch Japan ist, und er noch Koizumi Yakumo).

Aber statt Dankbarkeit erfährt Lafcadio Hearn die Vertreibung aus dem Staatsdienst. Zu Beginn des Jahres 1903 eröffnet man ihm, daß er als japanischer Bürger nicht berechtigt sei, ein »ausländisches Gehalt« (das japanische um ein Vielfaches übertreffend) zu beziehen. Auf Proteste seiner Studenten hin bietet man ihm eine befristete Neueinstellung auf Zeit an, unter Bedingungen jedoch, die er nicht akzeptieren kann. Nach einer weiteren Düpierung und einem rätselhaften Zwischenfall, in dem Hearn prompt eine gezielte Provokation erkennt – ein englischer Tourist dringt lärmend in den Lehrsaal ein –, resigniert er wie ein gekränkter Liebhaber: »Kurz und gut..., nachdem ich dreizehn Jahre lang für Japan gearbeitet und alles für Japan geopfert habe, bin ich einfach aus dem Dienst gestoßen und praktisch aus dem Land verbannt worden.«[19] Und es sind *konservative*, religiös argumentierende Kräfte, die die Entlassung des *Buddhisten* Hearn betreiben, nicht etwa die von ihm abgelehnten Neuerer...

Hearn grämt sich und bricht seinerseits die Beziehungen zum Gegenstand seines Lebenswerks ab, droht den Abbruch zumindest an. »Am liebsten würde ich keine einzige Zeile mehr über die japanischen Dinge schreiben: Meine ganze Arbeit hat mir nur unversöhnliche Feinde geschaffen.«[20] Warum ausgerechnet seine Arbeit, die doch ein einziger Lobgesang auf Japan ist? Verhält es sich wirklich so, wie Hearns Witwe, einer doppelten Loyalitätspflicht genügend, vermutet: daß »seine aufrichtige Liebe von den Japanern nicht richtig verstanden wurde«?[21] Mit Sicherheit kannten sie seine Liebe; aber daß es die Liebe eines Fremden war, der sich anmaßte, Japaner sein zu wollen, erregte Anstoß. Hier paßte etwas nicht zusammen, wurden Grenzen verwischt, deren fraglose Anerkennung die Bedingung der Möglichkeit einer Verständigung zwischen Innen und Außen war.

▶[18] Brief an Ellwood Hendrick vom Mai 1897 aus Tokyo. In: Elizabeth Bisland: The Life and Letters of Lafcadio Hearn. Vol. II, a.a.O., S. 323. ▶[19] Brief an Mrs. Wetmore vom Frühjahr 1903 aus Tokyo. In: ebenda, S. 493. ▶[20] Brief an Mrs. Wetmore vom Januar 1903 aus Tokyo. In: ebenda, S. 491. ▶[21] Elizabeth Bisland: The Life and Letters of Lafcadio Hearn. Vol. I. London/Boston/New York 1906, S. 151.

Aus japanischer Sicht bestand Hearns Verfehlung weniger in bestimmten Irrtümern (die man ihm als *Fremdem* nur allzugern verziehen hätte) als vielmehr darin, daß er Japan zu nahe getreten war.

Auf einem ganz anderen Blatt steht Hearns Erkenntnis, daß ihm Japan letztlich ein Rätsel geblieben ist. Das ist eine Sache, die er mit sich allein abmacht. Im November 1902 warnt er Mrs. Wetmore, eine seiner amerikanischen Anhängerinnen, die den Boden für einen Lehrauftrag Hearns in den Vereinigten Staaten bereiten will, mit einer »Erklärung« vor falschen Erwartungen: »Ich habe von Japan nur soviel begriffen, um überzeugt zu sein, daß ich von Japan gar nichts weiß.«[22] Damit gesteht Hearn nicht nur ein, als impressionistischer Erzähler zuwenig »exaktes Wissen« über Japan zu besitzen. Er reagiert auch auf die Kränkung, daß seine aufrichtige Liebe zurückgewiesen wird. Für diese Zurückweisung fehlen die Voraussetzungen in *seinem* Japan. Da sie dennoch geschieht, muß Japan etwas an sich haben, das sich seiner Empathie entzieht, etwas Undurchdringliches, dessen Anwesenheit seinen Übertritt vom Westen zum Osten in Frage stellt. So daß er nun »von Japan gar nichts weiß« und sich ein Jahr nach diesem Eingeständnis den Kopf darüber zerbricht, wie er eines seiner Kinder, das ein sehr europäisches Gesicht hat, »retten soll aus dieser fremden Welt von Grausamkeit und Intrige«.[23]

So endet die Grenzüberschreitung des Lafcadio Hearn, von dem sein Bewunderer Stefan Zweig 1911 schreibt, er sei der erste Europäer gewesen, »den die Japaner ganz als den Ihren nahmen, dem sie vertrauten und ihr Geheimstes verrieten«.[24]

Gegenwart: Die Rasse der Ausländer

Vierhundertfünfzig Jahre hatte Japan Zeit, die Existenz der Menschen, die es aus seiner Selbstgenügsamkeit in ihre Gesellschaft holten, ertragen zu lernen. Das reizt zu einer Bestandsaufnahme gegenwärtiger japanischer Haltungen gegen-

[22] Brief an Mrs. Wetmore vom November 1902 aus Tokyo. In: Elizabeth Bisland: The Life and Letters of Lafcadio Hearn. Vol. II. London/Boston/New York 1906, S. 486. [23] Brief an Mrs. Wetmore vom Herbst 1903 aus Tokyo. In: ebenda, S. 505. [24] Stefan Zweig: a.a.O., S.11.

über Europäern, auch dann, wenn man den Verlauf der im 16. Jahrhundert aufgenommenen Beziehungen nicht als Lernprozeß und nicht als kontinuierliche Entwicklung betrachtet. Als Arbeitshypothese bietet sich die Annahme an, daß die Europäer (weiße Amerikaner, Australier und Afrikaner eingeschlossen) für die Japaner ihre Sonderstellung verloren haben und die Unterschiede zwischen westlichen Nationen heute wichtiger sind als der Unterschied zwischen Westen und Fernem Osten. Aber wie ist eine solche Bestandsaufnahme möglich? Repräsentative Umfragen in der japanischen Bevölkerung zum Europäerbild kann ein deutscher Autor nicht durchführen. Davon abgesehen würde er gern mehr in Erfahrung bringen als bloße Meinungen, die je nach Formulierung der Frage anders ausfallen.[1]

Ein relativ einfaches und zuverlässiges Verfahren, kollektive Einstellungen zu ermitteln, ist die Analyse des alltäglichen Sprachgebrauchs, in diesem Fall: der Haupt- und Nebenbedeu-

---

[1] Benutzt wurden für dieses Kapitel insbesondere die folgenden Publikationen (in alphabetischer Reihenfolge der Autoren): Holger *Bungsche:* Die Beobachtung des Eigenen und des Fremden. In: Nicolas Baerlocher/Martin Bircher (Hrsg.): Japan: Selbstbild - Fremdbild. Zürich 1993, S. 64–74; Ian *Buruma:* Japan hinter dem Lächeln. Götter, Gangster, Geishas. Frankfurt am Main/Berlin/Wien 1985; Florian *Coulmas:* Das Land der rituellen Harmonie. Japan: Gesellschaft mit beschränkter Haftung. Frankfurt am Main/New York 1993; Eythor *Eyjolfsson:* Die vernebelte Welt des Japanischen. Einige linguistische Aspekte des Nihonjin-ron. (= Münchener Ostasiatische Studien 71.) Stuttgart 1995; *Hayashida* Cullen Tadao: Identity, Race, and the Blood Ideology of Japan. Dissertation. Vervielfält. Typoskript. University of Washington, Mai 1976; Jens *Heise* (Hrsg.): Die kühle Seele. Selbstinterpretationen der japanischen Kultur. Frankfurt am Main 1990; Christine *Imamichi-Sommer:* Kimono und Kirschmond. Eine Europäerin in Japan. München 1989; *Nishiwaki* Yasushi: Die japanische Sprache, ihr Einfluß auf die zerebrale Dominanz und einige Betrachtungen vom Standpunkt der Unschärfe-Mengenlehre. In: Sepp Linhart (Hrsg.): Japan. Sprache, Kultur, Gesellschaft. Wien 1985; *Nosaka* Akiyuki: Das Grab der Leuchtkäfer. Zwei Erzählungen. Reinbek 1990; Elmar *Schenkel:* In Japan. Ein Reisetagebuch. Stuttgart 1985; Yvonne *Schwersenz:* Widerstand zwecklos. Eine Schweizerin in Japan. München 1991; *Suzuki* Takao: Eine verschlossene Sprache. Die Welt des Japanischen. München 1990; Jared *Taylor:* Shadows of the Rising Sun. A Critical View of the »Japanese Miracle«. New York 1983; Angela *Terzani:* Die Erben der Samurai. Japanische Jahre. Hamburg 1992; *Wagatsuma* Hiroshi: The social perception of skin color in Japan. In: *Daedalus,* Spring 1967, pp. 407–443; Karel van *Wolferen:* Vom Mythos der Unbesiegbaren. Anmerkungen zur Weltmacht Japan. München 1989; *Yoshino* Kosaku: Cultural nationalism in contemporary Japan. A sociological enquiry. London/New York 1992.

tungen jener Begriffe, die von Japanern benutzt werden, wenn sie von Ausländern sprechen.

Nach Jared Taylor, einem amerikanischen Japan-Experten, kennen Japaner mindestens zehn verschiedene Begriffe, die »Ausländer« bedeuten. Alle diese Begriffe seien abwertend. Die meisten von ihnen fänden nur noch bei Historikern und Literaten Verwendung; dies gelte auch für die *banjin*-Varianten (»südliche«, »behaarte«, »blauäugige« u. a. »Barbaren«). Der am wenigsten beleidigende und am häufigsten zu hörende Ausdruck sei *gaijin* oder *gaikokujin*. Aber auch ihn belaste seine Herkunft. In der Zeit der Abschließung seien *gaijin* gleichermaßen »Ausländer« und »Feinde« gewesen.[2]

Als Grundbedeutung von *gaijin* und damit zugleich als Ausdruck der Verschiebung, die der westliche »Ausländer«-Begriff in Japan erfährt, gilt »Mensch von außen« beziehungsweise der Plural: »Menschen von außen«. Den Gebrauch des Begriffs *gaijin* leiten und begleiten jedoch präzise Rahmenvorstellungen.

Die wichtigste dieser Konnotationen nennt das japanische Wörterbuch *Shinmeikai Kokugo Jiten*: Ausländer ist »ein Mensch aus einem fremden Land, dessen Augen- und Haarfarbe als auch Sprache anders *(chigau)* sind«.[3] Bemerkenswerterweise wird die Hautfarbe nicht angeführt. Nach einer ähnlichen Konnotation sind »Ausländer« Menschen mit einer eigenartigen, merkwürdigen *(kawatta)* Haarfarbe.[4] Danach sind unter »Ausländern« Menschen zu verstehen, deren Rassenmerkmale sich von den japanischen deutlich unterscheiden.[5] Eine weitere, ebenso geläufige Nebenbedeutung von *gaijin* ist »Weißer« *(hakujin)*. Im entschiedenen Sinne des Begriffs handelt es sich weder bei Chinesen und Südostasiaten noch bei Afrikanern und schwarzen Amerikanern um »Ausländer«.[6] Anstelle von *gaijin* verwenden die Japaner häufig die Bezeichnung *muko no hito* (»Leute von drüben«) und meinen damit Leute aus der westlichen Welt mit »europäischen Sitten«.[7]

So reflektiert der japanische Sprachgebrauch die – offenbar unveränderte – Sonderstellung jener, die von irgendwoher

---

[2] Jared Taylor: a.a.O., S. 37. [3] Eythor Eyjolfsson: a.a.O., S. 9. [4] Vgl. Wolfgang Herbert: Die asiatische Gefahr. Ausländerkriminalität in Japan als Argument in der Diskussion um ausländische »illegale« ArbeitsmigrantInnen. Wien 1993, S. 64. [5] Eythor Eyjolfsson: a.a.O., S. 9. [6] Vgl. Endymion Wilkinson: a.a.O., S. 126. [7] Yvonne Schwersenz: a.a.O., S. 72.

kamen und Japan schließlich geographisch und politisch auf der Erde positionierten. Das »Außen« Japans sind jene Nationen, die Japan Grenzen beibrachten. Menschen »von drüben«, »von außen« haben Japan aus seiner Isolation herausgefordert. Auch der Ausdruck *nihonjin-banare* (»unjapanisch«, »nicht mehr japanisch«) ist auf die ebenso zurückgewiesenen wie hochgeschätzten Menschen des Westens bezogen. »Unjapanisch« zu sein, wird in Japan als Kompliment aufgefaßt. Man macht es beispielsweise einer Japanerin mit langen wohlgeformten Beinen oder einem Japaner mit hervorragenden Kenntnissen einer europäischen Sprache.[8]

Die asiatischen Nachbarn werden in Japan als der einheimischen Bevölkerung »sehr ähnlich« wahrgenommen. Die Ähnlichkeit bemißt sich in aller Regel nach dem Gesichtsschnitt und der Farbe von Haut, Haar und Augen. Einige Chinesen, Koreaner und Filipinos »könnten von ihrer Erscheinung her sogar ohne weiteres für Japaner gehalten werden«, heißt es.[9] Da ihr Anblick die Japaner kaum oder gar nicht irritiert, genießen sie nicht das Vorrecht, als Ausländer behandelt zu werden. Man bezeichnet sie als »dritte Landsleute« oder »Menschen aus dem dritten Land« *(daisankokujin)*, nämlich aus dem Land, das nach dem Ausland und nach Japan an dritter Stelle kommt. Den Angehörigen der in Japan wohnenden koreanischen und chinesischen Minderheit haftet ebenfalls das Etikett »dritte Landsleute« an.[10] Japan, China und Korea werden durch den gängigen Sammelbegriff *Toa* oder *Toyo* zu einem imaginären »Ostasien« vereinigt, das unter dem Patronat Japans steht. In vielen patriotischen Gangsterfilmen nehmen die »reinen Japaner« hilflose Chinesen als deren »ältere Brüder« vor dem bösen weißen Mann in Schutz.[11]

Der isländische Japanologe Eythor Eyjolfsson bat im Herbst 1992 fünfundvierzig Studenten der Universität Hiroshima um Angaben zum Bedeutungsgehalt des »Ausländer«-Begriffs. Damit die Studenten nicht durch den Anblick seiner »rassischen Merkmale« in ihren Reaktionen beeinflußt wurden, verteilten japanische Mitarbeiter die Fragebögen. Die erste Frage lautete: »Auf was für Menschen weist für Sie das Wort *gaikokujin* hin?« 46,6% der Befragten gaben die Antwort »Nicht-Japaner« (eine Antwort, die selbst interpretationsbedürftig ist), 6,5% die

▶[8] Jared Taylor: a.a.O., S. 57. ▶[9] Suzuki Takao: a.a.O., S. 168. ▶[10] Eythor Eyjolfsson: a.a.O., S. 9. ▶[11] Ian Buruma: a.a.O., S. 228 f.

Antwort »Mensch mit einer anderen Hautfarbe«, weitere 6,5% die Antwort »Jemand, dessen Haarfarbe anders ist«. 18% führten »Merkmale der weißen Rasse« an, und 13,3% verwiesen auf Menschen, die Englisch oder eine andere europäische Sprache sprechen.

Die zweite Frage lautete: »Gibt es äußere Merkmale, die Sie mit *gaikokujin* verbinden? Wenn ja, welche?« Die meisten Befragten antworteten, daß sie mit dem Begriff *gaikokujin* einen »Weißen« assoziierten. 92% erwähnten Merkmale, die gewöhnlich der »weißen Rasse« beziehungsweise Mittel- und Nordeuropäern zugeordnet werden, insbesondere »blaue Augen«, »blonde« oder »braune Haare« und »weiße Hautfarbe«. Genannt wurden außerdem die Merkmale »großwüchsig«, »scharfgeschnittenes Gesicht«, »fett«, »vorlaut«, »frech«, »dicht behaart« und schließlich: »schön«.

»Welche Nationen assoziieren Sie zuerst mit *gaikokujin*?« fragte Eyjolfsson zuletzt. Für 44,4% der befragten Studenten waren »US-Amerikaner« die Ausländer schlechthin, für 18% »die Europäer«, für 22,3% »die Engländer« und für die restlichen 13,3% »die Weißen«.[12]

Nach japanischem Alltagsverständnis ist Ausländersein keine juristische Zuschreibung (einer Staatsangehörigkeit), sondern eine von vielen historischen und kulturellen Faktoren abhängige Qualität. Ausländisch sein bedeutet nicht das Gegenteil oder die Alternative von japanisch sein – so wenig, wie die Weißen die Antipoden der Japaner sind. Vielmehr repräsentiert der Ausländer den Zwang zur Selbstentäußerung, mit dem Japan seit seiner »Öffnung« ringt. Man kann als Nichtjapaner und sogar als Weißer mehr oder weniger ausländisch sein. »Kaukasische Menschen« sind ausländischer als Chinesen und Südostasiaten (die so gut wie gar nichts Ausländisches an sich haben) und ausländischer als Schwarzafrikaner und Indianer. Weiße Menschen sind ausländischer als die Gesamtheit der »Kaukasier«, blonde, rot- und braunhaarige Menschen ausländischer als die Weißen in ihrer Gesamtheit. Und seit dem Ende des Zweiten Weltkriegs sind die weißen Amerikaner ausländischer als die Bewohner des europäischen Kontinents. Die eingangs aufgestellte Arbeitshypothese muß dennoch als widerlegt gelten, da alle Differenzierungen unter »Europäern«, »Weißen« und »Kaukasiern« aus japanischer Weltsicht weit weniger ins

▶ [12] Eythor Eyjolfsson: a.a.O., S.10f.

Gewicht fallen als der Abstand, der diese »Ausländer« von den übrigen Menschen trennt.

Die Ausländer als diejenigen, die Japan nicht verstehen. Wir Europäer halten uns für Magier. Wir verbreiten unsere Geräte, Filme und Textilien, unsere Musik und unser Parteiensystem in Asien und Afrika, zuversichtlich, daß sie dort langsam, aber unaufhaltsam jedes Herkommen tilgen und unsere eigene Lebensart übertragen. Wenn unsere Dinge die ganze Welt besetzen, nehmen sich alle Menschen gegenseitig auf die gleiche Weise wahr, so hoffen wir. Wir fühlen uns falsch verstanden, wenn wir jemandes Fremde sind. Also erfüllen wir die Wünsche der anderen und wollen von ihnen dafür mit demselben Blick empfangen werden, den wir im Spiegel sehen.

Einen derartigen Tausch von Gütern und Wissen gegen Vertrautheit streben die Amerikaner an, als sie Japan 1945 zum zweitenmal in die Gemeinschaft der zivilisierten Länder aufnehmen. Sie verzeihen den Japanern den Überfall auf Pearl Harbour und die Absicht, Kalifornien zu verheeren, sehen darüber hinweg, daß die Besiegten Asiaten sind, und überlassen ihnen fast alles, was die heimische Wissenschaft und Wirtschaft entwickelt. Uneigennützig sind sie dabei allerdings nicht. Als Gegenleistung erwarten sie etwas Unbezahlbares: klare Verhältnisse.

Die Japaner ihrerseits ignorieren, daß die Großzügigkeit der Amerikaner mit Erwartungen verbunden ist, die durch Wohlverhalten allein nicht zu erfüllen sind. Sie ignorieren vermutlich sogar, daß die Sieger großzügig handeln. Andere Mächte einholen und überholen zu können, ist das mindeste, was Japan zusteht, nachdem es von Ausländern aufgestört worden ist.

Der Sozialphilosoph Muruyama Masao sprach 1990 davon, daß die *Meiji*-Restauration in Japan einen »zwanghaften Akquisitionsinstinkt« ausgelöst habe. (Ausgelöst?) Er erzählte das in Japan jedem Kind bekannte Märchen von Momotaro, einem Knaben, der zur Insel der bösen Teufel zieht, um die Bösewichte für ihre Untaten zu bestrafen. Momotaro begnügt sich aber nicht mit der Bestrafung, sondern beraubt die Teufel ihrer gesamten Schätze. Es genüge den Japanern, ein Land zum Teufelsland zu erklären, kommentierte Muruyama, um sich das Recht einzuräumen, es leerzuplündern.[13]

▶[13] *Der Spiegel*, Nr. 43 vom 22.10.1990, S. 217 und 220.

Vom Tag der Kapitulation an akquiriert Japan die Schätze der amerikanischen Teufel. Da ihm der Sieg über die Vereinigten Staaten versagt ist, holt es sich auf andere Weise, was ihm zugedacht ist. Japan entwendet die Macht der anderen, um bleiben zu können, was es ist. Es lernt stets von jenen, deren Expansionsmittel am weitesten entwickelt sind. 1945 beweist die eigene Niederlage, daß die US-Amerikaner an der Spitze stehen. Folgerichtig leitet Japan eine neue *kaikokuron*, eine zweite »Landesöffnung« ein, um über die amerikanischen Kultur- und Wirtschaftsgüter verfügen zu können.[14]

Und auch dieses Mal geht Japan unvermittelt vom erbitterten Widerstand gegen die Westmächte in die Gefolgschaft dieser Mächte über. Die Kapitulation des Reiches (nach der Detonation zweier amerikanischer Atombomben) überrascht die Untertanen nicht weniger als seine Öffnung durch den *Meiji*-Kaiser im 19. Jahrhundert. Sie erfolgt mitten in einer Propagandakampagne, in der den Japanern gerade befohlen wird, die Stirnbänder der Todesverachtung anzulegen und jeden Meter japanischen Bodens gegen die Invasoren zu verteidigen. Plötzlich mutieren die Todfeinde zu Lehrmeistern und Erneuerern, und die Japaner sind rasch im Bilde.[15] Knapp zwei Wochen nach der formellen Kapitulation, am 15. September 1945, erscheint in Japan ein »Handbuch der japanisch-amerikanischen Konversation«, von dem in der Nachkriegszeit insgesamt 3,6 Millionen Exemplare verkauft werden.[16] Eine vollständige Niederlage erlaubt es wie ein vollständiger Sieg, die Kräfte des Feindes anzueignen. Gegenüber dem Westen, so scheint es, kann Japan immer nur gewinnen.

Seit 1945 düpiert es die Erwartungen des Westens. Die Vereinigten Staaten wollten die Japaner mit amerikanischen Produkten und amerikanischem Design und vor allem durch die amerikanische Art des Produzierens und Konsumierens zu

▶[14] Eine Aneignung westlicher Technik findet jedoch auch schon während des Krieges statt. Mit großem personellem Aufwand läßt die japanische Regierung deutsche Industriegüter und Fertigungsverfahren untersuchen und imitieren und nutzt sie militärisch. Japanische Ingenieursdelegationen beschaffen in Deutschland Pläne und Bausätze von Flugzeugen und anderen Waffensystemen. Vgl. Gerhard Krebs/Bernd Martin (Hrsg.): Formierung und Fall der Achse Berlin–Tokyo. München 1994. ▶[15] Vgl. Itami Juzo/Kishida Shu: Die psychische Struktur der Japaner. Ein Gespräch. In: Jens Heise (Hrsg.): a.a.O., S. 22f. ▶[16] Irmela Hijiya-Kirschnereit: Nachbemerkung. In: Nosaka Akiyuki: a.a.O., S. 148f.

offenherzigen Zivilisationspartnern erziehen. Die Empfänger aber mißbrauchten die Entwicklungshilfe dazu, ein neues Japan zu errichten, das sich dem Westen entzog. Nichts anderes bedeutete es doch, wenn die Japaner den Lieferanten immer wieder erklärten: Ihr werdet uns niemals verstehen.

Was Ausländer sind, wird durch dieses Scheitern an Japan geradezu definiert (abgesehen davon, daß sie diejenigen sind, die Japan vieles zu geben haben). Seitdem die Amerikaner 1945 das neue Maß der Weltgeltung setzten, sind sie der Inbegriff des Ausländischen und somit jene, die Japan weniger als alle anderen verstehen. Das neue Japan zerfällt nicht in weltoffene City-Centers und unzugängliche Shinto-Gehege. Dort, wo der Ausländer nur noch Versatzstücke aus Übersee erblickt, liegt das wunderlichste Japan: ein dem Westen entwendeter Osten. Dem Ausländer wird zu verstehen gegeben, daß er gar nichts versteht, weder das japanische Verhältnis von Arbeit und Freizeit oder den japanischen Massenverkehr noch die Bedeutung japanischer Nahrung, beispielsweise von Reis. Mehr noch, seine ganze Art zu fragen geht offenbar an der Sache vorbei. Die westliche Kultur des Verstehenwollens trifft auf eine Kultur des Ausschweigens. Wichtig ist, was nicht in Worte gefaßt werden kann.

Gleichwohl gibt es in Japan eine geschwätzige Zunft: Wissenschaftler, die ihren Landsleuten und den Ausländern auseinandersetzen, warum Japan so einzigartig unverständlich ist. Der Bedarf an Selbstbespiegelung hat eine Flut von »Abhandlungen über Japaner« *(nihonjinron)* hervorgebracht, die teilweise sehr hohe Auflagen haben. Als Spiegel indes dient wiederum das zudringliche Abendland. Die japanischen Japanexperten blicken jeweils zunächst aus amerikanischer oder europäischer Perspektive auf Japan – mit dem absehbaren Ergebnis, daß die Maßstäbe des Westens sich als unangemessen erweisen. Die Japaner entledigen sich einer vom Ausland gestellten Aufgabe, indem sie untersuchen, ob und warum sie anders sind als die anderen. Als Bewohner eines geöffneten Landes zum Vergleichen verdammt, rächen sie sich durch den Nachweis, in allen Konkurrenzen obenauf und ansonsten unvergleichlich zu sein.[17] Schon hat sich herausgestellt, daß sie keine allgemeingültigen Werte, keine isolierende Ich-Identität und keinen Ödipuskomplex haben, lebenslänglich an die

▶[17] Vgl. Yoshino Kosaku: a.a.O.; vgl. Eythor Eyjolfsson: a.a.O., S. 5f.

Mutter fixiert bleiben, nicht logisch denken, gläubige, aber irreligiöse Gruppenwesen sind und zur Natur eine enge Beziehung ohne Worte unterhalten.

Als eine Art Gewächs, das nur auf japanischem Boden gedeiht, gilt die japanische *Sprache*. Die Autoren des *nihonjinron* attestieren ihr eine pflanzenhafte Regellosigkeit und eine »Seele«, die »das Herz des Volkes erzieht« und das japanische Staatswesen durchpulst. Nach den Ergebnissen ihrer Studien sind Ausländern sowohl die grammatischen Eigenheiten dieser Sprache als auch die semantischen Unikate, die sogenannten japanischen Urwörter *(yamato kotoba)*, prinzipiell nicht zugänglich. »Prinzipiell« bedeutet, daß Ausländer zwar eine gewisse Fertigkeit, selbst Meisterschaft im Japanischen erlangen, aber am Geist der Sprache nicht teilhaben können. In Städten begegnen die Leute manchmal solchen Ausländern und einige fordern sogar, daß ausländische Geschäftsleute gefälligst Sprachkurse besuchen sollten. Dennoch löst auch hier das Phänomen eines fließend Japanisch sprechenden Menschen mit hellen Haaren und Augen nach wie vor »Befremden« aus, so daß viele ihren Ohren nicht trauen und darauf insistieren, eine Fremdsprache zu hören.

Der Sprachwissenschaftler Suzuki Takao hat typische Erfahrungen fehlerfrei Japanisch sprechender Europäer dokumentiert. Der britische Diplomat Trevor Leggett berichtet von einem Versuch, die Empfangsdame eines Unternehmens in Tokyo in korrektem Japanisch anzusprechen: »›Kann ich Präsident Hasegawa sprechen? Ich bin mit ihm um zehn Uhr verabredet...‹ Absolutes Schweigen... Ihre schlimmste Befürchtung hat sich jetzt bestätigt: Sie können mein *Englisch* überhaupt nicht verstehen. Eine der Damen sagt auf Englisch: ›Excuse me...‹ Ich wiederhole das Ganze noch einmal auf Japanisch und füge hinzu: ›Mein Name ist Leggett.‹ Wie eine Schallplatte mit Sprung wiederholt die Dame auf Englisch: ›I am sorry. I do not understand...‹ Ich sage ganz langsam auf Japanisch: ›Sie – können – doch – Japanisch, – nicht wahr?‹ Sie antwortet immer noch auf Englisch: ›Yes I do, but...‹«[18]

Auch Japanern ohne solche Begriffsstutzigkeit erscheint das Japanisch der Ausländer – zumal dann, wenn es akzentfrei gesprochen wird – *komisch* und *unheimlich*. Sie haben das sichere Gefühl, daß Sprache und Sprecher nicht harmonieren.[19] Ein

▶[18] Suzuki Takao: a.a.O., S.162. ▶[19] Ebenda, S.158.

Mensch ist entweder Japaner oder Ausländer; wenn er sich so verhält, als ob er beides zugleich wäre, weiß man nicht mehr, wer er ist und wie man sich ihm gegenüber zu verhalten hat. Hingegen erwartet man, daß Angehörige anderer ostasiatischer Völker in Japan gut Japanisch sprechen, und verspottet sie, wenn sie sich unbeholfen ausdrücken.[20]

Manchen europäischen Darstellungen zufolge wähnen die Japaner, von Geburt an eine einzigartige *Gehirnstruktur* zu besitzen.[21] Das ist unrichtig. Vielmehr soll nach Ansicht japanischer Neurophysiologen der Gebrauch der japanischen Sprache als Muttersprache zur Folge haben, daß in der linken (»verbalen«) Gehirnhälfte Bewußtes und Unbewußtes, Verstand und Gefühl zusammenkommen, während sich bei den Angehörigen der anderen Sprachfamilien – mit Ausnahme der polynesischen – linke und rechte Gehirnhälfte die Arbeit teilten. Demnach würden auch weiße und schwarze Kinder, die in einer rein japanischen Sprachumgebung aufwachsen, ein solch ganzheitliches japanisches Gehirn erwerben. Urheber dieser These ist der Mediziner Tsunoda Tadanobu. Er hat bei Laboruntersuchungen mit japanischen und europäischen Probanden ermittelt, daß die linke Hemisphäre des Gehirns, sofern sie ausschließlich »vokal-dominante« Sprachen wie die japanische und polynesische zu bewältigen habe, auch nichtverbale Töne mit vokal-ähnlichem Spektrum (Gefühlsäußerungen, Tierrufe, Insektenzirpen, Rauschen des Windes, rinnendes Wasser, Brechen der Wellen, Sausetöne japanischer Musikinstrumente u.a.) zu verarbeiten beginne.[22]

Mögen einige wenige weiße Kinder mit Japanisch als Muttersprache und als japanische Staatsbürger aufwachsen – wie es ist, Japaner zu sein, erfahren auch sie nicht. Ihnen fehlt der japanische *Körper*, die japanische *Herkunft*, das japanische *Blut*. Die Mehrheit der japanischen Bevölkerung glaubt, einer auch körperlich singulären Menschengattung anzugehören. Im japanischen Regierungsapparat und in der Führungsspitze von Massenorganisationen teilt man diese Überzeugung. Vor wenigen Jahren eröffneten Vertreter des japanischen Landwirtschaftsministeriums und des japanischen Bauernverbands westlichen Journalisten, daß die Därme der Japaner etwa einen Meter länger seien als die Därme von Ausländern, weswegen

▶[20] Vgl. Florian Coulmas: a.a.O., S. 30f. ▶[21] Vgl. beispielsweise Karel van Wolferen: a.a.O., S. 397. ▶[22] Nishiwaki Yasushi: a.a.O.

amerikanisches Rindfleisch in Japan nicht zum Verzehr freigegeben werden könne. Von ausländischen Unternehmen hergestellte Medikamente werden erst durch japanische Probanden getestet, bevor man sie in Japan zuläßt.[23]

Diese und ähnliche wahre Geschichten geistern seit Jahrzehnten durch die westliche Japanberichterstattung. Skurril erscheint der Gegensatz zwischen dem Wildwuchs kollektiver Körperphantasien und der technokratischen Regulierung des japanischen Arbeitslebens. Die Korrespondenten, die solche Geschichten zum besten geben, wissen natürlich, daß die japanische Festlegung auf einen Status kultureller Einzigartigkeit durch Untersuchungen des Körperbaus der Japaner, überhaupt empirisch, nicht zu entkräften wäre. Zwar kann der *nihonjinron* als Rechtfertigungsliteratur eines Volkes, das sich für auserwählt hält, gelesen werden. Entstanden ist das japanische Autostereotyp der Einzigartigkeit aber erst als Antwort auf den kulturellen Hegemonialanspruch der Westmächte. Noch die Erklärung, nicht verstanden werden zu können, ist ein Verständigungsangebot an Europa und die Vereinigten Staaten. Mit Begründungen für das Scheitern der Verständigung argumentiert Japan auf westliche Weise. Die Alternative wäre Schweigen.

Nichtsdestoweniger ist der Kulturvergleich des *nihonjinron* eine sich selbst erfüllende Prophezeiung der Unübersetzbarkeit des Japanischen. Die Proklamation von »Einzigartigkeit« besagt, daß über das Japanertum nur von innen, durch Angehörige der japanischen Kultur selbst, angemessen gesprochen werden kann. Sie dient der Abwehr westlicher Kulturinspektionen vor dem Hintergrund eines sich verschärfenden Wettbewerbs auf den Weltmärkten. Nach Lage der Dinge spricht sich in der zeitgenössischen japanischen Selbstfindungsliteratur eher die Sorge aus, die »Einzigartigkeit« zu bewahren, als der Wunsch, mit ihr die Welt zu beglücken.

Ohne öffentliche Debatten zu provozieren, ist die *Ideologie des reinen Blutes* in diese Literatur zurückgekehrt. Viele japanische Politiker und Wissenschaftler sehen sich als Garanten der Fortsetzung einer Ahnenreihe, die angeblich seit mehreren tausend Jahren von keiner anderen Abstammungslinie gekreuzt worden ist. Auch prominente Journalisten preisen die »Homogenität« des japanischen Volkes. In den siebziger Jahren

▶ [23] Karel van Wolferen: a.a.O., S. 396.

gehörte es zu den Standardaussagen des populären Fernseh-Kommentators Kunihiro Masao, »daß die japanische Kultur auf der Homogenität des Blutes *(ketsueki no doitsesei)* beruht«.[24] Die japanische Sprache kennt zwei Worte für »Blut« *(chi* und *ketsueki)*. Beide können, je nach dem Kontext, sowohl die Körperflüssigkeit als auch eine besondere Art sozialer Beziehungen (Blutszugehörigkeit) bezeichnen. Außerdem haben die Wortstämme *chi-* und *ketsu-* ein gemeinsames chinesisches Schriftzeichen, so daß die Identität von Abstammung und Gemeinschaft sprachlich doppelt verbürgt ist.

Mit der Berufung auf die Reinheit beziehungsweise die Homogenität des japanischen Blutes grenzen sich die Autoren des *nihonjinron* gegenüber dem »unreinen« Kulturgemisch des Westens ab. In seiner vielgelesenen Schrift »Die Bedingungen einer reinen Kultur« *(Junsui bunka no joken)*, das 1967 in Tokyo erschienen ist, gelangt der Philosoph Masuda Yoshio zu dem Ergebnis: »Die europäische Kultur, die als Resultat einer Vermischung vieler Kulturen und ›Rassen‹ *(chi)* entstand, ist eine hochentwickelte hybride *(zasshu)* Kultur. Dagegen ist die japanische Kultur eine reine Kultur, hervorgegangen aus einem reinblütigen Volk *(minzoku)*, nicht beansprucht von Auseinandersetzungen mit anderen *minzoku*-Gruppen, sondern von der friedlichen Bewahrung und Pflege einer homogenen Kultur *(tan'itsu bunka).*«[25]

Der Gegensatz von »reiner« und »unreiner« Kultur hat aus japanischer Sicht auch praktische Folgen für Verständigungsbemühungen: Mischkulturen können ihre Eigenheiten nach verschiedenen Seiten vermitteln, da sie ja aus Vermittlungsprozessen entstanden sind. Die reine Kultur hingegen erschließt sich allenfalls indirekt. Wenn sich ihre Vertreter der Außenwelt mitteilen wollen, können sie dies nicht in der einzig angemessenen, der eigenen Sprache (auf Japanisch) tun, sondern müssen Sprachen anderer Kulturkreise zu Hilfe nehmen. So sprechen sie über das Eigene immer nur von außen. Ausländer wiederum werden auch nach längerem Aufenthalt im einzigartigen Land nicht heimisch. Nichts, was sie verstehen, ist das Verständnis eines Japaners.

▶[24] Hayashida Cullen Tadao: a.a.O., S.133f. ▶[25] Zitiert von Hayashida Cullen Tadao: a.a.O., S.134.

Das verwünschte Gegenüber. Ausländer sollten in Japan keine große Mühe darauf verwenden, ihr Ausländertum begreiflich zu machen. Dabei würden sie unterstellen, es gebe eine gemeinsame europäisch-japanische Sprache, und das wäre anmaßend. Dagegen sollten sie zeigen, daß sie eigene Sitten und Normen haben und diese nicht nach Ausländerart ins Lächerliche ziehen. Um Vertrauen zu erwecken, müssen sie akzeptieren, nicht durchschaubar zu sein. Doch eben dies fällt Europäern und Amerikanern besonders schwer.

Auf die folgende Weise erfahren Ausländer, die in Japan leben, daß sie Fremdkörper sind[26]: Sie genießen Narrenfreiheit, da sie außerhalb der Norm stehen und keinen Ruf zu verlieren haben. Lieferanten, Briefträger, Hausmädchen und andere Kontaktpersonen sind ihnen gegenüber nicht zu Loyalität verpflichtet. Neugierige beziehen Posten vor dem Haus und starren zur Ausländerwohnung hinauf.[27] Die bloße Anwesenheit des Ausländers ist verwirrend. »Wenn man Ausländern gegenübersteht, gerät man aus dem seelischen Gleichgewicht«, sagt Suzuki Takao. »Man wird verwirrt, die normale Denkfähigkeit wird außer Kraft gesetzt, und man kann sich nicht mehr vernunftmäßig verhalten... Es scheint, als ob Durchschnittsjapaner gegenüber Ausländern... unter Lampenfieber leiden.«[28]

Niemand weiß, wie er zu Ausländern »Guten Morgen« oder »Guten Tag« sagen soll, da diese keinen Platz in der gesellschaftlichen Hierarchie einnehmen. Wer den Unpersonen nicht aus dem Weg gehen kann, gerät in arge Verlegenheit. Angela Terzani, die Frau des *Spiegel*-Korrespondenten in Tokyo, notierte am 24. September 1987 in ihr Tagebuch: »Madame Hara (die Hauswirtin) hat eine einfache alte Frau angestellt, welche die Treppe zu unserem Gebäude fegt. Die Alte versteckt sich, sobald wir nahen, da sie absolut nicht weiß, wie sie uns ›Gaijin‹, uns Fremdlinge, einstufen, also begrüßen soll. Jeden Tag wiederholt sich die gleiche peinliche Situation, daß wir freundlich lächelnd ›Guten Morgen‹ sagen und sie gequält die Augen niederschlägt oder so tut, als sähe sie uns nicht. Eine japanische Dame von nebenan, die länger im Ausland gelebt

---

▶[26] Japanreisende, die beobachtet haben, »daß sich die Dinge in Japan rasend schnell verändern« beziehungsweise »seit einem Jahr/zwei Jahren/drei Jahren schon wieder alles ganz anders geworden ist«, bitte ich um Nachsicht. ▶[27] Vgl. Yvonne Schwersenz: a.a.O., S.137f. und 191. ▶[28] Suzuki Takao: a.a.O., S.163.

hat, zieht sich damit aus der Affäre, daß sie mir direkt in die Augen sieht, auf Englisch ›Good morning!‹ sagt und sofort weitergeht. Ich merke aber, wie unnatürlich das für sie ist.«[29] Gespräche mit Ausländern können so kompliziert sein, daß viele Japaner es vorziehen zu schweigen.

Japaner wissen mit Leuten aus dem Westen nicht viel anzufangen. Über die Errungenschaften der *gaijin* verfügen sie schon, und auch über deren attraktive Körper (auf den Werbeflächen). Da erübrigt sich die leibhaftige Anwesenheit der Westler vollends. Manche Jugendliche sprechen Ausländer an, um ihr Englisch zu erproben, aber dann sagen sie Sprachführersätze und daß sie sich schämen.[30] Wie soll man jemanden, der kein richtiges Gegenüber ist, behandeln, ohne das Gesicht zu verlieren? Oft wird Ausländern – wie Kindern oder Behinderten – bei einfachsten Verrichtungen Hilfe angeboten, da man grundsätzlich vermutet, sie seien hilflos. Mechanische Höflichkeit ist hier nicht weit von gedankenloser Unverschämtheit entfernt. »Unter denen, die es sich zum Sport gemacht haben, nach Gaijin zu rufen, können auch freche Jungs sein, aufdringliche«, erfährt ein Deutscher auf Kunstreise durch die japanische Provinz. »Einer aus einer großen Schülergruppe ruft dauernd: I you love! I you love!«[31] Eltern deuten auf einen Ausländer und sagen »Gaijin«, und die Kinder äffen seinen Gang nach und plappern Unsinn in Pidgin-Japanisch.[32] Schöne weiße Frauen bestaunt man, aber man will sie nicht kennenlernen oder berühren.[33] Würde man sie heiraten, hätten die Kinder vielleicht helles Haar. Und der Name einer Japanerin, die einen Ausländer heiratet, könnte aus dem »Familienstammbaum« (in Japan ein quasiamtliches Dokument) gestrichen werden.

Willkommen ist die Gegenwart der Fremden eigentlich nur zur Selbstbestätigung. Jedem Europäer oder Amerikaner werden in japanischen Restaurants, öffentlichen Verkehrsmitteln und Taxis immer wieder rhetorische Fragen gestellt: *Do you like Japan? – How do you like Japanese water? Better than in Germany? – How do you like Japanese rice?* – Oder, zur Weihnachtszeit: *Excuse me. Do you celebrate Christmas in your country so nice as in Japan?* – Oder, noch ehrlicher: *Japan number one?* Die Hauptaufgabe des Westlers ist es zu bekunden, wie weit man es schon gebracht hat.

▶[29] Angela Terzani: a.a.O., S.93f. ▶[30] Vgl. Elmar Schenkel: a.a.O. ▶[31] Ebenda, S. 70. ▶[32] Jared Taylor: a.a.O., S. 28f. ▶[33] Vgl. Ian Buruma: a.a.O., S.73.

1962 proklamierte Ministerpräsident Ikeda erstmals die »Internationalisierung der japanischen Wirtschaft« als vorrangige Aufgabe der Politik. Der Begriff »Internationalisierung«, *kokusaika*, war in den siebziger und achtziger Jahren dank seiner Vieldeutigkeit ein Schlüsselwort in jedem Gespräch, das Japaner untereinander oder mit Ausländern über Japans Stellung in der Welt führten.[34] In den Ohren der Ausländer klang die Parole wie eine Ankündigung, wirtschaftliche und kulturelle Zugangsbeschränkungen abzubauen und Japan zu einer »normalen Nation« zu machen. Ein typisches westliches Mißverständnis. Den Initiatoren der »Internationalisierungs«-Kampagne ging es darum, die Konkurrenzfähigkeit der japanischen Wirtschaft zu verbessern und den »ursprünglichen japanischen Werten und Normen« auch außerhalb des Mutterlandes Geltung zu verschaffen. Wie es sich für eine große Nation geziemte, wollte Japan endlich auch das Eigene in die Welt hinausbringen, anstatt immer nur Fremdes einzuführen. Im japanischen Erziehungswesen brachte es die »Internationalisierung« mit sich, daß täglich zu Beginn des Unterrichts die Flagge gehißt und *Kimigayo*, Japans lakonische Kaiserhymne[35], gesungen wurde.

Von einem deutschen Japanologen gefragt, was »Internationalisierung« bedeute, antwortete zu Beginn der neunziger Jahre eine japanische Hausfrau: »Daß Japan in der Welt die Rolle, die es übernehmen kann, spielt... Nicht Orientierung am Ausland, sondern auf welche Weise Japan den anderen großen Nationen gegenübertritt...«[36] Und ein Busfahrer äußerte: »Ein ausländisches System übernehmen, sich vom Ausland etwas aufdrängen lassen, das ist nicht *kokusaika*, sondern daß Japaner frei, von einem unabhängigen Standpunkt aus, sagen, laßt uns mal gute Sachen aufnehmen und laßt uns ebenso gute Sachen nach draußen geben...«[37] 1989 hüllte die japanische Regierung dieses Konzept in den Slogan »Japan zusammen mit der Welt«.[38]

An den von japanischer Seite gern in Kauf genommenen Mißverständnissen sind die Ausländer selbst schuld. Während Amerikaner und Europäer meinen, daß man alles aussprechen sollte, um Problemlösungen zu finden, wissen die Japaner, daß

---

[34] Vgl. Holger Bungsche: a.a.O. [35] In der freien Übersetzung von Hans Haas: »Tausend, abertausend Jahr' / Blühe, Kaiserlich Geschlecht / Bis zum Fels ein Stein geworden / Überdeckt von Moosgeflecht.« [36] Holger Bungsche: a.a.O., S. 70. [37] Ebenda, S. 73f. [38] *Der Spiegel*, Nr. 47 vom 20.11.1989, S. 217.

das Hersagen der Dinge, die sich von selbst verstehen, diese beschädigen würde. Japan wurde gezwungen, sich mit Außen zu vergleichen, und nun vergleicht es sich (mittels »Öffnung« und »Internationalisierung«). Aber dieses Wetteifern ist eine Form der Weigerung, normal zu werden. Es ist ein Weg, die Ausländer hinzuhalten. Diese wären auch und gerade in einem Japan als Totalkopie des Westens deplaziert. Japan will nach wie vor in Ruhe gelassen werden, und sei es dadurch, daß es sich über die ganze Erde ausdehnt.[39]

Das Auftreten von Menschen mit europiden Gesichtszügen löst bei Japanern heutzutage die gleiche paradoxe Doppelreaktion aus wie im 16. Jahrhundert: freudige Empfänglichkeit für mitgebrachte Neuheiten (die sofort nach japanischen Regeln neu arrangiert werden) und großes Unbehagen. Europäer sind der Menschenschlag, der allein schon durch seine körperlichen Merkmale das Japanertum herausfordert. Wenig oder gar kein derartiges Unbehagen bereitet Japanern die Anwesenheit von Angehörigen anderer ostasiatischer und polynesischer Völkerschaften – diese sind gewissermaßen der Vorhof des Eigenen. Wenn solche Nachbarn nach Japan kommen, fordert man von ihnen bedingungslose kulturelle Anpassung und die Beherrschung der japanischen Sprache, obwohl sie und ihre Nachfahren nicht als Japaner gelten.

Dagegen werden Anpassungsleistungen »richtiger« Ausländer als unpassend, wenn nicht bedrohlich empfunden – wie Betrugsversuche. Das Ungeschick und das fehlerhafte Japanisch der Ausländer erfreuen die Einheimischen: Solche Leute machen sich und anderen nichts vor, und da sie es nicht besser können, hat es auch keinen Sinn, sie zu korrigieren. Der Sprachwissenschaftler Suzuki Takao erzählt von einem exemplarischen Fall: »Neulich traf ich auf einer internationalen Konferenz in Kyoto nach Jahren eine indische Studentin wieder, die zuvor an meiner Universität Japanisch studiert hatte. Sie kann sehr gut Japanisch, allerdings ist es nicht immer ganz korrekt. Ihr Gesichtsschnitt ist typisch arisch, auch wenn ihre Hautfarbe etwas dunkler ist. Sie beklagte sich bei mir und einigen anderen japanischen Linguisten, daß die Japaner ihr Japanisch immer nur lobten und sie nie auf Fehler aufmerksam machten. Auf diese Weise komme sie über einen bestimmten Stand nie hinaus.

▶[39] Oder dadurch, daß es die Kommunikation mit dem Westen künftig über Internet erledigt.

Ich erklärte mir dies so, daß sie zwar im weiten Sinne eine Asiatin ist, doch ihr Gesicht weist sie eindeutig sofort als Ausländerin aus, so daß hier wieder das japanische Gefühl der Befremdung einsetzt.«[40] Die paradoxe Doppelreaktion gilt Menschen mit »arischem Gesichtsschnitt« und insbesondere weißhäutigen Europäern mit blonden, roten oder braunen Haaren. Letztere bilden den Phänotypus des Nichtjapaners schlechthin.

Viereinhalb Jahrhunderte lang nahmen die Japaner den Europäern gegenüber eine extreme und extrem zwiespältige Haltung ein. Diese resultierte nicht aus der Europäererfahrung, sondern lag ihr schon zugrunde. So überrascht es nicht, daß sie im wesentlichen unverändert geblieben ist. Japans Europa-Paradox hat sich sogar noch verschärft. Während nämlich bis in die fünfziger Jahre des 20. Jahrhunderts jeweils eines der beiden Extreme – Empfänglichkeit und Verschlossenheit – deutlich dominierte und dann ins andere umschlug, sind nunmehr die Extreme vereint. Japan folgt heute mehreren verschiedenartigen Verständigungs- und Verhaltenskonzepten zugleich, je nachdem, ob es um »Japan in der Welt« oder um »die Welt in Japan« geht. Es spielt seine Rolle als weltoffene Wirtschaftsgroßmacht in den internationalen Institutionen (GATT, IWF, OECD), damit seine Unternehmen noch mehr exportieren und im Ausland noch mehr Besitz erwerben können, und bittet um Verständnis für die fernöstliche Mentalität, um ausländische Wettbewerber vom japanischen Markt fernzuhalten. (»Es fällt uns schwer, attraktive ausländische Produkte zu finden.«) Komplizierte Einfuhrbestimmungen und langwierige und teure Produktprüfungs- und Zulassungsverfahren, mehr als elftausend an der Zahl, schrecken westliche Firmen ab.

Die europäische Kultur- und Industrielandschaft bereisen die Japaner wie eine permanente Verkaufsausstellung, wo man sich »die guten Punkte des Auslands«, von der Loreley über die Damenmode bis hin zu Betten und Toiletten, zur Drapierung des japanischen Alltags beschafft. Zugleich halten sie den Europäern und Amerikanern, die eine westliche Globalkultur herannahen sehen, als Zukunftsmodell das »asiatische System« entgegen: »Religion, Ideologie, Volk, alle bessern sich, alle lernen, alle arbeiten, alle versuchen, glücklich zu werden.«[41] Und obendrein machen japanische Politiker und Medien eine feindliche, Japans gute Absichten sabotierende Welt für jene

[40] Suzuki Takao: a.a.O., S.168.   [41] Holger Bungsche: a.a.O., S. 74.

Die Gelben, die Schwarzen, die Weißen

Isolation verantwortlich, die Japan mit allen Mitteln aufrechterhält.[42]

Es war die Ablösung des militärischen Kampfplatzes durch den wirtschaftlichen, die es den Japanern erlaubte, die Mittel des Westens gegen den Westen zu wenden, ohne zwischen Öffnung und Abschließung wählen zu müssen. »Um ausländische Technologie in kurzer Zeit zu absorbieren, braucht man zwei Dinge: glühenden Nationalismus und tiefen Respekt für die anderen«, sagte der japanische Wirtschaftswissenschaftler Takeuchi im Jahr 1985.[43] Mit weltfremd anmutender Unbefangenheit gaben die Japaner aufs neue die Parole der *Meiji*-Zeit vom Einholen und Überholen des Westens aus und wollten von den Überholten auch noch gelobt werden: Wir tun doch nur, was ihr uns gesagt habt... Man träumte und träumt davon, die »Fackel der Weltführung« zu übernehmen, große Teile der Vereinigten Staaten aufzukaufen und nach Autos und Elektronik auch die japanische Sprache und Kultur zu exportieren.

Aber wie das Turnier zwischen Meisterschüler und Lehrmeistern auch enden mag, ob es in Bahnen »gemeinsamer Verantwortung« überführt wird oder nicht – die Japaner lassen bei allen Erfolgen im »Wirtschafts-Weltkrieg« erkennen, daß sie sich an einem fremden Spiel beteiligen, das nach fremden Regeln ausgetragen wird. Sie übertreiben, weil sie es besonders gut machen wollen, nehmen die Methoden, die sie beim Verdrängungswettbewerb anderer beobachten, so ernst, als hätte sich ihnen das Geheimnis des Westens enthüllt, verkünden aller Welt ihre Strategie oder gehen wie Verschwörer vor, verstehen nicht die Arbeitsteilung zwischen Staat und Wirtschaft, wie sie in Amerika und Europa gehandhabt wird, beziehungsweise können sie – dieses eine Mal – nicht übernehmen, folgen einer gewählten Strategie auch dann noch, wenn sie ihnen zum Nachteil gereicht, isolieren ihre Niederlassungen und Expertendelegationen im Ausland und können sich aus guten Gründen nicht dazu durchringen, das eigene Land zum freien Markt zu machen.

In welcher Dimension der Auseinandersetzung glaubte beispielsweise der liberal-demokratische Abgeordnete Haraizomi Wataro zu sein, als er 1989 den Amerikanern ankündigte: »Wir werden weiter hart arbeiten und riesige Überschüsse von Geld

▶[42] Vgl. Karel van Wolferen: a.a.O., S. 633–644. ▶[43] *Der Spiegel*, Nr. 12 vom 18.3.1985, S. 189.

anhäufen. Dann kaufen wir euer Land, und ihr werdet dort wohnen und Miete zahlen.«[44] Viele Japaner verstehen offenbar unter dem Fluß des Kapitals eine kontrollierbare nationale Waffe.

Weil die Japaner auf dem Weltmarkt fremdeln, gibt es keine Garantie, daß sie nicht eines Tages wieder ihr eigenes Spiel nach »asiatischen« Regeln eröffnen werden. In den neunziger Jahren mehrten sich Äußerungen hochrangiger japanischer Politiker, die darauf schließen lassen, daß sich Japans Elite die »asiatische Option« offenhalten will (und nicht nur deshalb, um zu Rechtfertigungszwecken den »Großen ostasiatischen Krieg« von 1941 bis 1945 als Verteidigungskrieg kolonialisierter und bedrohter Völker gegen die weiße Rasse ausdeuten zu können). Ministerpräsidenten, Minister und Abgeordnete im konservativen und im »sozialistischen« Bereich des japanischen Parteienspektrums hoben hervor, daß Japan seine Wurzeln in Asien habe, und spielten auf die – in den japanischen Medien vieldiskutierte – Möglichkeit einer »Reasiatisierung Japans« an. Sie erwogen damit die Rückkehr Japans zur Schaukelpolitik zwischen Öffnung und Abschließung. Entsprechende Annäherungsversuche in China, Korea, Malaysia und Singapur wurden dort allerdings sehr kühl aufgenommen.

Im Sog nicht verhandelbarer Erwartungen haben sich Japaner und Europäer konsequent verfehlt und mit ihren Verständnisbemühungen für die jeweils anderen die eigenen Erwartungen größtenteils bestätigt. Als die Japaner begannen, die Fremden durch Aneignung des Fremden zu überwinden, fingen sie sich in der eigenen Falle (fortwirkender Isolation). Jede Art von Annäherung an die Ausländer war von nun an auch Abwehr. Weil Einschluß und Ausschluß zusammenfielen, war es nicht mehr möglich, die Frage zu stellen, ob die Ausländer denn so unfaßlich seien, wie die Japaner es selbst zu sein glaubten. Die Japaner schufen sich den unheimlichen Europäer, aber nicht in Verblendung oder einfach durch Projektion der japanischen Seele auf die europäische, sondern bestürzt über die Präsenz von Menschenwesen einer Außenwelt. Sie inszenierten den Europäer als das Wesen, das nicht zu verstehen ist und »uns nicht versteht«, und vermieden es auf diese Weise, sich eben darüber letzte Klarheit zu verschaffen. Am liebsten hätten sie die Existenz fremdartiger Nichtjapaner geleugnet. Da dies

▶ [44] *Der Spiegel*, Nr. 45 vom 6.11.1989, S. 176.

nicht gelang, schoben (und schieben) sie die Begegnung mit den Fremden auf.

Die Konstrukte des unverständlichen Europäers und des unverständlichen Japaners haben somit eine Schutzfunktion; doch für die Japaner geht es um mehr, als eine Erkundung der japanischen Seele zu verhindern. Die Erkenntnis, daß die Japaner das Mißlingen der Kommunikation mit den Europäern gewissermaßen vorprogrammieren, bietet keine Gewähr für das Gelingen ernsthafter Kommunikationsversuche. Der gute Wille oder das Fehlen des guten Willens allein ist hier nicht entscheidend.

Der koreanische Sozialphilosoph Pak Chun-hi hat in seinem 1986 in Tokyo erschienenen Buch »Die Japaner mit der Tendenz zur Erweiterung« die These entwickelt, daß Japaner dahin tendieren, »sich und ihre Kultur ins Unermeßliche auszudehnen, weil sie von klein auf unfähig sind, sich abzugrenzen«.[45] Ähnliches vermutet der japanische Kulturwissenschaftler Miyamoto Tadao: Das japanische Ich versuche, sich zu schützen und zu stabilisieren, indem es durch Selbst-Ausdehnung *(jiko kakudai)* den anderen subsumiere.[46] Den Anspruch Japans auf China und Korea als quasi-japanische Trabantenstaaten während der *Meiji*-Zeit hat der Sprachwissenschaftler Suzuki Takao schon in den siebziger Jahren mit einer solchen Selbstausdehnungs-Hypothese erklärt: »Wir haben uns ... gegenüber China, Korea und Taiwan so verhalten, daß wir sie durchweg an Japan anglichen; wir erweiterten unser Ich und taten so, als seien die anderen wie wir.«[47] Dies bedeute nichts anderes, sagt Suzuki an anderer Stelle, »als daß ein lebendiges Gegenüber im echten Sinne im Bewußtsein der Japaner nicht existiert«.[48] Wenn demnach »ein Wesen, das einem von außen gegenübertritt und mit dem man sich auseinandersetzen muß«, in der japanischen Gesellschaft keinen Platz hat[49], bleibt angesichts des Europäers,

▶[45] Pak Chun-hi: Kakudai shiko no nihonjin. Tokyo 1986. Mitteilung von Christoph Langemann: Small is better: Japan aus der Sicht eines Koreaners. In: Nicolas Baerlocher/Martin Bircher (Hrsg.): Japan: Selbstbild – Fremdbild. Zürich 1993. S.145. ▶[46] Mitteilung von Peter Pörtner, München. Die Mißachtung der Grenzen zwischen Individual-, Sozial- und Kulturpsychologie und zwischen Psychologie, Ethnologie und politischer Kulturgeschichte erscheint in diesem Fall zulässig, da das japanische »Ich«/»Selbst«/»Subjekt« dem europäischen nicht vergleichbar ist, vielmehr als eine Art »Intersubjekt« aufgefaßt werden kann und überdies aufgrund der Insellage Japans die politischen, ethnischen, sprachlichen und kulturellen Grenzen übereinstimmen. Vgl. Jens Heise (Hrsg.): a.a.O. ▶[47] Suzuki Takao: a.a.O., S.143. ▶[48] Ebenda, S.112. ▶[49] Ebenda, S.113.

des Außenwesens par excellence, das man nicht vereinnahmen kann, nur die Haltung äußerster Distanzierung.

Der Europäer wird behandelt, *als ob* er existiere und *als ob* er ein Außenwesen sei. Die Kulturgüter dieses Schemens hingegen werden ohne Zögern in das »japanische Ich« hineingenommen. Die Unbedenklichkeit, mit der dies schon bei der ersten Begegnung geschah, stellte folglich auch eine Verleugnung der Existenz des Europäers dar; fremde Dinge wurden – und werden – als herrenlos betrachtet. Auch die Zutraulichkeit der Japaner, von der die portugiesischen Kaufleute und Missionare staunend berichteten, stellte die Realität der Außenwesen in Frage: Es blieb zu hoffen, daß die Eingetroffenen sich ins Vertraute hinein auflösten.

Indem die Fremden diese Hoffnung enttäuschen (stets bleibt noch ein Rest paradoxer Hoffnung), stößt das expansive japanische Ich an eine Grenze. Der unsägliche Europäer verkörpert diese unmögliche Grenze (droht diese Grenze zu sein): Katastrophe und Faszination zugleich. Daher wandeln die Japaner an Wochenenden lieber zwischen den Kopien deutscher Fachwerkhäuser und Märchen-Szenarios, im heimischen »Holland Village«, im »Russian Village«, im »Parque España« oder im »Tokyo Disneyland« als an den Originalschauplätzen. »Der tiefere Sinn dieser National-Parks ... liegt ja gerade darin, fremden Ländern das zu nehmen, was viele Japaner am meisten verstört: ihre Fremdheit.«[50] Und wenn die Japaner Europa oder Amerika besuchen, befriedigen sie ihre »xenophobe Reiselust« im Schutz der Gruppen-Haut und der Videokameras, die den Originalschauplatz ins Virtuelle entrücken, so daß die hindurchblickenden Reisenden eine Ahnung davon überkommt, wie die Welt sein könnte, wenn sie nur japanischer wäre.

Der Ausländer hinter dem Ausländer. Erst mit Eroberungskriegen, dann wieder durch Gelehrigkeit hat Japan im 20. Jahrhundert versucht, westliche Außenwelt in Eigenwelt zu verwandeln. Praktisch über Nacht brach es seinen Todeskampf gegen Amerika ab und begann, diesem nachzueifern. Was sich wie ein krasser Fall von Opportunismus ausnimmt, war nur der opportune Wechsel von einer Art der Selbsterweiterung zur

▶ [50] Uwe Schmitt: Wie im Märchen, aber wahr. In: *Frankfurter Allgemeine*, Nr. 287 vom 10.12.1994, Beilage »Bilder und Zeiten«.

anderen. Ein Gesinnungswandel wurde dabei niemandem abverlangt.

Japaner verachten die »Leute von drüben«, sofern sie sich ihnen überlegen fühlen. Werden sie niedergerungen, geht die Verachtung in Bewunderung über. Seit der von den Amerikanern erzwungenen Öffnung des Landes im 19. Jahrhundert sind die Weißen ansehnliche Menschen. Die Japaner verehren die Kraft, die sie besiegt, und verachten dabei sich selbst. Aber sie wollen durchaus nicht so wie die Überlegenen sein, sie wollen nur deren Kräfte. Seit der Öffnung stellen sie Vergleiche mit dem Westen an. Dieser Wettbewerbszustand ist ihnen lästig, weil sie dabei in gewisser Weise ein Gegenüber zu ertragen haben.

Dieses Gegenüber wird zwar immer wieder aufgelöst. Durch Verehrung oder Verachtung oder beides zugleich nimmt die japanische Gemeinschaft bestimmte Merkmale des Ausländers in ihren Dienst. Das widrige Gegenüber vollständig einzuverleiben, gelingt jedoch nicht. Draußen bleibt der »Außenseiter« (eine der Konnotationen von *gaijin*), das nicht geheure Wesen, das stets aufs neue in Japan landet. Die Japaner blicken durch ihn hindurch, doch er blickt ihnen unverschämt ins Gesicht.

Jene Männer, die heute in der nationalen Hierarchie Japans ganz oben stehen, machten 1945 die Erfahrung, daß es auf der Welt Riesen und Zwerge gab und sie zur Rasse der Zwerge gehörten. Da sprangen große muskelbepackte Soldaten aus Jeeps und Lastwagen, öffneten Kaugummipackungen, wenn sie von japanischen Knirpsen umringt wurden, alberten herum und erkundeten mit wiegenden Schritten die Umgebung. Sie hatten Arme wie Baumstämme, mächtige Brustkörbe, Hüften wie Mühlsteine und kraftstrotzende Hinterteile. Wie konnten mickrige Gestalten wie die Japaner gegen solche Riesenkerle überhaupt Krieg führen? Die Amerikaner waren durchschnittlich einsachtzig groß, die Japaner einssechzig. »Dieser grundlegende Unterschied in der Körperkraft muß sich ja auf die Stärke der Nation auswirken«, sagten jetzt Leute, die den Feind noch kurz zuvor als Affengezücht abgetan hatten.[51] Neben den Amerikanern mit ihren hohen Nasenrücken und tiefliegenden Augen hatten nun plötzlich die Japaner flache Affengesichter. Diese ausdrucksvollen Bewegungen, diese Kraft und Größe – das

▶ [51] Nosaka Akiyuki: a.a.O., S. 87–97.

war Zivilisation! *Everything is so big, so big!* sagen noch heute die japanischen Schulkinder, wenn man sie fragt, was ihnen an Amerika gefällt.[52]

In den achtziger Jahren gab es im japanischen Fernsehen ein sehr erfolgreiches Showprogramm namens *hen na gaijin* (»komischer Ausländer«), das sich ganz der Tolpatschigkeit und Borniertheit von Ausländern in Japan widmete. Die Zuschauer lachten sich gesund über weiße Elefanten, die durch den japanischen Porzellanladen trampelten. Da durchquerten breitschultrige rothaarige Touristen dünnwandige japanische Wohnzimmer und ließen Trümmerhaufen hinter sich zurück und stammelten groteskes breitmäuliges Japanisch. Wenige Worte mit amerikanischem Akzent gaben das Einsatzzeichen für Lachsalven im Studiopublikum. Der gleiche Effekt wurde erzielt, wenn Ausländer ihre ohnehin runden Augen aufrissen, weil sie wieder einmal die Welt nicht verstanden. Auch trompetenartig geschneuzte Nasenkolben, rot entflammte weiße Haut, Damenbärte und die falsche Benutzung japanischer Toiletten boten Anlaß zur Heiterkeit. Stets fanden sich genügend Masochisten aus Europa und Amerika mit elementaren Japanischkenntnissen zur Teilnahme an den Idiotenspielen bereit. Einer der Höhepunkte von *hen na gaijin* war ein Wettbewerb der Ausländer im Singen japanischer Lieder. Das Programm wurde abgesetzt, nachdem gegen den Showmaster Morita Kozuyoshi (»Tamori«) Anzeige wegen rassistischer Äußerungen erstattet worden war.[53] Im japanischen Privatfernsehen wird gegenwärtig aber eine große Zahl von Comedys und Game-Shows angeboten, die den Bedarf nach Ausländerverspottung stillen. Das gleiche Vergnügen bereiten die Leserbriefseiten und bestimmte Kolumnen in der japanischen Tagespresse.

Gleichzeitig hat der westliche Körper als Schönheitsfetisch Japan erobert. Beim Durchblättern von Modezeitschriften, beim Schaufensterbummel und beim Fernsehen werden die japanischen Konsumenten von einem Heer blonder Puppen animiert. Sie bewundern hochbeinige straffschultrige Exoten mit Goldglanz in Gesicht und Haar und weisen sich selbst einen Platz nahe am Nullpunkt der Attraktivitätsskala zu, nur noch von »Pygmäen und Hottentotten« unterboten.[54] Meist klein-

▶[52] Vgl. Elmar Schenkel: a.a.O., S. 71. ▶[53] Vgl. Eythor Eyjolfsson: a.a.O., S.16; Angela Terzani: a.a.O., S. 333; Elmar Schenkel: a.a.O., S.109. ▶[54] Vgl. *Der Spiegel*, Nr. 3 vom 12.1.1987, S.117 und 119.

wüchsig und schmächtig in der Brust, häufig mit bräunlichem Teint und schiefen Zähnen, flachgesichtig und kneifäugig – schlecht gemacht...

Unter japanischen Geschäftsleuten mit Westkontakten ist es Mode geworden, sich »rundere Augen« operieren zu lassen. In ihrer großen Mehrheit haben die Japaner aber kein Verlangen, ihrem Fetisch gleich zu werden. Für Schönheitszwecke haben sie ja ihre großen blonden Mannequins angestellt – warum also sich selbst die Mühe machen? Seitdem der Westen ökonomische Schwächen zeigt und die meisten Japaner nicht mehr daran glauben, daß es ausländische Vorbilder gibt, denen die Nation nacheifern sollte[55], hat die Schönheit zudem an Sozialprestige verloren, wenn auch nicht an ästhetischem Reiz. Viele Japaner würden sich gelegentlich gern mit europäischen Frauen zeigen; aber nur wenige möchten mit einer Europäerin zusammenleben.

Der einzelne hochgewachsene Europäer hat es in Japan heute weitaus schwerer als sein Idealtyp in der Plakat- und Fernsehwerbung. Er denkt nicht flink genug und stößt überall mit seinem großen Kopf an. Seine imposante Nase ist zu wenig mehr als zum Angestauntwerden nutze, denn sie macht ihn nicht empfindlich genug für unangenehme Gerüche. Sonst würde sie ihn warnen, wenn er hemmungslos transpiriert, zu selten die Wäsche wechselt oder die Toilette benutzt hat und anschließend anderen die Hände schüttelt, ohne sich gewaschen zu haben. Die Japaner entdecken den schmutzigen Weißen, entdecken ihn wieder, und haben dabei nicht nur die Genugtuung, ihn zurechtzuweisen. Aus der Nähe, nicht mehr von seinem Blick geblendet, erkennen sie zwischen den Poren des Boten der Zivilisation eine unzivilisierte, unbekannte Gestalt. Die Liebhaber gut proportionierter Models wissen, daß der Genuß westlicher Schönheit eines gewissen Abstands bedarf. Wer den Abstandsvorbehalt mißachtet, sieht nur noch grobe und behaarte Haut. Als Ernüchterungsübung für europaselige Japaner hat Suzuki Takao vorgeschlagen, in Europa einmal nicht Sehenswürdigkeiten und Museen zu besuchen, sondern sich auf Orte und Objekte zu konzentrieren, »die zeigen, wie schmutzig und in gewisser Weise rückständig Europa ist«.[56]

▶[55] Kenneth B. Pyle: Die Zukunft des japanischen Nationalcharakters. In: Ulrich Menzel (Hrsg.): Im Schatten des Siegers: Japan. Band 4: Weltwirtschaft und Weltpolitik. Frankfurt am Main 1989, S. 165. ▶[56] Suzuki Takao: a.a.O., S. 146.

Es ist also die Schmutzspur, die hinter die glänzende Kulisse des Abendlands und in kulturelles Niemandsland führt, wo das desillusionierte Japan wieder mit sich allein ist. Der schwerste Vorwurf, den Japan dem Westen macht, ist, nicht mehr von ihm überwältigt zu werden. Der Ausländer, der abgewirtschaftet hat, beginnt wieder zu stinken. Entblößt von Gaben, die Japan begehrt, enthüllt er sich als ein grobschlächtiges behaartes Wesen unbekannter Art.

Früher versuchten die Japaner, hinter die Maskerade der westlichen Körper zu blicken. Die Neugier darauf, was die ausdrucksvollen Gesichter verbargen, entsprach der Frage, was die ausländischen Individuen untereinander verband. Gewiß verfolgte die Macht, die von außen gekommen war, mit der Bevormundung Japans eine bestimmte Absicht. Gewiß wirkten die raumgreifenden Bewegungen der Fremdlinge planvoll zusammen. Nie trauten die Japaner der »schonungslosen Offenheit« dieser Fremdlinge ganz. Wer seine Gefühle so unkontrolliert zeigte, mußte einer Kontrolle unterliegen, die sich jeder Beobachtung entzog. Nach japanischem Empfinden war das eigene Land das Heim der Herzenswärme, während in den Beziehungen zwischen den überschwenglichen Ausländern der kalte Verstand regierte.[57] Gesucht wurde nach 1945 — wie in der *Meiji*-Zeit — die treibende Kraft, die das sieghafte Lächeln der Yankees, die Zielstrebigkeit der Wirtschaftsbosse und den Eigensinn der »großen und robusten« europäischen Frauen speiste.

Seitdem die Japaner diese Suche abgebrochen haben, sehen sie in den ausländischen Gästen vereinzelte, blindlings agierende Außenseiter. Solche versprengten Geister wecken nicht das Bedürfnis, ihre Kraft zu absorbieren. An ihnen scheitert die japanische Einfühlung. Als omnipräsente Gestalten treten sie in das Zwielicht zurück, in dem die »westlichen Barbaren« des 16. Jahrhunderts standen. Ihr menschlicher Status ist fragwürdig, obwohl ihr Körperbau dem japanischen sehr nahekommt.[58] Ihr herausfordernder Blick, ihre verschlossene, »wütende« Miene, ihre Rechthaberei und die Unart, alles beim Namen zu nennen, sind Ausdruck eines unzivilisierten Trotzes. Vom Einfluß einer ungebändigten, harmoniefeindlichen Triebkraft zeugt auch die faszinierende »Dreidimensionalität«[59] des europäischen

▶[57] Vgl. Ian Buruma: a.a.O., S. 257. ▶[58] Vgl. Jared Taylor: a.a.O., S. 29.
▶[59] Nosaka Akiyuki: a.a.O., S. 87.

Gesichts. Dessen Vorsprünge und Ausdrucks- und Aufnahmeorgane (Augen und Mund) haben mehr Trennendes als Verbindendes. Häufig erscheinen sie vereinzelt, abgelöst, entsprungen wie ihre Besitzer. Offensichtlich hat das Leben der europäischen Vorfahren mehr am Individuellen als an der Gemeinschaft gewirkt. Die Vorliebe der Europäer für körperliche Berührungen in der Öffentlichkeit – Händeschütteln, Schulterklopfen, Umarmungen und Küsse – bestätigt, daß sie isolierte Wesen in ungeregelten Verhältnissen sind, die ihre Beziehungen auf animalischer Ebene anknüpfen.

Ausländer sind zu laut, zu direkt und unhygienisch, und sie übertragen Aids. Aber eigentlich sind solche japanischen Meinungen nur Vorwände, um Berührungen mit Ausländern zu vermeiden. Denn es ist kaum möglich, in Worte zu fassen, wie abseitig ihr Dasein ist. Die Leute im 16. Jahrhundert, die von den »südlichen Barbaren« sagten, sie seien eine Art von Dämonen, waren unwissend und abergläubisch, aber sie hatten recht. Je näher man Europäern kommt, desto weniger ist ihre Existenzweise zu begreifen.

Japanische Kinder werden in der Grundschule mit alten Märchen und Mythen vertraut gemacht. Die Teufelsgestalten in diesen Geschichten, *oni* genannt, sind oftmals als große, blonde oder rothaarige Monster mit langen Nasen und blauen Augen abgebildet. Es ist nicht zu entscheiden, ob Zeichnungen von diesen dummen und treuherzigen Menschenfressern im 16. Jahrhundert die Wahrnehmung der Japaner von westlichen Leuten beeinflußten oder ob die rothaarigen Ausländer selbst das Urbild der *oni* waren. Jedenfalls ist die Ähnlichkeit verblüffend, und in manche Teufelsgeschichten sind japanische Ausländerdeutungen eingegangen.[60]

Ähnlich ist es mit dem innigen Verhältnis der Japaner zur weißen Hautfarbe bestellt. Hatten die Japaner schon vor der Landung der Portugiesen eine Vorliebe für die weiße Hautfarbe oder gelangte diese erst im Verlauf der Modernisierung Japans nach westlichen Vorbildern zu hohem Ansehen? Der Kultursoziologe Wagatsuma Hiroshi hat den Zusammenhang zwischen japanischen Schönheitsnormen und den Gruppenbeziehungen in der gesellschaftlichen Hierarchie des Landes untersucht. Er fand viele Belege für ein enges Wechselverhältnis von sozialem Rang und Hautfarbe seit dem Beginn der schriftlichen

▶[60] Vgl. Christine Imamichi-Sommer: a.a.O., S.75.

Überlieferung und der Einführung der buddhistischen Lehre. Wagatsuma zufolge haben sich die Japaner bereits im 8. Jahrhundert unserer Zeitrechnung als »weißhäutige Menschen« betrachtet und das Ideal einer möglichst hellen Haut mit Schönheit, Reinheit, Weltläufigkeit, Reichtum und Ansehen assoziiert. In den folgenden sieben Jahrhunderten bis zur Begegnung mit den »Menschen von außen« sei weiße Haut ein konstantes und zentrales Schönheitsmerkmal gewesen, während andere Merkmale wie glattes schwarzes Haar, geschwärzte Zähne, rote Kontrastflecken und Beleibtheit eine jeweils nur befristete und untergeordnete Rolle gespielt hätten. Und daran habe sich bis in unsere Tage nichts geändert.[61] (Wie die Besetzung einer Hautfarbe mit sozialer Geltung entstanden ist und warum sie bestehen bleibt, obwohl sie nichts erklärt und auf keiner Welterklärung beruht, untersucht Wagatsuma nicht.)

Demnach waren die Japaner auf die Erfahrung, daß die überlegenen Fremden weißhäutig waren, gut vorbereitet. Sie sahen sich – so Wagatsuma – durch die Existenz mächtiger Weißer in ihren eigenen Rangvorstellungen bestätigt und fanden sich bereitwillig damit ab, daß die Europäer – als Wesen mit zumeist noch hellerer Haut – attraktiver und stärker waren als sie selbst.[62] Weil Hautfarbe die Macht *erscheinen* ließ, erhoben die Japaner sie zum Weltmaßstab. Nach Ergebnissen von Umfragen in den sechziger Jahren plazierten sich die Japaner *als Gruppe* in relativ geringer »sozialer Distanz« von den hellhäutigen Kaukasiern, in mittlerer Distanz von den sonnengebräunten Südostasiaten und in sehr großer Distanz von den Schwarzafrikanern.[63]

Stecken sie somit nach eigener Anschauung in derselben oder einer ähnlichen Haut wie die Ausländer? Beileibe nicht. Gemeinsame Kriterien schärfen den japanischen Sinn für das Unvergleichliche. Den von Europäern heimgesuchten Japanern ist jeder Vergleichsmaßstab recht, um sich entweder in das Spiel des Unterlegenseins oder das Spiel des Überlegenseins zu flüchten. Mit Menschen konfrontiert, die weißer und mächtiger sind, bestehen sie darauf, daß auch die anderen körperlichen Merkmale dieser Menschen überlegene Vitalität bezeugen: tiefliegende Augen, lockiges Haar, doppelte Augenfalte, hoher Nasenrücken, große Brüste und hoher kräftiger Wuchs. Nach

▶[61] Wagatsuma Hiroshi: a.a.O. ▶[62] Ebenda; vgl. Hayashida Cullen Tadao: a.a.O., S.118f. ▶[63] Hayashida Cullen Tadao: a.a.O., S.119f.

diesen neuen Kriterien sind die Japaner hoffnungslos unterlegen, so sehr, daß jede Konkurrenz unterbleibt (und Japans Einzigartigkeit auch unter diesem Gesichtspunkt nicht angetastet wird). Konkurriert wird um die Kraftquellen des Westens, und wenn diese zu versiegen beginnen, steht der schöne Ausländer als Popanz da.

Jedoch bleibt er auch in diesem Fall ein schöner Mensch, jedenfalls ein schönes Tier: Sieger oder Trophäe. Sein Äußerlichstes, die Hautfarbe, wurde in Japan schon bewundert, bevor er eintraf. Um so beklemmender ist es, daß die weiße Haut des Europäers ein Wesen von unbestimmter, möglicherweise tiefschwarzer Farbe verbirgt, an dessen Welt das grenzenlose Japan endet.

1▶ Portugiesischer Beamter und sein Hund
Elfenbeinschnitzerei, Japan, 16. Jahrhundert. *Privatbesitz, London*

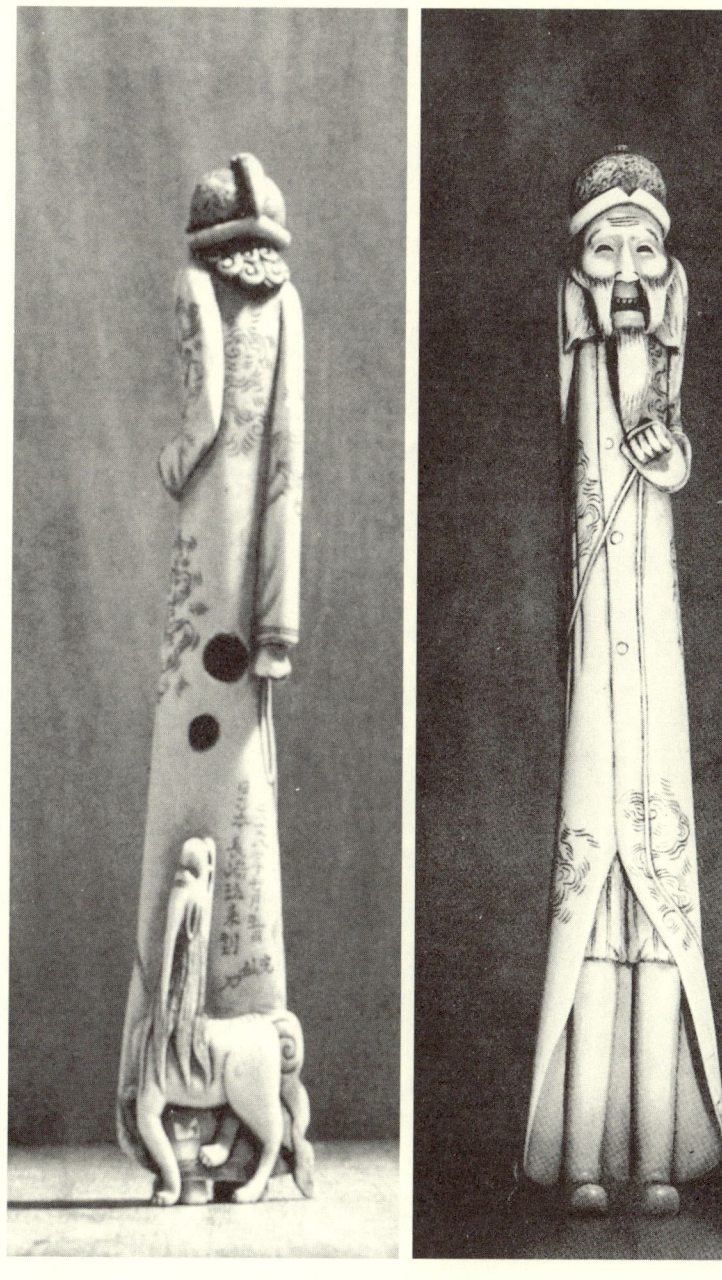

Die Gelben, die Schwarzen, die Weißen
Japaner sehen Europäer

2 ▸ Holländischer Kaufmann mit indonesischem Diener und Hund
Japanischer Druck, frühes 18. Jahrhundert. *British Museum, London*

3▶ Trinkende Ausländer in Yokohama
Farbholzschnitt von Issen Yoshikazu, Japan 1860

Die Gelben, die Schwarzen, die Weißen
Japaner sehen Europäer

4 ▶ Zwei Engländer mit Hund in Yokohama
Farbholzschnitt von Issen Yoshikazu, Japan 1861

Die Gelben, die Schwarzen, die Weißen

126 Japaner sehen Europäer

5 ▶ Westlicher Ausländer mit mongolischem Diener
Farbholzschnitt von Mosai Yohitora, Japan 1861

Die Gelben, die Schwarzen, die Weißen

Japaner sehen Europäer

6 ▶ Ausländer-Residenz in Yokohama
Farbholzschnitt von Issen Yoshikazu, Japan 1861

Die Gelben, die Schwarzen, die Weißen
Japaner sehen Europäer

7 ▶ Wohlhabender Europäer mit seiner japanischen Frau
Japanischer Holzschnitt, Mitte des 19. Jh. *British Museum, London*

8 ▶ Europäischer Soldat (Russe oder Preuße) in Yokohama
Farbholzschnitt von Ipposai Yoshifusa, Japan 1860

Die Gelben, die Schwarzen, die Weißen

9 ▶ Geisha und westlicher Matrose
Farbholzschnitt, Japan, spätes 19. Jahrhundert
British Museum, London

10 ▶ Die Konkubine eines Weißen gebiert ein stark behaartes und bärtiges Kind. Japanischer Farbdruck, spätes 19. Jahrhundert
Privatbesitz, Niederlande

11 ▶ Unterkargo der dänischen Fregatte »Cronprintz Christian«
Tonfigur, Kanton 1731
Handels- og Søfartsmuseet, Schloß Kronborg

12 ▶ Dänischer Geschäftsmann in chinesischem Stuhl
Tonfigur, Kanton 1731
Handels- og Søfartsmuseet, Schloß Kronborg

13 ▶ Kapitän der Fregatte »Kongen af Danmark«
Tonfigur, Kanton 1738
Handels- og Søfartsmuseet, Schloß Kronborg

1996: Zehn Interviews

Mein großer Fehler war die Abstraktion. Ich suchte chinesische Gesprächspartner und heftete im Januar 1996 entsprechende Wunschzettel[1] an die Mitteilungstafeln chinesischer Restaurants, zweier »Orient Shops«, eines Studentenheims und der Universitätsmensa in München. Innerhalb eines Vierteljahrs meldeten sich ganze zwei Personen. Mit einer von ihnen traf ich mich zum Abendessen. Die andere forschte am Telefon dreimal nach Warum und Worüber, verschob zweimal den Termin und entschied sich schließlich dafür, wegen einer bevorstehenden Prüfung in den nächsten Monaten keine Zeit zu haben.

Der richtige Weg war es, mich dem chinesischen Bekannten eines Bekannten vorstellen zu lassen und ihn um Vermittlung zu bitten. So gelangte ich an zwei Kontaktketten von einer Empfehlung zur anderen. Sämtliche zehn Befragten – sagt man Chinesen und Chinesinnen? Angehörige der chinesischen Kultur? Bürger der Volksrepublik, Taiwans, Hongkongs, Singapurs? – baten mich, einer möglichen Identifizierung vorzubeugen und ihre beruflichen Tätigkeiten nicht zu nennen: Man müsse ja keine Angst mehr haben, dennoch könne es irgendwann einmal schädlich sein, bestimmte Dinge gesagt

▶[1] »Im Rahmen eines Forschungsprojekts suche ich Chinesen und Chinesinnen mit deutschen oder englischen Sprachkenntnissen, die über ihr Leben im Ausland berichten.« (Teilweise in chinesischer Übersetzung.)

oder nicht gesagt zu haben. Darum habe ich die präzisen Funktionsangaben durch andere, vergleichbare Bezeichnungen ersetzt. Meine Gesprächspartner waren:

▸ *Frau A.*, zwischen 35 und 40, aus Peking, Muttersprache: Mandarin, *Medizinstudentin*, seit sieben Jahren in Deutschland. Sie hielt mir eine Gardinenpredigt über die Arroganz der Europäer im allgemeinen und die Dekadenz der Deutschen im besonderen.

▸ *Herr B.*, etwa 40, aus Hongkong, Muttersprache: Kantonesisch, *Kaufmann* in einem Lebensmittelmarkt, Hochschulbildung, seit vierundzwanzig Jahren in Deutschland. Er hob die deutsch-chinesischen Gemeinsamkeiten hervor und beklagte die Verwandlung Deutschlands in einen politischen und kulturellen Satelliten der USA.

▸ *Frau C.*, etwa 30, aus Peking, Muttersprache: Mandarin, *Übersetzerin*, besuchsweise in München (wie schon einige Male zuvor). Sie zeigte sich erstaunt über die große Zahl von Afrikanern, Türken und anderen Ausländern in Münchner Straßen und S-Bahnen und ihr »lautes Lachen«.

▸ *Herr D.*, etwa 50, aus Taiwan, Muttersprachen: Taiwanesisch und Mandarin, *Unternehmer* (Leiter einer Import-Export-Firma), seit sieben Jahren in Deutschland. Bevor er einen Gesprächstermin vereinbarte, informierte er sich eingehend über meinen beruflichen Hintergrund und Werdegang.

▸ *Frau E.*, zwischen 25 und 30, aus Singapur, Muttersprache: örtlicher Mandarin-Dialekt, *Fremdsprachensekretärin* in einem deutschen Unternehmen, seit drei Jahren in Europa. Sieht sich selbst als Abenteurerin und die Deutschen im Sicherheitsdenken erstarrt.

▸ *Herr F.*, etwa 35, aus Peking, Muttersprache: Mandarin, *Sozialwissenschaftler*, seit acht Jahren in Deutschland. Protokollierte meine Fragen und verfolgte mit mir eine Dame, die uns im Café fotografiert hatte.

▸ *Frau G.*, etwa 25, lebte in mehreren chinesischen Provinzen und beherrscht neben Mandarin verschiedene südchinesische Dialekte, Hochschulstudium, seit einem Jahr in Deutschland und gegenwärtig *Hausfrau*. Sie ließ an den Deutschen kein gutes Haar.

▸ *Herr H.*, etwa 30, in Südchina geborener Han-Chinese, Muttersprache: Mandarin, *Informatiker*, mit Europäerin verheiratet, seit neun Jahren in Deutschland. Vertraut den Deutschen mehr als allen anderen Ausländern und leidet unter ihrer Reserviertheit.

❱ *Frau I.*, zwischen 35 und 40, aus Shanghai, Muttersprache: Kantonesisch, *Künstlerin*, begleitete vor einem Jahr ihren deutschen Mann nach München. Liebt die »deutsche Märchenwelt« und schaudert bei der Vorstellung, hierbleiben zu müssen.

❱ *Herr K.*, etwa 40, aus der nördlichsten Provinz Chinas und mandschurischer Abstammung, Muttersprache: Mandarin, *Chemiker*, kam mit seiner Frau vor dreizehn Jahren nach Deutschland. Hier war er davon überrascht, wie grün und dünn besiedelt das Land war.

»Nun haben Sie schon etwas verstanden«, sagte letzterer, nachdem ich von dem Fiasko meiner öffentlichen Kontaktsuche erzählt hatte. Ich hatte verstanden, daß Chinesen ungeachtet aller Modernisierungserfolge Kollektivwesen geblieben sind, von denen jeder einzelne die Gruppe *ist*, aber sie nicht *vertritt*. Weswegen sollte er sich aufgerufen fühlen, für »alle« zu sprechen, und dabei zur Einzahl werden? Nur uns zuliebe sagen Chinesen »die Chinesen«. Sie ziehen es vor, von dieser oder jener Angelegenheit »in China« zu sprechen. In China, wo niemand rein persönliche Beziehungen unterhält, ist das Verhalten, auch das Denkverhalten, ausschließlich personenbezogen. Daher war ich auf persönliche Vermittlung angewiesen.

Befragt habe ich die mir vermittelten Personen unvermeidlich als Repräsentanten der chinesischen Kultur und als Individuen in Europa beziehungsweise in Deutschland (dem europäischen Land, das die Befragten am besten kannten). Ich verleitete sie auf doppelte Weise dazu, eine Rolle zu spielen, für die sie nicht geschaffen waren. Die Alternative, als interkultureller Experte aufzutreten und »pragmatisch«, nach Chinesenart, zu fragen, kam für mich nicht in Betracht. Ich hätte die Erwartungen meiner Gegenüber gefoppt und den Kulturkonvertiten gespielt. Die Gespräche fanden in Europa statt. Die Chinesen wußten, welche Fragen in der Luft lagen, und hatten Anspruch darauf, daß ich sie stellte. Und weil sie das Spiel erkannten, zu dem ich sie eingeladen hatte, begannen einige von ihnen die Regeln zu ändern und mir auf andere Weise Bescheid zu geben.

Mein großer Fehler war die Abstraktion. »Haben Sie Geschwister?« fragte ich. »Einen jüngeren Bruder? Stellen Sie sich vor, Sie besuchen Ihre Familie, und Ihr Bruder will wissen, wie die Menschen in Deutschland leben...« Mit diesem Kunstgriff hatte ich japanische Gesprächspartner zu kräftigen Kontrastierungen motiviert. Den Chinesen offenbarte er meine ganze Ahnungslosigkeit. »Mein Bruder würde nie eine solche Frage stellen. Sie ist viel zu abstrakt.« Ähnliches bekam ich mehrmals zu hören. Allein schon die hypothetische Vorgehensweise: Stellen Sie sich bitte vor... »Welche Fragen hat er denn gestellt?« erwiderte ich prompt. »Er wollte wissen, ob die Leute in München auch unter Moskitonetzen schlafen. Was sie morgens trinken. Wie viele Leute in meinem Haus leben. Wieviel sie verdienen. Was das Hemd gekostet hat, das ich trage.«

Moskitonetze? Welches Bild von München entstand wohl bei den Geschwistern und Eltern (deren Neugier ganz ähnlich ausgerichtet war), wenn sie hörten, daß Münchner keine Moskitonetze haben. Das war nahezu bedeutungslos. Viel mehr interessierte mich das fraglose Wissen der Chinesen vom westlichen Ausland – ein Wissen, das kein Gesprächsgegenstand war, sondern die stillschweigende Voraussetzung des Gesprächs. Wie sollte ich dieses Wissen sondieren, ohne die Antworten bei den Chinesen durch meine Fragen zu *bestellen*?

Dabei hatte ich die wahrhaft abstrakte Frage noch zurückgehalten. Sie folgte zu einem mir passend erscheinenden Zeitpunkt: »Gibt es in China ein Gefühl kultureller Überlegenheit gegenüber dem Westen?«

Dieses Überlegenheitsthema ist für den Chinesen eine Falle, denn mit jeder eindeutigen Antwort überantwortet er seine Kultur einer abstrakten, westlichen Vergleichsrechnung. Weil das Thema aber – meist unausgesprochen – alle west-östlichen Begegnungen überschattete, brachte ich es dennoch zur Sprache. Man gab mir folgende Antworten:

▶ »Chinesen haben kein Überlegenheitsgefühl gegenüber anderen Kulturen, aber...« (siebenmal) Beiläufig sprach man so dem Westen die Sonderrolle ab.

▶ »... aber das ist nichts Neues. In der gesamten chinesischen Geschichte gab es Reformbewegungen. Chinesen waren immer selbstkritisch gegenüber der eigenen Kultur.« (Herr F.) Demnach ist das Fehlen eines chinesischen Überlegenheitsgefühls keine Folge westlicher Überlegenheit.

▶ »... aber die europäischen Länder überschätzen ihre politische und wirtschaftliche Bedeutung.« (Frau A.) Will sagen, der überall präsenten Kultur des Westens entspricht keine politische

Geschlossenheit. Europa allein kann es weder mit Amerika noch mit China aufnehmen.

▶ »... aber wenn unsere Wirtschaft schneller wächst als die westliche, fühlen wir uns überlegen.« (Frau E.)

▶ »Ja, Chinesen haben ein Gefühl des Stolzes, einer sehr alten Kultur anzugehören – aber die chinesische Kultur und die westliche werden sich in Zukunft gegenseitig beeinflussen.« (Frau I., Herr D.)

▶ »Ja, Chinesen halten ihre Kultur für überlegen – aber die europäische Kultur hat den Vorteil, daß sie noch entwicklungsfähig ist.« (Frau G.)

Meisterschaft des Nein, aber und des Ja, aber. Keiner der Zehn wollte sich überheblich zeigen oder die Überheblichkeit des Westens bestätigen. Einer zog das sehr westlich anmutende Fazit:

▶ »Im Verhältnis zum Westen durchdringen sich in China Minderwertigkeitsgefühl und Größenwahn.« (Herr K.)

Mit einer Ausnahme weilten meine Gesprächspartner jeweils schon mehrere Jahre in Europa beziehungsweise wollten jeweils noch längere Zeit hier verbringen. Zumindest einige von ihnen würden die westliche Lebensart als Epochensiegerin anerkennen, hatte ich erwartet. Aber nichts dergleichen. Diejenigen, die meine Überlegenheitsfrage verneint hatten, kamen jeweils im weiteren Verlauf des Gesprächs auf bestimmte Vorzüge der »asiatischen Denkweise« zu sprechen und hielten eine »Verwestlichung« Chinas über Oberflächenphänomene hinaus für ausgeschlossen. Herr F., der Sozialwissenschaftler, bestritt die Tradierung von Auserwähltheitsvorstellungen in China, obwohl er mir wenige Minuten zuvor erklärt hatte, warum Chinesen besser als alle anderen Völker dazu befähigt seien, fremde Sprachen zu lernen: »Sie denken ideographisch. Sie assoziieren mit der Sprache mehr als andere. Linke und rechte Hirnhälfte der Chinesen werden beim Erlernen von Schriftzeichen kombiniert. Deshalb erbringen Chinesen bessere Erinnerungs- und Wiedererkennungsleistungen und haben auch Vorteile beim Argumentieren.«

Hier war es an mir, gefaßt zu blicken und zu nicken. Im Sog des Kulturvergleichs sitzt man sich konzedierend gegenüber, als gebe es etwas auszuhandeln. Glücklicherweise war der Hauptgesprächsgegenstand weder abstrakt noch vorbelastet:

der Europäer als körperliche Erscheinung. Ein Nicht-Thema. (In west-östlichen Seminaren und Freundeskreisen widmet man sich *Problemen*.) Auf wenige Stichworte hin improvisierten die Chinesen beschwingt. Fragen zu erläutern, erübrigte sich.

In Peking oder Shanghai oder einer anderen Stadt... Man macht seine Einkäufe oder flaniert, und westliche Ausländer kommen des Wegs... Einer der haftenden Eindrücke drängt zum Ausdruck *groß*. Westler »sind großgewachsen, haben große Nasen und große Augen und machen große Schritte« (Frau C., ähnlich die anderen). Auffällig ist, daß sie »viel mit den Händen sprechen und oft die Schultern bewegen, als seien sie sehr aufgeregt« (Frau I., ähnlich die anderen). Die Hautfarbe ist es nicht, die den Weißen zum Weißen macht. »Fünfundsechzig Prozent der Chinesen sind weißhäutig, hat man in einer Untersuchung festgestellt.« (Herr B.) Nach ersten Kindheitseindrücken vom Auftreten weißer Amerikaner und Europäer in Shanghai befragt, erinnerte sich Frau I.: »Sie waren gut angezogen und cool. Sie hatten ein lächelndes Gesicht. Sie waren hochnäsig.« Ich fragte nach und hörte, wie treffend die deutsche Metapher ist: hochnasig waren sie, *und* hochnäsig.

Nun ging ich ein semantisches Risiko ein und fragte unverblümt, ob die europäischen Gesichter und Körper schön seien (»in den Augen der Chinesen« und »in Ihren Augen«). »Zu neunundneunzig Prozent sind sie ein Schönheitsideal«, behauptete Herr F., was wohl eine Übertreibung im Überschwang war. Oder kürzer: »Die Gesichter der Europäer sind schön!« (Frau E.) Diese Auffassung war einhellig. Auch hinsichtlich der einzelnen Körperteile schienen die zehn Befragten gleich zu empfinden.

Schön ist der »scharfe« Schnitt des »westlichen Gesichts«, frontal und im Profil betrachtet. Dieses Gesicht ist »ausdrucksstark«. In jedem Gesicht haben die Organe und Vorsprünge andere Konturen, und diese wiederum sind jeweils auf besondere Weise kombiniert. Solche Formationen sprechen selbst im Ruhezustand; zudem sind sie fast ständig bewegt. Die Chinesen preisen ihre Vielfalt und Lebendigkeit und sehen eine enge Beziehung zwischen Ausdruckskraft und Selbstbewußtsein.

Wenn sie vom »westlichen Gesicht« sprechen, beschreiben sie meist einen Idealtypus mit deutlich nordeuropäischen Zügen. Viele Westgesichter können dann nicht mithalten. »Nach chinesischer Meinung sollte ein europäisches Gesicht *edel* sein«, sagte der Sozialwissenschaftler. »So wie die Gesichter in der Fernsehserie ›Die Erben der Guldenbergs‹.« Edel ist die große, hohe Nase in bestimmten Wachstumsgrenzen. Auch sollten Europäer möglichst blaue Augen haben. Als westlich im besten Sinne erscheinen dem »schwarzhaarigen Volk« blondes, vielleicht noch rotblondes lockiges Haar und helle Augenbrauen. Zum klaren, leuchtenden Gesicht gehört die richtige Statur. »Groß sein ist gut, und stark sein und schlank sein.« Auch eine »enge Taille« gehört zum schönen Ausländer, und ein Körper, der unterhalb und oberhalb der Taille nicht zu kurz geraten ist.

Mit den großen runden Augen des Westens hat es eine besondere Bewandtnis. »Wegen der doppelten Lidfalte sind sie sehr lebendig«, vernahm ich. Manche Chinesinnen unterzögen sich kosmetischen Operationen, um ihre Augen zu vergrößern. Aber darin dürfe man keine Anpassung an westliche Vorbilder sehen, sagte der Informatiker. Denn runde Augen seien schon in alten Zeiten ein chinesisches Schönheitsideal gewesen.

Auf ähnliche Weise hat der Ruhm der hellen Haut in China eine voreuropäische Geschichte. »Schon die alten Chinesen sagten, weiße Haut ist schön. Weiße Haut wird als jung empfunden.« (Frau C.) Sie mutet auch »zart« an (Herr K.), und zart sind nur die Vornehmen. Daß die edle Blässe dem Europäer als natürliches Erbteil zufällt, wird ihm hoch angerechnet. Läßt er sie vermissen, erscheint er als Europäer zweiten Grades.

Von Herrn F. wurde die Schönheit des Europäers geradezu als Gegenbild zum Chinesen definiert: »Edel ist ein Gesicht, das sich von den asiatischen Gesichtern abhebt.« Und Herr B. beseitigte jeden Zweifel: »Ausländische Gesichter sind schöner als chinesische. Chinesische Gesichter sind weniger ausgeprägt, weniger lebendig.« Die Attribute, die meine Gesprächspartner für die Gesichter von ihresgleichen fanden, waren: »monoton«, »rund« und »flach«. Zwar sind auch chinesische Schönheitsnormen für Landsleute in Kraft, doch die Ästhetisierung der Ausländergestalt degradiert die ostasiatische Physiognomie. Der Anblick der braunen Haut der Südchinesen weckt bei den Han-Chinesen heute wie ehedem auch unangenehme Vorstellungen: zu kränkeln, ungebildet, alt und arm zu sein, lebenslänglich auf dem Feld zu arbeiten... (Frau C. und Frau I.) Desgleichen stehen kurze Beine und kurze, gedrungene Leiber nicht in hohem Ansehen. (Frau G.)

Den Körper des Europäers zu bewundern, bedeutet aber nicht, den Europäer zu lieben oder auch nur seine Nähe zu wünschen.

»Westliche Gesichter sind für Chinesen interessant, aber kommen nicht an. Westliche Waren sind sehr begehrt, aber nicht die westlichen Menschen«, bemerkte der Kaufmann. Deren Anblick löse bei vielen Chinesen Unbehagen aus, basierend auf latenter Feindseligkeit. Kämpft hier die Wahrnehmung mit der Erinnerung an alte Schmach? Nach den Äußerungen der Chinesen zu schließen, ist bereits die Wahrnehmung ambivalent. Nicht alle Ausländer sind schön. Das erklärt aber nur einen Teil des Wahrnehmungszwiespalts.

Beim wiederholten Lesen meiner Gesprächsprotokolle fiel mir auf, daß der *häßliche* Ausländer in China ein eigenständiger Phänotyp ist und nicht etwa dem *weniger schönen* Ausländer entspricht. Weniger schön erscheinen die kleinen, gedrungenen, »bräunlichen« Europäer, die fetten Amerikaner mit verschwimmenden Zügen, Männer mit Glatze oder Knollennase und Frauen mit faltiger Haut (»Europäerinnen altern schnell«) und so weiter. Abscheu jedoch erregen spezifische Merkmale, vor allen anderen die starke Körperbehaarung und der zottige, »ungepflegte« Bart. Der Mann mit starkem Kinn- und Backenbart verbirgt einen Teil seines Gesichts, verbirgt sein Alter, verbirgt seine Gedanken, wirkt »unsauber«, »unordentlich«, erinnert an »unterentwickelte Menschen«. (Herr K., Herr H., Frau G.) Zur Bezeichnung der Körperstellen, der Art und des Ausmaßes der Behaarung sind in China Dutzende von Begriffen gebräuchlich. (Herr F.) Bei weißen Frauen mutet rotblondes Haar attraktiv, dunkles Haar weniger schön und feuerrotes Haar abstoßend an. (Frau G.)

Das Haarigkeitssyndrom des Ausländers hat seinen Platz in einem Formenkreis unkultivierter Handlungen und Merkmale: Europäer schneuzen sich *innerhalb des Hauses* in ein Taschentuch. Sie lecken sich die Finger ab. (Frau C.) Sie essen Käse und andere stinkende Speisen und riechen dann ungut. (Herr B.) Sie haben nachweislich größere Poren als die Chinesen und schwitzen heftig, ebenfalls mit Geruchsentfaltung. »Ja, es gibt viele Unterschiede.« (Herr F.)

Sehr dick und allzu stark, »wie ein Elefant«, zu sein, ist dem Ausländer abträglich. Doch wenn dieser unschöne Körper sich entblößt, wird er mitsamt seiner Hautfarbe häßlich. Die Fremdsprachensekretärin sandte mir vor unserem Gespräch unaufgefordert per Telefax einen Erlebnisbericht von ihrer ersten Europareise, die sie Ende der achtziger Jahre nach London geführt hatte. Da heißt es unter anderem: »Auf dem Weg zur Nationalgalerie sah ich zwei Straßenarbeiter... Ihre Oberkörper waren nackt, und sie schwitzten. Sie hatten ziemlich große Bäuche, wahrscheinlich weil sie vor dem Fernseher zuviel *fish and chips* aßen und zuviel Bier tranken. Ihre Haut hatte sich in der Sonne leicht gebräunt. Die Hautfarbe fiel mir am meisten auf. Die rosa-weiße Farbe und der Bauch erinnerten mich an ein bestimmtes Tier: das Schwein! Sicher waren sie hart arbeitende Schweine...« (Im Original englisch) Häßlichkeit ist hier weniger eine ästhetische Kategorie als ein Kennzeichen des *vor*zivilisatorischen Erbes der Weißen.

Menschen mit starken Bärten erinnern Chinesen an ein anderes Tier – den Affen. Sogar bartlose Europäer offenbaren eine gewisse »Nähe zu Affen« durch ihre »langen Arme und Beine«. »Wenn Europäer tanzen, bewegen sie nicht den ganzen Körper, wie es Chinesen tun, sondern schlenkern nur mit den Gliedmaßen.« (Frau G.)

Selbst attraktive westliche Touristen neigen in China dazu, durch arrogantes, unbescheidenes und freches Auftreten häßlich zu werden. »Viele Europäer bilden sich ein, sie seien eine Klasse höher.« (Herr B.) Sie tragen ein lässiges, herablassendes Benehmen zur Schau, legen ihre Füße auf Stühle und Tische, fixieren ihr Gegenüber, ohne mit ihm näher bekannt zu sein, und lachen laut auf der Straße. »Mit all dem bringen sie zum Ausdruck: Ich mache, was ich will.« (Frau E.) Manche benutzen ihr offenes Gesicht und ihre direkte Art zur Tarnung. »Europäer geben sich oft sehr freundlich, aber denken ganz anders. Man sagt daher, Europäer sind Menschen mit doppeltem Gesicht *(lian mian pai)*. Sie halten etwas zurück.« (Frau C.)

Wir haben somit zwei Europäer, von denen sich keiner dem anderen unterordnen läßt. Weder überblendet die souveräne Lichtgestalt den unsauberen und doppelzüngigen Barbaren, noch diskreditiert dieser jenen. Und nicht genug der Konfusion – der chinesische Blick erkennt noch einen dritten Ausländer, der weder imposant noch abstoßend ist.

Es ist jener, dessen Gesicht und Gliedmaßen sich ständig im Dienst eines heftigen Ausdrucksverlangens *gebärden*. Der mit »Kopf und Blick geradeaus« von der Welt ringsum nur das nächste Ziel erfaßt. Dessen quäkende Stimme an *Bugs Bunny* im Kinderfernsehen erinnert. Der keinen Aufschub und kein Mißverstehen duldet und sich die Wunscherfüllung auf der

Stelle herbeigestikuliert. Da traf zum Beispiel, so erinnert sich Frau G., gegen Mitte der achtziger Jahre ein etwa vierzigjähriger Belgier in einer Provinzhauptstadt ein. Er war mit Kameras, Koch- und Eßgeräten, Tropenkleidung und allerlei Schnickschnack ausgerüstet, um auf jede Bedarfslage vorbereitet zu sein. Eifrig, durch nichts abzulenken, gab er sich dem Essen, Besichtigen und Verständigen hin. »Das war sehr komisch.« Lebendig und lächerlich zugleich erscheint die *Direktheit* der Weißen, das Fehlen aller Vermittlungen zwischen Körper und Zweck. »Wie sie sich bewegen und wie sie sprechen – wie Kinder.« Zuviel Lockerheit ist ungezogen, »aber man kann ihnen nicht böse sein«. (Frau G.) »Diese Direktheit ist für Chinesen naiv. Amerikaner sind noch naiver als Europäer. Aber auch die Deutschen mit ihrer Gefühlsbetontheit wirken naiv.« (Herr B.)

Der westliche Körper kann nicht anders, selbst im Ruhezustand signalisiert er seine Zügellosigkeit. Rücksichtslos Gefühle zeigen, nicht warten können, aufdringlich mit dem Körper sprechen, den Blick in Gesichter bohren, zielstrebig die Umwelt ausblenden, das ist Kinderart. Und eine lange Reise bis ins kleinste vorzuplanen, kindisch. Der Wunsch will über das Unabsehbare triumphieren.

Und solche Menschen haben die Macht, die Welt zu beherrschen?

Apropos, Europäer in China. Wie werden sie dort eigentlich in alltäglicher Rede genannt? Meine Gesprächspartner diktierten mir die folgenden Begriffe in Umschrift und Übersetzung (wobei in manchen Fällen hinsichtlich der Verwendungshäufigkeit Uneinigkeit bestand):

da bizi: Großnase

gao bizi: Hochnase (selten)

lao wai: Ausländer, wörtlich: »Alter Ausländer« (eher wohlwollend)

yang ren: Mensch aus Übersee, Mensch aus dem Westen (neutral)

zhai yan (kantonesisch): Mensch aus dem Westen (offiziell)

lan yanjing (kantonesisch): Blauäugiger (positiv)

yang guizi: Fremder Teufel, Übersee-Teufel, Westlicher Teufel (*guizi* läßt sich auch mit »Gespenst«, »Geist«, »Monster« oder »Häßliches Ungeheuer« übersetzen und steht als Einzelbegriff häufig für »Japaner« oder schlicht für »Feind«)

waiguo guizi: Ausländischer Teufel (Gespenst, Monster o. ä.)

kwai ló (kantonesisch): Männliches Gespenst (für Europäer mit »ungewöhnlichem Aussehen«, vorzugsweise gebraucht für betrunkene, aggressive, lästige Seeleute)
kwai p̃ōh (kantonesisch): Weibliches Gespenst (für Europäerin)
da huzi: Großbart, Langbart
lao huzi: Altbart
xiao huzi: Jungbart
ang mao (Singapur): Rothaariger
mao guizi: Rothaariger Teufel (Gespenst, Monster o. ä.)
lao maozi: Russe, wörtlich »Alter Rothaariger« (Im mandschurischen Grenzgebiet werden Halbrussen verächtlich »Zweite Generation von Rothaarigen« und Viertelrussen »Dritte Generation von Rothaarigen« genannt.)
ying: Engländer (Das Bildzeichen für »Engländer« kombiniert man häufig mit dem »Tier«-Zeichen, das nur gelesen, *nicht ausgesprochen* wird. Entsprechend schreibt man »Deutscher/Tier« und spricht »Deutscher«, schreibt »Franzose/Tier« und spricht »Franzose« usw.)
houzi: Affe (verächtlich für »Europäer«) (Im Kantonesischen sagt man entsprechend »Weißer Affe«.)

Viele der herabsetzenden Ausdrücke sind heute soweit trivialisiert, daß es keiner ehrabschneiderischen Absicht mehr bedarf, um sie zu verwenden. »Fremder Teufel« ist kein Pendant zu »Schlitzauge« in Deutschland. Der Westler ist häßlich (und schön), so wie er zwei Arme und zwei Beine hat und von weither kommt. Geschäftsleute hofieren den westlichen Kunden wie einen Vorgesetzten und bezeichnen ihn später, nachdem er gegangen ist, ganz sachlich als Haarigen Teufel, um eine Verwechslung mit anderen Kunden zu vermeiden.

Ungeachtet dessen frappiert die Kontinuität der Europäerbenennung vom 16. Jahrhundert bis ins späte 20. Jahrhundert. Nichts ist geschehen, was die Chinesen dazu veranlaßt hat, den Übersee-Ausländer aus der Kategorie des Rothaarigen Gespensts herauszunehmen. Doch war und ist er eben nicht nur Häßlicher Teufel, sondern seit jeher auch Schöne Große Nase. Und etwas Drittes, für das es keine festen Begriffe gibt.

Ich beanspruchte meine chinesischen Interviewpartner auf zweifache Weise. Zum einen bat ich sie zu berichten, was »Chinesen« an Europäern auffällt, und versetzte sie so in die

Rolle ausgewiesener China-Kenner, deren eigenes Europäer-Bild zunächst nicht interessiert. Zum anderen fragte ich sie nach persönlichen Eindrücken zu Beginn und im Verlauf ihres Europa-Aufenthalts. Der Perspektivenwechsel gliederte das Gespräch: erst der Blick des Chinesen auf westliche Außenseiter, dann der Blick des chinesischen Außenseiters auf das westliche Gastvolk.

Das Leben eines Chinesen in der Vereinzelung erscheint als Widerspruch in sich selbst. Doch nur der Auslandschinese kann *entschiedener* Chinese sein. Nur er ist imstande, sich sein Herkommen bewußt anzueignen (und damit zugleich von ihm zu distanzieren). Herr H. schilderte mir, wie er nach seiner Ankunft in Deutschland versucht hatte, sich der deutschen Lebensweise völlig anzupassen. »Das hat viel, zuviel Energie gekostet. Mittlerweile habe ich das Gefühl, daß ich lieber Chinesisch spreche, denke und träume als in den ersten Jahren in Deutschland.« Bei Herrn K. weckte das unfreiwillige Exil in Europa eine für ihn selbst überraschende Neugier auf die chinesische Tradition. »Nach einigen Jahren war ich mir mehr bewußt, Chinese zu sein, als früher. Einerseits bin ich westlicher geworden, andererseits konservativer. Wenn ich zu Besuch in China bin, verteidige ich die alten chinesischen Wertvorstellungen gegen die jungen Leute.«

Im Westen verwandeln sich Mitglieder chinesischer Großfamilien in erklärte Chinesen. Das wiederum schärft ihre Wahrnehmung von den Einheimischen, zumal sie auch Selbstwahrnehmung ist: den eigenen Status im Ausland erkennen läßt. Mir bot diese Hellsichtigkeit die Chance zu überprüfen, ob die – in China – paradoxe Mehrfachgestalt des Europäers mit zunehmender europäischer Ortskenntnis des Auslandschinesen einer integrierten Gestalt zu weichen beginnt.

Wie sieht er aus, der Europäer in Europa? Ich achtete in den Gesprächen darauf, unübersichtliche Sujets beiseite zu lassen und nicht nach der Mentalität, dem Erscheinungsbild, dem Verhalten *der* Europäer beziehungsweise *der* Deutschen zu fragen. Statt dessen ging ich auf die Erfahrungen der Chinesen mit bestimmten Gruppen in der hiesigen Bevölkerung ein. In mehrfacher Hinsicht stark beeindruckt zeigten sich meine Gesprächspartner von den deutschen Frauen.

Sie beschrieben diese Frauen als vollkommenen Gegensatz zu den chinesischen. Sie seien »groß und kräftig«, hörte ich immer wieder, machten »große Schritte« und säßen »mit geöffneten Beinen« auf Stühlen und Bänken. Sie seien »übertrieben selbstbezogen«, »direkt«, »ehrgeizig«, »karrieresüchtig« und »oft arrogant«, betonten ihre Unabhängigkeit im Übermaß, konkurrierten mit den Männern und versuchten in jeder Situation, »unschlagbar« zu sein (so meine fünf Gesprächspartner*innen*). Immer häufiger kehrten sie der Ehe, der Familie und der Gemeinschaft den Rücken und sorgten sich nur noch um das eigene materielle Wohl. (Frau A.) Vor allem das Verhalten der unverheirateten deutschen Frauen erregte Unverständnis und Widerwillen. »Sie wollen auf unnatürliche Art auffallen«, tadelte der Chemiker. »Sie sind nicht im Gleichgewicht. Die Art, wie sie gehen... Viele unverheiratete Frauen stampfen hart mit ihren Absätzen auf. Man spürt die Absicht: sie wollen sich wichtig machen. Sie sprechen oft sehr laut und wollen sich damit hervortun.«

Selbstbezogenheit und Asozialität unterhöhlen den Geschlechtsunterschied. »Je jünger die Frauen sind, desto unweiblicher sind sie, mit ihrem harten und eckigen Gang.« (Herr B.) Darf man auf Reifung hoffen? Nein. »Europäische Frauen sind Neutren – Mütter wie Töchter.« (Frau G.) »Oft weiß man nicht, ob man einen Mann oder eine Frau vor sich hat.« (Herr K.) Einen männlichen Eindruck macht keineswegs nur das laute und auftrumpfende Gebaren. »Auch starkes Schminken wirkt männlich« (Herr K.) – alles, was die Weiblichkeit auf eine nur selbstbezogene Weise betont.

Was Chinesen abstößt, ist nicht die Erfahrung, daß Frauen keine Frauen mehr sind. In dieser Hinsicht differenzierten selbst die Verächter des »eckigen Gangs«. Und einige männliche Gesprächspartner äußerten Verständnis für das Verhalten der Frauen unter den Bedingungen zunehmender Konkurrenz um Arbeitsplatz und Fortkommen. Der Kaufmann räumte ein, daß deutsche Frauen »im Gespräch« weiblicher seien als chinesische. Der Informatiker bezweifelte, daß deutsche Frauen weniger »fein« und »feinfühlig« seien als chinesische, und der Sozialwissenschaftler gab eine Ehrenerklärung ab: »Deutsche Frauen sind schön. Sie haben alles, was sich Chinesen unter ›schön‹ vorstellen.«

Nein, der chinesische Schauder gilt der westlichen Apotheose des *Selbst*, dem alle Formen der Gemeinschaft und die Geschlechts-, Generations- und Geltungsunterschiede geopfert werden. »Immer ist zu hören: ich, ich, ich. Das will ich, das will ich, das will ich nicht, das will ich nicht.« (Frau A.) Die Chinesen erfahren plötzlich, daß die Objekte ihrer Bewunderung Verachtung verdienen – und umgekehrt. Schönes erweist sich als widerwärtig, Widerwärtiges als schön. Sie lernen die Hintergründe des »harten«, »arroganten«, selbstbezogenen Verhaltens verstehen, doch dabei entgleitet ihnen die westliche Schönheit. Und wenn sie schöne, selbstbewußte Menschen bewundern, bleibt der brutale, egomanische Charakter, die »*Sturheit*«, ein »unzivilisierter«, gespenstischer Rest.

In China treten Ausländer vereinzelt oder in kleinen ambulanten Gruppen auf, und die Frage, wie Ausländer zusammenleben, stellt sich nicht. Erst dort, wo Ausländer Staaten bilden, stoßen Chinesen auf die Selbstbezogenheit. Hier wird sie ihnen zum Problem, und schließlich scheitern sie an ihr. Der ostasiatische Versuch, mit der Selbstbezogenheit fertigzuwerden, besteht darin, in ihr nichts anderes als einen Gegensatz zum Gemeinschaftsleben zu sehen.

»In China sind wir kooperativ. In Deutschland ist jeder für sich«, lautet die erste und die letzte Erkenntnis. »In Europa denken die Leute zu sehr an sich selbst. Sie beharren auf ihrer Meinung, auf ihrem Recht. Jeder setzt sich gegen alle anderen durch.« Der Begriff »Privatleben« ist gleichbedeutend mit selbstsüchtig sein. »Das Privatleben ist hier wichtiger als das Familienleben. Die Menschen wollen die Freiheit nur für sich allein nutzen.« (Frau I.)

Selbstbezogenheit errichtet Mauern, hinter die man sich allein oder mit einem »Partner« zurückzieht. Sie ist ein pathologischer Zustand, die Sünde an der Mitmenschlichkeit im sozialen und ethischen Sinn. »Die Einsamkeit, die hier herrscht, kenne ich in China nicht«, sagte der Chemiker. »Es gibt immer mehr Singles. Für mein Gefühl ist das Alleinleben unnatürlich. Die Beziehungen zwischen den Menschen sind von großer Vorsicht bestimmt. Jeder hat Scheu vor Kontakten zu anderen. Man will nichts Unüberlegtes sagen, die Rechte des anderen nicht einschränken.« Eine Art sozialer Totenstarre breitet sich aus. Die Menschen werden schwermütig und exzentrisch und führen öffentlich Selbstgespräche. Sie fallen von einem Extrem ins andere: In Bierzelten und Fußballstadien entlädt sich der Druck zurückgestauten Mitteilungsverlangens in frenetischem Gebrüll. (Herr K.)

Wenn aber das europäische Individuum nichts als ein verirrter Gemeinschaftssplitter ist, wie gewinnt es dann die Fähigkeit, zu sich selbst auf Distanz zu gehen? »Die Deutschen haben die Eigenart, selbstkritisch zu sein«, sagte Herr H. »Über spontane Selbstkritik sind Chinesen sehr erstaunt. Aber sie wird positiv wahrgenommen.« Was ist mit Selbstironie? »So etwas ist in China völlig unbekannt.«

Wie kann eine Ansammlung von Sozialfragmenten überhaupt zusammenleben und sich organisieren?

Begriffe, die in Gesprächen mit Auslandschinesen über das Leben im Westen mit Sicherheit auftauchen, sind »kalt« und »Kälte«. Rückzugspersönlichkeiten können nur oberflächliche Beziehungen unterhalten, erklären die Chinesen. »Man ist nicht mit dem Herzen dabei. Es findet kein emotionaler Austausch statt. Bekannte geben sich gegenseitig keinen Rat ... Hier ist das Leben langweilig. Die Deutschen behalten ihre Gefühle für sich. Hier kann ich meine Gefühle nicht ausleben.« (Frau G.) Wer nicht hart und effizient arbeitet, wird in Deutschland nicht respektiert und erhält kein Mitgefühl. »In China gibt es eine hochentwickelte Kultur des Zusammenhalts in der Gruppe. Hier ist niemand für andere zuständig. Niemand ist hilfsbereit. Jeder drängt sich vor, ist stur. Niemand nimmt *Rücksicht*. Die Deutschen sind schwach in menschlichen Beziehungen«, resümierte die Künstlerin – und fügte hinzu, daß die chinesische Rücksicht ausschließlich gegenüber den Angehörigen der eigenen Familie und des eigenen Arbeitsteams geübt werde.

Das Leben des Chinesen unter Deutschen ist »grausam«. Ohne den Zuspruch der Gruppe, ohne die kleinen Zeichen der Mitmenschlichkeit hat er sich als einzelner unter einzelnen zu bewähren. »Deutschland ist keine Wohlfahrtsanstalt. Es ist eine Herausforderung.« (Herr H.) Die Grausamkeit des Lebens in Deutschland besteht aber weniger darin, der deutschen Kälte ausgesetzt zu sein, als vielmehr in der Ahnung, daß die Deutschen untereinander durchaus »etwas mehr in die Tiefe gehen«. Die Deutschen haben ihre eigene Art, die Oberflächlichkeit einzusetzen, zu ertragen und zu durchbrechen; dem Auslandschinesen bleibt nur die Oberflächlichkeit, und von ihr nur die beschwerliche Seite. Zu erleben, daß die Deutschen gleichgültig sind, heißt auch, von ihnen abgewiesen worden zu sein. »Auf den zweiten Blick erscheinen die Deutschen gar nicht mehr kalt. Sie sind zutiefst leidenschaftlich. Aber sie haben es schwer, ihre

Gefühle zu zeigen. Sie zeigen sie auf ihre Weise.« (Herr H.) Einem Chinesen, der viele Jahre in Deutschland zubringt, macht der Gefühlsüberschwang der Deutschen nicht weniger zu schaffen als ihre Kälte.

Zu den ständigen Erfahrungen des Chinesen mit den Deutschen gehört es auch, daß diese erst planen und dann handeln und dabei »eines nach dem anderen tun« (während die Chinesen improvisieren und dabei »alles gleichzeitig tun«). (Herr F.) »Die Menschen hier sind nicht spontan«, stellte der Chemiker fest. »Man kann sich hier auch nicht viel Spontaneität leisten« – sind doch das öffentliche Leben und die Arbeitsprozesse in Deutschland bis ins kleinste durchgeplant. Auf Chinesen wirken Menschen, die nach ausgeklügelten Tagesordnungen funktionieren, »farblos« und »lächerlich«. Bizarre Welt, in der die Individuen voreinander fliehen und der Verkehr nichtsdestoweniger reibungslos abläuft. Auf irgendeine geheimnisvolle Weise müssen die Vereinsamten ja zusammenwirken. Doch wie sich isolierte Wesen einig werden können, obwohl ihnen Mitmenschlichkeit fehlt, ist eine sehr abstrakte Frage. Seitdem die Weißen ungebeten an Chinas Küsten aufgekreuzt sind, fühlt sich das Reich der Mitte für den Fernen Westen nicht mehr verantwortlich.

Herr F. zog nach acht Jahren sozialwissenschaftlicher Tätigkeit in Deutschland Bilanz: »Die Deutschen sind weder kalt noch distanziert noch isoliert. Sie haben einfach andere Werte. Ich als Asiate werde Europa nie ganz begreifen. Und ebensowenig wird ein Europäer jemals China ganz begreifen.« Mehrere meiner Gesprächspartner berichteten von deutsch-chinesischen Ehen, die an kultureller Unvereinbarkeit gescheitert seien. Herr B. lebt seit vierundzwanzig Jahren in Deutschland und wird demnächst nach China zurückkehren. Sein Lieblingsthema sind politische und charakterliche Analogien zwischen Deutschen und Chinesen, und sein Fazit lautet: »Es paßt nicht zusammen.«

13. bis 18. Jahrhundert: Randerscheinungen[1]

Im alten chinesischen Reich, der Erdenmitte, wußten die Staatsgelehrten vage und gleichgültig vom äußersten Ausläufer des Erdkontinents, Europa. Nach der Legende reiste zu Beginn des ersten Jahrtausends vor unserer Zeitrechnung ein König der Zhou-Dynastie ins ferne Paradies der »Königlichen Mutter des Westens«. Eine chinesische Gesandtschaft erreichte 125 v. u. Z. die Gegend des oberen Oxus im westlichen Zentralasien und erlangte Kenntnis von einem großen Reich im Fernen Westen. Dieses Reich, das römische, genannt *Da Qin* (später

> [1] Für dieses Kapitel fanden insbesondere die folgenden Quellenwerke und Monographien Verwendung (in alphabetischer Reihenfolge der Autoren): Wolfgang *Bauer*: China und die Hoffnung auf Glück. Paradiese, Utopien, Idealvorstellungen in der Geistesgeschichte Chinas. München 1974; Wolfgang *Bauer*: Einleitung. In: Wolfgang Bauer (Hrsg.): China und die Fremden. 3000 Jahre Auseinandersetzung in Krieg und Frieden. München 1980, S. 7 bis 41; Bodo von *Borries*: Kolonialgeschichte und Weltwirtschaftssystem: Europa und Übersee zwischen Entdeckungs- und Industriezeitalter 1492 bis 1830. Düsseldorf 1986; Frank *Dikötter*: The Discourse of Race in Modern China. Stanford, Calif., 1992; J. J. L. *Duyvendak*: Wegen en gestalten der chineesche geschiedenis. 's-Gravenhage 1935; Herbert *Franke*: Europa in der ostasiatischen Geschichtsschreibung des 13. und 14. Jahrhunderts. In: *Saeculum*, 2. Jahrgang (1951), S. 65–75; Herbert *Franke*: Sino-Western Contacts under the Mongol Empire. In: *Journal of the Royal Asiatic Society*, Hong Kong Branch, Vol. 5 (1966), S. 49–72, und *derselbe*: Westöstliche Beziehungen im Zeitalter der Mongolenherrschaft. In: *Saeculum*, 19. Jahrgang (1968), S. 91–106; Herbert *Franke*: Die Gesandtschaft des Johann von Marignola im Spiegel der chinesischen Literatur. In: Lydia Brüll/Ulrich Kemper (Hrsg.): Asien. Tradition und Fortschritt. Festschrift für Horst Hammitzsch zu seinem 60. Geburtstag. Wiesbaden 1971, S. 117–134; Otto *Franke*: Zur Geschichte der Exterritorialität in China. Berlin 1935; Wolfgang *Franke*: China und das Abendland. Göttingen 1962; *Fu* Lo-shu (Ed.): A Documentary Chronicle of Sino-Western Relations (1644–1820). Tucson, Arizona, 1966; Marcel *Granet*: Das chinesische Denken. Inhalt, Form, Charakter. München 1963; Joachim *Hildebrand*: Das Ausländerbild in der Kunst Chinas als Spiegel kultureller Beziehungen (Han-Tang). Stuttgart 1987; Thomas *Höllmann*: Das Reich ohne Horizont: Berührungen mit dem Fremden jenseits und diesseits der Meere (14. bis 19. Jahrhundert). In: Wolfgang Bauer (Hrsg.): China und die Fremden. München 1980, S. 161–196; Hermann *Köster*: Symbolik des chinesischen Universums. Stuttgart 1958; Sabine *Kojima*: Bilder und Zerrbilder des Fremden. Tibet in einer Erzählung Ma Jians. Bochum 1994; *Kuo* Heng-yü: China und die »Barbaren«. Eine geistesgeschichtliche Standortbestimmung. Pfullingen 1967; Gudula *Linck-Kesting*: Ein Kapitel chinesischer Grenzge-

auch *Ligan* und *Fulin*), war wohlgeordnet und mächtig, gerade so, als fände China am Rand der bewohnten Welt ein ebenbürtiges Gegenstück. Doch ungeachtet des antiken Weltverkehrs über die Seidenstraße und den indischen Seeweg trat *Da Qin* aus dem Halbdunkel der Sage nicht hervor. Sein imaginäres Dasein beeinträchtigte nicht Chinas Bestimmung, Zentrum der Ökumene und Impulsgeber des Aufstiegs von niedriger zu höherer Menschlichkeit zu sein.[2]

Im 13. Jahrhundert waren große Teile Ostasiens und Osteuropas politisch vereint. Dem mongolischen Weltreich gehörten sowohl Nord- und Südchina als auch Groß- und Kleinrußland an. Die Khane der Goldenen Horde schenkten ihren Vettern in Khanbalik (Peking) russische Sklaven und russische Soldaten, die dem Kaiser als Grenzschützer und Leibgardisten dienten. In der chinesischen Dynastie-Geschichtsschreibung wurden die Namen der besiegten Westvölker kommentarlos aufgelistet und die Ergebnisse der Zählung von Haushaltungen und Personen (zu Steuerzwecken) protokolliert. Wie die Russen in China auftraten, war keine Erwähnung wert.[3]

Die europäischen Länder, denen die Pax Mongolica nicht zuteil wurde, trugen im China jener Zeit einen einheitlichen Namen: *Fulang* oder *Falang*, die sinisierte Form des arabischen

schichte. Han und Nicht-Han im Taiwan der Qing-Zeit 1683–1895. Wiesbaden 1979; Gudula *Linck*: »Die Menschen in den Vier Himmelsrichtungen«. Chinesische Fremdbilder. In: Helwig Schmidt-Glintzer (Hrsg.): Das andere China. Festschrift für Wolfgang Bauer zum 65. Geburtstag. Wiesbaden 1995, S. 257–289; *Sun* Longji: Das ummauerte Ich. Die Tiefenstruktur der chinesischen Mentalität. Leipzig 1994; Jeannette *Mirsky* (Ed.): The Great Chinese Travellers. London 1965; Claudius C. *Müller*: Die Herausbildung der Gegensätze: Chinesen und Barbaren in der frühen Zeit (1. Jahrtausend v. Chr. bis 220 n. Chr.). In: Wolfgang Bauer (Hrsg.): China und die Fremden. München 1980, S. 43–76; Gernot *Prunner*: Chinesen und Japaner: »Zivilisierte« sehen »Wilde«. In: Detlef Hoffmann (Hrsg.): Die Zahmen sehen die Wilden. Kolonisierte in den Bildwerken der Kolonisatoren. Loccumer Protokolle 1/1987. Rehburg-Loccum 1988, S. 42–64; Roderich *Ptak*: Portugal in China. Kurzer Abriß der portugiesisch-chinesischen Beziehungen und der Geschichte Macaus im 16. und beginnenden 17. Jahrhundert. Bad Boll 1980; Walter *Schulz-Heidorf*: Die permanente Herausforderung. Europäer an Chinas Grenze. Bergisch-Gladbach 1970; Ernst Joachim *Vierheller*: Nation und Elite im Denken von Wang Fu-chih. Hamburg 1968; Hartmut *Walravens*: Die Deutschland-Kenntnisse der Chinesen (bis 1870). Dissertation. Köln 1972; Bodo *Wiethoff*: Die chinesische Seeverbotspolitik und der private Überseehandel von 1368 bis 1567. Hamburg 1963. ▶[2] Vgl. Wolfgang Franke: a.a.O., S. 7 f. ▶[3] Herbert Franke (1951): a.a.O., S. 65–75.

Franken-Namens *(Farang)*. Europa war also von Portugal bis Schweden das Land der Franken. In einer chinesischen Hofchronik ist verzeichnet, daß Kublai Khan am 6. Juni 1261 in seiner mongolischen Sommerresidenz eine Gesandtschaft aus *Fulang* empfing. Die Chronisten machten aus den – vermutlich – skandinavischen Händlern Überbringer von Tributgeschenken: »An diesem Tage schickte das Land Fu-lang Leute, die gekommen waren, um aus Pflanzenfasern hergestellte Kleidungsstücke und sonstige Gegenstände zu überreichen. Diese Gesandten ... erzählten, ihr Land befinde sich im äußersten Westen hinter den Uiguren. Dort sei es beständig Tageslicht und es gebe dort keine Nacht ... Wenn dort Leute stürben, so rufe man mit Hingabe den Himmel an, und zuweilen komme es vor, daß jemand wieder zum Leben erwache ... Die Frauen seien überaus schön, und die Männer hätten gewöhnlich blaue Augen und blonde Haare ... «[4]

Die Fabulierer waren die ersten europäischen Reisenden, die in chinesischen Quellen registriert sind; und doch machte ihr Besuch so wenig Eindruck, daß der Bericht nicht in die chinesischen Staatsannalen übernommen wurde. Marco, Nicolo und Mateo Polo brachen erst 1265 oder 1266 in Venedig zu ihrer Reise zum Hof Kublai Khans auf, und über sie wissen die chinesischen Dokumente nichts zu melden. Ob sie, wie Marco Polo behauptete, auch durch China reisten, ist zweifelhaft. Irrtümer und kaum verständliche Lücken in der »Description du Monde« und einige verräterische Ausdrücke sprechen dafür, daß Marco Polo in seinem Bericht über China aus einer persischen Quelle schöpfte.[5]

Nachweislich an ihr chinesisches Ziel gelangten gegen Ende des 13. Jahrhunderts und zu Beginn des 14. Jahrhunderts eine Reihe von geistlichen Sendboten im Auftrag der römischen Kurie. Über ihre Ankunft und ihre Missionstätigkeit schweigen sich die chinesischen Chroniken aus.

Erst der Empfang des päpstlichen Legaten Johann von Marignola am Kaiserhof in Peking am 19. August 1342 fand Beachtung in den Hofakten und der Dynastiegeschichte. Aufmerksamkeit erregte aber nicht die Legation selbst oder der päpstliche Auftraggeber oder dessen Sitz im Frankenland, sondern das Geschenk Marignolas, ein prächtiges Pferd, das alle

[4] Herbert Franke (1968): a.a.O., S. 95 f.; vgl. ebenda, S. 54 f. [5] Ebenda, S. 95. Vgl. *Der Spiegel*, Nr. 52 vom 26.12.1983, S. 132 f.

Pferde in den kaiserlichen Stallungen an Größe und Kraft übertraf. Der Kaiser erteilte den Auftrag, die sinnfällige Tributgabe durch Hymnen und Gemälde zu ehren. In der Einleitung einer Ode auf das »himmlische Pferd« heißt es von den fernwestlichen Überbringern, es seien »Leute mit blonden Haaren und blauen Augen« gewesen, deren »Sprache man nicht verstehen konnte, wenn sie ihre Absicht kundtun wollten«. In der Ode wird neben den »blondbärtigen Stallknechten«, die in ihrer bunten Kleidung »seltsam wirkten«, das zur Unterwerfung bereite Herkunftsland erwähnt:

»Fu-lang ist ein bedeutungsloser Staat und wagte nicht,
 das Pferd zu behalten.
Seine Gesandten waren vier Jahre unterwegs
 über Zehntausende von Meilen.
An einem hellen Sommertag
 fuhren sie zum Palast am Luan-Fluß.«[6]

Ein anderer Hofdichter geht in seinem »Lobpreis« näher auf die Motive Europas als Tributbringerin ein:

»Das Untertanenland Fu-lang
 liegt an der äußersten Grenze in den westlichen Weiten.
Es empfing kulturelle Umwandlung und bemühte sich,
 Tribut zu leisten,
es wünschte sich der heiligen Einsicht
 des Kaisers zuzuwenden.«[7]

Den Kaiserhof befriedigte vor allem, daß der Pferdetribut Europas freiwillig, nicht unter der Drohung einer militärischen Strafaktion Chinas, geleistet worden war. Europas Demutsgeste bewies, daß das Mandat des Himmels und der zivilisierende, friedenstiftende Einfluß des Himmelssohnes auf dem Kaiserthron bis an den Erdenrand reichten.[8] Auch die Frankengesandtschaft bestätigte, was schon seit jeher gesehen, bezeichnet und verfügt war. In allen Himmelsrichtungen waren die Weltteile nach mythischen Ordnungsprinzipien rubrifiziert. Nichts, was von außen kam, konnte die chinesische Weltbetrachtung überraschen. Dem fugenlosen Vorverständnis entsprach die rituelle Herablassung gegenüber den Legaten. Zwischen Chinesen und Europäern gab es in der Zeitdimension kein erstes Zusammentreffen und in der räumlichen keine Hegemonial-

▶[6] Herbert Franke (1971): a.a.O., S.124. ▶[7] Ebenda, S.121. ▶[8] Herbert Franke (1968): a.a.O., S.98.

grenze – nur schützende Grenzen zwischen dem chinesischen Innenreich und den halbchinesischen Außenzonen.

Auf andere Weise als das neuzeitliche Abendland, aber nur diesem vergleichbar, übte das alte China eine Vormundschaft über die Menschheit aus. In den zivilisierten »Mittelstaaten« *(zhong guo)* verkündete der Kaiser den noch nicht zivilisierten »Zehntausend Staaten« *(wan guo)* die ewigen Sittengesetze. Alle Welt zur Ordnung des Himmels zu bekehren, war sein Mandat. Nach konfuzianischer Lehre würden sich früher oder später die wilden Völker, vom chinesischen Vorbild angezogen, daran erinnern, daß sie mit den Menschen des Mittelreiches eine kosmische Einheit bildeten, und zu Gliedern des Universalreiches werden.

Der chinesische Universalismus unterschied sich vom abendländischen vor allem durch die strikte Scheidung zwischen den *innen (zhong, nei)* und *außen (wai)* lebenden Menschen. Die Grenze wanderte (wenn Randvölker eingegliedert wurden), war aber undurchlässig. Jeder Volksstamm konnte chinesisch werden, aber vorher sperrte man ihn aus. Und nicht jedes Geschöpf mit menschlichen Zügen bestand die Menschlichkeitsprobe. Als sich 221 v. u. Z. die Ackerbau treibenden Zentralstaaten zum Reich der Mitte vereinten, wurde das Zivilisiertsein *(wen)* zur politischen Kategorie. Unversöhnlich schied sich Gebildet von Tierisch, Geschmückt von Ungeformt, Verfeinert von Grob, Literarisch von Kriegerisch, Subtil von Ungeschlacht. Mit zunehmender Entfernung von der »Mitte« sank der Zivilisiertheitsgrad der Außenmenschen.

Beamte im »Ministerium der Riten« *(libu)* wiesen jedem Wesen hinter der Grenze eine Stelle im Weltordnungsplan zu. Die Dinge der äußeren Welt mußten fein säuberlich bezeichnet werden; dann konnten die Menschen der Mitte mit ihnen in Beziehung treten. Verwechselte man nahegelegene und ferngelegene Orte, entstand sittlich-politisches Chaos. Die irdische Ordnung (Reflex der himmlischen Harmonie) war gestört. Wenn Unruhestifter ihren Platz im Ordnungsraster verließen, wurden sie verächtlich ignoriert.[9]

Altchinas Philosophen und Beamte verliehen jeder materiellen und ideellen Gegebenheit ihren Begriff, indem sie *zählten:* die Drei Herzöge, die Vier Meere und Vier Himmelsrichtungen, die Fünf Tugenden und Fünf Glücke, die Sechs Ministerien, die

▶[9] Sun Longji: a.a.O., S. 347f.

Sieben Herrscher, die Acht Winde und Acht Unsterblichen, die Neun Kernlande, Neun Berge und Neun Flüsse, die Zehn Sonnen, die Zwölf Haustiere, die Sechzehn Sonnenstationen, die Achtundzwanzig Mondhäuser, die Zehntausend Dinge, die Sechsunddreißigtausend Geistwesen und so weiter. Die Zahlen waren aber nicht das Ergebnis einer Inventur. Vielmehr symbolisierten sie spezifische Gliederungs- und Ordnungstypen, die für die einzelnen Gruppierungen (Zonen, Flüsse, Völker) angemessen schienen.[10] Sie benannten keine Menge, sondern jeweils eine kosmische Qualität: das Viersein in der Welt, das Fünfsein in der Welt, das Sechssein ... Gleichviel, was man sah, wenn man Chinas Grenzen überschritt – die Erde war rechteckig und in kleinere Rechtecke unterteilt, die sich wiederum in Rechtecke gliederten. Es gab somit auch vier Arten von Außenmenschen.

Unter dem Gesichtspunkt der Entfernung vom chinesischen Zentrum unterlag die bewohnte Welt jedoch einer Fünfteilung. In der Gebiets- und Menschengliederung dominierte historisch zunächst die Fünf (seit dem 5. bis 4. Jahrhundert v. u. Z.) und später die Vier (seit dem 2. Jahrhundert v. u. Z.). Nach dem älteren Modell von fünf konzentrischen Quadraten wurde von innen nach außen gezählt, wobei das »Mittelreich« nur das Ausgangsgebiet war, umgeben von der »Königlichen Domäne« (Zone 1), den Gebieten der tributpflichtigen Lehnsfürsten (Zone 2), einer befriedeten, unterworfenen Pufferzone (Zone 3), den Territorien der mit China verbündeten Fremdvölker (Zone 4) und – ganz außen – der »Großen Wildnis« nomadisierender Stämme.[11] Letztere vegetierten an unterster Stelle der hierarchischen Weltordnung.

Der zahlensymbolisch bezeichnete Raum besaß jeweils eine bestimmte Wesenheit (etwa die des Zusammentreffens von Wasser, Vasallentum, Norden, Winter, Tiefe, der Sechszahl und Salz) und eine bestimmte *Dichte*. Raum löste sich auf, wo es kein menschliches Leben gab, und hatte seine höchste Intensität im kaiserlichen Palast in der Hauptstadt der Welt. »Raum« als leere, neutrale, nach einem einzigen Maß erfaßbare Ausdehnung war unbekannt. In den Katastern der Staatsgelehrten aggregierten und verschränkten sich die Daseinsquadrate verschiedener Bezeichnungsebenen. Jedem Erdenstreifen, auf dem

▶[10] Marcel Granet: a.a.O., S. 110 bis 127. ▶[11] Claudius C. Müller: a.a.O., S.52 bis 54.

Menschen wohnten – und jedem Zeitraum – eignete ein Bestand unlösbar verbundener Eigenschaften. Die Farbe Rot, die Zeit der Zhou-Dynastie, der Sommer und der Süden gehörten zusammen, und ebenso das Grün, die Tugend der Güte, die Leber, der Frühling und der Osten. »Demgegenüber gibt es im *Westen* nicht nur zahlreiche für die Himmelsrichtung typische Berge, sondern auch viele Bucklige, die ebenso wie die Tragkörbe auf den Herbst hinweisen. Ein Buckel ist ein Auswuchs der Haut; die Haut steht zu den Lungen, die Lungen zum Herbst und der Herbst zur weißen Farbe in Beziehung. Mit dem Begriff der Haut verbindet sich aber auch der des Leders und der Rüstungen – und damit wiederum der Gedanke der Kriegsführung und der Strafexpeditionen. Darum wird den Barbaren des Westens ein kriegerisches Gemüt zugeschrieben, und man verschiebt die Kriegszüge und Exekutionen auf den Herbst, da doch der durch weißes Haar gekennzeichnete Genius der Strafen im Westen seinen Sitz hat.«[12]

Unter der Richtungsgegend »Westen« verstand man zunächst nur benachbarte Gebiete. (Daß aus dem fernsten Westen weißhäutige und kriegerische Menschen kamen, war aber zumindest nicht verkehrt.) Das Quadrat der Zivilisation umgaben die »Vier Meere« *(si hai)*, wo der Raum verdünnt, aber nicht schon verströmt war. »Vier Meere« hießen die Gegenden, in denen Völker hausten, die von der Kultur noch nicht erfaßt, aber in Anwartschaft auf Teilhabe waren. Sie bildeten den Saum des von den Heiligen Herrschern geordneten Innenraums, aber noch nicht den Saum der Erde. Solange die Bewohner dieser Gegenden nicht seßhaft, nicht einsichtig und nicht ins Innere aufgenommen waren, bewahrten sie ein halbtierisches Aussehen – das auch diejenigen annahmen, die man aus China verbannte. Die Weltgegend bestimmt das Wesen.

Den Vier Himmelsrichtungen zugehörig trugen die Außenvölker die Namen *Man* (im Süden), *Jung* oder *Rong* (im Westen), *Ti* oder *Di* (im Norden) und *I* oder *Yi* (im Osten). Diejenigen unter ihnen, die der Mitte bereits ihre Wünsche verständlich machen konnten, hießen – in derselben Reihenfolge – *Xiang*, *Diti*, *Yi* und *Qi*. Wollte man ihre Zivilisationsferne hervorheben, verknüpfte man die Völkernamen ausdrücklich mit denen der Himmelsrichtungen: *Nan Man* (»Barbaren des Südens«), *Xi Rong*, *Bei Di* und *Dong Yi*. Um ihren Platz im Kosmos anzugeben,

▶[12] Marcel Granet: a.a.O., S. 64.

sprach man von den Sechs *Man*, den Sieben *Rong*, den Acht *Di* und den Neun *Yi*. Die Südstämme waren, weil dies unter dem Himmel der Fall sein mußte, ehrlich und einfach, die Weststämme hart und stark, die Nordstämme fett und roh und die Oststämme schlau und verschlagen. Das Charakterraster duldete keine Änderung. Man erkannte die Südleute schon daran, daß sie ihre Stirn ritzten und sitzend oder liegend die Beine kreuzten. Die Westleute pflegten Fellkleidung und offene Haare zu tragen, die Nordleute Federkleidung anzulegen und in Höhlen zu wohnen, die Ostleute sich zu tätowieren. Außerdem standen sie aufgrund ihrer Lebensweise oder durch kosmische Fügung oder beides zugleich bestimmten Tierarten nahe, was meist auch die für ihre Namen gewählten Schriftzeichen zeigten: Reptilien und Insekten im Süden, Hunden im Westen, »Schakalen, die sich am Feuer wärmten«, im Norden und Vögeln im Osten.[13] Des weiteren gliederte man die Außenvölker in »äußere« und »innere« und letztere wiederum in »gekochte« *(shu)*, dem Zentrum benachbarte, bereits sinisierte Grenzbewohner *(shou fan)* und »rohe« *(sheng)*, unzivilisierte Grenzbewohner *(sheng fan)*.

Sammelbegriffe für sämtliche Unzivilisierten oder sämtliche Nichtchinesen kannte man nicht, abgesehen von Begriffskombinationen, die sinngemäß, zu bestimmten Gelegenheiten gebraucht, eine unbestimmte Menge von wilden Stämmen meinten: die Neun *Yi*, die Hundert *Man* oder: *Man Yi, Yi Rong, Yi Di* oder: die »*Man* des Nordens«, die »*Di* des Westens« und so weiter. Himmelsrichtung, Gegend, Entfernung (von der Mitte) und Charakter trafen nicht zufällig aufeinander, sondern bezeichneten verschiedene Aspekte einer übergreifenden Ordnung. Im übrigen handelte es sich bei allen *Man, Rong, Di* und *Yi*, »gekocht« oder »roh«, um Völker, die mit Chinesen auf Tuchfühlung lebten.

Desungeachtet gehört der »Barbaren«-Begriff, der die Außenmenschen aller Richtungen und Räume zusammenfaßt, zur Grundausstattung westlicher Chinawissenschaft. Sein Gebrauch zum besseren Verständnis des chinesischen Weltbildes reduziert

▶ [13] Als Hauptquellen solcher Rubrifizierung werden meist genannt: *Liji*, einer der Dreizehn Klassiker, der kanonischen Bücher des Konfuzianismus; das *Shangshu* bzw. *Shujing* (»Urkunden der Shang« bzw. »Klassiker der Urkunden«) aus dem 5. Jahrhundert v. u. Z.; der *Shanhaijing* (»Klassiker der Berge und Meere«) aus dem 3. Jahrhundert v. u. Z.

dessen erfahrungsresistente *Zeichenhaftigkeit* auf ein simples Verständnismuster. Man sagt, alle Hochkulturen neigten dazu, andere Völkerschaften auf der Skala kultureller Entwicklung zu degradieren, um sich selbst zu schmeicheln, und den Herabgewürdigten zugleich vitale Ursprünglichkeit und charakterliche Unverdorbenheit anzudichten; so auch die chinesische. Zweifellos unterstellen altchinesische Darstellungen dessen, was »außen« ist, stets eine Polarität von Zivilisiert (*wen*, »eine Schrift habend«) und Nichtzivilisiert. Die Außenmenschen stammeln oder zwitschern unverständlich (ganz wie die Fremden des alten Mesopotamiens und des alten Griechenlands), essen ihre Nahrung ungekocht, trinken das Blut der Tiere, können nicht schreiben, tätowieren sich, betreiben keinen Ackerbau, ziehen herrschaftslos umher, haben nicht das rechte Maß. Und doch steht dem chinesischen Eigenattribut *wen* kein einheitlicher Begriff für nicht-*wen* gegenüber. Die Ritualklassiker enthalten eine Fülle von Ausdrücken, die wir allesamt mit »wild« oder »Wildnis« übersetzen, obwohl sie verschiedenen Dimensionen angehören, je nachdem, welches Ordnungsprinzip gewählt wurde (Mitte/Peripherie/Entlegenheit, Innen/Außen, Himmelsrichtung, Zivilisiert/Ursprünglich, Kultiviert/Unbebaut u.a.). Genaugenommen wird jeder Richtung und jeder Abstandszone eine einzigartige Wildheit zugeschrieben.

Von »Barbaren« zu sprechen, bedeutet somit, die Anwendbarkeit einer europäisch-universellen Kulturtheorie auch gegenüber der chinesischen Kultur durchzusetzen. Wir haben den Begriff im Gepäck, ermitteln dann, daß in China »eine *Gesamtbezeichnung* für alle fremden Völker zusammengenommen, also ein Wort wie ›Barbar‹, im Grunde nicht vorkommt«[14], und fahren fort, die chinesischen Fremdbilder mit einem einzigen zu überblenden. Wir tun es, weil wir keine Chinesen sind. Sonst kämen wir nicht zurande. (Tun wir es also weiterhin.)

Doch sollten wir uns dabei im klaren sein, daß es nicht der hohe Abstraktionsgrad der chinesischen Außenwelt-Register ist, der uns dazu berechtigt. Zwar basierte die kosmologische Aufteilung dessen, »was unter dem Himmel ist«, offensichtlich nicht auf Besichtigung und Landvermessung; die Unterscheidung von Sechs *Man*, Sieben *Rong*, Acht *Di* und Neun *Yi* war spekulativ. Deswegen können wir sie aber nicht vernachlässigen, ohne das gesamte chinesische Weltbild zu relativieren,

▶[14] Gudula Linck: a.a.O., S. 259.

das eine »Sechs«-, »Sieben«-, »Acht«- und »Neun«-Wesenheit postulierte.

Im alten China harmonierten Spekulation und Realismus. Ein gutes Beispiel dafür ist die den wilden Stämmen bescheinigte Tierähnlichkeit. Die formelhafte Gleichsetzung von Völkern mit Hunden, Affen, Reptilien, Wölfen, Füchsen, Schakalen, Rindern, Krähen und Würmern verhinderte nicht die Eingliederung niedergeworfener Stämme in den chinesischen Reichsverband. Dennoch war die Verteilung von Tiernamen unter Menschengruppen nicht einfach nur ein symbolischer Akt, geschweige denn eine willkürliche Schmähung. »Das Auge sieht es nicht, ihr nennt es unsichtbar *(yi)*«, sagte Laozi, der Zeitgenosse von Konfuzius, im *Daodejing*[15] über den chaotischen Urzustand, den die wilden Stämme verkörperten. *Yi* war auch der Name der Barbaren des Ostens. Wesen, die den Menschen ähnelten und doch außerhalb der Menschenwelt lebten, waren Dämonen.[16] Doch selbst sie waren zur Zivilisation bekehrbar – und die Chinesen nicht vor dem Rückfall ins Chaos gefeit.

Und die Menschen weiter draußen, in Richtung Europa? Die chinesischen Weltverwalter spekulierten auch über die Bewohner der Außenerde hinter den »Vier Meeren« und am Erdenrand. Dort, in den »Vier Öden«, wo der Kosmos verdämmerte, lebten nach dem *Shanhaijing*, dem »Klassiker der Berge und Meere« (einer mit Reisebeobachtungen durchsetzten Mythensammlung aus dem 3. Jahrhundert v. u. Z., die im folgenden Jahrtausend mehrfach neu aufgelegt wurde), zwielichtige Barbaren, Ungeheuer und Gottheiten in heilloser Nachbarschaft. Unter ihnen befanden sich Kreuzungen von Menschen und Tieren und Monstrositäten wie das »Volk mit durchbohrter Brust«, das nach der Überlieferung einst eine Delegation ins Mittelreich gesandt hatte, um Tribut zu entrichten. Ob sich die Landstriche der tributpflichtigen Völker Westasiens, Nordafrikas und des Frankenlandes vom Weltenrand und dessen grotesken Unwesen überhaupt abgrenzen ließen, war nicht ausgemacht. Gewiß war nur, daß mit zunehmender Entfernung von den Zentralstaaten das Menschliche dahinschwand. Wenn also die Exemplare aus dem äußersten Westen menschlich erschienen, mußten sie um so mehr Unsägliches verbergen. Bis ins 20. Jahrhundert hielt

▶[15] Zitiert von Sun Longji: a.a.O., S. 348.   ▶[16] Sun Longji: a.a.O., S. 349 und 362.

sich in China die Bezeichnung »Dämonen vom Meer« *(yang gui)* für die Menschen aus Europa und Amerika.[17]

Die Vorstellung vom Zerrinnen des Menschentums in den Weiten des Westens war jedoch nicht das einzige Europabild, das in China verbreitet wurde. Andere Mythen berichteten von einer zweiten Kulturhöhe am Ende Eurasiens. Die offizielle »Geschichte der Späteren Han-Dynastie« (d. h. der ersten beiden Jahrhunderte unserer Zeitrechnung) enthält eine Darstellung des Landes »Groß-Qin« *(Da Qin)*, das »einige tausend Meilen im Quadrat umfaßt« und dem »über 400 Städte und einige zehn kleinere abhängige Staaten« angehören.[18] Gemeint war offenbar das Römische Reich. »Groß-Qin« wurde als China des Westens ausgemalt: Seine Hauptstadt war prächtig, seine Herrschaft gerecht, und nach seiner Größe und »einheitlichen Ordnung« betrachtet, stand es »auf derselben Stufe wie das Reich der Mitte«. Seine Küstenlinie am Meer des Fernen Westens glich – seitenverkehrt – der Küstenlinie Chinas, und der Name *Qin* wiederholte den Namen der machtvollen Dynastie, die 221 v. u. Z. die Zentralstaaten geeint hatte. Mit der Beschreibung idealer Zustände in »Groß-Qin« rügten die Chronisten zugleich gewisse Mißstände im China der Han-Zeit: »Die Leute dort sind ihrem Charakter nach außerordentlich rechtschaffen: Auf dem Markt gibt es nicht zweierlei Preise; Getreide und sonstige Nahrungsmittel sind immer billig.«[19] Die Chronisten erfanden einen Direktkontakt Roms mit China und tasteten sich über »Groß-Qin« hinaus weiter nach Westen bis an den sagenhaften Erdenrand vor: »Im 9. Jahr der Regierungsdevise ›Verbreiteter Glanz‹ unter Kaiser Huan-ti (166 n. Chr.) ... schickte der König von Da Qin Antonius einen Gesandten über Jihnan ... Damit war der Kontakt zum ersten Male hergestellt ... Nach anderen Berichten sollen sich westlich dieses Landes ›Leichtwasser‹ und Treibsand ausdehnen bis nahe an die Wohnstätte der ›Königlichen Mutter des Westens‹, wenig entfernt von der Stelle, wo die Sonne in die Erde taucht.«[20]

Die Ethnographie der Han-Zeit versetzte diese Wohnstätte ins Unerreichbare und traute der Königinmutter und Paradiesherrscherin Xiwangmu die magische Fähigkeit zu, das Elixier der Unsterblichkeit zu brauen.[21] Bis ins 13. Jahrhundert wurde die Utopie vom zweiten China überliefert. Was Mythologie und

▶[17] Vgl. Gudula Linck: a. a. O., S. 261. ▶[18] Wolfgang Bauer (1974): a. a. O., S. 164. ▶[19] Ebenda. ▶[20] Ebenda. ▶[21] Joachim Hildebrand: a. a. O., S. 74–79.

Barbarenkunde vom Fernen Westen erzählten, stimmte nicht überein; der Ort Europas war in der altchinesischen Welthierarchie nicht eindeutig fixiert. Es bestand kein Anlaß, auch für die extreme Außenwelt ein minuziöses Völkerschema zu entwerfen. Als die ersten Europäer auf dem Seeweg, unter Mißachtung der Ordnung der Himmelsrichtungen, nach China kamen, fiel auf ihr Herkunftsland aber nicht einmal mehr ein Abglanz der Aura von »Groß-Qin«. Wer aus freiem Willen nach China kam, unterlag in jedem Fall der für Bittsteller vorgesehenen Etikette.

Mit der Teilnahmslosigkeit der Universalmacht, die von außen nichts Neues, nur Ärger, erwartet, nahm China Kenntnis von portugiesischen Kaufleuten, die zu Beginn des 16. Jahrhunderts von Malakka aus Gewürze an die südchinesische Küste schmuggelten. Man identifizierte die Neuankömmlinge als *Folangji* (»Franken«), war aber nicht daran interessiert zu erfahren, woher sie kamen und was sie ins ostasiatische Meer verschlagen hatte. Zunächst zählte man sie einfach zur Bevölkerung der südostasiatischen Länder, in denen sie ihre Stützpunkte hatten. Die erste offizielle portugiesische Delegation traf 1517 in der Bucht von Kanton ein und verhandelte mit den lokalen Behörden. Nun war der Fall klar: es handelte sich um Tributbringer. Spätere »Delegationen« und Profiteure wahrten aber meist nicht mehr den Anschein (was bedeutete, daß sie sich *verstellten*). Hinzu kam ihr piratenhaftes Treiben.

In der Eingabe eines Regionalbeamten an den Kaiser wurde dieses Verhalten mit folgenden Worten klassifiziert: »Während der Ära Zhengde (1506–1521) drangen die Folangji, den Namen ihrer Nationalität verbergend, in ungeordneter Weise in unser Land ein. Sie tauchten plötzlich vor der Provinzhauptstadt Kanton auf, mißachteten demonstrativ unsere Gesetze, unterwarfen sich nicht der Zollabgabepflicht, kochten und verzehrten unsere Kinder, raubten Männer und Frauen, errichteten Palisaden zum eigenen Schutz und schossen mit ihren Kanonen in der Gegend herum.«[22] Die portugiesischen Hasardeure waren Störenfriede, deren Außenweltlertum mehr Verdruß als Aufsehen erregte. Lästig war es auch, daß sie nicht ins Schema der »Südbarbaren« paßten. Die »Himmlische Dynastie« duldete es sogar, daß sie sich in Macau festsetzten, denn so standen die weder assimilierbaren noch auszumerzenden Quälgeister wenigstens unter Kontrolle. 1543 mischten sich die Spanier ein,

▶[22] Roderich Ptak: a.a.O., S. 30.

gegen 1600 die Holländer – alle merkwürdig genug, um Mißachtung zu verdienen.

So irregulär traten sie auf, daß die Chinesen über die Normbezeichnungen hinaus den nackten Augenschein benannten (was sie kaum jemals getan hatten). Sie ergänzten das Schema und die rituelle Verachtung durch die Biologie. In erster Linie registrierten sie eine neue Art von Haaren, von Augen und von Nasen, in zweiter Linie den Gesichtsausdruck, die Körpergröße und die Hautfarbe der »überseeischen Südbarbaren«. Hauptmerkmale der *portugiesischen* »Franken« waren die hohen und langen Nasen, die tiefliegenden hellen Augen, das dunkle gewellte Haar und die rote Gesichtsfarbe; als ihre Charaktermerkmale wählte man aus dem Arsenal vorgeprägter Barbaren-Attribute die folgenden aus: Wildheit, Grausamkeit, Gerissenheit, Hinterlist, Grobheit, Unverständlichkeit (des Gebrabbels) und Halbmenschlichkeit. Von den Spaniern hieß es: »Diese Franken haben Katzenaugen (blaue Pupillen) und Adlernasen, lockiges Haar und rote Bärte.«[23] Oder anders gesagt: »Sie haben grimmige Gesichter, ungepflegte Haare, eine große hervorstehende Nase und riechen aus dem Mund.«[24] Heimtücke, Verlogenheit, Arroganz und Neigung zum Verrat waren ihre Gattungsqualitäten. Bei den Holländern überdeckte die rote Farbe des Haupthaars, der Brauen und des Bartes die anderen Körperfarben, so daß sie den Namen »rothaarige Barbaren« *(hong mao fan)* oder »rothaarige Dämonen« *(hong mao gui)* mit den Chiffren Wildheit, Habsucht und Verschlagenheit erhielten. Auch sie hatten grimmige Gesichter, markante Nasen, tiefliegende Augen und einen großen starken Körper.[25]

Außerdem drangen 1668 die Kosaken in die nördliche Amur-Region ein – ohne daß die Herrscher des Universums deswegen fürchteten, in die Zange genommen zu werden. Man hielt sie für »einen Stamm aus Rußland oder aus den rothaarigen Ländern von Europa« und beschrieb sie wie folgt: »Sie haben alle tiefliegende grüne Augen, große Nasen und rote Haare.« Wild, kriegerisch und aufsässig war ihre Natur.[26] Nicht, daß Rothaarigkeit und Großnasigkeit von Portugal bis Sibirien verbreitet waren, also den ganzen westlichen und nördlichen Teil Eurasiens einnahmen, machte den Chinesen zu schaffen. Es

▶[23] Fu Lo-shu (Ed.): a.a.O., S. 31. ▶[24] Zitiert von Gudula Linck: a.a.O., S. 266. ▶[25] Vgl. J. J. L. Duyvendak: a.a.O., S. 246. ▶[26] Fu Lo-shu (Ed.): a.a.O., S. 41 und 47.

mochte einfach die Art Roter Teufel sein, die Außenwelt zu bevölkern und auch noch die Küsten der Mitte unsicher zu machen. Unpassend – und somit auszublenden – war es, daß die Außenmenschen trotz ihrer Roheit, nach ihren Gerätschaften und Kenntnissen zu urteilen, weit entwickelt waren. Die einzige hochentwickelte Kultur, mit der es die Chinesen bis dato zu tun gehabt hatten, war die indische gewesen.

Als erster Europäer, der viele Jahre am Kaiserhof weilte, gelang es dem Jesuiten Matteo Ricci, die Überlegenheit der europäischen Astronomie unter Beweis zu stellen. Sein Nachfolger Adam Schall aus Köln sagte das Ereignis einer Sonnenfinsternis auf die Minute genau voraus und wurde beauftragt, den chinesischen Kalender, den Taktgeber der Reichsverwaltung, zu reformieren. Dennoch wurden solche Bravourstücke nur beiläufig wahrgenommen und blieb der Europäer, der sie vollführte, eine Unperson. Unverständlich war seine Rede, unerforschlich das Motiv seines Kommens und ohne Maß sein Tun. Seine Anwesenheit war ein Versehen.

Die chinesische Elite schwankte zwischen der Bereitschaft, die Wilden im höheren Auftrag zu sinisieren, und dem Wunsch, sie zu vertreiben, um das Reich vor verderblichen Einflüssen zu schützen. Beide Haltungen waren sittlich gerechtfertigt. Beide beruhten auf der Überzeugung von der Minderwertigkeit der Übersee-Barbaren und beugten einer Konfrontation mit ihnen vor. China hatte es nicht nötig, sich gegen die Ränder der Welt zu behaupten.

»Die Leute haben eine weiße Hautfarbe«, sagte der chinesische Europareisende Xie Qinggao Ende des 18. Jahrhunderts über die Portugiesen.[27] Doch eben dies wurde in China lange bezweifelt, hatten doch die Chinesen seit frühesten Zeiten ihre eigene Hautfarbe als »weiß« bestimmt. Sowohl in den Kämpfen der mythischen Helden als auch bei der Unterscheidung sozialer Klassen und im ästhetischen Empfinden der Elite gab die Polarisierung von Weiß und Schwarz (Hell und Dunkel) häufig den Ausschlag.[28] Sie entschied auch über die Bewertung fremder Volksstämme, denen die Chinesen begegneten. Ein weißer, bleicher Teint deutete auf edle Herkunft hin, und in den ältesten chinesischen Gedichten finden sich Preisungen heller Haut. »Ihre Finger waren wie Halme von jungem weißem Gras«, schwärmt ein Gedicht aus dem 4. Jahrhundert v. u. Z. von einer

▶[27] Jeannette Mirsky: a. a. O., S. 266. ▶[28] Frank Dikötter: a. a. O., S. 10–12.

berühmten Prinzessin. »Ihre Haut war wie gefrorene Salbe... / Ihre Zähne waren wie Melonenkerne / Ihr Kopf zikadengleich / Ihre Augenbrauen Seidenraupenfalter.«[29] Im Zuge der Sinisierung des buddhistischen Pantheons nahmen dunkelhäutige Gottheiten unversehens die geziemende helle Farbe an.

Die Beobachtungen chinesischer Weltreisender bei den See-Expeditionen des 15. Jahrhunderts festigten die Überzeugung der Chinesen, jenem Reich anzugehören, in dem die weißen Menschen lebten. Als die Portugiesen Malakka eroberten, erzählten ihnen die dunkelhäutigen Eingeborenen von (anderen) weißen Menschen, die in der Nähe siedelten. Die Portugiesen gingen dem Hinweis nach und stießen auf chinesische Emigranten.[30]

Ebensowenig wie die Chinesen in Europäern die Vertreter einer anderen Hochkultur erkennen konnten, waren sie bereit, die Pigmentierung der Fremden als der ihren ähnlich zu erachten. Kulturell und physisch unvollkommen, wie die *Folangji* waren, erschienen sie den chinesischen Betrachtern als Kreaturen, die auf unnatürliche Weise entfärbt worden waren – als eine Art *Albinos*, die von dämonischen Kräften von einem Ende der bewohnten Welt zum anderen getrieben wurden. Den Teint der Portugiesen kennzeichneten die Chinesen mit dem Ausdruck *hu bai*, »weiß wie Asche«. Zhang Xie, einer der weißen Leute von Malakka, gab von den Portugiesen den folgenden Steckbrief: »Sie sind sieben Fuß groß, haben Augen wie eine Katze, einen Mund wie ein Pirol, ein aschweißes Gesicht, dichte und lockige Bärte wie schwarze Gaze und fast rotes Haar.«[31]

Nun kam es darauf an, solchen aschfahlen Menschenzerrbildern gelassen das wahre Menschenantlitz entgegenzuhalten. Durch geduldiges Beispielgeben würden die »Meerdämonen« vielleicht doch noch bekehrt.

Die klassische chinesische Weltenlehre wollte es, daß des Kaisers Tugendvorbild selbst in den entferntesten Völkern den Wunsch erweckte, an den Kaiserhof zu kommen und sich dort emporzubilden. Und doch war es Ausländern bei Todesstrafe verboten, chinesischen Boden zu betreten, es sei denn, die Besucher hielten sich an einen vorbestimmten Termin, näherten und entfernten sich auf einer festgelegten Route und

---

▶[29] Ode aus dem *Shijing*, dem »Buch der Lieder«, einem der Fünf Klassiker. Wiedergegeben von Frank Dikötter: a.a.O., S.10. ▶[30] Frank Dikötter: a.a.O., S.11. ▶[31] Ebenda, S.14.

überbrachten auf zeremonielle Weise ein Tribut, das die Unterordnung des Herkunftslandes beglaubigte. Vor dem Kaiser hatten sich die Gesandten dreimal niederzuknien und dabei den Kopf neunmal auf die Erde zu beugen *(ke tou)*. Weil es außerhalb der Reichsgrenzen nur Tributäre gab, war für die Außenpolitik das Ministerium der Riten zuständig. Dieses Ministerium bestimmte für jedes Land den Turnus, in dem sich die Gesandtschaften in Peking einzufinden hatten – die Länderliste wurde als komplett betrachtet. Der chinesische Universalismus sprach eine Einladung an alle Völker der Welt aus; das Tributsystem gab den Reichsverwesern Spielraum zu entscheiden, wer ohne Einschränkung, wer bedingt und wer gar nicht zur Welt gehörte.

Da drangen nun die als »Dämonen vom westlichen Ozean« identifizierten Händler und Bevollmächtigten ins Land ein und behaupteten, Tribut zu bringen und um die Verleihung eines Lehnstitels bitten zu wollen. Was tun? Der Kaiserhof ging auf das Spiel ein und legte die Regeln rigoros aus. Offiziell gestaltete China seine Handelsbeziehungen zu den Ländern des Fernen Westens bis ins 19. Jahrhundert nach den Kategorien des Tributsystems.[32] Praktisch jedoch verzichtete China darauf, seine nominelle Oberhoheit gegenüber Völkern der Gattung »Teufel« und »Dämonen« durchzusetzen. Sofern Erklärungen für den Machtmittelverzicht geboten schienen, berief sich die Himmlische Dynastie gerade hierbei auf ihre Machtvollkommenheit.

Als die Portugiesen 1517 ihrem Begehr, dem Kaiser zu huldigen, mit Kanonendonner Nachdruck verliehen, stellten die zuständigen chinesischen Beamten fest, daß es in den »Gesammelten Statuten« des Reichs keinen Präzedenzfall einer Tributgesandtschaft der Portugiesen gebe, und verweigerten ihnen die Weiterfahrt zur Hauptstadt. Wer nicht schon seit jeher den Zugang zur Quelle der Gerechtigkeit gesucht hatte, stand im Verdacht, seine Zugehörigkeit zum Menschengeschlecht vorzutäuschen.

1653 wollten die Holländer Tribut bringen, um ihren Chinahandel erweitern zu können. Der Präfekt der Schiffahrtsbehörde berichtete dem Gouverneur von Kanton: »Das Volk von Holland – einem Land, das nie unsere Kultur angenommen und nie mit uns in Verbindung gestanden hat – bewundert jetzt die

▶[32] Vgl. Wolfgang Franke: a.a.O., S. 24.

Gerechtigkeit und ist gekommen, sich zu unterwerfen.« Auch Holland sei noch nie als Tributgeber verzeichnet worden, stellte der Präfekt fest. »Grundsätzlich stimmten alle darin überein, daß die Qing-Dynastie keinen Anlaß hat, eine solche freiwillige Unterwerfung abzulehnen... Aber (die Ratgeber) zögerten dennoch, der Bitte der Holländer zu entsprechen, nicht nur deshalb, weil sie im *Huidian* (Annalen der Gesandtschaften) nicht als tributleistende Nation aufgeführt sind und keine Eingabe (an den Kaiser) und keine Erzeugnisse ihres Landes als Tribut mitgebracht haben, sondern auch deshalb, weil sie mögliche Unruhestifter sind.«[33]

Die Holländer wurden abgewiesen und versuchten drei Jahre später erneut, dem Universalherrscher ihre Ergebenheit zu beweisen. »Das ist sicherlich das Ergebnis des tugendhaften Einflusses Seiner Majestät«, führte das Ministerium der Riten aus. »Wir sollten ihnen erlauben, alle fünf Jahre Tribut zu entrichten.« Der Kaiser entschied, daß ein Huldigungsturnus von acht Jahren ausreichend sei.[34] Alles paßte zusammen: Die Holländer hatten keinen ausgewiesenen Ort unter dem Himmel, erfüllten nur nachlässig die Bedingungen für die Tributabgabe und würden möglicherweise Ärger machen. Das waren nicht drei Motive, das war ein einziges Motiv, den Absichten der Holländer zu mißtrauen und ihnen einen protokollarischen Platz ganz am Rande zuzuweisen.

Ähnlich wurde die Landmacht Rußland behandelt. Der Kaiser fand zunächst (im Jahr 1655) anerkennende Worte: »Jetzt zeigt ihr euer aufrichtiges Verlangen nach unserer Zivilisation, indem ihr einen Gesandten schickt, um Uns die Erzeugnisse eures Landes als Tribut darzubieten.«[35] Doch dieser Gesandte wurde unverrichteter Dinge zurückgeschickt, weil er nicht willens war, sich dem Zeremoniell zu unterwerfen, insbesondere nicht, vor dem Kaiser Kotau zu machen. 1693 nahm der Kaiser zur russischen Frage schließlich Stellung: »Das Königreich Rußland hat viele tüchtige Männer, aber sie sind engstirnig und halsstarrig, und ihre Argumente sind schwach. Nie sind sie mit uns in Verbindung gewesen. Ihr Land ist sehr weit von unserer Hauptstadt entfernt, doch können wir ihr Gebiet direkt auf dem Landweg erreichen... Obwohl es großartig wäre, wenn der fremde Vasall kommen würde, um sein Tribut zu bringen, fürchten Wir, daß Rußland uns eines Tages großen Ärger bereiten

▶[33] Fu Lo-shu (Ed.): a.a.O., S.11. ▶[34] Ebenda, S.19f. ▶[35] Ebenda, S.15.

könnte.«[36] Der Kaiserhof ahnte die Schwäche Chinas im Falle militärischer Konfrontation und sah nicht nur Ärger, sondern auch Kränkungen durch Willkürakte europäischer Mächte voraus.[37] Chinas symbolischer Anspruch auf Weltherrschaft ordnete sich der Einsicht unter, daß es Menschen gab, aus denen nie und nimmer Chinesen werden würden.

Im Dezember 1787 erfuhr der Kaiser, daß einer seiner Provinzgouverneure einen Abgesandten des Dalai Lama als Barbaren-Gesandten *(yi shi)* behandelt habe. Vor dem Großen Ministerrat rügte er dieses Verhalten als Mißachtung der kulturellen Hierarchie: »Das Innere und das Äußere unseres Reiches bilden eine Familie. Mehr noch, Tibet war lange Zeit Teil Unseres Staatsgebietes und sollte nicht mit Rußland verglichen werden, das ein primitives Land ist und erst noch zu zähmen wäre und daher mit Recht ›barbarisch‹ genannt wird.«[38]

China lag die Zähmung Rußlands oder eines entlegenen Westlandes fern. Vor einer wie auch immer gearteten Betreuung des Westens schreckte man zurück, nachdem man die »Großnasigen Haarigen« näher kennengelernt hatte – das Dämonengesicht, die räuberische Eifersucht der verschiedenen Nationen gegeneinander, die westliche Abscheu vor dem Ahnendienst und die Anbetung eines Verbrechers, der am Kreuz gestorben war. Durch Kontrastierung zwischen Innen und Außen vergewisserte man sich des chinesischen Universums, zu dem mit Sicherheit nur die Länder Ostasiens gehörten. Nur die Grenzbarbaren waren Kandidaten der Zivilisation. Absorbiert wurden selbst die Manzhou-Tataren, die im 17. Jahrhundert als Invasoren die Macht in China ergriffen hatten.

Die Europäer aber stellten sich auf zweifache Weise hinter die Grenzen der Weltordnung. Zum einen dadurch, daß sie der Ordnung entsprachen, indem sie ihr Halbmenschentum offenbarten. Zum anderen dadurch, daß sie sogar noch gegen ihre Natur als Halbmenschen verstießen. In der altchinesischen Weltkonzeption war es nicht vorgesehen, daß an den Erdenrand verbannte Geschöpfe mit anderer Absicht als der, sich zu unterwerfen, ins Zentrum kamen. Die Absichten der entfesselten Dämonen waren so unergründlich wie ihr Wesen. »Europa hat keine Verbindung mit uns und nimmt unsere Gesetze nicht an« – diese Formel gebrauchte das Ritenministerium immer dann, wenn Europäer um Audienz beim Kaiser baten.

▶[36] Fu Lo-shu (Ed.): a.a.O., S.105.   ▶[37] Ebenda, S.123.   ▶[38] Ebenda, S.302.

Sie besagte nichts anderes, als daß man mit der westlichen Außenwelt nichts zu schaffen hatte.

Die Bedrohung durch die Manzhou stimulierte im 17. Jahrhundert eine Erneuerung der konfuzianischen Reichsidee. Die »Drei großen Denker der ausgehenden Ming-Zeit« (Wang Fuzhi, Gu Yanwu und Huang Zongxi) schärften das Bewußtsein für die Sonderstellung des Chinesentums in einer veränderten Welt. Der einflußreiche Nationalphilosoph Wang Fuzhi (1619–1692) systematisierte die Zusammenhänge zwischen Erdgegend, Menschenart, Kultur und Verhalten. »Der Kosmos formt aus der einen Urmaterie die Vielfalt der Arten«, lehrte er. »Die Erde grenzt jede in ihrem Stammgebiet ein. Die kosmische Substanz prägt sich je nach dem Ort verschieden aus, und damit ist auch das Wesen von Ort zu Ort anders... Barbaren und Chinesen sind in verschiedenen Regionen entstanden. Da die Regionen verschieden sind, ist auch ihre Substanz anders. Wegen der unterschiedlichen Substanz sind auch die Handlungsweisen anders. Andere Handlungsweisen bedingen Unterschiede in der Erkenntnis und im Tun... Wenn die kosmische Substanz verschieden ist, ist auch die körperliche Beschaffenheit verschieden. Wenn die irdische Substanz verschieden ist, dann entstehen andere Gewohnheiten.«[39]

Stillschweigend nimmt Wang Fuzhi Abschied vom Universalismus. Die Lehre von der Streuung der Rassen im Raum unterstellt, als Anleitung zum staatlichen Handeln verstanden, kein Wertgefälle. Jede Art soll bleiben, wo sie ist, und die anderen in Ruhe lassen. Gleichwohl haben die Menschen im »Mittelraum« bei Wang Fuzhi einen besonderen Rang. Sie sollen als *defensiv eingestellte Weltelite* ihren kosmischen Auftrag erfüllen. Sie sind die »reine Substanz der Welt« *(tian di zhi chun qi)* oder die »himmlische Substanz« *(tian qi)* oder die »Emanation der Gelben Mitte« *(huang zhong zhi yin yun)* oder einfach die »Gleichartigen« *(tong lei)*. Umlagert werden sie von den *Yi Di* beziehungsweise *Rong Di* (»Barbaren«), den »Fremdrassigen« *(shu lei* oder *yi lei)*, die möglichst auf Distanz zu halten, als Angreifer aber erbarmungslos auszumerzen sind: »Die Barbaren zu töten, verstößt nicht gegen die Menschlichkeit, sie zu betrügen, nicht gegen das Vertrauen, ihr Land zu verwüsten und ihre Habe zu rauben, nicht gegen die Gerechtigkeit.«[40]

▶[39] Zitiert von Ernst Joachim Vierheller: a.a.O., S. 30f. ▶[40] Ebenda, S. 30 und 65.

Die Schiffsbesatzungen und Händler der europäischen Art hatten ihren angestammten Platz mutwillig verlassen. Man internierte sie respektvoll in Macau und im Hafen von Kanton und schikanierte sie nach Kräften. Den Fremden wurde chinesisches Hauspersonal zugewiesen; wenn sie mit Handelspartnern oder Behörden Kontakt aufnehmen wollten, mußten sie sich der Vermittlung chinesischer Kaufleute bedienen. Jedes Zusammentreffen war zu vermeiden, der Bewegungsspielraum der Fremden soweit wie möglich einzuschränken. Nach den »Fünf Vorkehrungen gegen die Ausländer« *(fang yi wu shi)* in der Provinz Kanton vom Jahr 1759 durften die Europäer nicht nach Belieben ausgehen, Chinesen kein Geld leihen und (eigenmächtig) keine Chinesen als Diener einstellen oder zur Übermittlung von Nachrichten verwenden.[41] An der 1689 festgelegten chinesisch-russischen Grenzlinie wurden Steine mit eingraviertem Vertragstext in chinesischer, russischer und lateinischer (!) Sprache aufgestellt, ein Indiz dafür, daß man pragmatischerweise sogar den alternativen Universalismus des Westens zur Kenntnis nahm. Den christlichen Glauben durften nur die Fremden selbst praktizieren. Falls sie ausnahmsweise die Erlaubnis erhielten, in der Hauptstadt zu wohnen, durften sie China nicht mehr verlassen. Den Chinesen ihrerseits war es bei Todesstrafe untersagt, sich mit Europäern anzufreunden oder die chinesische Sprache und Kultur an sie weiterzugeben.

China war nie ein offenes Land. Um der Grenzziehung willen stellte es den Anspruch auf Vormundschaft über alle Menschen (der von den Eindringlingen ausgenutzt wurde) in der Dimension der Etikette ab. Man war entweder ein Mensch der Innenwelt oder ein Mensch der Außenwelt.

Zugleich verwahrte sich das chinesische Reich dagegen, die geduldete Koexistenz unabhängiger Herrschaftsbereiche offiziell als deren Gleichrangigkeit ausdeuten zu lassen. Denn dann wäre der chinesische Verzicht auf den Suprematie-Anspruch einer Einladung zur Aufnahme diplomatischer Beziehungen gleichgekommen und hätte den Europäern freien Zugang ins Innere Chinas eröffnet.

Als 1793 der englische Gesandte Lord Macartney als Fürsprecher der East India Company in Peking vorstellig wurde, beabsichtigte er, dem Kaiserhof durch eindrucksvolle Geschenke zu demonstrieren, daß Großbritannien ebenso kultiviert und

▶ [41] Kuo Heng-yü: a.a.O., S. 20f.

mächtig sei wie China. Den Kotau wollte er nicht verweigern; aber er wollte den Chinesen auch nicht die Illusion lassen, der britische König sei ein tributpflichtiger Untertan des Kaisers. Was tun? In London hatte man eine kleine Änderung des Rituals ausgeklügelt. Der Gesandte schlug den Mandarinen vor, »daß ein Untertan seiner kaiserlichen Majestät, im gleichen Range mit dem Gesandten, vor einem mitgebrachten Gemälde seiner königlichen Majestät im Staatsgewande die nämliche Zeremonie vollziehen sollte, welche man ihn selbst vor dem kaiserlichen Throne würde verrichten lassen«.[42]

Kaiser Qianlong ließ sich auf diesen Huldigungstausch ein und lehnte die Wünsche des europäischen Königs nach Botschafteraustausch, Erweiterung des Handels und Steuersenkungen für britische Kaufleute glattweg ab. »Die von Ihnen, o König, geschenkten verschiedenen Artikel werden diesmal auf meine Sonderanordnung hin... angenommen«, schrieb er. »Aber in Wirklichkeit breiten sich die Tugend und das Ansehen des Reiches weit und breit aus. Die Könige von unzähligen Ländern kommen zu Wasser und zu Land mit Kostbarkeiten aller Art. Es gibt nichts, was uns fehlt... Daher steht Ihre Bitte um Entsendung eines Vertreters weder im Einklang mit dem Staatssystem des Reiches, noch ist sie nützlich für Ihr Land.«[43] Das chinesische »Staatssystem« bestand eben darin, daß die Ebenbürtigkeit anderer Staatssysteme ausgeschlossen war. »Tribut entrichtende Mission der Roten Barbaren« stand auf dem Banner des Schiffes, mit dem Lord Macartney von Tianjin nach Peking gefahren war.

Für die Himmlische Dynastie blieb das zudringliche Europa bis ins 19. Jahrhundert eine Marginalie des Erdkreises. Kaum ein Chinese wollte ernstlich wissen, wie Land, Sprache und Sitten in der Außenwelt beschaffen waren. 1744 erschien in China ein kleines geographisches Werk des Autors Chen Lunqiong mit Nachrichten über fremde Länder *(Haiguo wenjianlu)*. Die Angaben in dieser Schrift basierten auf Mitteilungen von Kauf- und Seeleuten und Berichten des Vaters von Chen. Der kurze Abschnitt über Europa *(Da xi yang* = Großer Westlicher Ozean) endet mit dem folgenden Überblick: »Rothaarige ist der Sammelname für alle Barbaren des Nordwestens. Sie haben blondes Barthaar und rotbraunes Haar. Sie tragen blaue, aus Filz gerollte Hüte, kurze Gewänder und Ärmel, enge Socken

▶[42] Zitiert von Kuo Heng-yü: a. a. O., S. 23. ▶[43] Ebenda, a. a. O., S. 24 f.

sowie Lederschuhe mit hoher Hintersohle (= Absatz). Sie sind den nach Peking kommenden Russen ziemlich ähnlich. Sie haben hohe Nasenrücken und grünblaue Augen, manchmal ähnlich wie in China. Sie sind groß von Statur, scharfsinnig und wendig. Stets ist das, was sie machen, solid und ingeniös. Sie sind vertraut mit Kanonen und erforschen die Astronomie und Geographie. Nach ihrem Brauch nehmen sie keine Konkubinen. Die Sprache eines jeden Landes ist verschieden, und das Hutabnehmen Sitte. Unter den Verehrern des Himmelsherrn sind Kastilien *(Gansila)*, Spanien *(Shibanya)*, Portugal *(Putaoya)* und Deutschland *(Huangqi)* die hervorragendsten. Die katholische Konfession für falsch hält nur das eine Land England *(Yingguili)*. Man erzeugt gediegenes Silber, voll-breiten Wollstoff, feinen satinartigen Wollstoff, Beige, Fensterglas und dergleichen.«[44]

Bereits 1433 war die chinesische Übersee-Schiffahrt zu den »Barbaren« in Arabien und Afrika eingestellt worden. Über die Gründe wird heute noch gerätselt, weil Erklärungen wie »Sparsamkeit« und »selbstbewußte Genügsamkeit«[45] unbefriedigend sind.[46] Seit dem 15. Jahrhundert ist China nie mehr zur Offensivpolitik zurückgekehrt. Kultivieren wollte es immer nur die angrenzenden Gebiete. Als die chinesischen Beamten und Kaufleute beim Betrachten europäischer Gesichter bemerkten, daß ihnen Entdeckungen bevorstanden, begann ihr Interesse zu schwinden.

19. Jahrhundert: Gelb und Weiß

Der Steckbrief des typischen Europäers in China begann einst und beginnt heute mit der unmäßigen Behaartheit – nicht mit der hellen Haut- und Augenfarbe und nicht mit der Hochnasigkeit.[1] Doch heute ist der Wildwuchs am westlichen

[44] Wiedergegeben in: Hartmut Walravens: a.a.O., S. 29–31. [45] Vgl. Walter Schulz-Heidorf: a.a.O., S.19f. [46] Vgl. Thomas O. Höllmann: Wo der Himmel endet. Vom Umgang mit fremden Ländern, Völkern und Kulturen im chinesischen Kaiserreich. In: Gerhard Bott (Hrsg.): Focus Behaim Globus. Nürnberg 1992, S. 414.

[1] Die Darstellung in diesem Kapitel bezieht sich insbesondere auf die folgenden Quellenwerke und Monographien (in alphabetischer Reihenfolge der

Körper nicht mehr derselbe wie zu Zeiten, in denen der Abendländer noch als Bittsteller aufgekreuzt war. In der Mitte des 19. Jahrhunderts, als die europäischen Mächte China kujonierten, begann man den haarigen Barbaren neu wahrzunehmen. Bis dahin hatte ein abgeblendeter, nach innen gerichteter, allwissender Blick das fremde Ungetüm durchschaut (und übersehen); fortan nahm man es gezielt in Augenschein. Das Europäerbild selbst änderte sich dabei nicht wesentlich, löste sich aber von seinem angestammten Platz im chinesischen Panoptikum und erhielt eine eigenständige und vorrangige Präsenz. Man sollte daher besser von der Gestaltwerdung als vom Gestaltwandel des Europäers in der Zeit der Opiumkriege sprechen.

In den Straßen der chinesischen Städte wimmelte es von Friseuren, die alle Gesichtsritzen einschließlich der Nasen, Ohren und Augenlider rasierten und älteren Männern Schnurrbärte und Kinnbärte stutzten. Männer und Frauen, Alte und Junge wußten, welche Körperteile sie jeweils regelmäßig zu enthaaren hatten beziehungsweise mit Haar in bestimmter Länge schmücken durften. Auf welche Weise die Völker ihren Haarwuchs bändigten, galt in China als bewährtes Kultiviertheitsmaß.

Europäer waren nach diesem Maß zweifach stigmatisiert. Ihnen wuchs das Haar unmenschlich schnell und dicht und sogar auf Schienbeinen, Brustkasten und Rücken. Sie standen daher von vornherein im fahlen Licht enger Verwandtschaft mit

Autoren): Wolfgang *Bauer:* China und die Hoffnung auf Glück. Paradiese, Utopien, Idealvorstellungen in der Geistesgeschichte Chinas. München 1974; Fritz van *Briessen:* Shanghai-Bildzeitung 1884–1898. Eine Illustrierte aus dem China des ausgehenden 19. Jahrhunderts. Zürich 1977; Jerome *Ch'en:* China and the West. Society and Culture 1815–1937. London 1979; André *Chih:* L'occident »chrétien« vu par les Chinois vers la fin du XIXe siècle (1870 bis 1900). Paris 1962; Frank *Dikötter:* The Discourse of Race in Modern China. Stanford, Calif., 1992; Wolfgang *Franke:* China und das Abendland. Göttingen 1962; Paul *Hoebel:* Der Chinese im Kampf. Berlin 1902; Immanuel C. Y. *Hsü:* China's Entrance into the Family of Nations. The Diplomatic Phase 1858–1880. Cambridge, Mass., 1960; *Kuo* Heng-yü: China und die »Barbaren«. Eine geistesgeschichtliche Standortbestimmung. Pfullingen 1967; Pierre *Leroy-Beaulieu:* Die chinesische Frage. Leipzig 1900; André *Lévy:* Nouvelles lettres édifiantes et curieuses d'Extrême-Occident par des voyageurs lettrés chinois à la Belle Epoque. Paris 1986; Franz *Schurmann*/Orville *Schell* (Eds.): Imperial China. The Decline of the Last Dynasty and the Origins of Modern China. The 18th and 19th Centuries. New York 1967; Arthur H. *Smith:* Chinese Characteristics. London/Edinburgh 1894; Hartmut *Walravens:* Die Deutschland-Kenntnisse der Chinesen (bis 1870). Dissertation. Köln 1972.

bösen, rothaarigen Geistern. Daß sie es meist sprießen ließen, wie es sprießen mochte, überführte sie zudem sittlicher Verstocktheit. Sie »Teufel« zu nennen, war nicht Ausdruck blinder Fremdenfurcht im einfachen Volk, denn sie sahen tatsächlich wie Teufel aus.

Möglicherweise hatten die Europäer ihre feuerroten Haare bekommen, weil sie täglich in kaltem Wasser badeten, und möglicherweise würden diese Haare schwarz werden, wenn sich ihre Besitzer lange genug in China aufhielten.[2] Aber die Europäer verpaßten starrsinnig alle Gelegenheiten zur Besserung. Trotz der Kenntnis chinesischer Sitten blieb ihre Haar- und Barttracht regellos. Xu Jihu, der Gouverneur der Provinz Fujian, schrieb in einem weitverbreiteten, 1848 erstmals veröffentlichten geographischen Werk, daß manchen von ihnen das Haar bis in die Schläfen reiche oder sich sogar über die Wangen schlängele. Einige, Alte wie Junge, trügen einen gekräuselten Backenbart und langes Haupthaar, andere schnitten es kurz und trennten Backenbart und Schnurrbart wie die Chinesen.[3]

In der zweiten Hälfte des 19. Jahrhunderts lieferten chinesische Reisende für das neugierig gewordene heimische Publikum ausführliche Berichte über den barbarischen Haarwuchs. Man entdeckte, daß nicht alle europäischen Köpfe gelblich-rötlich bewachsen waren. In einigen Ländern des Fernen Westens lebten auch Leute mit braunen oder dunklen Haaren. Einige Beobachter erkannten in Europa Ansätze zu einem Brauchtum der Haarpflege, etwa die Neigung (ausgerechnet) älterer Männer, die Kinn- und Schnurrbärte zu stutzen. Zugleich spottete es jeder möglichen Gesittung, daß sich junge verheiratete Franzosen Schnurrbärte zulegten und viele Französinnen über der Oberlippe und am Kinn behaart waren.[4]

Am Ende des Jahrhunderts, nach sorgfältiger Inspektion des Abendlands, zeigte sich, daß die Chinesen ihre abgründige Europäerdeutung nicht zu revidieren hatten und diese Deutung sich zugleich mit aufrichtiger Bewunderung paarte. Mitglieder chinesischer Delegationen in europäischen Hauptstädten sangen Hymnen auf die »duftige Haarpracht«, die »Locken und Ondulierungen«, »das tiefe Gelb« und die »weitausladenden Frisuren« westlicher Damen. Außer Frage stand indes, daß die Abend-

▶[2] Vgl. Frank Dikötter: a.a.O., S. 54; vgl. Jerome Ch'en: a.a.O., S. 66.
▶[3] Frank Dikötter: a.a.O., S. 46. ▶[4] Frank Dikötter: a.a.O., S. 46; André Chih: a.a.O., S.179.

länder weniger zivilisiert waren als die Chinesen, weil sie mehr Haare hatten als letztere. (Auch der spätere Staatsmann Sun Zhongshan traf als Doktor der Medizin diese Feststellung.[5]) Ein Chinese, der seinen Vetter 1899 in Australien besuchte, fand beim Anblick des buschigen, fast das ganze Gesicht bedeckenden Haarwuchses der Westmenschen die Vermutung einer Verwandtschaft mit den Affen bestätigt.[6] Und die feindlichen europäischen Soldaten erschienen den Chinesen des ausgehenden 19. Jahrhunderts wie ihren Vorfahren als »zottige aschäugige weiße Männer«.[7]

Durch die Niederlagen von 1842 und 1860 gegen Soldaten, »die siebentausend Li entfernt wohnen«, verlor die Manzhou-Dynastie, somit ganz China, das Gesicht. Etwas Unvorstellbares ereignete sich: Das »größte Land auf der Erdkugel« beugte sich kleinen Erdrandvölkern. Die Regierung mußte Häfen öffnen, Gebiete abtreten, Tributzahlungen leisten und »Vergeltungsmaßnahmen« wie das Niederbrennen des kaiserlichen Sommerpalastes dulden. Als auf der Welt derart das Unterste zuoberst gekehrt wurde, hefteten die Hofgelehrten zum erstenmal den Blick auf die Europäer, die Exekutoren eines fremden Willens. Von nun an war die chinesische Wahrnehmung ihrer selbst nicht mehr sicher, und eben dies wurde als tiefste Demütigung erfahren. In dem 1860 unterzeichneten Vertrag von Tianjin verpflichtete sich die chinesische Seite, das auch in offiziellen Dokumenten gebrauchte »Barbaren«-Schriftzeichen durch das Schriftzeichen für »Fremde« zu ersetzen.[8] Der chinesischen Zivilisation widerfuhr die Katastrophe ihrer Relativierung. Um das Geschehene zu begreifen, war sie gezwungen, es aus anderer Perspektive als der eigenen zu betrachten.

Auf der neuen, unbekannten Erde mußte China seinen Platz erst finden. Während des ersten Opiumkrieges befahl Kaiser Daoguang, englische Gefangene zu fragen, in welchem Verhältnis der Ferne Westen zum Nahen Westen stand: »Wie weit ist der Seeweg von England nach China?... Durch wie viele Staaten führt der Weg?... Hat Kaschmir Kontakte mit England? Warum kommen die Engländer diesmal nach Chekiang?... Kommen sie unter Druck oder um Bezahlung?... Wie groß

▶[5] André Chih: a.a.O., S.15. Der im Westen als Sun Yat-sen bekannte Politiker nannte sich in China Sun Zhongshan oder Sun Yixian oder Sun Wen.
▶[6] André Chih: a.a.O., S.178. ▶[7] Frank Dikötter: a.a.O., S.84. ▶[8] Vgl. Arthur H. Smith: a.a.O., S.98.

ist die Fläche des Landes eigentlich? Wie viele Vasallen hat es? Wie viele sind so stark, daß sie nicht unter der Kontrolle Englands stehen? Gibt es einen Landweg von England zu den Stämmen Sinkiangs? Haben sie miteinander Kontakte? Grenzt England an Rußland oder nicht? Unterhalten sie miteinander Handelsbeziehungen?«[9]

Wer solche Fragen stellte, war nicht mehr weit davon entfernt, die Konstellation aller Länder der Erde mit Hilfe immer derselben, abstrakten Längen- und Breitenmaße zu bestimmen. Der Kaiser ließ die Lage Englands, Frankreichs, Preußens und der Vereinigten Staaten erkunden, um zu ermessen, in welche Lage China geraten war. Dieses unsägliche Beginnen wurde erst benennbar, als man eine politische Strategie formulierte: Wir müssen den Westen kennenlernen, um ihm gewachsen zu sein und seine weitere Expansion zu verhindern. Gelehrten in Peking fiel plötzlich auf, daß China schon lange Zeit der Gegenstand westlichen Forschungseifers gewesen war, während noch kein einziger Chinese seine Aufmerksamkeit auf die Länder in Übersee gerichtet hatte. Sie begannen, Zeitungen und Bücher aus Europa und Nordamerika zu übersetzen, und hofften auf diese Weise, Hinweise zur Verbesserung der Küstenverteidigung zu erhalten. Einzugestehen, daß man bereit war, vom Feind zu lernen, verletzte den chinesischen Stolz aber so sehr, daß einige Gelehrte auf die Theorie verfielen, alle westlichen Wissenschaften, die Idee der Gleichheit und selbst das Christentum stammten ursprünglich aus China und gelangten nun über die abendländischen Nutznießer nach China zurück – »wie eine verheiratete Tochter, die ihre Eltern besucht«.[10]

Dieses tröstlichen Arguments bediente sich auch die »Selbststärkungsbewegung« am Ende des 19. Jahrhunderts. Ihre Anhänger verordneten dem Kaiserreich eine Radikalkur nach japanischem Vorbild. Sie wollten Schulen, Zeitungsverlage und Bibliotheken eröffnen, die heimischen Bodenschätze erschließen, eine moderne Armee aufbauen, die Städte industrialisieren und ein Parlament wählen lassen. Einer ihrer führenden Köpfe, Kang Youwei, entdeckte »Konfuzius als Reformer«, hatte großen Anteil an der »Reform der Hundert Tage« im Jahr 1898 und gründete in Peking und vielen Provinzen »Wissenschaftliche Gesellschaften«, mit dem Ziel, die Chinesen für den Kampf um

▶[9] Kuo Heng-yü: a.a.O., S. 42. ▶[10] Ebenda, S. 33 f., 37 und 73 f.

die Erhaltung der eigenen Kultur, Nation und Rasse zu ertüchtigen. Aber die starke Hofpartei der konservativen Beamten und Gelehrten verstand recht gut, daß bei der Verfolgung solch hoher Ziele die schützenswerte »Substanz« des Reichs der europäischen Zweckrationalität zum Opfer fallen würde. Vom Westen habe man gar nichts zu übernehmen, erklärten die Konservativen, außer käuflichen Anleitungen für Schiffs- und Waffenbau.

Doch welche Partei auch jeweils die Oberhand behielt – kurzfristig die Reaktionäre, langfristig die Revolutionäre –, das alte chinesische Prinzip, Außenpolitik als Innenpolitik zu betreiben, hatte keine Gültigkeit mehr. Nachdem die »aufrührerischen« Westmächte China darüber belehrt hatten, daß es nicht mehr Herr seiner selbst war, hegten die chinesischen Eliten, gleich welcher Gesinnung, erstmals bestimmte Absichten gegenüber der Außenwelt: die dreisten Fremden wieder in ihre Schranken am Rand der Welt zu verweisen und die Erdenmitte wiederherzustellen. Chinesische Kundschafter suchten in Übersee in Erfahrung zu bringen, wie dies zu bewerkstelligen war, und studierten die Abendländer. Was bekamen sie zu sehen?

Sie machten die Entdeckung, daß nicht alle Abendländer helle Augen hatten. Wer furchtlos in ihre Sehlöcher blickte, konnte dort außer Grün und Blau auch Braun, Rosa und Schwarz erkennen. Das Geheimnis dieser Variabilität mußte darin bestehen, daß die Leute aus Europa über alle Erdteile verstreut oder selbst bereits unterschiedlicher Herkunft waren. Xu Jihu berichtete in seiner Weltkunde von Ausländern, deren Haare und Augen nach längerem Aufenthalt in China ihre Farbe verändert hatten. Auch die Gesichtszüge von Fremden in China mochten mit der Zeit denen des Gastvolks gleichen; doch die Behaartheit, Bleichheit, Größe und Hochnasigkeit der Abendländer trennte sie auf Dauer von den Asiaten.[11]

Die Europäer trugen unförmige Köpfe, »groß wie Eimer«, deren starke Behaarung die Nähe zu gewissen Stämmen des Tierreichs signalisierte. Manche Chinesen erinnerte die Art, wie die Europäer sich bewegten, an die ungebändigte Kraft und die Geschmeidigkeit von Raubtieren. Andere wurden vom fahlen Teint, dem Kopfrucken und dem »eckigen Gang« der Fremden abgestoßen. Solche Geschöpfe erschienen ihnen wie

[11] Frank Dikötter: a.a.O., S. 46 und 49; Franz Schurmann/Orville Schell (Eds.): a.a.O., S. 124 f.

flüchtig konstruierte und überhastet zusammengesetzte Maschinenexistenzen.

Der Chinese, den es 1899 nach Australien verschlug, beschrieb die Europäer dieses Kontinents als »reglose Buddhas«. »Ihre Hände, ihr Kopf, sogar ihre Lippen bleiben unbeweglich. Was ist der Grund dieser Unbeweglichkeit? Mein Cousin sagt mir, sie entstehe dadurch, daß sie ihre ganze Kraft darauf verwenden, Geld zu verdienen.«[12]

Widersprüchliche Empfindungen weckten die europäischen Frauen. Der Australienreisende machte Unterschiede zwischen schönen und häßlichen Europäerinnen, hielt sie aber allesamt für Wesen ohne Anmut. Er fragte sich, welche abseitigen Neigungen die Männer des Westens dazu brachten, Frauen mit Wespentaillen zu bewundern. »Unter den Frauen, die ich auf der Straße gesehen habe, gab es eine oder zwei, die mir schön und fett erschienen, aber alle anderen schienen halb verhungert«, notierte er. Die Entkräftung hielt die Frauen und Mädchen indes nicht davon ab, den chinesischen Besucher »ungeniert und grob« anzustarren, so daß dieser sich verlegen abwenden mußte.[13] Europareisenden erschien es befremdlich, daß Frauen in der Öffentlichkeit versuchten, körperlich attraktiver zu sein als die Männer. »Selbst Witwen im weißen Haar tun alles, um sich für einen Partner anziehend erscheinen zu lassen.«[14] Schamlos stellten sie ihre groben Reize zur Schau – den Mann aus China schreckten ihre Oberlippenhaare und ihr »beißender Körpergeruch«.[15]

Andere Chinesen wie der Diplomat Zhang Deyi zeigten sich überrascht von der Attraktivität europäischer Frauen, deren Haut leuchtete, »als hätten sie ein Bad in Bleiweiß genommen«.[16] Der Literat Wang Tao rühmte die »schneeweiße Haut« und die »blühenden Gesichter« der Tänzerinnen und Schauspielerinnen, die trotz ihrer Lederstiefel den Reiz einer zerbrechlichen Anmut bewahrten. »Es gibt bei den Frauen der Länder des Westens eine natürliche strahlende Schönheit, einen Glanz und eine Feinheit des Teints und des Haupthaars, daß man sie, von ferne betrachtet, für Göttinnen oder unsterbliche Wesen halten könnte... Ihre hellen Pupillen haben die Reinheit von Herbstwasser, ihre Finger die Feinheit von jungen Sprossen. Ihre Jadeknochen und ihre spiegelnde Haut sind von

▶[12] André Chih: a.a.O., S.179. ▶[13] Ebenda, S.187. ▶[14] André Lévy: a.a.O., S.122f. ▶[15] Jerome Ch'en: a.a.O., S.71. ▶[16] André Lévy: a.a.O., S.95.

unvergleichlicher Reinheit.«[17] Das aschfahle Gesicht des Fernen Westens verschwand bisweilen hinter einem blendend weißen Antlitz.

Blenden ließen sich die chinesischen Forschungsreisenden jedoch nicht. Sie erkannten bald, daß die Beziehungen zwischen Männern und Frauen (Eltern und Kindern, Herrscher und Untertanen) im Abendland pervertiert waren. Diese Welt stand kopf. Zwar behandelte man hier die Frauen wie Puppen, doch zugleich genossen sie höhere Wertschätzung als die Männer. Die Formel: Männer und Frauen sind gleich, bedeutete in der Praxis, daß die Männer den Frauen huldigen mußten. Die Frauen lenkten und befahlen, die Männer gehorchten. Auf der Straße trugen die Männer den Frauen das Gepäck, und niemand verspottete sie. Zwar hatten sie die wichtigsten Positionen inne und verdienten mehr Geld, aber die Frauen dominierten im Haus und bei gesellschaftlichen Anlässen. Die Mädchen lernten schreiben, zeichnen, rechnen, vermessen und Karten lesen und kannten die Anordnung der Berge und Meere. Mit einundzwanzig wählten sie ihre Partner nach Gusto und durften sich sogar jeweils mit mehreren Männern einrichten, während die Ehemänner keine offiziellen Konkubinen haben durften. (Das galt selbst für den Monarchen.) Wenn ein Mann seiner Frau untersagte, allein auszugehen, konnte er vor Gericht gebracht und ins Gefängnis geworfen werden. »Die Französinnen sind versessen auf ihre Freiheit«, schrieb Kang Youwei um die Jahrhundertwende in das Tagebuch seiner Europareise, »und die meisten Frauen wollen keine Kinder haben. Wenn sie unglücklicherweise schwanger geworden sind, greifen sie zur Abtreibung. So nimmt die Bevölkerung immer mehr ab... In den Vereinigten Staaten ist es noch schlimmer... Die Frauen wollen keine Kinder haben.« Und warum nicht? »Weil die Bindung zwischen Eltern und Kindern zu schwach ist... Die Kinder sind unabhängig. Mit zwanzig heiraten sie und sind frei.«[18]

In der Einschätzung der abendländischen Verhältnisse stimmten die chinesischen Westexperten fast völlig überein. In der schlichten Frage, wie die Abendländer aussahen und rochen, waren sie sich uneins. Unter Chinesen, die mit europäischen Matrosen, Kaufleuten und Soldaten Kontakt gehabt hatten, galt es als ausgemacht, daß diese das Badewasser scheuten und widerlich stanken. In den Opiumkriegen habe ein »Geruch von

▶[17] André Lévy: a.a.O., S.138f. ▶[18] Zitiert von André Chih: a.a.O., S.190.

verrottetem Fisch« schon auf große Distanz die Annäherung europäischer Truppen angekündigt, sagte man. Chinesische Damen hielten sich bei der Begegnung mit Europäern gewöhnlich Taschentücher vor die Nase. Noch 1861 wurde in einer antichristlichen Schrift der penetrante Geruch des Fernen Westens damit erklärt, daß die Abendländer das Menstruationsblut ihrer Frauen tränken, weil sie es für ein kostbares, von Gott gegebenes Geschenk hielten.[19]

Doch der gelehrte Xu Jiyu, der häufig mit Amerikanern zusammenkam, teilte schon 1848 seinen Landsleuten mit, daß die Leute aus Übersee jeden Tag zu baden pflegten. Andere berichteten erstaunt von strengen Hygienevorschriften in Europa: Die Einheimischen spuckten in einen dafür bereitstehenden Napf und benutzten Wasserklosetts. Zwischen Frühstück und Abendessen wechselten Männer, Frauen und Kinder die Kleider, spülten sich den Mund und wüschen sich das Gesicht. Schlürfen, Schmatzen, Rachengeräusche und Rülpsen während des Essens seien verpönt. Und die Reinlichkeit dringe sogar aus den Türen der Häuser. »Welche Sauberkeit in den Straßen!« rief Wang Tao aus, als er London besuchte.[20]

Der Blick der Chinesen im Abendland war unbestechlich, denn er wählte sich seine Objekte selbst. So entging ihm nicht, daß die europäische Reinigungsroutine eine Spielart der Sittenlosigkeit war. Beispielsweise war es von großer Bedeutung, was mit bedrucktem Papier geschah. »In China legt man den größten Wert auf Papier, das Schrift trägt. Überall mahnt man die Menschen, es mit Ehrfurcht zu behandeln. Im Fernen Westen ist es ein völlig gemeines Objekt, das gewöhnlich benutzt wird, um sich abzuwischen, wenn man ein großes Bedürfnis erledigt hat.«[21] Es gab Situationen, in denen man seine Zivilisiertheit gerade dadurch bewies, daß man die Reinigung vermied. Im Fernen Westen suchte man zwar regelmäßig eine Latrine auf, um seine Notdurft zu verrichten, aber Männer und Frauen benutzten dafür denselben Raum. Für die Morgentoilette lagen Handtücher bereit, aber meist nur ein einziges für Hände und Unterleib.[22]

Der Ferne Westen war eine paradoxe Welt. Nichts war dasjenige, was es auf den ersten Blick zu sein schien. Wer auf

▶[19] Frank Dikötter: a.a.O., S. 46–48. ▶[20] André Lévy: a.a.O., S. 105 und 167 f.; Jerome Ch'en: a.a.O., S. 66. ▶[21] André Lévy: a.a.O., S. 126. ▶[22] Ebenda, S. 126.

plumpe und törichte Menschen vorbereitet war, traf auf bewegliche und kluge. Wen die technischen Wunder des Westens in Bann schlugen, verstand am Ende, daß sie Blendwerk waren: nichtswürdigen Zwecken dienten. Auf gebildete Chinesen machten Europäer einen »schläfrigen Eindruck«, doch waren sie hellwach wie Bestien auf dem Sprung. Wie andere Barbaren erwiesen sie sich als jähzornig, unhöflich, starrsinnig, stolz und kriegerisch.[23] Doch sie nahmen Beleidigungen ernst, so daß man, wie Yuan Zuzhi berichtete, »den ganzen Tag auf den Straßen keine Zwischenfälle, Schlägereien, Balgereien oder Gekeife vernimmt. Wenn man beleidigt wird, erhebt man Klage... Man spricht mit den Gastgebern über das Wetter und nie über schmutzige Dinge. Unanständige Reden erregen so großen Anstoß, daß manche aufstehen und, ohne einen anzusehen, davongehen.«[24]

Menschen aus entfernten Gegenden, die nach Europa kamen, wurden liebenswürdig aufgenommen. Unter Freunden und Fremden vermied man strenge Mienen und harsche Worte. Eltern und Lehrer behandelten die Kinder gewöhnlich mit großer Milde. »Die Künste machen ständig Fortschritte«, urteilte Wang Tao Ende der sechziger Jahre über England, »und das Land zählt nur wenige Müßiggänger und Faulenzer. Das Erstaunlichste ist die Höflichkeit und Ehrlichkeit der meisten Menschen.«[25]

War Europa somit wider Erwarten doch ein Beispiel für die enge Beziehung zwischen Sittenstrenge und nationaler Stärke? Nicht für jene Gesandten, die viele Jahre in Europa verweilten. Nach dem ersten Opiumkrieg waren die Chinesen noch überrascht gewesen zu hören, daß die überseeischen Barbaren Familiennamen hatten und zwischen Vater und Bruder und Frau und Schwester unterschieden. Doch dann zeigte es sich, daß die europäischen Sprachen ungeeignet waren, die Verwandten der Mutter und die des Vaters auseinanderzuhalten.[26] Die Milde gegen die Kinder war mit Gleichgültigkeit verschwistert. Das hatte zur Folge, daß viele Söhne und Töchter nur an sich selber dachten und ihre alten Eltern vernachlässigten.

Ein anderes Beispiel. Man hatte die Fremden für verschlagen und treulos gehalten, bis chinesische Kundschafter meldeten, daß die Europäer immer die Wahrheit sagten, »außer beim

[23] André Chih: a.a.O., S.177f. und 191. [24] André Lévy: a.a.O., S.109. [25] Ebenda, S.174. [26] Wolfgang Franke: a.a.O., S.85.

Pferderennen«, und die Treue hoch in Ehren hielten. »Das Volk von Europa sagt ja, wenn es ja meint, und sagt nein, wenn es nein meint.«[27] Leider machten die Europäer gerade durch ihre Aufrichtigkeit schmerzlich bewußt, daß sie keine Etikette hatten, keine Ordnung im Tun und Lassen, in der man politische Gegensätze hätte auffangen können. Mit ihrer Aufrichtigkeit zeigten sie China mehr Verachtung, als wenn sie ihre Pläne verschleiert hätten.

Und der industrielle Fortschritt des Westens? Zeugte er nicht von gemeinschaftlicher Disziplin? Gewiß, doch er gründete nicht auf dem Studium der Weisheitslehren, sondern auf deren Mißachtung. Eitlen, ja kindischen Absichten folgend, entlarvten sich die westlichen Ingenieure als Taschenspieler und die Befehlshaber westlicher Armeen ungeachtet ihrer weittragenden Waffen als Papiertiger.[28]

Nach Überzeugung der chinesischen Führung befand sich der Ferne Westen noch auf einer niedrigen Stufe der Zivilisation. Dennoch hatte er seit dem Abschluß der schmählichen »ungleichen Verträge« von 1843 einen festen Platz in der chinesischen Selbstwahrnehmung. Wenn die kaiserlichen Beamten über innere Angelegenheiten berieten, nahmen sie nun stets auch Maß an den Verhältnissen in Europa und Nordamerika. China definierte sich gegenüber dem Abendland auf zweifache Weise: durch Abgrenzung (Vergewisserung extremer Gegensätze) und durch Hervorhebung gewisser Entsprechungen und Gemeinsamkeiten. Diese Strategien widersprachen und ergänzten sich.

Konnte man China und Europa enger aneinander binden als durch den Nachweis, daß sie füreinander jeweils das gänzlich Andere waren? Die chinesischen Kenner beider Welten wußten zwar, daß es übertrieben erscheinen mochte, das Leben in Europa als den denkbar größten Kontrast zum Leben in China darzustellen. Einige Berichterstatter leiteten ihre Ost-West-Vergleiche sogar mit der Bemerkung ein, daß beide Erdteile in mancher Hinsicht gar nicht so weit auseinanderlägen. Doch wenn sie dann die Tatsachen sprechen ließen, erstand Europa als grotesk verkehrte Welt. Sie präsentierten Menschen, die starrsinnig, wie von Dämonen getrieben, alles völlig anders machten, als man es in China machte. Schwarz und Weiß –

▶[27] André Chih: a.a.O., S. 205 und 212. ▶[28] Vgl. Pierre Leroy-Beaulieu: a.a.O., S. 75.

warum war in China Weiß die Farbe der Trauer und in Europa ausgerechnet Schwarz? Vorher und Nachher — auf chinesischem Boden wusch man sich nach der Mahlzeit die Hände, also machte man es im Fernen Westen umgekehrt.

Yuan Zuzhi, Chronist einer chinesischen Delegation, sammelte frappierende Beweise dafür, daß die Europäer Chinas Antipoden waren, und beendete die Aufzählung der Gegensätze mit der Versicherung, sie lasse sich endlos fortsetzen. So wie China und der Ferne Westen in bezug auf Klima und Bodenbeschaffenheit Gegenpole waren, so kontrastierten sie hinsichtlich Kleidung, Nahrung, Regierungsform, Tischsitten, Beziehung der Geschlechter, Hygiene, Haartracht, Hausbau, Hierarchie der Farben, der Art, sich zu grüßen und Gespräche zu führen, und unzähliger anderer Angelegenheiten. Diametrale Gegensätze, wohin man blickte. »In China wäre es unhöflich, den Hut zu lüften; man rückt im Gegenteil seine Kopfbedeckung zurecht. Im Fernen Westen erfordert es der gute Ton, den Hut abzunehmen... Wenn sie mit den Fingern zählen, ziehen die Chinesen sie ein, während die Abendländer sie öffnen... Wenn die Chinesen Gemüse und Obst schälen, richten sie die Klinge des Messers nach außen; im Abendland richtet man sie auf sich.«[29]

In einer wichtigen Angelegenheit verwarfen die Chinesen jedoch das Modell der Polarisierung. Was das Kräfteverhältnis der Kontinente beziehungsweise Rassen betraf, bestimmten sie sich weder als ohnmächtig gegenüber den Westmächten noch als gleich stark. Sie gaben vielmehr einer Theorie der Ähnlichkeit den Vorzug und plazierten sich jeweils in der Nähe der Europäer.

Sie konzedierten den Europäern endgültig die Eigenschaft, *weiß* zu sein. In gewisser Weise traten sie diese Eigenschaft an die Europäer ab, ohne daß die Hautfarbe Weiß die Bedeutung von Glanz und Überlegenheit verlor. Ihr Empfinden, die Europäer seien *fahl*, unterdrückten sie dabei nicht. Mit der unvermittelten Erscheinung des Europäers assoziierten sie weiterhin Krankheit und Verfall. Chinesische Weltreisende, die auf Schiffen erstmals mit Abendländern in großer Zahl zusammentrafen, beschrieben diese auch noch am Ende des 19. Jahrhunderts als »ein Volk, das ein bleiches und helles Gesicht wie eine Leiche hat«.[30]

▶[29] André Lévy: a.a.O., S.126f. ▶[30] André Chih: a.a.O., S.178.

Als Unterscheidungsmerkmal der eigenen Art akzeptierten die Chinesen nunmehr die Farbe *Gelb*. Sie übernahmen damit eine Farbgebung der westlichen Anthropologie. Zugleich ist das *Gelbwerden* der Chinesen im 19. Jahrhundert jedoch auch ein Fall von Selbstbenennung. Als »gelb« wurde und wird in China ein vergleichsweise sehr großer Bereich des Farbenspektrums bezeichnet. Er schließt Grauweißtöne ebenso ein wie Blond und helles Braun. Gelb war eine der fünf »reinen« Farben des alten China und symbolisierte Ruhm und Fortschritt, ja sogar das Reich der Mitte selbst. (Jährliche Ablagerungen von Löß aus der Wüste Gobi färbten die Ebenen von Nordchina gelb.) Nach einer im 10. Jahrhundert dokumentierten Legende über den Ursprung der Menschheit wurden die edlen Menschen aus gelbem Schlamm erschaffen.[31] Sich selbst als »gelb« wahrzunehmen, wurde den Chinesen demnach durch die westliche Rassenfarbenlehre – zumal deren Einfluß auf Auslandschinesen – erleichtert, aber nicht auferlegt. Die Europäer machten die Chinesen »gelb«, nachdem diese die Farbe längst zur eigenen Ehrenfarbe gemacht hatten – nur war sie zunächst kein Aus- und Eingrenzungsmerkmal. Die Chinesen ihrerseits ernannten die Europäer zu »Weißen«, ohne nach deren Selbstwahrnehmung zu fragen.

Auch die Aufteilung der Menschheit in Rassen wurde den Chinesen nicht von westlichen Anthropologen eingeredet. Nachdem das chinesische Universum in Teiluniversen aufgesplittert war, deuteten die kaiserlichen Berater deren Spannungsverhältnis als das Mit- und Gegeneinander von vier beziehungsweise fünf Menschenarten. Sie folgten dabei der konfuzianischen Tradition, nach welcher der Himmelsstrich, der Charakter und das Äußere der Menschen jeweils eine unauflösbare Einheit bildeten. Vier Hauptrassen gebe es auf der Erde, erklärte der Dichtergelehrte Yan Fu: »Das Gebiet der gelben Rasse grenzt an Sibirien im Norden, reicht bis zum Südchinesischen Meer, wird begrenzt vom Pazifik und vom Kunlun-Gebirge im Westen. Die Gelben haben vorstehende Wangenknochen, eine flache Nase und glattes Haar. Die weiße Rasse wohnt westlich von den Salzseen des Urals, in dem alten Territorium, das von den Römern erobert wurde. Sie haben blaue Augen und lockiges Haar, eine vorstehende Stirn und tiefliegende Augen.«[32] Da das

▶[31] Frank Dikötter: a.a.O., S. 54–56. ▶[32] Zitiert von Frank Dikötter: a.a.O., S. 67f.

weiße Menschengeschlecht das schwarze und das braune unterworfen hatte, stand es nun im Finale der Rassenkämpfe den Gelben gegenüber.

Der Reformer Liang Qichao klassifizierte die Gelben und Weißen als »edle«, »höhere« und »feine« Rassen, die Schwarzen, Braunen und Roten als »unedle«, »niedere« und »geschichtslose«. Nach seiner Auffassung waren letztere schon infolge der Virulenz bestimmter Mikroben in Blutgefäßen und Gehirn den Weißen unterlegen. Daraus folgte: »Nur die Gelben sind nicht sehr verschieden von den Weißen.« Und der Schriftsteller Tang Caichang resümierte: »Gelbe und Weiße sind klug, Rote und Schwarze sind dumm. Gelbe und Weiße sind Herrscher, Rote und Schwarze sind Sklaven. Gelbe und Weiße sind vereint, Rote und Schwarze zerstreut.«[33]

Vereint zu sein, gemeinsam nach Harmonie zu streben, zeichnete die Angehörigen der Rasse aus, die zu guter Letzt obsiegen würde. Dieselben Weißen, die in China mit vereinten Kräften zuschlugen, waren in ihrem Heimatkontinent zerstritten und über die anderen Kontinente zerstreut. Um sie zu besiegen, bedurfte es also nur der Geduld und der Festigung der Bindungen im eigenen Menschenstamm. Chinesische Gelehrte riefen dazu auf, den Weg der Sammlung zu gehen, und machten den ostasiatischen Verwandten Avancen. Liang Qichao warb in seiner Zeitung für die Herstellung freundschaftlicher Beziehungen und den Austausch von Informationen zwischen China und Japan, dem »brüderlichen Nachbarn«. »Ostasiens Gelehrsamkeit« sollte vermittelt werden, »um Asiens Wesen *(ya cui)* zu bewahren«.[34]

In den Kampfschriften der chinesischen Reformer der Jahrhundertwende gehörten die Schlagworte »asiatische gelbe Rasse« und »weiße Rasse Europas« zum Stammvokabular. Daß sie meist paarweise gebraucht wurden, nährte die Vorstellung von einer weltbewegenden Polarität. Die Affinität von Gelb und Weiß erwies die Ebenbürtigkeit der Gegner, der Abgrund zwischen den beiden Hemisphären ihre Unversöhnlichkeit. Mittels der Dramatisierung des Rassenkonflikts hofften Reformer und Konservative die Vorherrschaft Chinas unter dem Himmel wiederherzustellen. »China« und »gelbe Rasse« waren nun nahezu Synonyme. Das in China geltende Gebot der Rassentrennung, das nicht nur Mischehen, sondern auch alle Liebschaften mit Europäern ächtete, war kein Selbstzweck.

▶ [33] Zitiert von Frank Dikötter: a.a.O., S.81f. ▶ [34] Frank Dikötter: a.a.O., S.85.

Als es nicht gelang, die Zentralstellung Chinas mit militärischen Mitteln zurückzugewinnen, entwarfen einige chinesische Gelehrte utopische Modelle einer politischen Neugestaltung der Erde. Das bedeutsamste dieser Modelle, entwickelt im »Buch der Großen Gleichheit«, sah die Aufhebung der physischen Rassenunterschiede vor. Sein Autor, der Revolutionär Kang Youwei, verfaßte das Rohmanuskript in den achtziger Jahren; die Endfassung publizierte er erst im 20. Jahrhundert.

Als Begründung des Projekts, die Welt zu einen, diente Kang Youwei aber wiederum ein Rassenargument: Die in nördlichen Breiten lebenden Menschen seien den jeweils in südlicheren Breiten Lebenden überlegen, weswegen eine Ungleichheit auch zwischen Weiß und Gelb bestehe, die es zu beseitigen gelte. Frieden auf der Welt werde nur dann einkehren, wenn das Aussehen und die körperlichen Merkmale der beiden Führungsrassen einander angeglichen würden.[35] »Die silberfarbene Rasse hat sich auf dem ganzen Erdball ausgebreitet«, schrieb er, »während die goldfarbene Rasse (die Ostasiaten), eher seßhaft, zahlenmäßig am bedeutendsten ist. Diese beiden Rassen, die weiße und die gelbe, besitzen die ganze Welt. Die Stärke der Weißen ist ohne Frage gewaltig und in ihrer Art unerreicht; auf der anderen Seite aber sind die Gelben zahlreicher und ihnen an Weisheit überlegen. Es darf als eine nahezu unfehlbare These gelten, daß man sie beide wird zu einer Einheit verschmelzen können, wenn man sie miteinander in Berührung bringt... Wenn man... über zwei oder drei Generationen Propaganda für eine Rassenvereinigung triebe und (in Asien) einen Teil der Südleute nach dem Norden und die Bergbewohner an die Flüsse und Küsten umsiedelte, dann würden noch vor Ablauf eines Jahrhunderts alle Angehörigen der gelben Rasse weiß werden... Nur die Braunen und die Schwarzen, die von den Weißen himmelweit verschieden sind, lassen sich tatsächlich schwer amalgamieren.«[36]

Kang Youwei wollte eine einheitliche weiße Weltbevölkerung züchten. Die »Große Gleichheit« sollte sich auf dem Niveau der fähigsten Rasse vollenden. Um die farbigen Stämme zu veredeln, waren Kang Youwei fast alle Mittel recht: Umsiedlungsaktionen, sexuelle Verbindungen zwischen Angehörigen weißer, weniger weißer und dunkler Völker und Zwangsernährung der

▶[35] Wolfgang Bauer: a.a.O., S. 426–430. ▶[36] Zitiert von Wolfgang Bauer: a.a.O., S. 427.

Dunkelhäutigen mit den von Weißen bevorzugten Nahrungsmitteln.[37]

Kangs Vereinigungsutopie fand in der chinesischen Reformbewegung nicht viele Anhänger. Dennoch war sie symptomatisch. Das Dilemma eines Universalreiches, das zum Spielball erstarkter Weltrandvölker geworden war, inspirierte zu Notlösungen. Die Preisgabe körperlicher Merkmale mochte der Elite des zur Weltherrschaft erwählten Volkes als angemessenes Opfer erscheinen, wenn diesem Volk, zur Menschheit erweitert, dann die Führungsrolle wieder zukommen würde. Schließlich hatte das Reich der Mitte einst alle Erdenstämme betreut, und warum sollte sich eine sinisierte Menschheit nicht die weiße Hautfarbe wählen? Endlich von Weisheit durchdrungen, wären die ehemaligen Weißen strenggenommen nicht mehr weiß – und nicht mehr wie Tiere behaart. Gleichgültig allerdings war die neue Hautfarbe der Gleichheit nicht. Schwarz und Braun kamen von vornherein nicht in Betracht. Wenn die Rassen jemals miteinander verschmelzen würden, dann zum höheren Ruhm der weißen Rasse.

Die Kernfrage chinesischer Weltpolitik im 19. (und im 20.) Jahrhundert war und blieb somit das Rätsel, was eigentlich die Überlegenheit der Weißen ausmachte. Die Hofgelehrten in Peking warteten mit vielen verschiedenen und vielfach einander ausschließenden Erklärungen auf. Alle Erklärungen indessen liefen auf die paradoxe Erkenntnis hinaus, daß China sich die überlegenen Methoden des Westens nicht gänzlich zu eigen machen konnte, weil es sonst seine eigene Überlegenheit gegenüber dem Westen verlieren würde. Weil Europas Stärke von seiner elementaren Schwäche nicht zu trennen war, konnte China Europa nicht einholen. Kang Youwei, der Menschheitsreformer, hielt sich 1902 kurze Zeit in Frankreich auf und fand die bösen Ahnungen der konfuzianischen Ahnen hinsichtlich der Weltrandvölker bestätigt. In seinem persönlichen Tagebuch findet sich die Eintragung, daß »die Franzosen, die der Gefühlsaufwallung und den Erregungen unterworfen sind, den Charakter von Barbaren haben«.[38]

Worauf also beruhte die Schlagkraft des Westens? Die Europäer haben teuflische Maschinen konstruiert, sagten manche Westexperten. Sie glauben, daß die Intelligenz im Gehirn und

▶[37] Wolfgang Bauer: a.a.O., S. 428.   ▶[38] Zitiert von André Chih: a.a.O., S. 15.

nicht im Herzen liegt, und ihre Herzen sind verschlossen.[39] Der Westen setzt auf Profit und Krieg, China dagegen auf Rechtschaffenheit, Mitmenschlichkeit und Vertrauen.[40] Sie haben Ingenieure, die durch Ausprobieren, Irren und Ändern die Maschinen, mit denen sie Minen und Kanäle graben und Waffen und Kleidung herstellen, täglich verbessern. So werden sie immer reicher und stärker.[41] Sie legen für jeden Vorgang und jede Begegnung einen Ort und einen exakten Zeitpunkt fest und halten sich daran. Alle Stunden sind im Interesse des Geldverdienens festgelegt und aufgeteilt. »Ihre Devise heißt: Zeit ist Geld!«[42]

Sie unterwerfen die Gegenwart dem Fortschritt, das heißt: der Zukunft, und legen großen Wert auf den Abstand zwischen Gegenwart und Vergangenheit, während die Chinesen die Gegenwart der Autorität des Vergangenen unterordnen. Die Europäer denken so, wie ihre Maschinen arbeiten. Ihre Erfindungen sind Kunstgriffe, die ausschließlich dem materiellen Nutzen dienen, und somit nutzlos.[43]

Andere Weltreisende hingegen brachten aus China die Erkenntnis mit, daß sich die Abendländer im Gegensatz zu den Chinesen weniger von der Vernunft als von Gefühlen leiten ließen und Feste feierten, um ihre Gefühle in Einklang zu bringen. Und sie gelangten zu dem Ergebnis, daß Reichtum und Macht der europäischen Nationen keineswegs nur auf technischem Fortschritt und militärischer Disziplin beruhten. Die Hauptquelle westlicher Stärke seien vielmehr der »Schutz des Handels« (der die Steuereinnahmen sichere) durch den Staat, die Unterstützung des Volkes für die Regierung, die Zunahme der Zahl der Gebildeten durch den Bau neuer Schulen und die Arbeit der Parlamente.[44]

Doch wie auch immer – die stetige Vervollkommnung der Maschinerie des Westens erschien den Chinesen als fauler oder böser Zauber. Das wachsende Machtpotential des Westens hatte kein anderes Maß als die Macht selbst. Man konnte sich auf die Worte der Weißen verlassen, und dennoch trogen diese Worte. Die Weißen handelten ebenso berechnend wie ungestüm.[45] Sie blieben Randgänger, Menschen ohne Mitte.

▶[39] André Chih: a.a.O., S.14f. ▶[40] Kuo Heng-yü: a.a.O., S. 87. ▶[41] Franz Schurmann/Orville Schell (Eds.): a.a.O., S.126. ▶[42] André Chih: a.a.O., S.205. ▶[43] Vgl. Arthur H. Smith: a.a.O., S.103f. ▶[44] André Lévy: a.a.O., S.108f. und 188f. ▶[45] Vgl. André Chih: a.a.O., S. 52–54.

Zu Beginn des 19. Jahrhunderts glaubten die Chinesen in den Europäern noch Geister zu erkennen. Gegen Ende des Jahrhunderts waren sie gezwungen einzusehen, daß die Europäer etwas anderes als Geister waren, ohne wirkliche Menschen zu sein. Daß sie am ganzen Körper behaart waren und ihre Zivilisation *materiell* war, hing auf eine unbekannte, furchterregende Weise miteinander zusammen. Mit diesem Fazit, das alle Fragen offenließ, endete die chinesische Erkundung des Abendlands.

20. Jahrhundert: Die paradoxen Körper

Wie steht ihr zu uns? Liebt ihr uns, haßt ihr uns? Seid ihr dankbar für die Fortschrittshilfe? fragen selbstzweiflerische Weiße die farbigen Völker, zu denen auch die Chinesen gehören. Und diese bleiben eine klare Antwort schuldig. Was die im Westen vernehmbaren Urteile der Chinesen betrifft, wäre es gut zu wissen, ob sie lediglich die Fragen und Maßstäbe des Westens zurückweisen oder auch wiedergeben, was die Befragten wirklich denken. Und ob man beides noch auseinanderhalten kann.[1]

[1] Für dieses Kapitel wurden insbesondere die folgenden Quellenwerke und Monographien ausgewertet (in alphabetischer Reihenfolge der Autoren): Helga und Jürgen *Bertram:* Im Reich der roten Kaiser. Als Korrespondent in China. München 1994; Klaus *Birk:* Totale Verwestlichung: eine chinesische Kulturdebatte der dreißiger Jahre. Bochum 1991; Dennis *Bloodworth:* Chinesenspiegel. 3000 Jahre Reich der Mitte. Wien 1967; Jerome *Ch'en:* China and the West. Society and Culture 1815–1937. London 1979; Frank *Dikötter:* The Discourse of Race in Modern China. Stanford, Calif., 1992; Adriaan van *Dis:* Ein Barbar in China. Eine Reise durch Zentralasien. Köln 1993; Duo *Duo:* Der Mann im Käfig. China, wie es wirklich ist. Freiburg 1990; Wolfgang *Franke:* China und das Abendland. Göttingen 1962; Uli *Franz:* Gebrauchsanweisung für China. München 1987; Thaddäus *Hang:* Grundzüge des chinesischen Volkscharakters. Würzburg 1964; Stefan *Heep:* Delhi – Peking. Tagebuch eines Streifzuges durch Asien. Frankfurt am Main 1993; *Hwang* Shen-chang: Das Deutschlandbild der Chinesen. In: Rüdiger Machetzki (Hrsg.): Deutsch-chinesische Beziehungen. Ein Handbuch. Hamburg 1982. S. 13–24; Marjorie H. *Klein*/Milton H. *Miller*/A. A. *Alexander:* The american experience of the chinese student: on being normal in an abnormal world. In: Arthur Kleinman/Lin Tsung-yi (Eds.): Normal and Abnormal Behavior in Chinese Culture. Dordrecht (Niederlande) 1981, S. 311–330; Nicholas D.

Vielleicht wissen es die Chinesen selbst nicht mehr. Ihre Kultur war nicht dafür geschaffen, nach einem anderen Maß als dem eigenen beurteilt zu werden. Sie haben von alters her eine Vorliebe für helle Hautfarben, aber verwahren sich dagegen, daß die Weißen ihrerseits die Menschheit nach Hautfarben aufteilen. Im Kampf gegen den westlichen Rassendünkel geraten sie zwar in Widerspruch zu den Ergebnissen ihres eigenen Einteilungseifers. Doch die chinesischen Anthropologen der zwanziger und dreißiger Jahre entkommen diesem Dilemma. Sie halten den Europäern zwei Thesen entgegen: Ihr seid selbst gar nicht so weiß, wie ihr zu sein glaubt. Und abgesehen davon taugt das Kriterium der Hautfarbe nicht zur Unterscheidung der menschlichen Rassen.

Chen Yinghuang, der erste Anthropologe an der Universität von Peking, beschreibt 1918 minuziös die menschlichen Rassen, »von der chinesischen und englischen bis hinunter zum Zwergensklaven und zum schwarzen Sklaven«. Er entdeckt, daß die Überzeugung der Kaukasier, weiß zu sein, einer näheren Betrachtung nicht standhält: Selbst die Haut der Nordeuropäer (der »englischen Rasse«) dunkelt unter der Tropensonne. Chen ruft auch einen japanischen Wissenschaftler zum Zeugen auf.

Kristof/Sheryl *WuDunn*: China erwacht. Düsseldorf 1995; *Kuo* Heng-yü: China und die »Barbaren«. Eine geistesgeschichtliche Standortbestimmung. Pfullingen 1967; Erna *Li*: Deutsche Frauen in China. 12 Plaudereien über deutsch-chinesische Ehen. (Berliner China-Studien. 7.) München 1984; Beate *Lutz*: Fang Lizhi und die totale Verwestlichung als Lösung für die Probleme des heutigen China. Magisterarbeit, Universität München. Vorgelegt im Oktober 1993; Karin *Meißenburg*: The Writing on the Wall. Socio-Historical Aspects of Chinese American Literature, 1900–1983. Frankfurt am Main 1987; Jürgen *Osterhammel*: China und die Weltgesellschaft. Vom 18. Jahrhundert bis in unsere Zeit. München 1989; Mark *Salzman*: Eisen und Seide. Begegnungen mit China. München 1988; Helwig *Schmidt-Glintzer*: Europa in chinesischer Sicht. In: Bernhard Mensen (Hrsg.): China, sein neues Gesicht. Nettetal 1987, S. 27–48; David *Shambaugh*: Beautiful Imperialist. China perceives America, 1972–1990. Princeton, New Jersey, 1991; *Sun* Longji: Das ummauerte Ich. Die Tiefenstruktur der chinesischen Mentalität. Leipzig 1994; Angela *Terzani*: Chinesische Jahre: 1980–1983. Hamburg 1986; Tiziano *Terzani*: Fremder unter Chinesen. Reportagen aus China. Hamburg 1984; Wei Chiao: Der Bedeutungswandel der Begriffe »Demokratie« und »Freiheit« in China. Ein kurzer Überblick bis 1949. In: Bernd Eberstein/Brunhild Staiger (Hrsg.): China. Wege in die Welt. Festschrift für Wolfgang Franke zum 80. Geburtstag. Hamburg 1992, S. 269–276; *Yuan* Zhiying: Das Deutschlandbild in der chinesischen Literatur des zwanzigsten Jahrhunderts. In: Wolfgang Kubin (Hrsg.): Mein Bild in deinem Auge. Exotismus und Moderne: Deutschland – China im 20. Jahrhundert. Darmstadt 1995, S. 245–281.

Dieser registrierte auf den Hinterteilen sogenannter Weißer dunkelbraune Einsprengsel.²

Die Gelehrten der chinesischen Republik überprüfen mit Methoden der Naturwissenschaft das europäische Selbstbild. Wenn sich Hellhäutigkeit als trügerisches und unbeständiges Merkmal erweist, dann ist, so folgern sie, die Frage der rassischen Überlegenheit wieder völlig offen. 1926 behauptet der Literaturprofessor Gong Tingzhang in seiner von der Massenpresse verbreiteten »Geschichte des Fortschritts der Menschheit und der Kultur«, daß in den Vereinigten Staaten die Haut der Schwarzen allmählich ausbleiche, während die Weißen dort eine rote Gesichtsfarbe, eine dunklere Haarfarbe, stärkere Backenknochen und wuchtige Kinnladen bekämen, das heißt, vom indianischen Geist des Kontinents affiziert würden. Gong will nicht die Rassentheorien ad absurdum führen, sondern nachweisen, daß rassische Eigenart unter der Haut steckt und draußen im Erdkreis wurzelt.³

Ein altes Kriterium der Einstufung von Menschenarten wird von der modernen Entwicklungslehre rehabilitiert: das Ausmaß der Körperbehaarung. Chinas Vorkämpfer gegen die Hegemonialansprüche des Westens berufen sich auf den Deutschen Ernst Haeckel, nach dessen Evolutionstheorie der menschliche Fötus in einem Wachstumsprozeß von sieben Monaten alle Stadien des Aufstiegs der Arten von der Amöbe über die Fische und Reptilien bis zu den Säugetieren durchläuft. Am Ende verliert der Fötus auch seine tierische Behaarung; der Körper des Menschen, des wahren Menschen, ist weit überwiegend nackt. Auf welcher Stufe die Völker mit dichtem Haarkleid stehen, bedarf keiner näheren Erörterung. Davon abgesehen droht den Höherstehenden die Regression zu früheren Entwicklungsstadien. Nur hohe Geistes- und Lebenskultur gebietet der lauernden Bestie im Menschen Einhalt.

Chinesische Rassenforscher erinnern an die im Westen kolportierte Meinung, daß die glatten Gesichtszüge und der schmächtige Körper der meisten Ostasiaten von rassischer Unreife zeugten, und verwerfen sie als Selbsttäuschung des Westens. Der Literaturprofessor Lin Yutang, Autor vielgelesener populärwissenschaftlicher Bücher, erklärt die Chinesen für kulturell alt, aber rassisch jung und weiter entwickelt als die Rasse der zerfurchten und bewachsenen Gesichter. »Die meisten chinesischen

▶ ² Frank Dikötter: a.a.O., S.136–138. ▶ ³ Ebenda, S.137.

Männer können auf die Benutzung eines Rasiermessers verzichten«, schreibt er 1935 für ein englischsprachiges Publikum. »Haare auf der Brust des Mannes sind unbekannt, und ein Schnurrbart im Gesicht einer Frau, wie er in Europa gar nicht so selten ist, wäre in China ein Unding. Glaubwürdigen medizinischen Berichten und schriftlichen Quellen zufolge ist bei chinesischen Frauen ein völlig nackter Venusberg nicht ungewöhnlich.«[4]

Vor dem Zweiten Weltkrieg hat die Karikatur des unrasierten Kapitalisten einen festen Platz auf den Agitationsplakaten chinesischer Sozialisten und Kommunisten. Starker Haarwuchs – zumal in der häßlichen gelockten oder gekräuselten Form – gilt nach chinesischer Volksmeinung aber nicht als Klassen-, sondern als Rassenmerkmal. Er stigmatisiert den westlichen Potentaten ebenso wie den westlichen Proletarier, »jenen Typ des großen stämmigen Tiers« mit »großem Kiefer, niedriger Stirn und roher Kraft« in Slums und Industrierevieren. In chinesischen Industrievierteln dagegen trifft man laut Lin Yutang einen »Typus mit intelligenten Augen, heiterem Gebaren und sehr ausgeglichenem Temperament«.[5]

Inwieweit der Versuch einer anthropologischen Ehrenrettung der »chinesischen Rasse« die Einstellung der chinesischen Führungsschicht oder der lesenden Großstadtbevölkerung zum Westen beeinflußt hat, ist nicht bekannt. Daß Chinesen und Europäer völlig verschiedenen Entwicklungslinien der Menschheit entstammen, ist ohnehin die Überzeugung jedes Chinesen, der einmal mit Europäern in Berührung gekommen ist. »Die Herzen von Ausländern schlagen anders«, sagt man höflich, um nicht beurteilen zu müssen, ob sie überhaupt richtig schlagen und zum »Herzenstausch« fähig sind.[6] Im Bewußtsein der chinesischen Massen existieren nicht Amerikaner und Engländer, Franzosen und Deutsche, Italiener und Spanier, ja nicht einmal die Russen als ehemalige kommunistische Rivalen, sondern schlicht *die* Ausländer in Gestalt von Touristen, Spezialisten, Studenten, Politikern und Geschäftsleuten.[7] Die Unvergleichlichkeit der chinesischen Welt erscheint zu keinem Zeitpunkt fragwürdig oder gar gefährdet. Sie zu beseitigen, wird von keiner Partei und auch nicht von den kühnsten Propagandisten der

▶[4] Lin Yutang: My Country and my People. New York 1935, S. 26. ▶[5] Ebenda, S. 80. ▶[6] Sun Longji: a.a.O., S. 26 und 36. ▶[7] Hwang Shen-chang: a.a.O., S. 14.

»Verwestlichung« ernsthaft angestrebt. Wenn China zögert, sich dem Welthandel ganz zu öffnen, dann nicht aus Furcht um die eigene Sonderstellung.

Fatalerweise jedoch lassen sich mit kultureller Einzigartigkeit und sublimiertem Menschentum allein nur Triumphe des Geistes erringen. Die ohne sittliche Bedenken vorgehenden Westmächte und das ihnen nacheifernde Japan verkehren Chinas Stärke in Schwäche – so lange, bis das Land mit Hilfe einer westlichen Ideologie wirtschaftlich und militärisch aufrüstet. Seine Gegenwehr orientiert sich aber an seinen Vorstellungen vom Gegner. Das chinesische Wissen von der westlichen Gesellschaft schafft den Bezugsrahmen der chinesischen Außenpolitik.

Im republikanischen und im kommunistischen China wird dieses Wissen von großen Theorien – besser: Erzählungen – gegliedert, die den aktuellen Erfahrungsstoff mit Kategorien und Wertungen *aus unterschiedlichen Strömungen des Reformkonfuzianismus* bearbeiten. In keiner Epoche des 20. Jahrhunderts, auch nicht unter der Führung der Kommunistischen Partei, hat ein bestimmtes Westverständnis deutlich Vorrangstellung erlangt. Darüber, was das Wesen der westlichen Gesellschaft und deren Stärken und Schwächen ausmacht, herrscht Uneinigkeit in Wissenschaft und Politik. Im übrigen lehrt kein Reisebericht die Chinesen, was sie erwartet, wenn sie westlichen Individuen gegenüberstehen. Auf Menschen zu treffen, die nur sich selbst darzustellen vermeinen...

Eine der einflußreichsten Erzählungen handelt von der Großen Unordnung im Abendland. Der chinesische Besucher benötigt längere Zeit, um seinen sich sträubenden Verstand davon zu überzeugen, daß die Beziehungen europäischer und amerikanischer Großstadtnomaden zu Eltern, Vorgesetzten und politischen Führern von keinem erkennbaren Sittengesetz, sondern von schnöder Berechnung bestimmt werden. Weitgereiste chinesische Literaten schildern die Städte des Westens als Schauplätze triebhafter Aktionen und Reaktionen. Was sind das für Menschen, die ihre ethischen Verpflichtungen mißachten? Sie unterhalten nur »oberflächliche« Kontakte. Sie sind nicht im Gleichgewicht und suchen ihr Heil in blindem Aktivismus. Wenig trennt den ruhelosen Einzelkämpfer vom klassischen »Barbaren« – vielleicht nur die chinesische Selbstverpflichtung, auf diesen Begriff zu verzichten. »Es mangelt ihm offensichtlich an jeglicher Philosophie, die ihn in die Lage versetzen könnte, mit der Welt, wie sie ist, im Einklang zu leben, und er ist daher bestenfalls ein geschickter Schlingel, der sich in fieberhaften Anstrengungen erschöpft, ununterbrochen irgend etwas zu ändern.«[8] Der Europakenner Gu Hongming urteilt im Jahr 1911, der Durchschnittseuropäer kenne nicht einmal seine eigene Kultur und wisse nicht, was Kultur überhaupt sei.[9]

Kennt man solche Pauschalverdikte, muten die Einzelbeobachtungen chinesischer Westreisender wie beliebig austauschbare Bestätigungen an: Die Europäer essen rohes Fleisch und verfaulten Fasan, ja sogar den aus Kuhmilch gewonnenen Käse und geräucherte Heringe – geben Gegenstände unhöflicherweise »nur mit einer Hand« weiter – öffnen Geschenke vor dem Schenkenden – sagen schamlos immer wieder »Danke schön«, um sich so ihrer Verpflichtungen zu entledigen – küssen sich in aller Öffentlichkeit – halten Haushunde in großer Zahl – geben den Kindern Kuhmilch statt Muttermilch – heißen sie schon kurz nach der Geburt im eigenen Bettchen, fern von den Eltern, schlafen und schon mit einem Jahr gehen lernen... Während man aber solche Widerwärtigkeiten noch mit Unwissenheit erklären könnte, enthüllen andere Tatbestände die Gesamtverfassung einer Gesellschaft von Egozentrikern: Frauen werden nur noch ausnahmsweise schwanger – weiße Eltern adoptieren ohne Rücksicht auf ihre Ahnenreihen farbige Kinder – harte körperliche rastlose Arbeit gilt als Selbstwert.[10]

In der Volksrepublik wird letzteres den Menschen des Westens nicht mehr angekreidet, ja häufig ist nun sogar der Tadel zu hören, Deutsche, Engländer und Amerikaner seien faul und genußsüchtig geworden. Dennoch ist körperliche Arbeit *als solche* in China auch heute noch eine eher schändliche Tätigkeit, es sei denn, sie frommt der Familie oder der Nation. Und selbst willkommene Besucher aus dem Westen haben in China viel Gelegenheit, unbemerkt ihr Gesicht zu verlieren. Beispielsweise offenbaren sie einen Mangel an »Mitmenschlichkeit«, wenn sie in der Gruppe aufbrechen und dann ihrer eigenen Wege gehen oder wenn die Vorzugsbehandlung durch die

▶[8] Dennis Bloodworth: a.a.O., S. 22. ▶[9] Gu Hong-ming: Chinas Verteidigung gegen europäische Ideen. Kritische Aufsätze. Jena 1911, S. 25. ▶[10] Vgl. Dennis Bloodworth: a.a.O., S. 23; David Shambaugh: a.a.O., S. 154f.; Erna Li: a.a.O., S. 12; Duo Duo: a.a.O., S. 120; Jerome Ch'en: a.a.O., S. 77.

chinesischen Gastgeber sie nicht zum Danken, sondern zum Mäkeln veranlaßt.[11]

Den zivilisatorischen Bankrott des mächtigen Westens bezeugen eine Reihe prominenter chinesischer Schriftsteller, die in den ersten Jahrzehnten des Jahrhunderts lernbegierig in die gelobten Länder aufbrechen und nach der Rückkehr auf fast formelhafte Weise ihre Enttäuschung bekunden: Der wissenschaftliche Fortschritt halte nicht, was er verspreche, sondern fördere die Profitgier, die Selbstsucht, die Schamlosigkeit und die militärische Angriffslust (so daß die Zivilisation letztlich doch nur in China ihre Heimstatt habe).[12]

Was die ernüchterten Europafreunde beklagen, findet sich, zeitgemäß modifiziert, Punkt für Punkt auch in den Reiseberichten chinesischer Journalisten, die in den siebziger und achtziger Jahren für längere Zeit in den Vereinigten Staaten weilten. Da irritieren die Umtriebigkeit der Menschen, die oftmals Wohnung, Arbeitsplatz und Partner wechseln, die »Betonung der Äußerlichkeiten«, die Vernachlässigung alter Menschen, die allgemeine Gewinnsucht, die seichten Beziehungen, die Auflösung der Familienbande, die wachsende Zahl wilder Ehen und Scheidungen und die Gewöhnung an Verbrechen und Drogenmißbrauch. Das hintergründige Dauerthema der Reportagen ist der Mangel an Ordnung, Gewißheit und Orientierung in der amerikanischen Gesellschaft. »Für viele Chinesen schienen die Vereinigten Staaten ein darwinistischer Dschungel zu sein. Wettbewerb und Mobilität am Arbeitsplatz und im Privatleben bestätigten diese Wahrnehmung. Die Unsicherheit des Lebens, des Arbeitsplatzes, der Beziehungen usw. erwecken Furcht vor Unordnung *(luan)* in den Herzen der chinesischen Besucher.«[13] Von der Verherrlichung der Individualität, der Wahlfreiheit und des Wettbewerbs verstehen die Chinesen vor allem die existentielle Ungewißheit im Leben des ausgesetzten Einzelnen. Im gepriesenen Pluralismus der Lebensstile erkennen sie ein Symptom des Zerfalls gesellschaftlicher Ordnung.[14]

Haltlose Menschen haben keine Scheu, ihre Zuneigung und ihren Zorn demonstrativ vorzuführen. In solcher Offenherzigkeit sehen westliche Monaden ein Allheilmittel für Beziehungsprobleme, chinesische Beobachter hingegen ein Armutszeugnis. Europäische und amerikanische Manager verzichten in Ver-

[11] Vgl. Sun Longji: a.a.O., S. 149 und 356. [12] Vgl. Jerome Ch'en: a.a.O., S. 90. [13] David Shambaugh: a.a.O., S. 156. [14] Ebenda, S. 157 und 299.

handlungen gern auf vertrauensbildende Umschweife und die Einschaltung von Vermittlern und ziehen es vor, gleich zur Sache zu kommen. Die unverblümte, ehrliche Art erleben chinesische Verhandlungspartner jedoch als »unpersönlich, gefühlskalt, verletzend und illoyal«.[15]

Bei den westlichen Handelspartnern Chinas stoßen Berichte über Wahrnehmungsdiskrepanzen heutzutage auf wachsendes Interesse. Die neue Disziplin der Interkulturellen Kommunikation arbeitet nach dem Motto *Was wir in Asien falsch machen, und wie wir es richtig machen* an der Prävention von Mißverständnissen. Offene Ohren haben die Bewohner der westlichen Welt auch für kritische Stimmen von außen, die ihnen unbefangen sagen, woran sie kranken – die Geschichte des expansiven Abendlands ist zugleich die Geschichte eines selbstquälerischen Gewissens. Seit dem 17. Jahrhundert nutzen europäische Gelehrte die ostasiatische Wahrnehmung als Projektionsfläche für Selbstzweifel und Selbsthaß. Wenn es darum geht, sich selbst zu richten, duldet die Selbstreflexion mit Universalkompetenz keinen Einspruch. Einer von vielen, der österreichische Erzähler Gerhard Amanshauser, hält in Peking unter dem Datum des 6. Juli 1987 fest: »Was mich an den Chinesen angenehm berührte, war die überlieferte Dezenz und Zurückhaltung, die sie meist auch im Gedränge bewahren, vor allem aber eine wohltuende Abwesenheit psychischer Allüren, eine frische Glätte der Gesichter, die sich so sehr von unseren verkniffenen oder erstarrten Zügen unterscheidet. Ist nicht die westliche Psyche, wie sie sich in unseren Gesichtern spiegelt, der unbrauchbarste und abstoßendste Bezirk der Erde?«[16] Nur lästig für den Selbstgerechten wäre da der Hinweis, daß gerade die öffentlichen Verkehrsmittel in China Orte rücksichtslosen Ellbogeneinsatzes sind und europäische Gesichter in China nicht zuletzt durch ihr ungezwungenes Mienenspiel beeindrucken.

Wir Europäer haben Verständnis, wenn wir hören, daß in der Vorkriegszeit chinesische Kinder auf den Straßen der Städte jeden Europäer mit dem Ruf »fremder Teufel« verfolgen und mit Steinen bewerfen: Erleiden wir selbst doch auch einmal, was wir anderen antun… Wenn wir erfahren, daß in den achtziger

▶[15] Margreet Baars: Anforderungen an deutsche Manager in China. In: *Arbeitgeber*, 46. Jg. 1994, Nr. 13/14, S. 503. ▶[16] Gerhard Amanshauser: Der Ohne-Namen-See. Chinesische Impressionen. Zürich 1988, S. 23.

Jahren die Demütigung ahnungsloser Ausländer in China eine Art Volkssport ist[17] – und noch in den neunziger Jahren Spott, Hohn und Herablassung gegenüber Fremden[18] –, fragen wir uns zunächst, ob solche Mitteilungen nicht die Früchte unserer Vorurteile sind, und deponieren sie dann, wenn sie unverdächtig erscheinen, in der Rubrik »Reaktionen auf eigene Missetaten«. Weit schwerer fällt es uns zu glauben, daß Chinesen bei unserem Anblick nicht nur Verachtung oder Beklommenheit empfinden, oder gar, daß der unmittelbare Eindruck von Menschen mit europäischen Zügen auf Chinesen entwaffnend ist.

Westliche Ausländer, die sich in China niederlassen, sind darauf gefaßt, die Rolle der weißen Exoten zu spielen, nicht aber darauf, wegen ihres Gesichtsschnitts und ihrer Statur bewundert zu werden. Zunächst wappnen sie sich gegen geringschätzige Blicke, in der Annahme, häßlicher Amerikaner, häßliche Europäerin zu sein. (Was sonst?) Nur weil sie die chinesische Sprache beherrschen und immer wieder Rufe freudigen Staunens hören, die ihrer Person gelten, akzeptieren sie schließlich, anziehend zu sein. Auf eine direkte Nachfrage hin erfährt ein amerikanischer Lehrer in der Volksrepublik: »Du siehst... interessant aus! Du hast ein ausgesprochen dreidimensionales Gesicht.« Und: »Schon allein deine große Nase wird dir alle Türen öffnen! Du hast blondes Haar, blaue Augen und bist sehr kräftig – ein Paradebeispiel für einen Ausländer!«[19] Die deutsche Frau eines chinesischen Akademikers ergänzt die Liste der Attraktionen: eine ausdrucksstarke Mimik, runde Augen, helle Haut.[20] In chinesischen Romanen des 20. Jahrhunderts finden sich viele Belege für die Verzückung der Chinesen beim Anblick hellhaariger und hochhüftiger Ausländer.[21]

Die europäische Physis übt ihre Anziehungskraft auf die Chinesen unabhängig vom wechselhaften Gang der Geschichte des Ost-West-Verhältnisses aus – übrigens auch ihre Abstoßungskraft durch Behaarung und Geruch. Weder ist der kulturell *verachtete* Europäer häßlich noch der technisch *überlegene* Europäer schön. Anziehend ist der Europäer als Europäer, auf eine Weise, die nur ihn auszeichnet. Diese schöne Physis entsteht

▶[17] Vgl. Erna Li: a.a.O., S. 316; vgl. Mark Salzman: a.a.O., S. 105.
▶[18] Nicholas D. Kristof/Sheryl WuDunn: a.a.O., S. 16. ▶[19] Mark Salzman: a.a.O., S. 52 und 226. ▶[20] Interview des Autors im April 1996 mit einer Deutschen, die elf Jahre (1979–1990) in China gelebt hat. ▶[21] Vgl. Karin Meißenburg: a.a.O., S. 140; Jerome Ch'en: a.a.O., S. 76.

aus der chinesischen Einbildungskraft und ist doch zugleich der Fremdkörper, der die Einbildungskraft erst in Gang setzt, indem er sie überrascht und sich ihr entzieht. Die Chinesen sehen die Große Unordnung des Westens, und sie sehen die europäischen Gesichter. Verwirrend an dieser Kombination ist gerade, daß sie kein Widerspruch ist (der durch Korrektur der einen oder der anderen Wahrnehmung aufgehoben werden könnte). Die Menschen des Westens entkommen der Klassifizierung ihrer Kultur.

Machen wir die Gegenprobe. Die Erzählung von der Großen Unordnung hat eine Begleiterin, mit der sie bisweilen zerstritten, bisweilen eng verbunden zu sein scheint: die Rede von der totalen Überlegenheit des Westens. Es sind patriotische Intellektuelle, die aus der Einsicht in die radikale Unterlegenheit ihres Landes den Schluß ziehen, China müsse sich radikal verwestlichen.[22] Als die Großmächte einschließlich Japan nach dem Ende des Ersten Weltkriegs die wehrlose chinesische Republik erneut bevormunden wollen, kommt es am 4. Mai 1919 in Peking zu blutigen Zusammenstößen zwischen Studenten und Militär und im ganzen Land zu Streiks und einem Boykott japanischer Waren. Die nationalrevolutionäre 4.-Mai-Bewegung ruft zur »Zertrümmerung des Ladens Konfuzius« auf. Ihre neuen Autoritäten sind »Herr Demokratie« und »Herr Wissenschaft« und einige weitere Leitfiguren der Amerikanischen und Französischen Revolution. Mit fliegenden Fahnen will man zum Westen überlaufen, um dessen Willkür endlich Einhalt zu gebieten.[23]

Zwar kann nicht jede leidenschaftliche Parole beim Wort genommen werden. Wer ankündigt, die eigene Tradition vollständig austilgen zu wollen, hat wohl im Sinn: was nicht mehr standhält. Und wer nach »totaler Verwestlichung« *(quan pan xi hua)* ruft, begehrt wohl vor allem Demokratie und Wissenschaft: was man benötigt, um standzuhalten. Doch jedenfalls erscheint die noch wenige Jahre zuvor als rein materialistisch verschriene westliche Gesellschaft nun unversehens als eine »geistige« und »wahrhaft idealistische Zivilisation«, die mittels Naturbeherrschung das größte Glück für die größte Zahl von Menschen anstrebt.[24] Der Philosoph Chen Xujing hält es anfangs der

---

[22] Vgl. Jerome Ch'en: a.a.O., S. 89. [23] Vgl. Kuo Heng-yü: a.a.O., S.130; Helwig Schmidt-Glintzer: a.a.O., S.41; Wolfgang Franke: a.a.O., S.101. [24] So der Philosoph Hu Shih im Jahr 1926. Zitiert von Wolfgang Franke: a.a.O., S.103.

dreißiger Jahre für erforderlich, auch die alltäglichen Umgangsformen, die Kleidung, das Essen, die Vergnügungen und alle anderen Gewohnheiten zu verwestlichen. Da eine Kultur unteilbar ist, kann man sie nur zur Gänze übernehmen oder vollständig ablehnen. »Die westliche Kultur ist der Trend der Weltkultur; genauer gesagt: heutzutage ist die westliche Kultur die Weltkultur... Wenn man in dieser Welt leben will, so muß man sich diesem Trend anpassen, andernfalls kann man nur mit gebundenen Händen auf den Tod warten.«[25]

Somit bleibt China nur noch die Wahl zwischen verschiedenen politischen Systemen Europas. Als Erfolgsgarant soll auch das freie und gleiche Individuum importiert werden – als Mittel, wohlgemerkt, nicht als Ziel der nationalen Modernisierung.[26]

In der Ära der realen Verwestlichung Chinas im Zeichen von Kommunismus und Weltrevolution ist die Forderung nach »totaler Verwestlichung« verpönt. (Immerhin hält der Systemkritiker Fang Lizhi unbeugsam an ihr fest.) Die Auslandsberichterstattung der staatlichen Medien erschöpft sich in Meldungen von linientreuen Ereignissen und Litaneien von der »häßlichen« und »dekadenten« Kultur des Westens. Muß man Dissident und Emigrant sein wie der Lyriker Duo Duo, um die Erfahrung zu machen, »daß die fanatische Haltung der Amerikaner zur Arbeit etwas mit ihrem Glauben und der Idee der Liebe im Christentum zu tun hat« und »die meisten Amerikaner ein sehr traditionsbewußtes Leben führen«[27]? Nein. Nachdem Präsident Nixon besondere Beziehungen zwischen der westlichen Führungsmacht und China hergestellt hat, dürfen chinesische Journalisten durch die Vereinigten Staaten reisen und später in Büchern und Artikeln die »sorgfältige Pflege kultureller Güter«, den technologischen Einfallsreichtum und die »philanthropische Gesinnung« der Amerikaner preisen. Anerkennung finden auch die Sauberkeit der amerikanischen Städte, die netten, freundlichen Häuser auf dem Land, das Telefonnetz, der Umweltschutz, der Fleiß, die Lebenslust und die persönliche Unabhängigkeit der Menschen im Hort des Imperialismus.[28] Auf Dauer ist in China die Verachtung der Verhältnisse im Westen nur gepaart mit Hochschätzung möglich.

▶[25] Zitiert von Klaus Birk: a.a.O., S. 72; vgl. Beate Lutz: a.a.O., S. 38 bis 42. ▶[26] Vgl. Wolfgang Franke: a.a.O., S.101. ▶[27] Duo Duo: a.a.O., S.65. ▶[28] David Shambaugh: a.a.O., S.137–161.

Nach einem Jahrhundert der Bevormundung und einem gut drei Jahrzehnte währenden Autarkieversuch befindet sich China heute »erstmals in einer Lage, wo es verhältnismäßig frei unter den soziokulturellen Angeboten des Auslands wählen kann«. Es übernimmt nicht blindlings, was die westlichen Länder gerne auf dem großen chinesischen Markt absetzen würden, sondern »lernt selektiv«.[29] Die chinesische Jugend jedoch scheint in ihrer Begeisterung für die »ausländische« Lebensart wenig wählerisch zu sein. Ob europäische Mode oder katholischer Gottesdienst, Fastfood oder deutscher Händedruck – weil es aus dem Westen kommt, ist es gut. Zu diesem Pauschalurteil führt nach dem Ende der kulturellen Quarantäne indes nicht nur der enorme Nachholbedarf, sondern auch die althergebrachte Überzeugung von der eigenen Minderwertigkeit gegenüber den weißen Ausländern.

Laut Lu Xun, der 1930 mit anderen jungen Intellektuellen die »Liga linker Schriftsteller« gründete, empfindet der Chinese keinen Persönlichkeitsstolz, sondern »Herdenstolz«.[30] Seine Gelassenheit kommt aus dem Vertrauen auf die Kraft der uralten Zivilisation, der Familie, des Volkes, der Nation. Als Einzelwesen herausgefordert, wie es ihm beim Zusammentreffen mit Weißen widerfährt, fühlt er sich zweitklassig. Erziehung, Schule und Propaganda nähren den Kollektivstolz. Die Vorzugsbehandlung, die den Ausländern nach dem Ende der Kulturrevolution zuteil wird, bestätigt sein Unterlegenheitsgefühl. Er hält Europäer und Amerikaner für amüsant und aufregend und sich selbst für langweilig.[31] Während jene ein unverkrampftes Verhältnis zum eigenen Körper haben und den Meinungsstreit lieben, behandelt er seinen Körper wie einen fremden Gegenstand, der ihm zur Nutzung überlassen worden ist, und strebt in jeder Lage nach »Harmonie«.

Ausländer »treiben viel Sport, glauben an die Wissenschaft und arbeiten hart«.[32] Auf diese kurze Formel hat Duo Duo die chinesische Vorstellung von den Ursachen der Überlegenheit der Westmenschen gebracht. Früh aus dem elterlichen Schlafzimmer entfernt und von klein auf zur Unabhängigkeit erzogen, haben sie keine Scheu, ihre Sache in die eigene Hand zu nehmen. »Sofort die schwache Stelle finden und kompromißlos den Konflikt suchen, genau das ist es, was das Wesen der weißen

▶[29] Jürgen Osterhammel: a.a.O., S. 349f. und 395. ▶[30] Sun Longji: a.a.O., S. 246. ▶[31] Mark Salzman: a.a.O., S. 308. ▶[32] Duo Duo: a.a.O., S. 110.

Rasse ausmacht«, schreibt Zhu Ziqing 1925 in der Erzählung »Der Weiße, ein Liebling der Götter«.[33] Die Figur des Ausländers wird zum Integral aller Eigenschaften, die der Chinese in der Konfrontation mit einer bedenkenlos zielstrebigen Macht bei sich selbst vermissen lernte.

Doch der in China anwesende und scharf beobachtete Ausländer entspricht auf schwer zu benennende Weise nicht seinem Vor-Bild, dem souveränen Einzelnen. Er tritt ja in der Regel durchaus souverän auf, und seine kleinen Formfehler irritieren den sachlichen Blick der Chinesen nicht. Irritierend aber ist eine Souveränität, die nur in ihren eigenen Diensten zu stehen scheint.

Der Ausländer drapiert seine langen Gliedmaßen auf Stühlen und Bänken. Er lacht dröhnend, schneuzt sich, tut laut seine Meinung kund und arbeitet an seinem Auftritt. Er trägt seine Empfindungen zur Schau, ohne daß für diese Verausgabung ein bestimmter Nutzen erkennbar wäre. Er gestikuliert und grimassiert und erwartet keine Reaktion. Als ob sein Körper ein Eigenleben führe.

Alles hat er und macht er im Übermaß: Haar, Nase, helle Augen, Größe, Stärke, Worte, Raum überwinden, Dinge beim Namen nennen, Wünsche, Willenskraft. Was fordert dieses Übermaß heraus? Wodurch wird es gebändigt? Niemand weiß es.

Bedrohlich ist ein unbefangenes, überschwengliches Verhalten nicht. Eher komisch, selbst dann, wenn der Betreffende grimmig wird und droht. Als sei er noch unreif, nicht ganz ausgeformt. Wie ein Kind. Er wird wohlwollend betrachtet, hat Ausländerbonus. Vieles sieht man ihm nach. Seine Offenherzigkeit hat etwas Rührendes.[34] Zugleich aber verkörpert er den Westen. Er wird angesehen, aber nicht erkannt – »der immer erkennen wollende, jeden Deckel lüpfende, alles aussprechende und niederschreibende Europäer«[35].

Es gibt eine plausible Erklärung, warum der europäische oder amerikanische Besucher nicht ins Bild paßt. In Europa und Amerika treten die Vereinzelten in Massen auf. Dort erkennen die Chinesen den *Individualismus* als kollektives Merkmal. Auf

---

▶[33] Abgedruckt in: *Hefte für ostasiatische Literatur*, Nr. 13 vom November 1992, S. 116–119. ▶[34] Grundlage: Auswertung von Gesprächen mit zehn Angehörigen der chinesischen Kultur und neun Europäern, die sich aus beruflichen oder familiären Gründen oder als Touristen in China aufgehalten haben. Literaturauswertung. ▶[35] Richard Wolf: Chinesen. Berlin 1943, S. 4.

unbekannte Weise entsteht die Paradoxie der *individualistischen* Gesellschaft — ein Provisorium, das stetig im Zerfall und in der Selbsterneuerung begriffen ist. Man begegnet Herrn Egozentriker und Frau Egozentrikerin, die im Zerwürfnis kooperieren. Auf die europäische Frage, was den Hauptunterschied zwischen dem Leben in Europa und dem Leben in China ausmache, antwortet 1995 die Dissidentin You You: »Hier bist du ganz auf dich allein gestellt. In China herrscht ein starkes Kollektiv-Bewußtsein, du bist immer Teil einer Gruppe...«[36] Interkulturelles Emigranten-Wissen.

In China selbst dagegen scheitert das Bemühen des Chinesen (des »ältesten Sohnes«, der »zweiten Tochter«, des »dritten Onkels«), die eintreffenden ausländischen Einzelheiten einzugliedern. Hier gelingt es nicht, den Zeichenüberschuß ausdrucksstarker Körper auf Individualismus als Gesellungsprinzip zurückzuführen. Haupthaar, Bart, Nase und Haut bleiben Stückwerk. Der Europäer produziert sich vor einem Blick ohne Antwort.

Er sieht sich bewundert und verachtet, und beides sagt ihm, daß er nicht ebenbürtig ist. Er ist »wilde Bestie« oder »Majestät«, aber kein Freund.[37] Seit jeher werden die Okzidentalen in China entweder auf eine Stufe über den Chinesen oder auf eine niedrigere Stufe abgedrängt. Ausländische Teufel unterwürfig zu behandeln, ohne sie »insgeheim« zu verfluchen, ist somit keine Schizophrenie. In den siebziger und achtziger Jahren erniedrigt die chinesische Führung das Volk vor den Ausländern; aber gleichzeitig verunglimpft man Studenten, die in ihrer Freizeit westliche Literatur lesen, als Lakaien, die »fremde Fürze fahren lassen« *(fang yang pi)*.[38]

Die Ambivalenz des Fremden gehört zum altchinesischen Erbe. Der Europäer aber ist die Ambivalenz schlechthin; sein Mysterium dauert an, und jede Information wirft neue Fragen auf. Gewöhnung an Touristenscharen in den großen Städten schafft die Verwunderung nicht allmählich ab, sondern drängt sie in andere Bahnen. Dort, wo die neue — und völlig unchinesische — Unterscheidung von Öffentlich und Privat nicht Platz greift, werden Reisende aus dem Westen aus nächster Nähe furchtlos inspiziert. Wenn sie auf der Straße ihre Nudelsuppe

▶[36] *Süddeutsche Zeitung*, Nr. 229 vom 1.10.1995, S. 16. ▶[37] Lu Xun in »Heißer Wind«, zitiert von Sun Longji: a.a.O., S. 370. ▶[38] Mark Salzman: a.a.O., S. 302.

schlürfen, bildet sich ein Ring gebannter Betrachter, von denen manche in Schieflage gehen, um die Besucher von unten mustern zu können. Die Blicke messen die körperlichen Proportionen, heften sich auf die hellen Gesichter und bestaunen die Haarpracht.

Blickfänger sind aber auch die übelriechenden Schweißflecken auf den Hemden der Fremden. Sie nähren manche Spekulationen, denn Chinesen schwitzen so gut wie gar nicht. Gelegentlich zupft man versuchsweise an den Haaren der Unterarme. »Sie kommen, um zu sehen, wie ich sitze, wie ich einen Apfel esse, meine Zähne putze. Ich fühle mich wie ein Affe im Zoo«, notiert der Holländer Adriaan van Dis 1986 auf einer Fahrt ins Innere des chinesischen Reichs.[39]

Das Gefühl, Affe zu sein, kommt der Sache wohl ziemlich nahe. Die Neugierigen, die den Fremden auf den Pelz rücken, sind frei von Aggressionslust – aber auch frei von jeder Scheu. Sie verhalten sich, als sei es ausgeschlossen, daß die Untersuchungsobjekte reagieren. Werden sie von den Angestarrten angesprochen, weichen sie zurück oder zerstreuen sich; werden sie gegrüßt, stutzen sie und beraten sich.[40]

Ein Amerikaner mit guten Chinesischkenntnissen schlendert in den achtziger Jahren über einen Pekinger Markt und wird Ohrenzeuge eines Gesprächs zwischen Kind und Mutter, das ihn selbst betrifft. »Mama, dieser Mensch da, ist das eine Frau oder ein Mann?« »Dummes Kind«, antwortet sie, »das ist weder ein Mann noch eine Frau... Dieser Mensch, mein Kind, ist ein Ausländer.«[41] Die Geschichte von dieser Begebenheit findet sich in einem chinesischen Lehrbuch für Ausländer.[42] Die Grenze zwischen Innenmensch und Außenmensch, die staunen macht, ist im Falle der Europäer zugleich die Grenze des menschlichen Bezirks, in dem es mit rechten Dingen zugeht. Was da von weit draußen hereinkommt, ist zunächst nur ein sogenannter Mensch respektive Mann oder Frau. Nachprüfung vorbehalten.

Wenn man nur wüßte, was *darunter* steckt... Im 18. und 19. Jahrhundert hielt sich in China das Gerücht, daß die Soldaten aus Übersee nicht laufen könnten, weil ihre Beine steif und

---

▶[39] Adriaan van Dis: a.a.O., S. 60. Berichte von neun europäischen Chinareisenden, vom Autor Januar/Februar 1996 befragt. ▶[40] Berichte von neun europäischen Chinareisenden, vom Autor Januar/Februar 1996 befragt. ▶[41] Helga und Jürgen Bertram: a.a.O., S. 161. ▶[42] Ebenda, S. 160.

außerdem bandagiert seien. Als 1949 ein anglochinesisches Mädchen nach China zurückkehrte, um sich der Revolutionsarmee anzuschließen, bestürmten ihre Stubenkameradinnen sie mit Fragen: »Ist es wahr, daß die Engländer nur einen Beinknochen haben und ihre Knie nicht beugen können?«[43] Zwar wissen die Chinesen in dieser Hinsicht heute Bescheid. Doch immer noch sind gewisse anatomische Geheimnisse zu lüften.

Unabhängig voneinander berichteten drei europäische Touristen von der dreisten Neugier chinesischer Passanten vor öffentlichen Toiletten (deren Kabinen durch Zwischenwände getrennt, aber vorne offen sind). Wenn Europäer hier urinieren oder ihr großes Geschäft verrichten, finden sich häufig Zuschauer ein, die unbefangen nähertreten und in die Knie gehen, damit ihnen nichts entgeht. Eine Französin, die einmal an einem solchen Ort vor einer Öffnung im Boden kauerte, erzählt, daß mehrere Leute um sie herumgingen und einige sich duckten und den Vorgang in allen Phasen verfolgten.[44]

Erkenntnisdrang, nicht etwa Lüsternheit, ist hier die Triebkraft. Man will einfach wissen, ob Europäer ähnlich oder anders gestaltet sind und ob sie es ähnlich oder anders tun. Doch wenn man es schließlich weiß, verzieht sich das Rätsel hinter die Haut.

Die Chinesen bewundern und verachten, und der gemeinsame Nenner von beidem ist Abgrenzung. Sie sagen, wir respektieren euch: Bleibt uns also vom Leib. Wir öffnen China der Welt: Bleibt also in euren Hotels, Studentenheimen und Touristenzentren. Fremde, die ins Land kommen, verfolgen ihre eigenen Ziele, ob sie nun plündern oder Handel treiben. Diese Ziele können den unsrigen nicht gleichen.

Aus dem Zusammenleben von Chinesen und Ausländern kann nichts Gutes entstehen. Wenn Studenten einige Jahre im Ausland verbringen, sollten sie nicht Unheil in Gestalt einer weißen Frau nach Hause bringen. Eine weiße Frau kann die Pflichten einer Schwiegertochter gegenüber der Familie des Mannes nicht erfüllen. Ihre Extravaganz kostet ein Vermögen. Sie lenkt den Mann von seinen gewohnten Tätigkeiten ab und verdirbt den Charakter. Aus diesen und anderen Gründen werden in der chinesischen Republik dreimal (zuletzt 1936) Gesetze

▶[43] Frank Dikötter: a.a.O., S. 40. ▶[44] Berichte von drei Chinareisenden, vom Autor Januar/Februar 1996 befragt.

erlassen, die eine Heirat zwischen chinesischen Studenten und Ausländerinnen untersagen.[45]

Im kommunistischen China ist »unerlaubter Kontakt zum Ausland« jahrzehntelang ein Straftatbestand. Bis zum Ende der Kulturrevolution gilt Briefverkehr mit Ausländern als Verbrechen. Kehren Wissenschaftler nach längerem Aufenthalt im Westen nach China zurück, werden sie einer ideologischen Quarantäne unterworfen, denn bei ihren vielen Kontakten haben sie sich garantiert »angesteckt«. Derart infizierte Personen sind Spione, auch wenn sie es selbst nicht wissen. Durch ihre Augen späht das Ausland.

Westliche Geschäftsleute, Wissenschaftler und Journalisten leben im China der siebziger und achtziger Jahre wie in einem goldenen Käfig. Sie residieren hinter den bewachten Toren des »Diplomatischen Viertels«, decken sich in speziellen Kaufhäusern mit Westwaren ein, amüsieren sich in dafür präparierten Etablissements, bezahlen mit einer eigens für sie geschaffenen Währung *(Foreign Exchange Certificate = F.E.C.)*, reisen in separaten Eisenbahnabteilen auf bestimmten Routen zu ausgewählten Besichtigungsorten und nächtigen in den Ausländertrakten bestimmter Hotels, betreut von Dolmetschern, die ihnen jeden Wunsch erfüllen, mit Ausnahme der Bitte, mit der Bevölkerung in Kontakt treten zu dürfen. Solche Grenzüberschreitungen werden mit allen Mitteln verhindert. »Dafür sind wir noch nicht soweit«, lautet die stereotype Erklärung von Straßenkomitees in Peking.[46]

Noch in den achtziger Jahren stellt eine Vorschrift alle »nichtoffiziellen« Beziehungen zwischen Chinesen und Ausländern unter Strafe. Alles, was nicht Außenhandel ist, heißt »Spionage«. Die Begründung, man wolle die Sprache des anderen erlernen, verfängt nicht. Im Gegenteil. Ausländern die chinesische Sprache beizubringen, zählt als eine Spielart von Landesverrat.[47] Nicht einmal europäischen und amerikanischen Kommunisten, die Bürger der Volksrepublik geworden sind, ist es freigestellt, mit welchen Mitbürgern sie Umgang haben wollen.[48]

Aber wie steht es nun gegenwärtig? Eine Politik der Kontaktsperren ist unsinnig geworden und zudem gar nicht mehr durch-

▶[45] Vgl. Jerome Ch'en: a.a.O., S.164; vgl. Erna Li: a.a.O., S.27, 87 und 282.
▶[46] Angela Terzani: a.a.O., S.157. ▶[47] Vgl. Tiziano Terzani: a.a.O., S.8; vgl. Angela Terzani: a.a.O., S.49. ▶[48] Helga und Jürgen Bertram: a.a.O., S.170.

zusetzen. Das meinen jedenfalls alle, die über westliche Massenmedien den Wandel der chinesischen Verhältnisse verfolgen. Schließlich wirbt China heute um ausländische Investitionen. Die sogenannten Technokraten mit flexiblen Führungsmethoden erlangen in der chinesischen Bürokratie das Übergewicht. Auf unzähligen chinesischen Dächern sind Satellitenschüsseln installiert. Die Lieblingstätigkeiten chinesischer Jugendlicher sind Geldverdienen und Geldausgeben, und zwar auf der Jagd nach westlichen Produkten. Jedes Jahr reisen Hunderttausende Chinesen privat ins Ausland – welche Außenkontakte sind da noch zu verhindern?

Die wichtigsten, nämlich vertrauliche persönliche Beziehungen zwischen Chinesen und Ausländern in China selbst. Zwar gibt es keine gesetzlichen Handhaben gegen Fremdkontakte mehr. Doch Landeskinder, die mit Ausländern Umgang haben, werden unter Aufsicht gestellt und müssen befürchten, daß man sie eines Tages namentlich anprangert. Von einer lokalen Behörde vorgeladen zu werden, ist für die meisten Kontaktsuchenden Warnung genug. Die Wohnkomplexe der Ausländer sind wie früher von Eisenzäunen und Stacheldraht umgeben. Chinesische Staatsangehörige erhalten hier Zugang nur mit besonderer Genehmigung oder einer ausländischen Begleitperson. Für Mitarbeiter staatlicher Organe, etwa die Angestellten der »Volkszeitung«, gilt heute noch die Vorschrift, daß sie sich von ausländischen Presseleuten fernzuhalten haben. Wirksam sind überdies moralische Sanktionen, etwa die, daß man einer Chinesin, die einen Ausländer heiratet, ausschließlich materielle Beweggründe unterstellt.[49]

Offenbar duldet die chinesische Führung zwar die Privatisierung der Betriebe, aber nicht die der Außenkontakte. Das ist aufschlußreich in mehrfacher Hinsicht. Das chinesische Individuum ist kein politischer Souverän, der nach eigenem Gutdünken Ausländern Einlaß gewähren und sie über Zustände am Wohnort und am Arbeitsplatz informieren kann (und wohl auch nicht nach den Vorstellungen der chinesischen Demokratiebewegung). Wenn es eigenmächtig handelt, wird es zum Schwachpunkt der Gemeinschaft. Es könnte »beeinflußt« werden oder »interne Informationen« preisgeben, das heißt, zum Spielball fremder Absichten werden. Solange es jedoch als

▶[49] Vgl. Nicholas D. Kristof / Sheryl WuDunn: a.a.O., S. 37, 73 und 280; vgl. Helga und Jürgen Bertram: a.a.O., S. 22f. und 282.

Student, Experte oder Tourist im Ausland weilt, sind seine Bindungen an das Land der Vorfahren gelockert. Was es auch sagt und tut, hat weniger Bedeutung, als wenn es dasselbe zu Hause sagen und tun würde.

Zum anderen hat die chinesische Führung bei der Öffnung zur Welt dem Westen eine neue Rolle zugedacht und wünscht nicht, daß dessen akkreditierte Vertreter mit Hilfe chinesischer Informanten und Kollaborateure aus der Rolle fallen. Durch die Liberalisierung des Warenaustauschs will China vom Westen profitieren. Daher fördert es den Kapitalimport und schränkt den Güterimport auf das Mindestmaß ein. Amerikanische und europäische Firmen, die den chinesischen Markt erschließen wollen, ohne Arbeitsplätze zu schaffen, stimulieren die Phantasie chinesischer Zoll- und Lizenzbehörden bei der Auslegung von Durchführungsbestimmungen. Zugleich geht man mit ausländischen Urheberrechten und Patenten recht sorglos um. Und der chinesische Fremdenverkehr organisiert sich nach der Maxime *zai lao wai* (»Nehmt die Fremden aus«).

Kurzum, Ausländer sollen geben und nicht nehmen. Beanspruchen sie für sich volle Bewegungsfreiheit, mißbrauchen sie nach chinesischem Verständnis die Reformpolitik zur Unterhöhlung der nationalen Selbstbestimmung. Folglich werden umtriebige westliche Journalisten wochenlang rund um die Uhr beschattet und ihre Telefongespräche abgehört.[50] Nach wie vor erhalten Ausländer besondere schwarze Autonummern. Selbst als Krankenhauspatienten bleiben sie unter sich, und in den Toilettenhäuschen vieler Städte hat man für sie getrennte Pissoire und Kabinen reserviert.[51] Um der Hygiene willen, selbstverständlich – und wie es einem dritten Geschlecht (neben Männern und Frauen) geziemt. Wenn Ausländer ihr Äußeres, etwa den Haarschnitt, verändern und den Einheimischen ähnlich werden, erregen sie Anstoß. Ein echtes chinesisches Äußeres jedoch, das beispielsweise amerikanischen Journalisten chinesischer Abstammung eignet, öffnet bei den Behörden manche Tür und auch den Zugang zu Wohnbezirken, die »richtigen« Ausländern verschlossen bleiben.[52]

Hauptzweck der Ausländerisolierung ist heute nicht mehr die wechselseitige Ausgrenzung derer, die einander *ungleich*

▶[50] Nicholas D. Kristof/Sheryl WuDunn: a.a.O., S. 73 f. ▶[51] Helga und Jürgen Bertram: a.a.O., S. 162 f. ▶[52] Nicholas D. Kristof/Sheryl WuDunn: a.a.O., S. 17.

sind, sondern außenwirtschaftlich inspirierte Verhaltensschulung. Die Besucher sollen Nutzen bringen. Damit entfallen einige – nicht alle – Gründe für ihre Vorzugsbehandlung. Das erfährt auch Tiziano Terzani, *Spiegel*-Korrespondent im China der frühen achtziger Jahre, als er im November 1993 von Bangkok kommend durch China reist. Als »Ehrengäste« haben die Europäer ausgespielt. »Ausländer? Stell dich hinten an wie alle anderen«, schnauzt man ihn in der Bahnhofshalle einer südchinesischen Provinzhauptstadt an. Erst nach drei Stunden erhält er sein Ticket (früher unvorstellbar) und spürt eine ihm bisher unbekannte Feindseligkeit. »Man fühlt die gegenseitige Ungeduld, bei den Chinesen auch Neid, Wut und den schlecht verheimlichten Wunsch, es dem Westler zu zeigen.«[53] Der Westler ist heute der bewunderte, verachtete Rivale.

Mit wachsender Aufmerksamkeit registrieren die chinesischen Konsumenten und Eliten, wie die Menschen jenseits des Pazifiks und auf beiden Seiten des Nordatlantiks leben. Gäbe es Kataloge mit Abbildungen und Preisen der im Westen genutzten Häuser, Autos, Geräte, Textilien und Lebensmittel, komplette Gehaltstabellen und Beschreibungen der im Westen üblichen Verhaltensregeln, Arbeitsweisen, Körperpflege- und Liebestechniken, die Chinesen würden sie verschlingen. Am Lebens*zusammenhang* und der kulturellen Tradition der westlichen Gesellschaften sind sie, von wenigen Spezialisten abgesehen, nicht interessiert. (So verhielt es sich übrigens auch schon vor hundert Jahren.) Selbst gelehrte Chinesen schätzen die Künste der Existenzsicherung nicht geringer als die schöpferischen, und es fehlt ihnen gänzlich das Bedürfnis, sich in uns einzufühlen.

Das in Europa verbreitete Leiden an der Sinnleere des Daseins in einer Wohlstandsgesellschaft ist Chinesen fremd.[54] Als Meister der Anpassung an kleinste Veränderungen praktischer Erfordernisse sind sie für das Überleben im Fernen Westen gut gerüstet, solange mitemigrierte Blutsverwandte emotionalen Schutz gewähren. Ihre »pragmatische Weltauffassung« verwandelt die Drohung, die von den undurchschauten Verhältnissen ausgeht, in ein System familiärer Fleißaufgaben. Die Schwierigkeiten beginnen erst mit dem Wunsch zu verstehen, auf welchem Planeten man gelandet ist. Für exilierte chine-

▶[53] *Der Spiegel*, Nr. 50 vom 13.12.1993, S. 148. ▶[54] Vgl. Sun Longji: a.a.O., S. 381f.

sische Wissenschaftler und Schriftsteller zeigt sich dann, daß Erfahrung das Verständnis erschwert und das gewonnene Verständnis nicht rückübersetzbar ist. 1990 schreibt der Lyriker Duo Duo im englischen Exil: »Bevor ich ins Ausland ging, erzählte man mir: Wenn ein chinesischer Schriftsteller einen Monat im Ausland ist, kann er hinterher ein Buch darüber schreiben; fährt er für drei Monate, reicht es noch für einen Aufsatz; bleibt er für ein Jahr fort, bringt er keine einzige Zeile mehr aufs Papier.«[55]

▶ [55] Duo Duo: a.a.O., S. 95.

13. bis 18. Jahrhundert: Gegenwelt[1]

Marco Polo erklärt sich den zierlichen Gang der Chinesinnen folgendermaßen: »Zur Bewahrung ihrer Jungfräulichkeit haben sich die Mädchen einen sehr zierlichen Gang angewöhnt. Sie setzen einen Fuß nie mehr als einen Fingerbreit vor den andern; denn das Jungfernhäutchen kann durch eine

[1] Für dieses Kapitel wurden insbesondere die folgenden Quellenwerke und Monographien verwendet (in alphabetischer Reihenfolge der Autoren): Willy Richard *Berger:* China-Bild und China-Mode im Europa der Aufklärung. Köln/Wien 1990; Bodo von *Borries:* Kolonialgeschichte und Weltwirtschaftssystem: Europa und Übersee zwischen Entdeckungs- und Industriezeitalter 1492–1830. Düsseldorf 1986; Walter *Demel:* Als Fremde in China. Das Reich der Mitte im Spiegel frühneuzeitlicher europäischer Reiseberichte. München 1992; Walter *Demel:* Wie die Chinesen gelb wurden. Ein Beitrag zur Frühgeschichte der Rassentheorien. (= Kleine Beiträge zur europäischen Überseegeschichte. Heft 21.) Bamberg 1993; Theodore Nicholas *Foss*/Donald F. *Lach:* Images of Asia and Asians in European Fiction, 1500 bis 1800. In: Thomas H.C. Lee (Ed.): China and Europe. Images and Influences in Sixteenth to Eighteenth Centuries. Hong Kong 1991, S.165–188; SVD Paul Aoyama *Gen:* Die Missionstätigkeit des heiligen Franz Xaver in Japan aus japanischer Sicht. (= Studia Missiologici Societatis Verbi Divini. 10.) St. Augustin 1967; Reinhold *Jandesek:* Das fremde China. Berichte europäischer Reisender des späten Mittelalters und der frühen Neuzeit. (= Weltbild und Kulturbegegnung. 3.) Pfaffenweiler 1992; Engelbert *Jorissen:* Das Japanbild im »Traktat« (1585) des Luis Frois. (= Portugiesische Forschungen der Görresgesellschaft, Zweite Reihe. 7.) Münster 1988; Peter *Kapitza:* Japan in Europa. Texte und Bilddokumente zur europäischen Japankenntnis von Marco Polo bis Wilhelm von Humboldt. Bd. 1 und Bd. 2. München 1990;

mutwillige Bewegung verletzt werden.«² Solche einfühlsamen Irrtümer werden bald überwunden. Fünfhundert Jahre nach Marco Polo referiert Immanuel Kant in seiner »Physischen Geographie« das europäische Erfahrungswissen von »Sitten und Charakter« der Chinesen: »Das chinesische Frauenzimmer hat durch die in der Kindheit geschehene Einpressung nicht größere Füße als ein Kind von drei Jahren. Es schlägt die Augenwimpern nieder, zeigt niemals die Hände und ist übrigens weiß und schön genug.«³ Ist das Geheimnis der Chinesinnen nun gelüftet? Die Erkenntnis rückt vor, das Rätsel nach. Das Niederschlagen der Augen, das Trippeln, das Verbergen der Hände, die helle Hautfarbe und die Schönheit verlieren ihren Zusammenhang. Für jedes Einzelphänomen finden sich besondere Ursachen. Dem Europäer wird die reizende Zierlichkeit als Einbildung zurückerstattet. Er bleibt fortan mit seiner Wahrnehmung allein.

Mit Aufklärung, Ausleuchtung der Zusammenhänge, zieht Europa die Konsequenz aus der Enttäuschung, daß sich im irdischen Jenseits die Heilserwartung nicht erfüllt hat. In den entdeckten Erdteilen stoßen die europäischen Mächte auf der Suche nach dem Paradies ins Leere. Mit Indianer- und Neger-

---

Marco *Polo:* Il milione – Die Wunder der Welt. Aus dem Altfranzösischen und Lateinischen von Elise Guignard. Zürich 1983; Folker E. *Reichert:* Begegnungen mit China. Die Entdeckung Ostasiens im Mittelalter. (= Beiträge zur Geschichte und Quellenkunde des Mittelalters. 15.) Sigmaringen 1992; Georg S. J. *Schurhammer:* Die Disputationen des P. Cosme de Torres S. J. mit den Buddhisten in Yamaguchi im Jahre 1551. Nach den Briefen des P. Torres und dem Protokoll seines Dolmetschers Br. Juan Fernandez S. J. Tokyo 1929; Herbert *Scurla* (Hrsg.): Reisen in Nippon. Berichte deutscher Forscher des 17. und 18. Jahrhunderts aus Japan. Berlin (DDR) 1968; Karl Peter *Thunberg:* Reise durch einen Teil von Europa, Afrika und Asien, hauptsächlich in Japan, in den Jahren 1770 bis 1779. Zweyter Band. Berlin 1794. Unveränderter Nachdruck der Ausgabe von 1794. Herausgegeben und eingeleitet von Eberhard Friese. Heidelberg 1991; Bernhardus *Varenius* (Bernhard Varen): Descriptio Regni Japoniae. Darmstadt 1974; Charles *Verlinden*/Eberhard *Schmitt* (Hrsg.): Die mittelalterlichen Ursprünge der europäischen Expansion. (= Dokumente zur Geschichte der europäischen Expansion. 1.) München 1986; , Bodo *Wietinghoff:* Das Chinabild Johann Gottfried Herders. In: Lydia *Brüll*/Ulrich *Kemper:* Asien. Tradition und Fortschritt. Festschrift für Horst Hammitzsch zu seinem 60. Geburtstag. Wiesbaden 1971, S. 666–679; Endymion *Wilkinson:* Japan ist ganz anders. Geschichte eines großen Mißverständnisses. Königstein/Ts. 1982. ▶² Marco Polo: a. a. O., S. 219 f. ▶³ Immanuel Kant: Physische Geographie. In: Kants Werke. Akademie-Textausgabe. Bd. IX. Berlin 1968, S. 378.

kulturen machen die Weltverweser keine Umstände. Die armen dunkelhäutigen Teufel werden im Einheitsverfahren erlöst. Nur China und Japan setzen der Europäisierung der Erde Grenzen. Gegenüber ihrer »Zivilisation«[4] scheinen Einsicht und Rücksicht geboten. Kundschafter aus Lissabon, Madrid und Rom raten dringend dazu, die chinesischen und japanischen Heiden gewaltlos zu bekehren – in Erwartung einer unvergleichlich reichen Ernte. Ostasien ist so dicht bevölkert, daß hier nach jesuitischer Berechnung jährlich mindestens sechs Millionen Seelen zur Hölle fahren müssen.

Da trifft es sich gut, daß den Jesuiten die altchinesische Tugendlehre des Konfuzius als säkularer Humus für christliche Pflanzungen geeignet erscheint. Manche mutmaßen, sie sei bereits die erste Stufe der Christianisierung. Zwar ist sie, im Gegensatz zu Buddhismus und Taoismus, längst zu einem System lebensferner Vorschriften erstarrt. Sie wird aber von den Hofbeamten in Ehren gehalten, just der Schicht, die Protektion gewähren kann.

Völker durch Überzeugung zu gewinnen, statt sie zu knechten, an Traditionen anzuknüpfen, statt sie auszumerzen – wer wäre nach heutiger Vorstellung dazu weniger imstande gewesen als die Soldaten Christi? Im China des 17. Jahrhunderts aber tun die Jesuiten eben dies. Sie bemühen sich, das Evangelium mit chinesischen Ohren zu hören. Sie predigen die Wahrheit aus Europa als Verwirklichung der Prinzipien des »rechten«, ursprünglichen Konfuzianismus. Auf die Androhung von Höllenstrafen und andere irritierende Botschaften verzichten sie. Der offizielle Ausdruck für dieses Vorgehen ist: Akkomodation.

Die jesuitischen Chinamissionare legen chinesische Kleidung an, sprechen und lesen Chinesisch. Sie lockern die Gebote der Sonntagsruhe und der Fastenzeit und andere abendländische Kalenderregeln. Die Verehrung des Konfuzius deuten sie als weltliche Zeremonie, das Ahnenopfer als Fürbitte für die Verstorbenen. In ihren Rechenschaftsberichten heben sie Analogien zwischen den chinesischen Riten und der vorchristlichen Antike hervor.

Gegen soviel nachsichtige Anpassung an den Aberglauben gehen die eifersüchtigen Orden der Dominikaner und Franzis-

▶[4] Diesen Ausdruck gebraucht der Jesuitensuperior Longopardi bereits gegen Ende des 16. Jahrhunderts, um Chinas Bewohner zu qualifizieren.

kaner mit Denkschriften und Kirchenprozessen vor. Der *Ritenstreit* währt gut hundert Jahre, und in der Sache ist er bis heute nicht entschieden: Was sind Massentaufen wert, wenn die Missionare zu den Bekehrten ins Heidentum tauchen? Ist vorbehaltlose Einfühlung ins Andere ohne Selbstaufgabe möglich? Was die Jesuiten als glaubensneutrale Volksbräuche tolerieren, nennen die Bettelmönche Götzendienst. Die Päpste entscheiden einmal für diese, ein anderes Mal für jene Partei und einmal auch für beide Parteien zugleich.

Der Göttinger Kirchenhistoriker Johann Lorenz Mosheim kommt 1748 zu dem Schluß, daß Matteo Ricci, der Hauptverfechter der Akkomodationsmethode, einer Selbsttäuschung über den Charakter der Riten erlegen sei. »Die Bekehrung der Heyden muß vornemlich von der göttlichen Gnade erwartet werden«, befindet er. Der mondäne, opportunistische Jesuit werde »in Indien ein Brame oder Bramine, in Siam ein Talaxoin, in China entweder ein Bonze oder ein Konfuzianer und Gelehrter, in Afrika ein Marabou«.[5]

Unter der Anklage bestätigen die Jesuiten in Peking den schlimmsten Verdacht ihrer Feinde. Im Jahr 1700 tragen sie dem Kaiser ihre Auslegung der konfuzianischen Riten vor und bitten um sein Urteil. (Der Kaiser autorisiert ihre Deutung.) Der mächtigste Herrscher der Heiden amtiert als Schiedsrichter in christlichen Glaubensfragen... Dabei handeln die Jesuiten nur entsprechend ihrer Einsicht. Sie glauben nämlich, daß es im Ritenstreit hauptsächlich um die richtige Übersetzung chinesischer Schriftzeichen geht.

So erwarten sie Hilfe vom Kaiser auch in einer elementaren missionarischen Verlegenheit: Gesucht wird ein geeignetes chinesisches Wort für »Gott«, den personalen Schöpfer des Himmels und der Erde. Guter Rat ist teuer. Kein Bildzeichen und keine Zeichenkombination entspricht der christlichen Gottesvorstellung.[6] Die Jesuiten behelfen sich mit den Umschreibungen *Shang di* (»Der erhabene Herrscher über das, was über der Erde ist«) und *Tian zhu* (»Herr des Himmels«), Ausdrücken, die seit der Einführung des Buddhismus in China veraltet sind. Durch die willkürliche Umwidmung abgeschiedener Begriffe erhält der christliche, von Hofbeamten beglaubigte Gottesbegriff Dekretcharakter. Zudem provoziert die Sprachregelung auch den Argwohn der Konfuzianer. Die Ausweisung christ-

▶[5] Walter Demel: Als Fremde in China, a.a.O., S. 277. ▶[6] Ebenda, S. 258.

licher Missionare durch ein kaiserliches Edikt im Jahr 1727 wird unter anderem mit ihr begründet — die Festlegung auf einen bestimmten Gottesbegriff widerspricht den Prinzipien der alten Weisen.

Die Geschichte des Scheiterns der Christianisierung in China lehrt, daß europäische Einfühlung in die chinesische Welt und eurozentrische Beschränktheit zusammengehören. Für ihre Akkomodation suchen sich die Jesuiten das passende Chinesentum erst aus — und auch das passende Christentum. Das erregt den Widerstand der Rechtgläubigen in Peking und Rom. Am Ende schickt die Kurie zwei Legationen nach China, die im Himmelspalast den wahren katholischen Standpunkt vertreten, und leiten die Kaiser Christenverfolgungen nach japanischem Vorbild ein.

Man mag hier das Zusammenwirken zweier lernunfähiger Autokratien bei der Beseitigung eines gemeinsamen Ärgernisses erkennen. Zur Konfrontation kommt es aber erst, nachdem der Versuch einer Übertragung des Abendländischen ins Chinesische (und umgekehrt) mißlungen ist. Die Taufe einiger Millionen chinesischer Heiden hätte die Übertragbarkeit belegt und die Kritik der Bettelmönche verstummen lassen. Im übrigen hätte das Christentum in China weit mehr überzeugt, wenn die Christenheit geschlossen aufgetreten wäre. Europa offenbart sich den Chinesen bereits erschöpfend durch die Demonstration seiner Streitkultur. Die Rivalitäten zwischen christlichen Orden und zwischen christlichen Königreichen erlauben eine Bibelexegese ganz ohne die Mithilfe von Dolmetschern. In gewisser Weise ist das Scheitern der Christianisierung somit auch die Folge *gelungener* Übertragung.

Aus den frühen europäischen Chinaberichten spricht freudiges Erstaunen über das wohlgeordnete Reich im hintersten Asien. Die Ankunft nach langer gefahrvoller Reise stärkt bei den Christenmenschen die Hoffnung, unter dem Schutz des »frommen und mildtätigen« Kaisers auf verheißene Wunder und im Wunderbaren auf Vertrautes zu stoßen. Die Berichte enthalten nur dürftige Angaben zum Äußeren der Bewohner chinesischer Städte; doch stets wird die helle Hautfarbe erwähnt. »Die männlichen und weiblichen Bewohner der Stadt haben eine weiße Hautfarbe und sind ein ansehnliches Volk«, lautet die Standardpreisung Marco Polos in seinem China-Reiseführer aus der zweiten Hälfte des 13. Jahrhunderts. Um das Verhältnis zwischen den Bewohnern Chinas und den angrenzenden »Barbarenstämmen« auf eine kurze Formel zu bringen, nennt der Franziskaner Odorico da Pardenone (zu Beginn des 14. Jahrhunderts) die einen »weiß« und die anderen »schwarz«.[7]

Die europäischen Ozeanfahrer stellen direkte Vergleiche zwischen sich und den Chinesen an. Auch bei ihnen vertritt die Hautfarbe das ganze Naturell. »Von unserer Art« *(di nostra qualità)* sind die Chinesen in den Augen eines Italieners, der 1515 nach Südostasien gelangt. Wenige Jahre später gewinnt ein Geheimschreiber des deutschen Kaisers bei Gesprächen mit portugiesischen Seeleuten den Eindruck, bei den Chinesen handele es sich um »ein weißhäutiges Volk..., das unseren Deutschen ähnelt«. »Sie sind weiß wie wir«, meldet der deutsche Weltreisende Andreas Josua Altzheimer zu Beginn des 17. Jahrhunderts. Aus Peking im Norden Chinas ist von den dort lebenden Kirchenmännern das gleiche zu hören. Selbst der »olivfarbene« und »braune« Teint der Südchinesen bestätigt die Analogie, denn auch in Europa variiert die Hautfarbe – als überwiegend weißlich beschreibt man die Gesichter der Italiener und Franzosen, als überwiegend bräunlich die der Spanier.[8]

China jedoch verschließt sich dem europäischen Vereinnahmungswunsch. Die Europäer erwachen aus dem Wiedererkennen. Auf die Beweiskraft der Augen zurückverwiesen, zweifelt und schwankt die Wahrnehmung. In späteren Auflagen der »Systema Naturae« des schwedischen Naturforschers Linné findet sich für Asiaten erstmals die Kennzeichnung *luridus* (»blaßgelb«, »gelb«). In deutschen Rassenlehren des 18. Jahrhunderts taucht der »olivenfarbige, gelbe, braune« und »gelbbraune« Chinese auf. Der als »Vater der Anthropologie« geehrte Göttinger Medizinprofessor Johann Friedrich Blumenbach beschreibt 1779 das Äußere der »mongolischen Rasse« mit den Worten: »meist waizengelb (theils wie gekochte Quitten, oder wie getrocknete Citronenschaalen)«. Diese Farbe bringt er mit der Hautverfärbung von Leberkranken in Verbindung.[9] Immanuel Kant bestimmt in seiner Schrift »Von den verschiedenen Racen der Menschen« (1775) die »Tonkinesen und Schinesen« als »Halbrace« beziehungsweise »vermischte Race« und speku-

▶[7] Folker E. Reichert: a.a.O., S.105. ▶[8] Bodo von Borries: a.a.O., S.257; Walter Demel: Wie die Chinesen gelb wurden, a.a.O., S. 6f. ▶[9] Ebenda, S.16, 19f. und 22f.

liert, sie sei vielleicht aus einer Vermischung »hindistanischen« und »hunnischen« Blutes hervorgegangen. Missionare und Gesandte in Peking sehen weiterhin helle Farbtöne, Kaufleute und Seefahrer, die Kanton nicht verlassen dürfen, dunklere.

Heute wird die Wahrnehmung von Hautfarben im wesentlichen als Beispiel für kulturelle Auf- und Abwertung, d.h. als Delikt, behandelt. »Es kann keinen Zweifel daran geben, daß, wer die Chinesen hochschätzte, sie gemeinhin als ›weiß‹ klassifizierte, wer aber auf sie herabblickte, betrachtete sie üblicherweise als irgendwie farbig«, resümiert Walter Demel. Der ambivalenten Einstellung gegenüber der chinesischen Kultur entspreche somit die Farbe Gelb als Wertungskompromiß zwischen Braun und Weiß.[10] Doch immerhin haben selbst fanatische Chinahasser nicht Schwarz gesehen. Ganz ohne affizierende Außenwelt kommt die Projektion nicht aus. Die Motivforschung läßt uns letztlich ratlos zurück. Wir wissen nun vielleicht, *warum* die Chinesen gelb sind, aber immer noch nicht, *was* wir sehen, wenn wir Chinesen sehen.

Seit dem 18. Jahrhundert sind Wertung und Wahrnehmung in Europa Tatbestände, die es aufzuklären gilt. Wir leiden an der Differenz zwischen ihnen *und* an ihrem Zusammenfallen (bei dem die Differenz ja nicht verschwindet). Über unsere Motive für die Wahrnehmung von Hautfarben aufgeklärt, sind wir darüber befremdet, daß wir uns jahrhundertelang blindlings in den Chinesen spiegelten. Aber ist es weniger eurozentrisch, auch noch den Grund für das Scheitern der Spiegelung in uns selbst zu suchen?

Das Wissen um die Existenz des Reiches China am anderen Ende des eurasiatischen Kontinents erregte einst die Phantasie und spendete Trost, um so mehr, als die neuentdeckten Goldländer in Übersee enttäuschten. Auf der Erdkugel schien Europa, die Zivilisation, doch nicht allein zu sein. Anders als Amerika und Afrika erlaubte die »wohlbedächtig klug« regierte »heidnische Landschaft China« Vergleiche mit den Verhältnissen »bei uns«. »Durch einen gewissen einzigartigen Plan des Schicksals«, schrieb der Universalgelehrte Leibniz 1697, »ist es gekommen, daß die größte Kultur und die Zierde des Menschengeschlechts sich heute gleichsam auf die beiden äußersten Gebiete unseres Kontinents konzentriert, auf Europa und Tschina (so sprechen sie es nämlich aus): Dieses schmückt, gleich-

▶ [10] Walter Demel: Wie die Chinesen gelb wurden, a.a.O., S. 25 und 27f.

sam ein orientalisches Europa, den entgegengesetzten Rand der Erde.«[11] Das alle Welt plündernde, nur an sich selbst glaubende Europa ersehnte nichts so sehr wie eine Gegenwelt — ein Land, in dem die Menschen sich an Tischen zu Gastmählern niederließen, ihre Wohnungen mit schönen Möbeln zierten, raffiniert gekleidet waren, sich auf Handel, Astronomie und Schiffahrt verstanden, einander Briefe schickten und strenge Gesetze beachteten.

Ob die Vergleiche Europa schmeichelten oder beschämten, war nicht ausschlaggebend für das Chinesenbild. Bis tief ins 18. Jahrhundert ließ sich das europäische Publikum durch Epistel aus Fernost trefflich zu Fleiß und Tugend mahnen. Denn dort war (fast) alles imposanter: Geschütze, Luft und Wasserpumpen besser, Buchdruck und Pulver früher erfunden, der innere und äußere Frieden sicherer, die Städte größer und volkreicher, die Paläste prächtiger, das Steuersystem gerechter, die Staatskunst philosophischer und die Menschen selbst aufrichtiger und höflicher. Nur das Gesetz Gottes fehlte den Chinesen noch. Hinzu kam, daß die Sittenlehren der Chinesen und ihr Glaube an Belohnung und Strafe nach dem Tod die Missionare davon überzeugten, »wie geeignet für die Sache des Christentums das Naturell dieses Volkes ist«.[12]

Zur Bestätigung des eigenen Maßes inszenierte Europa jahrhundertelang mit Hilfe des Stückes *Tschina* seine Maßregelung. Solange China gleichgültig mit sich spielen ließ, fühlte sich Europa in Gesellschaft. Als das Selbstgespräch mit der Gegenwelt religions- und handelskriegerische Formen annahm, begann China seinerseits zu sprechen. Diese Störungen, von Kapitänen, Kaufleuten und Gesandten übermittelt, ließen Europas Denker nun befürchten, das Abendland könne auf der Erde womöglich doch der einzige Hort der Zivilisation sein.

Großen Eindruck auf Rousseau und Montesquieu machte der Bericht des britischen Admirals Lord Anson über seine Erfahrungen mit unfähigen chinesischen Beamten, bestechlichen Richtern und diebischen Passanten.[13] Cornelius de Pauw, der

▶[11] Gotthold Wilhelm Leibniz: Novissima Sinica historiam nostri temporis illustratura (1697). Zitiert nach: Otto Franke: Leibniz und China. In: *Zeitschrift der Deutschen Morgenländischen Gesellschaft*, Neue Folge, 7. Jahrgang (1928), S. 155–178. Hier: S. 173 f. ▶[12] Walter Demel: Als Fremde in China, a.a.O., S. 261. ▶[13] George Anson: A Voyage round the World in the Years 1740–1744, ed. Richard Walter. London 1748.

holländische Vorleser am Hofe des Preußenkönigs Friedrich II., zerriß in seinen »Recherches philosophiques sur les Egyptiens et les Chinois« (1774) den Tugendschleier, den die Beschwörer eines Musterstaats über China gebreitet hatten. Zum Vorschein kam ein feiges, faules, dummes, degeneriertes und heimtückisches Volk, das in Schmutz und Armut vegetierte. Was zuvor als Harmonie und Gleichmaß gefeiert worden war, hieß nun Stagnation. Den Gegnern der Aufklärung enthüllte sich China als das »bewegungslose Eine«. Die Enttäuschten meldeten das Hinscheiden beziehungsweise das Koma des Objekts ihrer Verehrung: »Das Reich ist eine balsamierte Mumie, mit Hieroglyphen bemalt und mit Seide umwunden; ihr innerer Kreislauf ist wie das Leben schlafender Wintertiere.«[14]

Es ist ein leichtes, hier die Ablösung einer Methode europäischer Selbstbespiegelung durch eine andere zu erkennen. Erst beschwört Europa am anderen Kontinentalrand die eigene Vervollkommnung herauf; dann richtet es nach seinem neuen Wertgesetz, dem des historischen Fortschritts. Die westliche Kulturwissenschaft hat dieses Selbstblendungswerk durchschaut. Ihr Nachwuchs wird heute gleich bei Studienbeginn darüber aufgeklärt, wie die europäischen Chinabilder und die Bilder von anderen Erdgegenden zustande kamen – daß eigene Erfahrungsstrukturen und Deutungsmuster »unreflektiert« auf fremde Kulturen übertragen wurden. Erst wenn die Studenten darauf vorbereitet sind, daß in den Berichten aus der Ferne Europa »ausschließlich« oder »in erster Linie« von sich selbst spricht, machen sie mit dem Material Bekanntschaft.

In der Routine wissenschaftlicher Selbstreflexion wird aber dem Scheitern der einzelnen *mirages* zuwenig Aufmerksamkeit geschenkt. Zerbrach ein Spiegel, stand ja schon der nächste bereit. Der China-Enthusiasmus der frühen Neuzeit wird als *irgendein* beliebiger Eurozentrismus behandelt. Indessen hat er zumindest ein Unvergleichliches: sein Scheitern. Dieses Scheitern war nicht nur die Konsequenz eines Epochen- oder Mentalitätenwechsels im Abendland; hier waren auch chinesische Faktoren im Spiel. Insofern scheiterte mit »jedem« Chinabild die expansive Selbstbespiegelung Europas insgesamt. Daß es mit der Anverwandlung des Orients an den Okzident auf andere Weise weiterging, beweist nicht das Gelingen der Projektion.

▶ [14] Johann Gottfried Herder: Ideen zur Philosophie der Geschichte der Menschheit. Hrsg. von Heinz Stolpe. Berlin/Weimar 1965. Teil II, S. 17.

Sonst müßte man ja annehmen, daß sich China von Europa aus vereinnahmen ließ. (Auf solche Hybris läuft die europäische Selbstkritik hinaus.)[15]

Seitdem Europäer durch China reisen, ist in ihren Berichten zu lesen, daß die Chinesen schöne Menschen seien und daß sie häßlich seien. Bis zum Ende des 17. Jahrhunderts überwiegen die Schönheitswahrnehmungen, später die anderen. Chinesenfrauen werden durchweg häufiger schön genannt als Chinesenmänner. Aber in keiner Begegnungsepoche und nicht einmal bei den einzelnen Autoren schließt das eine Urteil das andere aus. Ihre Verteilung in den Quellentexten ist demnach weder durch einen Wandel des in Europa vorherrschenden Chinabildes noch durch eine Veränderung ästhetischer Maßstäbe hinreichend zu erklären. Vielmehr scheinen Schön und Häßlich als Chinesen-Attribute auf verschiedene Dimensionen der Wahrnehmung bezogen zu sein.

Schön ist eine prinzipielle, kulturelle Zuschreibung, *Häßlich* eine empirische. *Schön* sind die Chinesen als Angehörige einer Zivilisation mit den generellen Merkmalen Klug, Menschlich, Taktvoll, Friedfertig und Elegant. Ihr durch abendländische Erwartungen vorgefertigtes Bild ist erfahrungsresistent. *Häßlich* dagegen sind Eindrücke, die europäische Kirchen-, See- und Kaufleute von unmittelbaren, einzelnen chinesischen Gegenspielern (Geschäftspartnern, Hafenbeamten, Soldaten) gewinnen. Unabhängig von ihrer Haltung den Europäern gegenüber treten solche Akteure aus dem Chinabild heraus, weil sie imstande sind, konkrete Erwartungen der Fremden zu enttäuschen. Der Jesuit Diego de Pantoja beispielsweise spricht 1602 in Peking den Chinesen insgesamt eine »angenehme« Wesensart und »guten Verstand« zu, hält aber die chinesischen Regierungs-

▶[15] Zugleich strebt die chinawissenschaftliche Selbstreflexion jeweils den Nachweis an, daß bestimmte Chinavorstellungen aus Methodengründen beziehungsweise aufgrund von Irrtümern unhaltbar geworden seien. Man postuliert chinesische »Realitäten«, von denen man sich bestimmte Bilder mache. Wenn letztere den »Realitäten nicht randscharf entsprechen« (so beispielsweise Folker E. Reichert: a. a. O., S. 111), verfehle man China und gerate in Schwierigkeiten. Aber dieses Streben nach deskriptiver Objektivität etabliert selbst eine jener »eurozentrischen Wahrnehmungsweisen«, zu deren Überwindung es empfohlen wird. Überspitzt gesagt, ist das Modell vom sachneutralen Beobachter und dem verbindlich erkennbaren Objekt eines der – bis auf weiteres unverzichtbaren – Mittel zur Unterstützung des westlichen Hegemonialanspruches gegenüber dem Fernen Osten.

vertreter, mit denen er es zu tun hat, für »hochmütig« und bescheinigt den chinesischen Soldaten eine »miserable Tapferkeit«.[16] In der Konfrontation mit chinesischen Würdenträgern registrieren die Jesuiten widerwärtig flache Gesichter, platte Nasen, spärliche Barthaare und Schlitzaugen. Ihrer Chinesen-Verehrung tut das aber keinen Abbruch.[17]

Seitdem das europäische Sendungsbewußtsein registriert, daß Asien kein Resonanzboden ist, entlarvt sich das Chinesentum als häßlich. Und seitdem kann es vorkommen, daß inmitten der abstoßenden chinesischen Kultur einzelne Chinesen den Europäer durch ihre persönlichen Vorzüge begeistern. Aber im allgemeinen ist das von Wundern *entblößte* und zugleich *undurchdringliche* China von Herdenmenschen mit »gepletschten Nasen« (Winckelmann, Kant) und Kadavergehorsam bevölkert. Johann Gottfried Herder hat der Chinesensichtung der Ernüchterten am Ende des 18. Jahrhunderts einen angemessen boshaften Ausdruck verliehen: »Sinesen waren und bleiben sie; ein Volksstamm mit kleinen Augen, einer stumpfen Nase, platter Stirn, wenig Bart, großen Ohren und einem dicken Bauch von der Natur begabet...«[18] Menschen mit solchen Gesichtern sind generell betrügerisch, denn von ihnen prallen die europäischen Projektionen ab. Aus solchen Gesichtern starren den europäischen Kaufleuten List, Verschlagenheit, Grausamkeit, Heuchelei, Wortbruch und Heimtücke entgegen. Wir sagen heute dazu »Vorurteil« und lassen außer acht, daß es zu Vorurteilen über den chinesischen Charakter keine Alternative gibt.

China hält Europa die Waage, Japan ist das Weltende hinter dem Erdenrand. China wird von den europäischen Entdeckern erwartet, Japan überrascht sie. Es ist das Land, das zur kompletten Weltvorstellung hinzukommt. Unbelastet von den vorgreifenden Mythen, das Paradies, die Hölle oder wenigstens Gold zu finden, betreten die ersten Händler und Missionare das schwimmende Reich. Das macht die europäische Heiterkeit in Japan aus. Hier, wo die Europäer zum Geben ermuntert werden wie in keinem anderen Land, sind sie auch empfänglicher als anderswo. Sofort fassen sie Zuneigung zu den ernsthaft klugen Bewohnern. Die Zuneigung geht auf seltsame Weise ins Leere,

▶[16] Reinhold Jandesek: a.a.O., S. 271. ▶[17] Walter Demel: Wie die Chinesen gelb wurden, a.a.O., S. 6 und 15. ▶[18] Johann Gottfried Herder: a.a.O., S. 13.

und die Europäer ersetzen sie durch andere Neigungen. Bald verfügen sie über ein Repertoire von Japanerfahrungen, die später als Selbstbespiegelungen Europas erkannt werden: Erfahrung des Höheren, Niedrigeren, Gleichen, Ähnlichen, Gegensätzlichen und ganz Anderen. Immer wieder erleben die Hingerissenen, daß Japan in ihrer Wahrnehmung verschwimmt. Japaner sind Menschen, die den Europäer zum raschen Wechsel der Übertragung veranlassen.

So hochmütig Europas Kulturbringer auftreten, so beflissen leisten sie Abbitte, wenn sie an Kulturen geraten, die ebenfalls volkreich und hochorganisiert sind. »Kein Europäer« dürfe sich »einbilden, daß wir alleine klug und diese Menschen tumme Bestien wären«, heißt es alsbald.[19] Obwohl Japan in schon recht südlichen Breiten liege, »war es fast mehr als tausend Jahr von einer klugen und witzigen *Nation* bewohnet worden«, nicht zu vergleichen mit den »viehischen und dummen Bestien der Afficaner und wilden *Hottentotten*«. So artikuliert der Landschaftsgärtner George Meister im Jahr 1692 die in Europa vorherrschende Meinung. Als die Japaner gerade den letzten Europäer verjagt haben, erklärt man sie in Europa für überlegen hinsichtlich »Urteilskraft, Gelehrigkeit und Gedächtniskraft« und für unterlegen nur wegen ihres Festhaltens am Heidentum. Insbesondere dem lebhaften Aneignungsgeist der Japaner erweist man Referenz.[20] Sind die Japaner demnach die Meisterschüler der Europäer – oder deren Meister? Diese Frage wird erst im 20. Jahrhundert gestellt.

Die Gesellschaftskritiker des 18. Jahrhunderts präsentieren das abgeschirmte, entrückte Japan als Lehrbeispiel einer natürlichen Vermeidung von Mißständen durch Selbstgenügsamkeit. Der schwedische Weltreisende Karl Peter Thunberg zählt europamüde auf, was die Japaner alles *nicht* haben: »Eine unzählige Menge von Einwohnern lebt dort ohne Partheyen, ohne Zwiespalt und Uneinigkeit, ohne Misvergnügen, Elend und Auswanderung...; alle Bedürfnisse sind, im Lande selbst, in solchem Ueberfluß vorhanden, daß kein auswärtiger Handel nöthig ist... Weder bey dem Monarchen noch bey seinen Unterregenten findet man Thron, Scepter, Krone noch irgend sonst etwas

▶[19] Eine Quelle, die für viele andere steht: George Meister: Der orientalisch-Indianische Kunst- und Lust-Gärtner. Dresden 1692. Wiedergegeben in: Peter Kapitza: a.a.O., Bd.1, S. 950. ▶[20] Bernhardus Varenius: a.a.O., S. 131.

von dem Prunk, der bey *uns* die Augen des Haufens blendet... Man kennt keine Equipagen und Wagen; keine Reuterey; keinen Krieg; keine Gesandten, keine Beamte oder öffentliche Staatsdiener, die zu ihrem Amt und Geschäft nicht taugen oder es nicht kennen; keine Gilden, keine Monopolien; keine Zölle; keine Spiel- und Kaffeehäuser...; keine privilegirte, von öffentlichen Lasten und Abgaben ausgenommene Landgüther und andre liegende Gründe...; keine National- oder Staatsschuld, kein Papiergeld, weder Wechsel noch Wechselcours.«[21]

Dieses glückliche Nichthaben scheint nicht angeeignet, sondern ursprünglich japanisch zu sein. Es ist die Haupttugend der Eingeborenen. Ohne bedürftig zu sein, haben sie Verwendung für alles. Diese Bewunderungswürdigen, die keinen Vergleich zu scheuen brauchen, erweisen sich als hingebungsvolle Schüler. Die europäischen Missionare und Kaufleute verwandeln sich auf japanischem Boden in liebevolle Lehrer. Der später heiliggesprochene Jesuiten-Missionar Francisco Xavier schreibt am 29. Januar 1552 an die Societas Jesu in Europa: »Es ist aber auch kein Volk, das so der Leitung der Vernunft folgt, wie die Japaneser, und sie sind insgemein so begierig, und sogar beschwerlich mit Fragen, daß sie gar kein Ende finden, entweder neue Beweise hervorzubringen, oder unsere Antworten mit andern zu erwiedern. Sie wußten nicht, daß die Welt rund ist, nichts von dem Laufe der Sonne, und der Gestirne. Da wir ihnen also diese und dergleichen Dinge als die Ursachen der Kometen, der Blitze, des Regens auf ihre Fragen erklärten, hörten sie uns begierig zu, hatten eine besondere Freude daran, und hielten uns für gelehrte Männer: welche Hochachtung von unserer Gelehrsamkeit uns den Zutritt eröffnete, die Religion in ihrem Herzen auszusäen.«[22]

Als Priester und Lehrer wollen die Missionare die Herzen der Landeskinder ergreifen. Auch Enttäuschungen unterhöhlen nicht ihre Hochachtung gegenüber Menschen, die nie zweifeln oder klagen. »Im Unglück schließlich zeigen sie eine so unglaubliche seelische Gelassenheit, als verharrten sie in fester Stellung, und was auch kommen mag, nehmen sie ohne zu murren auf sich.«[23] Jede der vielen Kompilationen von Japan-Berichten im 17. Jahrhundert enthält eine solche Würdigung. Wo hat sich griechen- und römerhafter Gleichmut jemals mit

▶[21] Karl Peter Thunberg: a.a.O., Vorrede des Verfassers, S.IVf. ▶[22] Peter Kapitza: a.a.O., Bd.1, S.91. ▶[23] Bernhardus Varenius: a.a.O., S.133.

Neugier gepaart? Welcher Lehrer würde das seltene Geschenk ungeteilter Zuwendung nicht mit Liebe entgelten? Der Italiener Guido Gualtieri beschreibt 1586 das Auftreten von vier achtzehnjährigen Japanern in Rom mit folgenden Worten (in zeitgenössischer deutscher Übersetzung): »Ihr sunderliche Vernunfft und Weißheit / welche ihr alter weit ubertrifft / ist auch auß dem leichtlich abzunemmen gewest / dann an allen ihrer weiß und geberden / an worten und wercken / hat man niemals einiges mercken künden / welches der noch unerfahrnen Jugent / hett künden zugeschriben werden: sondern es ist ein so holdselig tapffere Ernstligkeit / als bey alt verständigen und langerfahrnen Leuthen / gespüret worden. Ihr Conversation / auch under den Haußgenossen und wolbekannten / waren allzeit fein züchtig / freundlich / lieblich und erbar / weit von aller Jungen Leuth / frech und freyheit.«[24]

Den hochherzigen Zöglingen traut man gern ein Verwandtschaftsverhältnis zum eigenen Altertum zu. War das Evangelium vielleicht schon einmal nach Japan gelangt? Immerhin leben auch hier Mönche in Klöstern, legen einige von ihnen die Gelübde der Keuschheit, der Armut und des Gehorsams ab, kennen manche Bonzen die drei Jenseitsreiche Fegefeuer, Hölle und Himmel und ähnelt der Ehrenkodex des japanischen Kriegeradels dem Katechismus. Oder beruht die Verwandtschaft einfach darauf, daß »dieses Volk im gleichen Klima wie wir lebt« und somit »auch von weißer Hautfarbe und von gleichem Wuchs« ist?[25] Noch 1725 pflichtet der Philosoph Giovanni Battista Vico in seiner »Neuen Wissenschaft« der Klimathese bei: »In der gemäßigten Zone, wo Menschen von rechter Art geboren werden, übt der Kaiser von Japan, um mit dem äußersten Osten zu beginnen, eine Gesittung ähnlich der römischen in den Punischen Kriegen; er kommt den Römern gleich in der kriegerischen Wildheit und hat, wie gelehrte Reisende bemerken, in der Sprache etwas der römischen Verwandtes.«[26]

Die sympathisierende Nachforschung fördert überzeugende Affinitäten zutage: Auch Japaner haben nur eine Ehefrau. Wie im alten Europa muß sich der Mann seine Gattin durch einen Brautschatz erkaufen und werden bei Trauungen Windlichter angezündet. Die Japaner kennen Feuerproben und Wallfahrten, eine Parallelherrschaft von Priesterkaiser und Militärführer

---

▶[24] Peter Kapitza: a.a.O., Bd. 1, S. 164. ▶[25] So spekuliert u. a. der Jesuit Nicolo Lancilotto im Jahr 1549. ▶[26] Peter Kapitza: a.a.O., Bd. 2, S. 173.

(analog der von Papst und Kaiser in Europa) und eine vergleichbare gesellschaftliche Schichtung bis hinauf zu den regionalen Fürstengeschlechtern. »Je weiter man in die Gesetze, die Gebräuche, die Sitten, die Religion der Japaner eindringt, desto mehr ähnliche Züge entdeckt man mit verschiedenen europäischen Nazionen«, versichert der französische Aufklärer und Geistliche Le Jeune im Jahr 1780. »Eine wahrhaft stoische Standhaftigkeit, eine ungestüme Liebe für die Freiheit, heroische Grundsätze der weisesten Moral scheinen sie den Engländern zu nähern. Wie die Franzosen lieben sie den Luxus und großen Aufwand bei Feierlichkeiten und einen Schwarm von Bedienten. Mit der wollüstigen Neigung der Italiäner verbinden sie die Gravität der Spanier; und die Redlichkeit, die sie in Geschäften beweisen, ist ihnen nicht weniger natürlich als den Deutschen.«[27]

Man wird diesen Wahlverwandtschaften nicht gerecht, wenn man in ihnen nur die Folgen einer diskriminierenden Vorauswahl sieht. (Mögliche Verwandtschaften mit anderen Weltteilen werden nicht erörtert.) Denn die japanische Kultur ist offenbar besser als jede andere dazu imstande, ganz unterschiedliche europäische Projektionen zu bestätigen. Diese Fähigkeit sichert ihr einen festen Platz in der von Europa nominierten Völkerelite.

Übrigens spiegelt sich Japan nur zurück, wenn der westliche Absender Distanz hält. Im 18. Jahrhundert ist Japan abgeschlossen. Der nötige Abstand für Selbstbespiegelungen ist gewahrt. Im 16. Jahrhundert dagegen sind katholische Missionare in Japan anwesend und machen Anstalten, sich zu akkomodieren. Die Sache geht gut, solange die Missionare für ihre Bekehrungserfolge Mißverständnisse in Kauf nehmen.

Der Jesuitenobere Francisco Xavier und seine Brüder gebrauchen in ihren Predigten zur Kennzeichnung des Christengottes zunächst den Namen *Dainichi*. Dieses japanische Wort bezeichnet den von der buddhistischen Shingon-Schule verehrten allmächtigen und unsichtbaren Erzeuger des Universums. Als »Schöpfer«-Name scheint es das Verständnis für die christliche Gottesidee zu erleichtern. Später jedoch wird den Jesuiten bei Besuchen in Shingon-Klöstern bewußt, daß die Bonzen

▶ [27] Pierre-Claude Le Jeune: Observations critiques et philosophiques sur le Japon et sur les Japonais. Amsterdam/Paris 1780. Wiedergabe der deutschen Übersetzung in: Peter Kapitza: a.a.O., Bd. 2, S.686.

keine Vorstellung von der Dreifaltigkeit haben. Xavier befindet nun, daß der terminologische Notbehelf mehr Schaden anrichtet, als er Nutzen bringt. *Dainichi* wird durch das lateinische *Deus* und ausführliche Erläuterungen auf Japanisch ersetzt. Die Europäer sind nicht mehr bereit, »die Wahrheit mit Worten des Irrtums und der Lüge zu erklären«. Sie versuchen, den Prozeß der Japanisierung des Evangeliums vollständig zu kontrollieren.

In diesem Augenblick brechen die – als Teufelsanbeter verleumdeten – Bonzen den Dialog ab und setzen die japanische Sprache, das Medium der Missionierung, als Kampfmittel gegen die christlichen Übersetzer ein. Sie sagen, daß *Deus* (japanisch ausgesprochen: *Deusu*) und *daiuso* ein und dasselbe seien. *Daiuso* bedeutet im Japanischen »Große Lüge«.[28]

Die Europäer zweifeln nicht an der Übersetzbarkeit der göttlichen Botschaft, denn deren universelle Geltung bestätigt sich auf wunderbare Weise in der engen Verwandtschaft europäischer und japanischer Lebensordnung und Wesensart, die das stolze Heidenvolk auf das Christentum vorbereitet. Zugleich aber müssen die Europäer Rückschläge im Missionierungswerk begründen. Als Hauptgrund erkennen sie die unbegreifliche Gegensätzlichkeit des auf der anderen Weltseite gelegenen Japan in allen Lebensbereichen. (Und es kommt darauf an zu sehen, daß die Erfahrung des einen die Erfahrung des anderen nicht dementiert.)

Der Jesuiten-Visitator Alessandro Valignano zieht 1583, gerade aus Japan nach Indien zurückgekehrt, in seinem »Sumario« die folgende Bilanz: »Die Japaner haben... Sitten und Gewohnheiten, die von denen aller anderen Völker so verschieden sind, daß es scheint, sie hätten sich vorsätzlich darum bemüht, keinem Volk gleich zu sein. Wie das aussieht, kann man sich nicht vorstellen, denn man kann wirklich sagen, daß in Japan – im Vergleich zu Europa – die Welt auf dem Kopf steht. Es ist in allem so anders und gegensätzlich, daß die Japaner in fast keinem Punkt mit uns übereinstimmen.«[29] In einem Brief ergänzt er: »Das geht so weit, daß ich sagen würde, die Japaner seien eine andere Menschen-Spezies, wenn es in der menschlichen Natur Unterschiede der Spezies gäbe.«[30]

▶[28] SVD Paul Aoyama Gen: a.a.O., S. 86, 139f. und 150; vgl. Engelbert Jorissen: a.a.O., S. 76, 91 und 100. ▶[29] Zitiert von: Engelbert Jorissen: a.a.O., S.111. ▶[30] Zitiert von: Engelbert Jorissen: a.a.O., S.112.

Der Befund der Gegensätzlichkeit – Europa, auf den Kopf gestellt – genügt Valignano nicht. Die Japanersitten sind grundverschieden von den Sitten *aller* anderen Völker, das heißt, anders schlechthin, »unbeschreiblich« anders. Letzteres ist in Worten nicht zu vermitteln. Um wenigstens eine Ahnung von der Fremdartigkeit der Antipoden zu geben, begnügen sich jesuitische Berichterstatter wie Luis Frois mit der Gegenüberstellung von Gepflogenheiten »bei uns«, nämlich in Europa, und bei den Japanern. In seinem »Traktat« aus dem Jahr 1585 reiht Luis Frois auf mehr als vierzig Seiten Gegensatzpaare aneinander.[31] Er akkumuliert Beispiele aus den verschiedensten Bereichen und bringt so zum Ausdruck, daß die Gegensätze unerschöpflich sind.[32] Man kann nach tausend Seiten aufhören oder schon nach vierzig. Eine kleine Auswahl:

▶ »Wir gebrauchen bei Trauer die schwarze Farbe; und die Japaner die weiße.«

▶ »Wenn wir gehen, heben wir vorn die Kleider auf, um sie nicht zu beschmutzen; die Japaner heben sie hinten so hoch, daß ihnen der ganze Hinterteil entblößt bleibt.«

▶ »Wir spucken jederzeit den Speichel aus; die Japaner schlucken gewöhnlich den Auswurf hinunter.«

▶ »In Europa ist die höchste Ehre und der Reichtum der jungen, unverheirateten Frauen die Schamhaftigkeit und das unverletzte Heiligtum ihrer Reinheit; die japanischen Frauen geben nichts auf die jungfräuliche Reinheit, noch verlieren sie, weil sie ihnen fehlt, Ehre oder Heirat.«

▶ »In Europa gehen die Männer voran und die Frauen hinterher; in Japan die Männer hinterher und die Frauen voran.«

▶ »In Europa wird das Kind, wenn es einmal geboren ist, selten oder fast nie umgebracht; die Japanerinnen setzen den Kindern den Fuß auf den Hals und töten alle, die sie glauben nicht aufziehen zu können.«

▶ »Die in Europa sind schon junge Leute und noch nicht imstande, eine Botschaft auszurichten; die japanischen Kinder von

▶ [31] Luis Frois S. J.: Kulturgegensätze Europa – Japan (1585). Tratado em que se contem muito susinta e abreviadamente algumas contradições e diferenças de custumes antre a gente de Europa e esta provincia de Japão. (Traktat, in dem in gedrängter und kurzer Form von einigen Gegensätzen und Unterschieden der Sitten zwischen den Europäern und diesem Land Japan gesprochen wird.) Erstmalige kritische Ausgabe des eigenhändigen portugiesischen Frois-Textes von Josef Franz Schütte S. J., Tokyo, Sophia Universität 1955. ▶ [32] Engelbert Jorissen: a. a. O., S. 382.

zehn Jahren scheinen fünfzigjährig nach dem Urteil und der Klugheit, mit der sie Bestellungen wiedergeben.«

▶ »Die Leute in Europa lieben gebackenen und gekochten Fisch; die Japaner essen ihn viel lieber roh.«

▶ »Wir trinken mit einer Hand; sie trinken immer mit beiden.«

▶ »Wir loben den Wein der Gastgeber, indem wir ihnen ein freundliches und fröhliches Gesicht machen; die Japaner loben ihn mit so schlechtem Gesicht, daß es aussieht, als ob sie weinten.«

▶ »Wir schreiben quer, von links nach rechts; sie in der Länge, und immer von rechts nach links.«

▶ »Unsere Aborte müssen sich hinter den Häusern verborgen befinden; ihre auf dem Vorplatz, allen sichtbar.«

▶ »Bei uns haben Männer, Frauen und Kinder des Nachts Furcht; in Japan im Gegenteil haben weder Große noch Kleine irgendwelche Furcht.«

▶ »In Europa sucht man Klarheit in den Worten und meidet die Zweideutigkeit; in Japan sind zweideutige Ausdrücke die beste Sprache und am meisten geschätzt.«

▶ »Wir besteigen ein Pferd zuerst mit dem linken Fuß; die Japaner zuerst mit dem rechten.«[33]

Wo ist in diesem Land der Seltsamkeiten Platz für das vernünftige und empfängliche Japan? Nirgendwo. Aber das Japanertum bietet sich den Europäern ja im Plural dar. Als Hort strenger Sittlichkeit und als Panoptikum des Widersinnigen. Das eine muß mit dem anderen (oder einem dritten, vierten Japan) nicht vereinbart werden können. Ein Visitator streicht im Rapport nach Rom die kulturellen Parallelen hervor, ein anderer die Diskrepanzen. Beides entspricht bestimmten missionspolitischen Absichten: Man will zeigen, daß der Einsatz lohnt, und begründen, warum es ohne Akkomodation nicht geht. Die verschiedenen Japan jedoch sind keine Rechtfertigungen von Absichten. Während sämtliche europäischen Absichten früher oder später scheitern, bestehen die zwei (drei, vier) Japanerwelten fort.

Manche Visitatoren bemühen sich, das seltsame Japan über den Leisten des Kulturgegensatzes zu schlagen. Schwarz und weiß, voran und hinterher, hoch und niedrig, roh und gekocht... Die Entgegensetzung ist eine Spielart der Gleich-

▶[33] Peter Kapitza: a.a.O., Bd. 1, S.133–139; Endymion Wilkinson: a.a.O., S. 29.

setzung. In den meisten Beispielen des Luis Frois entwischen die japanischen Sitten dem Polarisierungsschema und lassen sich auf kein bestimmtes Anderssein hinsichtlich europäischer Sitten festlegen. (Zum Beispiel: »Wir benutzen Klistiere und Einspritzungen; sie wenden dies Mittel nie an.«) Dennoch ist es verblüffend, wie häufig es Japan gelingt, den Europäern bei der Suche nach der »Welt auf dem Kopf« gefällig zu sein.

Wenn hartnäckige Beobachtung der japanischen Verhältnisse Sinne und Verstand zu täuschen vermag, ist dann wenigstens den Antworten der Japaner auf hartnäckiges Nachfragen zu trauen? Das hängt davon ab, welche Japaner die Fragenden erkennen. Die ausnahmslos »gottesfürchtigen« und »gelehrigen« Japaner sind »von allen Betrügereien und Lügen weit entfernt«. Aufrichtig zu handeln, hat »die Natur ihnen ins Herz gegeben«.[34] Diese europäische Meinung hält sich im 16. Jahrhundert und gegen Ende des 18. Als Antipoden der wahrheitsliebenden Europäer wiederum »verstehen (die Japaner) sich ausbündig auf das Simulieren und Betrügen«.[35] Täuschen und Heucheln steht bei ihnen als Übung der Geschicklichkeit hoch im Kurs.

Auch das ist eine frühe und späte europäische Erkenntnis.

Die Beobachter des »seltsamen« Japan hingegen nehmen vom Moralisieren Abstand. Ihr Befund ist die Unergründlichkeit – nicht als Ergebnis eines tückischen Verwirrspiels, sondern als Inbegriff des japanischen Wesens. Schon Valignano sieht ein, »daß die Japaner sich von Natur her verstellen, verschlossen sind und nicht leicht ihr Herz öffnen, auch nicht wenn sie Ordensleute werden... immer bleibt, ich weiß nicht welche Schwierigkeit, das Innere der Japaner zu verstehen... Ich weiß nicht, ob es ein Volk gibt, das es so sehr versteht, sich zu verstellen und (etwas) verborgen zu halten, wie in Japan«.[36]

Dieses Fazit Valignanos scheint das einzig angemessene, weil der Visitator eingesteht, mit seinem Latein am Ende zu sein und das Fühlen und Denken der Japaner nicht zu kennen. Aber wie will er wissen, wann ein Japaner sein Herz öffnet und wann er es verschließt? Wie kann er ausschließen, doch einiges vom Inneren der Japaner verstanden zu haben? Vielleicht sagen Japaner die Wahrheit so, als ob sie täuschen wollten.

▶[34] Peter Kapitza: a.a.O., Bd.1, S. 678, und Bd. 2, S. 544. ▶[35] Peter Kapitza: a.a.O., Bd.1, S. 355. ▶[36] Zitiert von: Engelbert Jorissen: a.a.O., S.128.

Um Verstehen bemüht, vergessen wir oft das Grundlegende: Die Europäer kommen nach Japan, nicht die Japaner nach Europa. Als Entdecker greifen die Europäer nach Land und Leuten. Sie schieben damit die Begegnung mit den Angetroffenen auf. Die Europäer erscheinen den Japanern, nicht diese jenen. Die Fixierung auf die Frage, wie die japanische Welt richtig wahrzunehmen sei, vertagt den Skandal des Andersseins der Japaner.

Die Europäer entdecken im fernsten Osten das *Land* Japan. Sie berichten über Inseln mit Küsten, Provinzen, Gewässern, Klima, Pflanzen, Tieren, Bodenschätzen, Städten, Häusern – und Menschen, die sie nach dem Landesnamen Japoner, Japoneser, Japaner nennen. Die Menschen werden als Erzeugnisse von Land und Klima vorgestellt. (Der Arzt Engelbert Kaempfer allerdings macht sich zunächst Gedanken über den »Ursprung« der Japaner. In seiner Japankunde ist die japanische Flora und Fauna den Japanern nachgeordnet.) Die Menschendarstellung beginnt in der Regel mit Charakterisierungen von Hautfarbe und Leibesgestalt, zeigt dann Haartracht und Kleidung, geht ausführlich auf Charakter und Gebräuche ein und behandelt schließlich Schrift und Sprache, Handwerk und Wissenschaften sowie den einheimischen Aberglauben. Die Herrschaftsverhältnisse gehören entweder zur Landschaft oder zu den Sitten. In manchen Abhandlungen haben die Themen Handel und Mission (Märtyrertum) Vorrang; nur sie können die übliche Anordnung der japanischen Dinge durcheinanderbringen.

So also ist Japan in die Prozedur der Entdeckungen und sind die Japaner in das Land eingegliedert. Die Japaner beeindrucken etwa einhundertfünfzig Jahre lang als Vergleichsvolk. »Wann man die Japoneser mit den Indianern vergleichet / seynd sie weisser Farb.«[37] Diese Bemerkung findet sich in der deutschen Übersetzung der Xavier-Biographie von Horatio Torsellini aus dem 16. Jahrhundert, und man könnte ihr viele andere Belege aus Texten dieser Zeit zur Seite stellen. Der Kompilator Arnold Montanus ergänzt 1669 den Vergleich: »Die Einwohner dieser Stadt (Nagasaki) seind weis / gegen die andern Indischen Völker zu rechnen: aber sonst / gegen die Europer / gelbicht und ohne lebende Farbe.«[38] Als Dunkelhäutige erscheinen sie keinesfalls. »Die Japoner sind... an Farbe den Spaniern nicht

▶[37] Peter Kapitza: a.a.O., Bd. 1, S. 234.   ▶[38] Ebenda, S. 693.

ungleich«, konstatiert Caspar Schmalkalden, ein deutscher Kaufmann in holländischen Diensten, gegen 1650.[39] Daß Japans Einwohner »von Farben gelbicht« seien, bezeugen etwa zur selben Zeit auch die norddeutschen Seefahrer Andersen und Iversen. Die Abweichung von der Farbe Weiß führen sie – ganz im Sinne der Klimatheorien jener Zeit – auf Sonneneinwirkung zurück: »Die Weibes Personen aber / welche nicht viel in die Sonne kommen / sondern mehrentheils in Häusern bleiben / seind so weiß / als die *Europeer* seyn mügen.«[40]

Solange die Europäer auf dem Erdenrund nach ihresgleichen Ausschau halten, würdigen sie die Japaner als »schöne / von Gott und der gütigen Natur wohl-gebildete Menschen« oder als »wohlproportionirte Leute«. An diesem Urteil ändern die »kleinen platten eingebogenen Nasen« und »kleinen Binckaugen« der Japaner nichts.[41]

Im 18. Jahrhundert vergeht den Betrachtern japanischer Gesichter allmählich das Vergleichen (im Gegensatz zu den Bewunderern japanischer *Verhältnisse*). Das Relativieren mit Hilfe allgemeiner anthropologischer Kategorien, etwa der einer »kalmückischen Rasse«, beginnt. Die Berichterstatter gehen zu ihren Objekten und ihren eigenen Motiven auf Distanz. Sie erziehen ihre Sinne zu unbeteiligten Zeugen und wählen einfühlsame Metaphern, um den Eindruck, den das Phänomen hinterläßt, nachvollziehbar zu machen. »Die Farbe des Japaners ist durchgängig gelblich, doch so, daß sie bey einigen ins Braune, bey einigen ins Weiße fällt«, erzählt Karl Peter Thunberg gegen Ende des 18. Jahrhunderts. »Die Augen unterscheiden dies Volk, eben so wie die Chineser, von allen andern Völkern, und man kann sie gleich daran kennen. Sie haben nicht die Ründe, wie bey anderen Nationen, sondern sind länglich schmal, liegen tiefer und haben immer gleichsam etwas liebäugelndes, sehen übrigens dunkelbraun oder vielmehr schwarz aus. Das Augenlied bildet mit dem großen Augenwinkel eine tiefe Furche; dies gibt ihnen das Ansehen von Scharfsichtigkeit ... Die Augenbrauen sitzen auch etwas höher, als bey andern Menschen. Der Kopf ist bey den meisten groß; der Hals kurz; das Haar schwarz, dick und von Oehl glänzend; die Nase zwar nicht platt, aber doch etwas dick und kurz.«[42] Zum

▶[39] Peter Kapitza: a.a.O., Bd.1, S. 586. ▶[40] Ebenda, S. 678. ▶[41] Ebenda, S. 612 und 678. ▶[42] Karl Peter Thunberg: a.a.O., S.154f.

präzisierten Bild tragen auch die Beobachtungen bei, daß die Ohren der Japaner »gross« sind, ihre Wangen »platt«, der Bart »sehr dünn« und die Nase »stumpf« und »aufwärts gebogen«.[43] Je nach Landesteil, Sonneneinwirkung, Geschlechts- und Klassenzugehörigkeit sehen die Japaner »bleyfärbig«, »bräunlicht«, »olivenfarbig« und »schwärzer als die Chinesen« aus.

Mit den japanisch-europäischen Analogien verliert sich das ehemals »gute Aussehen« der Japaner. Wo Schönheit war, wird nun bis auf weiteres das Gegenteil vermutet, freilich mit Einschränkungen. »Überhaupt... sind die Japoner so ziemlich häßliche Kerl«, heißt es in einer Sammlung europäischer Reisebeschreibungen, die zwischen 1747 und 1774 in Leipzig erscheint. »Sie sehen bleyfärbig im Gesichte aus, und haben kleine Augen, wiewohl sie ihnen nicht so gar tief im Kopfe liegen, als den Chinesen. Nebst dem sind sie an den Beinen sehr plump; an Leibesgestalt kleiner, als mittelmäßig... Unterdessen schicket sich diese Beschreibung dennoch nicht auf alle Landschaften, ja es haben auch die vornehmen Herren meistentheils nicht das geringste Widrige, weder in ihrem Wesen, noch in ihrem Gesichte... Was das Frauenzimmer betrifft, so wird es von allen Reisenden für schön ausgegeben. Kämpfer hält die Weibspersonen in der Landschaft Fisen für die schönsten von ganz Asien; doch machet er sie dabey sehr klein; und weil sie sich über dieses das Gesicht bemalen, so könnte man billig daran zweifeln, ob ihre natürliche Schönheit so gar groß seyn möchte.«[44]

Die Erkundung der Erde scheint abgeschlossen. Land und Leute werden von unterschiedlichen Wissenschaften erforscht. Die Europäer haben die Hoffnung, sich durch Entdeckungen ergänzen zu können, aufgegeben. Sie sehen im Osten keine Weißen mehr, sondern zergliedern die eigenen Vorurteile. Doch je weniger voreingenommen sie das japanische Gesicht ins Auge fassen, desto weniger enthüllt es. Die Abschließung Japans lenkt den Spürsinn der Entdecker auf eine falsche Fährte. Während andere Kulturen im Brennspiegel westlicher Empirie ihre Geheimnisse verlieren, schützt sich Japan durch Geheim-

▶[43] Vgl. Peter Kapitza: a.a.O., Bd. 2, S. 433 u. 630. ▶[44] Allgemeine Historie der Reisen zu Wasser und zu Lande... Gesammelt und übersetzt von Abraham Gotthelf Kästner und Johann Joachim Schwabe. 21 Bände. Leipzig 1747–1774. Die zitierte Passage ist wiedergegeben in: Peter Kapitza: a.a.O., Bd. 2, S. 433.

nislosigkeit. Jahrhunderte nach seiner Entdeckung ist es immer noch unbekannt. Bekehrer und Erforscher gehen Japanern tunlichst aus dem Weg, zunächst durch leidenschaftliche Gleich- und Entgegensetzung, später durch leidenschaftslose Erkenntnis. Begegnung gibt es dennoch: im Verfehlen.

Von 1880 bis zur Gegenwart: Die fremde Frau und das Nichts

Am Ende des 19. Jahrhunderts wird Ostasien Wunschziel westlicher Weltenbummler. China und Japan locken mit Grenzüberschreitungen der Seele. Reiseschriftsteller lassen verzückt ihr Ausdruckspotential am Unaussprechlichen scheitern: der Osten ist erotisch, das heißt weiblich beziehungsweise ephebisch. Nie zuvor wurde beim Ausmalen unbestimmter Verheißungen so häufig das Eigenschaftswort »fremd« gestammelt. Nach Jahrhunderten des Hörensagens stoßen die Orientfahrer von den chinesischen Küstenstädten aus ins Hinterland vor. Ins tiefe Innere, ins Geheimnis.[1]

▶[1] Für dieses Kapitel fanden insbesondere folgende Schriften Verwendung (in alphabetischer Reihenfolge der Autoren): Gerhard *Amanshauser:* Der Ohne-Namen-See. Chinesische Impressionen. Zürich 1988; Mirko *Ardemagni:* Japan lächelt anders. Stuttgart 1955; Dave *Barry:* Ein Amerikaner in Tokio. Die volle Wahrheit über Japan. Frankfurt am Main 1993; Roland *Barthes:* Das Reich der Zeichen. Frankfurt am Main 1981; Helga und Jürgen *Bertram:* Im Reich der roten Kaiser. Als Korrespondent in China. München 1994; Isabella *Bird:* Unbetretene Pfade in Japan. Wien 1990; Marie von *Bunsen:* Die Flutwelle von Hang-Tschau. In: Georg Adolf Narciß (Hrsg.): Im fernen Osten. Forscher und Entdecker in Tibet, China, Japan und Korea. Tübingen/Basel 1978, S. 273–278; Ian *Buruma:* Japan hinter dem Lächeln. Götter, Gangster, Geishas. Frankfurt am Main 1985; Basil Hall *Chamberlain:* Allerlei Japanisches (Things Japanese). Notizen über verschiedene japanische Gegenstände für Reisende und andere. Berlin 1912; Louis *Couperus:* Japanische Streifzüge. Berlin 1929; Max *Dauthendey:* Die acht Gesichter am Biwasee. Japanische Liebesgeschichten. Hamburg 1951; Adriaan van *Dis:* Ein Barbar in China. Eine Reise durch Zentralasien. Köln 1993; Karl *Eskelund:* Des Kaisers neue Kleider. Eine Reise durch Japan. Flensburg 1956; Peter *Fleming:* Mit mir allein. Eine Reise nach China. Berlin 1935; Peter *Fleming:* Tataren-Nachrichten. Eine Reise von Peking nach Kaschmir. Berlin 1937; Brigitte *Granier:* Verflechtungen. Tokyo als Megadorf, Religion im Alltag, Begegnungen aller im Park. In: Nicolas Baerlocher/Martin Bircher (Hrsg.): Japan: Selbstbild – Fremdbild. Zürich 1993, S. 29–37; Irene *Har-*

1910 fahren der luxemburgische Journalist Norbert Jacques und seine Gefährtin Gre auf einem Hausboot den Jangtsekiang hinauf. Jacques sammelt »kleine, fremde, aufreizende Erlebnisse«, in der Absicht, sie später zu versinnbildlichen. Unter dem Datum des 7. Dezember schreibt er sich eine sinnverwirrende Begegnung im »modrigen Winkel« einer »fremden Stadt« zu:

Da kam sie.
Langsam auf den kleinen Füßchen kam sie daher... So fern und so goldenbleich wie der Mond war ihr Gesicht einen Augenblick lang neben meinen Augen. Ich spürte den fremd riechenden Dunst ihrer Haut...

dach-Pinke: Die Entdeckung des modernen Japan und seine Wahrnehmung durch den Westen. In: Irene Hardach-Pinke (Hrsg.): Japan – eine andere Moderne. Tübingen 1990, S. 11–36; Karl *Haushofer:* Dai Nihon. Betrachtungen über Groß-Japans Wehrkraft, Weltstellung und Zukunft. Berlin 1913; Lafcadio *Hearn:* Aus dem Tagebuche eines englischen Lehrers. In: Lafcadio Hearn: Izumo. Blicke in das unbekannte Japan. Frankfurt am Main 1907, S. 54–117; Lafcadio *Hearn:* Vom Ewig-Weiblichen. In: Lafcadio Hearn: Kyushu. Träume und Studien aus dem neuen Japan. Frankfurt am Main 1908, S. 75–108; Lafcadio *Hearn:* Die feudale Integration. In: Lafcadio Hearn: Japan. Ein Deutungsversuch. Frankfurt am Main 1912, S. 275–294; Stefan *Heep:* Delhi–Peking. Tagebuch eines Streifzuges durch Asien. Frankfurt am Main 1993; Paul *Hoebel:* Der Chinese im Kampf. Berlin o. J. (1902); Norbert *Jacques:* Abenteuerliche Hausbootreise durch die Schnellen des Jangtsekiang. In: Georg Adolf Narciß (Hrsg.): Im fernen Osten. Forscher und Entdecker in Tibet, China, Japan und Korea. Tübingen/Basel 1978, S. 223–273; Dietrich *Krusche:* Japan – konkrete Fremde. Eine Kritik der Modalitäten europäischer Erfahrung von Fremde. München 1973; Wolfgang *Kubin:* Die fremde Frau, der fremde Mann. Zum Bild Chinas in der neueren deutschsprachigen Literatur. In: SVD Bernhard Mensen (Hrsg.): China, sein neues Gesicht. Nettetal 1987, S. 9–25; Karl Friedrich *Kurz:* Sayonara. Eine japanische Liebesgeschichte. Oldenburg 1937; Christoph *Langemann:* Japan, eine Kultur der Inszenierung? In: Nicolas Baerlocher/Martin Bircher (Hrsg.): Japan: Selbstbild – Fremdbild. Zürich 1993, S. 169–172; Pierre *Leroy-Beaulieu:* Die chinesische Frage. Leipzig 1900; Erna *Li:* Deutsche Frauen in China. 12 Plaudereien über deutsch-chinesische Ehen. (= Berliner China-Studien. 7.) München 1984; Pierre *Loti:* Madame Chrysanthème. In: »Aus fremden Zungen«, Halbmonatsschrift (Stuttgart). Fünfter Jahrgang 1885, Erster Band (Heft 1–12), S. 1–12, 53–64, 101–112, 149–157 und 197–206; Ella K(atherine) *Maillart:* Verbotene Reise. Von Peking nach Kaschmir. Berlin 1938; Regine *Mathias-Pauer:* Deutsche Meinungen zu Japan – von der Reichsgründung bis zum Dritten Reich. In: Josef Kreiner (Hrsg.): Deutschland – Japan. Historische Kontakte. Bonn 1984, S. 115–140; Heinrich *Mehl:* Das wahre Gesicht Japans? Das Japan-Bild in deutschen illustrierten Zeitschriften der letzten 150 Jahre. In: Heinrich Mehl/Hansjörg Meyer (Hrsg.): Vertraute Fremde.

Opalweißes Gesicht! Unter der pudrigen Schminke lockte die Haut föhnweich. Die kleinen Lippen leuchteten geschwungen wie zwei feuerrote Blütenblätter... Auf der Stirn war der sanfte himbeerfarbene Kreis aufgemalt, Künder heimlicher Sitten und Gemächer...

Wie ihre Augen waren, weiß ich nicht. Ein goldener Glanz vielleicht, von langen Wimpern in einem schmalen Spalt zurückgehalten, fremd wie Urgestein, das wieder in Feuer geraten war...

Es war das fremde Wunder, das sich mir, der nun monatelang europalos zwischen chinesischen Männern, Frauen und Kindern irrte und suchte, verschloß. Jetzt war es auf einmal greifbar wie eine Frucht vor mich hingestellt und ging auf porzellanenen goldenen Linien davon, Mythe fremdrassiger Körperlichkeit. Wie in einer Katastrophe war ich zu dir hingestellt worden, in diesem Nebental des Jangtsetals, allein mit dir in dieser Welt: China... o schönste junge Frau des himmlischen Reichs!...

Ich ging hinter der Fremden her... Die weitfaltige Tracht verhüllte ihren Leib. Nur die Hüften unter dem vorsichtigen Zwang

Anmerkungen zu Kultur, Politik und Pädagogik in Japan und Deutschland. München 1994, S. 29–59; Henri *Michaux:* Ein Barbar in Asien. Graz 1992; Adolf *Muschg:* Die Insel, die Kolumbus nicht gefunden hat. (Darin insbesondere: Japan – Versuch eines fraktalen Porträts; Zeichenverschiebung) Frankfurt am Main 1995; Reinhold *Ophüls-Kashima:* Vulkane und Erdbeben, Geishas und Sumô-Kämpfer. Überlegungen zum Japonismus heute. In: *kultuRRevolution – Zeitschrift für angewandte Diskurstheorie* (Essen). Nr. 32/33 (Dezember 1995), S. 88–98; Peter *Pantzer:* Japan im Spiegel westlicher Ansichtskarten. In: Sepp Linhart (Hrsg.): Japan. Sprache, Kultur, Gesellschaft (Festschrift). Wien 1995, S. 157–188; W. *Prenzel:* Charakter und Politik des Japaners. Bonn 1915; Beatrix von *Ragué:* Streiflichter auf Japan. Wuppertal-Barmen 1964; Edward W. *Said:* Orientalismus. Frankfurt am Main 1981; Volker *Schubert:* Moderne ohne Individualität? In: Irene Hardach-Pinke (Hrsg.): Japan – eine andere Moderne. Tübingen 1990, S. 115–133; Ingrid *Schuster:* China und Japan in der deutschen Literatur 1890–1915. Bern 1977; Friedrich *Sieburg:* Die stählerne Blume. Eine Reise nach Japan. Frankfurt am Main 1939; Angela *Terzani:* Chinesische Jahre: 1980–1983. Hamburg 1986; Angela *Terzani:* Die Erben der Samurai. Japanische Jahre. Hamburg 1992; Thomas *Theye:* »Ferne Länder – fremde Bilder«. Das Bild Asiens in der Photographie des 19. Jahrhunderts. In: Klaus Pohl (Hrsg.): Ansichten der Ferne. Reisephotographie 1850–heute (Katalogbuch). Gießen 1983, S. 59–95; Endymion *Wilkinson:* Japan ist ganz anders. Geschichte eines großen Mißverständnisses. Königstein/Ts. 1982; Richard *Wolf:* Chinesen. Berlin 1943; Eugene Franklin *Wong:* On Visual Media Racism. Asians in the American Motion Pictures. New York 1978.

der Füßchen, die Schmutz und Steinen auswichen, schaukelten in morgenländischer Lust...
Jasmina, Unerreichbare! Hoch und gestaltenreich wie die Wolke... Mond und Perle, Muschel und Nebel...
Wie sie gekommen war aus dem Gewirr, so verschwand Jasmina ins Gerümpel der Stadt. Mein Abenteuer war aus...
Gre wurde nicht eifersüchtig und lachte mich auch nicht aus... Von der ich ihr erzählte, war ja kein Weib, war eine Lotosblume, auf eine Vase gemalt, auf einen Teich gezaubert, vom erhabenen Urrätsel China auf die grüne Wasserfläche heraufgehoben.[2]

Nicht zu deuten ist hier, nur abzulesen. Fast alle Motive der fernöstlichen Betörung sind in diesen Zeilen versammelt: Kindlichkeit und Künstlichkeit, Prostitution und Unerreichbarkeit, Reinheit und Verworfenheit. Die Fahlheit von Nachtwesen, die in verborgenen Gemächern verdämmern. Das Trügerische von Wachtraumgestalten. Die Raffinesse unabsehbar langen Hinauszögerns (initiiert vom Stolperschritt zierlicher, verstümmelter Füße). »Porzellanene« Starrheit, das Ausdruckslose und Zeremonielle (das auch das Bild japanischer Geishas kennzeichnet). Die Verlockung eines seligen Untergangs: »Wie in einer Katastrophe war ich zu dir hingestellt worden...« Und schließlich die Verhüllung des Körpers durch weitfaltige – und in unbestimmt vielen Schichten getragene – Kleidung, eine Spielart des Hinauszögerns. Ob solche mondhaften Wesen überhaupt einen Körper haben, ist ungewiß.

Um das Wohlgeratene an jungen Chinesenmännern zu erfassen, greift Norbert Jacques zum Apollo-Gleichnis und hebt die eher nichtchinesischen Züge wie den »schmalen Kopf« und die »großen feuchtglänzenden Augen« hervor. Ein »Boy«, auf den dies alles zutrifft, wird aber zugleich als »schmachtend und verschlagen« charakterisiert.[3] Da ist er, der Asiate. Der später als Verfasser geopolitischer Arbeiten hervortretende Karl Haushofer weilt in den Jahren 1908 bis 1910 als Beobachter des Bayerischen Generalstabs in Japan und stellt Vergleiche zwischen Persönlichkeiten Japans und Europas an. Wie die Jesuiten des 16. Jahrhunderts erinnert ihn edles Japanertum an antikes Ebenmaß. Einen Hauptmann schildert Haushofer als »weiß und rosig, mit schmalem Gesicht, griechischem Profil,

▶[2] Norbert Jacques: a.a.O., S. 240–242. ▶[3] Ebenda, S. 252.

schlanker, schnittiger Rassefigur, nur mit einer leichten Schiefe um die Augen, an gewisse hieratische griechische Bilder (Apollo von Tenea) erinnernd, doch so, daß er in einer russischen oder österreichischen Uniform niemand aufgefallen wäre«.[4] Im Gesicht eines jungen japanischen Prinzen und dem eines buddhistischen Kirchenfürsten erkennt Haushofer »feine scharfe spätrömische Züge«.

Edle Züge sind in Japan ein exklusives Merkmal der Oberklasse. Auch die Engländerin Isabella Bird, die 1878 – als erste europäische Touristin – die japanische Zentralinsel erkundet, entdeckt Schönheit nur bei Angehörigen der alten Kriegerkaste. »Sein Antlitz ist länger, seine Lippen schmaler, seine Nase gerader und vorstehender als bei der niederen Klasse«, notiert sie nach der Begegnung mit einem Samurai.[5] Den Zugang zum Schönen am Fremden öffnet das Vertraute. Doch verführerisch an Asien ist sein Unvertrautes.

Edward W. Said hat uns in seiner »Orientalismus«-Studie darüber aufgeklärt, daß der Orient nichts anderes sei als eine »Erfindung« europäischer Reisender und Forscher *auf der Suche nach der fremden Frau*. Europäische China- und Japanfahrer sehen sich somit zweifach in ihre eigenen Schranken verwiesen. Erstens: Alles, was sie im Fernen Osten erleben, resultiert aus phantastischen Projektionen. (Zivilisationsmüde wünschen sie in den Urzustand zurückzukehren, zu verwildern, in dunkler Fremde den Erdenschoß zu penetrieren. Und was projizieren Europäerinnen?) Zweitens: Sie bleiben unter allen Umständen das Opfer ihrer Vorstellungen, weil nach Said jede »Repräsentation«, die Früchte jahrelanger Beobachtung nicht ausgenommen, »zunächst in Sprache und dann in Kultur, Institutionen und der politischen Ambiance des Repräsentierenden gefaßt ist«.[6] Als Wahrheitssuchende gelangen sie demnach nie aus Europa hinaus. Der Unterschied zwischen Fehldeutung und wissenschaftlicher, selbstkritischer Erkenntnis ist für Said nur »bestenfalls graduell«.

Gerade in ihrer überzeugenden Folgerichtigkeit bleiben Saids Thesen folgenlos für Europäer in Asien. Nur Chinesen können China gerecht werden, nur Japaner Japan. Europäer brauchen sich gar nicht erst zu bemühen. Und was schert sie das? Wenig. Denn anders, als Said vielleicht meint, steht bei ihrer

▶[4] Karl Haushofer: a.a.O., S. 348. ▶[5] Isabella Bird: a.a.O., S. 131. ▶[6] Edward W. Said: a.a.O., S. 306.

Begegnung mit Asiaten viel mehr auf dem Spiel als die Übereinstimmung von Vorstellung und Wirklichkeit. Etwas hat sie berührt. Hat sie dazu bewegt, zu lieben, zu verabscheuen, zu staunen. Verschwindet es, weil sie es nicht begreifen? Wird Erkenntnis darüber entscheiden, wohin die Liebe, der Abscheu, das Staunen führt? Wenn es dem Europäer gelingt, die *fremde Frau* zu finden, kümmert es ihn nicht, wie sie an und für sich ist (ohne sein Begehren, ohne seine Anwesenheit). Und wenn sie ihm entgeht, ändert Selbsterkenntnis daran nichts. Er begreift dann, daß er Europäer ist und die fremde Frau sucht. Und setzt seine Suche fort.

Für die Asienwissenschaft jedoch ist Saids Einsicht deprimierend. Was für Said ein »bestenfalls gradueller« Unterschied ist, macht für sie den Unterschied ums Ganze aus.

Der Anblick von müßigen, tätigen, schweigenden, zelebrierenden und strafenden Chinesen und Japanern erregt bei Europäern Sehnsucht und Abscheu und andere widersprechende Empfindungen. Da greift die Interkulturwissenschaft ein. Fragen wir uns doch zunächst, was »Anblick« heißt, fordert sie. Nicht Chinesen und Japaner sind es, die unsere Gefühle erregen. Wir sind Selbsterreger. Unsere Wünsche und Ängste schaffen sich Truggebilde, die an die Stelle der wirklichen Chinesen und Japaner treten.

Wir wären demnach imstande, ein ganzes Asien aus dem Geiste zu erschaffen? Und dieses Asien jahrzehntelang zu erhalten? Die wirklichen Asiaten störten dabei nur? (Doch nicht genug, um unser Truggebilde einstürzen zu lassen?)

Natürlich gibt das Zusammentreffen mit ihnen den Anstoß für unsere Einbildung, erklären die Kritiker von Chinoiserien und Japonismen. Aber um zu erkennen, was unsere Vorstellungen wert sind, sollten wir die asiatischen Kulturen von innen heraus verstehen. So daß wir sie immer besser und eines Tages richtig zu verstehen lernen.

Nehmen wir an, wir Europäer könnten, ohne ein neues Übermenschentum zu proklamieren, von einer Innenansicht in die andere wechseln: Was geschähe mit der dann unvermeidlich abgeblendeten europäischen Wahrnehmung?

Sie würde ihre Sprache verlieren. Unter Aufsicht gestellt. In den Untergrund gehen. Invertieren.

Liest man die Ostasienliteratur von heute, könnte man meinen, dieser Zustand sei bereits eingetreten.

Seit dreißig, vierzig Jahren stehen die Berichte von Europäern aus China und Japan unter ideologiekritischer Kuratel. Noch ist es nicht ausgemacht, was die von außen hergestellten Innenansichten überhaupt zeigen. Doch allein die Mahnung, den eigenen Sinnen besser nicht zu trauen, hat Folgen. Die Reiseschriftsteller und Korrespondenten verdächtigen ihre Wahrnehmung, bevor sie wahrnehmen. In voluminösen China- und Japanbüchern professioneller Augenzeugen findet sich keine einzige Beschreibung von Gesichtern, Grimassen, Arm- und Beinbewegungen, Sprechweisen und Affekten. Nur Laienbesucher riskieren einen unaufgeklärten westlichen Blick, aber sie bringen meist nichts zu Papier.

Die erste Beute der Jäger des Vorurteils ist die allseits ausgerufene interkulturelle Kommunikation. Die Wissenschaft von den Kulturen schafft sich abgedichtete Innenräume (von wo sie nach Belieben ins Globale schweift). Sie forscht im Raum der Europäer – hier weist sie nach, daß deren Außenwahrnehmung nichts als Übertragung ist – und in den Räumen der Chinesen und Japaner. Unter dem Primat des richtigen Verstehens bleiben Asiaten und Europäer voneinander getrennt.

Doch sie sind ja aneinandergeraten. Neue Wirklichkeiten sind dabei entstanden. Die europäische Angewohnheit, Ostasiaten »Schlitzaugen« zu nennen, ist weder die Folge richtigen oder falschen Verstehens noch eine Mixtur aus beidem. »Schlitzaugen« sind auch keine Jungfernzeugung europäischer Wünsche und Ängste. Sie sind Früchte der Konfrontation. Der Neigung zum Spott geht gegenseitige Überwältigung voraus. Wer aus den Rätselmenschen des Ostens »Schlitzaugen« macht, nimmt die Sache auf die leichte Schulter. Er untertreibt maßlos, hat aber wenigstens hingesehen. Stereotype von Chinesen und Japanern stammen von Europäern, sind aber nicht aus der Luft gegriffen. Sie sind so wenig widerlegbar wie eine bestimmte Art und Weise, mit den Armen zu schlenkern. Allenfalls sind sie durch andere Stereotype abzulösen.

Zurück zum Reiz der Asiaten. Der Ferne Orient lockt den Mann aus dem Westen vornehmlich in Gestalt »niedlicher« und »drolliger« Frauenzimmer. Die Prostituierte »Madame Chrysanthème«, Modell für Puccinis »Madame Butterfly«, irritiert den Literaten Pierre Loti 1885 in Nagasaki tagsüber mit ihren puppenhaften »Händchen und Füßchen« und nachts mit ihrer

»bizarren Anmut«.⁷ Lafcadio Hearn, der es wissen muß, urteilt zu Beginn des 20. Jahrhunderts, man könne der »japanischen Rasse« zwar kaum Schönheit zusprechen, wohl aber ungezwungene Anmut »in der Art, sich zu geben, etwas zu tun, einen anzublicken«. Er liebt den »Reiz der Kindheit, der Kindheit, in der jeder Zug nur weich und vage umrissen ist«, und sieht einen »zarten zierlichen Typus mit bewunderungswürdig kleinen Händen und Füßen«.⁸ (Erklärung für die Engelhaftigkeit der japanischen Frau: Sie habe nicht nur die Liebe des Gatten, sondern auch die aller Mitglieder der Gattenfamilie zu erringen.⁹) Von europäischen Ansichtskarten dieser Zeit grüßen »niedliche« Geishas im »zarten, duftigen Kimono«, während die japanische Männerwelt durch Abwesenheit gefällt.¹⁰ Der in Tokyo lehrende Basil Hall Chamberlain spielt in seinem Handbuch »Things Japanese« unter dem Stichwort »Frauen« das »kindliche, vertrauensvolle, süße japanische Mädchen« gegen die »erhabene, berechnende, kluge okzidentalische Circe« aus.¹¹

Sanftheit, Gehorsam und Güte sucht man zu erklären, zartlockende Niedlichkeit nicht. Letztere erfreut Europas Männer bis heute. Im Liebesroman »Sayonara« des Japanfahrers Karl Friedrich Kurz aus dem Jahr 1937 fällt der Fremdling in einen Dämmerzustand, bevor die japanische Grazie vor sein Lager und in sein Leben tritt. Dieses »Gebilde des Zwielichts und des Schlummers« trägt drei seidene Kimonos übereinander. Mit »kindlicher freier Anmut«, an eine »köstliche Porzellanfigur« gemahnend, klatscht sie in ihre »schmalen weißen Hände«, wendet ihm »das weißgepuderte Gesicht mit dem kirschrot gemalten Mund« zu und spricht ihn mit »feiner, hoher Stimme« an. Die »Merkmale der Mongolenrasse« sind bei ihr »eigentümlich gemildert«, so daß sich zur »seltsamen Fremdheit« die Schönheit gesellt, was die Aufnahme realer körperlicher Beziehungen erleichtert.¹² (Der Europäer sucht die fremde Frau und wählt die Eurasierin.)

Auch in Friedrich Sieburgs einfühlsamem Japanbericht von 1939 kommt die »drollige Anmut« der Japanerinnen vor. Vom »sanften Licht ihrer zurückhaltenden Weiblichkeit« geschützt, sind sie so frei, dem Fremden manches japanische Geheim-

[7] Pierre Loti: a.a.O., S. 6 und 55. [8] Lafcadio Hearn: Die feudale Integration, a.a.O., S. 291f. [9] Ebenda, S. 293. [10] Peter Pantzer: a.a.O., S. 168 bis 171. [11] Basil Hall Chamberlain: a.a.O., S. 166. [12] Karl Friedrich Kurz: a.a.O., S. 17–20.

nis zu lüften. Zärtlich beschreibt Sieburg die Japanerinnen als »schwatzende Schmetterlinge, kichernde Blumen, das runde Gesichtchen weiß gepudert, im Haar eine rote Blüte und mit einer Haut so kühl und flaumig wie ein junger Pfirsich«.[13]

Aber die Besucher spüren, daß Dienstbarkeit eine japanische Technik ist, Abstand zu halten. Das Lächeln der japanischen Gespielin bleibt auch nach der Hingabe mechanisch. Den forschenden Liebhaber kränkt ihre »sachliche« und »selbstverständliche« Grazie.[14] In der Geregeltheit der Dinge gibt's kein Nah- und Näherkommen. Das ist die Entrücktheit der Orientalin.

Der Europäer ist auf der Suche nach der fremden Frau und verfehlt den Osten. Doch den Osten verfehlend, nimmt er den Osten wahr.

Die attraktive Chinesin unterscheidet sich von der attraktiven Japanerin. Sie kichert und dienert weniger. Aber auch sie beherrscht die Kunst, den Fremden durch Fürsorge zur Figur in einem unpersönlichen Gesellschaftsspiel zu machen. Am Ziel aller seiner Wünsche hat der Fremde kein liebendes Gegenüber, sondern lebt in Symbiose mit einer Art Biomechanoid.

Nähere Auskunft gibt uns der belgische Maler-Autor Henri Michaux, der zu Beginn der dreißiger Jahre als »Barbar« durch Ost- und Südostasien reist. In seinen tagtraumartigen Aufzeichnungen findet sich auch ein Gutachten über »die chinesische Frau«. Fachleute werden den Kopf schütteln oder von der Freiheit des Künstlers sprechen, denn Michaux gibt nichts als dreiste Verallgemeinerungen von sich. (»Der Chinese ist nie gelöst, sondern immer auf der Hut, er sieht immer aus wie das Mitglied eines Geheimbundes.«[15]) Aber was wie Willkür erscheint, ist die Fraglosigkeit der Eingebung. Michaux liefert sich dem Gastland aus. Er empfängt seine Verdikte in einem Zustand der Selbstvergessenheit und grimmigen Staunens über die Daseinskünste der Asiaten. Das Wahrgenommene spitzt sich zu und durchschlägt wie ein Giftpfeil die Abschirmungen des Abendlands. Nirgendwo, wenn nicht hier, ist Realismus.

Die chinesische Frau ist wie die Wurzel des Banyan[16], *die man überall antrifft, selbst unter den Blättern. Hat man sie, so wie sie ist, in sein Bett gebracht, braucht man Tage, um sich von ihr zu lösen.*

▶[13] Friedrich Sieburg: a.a.O., S. 83–85. ▶[14] Vgl. Adolf Muschg: Im Sommer des Hasen. Frankfurt am Main 1975. ▶[15] Henri Michaux: a.a.O., S.145. ▶[16] Feigenbaumart mit Luftwurzeln.

Die chinesische Frau umsorgt einen. Sie meint, man wäre bei ihr in Behandlung. Nie dreht sie sich auf ihre Seite. Ständig umschlingt sie einen, wie der Efeu, der nicht lockerlassen kann.
Und der zappeligste Mann wird sie nahe und anschmiegsam finden wie ein Laken.
Die chinesische Frau ist einem zudiensten, und zwar nicht unterwürfig, nein, sondern taktvoll, präzise und liebevoll.
Es gibt einen Moment nach anderen Momenten, da fast jeder Lust hat, sich auszuruhen.
Man vielleicht, nicht sie. Diese Ameise sucht sogleich nach Arbeit, und schon ist sie aufmerksam damit zugange, einem den Koffer in Ordnung zu bringen.
Eine richtige Lektion in chinesischer Kunst. Man sieht ihr verblüfft zu. Da ist keine Sicherheitsnadel, kein Zahnstocher, die sie nicht umdreht und zurechtrückt und in eine perfekte Anordnung bringt, die auf Jahrhunderten und Jahrtausenden kluger Erfahrung zu beruhen scheint.
Da ist kein Gegenstand, den sie nicht mit Gesten erkundet, den sie nicht ausprobiert und versucht und beurteilt, und bevor sie ihn plaziert, spielt sie mit ihm. Und betrachtet man dann diese ganze Anordnung, so scheint der Inhalt des Koffers nun etwas Puppenhaftes zu besitzen, etwas Puppenhaftes und auch Hartes, gleichsam nicht zu Beeinträchtigendes.[17]

Für keinen westlichen Liebhaber von »Mongolinnen« ist deren Verführungskraft geheuer. Rückt die einnehmende Gestalt in die Ferne oder zu nahe vor das Auge oder sitzt sie bei schnatternden Angehörigen, verliert sie sich in abstoßende »Gesichtslosigkeit«. Nur ein winziger Ruck im Mienenspiel trennt Laszivität von Stumpfheit. Das anmutige Wiegen des Kopfes wird plötzlich als Bewegungsprogramm einer Gliederpuppe kenntlich. Keifende Herrschsucht befällt das drollige Gesicht. (Erklärung: Der Chinese schiebt seine Frau ins Innere des Hauses ab, und dort schwelen Trägheit und Bosheit.[18]) Der schmachtende Blick ist Heimtücke: geduldiges, jahrhundertelanges Warten auf den Augenblick, in dem der Mensch aus dem Westen in seiner Aufmerksamkeit nachläßt.

Manchen Asiatinnen fehlen europide Züge gänzlich – nur flache Nase, breites Gesicht, schiefstehende Augen, hervortretende Backenknochen. Übt eine solche Gestalt Reiz auf den

▶[17] Henri Michaux: a.a.O., S.120f. ▶[18] Norbert Jacques: a.a.O., S.249.

Fremden aus, dann »schillernden Zauber«. Etwas »düster Gewaltsames« bereitet sich vor. In europäischen China-Romanen tritt die häßliche Fatale als Verwandte des teuflischen Magiers auf: »Mit ungewöhnlich biegsamen und schlanken Fingern hob sie die hauchdünne Tasse an ihren blaßroten, gefährlichen Mund.«[19] Mit all ihrem Sein und Tun verabreicht sie Gift.

Es sind überwiegend männliche und überwiegend chinesische Gesichter, deren Anblick den westlichen Beobachter frieren läßt. Chinesen seien ein »keineswegs verführerisches Volk« mit einem »ungraziösen Äußeren«, bemerkt der französische Nationalökonom Pierre Leroy-Beaulieu am Ende des 19. Jahrhunderts.[20] Chinaphotographen dieser Zeit nehmen »stupide, gaffende Menschenmengen« ins Visier, Gesichter voller »Verdrießlichkeit«, »Kälte« und »Grausamkeit«.[21] In der Mitte des 20. Jahrhunderts leidet der Phänotyp des häßlichen Chinesen an einem »Mondgesicht«, »hervorstehenden Zähnen«, einer »breiten Nase«, kleinen Augen, »schmuddeligem Teint« und »teilnahmslos brütender Dumpfheit«.

Der Durchschnittsjapaner deprimiert den europäischen Schönheitssinn nicht weniger. Isabella Bird, die erste Japantouristin, erblickt auf ihrem Ritt durch die Provinz fast ausschließlich bresthafte Menschen. Warum wollen ausgerechnet diese »häßlichen, kleinen, kindisch aussehenden, verschrumpften, krummbeinigen, plattschultrigen, hohlbrüstigen und ärmlichen Wesen« europäische Kleidung tragen, die ihnen die letzte Würde raubt? Bird begegnet auch Frauen der höheren, mittleren und niederen Stände. Nur wenige von ihnen erscheinen ihr »reizend und graziös«, und vor den übrigen empfindet sie Abscheu. »Mir widersteht es«, bekennt sie, »fette Gesichter, Stumpfnasen, dicke Lippen, lange, schief geschlitzte Augen und bepuderte und geschminkte Wangen zu bewundern.« Zumal diese Frauen sich nur »wackelnd« und »trippelnd« fortbewegen.[22]

Auch der Liebesabenteurer Pierre Loti verliert schon nach kurzer Bekanntschaft mit Madame Chrysanthème alle Illusionen über deren Reize. Daß sich das fernöstliche Geheimnis nicht unter der Kleidung der Frauen verbirgt, erfährt er, als er Mädchen und Frauen beim allabendlichen Nacktbaden betrachtet:

▶[19] Karl Friedrich Kurz: a.a.O., S.109. ▶[20] Pierre Leroy-Beaulieu: a.a.O., S.67. ▶[21] Thomas Theye: a.a.O., S.85. ▶[22] Isabella Bird: a.a.O., S.24, 33, 51f. und 273.

»Wenn eine Japanerin ihr langes Kleid und den breiten Gürtel mit den hübschen Schleifen abgelegt hat, so bleibt nichts übrig als ein gelbes, unscheinbares Wesen mit dünnen, krummen Beinen und schmalem, birnenförmigem Busen.«[23] (Erklärung des Japanologen Endymion Wilkinson für diese beleidigende Darstellung: »Loti selbst war in seinem Äußeren klein und effeminiert, kaltblütig, snobistisch und voll panischer Angst vor dem Alter.« Folglich projizierte er.[24])

Häßliche japanische Männer mit »schiefen Köpfen« werden von den westlichen Reiseautoren des 19. und 20. Jahrhunderts (bis 1945) auf eine einzige physiognomische Metapher reduziert. Sie sind die »Affengesichter«, die »kleinen gelben Affen«, die »grinsenden Affenfratzen«, die mit Cut und Zylinder »verkleideten Affen«.

Seit 1945 sind das Anziehende und das Abstoßende japanischer Körper für Westmenschen tabu. Chinesen dagegen haben offenbar den animalischen Status der Rückständigen noch nicht überwunden. Vermutlich deshalb werden Körperfragen von europäischen Privatreisenden noch nicht als unpassend empfunden. 1996 äußern sich neun Personen, die in den Jahren zwischen 1986 und 1995 längere oder kürzere Zeit in China waren, wie folgt[25]:

▶ »Chinesen sehen sehr ähnlich aus. Ich hatte Mühe, sie zu unterscheiden. Sie haben meist ein rundes Gesicht, breite Backenknochen, dunkle Schlitzaugen, kurze stumpfe Nasen und schönes schwarzes Haar. Von Gestalt sind sie klein und grobschlächtig. Ihr Gang ist gelassen, fast wie eine Art Rollen... Während der sieben Wochen, die ich mich in China aufhielt, habe ich keine einzige Chinesin gesehen, nach der ich mich hätte umdrehen wollen... Die chinesische Sprache klingt mehr nach Lautübungen als nach einer Sprache.« *(Männlich, etwa 55 Jahre)*

▶ »Sie sind alle schlank und relativ klein.« *(Weiblich, etwa 35 Jahre)*

▶ »Viele geben sich unwillig, mürrisch und unfreundlich – auch als Geschäftsleute gegenüber Kunden. Sie wirken auf mich

▶[23] Pierre Loti: a.a.O., S.112. ▶[24] Endymion Wilkinson: a.a.O., S.46.
▶[25] Quelle: Interviews des Autors im Jahr 1996 mit neun Europäern, die sich aus beruflichen oder familiären Gründen oder als Touristen in China aufgehalten haben.

sehr nüchtern und emotionslos, und sie neigen zur Aggression. Sie gestikulieren wenig und verziehen nicht ihr Gesicht. Sie gehen mit schnellen kleinen wiegenden Schritten. Ihr Lachen klingt hämisch... Chinesisch klingt nicht wie eine Sprache.« *(Weiblich, etwa 30 Jahre)*

▶ »Viele von ihnen haben lustige Gesichter, aber sie lächeln fast nie... Die Sprache klingt eigenartig, im Süden Chinas fast wie ein Gesang. In Peking erinnert sie an Katzenmusik.« *(Männlich, etwa 45 Jahre)*

▶ »Sie bewegen sich selten hastig. Meistens gehen sie langsam. Nur ältere Frauen machen noch die typischen Trippelschritte. Chinesische Models sind auch für Weiße attraktiv. Aber sie haben weder Busen noch Popo... Chinesisch hört sich an wie Vogelgezwitscher.« *(Männlich, etwa 55 Jahre)*

▶ »Chinesen sind nicht schön. Sie haben ausdruckslose und faltige Gesichter, die rasch altern, eine häßliche bräunliche Hautfarbe, Mandelaugen und volle Lippen.« *(Männlich, etwa 50 Jahre)*

▶ »Chinesen sind wenig körperbezogen und genieren sich leicht. Sie wirken bescheiden, sind es aber nicht... Wenn sie in die Enge getrieben werden, setzen sie sich hin und blicken starr geradeaus... Die Sprache ist eine Art Singsang.« *(Weiblich, etwa 50 Jahre)*

▶ »Sie gehen gemächlich und machen kleine Schritte. Sie sitzen schlapp und nicht aufrecht. Ihre Körperbewegungen erscheinen unkoordiniert. Die meisten Chinesen watscheln leicht beim Gehen, vor allem die Frauen... Das in Peking gesprochene Mandarin klingt guttural, das Kantonesische sehr melodisch.« *(Männlich, etwa 40 Jahre)*

▶ »Viele Gesichter erscheinen so kindlich, daß es schwer ist, das Alter der Betreffenden zu schätzen. Viele Vierzehn- und Fünfzehnjährige sehen wie Kleinkinder aus. Nur wenige Chinesen haben markante Gesichter. Ihre Gesichter *tun* einfach weniger als die europäischen... Eine helle Gesichtsfarbe gilt als attraktiv. Die Chinesen wollen nicht braun werden. Auch rote Wangen zu haben, gilt als unfein. Daher schminkt man sich weiß und blaß. Viele Frauen lassen sich operieren, damit die Augen runder werden.« *(Weiblich, etwa 35 Jahre)*

Wenn sich die Sehnsucht nach der fremden Frau erschöpft, bleibt der Fremde in Fernost mit einem existentiellen Rätsel allein: Wer oder was blickt ihn an? Erfährt er persönliche Zuwendung oder sondiert ihn ein amorphes Kollektiv? »Die Gesichter der Frauen erscheinen bis ins späte Alter unentwickelt, kindlich.«[26] (Pierre Loti) Was sonst kommt in der Puppenhaftigkeit asiatischer Frauen zum Vorschein als der häufig behauptete und ebenso häufig bestrittene Mangel an Individualität?

Auch der fernöstliche Mann macht wenig Hoffnung auf Charakter. In amerikanischen und europäischen Stummfilmen tritt er stereotypisch als eunuchenhafter Chinamann auf – schmächtig, zerbrechlich und bleich, mit schräggestelltem Kopf und zerfließenden Zügen.[27] Sein Blick weicht aus oder verschwimmt. Von ihm erhält der Okzidentale keine Antwort auf die Frage: Was siehst du, wenn du mich siehst?

Die Straßen, auf denen sich die angekündigten Fremden nähern, säumt in stupuröser Erwartung die Menschenherde. »Es ist ein seltsames, schweigendes, gaffendes Volk; stundenlang stehen sie regungslos, und auch die kleinen Kinder, welche die Frauen auf den Rücken und die Männer auf den Armen tragen, hört man niemals schreien. Ich würde froh sein, wenn ich einmal ein gemeinschaftliches herzhaftes Gelächter hören könnte, und wenn es auch auf meine Kosten wäre. Dieses melancholische Starrsehen aber ist niederdrückend.«[28] So sah sich Isabella Bird 1878 als erstes westliches Individuum von der japanischen Provinzbevölkerung empfangen. In Notquartieren, Warteschlangen und Zügen harren chinesische Familien tagelang ohne zu klagen aus. Sie sind dem Augenblick hingegeben und grübeln nicht, wie lange die Mühsal wohl noch dauert. Ohne Bedauern sieht man Schicksalsgenossen ertrinken oder in den Abgrund stürzen. Die Gesichter der zum Tode Verurteilten tragen den Ausdruck »mürrisch-tierischer« Schicksalsergebenheit.[29]

Die meisten westlichen Besucher haben davon gehört, daß in China und Japan der einzelne »nichts« ist und sein Lebensinhalt in der Pflichterfüllung gegenüber einer weitverzweigten Sippe besteht. (Im Rahmen dieser Pflichterfüllung kann er »gerissener Geschäftsmann« sein, und Individualist.) Aber dieses Wissen zerreißt nicht den Schleier über der Menge gleichförmiger

▶[26] Pierre Loti: a.a.O., S.54. ▶[27] Eugene Franklin Wong: a.a.O., S.76.
▶[28] Isabella Bird: a.a.O., S.171. ▶[29] Peter Fleming: Mit mir allein, a.a.O., S.167.

Gesichter, denn wodurch unterscheidet sich denn eine Sippe von der anderen? Es muß demnach letztlich um etwas anderes gehen... Eine gestaltende Subjektivität ist nicht erkennbar, auch nicht die der Gruppe. In vielen Sätzen der chinesischen und japanischen Sprache fehlt das Subjekt. Zwar starren die Leute den Ausländer minutenlang an und töten ihn mit ihren Blicken, aber seine Erscheinung scheint keinen Eindruck zu hinterlassen. Es gibt kein Gegenüber. Der Ausländer fühlt sich von den Blicken weniger durchbohrt als aufgesogen.

Gut abendländisch ist es, nach verbindenden Erklärungen zu suchen. Nach einer alten europäischen Deutung ist der Japaner-Chinese ein durch Gruppendruck zur Selbstaufgabe gezwungenes Individuum. Vom zeitgenössischen Japaner sagt man, er führe weder im Büro noch zu Hause ein eigenes Leben, bezahle für Japans Wirtschaftserfolg mit seiner Seele, halte im Interesse der »gesellschaftlichen Harmonie« seine Einwände und Gefühle zurück, ertrage jedes Unrecht, um nicht ausgestoßen zu werden. Zugleich sagt man, das Schlimme an Japan sei, daß die Menschen keine eigenen Überzeugungen und Gefühle hätten. Amerikanische Touristen gewinnen im Tokyo der neunziger Jahre den Eindruck, die gesamte Bevölkerung trage farblich abgestimmte Kleidung. »Alle Männer tragen dunkle Anzüge, weiße Oberhemden und dunkle Krawatten. Alle Frauen tragen konservative Kleider in dunklen Tönen, häufig mit Hüten und Stöckelschuhen. Alle Kinder tragen eine Art von Schuluniform. Wie auf einer Riesenbeerdigung.«[30] Ein japanerfahrener Repräsentant von *Volkswagen* empfiehlt, endlich zu begreifen, »daß man es hier nicht mit Menschen, sondern mit Soldaten zu tun hat«.[31]

Hingegen melden Korrespondenten in China und Japan seit Beginn der achtziger Jahre regelmäßig den langsamen, aber unaufhaltsamen Siegeszug nonkonformistischer Verhaltensweisen und Denkungsarten. Sie halten den Anspruch auf selbstgegründete Individualität für den Ausdruck eines nur vorübergehend unterdrückbaren menschlichen Grundbedürfnisses. Und prompt verweisen auch chinesische Intellektuelle auf eine Tradition des Individualismus (»exzessiver Extravaganzen«) im alten China.[32]

Zum Individualisten zu werden, ist jedoch zumindest für Japaner kein Befreiungsakt, sondern wiederum eine Anpassungs-

---

[30] David Barry: a.a.O., S.67. [31] Ebenda, S.335. [32] Vgl. *Süddeutsche Zeitung*, Nr.137 vom 17.6.1996, S.14: »Weder der letzte Dreck...«.

leistung, zu der sie ein Leben in westlichen Verhältnissen verpflichtet. »Ich kenne keinen größeren Individualisten als meinen japanischen Mann«, schreibt eine Deutsche an den *Spiegel*, um der Kulturkritik eines Japankorrespondenten Paroli zu bieten, »und denke außerdem an Freunde, die mir aufgrund ihrer sehr individualistischen Persönlichkeit als Menschen ungeheuer wertvoll sind...«[33] Die Ehefrau bringt dieselben Maßstäbe wie ihr Kontrahent zur Geltung. Wie sollte da der Gatte kein Individualist sein?

Die Japaner selbst schlagen vor, ihre Gesellschaft für doppelbödig zu halten und zwischen einer Verhaltens-»Fassade« *(tatemae)* und den »wahren Gefühlen« *(honne)* der Menschen zu unterscheiden. Doch »nach längerem Kontakt mit Japan« erkennt der Europäer, daß das *honne* »ebenfalls stark von Konventionen geprägt« und »die Maske selbst die Person« ist.[34] Einigen Japanologen fallen Ähnlichkeiten zwischen der japanischen Kultur der Gegenwart und dem europäischen Mittelalter auf: Wie heute in Japan fand damals bei uns das Leben »hauptsächlich in der Öffentlichkeit statt, die Menschen definierten sich über ihren Stand, es gab keine Privatsphäre im heutigen Sinn, die Künste waren nicht so mit Individuen verbunden wie später«.[35] Doch steht uns ein Japan, das aus dem Mittelalter direkt in die Postmoderne tritt, näher?[36]

▶[33] *Der Spiegel*, Nr. 4 vom 20.1.1986, S. 8. ▶[34] Christoph Langemann: a.a.O., S. 169 f. ▶[35] Ebenda, S. 172. ▶[36] Seit etwa zwanzig Jahren versucht die Ostasienwissenschaft, an japanische Selbstdeutungskonzepte anzuknüpfen. Einer der Schlüsselbegriffe ist *amae*, die Abhängigkeit in Geborgenheit beziehungsweise das Gefühl vertrauensvoller Abhängigkeit vom Wohlwollen anderer, ein zweiter *jibun*, das Selbst (der Anlehnung bedürftig und zugleich in Spannung zu ihr), ein dritter *kanjin*, das Intersubjekt, der Mensch im Gruppenumfeld. (Vgl. Takeo Doi: Freiheit in Geborgenheit. Frankfurt am Main 1982; Jens Heise: Die kühle Seele. Frankfurt am Main 1990) Die Übersetzbarkeit der Begriffe ist strittig. – Die japanologischen Psychogramme erleichtern aber nicht die Einfühlung in das japanische Bewußtsein von Innenwelt und Außenwelt (was für ihre Nähe zum Gegenstand spricht). Vielmehr entstehen bei jedem Erklärungsschritt neue Rätsel. 1) Die Symbiose zwischen Kind und Mutter, Individuum und Gruppe, erscheint so eng, daß es unerfindlich ist, was das Kind schließlich dazu bringt, eine relativ autonome Identität anzustreben. Außerdem: wenn der einzelne die Gruppe vollständig verinnerlicht hat, warum braucht er dann noch ständig die Gegenwart der anderen? 2) Für ich-zentriertes Handeln und Subjektautonomie gibt es in der japanischen Kultur keine Vor-Bilder. Das gefährdete japanische Selbst strebt nach Harmonie, leugnet die Trennung von anderen und stabilisiert sich durch Ausdehnung auf andere. Wie hält ein solches Gruppen-Selbst den Konflikt

Frei von Narzißmus agierten die Körper in Japan, bemerkt der Japan-Amateur Roland Barthes zu Beginn der siebziger Jahre. Die Individuen grüßten hier nicht mit werbender Stimme und präsentierten einander keine originellen Seelen.[37] »Nein, der ganze Körper (die Augen, das Lächeln, das Haar, die Gestik, die Kleider) unterhält mit Ihnen eine Art kindlicher Plauderei...«[38] Niemand stöbert hier im anderen. Man bewegt sich in einem Gestrüpp von Umgangsformen und vollzieht gemeinsam den Ritus der Situation. Ein intimes Geständnis hätte hier keinen höheren Echtheitswert als eine dahingesagte Liebenswürdigkeit. Es wäre aber so gut wie immer fehl am Platze und somit unverständlich.

Ist Intimität mit Ostasiaten möglich? Chinesen und Japaner gehen mit dem Europäer, sitzen ihm gegenüber, liegen neben ihm. Doch sie tun dabei nur Umstandsgemäßes, Gehöriges, Fälliges. Nichts tun sie so, wie es der Europäer möchte: spontan, ungeschützt, »von innen heraus«. Er hält ihre Individualität daher für die Charaktermaske eines Kindes, das Erwachsensein spielt, oder für ein ausführendes Gruppenorgan. Solche zugerichteten Geschöpfe, weiß er, sind erst im Stand der Massenhaftigkeit ganz bei sich selbst.

Um die wahre Natur des »Chinesen« und des »Japaners« kennenzulernen, beobachtet der Europäer folglich das Verhalten von Situationsmengen.

mit anderen Gruppen aus? Wie entsteht in Japan der immense Bedarf nach Selbstvergewisserung, das heißt nach Abgrenzungsarbeit? 3) Man sagt, in Japan definiere die *Situation* das Individuum in weit größerem Ausmaß als im Westen. »Es erscheint auch hier als unbeschriebenes Blatt oder besser: als Tafel, auf der die Situation notiert und wieder gelöscht werden kann.« (Volker Schubert: a.a.O., S.122) Somit entstünde in jeder Situation ein neues flüchtiges Intersubjekt. Wie gewinnt eine auf den Gegensatz von Innen und Außen geprägte Anlehnungspsyche solche Weltoffenheit? — Diese Laienfragen sollen nicht dazu anregen, die westlichen Japan-Theorien noch überzeugender zu machen. Bündigkeit ist in diesem Fall kein Kriterium für Zuverlässigkeit. Die immanent arbeitende Ostasienwissenschaft versucht, zugleich Europäisch und Japanisch und am Ende gar in einer Universalsprache über Japan zu sprechen. Der Versuch mag nach selbstgewählten Maßstäben sogar erfolgreich sein. Aber er reduziert die europäische Wahrnehmung Japans (Chinas) auf ein Erkenntnisproblem, obwohl sie eine *Affäre* ist, die wir Europäer mit Japanern (Chinesen) haben. Daß die Japaner konform und die Chinesen apathisch sind, ist weder richtig noch falsch. Es liegt an unserer gesamten Geschichte, insbesondere unserem Handeln in den letzten fünfhundert Jahren, daß sie es sind. Und doch nicht allein an uns selbst. ▶[37] Roland Barthes: a.a.O., S. 23, 92 und 135. ▶[38] Ebenda, S. 23.

China, erste Einstellung: In ihren Arbeitseinheiten leben die Chinesen geordnet und geschützt. Die Tagesläufe von mehr als tausend Millionen Menschen sind aufeinander abgestimmt. China gleicht einer »geheimnisvollen, aber perfekt konstruierten Maschine«.[39]

China, zweite Einstellung: Auf den großen zentralen Plätzen Pekings ist der Betrieb bis ins kleinste geregelt. »Der Rest der Stadt bleibt sich selbst überlassen, und das Volk hantiert dort vor sich hin, ungewiß, ob es das Rechte tut oder das Falsche.«[40] Prägendes Element der gegenwärtigen chinesischen Gesellschaft ist die Dekadenz.[41]

Japan, erste Einstellung: Das digitalisierte Land arbeitet so effizient und seelenlos wie eine gigantische Maschine. Alle Lebensäußerungen dienen dem Ziel, einen Zustand höchster Vollendung in den zwischenmenschlichen Beziehungen zu erreichen. »Die japanische Gesellschaft ist wie ein Reisfeld, in dem alles nach den Gesetzen der Harmonie sorgfältig geordnet wird.«[42] Alle Gegenstände des täglichen Gebrauchs sind genormt – die Anzüge der Angestellten wie die Kimonos, die Schlafmatten wie die Eßtabletts und Kochtöpfe.

Japan, zweite Einstellung: Die vorherrschende Stimmung in Japan läßt sich mit der Formel »Unbehagen im Triumph« umschreiben. Dieses Unbehagen erklärt den »Mangel an Harmonie« und den »Dauerzustand der Angestrengtheit«, den der empfindsame Tourist in Japan ebenso wahrnimmt wie der Wahljapaner europäischer oder amerikanischer Herkunft.[43] Tokyos Straßen haben keine Namen. Die Räume, aus denen die größte Stadt der Welt besteht, sind namenlos. Die Gebäude in den Straßen sind nicht fortlaufend numeriert. Die Stadt ist ein riesiges häßliches Funktions-Potpourri. »Wohnhäuser stehen direkt neben Fabriken, Fabriken neben Restaurants, Restaurants neben mehrstöckigen Stadtautobahnen, Stadtautobahnen

▶[39] Adolf Muschg: Baiyun oder die Freundschaftsgesellschaft. Roman. Frankfurt am Main 1980, S. 224. ▶[40] Angela Terzani: Chinesische Jahre, a.a.O., S. 52. ▶[41] Helga und Jürgen Bertram: a.a.O., S. 332. ▶[42] Der Japankorrespondent Heinz Kirchmann beim Kulturforum des Süddeutschen Rundfunks in Stuttgart am 17.1.1996. ▶[43] Friedrich Sieburg: a.a.O., S.118; vgl. Uwe Schmitt: Wer aus dem Staunen herauskommt. Über einen Selbstversuch mit Japans Politik und Kultur. In: *Frankfurter Allgemeine*, Nr. 33 vom 8.2.1997, Tiefdruckbeilage.

neben Parkanlagen, Parkanlagen neben Lagerhäusern, Lagerhäuser neben Klöstern, Klöster neben Spielhallen, Spielhallen neben Bürohäusern, Bürohäuser neben religiösen Schreinen, religiöse Schreine neben Verkaufsautomaten, Verkaufsautomaten neben Friedhöfen, Friedhöfe neben Bars, Bars neben Schulen, Schulen neben Sex-Comic-Läden...«[44]

China, dritte Einstellung: Wie geduldig und höflich ist doch der Chinese, der Parteifunktionär wie der Universitätsprofessor, der einfache städtische Arbeiter wie der noch traditionsverhaftete, abergläubische Bauer!

China, vierte Einstellung: Die Chinesen sind ein undiszipliniertes und jähzorniges Volk. Trotz einer Hygienekampagne in der Mitte der achtziger Jahre schmatzen, schlingen, schlürfen, rülpsen und furzen sie beim Essen nach Herzenslust. »Auch die Nasen müssen sauber sein, schön fällt der Rotz zwischen den Knien auf den Boden.«[45] Im Bus übergibt man sich in den Gang und aus dem Fenster. Ständig vollführen die Chinesen einen »Akt innerer Reinigung« – ziehen geräuschvoll ihren Schleim hoch und spucken aus. Im Restaurant, im Hotel, im Zug, auf der Straße.

Japan, dritte Einstellung: In den Kindergärten, Schulen und Betrieben und mittels vielfältiger Kampf- und Meditationstechniken werden die Körper diszipliniert. Selbstbeherrschung ist das oberste japanische Verhaltensprinzip. Japans Autofahrer fluchen nicht. Niemand schreit. Frauen und Kinder stehen oder sitzen stundenlang bewegungslos. Schmerzen werden stoisch ertragen. Zu kriminellen Gewalttaten kommt es seltener als irgendwo sonst auf der Erde. Nachts sind die Straßen und U-Bahnen sicher – und warten die Fußgänger an Straßenkreuzungen geduldig auf Grün, obwohl keine Wagen in Sicht sind. In Tokyo nahm sich 1985 ein Busfahrer das Leben, weil er über einen Kantstein gefahren war und einige Fahrgäste sich dabei verletzt hatten.[46]

Japan, vierte Einstellung: Drängend und stoßend und mit verzerrten Gesichtern bahnen sich Fahrgäste in Bussen und Bahnen einen Weg zur Mitte des Wagens. Zonen der Sauberkeit grenzen an Zonen des Schmutzes. Das Gebot der Selbstbeherr-

▶[44] David Barry: a.a.O., S. 63. ▶[45] Adriaan van Dis: a.a.O., S. 13. ▶[46] Angela Terzani: Die Erben der Samurai, a.a.O., S. 268.

schung, das keine Relativierung duldet, wird durch Alkohol-, Sexual- und Gewaltexzesse stundenweise außer Kraft gesetzt. In dichtbevölkerten Wohnquartieren dröhnen pausenlos Radios und Lautsprecher (ohne daß sich die Anwohner empfindlich belästigt fühlen).

China, fünfte Einstellung: Bei den in China lebenden Ausländern kursiert ein Begriff, in dem sich alle Erfahrungen mit den hiesigen Verhältnissen verdichten: Ungewißheit. Gewiß ist nur eines: »In dieser chinesischen Welt, die der europäischen Pünktlichkeit und Logik so konträr ist, weiß man nie etwas ganz gewiß.«[47]

Japan, fünfte Einstellung: »Der Japaner ist unberechenbar wie die Vulkane des Landes.«[48] Er stellt sich dumm, um sich vor keiner internationalen Instanz rechtfertigen zu müssen. Er kennt weder Recht noch Unrecht und legt die überall gültigen moralischen Prinzipien rein opportunistisch aus. Alles in allem bietet die japanische Gesellschaft ein Bild »geordneter Turbulenz«.[49]

Die Gäste aus dem Westen wären völlig zufriedengestellt, wenn sie das Arrangement von Harmonie und Chaos als inneren Widerspruch asiatischer Kulturen erledigen könnten. Denn bei Widersprüchen kennen sie sich aus. Das ist ein unüberbrückbarer Gegensatz, der die Gesellschaft zerreißt! würden sie erleichtert klagen. Diese unberechenbaren Asiaten werden sich in nicht mehr allzu ferner Zeit zwischen Weisheit und Wahnsinn entscheiden müssen.

Doch die Gäste aus dem Westen ahnen, daß eben das Unverständnis diesem Thema gegenüber das spezifische Mirakel des Fernen Ostens ist. Weder werden dort Harmonie und Chaos in einem höheren Ganzen versöhnt, noch schließen sie einander aus.

Freilich hat jede Verständnisbereitschaft Grenzen. Bestimmten Phänomenen des Ostens spricht der Westen das Daseinsrecht ab, notfalls ohne Begründung.

Was in keinen europäischen Kopf hineinwill, ist die Verschwisterung von Menschlichkeit und Grausamkeit in den asiatischen Harmoniekulturen. Der europäische Kopf kann sie nicht

---

[47] Ella K. Maillart: a.a.O., S. 37. [48] Carl Munzinger: Japan und die Japaner. Stuttgart 1904, S. 53. [49] Adolf Muschg: Die Insel, die Kolumbus nicht gefunden hat, a.a.O., S. 47.

diskriminieren, denn er leugnet schlicht ihre Möglichkeit. Er kann nur Widersprüche sehen, und er kann registrieren, wo das eine oder das andere vorherrscht: in China die Menschenschinderei, in Japan die Rücksicht.

Was Europäer in den achtziger und neunziger Jahren auf Reisen ins Innere Chinas erleben... Chinesen sind viel gröber und gleichgültiger als in den romangenährten Erwartungen der Gäste. Im Zufallskollektiv der Bummelzüge verhalten sie sich reserviert und zynisch... Bettelkinder mit zerzausten Haaren und fiebrigen Augen rennen neben dem Zug her und bieten Früchte zum Kauf an. Die Passagiere lachen und schimpfen und werfen mit Eiern, Gräten, Schalen und Schachteln. Einige schleudern Becher voll kochendem Wasser auf die Kinder...[50] Ein kleiner, etwa dreizehn Jahre alter Junge betritt den Speisewagen, unter der Last eines schweren Sacks voller Feldfrüchte fast zusammenbrechend. Zwei uniformierte Beamte brüllen ihn an. Als er mit leiser Stimme etwas erwidert, erhält er einen Fausthieb in die Magengrube. Er sinkt zu Boden, empfängt noch einen Fußtritt und schleppt sich heulend hinaus. Die über den Vorfall erheiterten Beamten prosten sich zu...[51] Zum Tode verurteilte junge Männer werden in Provinzstädten kurz vor der Hinrichtung auf offenen Lastwagen der spottenden Bevölkerung präsentiert. Die jungen Männer sind kahlgeschoren und an Pfähle gebunden. Um ihre Hälse hängen Papptafeln mit Informationen über ihre Vergehen. 1993 veröffentlicht die Zeitung der Provinz Guangzhou eine enthusiastische »Exekutions-Ode«, in der es heißt: »Für mich klangen die Schüsse, die diese Burschen niederstreckten, viel schöner als Beethovens Neunte Symphonie.«[52]

Die gleichen Menschen, die sich am Leid von Kindern und Verdammten delektieren, beschämen fremde Besucher mit Geduld, Humor und Herzensgüte. Was Leroy-Beaulieu gegen 1900 von der »Masse des chinesischen Volkes« sagt, ist auch noch hundert Jahre später eine gute Zusammenfassung dessen, was Ausländer in der chinesischen Provinz erfahren: »Bauern und Handwerker haben keine Hoffnung, ihre schlechten Lebensumstände verbessert zu sehen; vor sich sehen sie ein Leben von der größten Monotonie... Nur zu seinen Mahlzeiten und zum Schlaf gönnt sich der Chinese eine Unterbrechung seiner Arbeit,

▶[50] Adriaan van Dis: a.a.O., S. 61. ▶[51] Stefan Heep: a.a.O., S.157. ▶[52] Helga und Jürgen Bertram: a.a.O., S. 26f.

und doch ist er immer zufrieden, beklagt sich selten und genießt mit lebhafter Freude die kleinen Vergnügungen, die er sich beschaffen kann, während er seine Lasten kaum zu bemerken scheint.«[53]

Aus Japan wird von Szenen ausgelassener Schadenfreude über wehrlose Opfer nicht berichtet. Wären da nicht die Meldungen von der Aufdeckung scheußlicher Menschenversuche im Zweiten Weltkrieg, müßte man die Japaner fast ausnahmslos für Virtuosen der Mitmenschlichkeit halten. Wir hören, daß in Japan die Würde des anderen unter allen Umständen gewahrt werde. Böse Worte seien in der Nation, die sich selbst gern mit dem Ausdruck *yasashii* (»sanft«, »bescheiden«, »liebenswürdig«) beschreibt, verpönt. Kinder würden wie zu Lafcadio Hearns Zeiten »mit äußerster Güte und Sanftmut« erzogen. Betrunkene in öffentlichen Verkehrsmitteln behandele das Dienstpersonal fürsorglich, fast zärtlich. »Als ein Epileptiker einen Anfall hat, lassen die Schaffner den Zug zehn Minuten warten..., um ihn zu betreuen, und ein Bahnangestellter wischt ihm mit seinem eigenen Taschentuch den Schaum vom Mund, bevor er auf einer Tragbahre weggebracht wird.«[54] Wir hören von Fällen verblüffender Einfühlung: Reißt ein Windstoß einem Passanten den Hut vom Kopf und trägt ihn davon, beachtet niemand den Hut. Warum nicht? Dem Passanten könnte sein Mißgeschick peinlich sein; daher verhalten sich alle so, als sähen sie nichts, um ihn nicht in Verlegenheit zu bringen...[55] Es gibt japanische Mädchen – zumindest noch vor wenigen Jahrzehnten gab es sie –, »die nach ihrem ersten Autoausflug beschließen, nie mehr einen zweiten zu machen, weil das Fahren und Hupen auf den Landstraßen das heitere Leben der Vögel störe«.[56]

Doch auch ein grausames Japan bleibt uns erhalten. Beispielsweise erfahren wir von einem in japanischen Mittel- und Oberschulen beliebten Spiel namens *Ijime* (»isolieren«, »Gewalt anwenden«, »zum Opfer machen«). Kleinere und schwächere Schüler oder auch die Klassenbesten werden von ihren Mitschülern verspottet, geschlagen, getreten, gezwungen, Gras zu essen, und mit Säure übergossen. Viele der Opfer müssen ins Krankenhaus, manche nehmen sich das Leben. In den achtziger

---

[53] Pierre Leroy-Beaulieu: a.a.O., S. 58. [54] Hansjörg Meyer: Vermittelte Fremde – Notizen zu Lafcadio Hearn. In: Heinrich Mehl/Hansjörg Meyer (Hrsg.): Vertraute Fremde. München 1994, S. 85. [55] Mirko Ardemagni: a.a.O., S. 62f. [56] Ebenda, S. 12.

Jahren waren nach Schätzungen einer Sonderabteilung der Polizei etwa 40 Prozent der Schüler an *Ijime* beteiligt.[57]

Seitdem sich Japan dem Westen geöffnet hat, rätseln dessen Orientfahrer, ob Japan sie um die Erfahrung des Orients betrügt. (Um Chinas Tradition macht man sich erst seit der Kulturrevolution ernstlich Sorgen.) Daß Japan dem Fortschritt, vor dem sie fliehen, nacheifert, erscheint ihnen wie Verrat. Sie sehnen sich nach dem ursprünglichen, dem »eigentlichen Japan« (Isabella Bird 1878), genauer gesagt, nach »Schönheit, Beschaulichkeit, Ruhe, der Gabe, wie eine Blume duftend zu leben und in Träumen von ewigen Dingen zu vergehen« (Louis Couperus 1929). Doch statt ihrem Seelenland begegnen sie einer häßlichen Zwitterkultur, bewohnt von läppisch europäisch ausstaffierten Traditionsflüchtern. »Kann ein östliches Volk nicht sich selber treu bleiben?« klagt Louis Couperus in den zwanziger Jahren. »Muß es Fabriken gründen, bis sein reiner Himmel von Rauch und Gestank umwölkt wird, wie es in Kobe und Osaka der Fall ist?... In China, das doch vermutlich in tief innerster Seele unsere Kultur ablehnt, sehe ich die gleiche Schwäche. Dann aber würde ein Fluch auf dem ganzen Osten ruhen, der Fluch unserer verdammten europäischen Kultur.«[58]

Westliche Kulturreisende von heute überkommt oft das Gefühl, daß sie als einzige noch dem wahren Japan die Treue hielten. Manche von ihnen pflegen japanische Bräuche, die bei den Japanern selbst in Vergessenheit geraten. Traurig vergleichen sie die »Mondlandschaft« Tokyos mit alten Holzdrucken. Es kommt ihnen so vor, als ob neuerungssüchtige Japaner die ganze Welt abfotografiert und alle Elemente willkürlich durcheinandergemischt hätten. Der Gipfel der Perversion: In diesem Land ohne Wurzeln, Erinnerung und Geheimnis sollen europäische Traditionssplitter wieder Halt geben. Beispielsweise begründet der führende Medien- und Freizeitunternehmer auf Hokkaido, der nördlichsten der drei japanischen Hauptinseln, die Installierung der deutschen Phantasiestadt »Glücksdorf« und einiger deutscher Schlösser vor europäischen Besuchern wie folgt: »Weil die Insel Hokkaido ... keine eigene Geschichte, keine eigene Tradition hat, haben wir beschlossen, diese aus Deutschland zu importieren, in der Hoffnung, daß die deutsche Märchenwelt einen guten Einfluß auf die Inselbewohner hat.«[59]

▶[57] *Der Spiegel*, Nr. 1/1986 vom 30.12.1985, S. 86. ▶[58] Louis Couperus: a.a.O., S. 102f. ▶[59] Angela Terzani: Die Erben der Samurai, a.a.O., S. 282.

Mit dem geschärften Blick der Enttäuschten erkennen westliche Korrespondenten, daß in dem Panoptikum, zu dem sich das Land verwandelt hat, Japans eigenes Kulturerbe gleichsam nur noch eine Vitrine füllt: Beim Einkaufsbummel durch Tokyo opfern Frauen und Männer in verkehrsumtosten Tempelanlagen Blumen, Rauch, Proviant und Geld.[60] In überlasteten Beerdigungsinstituten werkeln Priester-Roboter mit Latexhaut, beweglichem Mund, klimpernden Augen, Kassenbrille und sympathischer Stimme rund um die Uhr für die unterschiedlichsten buddhistischen Sekten.[61] Traditionspflege vollendet den Traditionsverschleiß.

Inmitten dieses Verschleißes fühlt sich der seiner Hoffnung auf Exotik beraubte Tourist jedoch keineswegs in den Westen zurückversetzt. Durch Selbstauflösung scheint sich das alte Japan zu erneuern, durch die digitale Revolution seine Insularität zurückzugewinnen: Die feudalen Strukturen der japanischen Agrargesellschaft bestehen in der Organisation der Konzerne weiter. Aus Furcht vor Berggeistern bauen die Japaner auf Gipfeln und an Hängen keine Häuser. Der Tenno dementiert 1946 seine Abstammung von der Sonnengöttin Amaterasu und läßt sich weiter durch das Volk anbeten. Der Tenno-Kult wird 1994 abgeschafft und von Regierungsmitgliedern als Privatleuten fortgesetzt. In den Kriegsschreinen betet man die im Kampf gegen die Amerikaner gefallenen Soldaten als Halbgötter an. Unter den ausgefeilten, tadellosen Manieren der Japaner liege »etwas Ungezähmtes, Ungeglättetes«, meint Angela Terzani.[62]

Japan opfert sich. Wem? Sich selbst.

Im Verhältnis des Abendlands zum Fernen Osten ist das erste, heftige Begehren abgeklungen. Heute werfen sich Ostasienkenner vor, in ihre Gastkulturen vieles hineingedeutet zu haben, das »nicht chinesisch« beziehungsweise »nicht japanisch ist«. Vor allem begehrte man das Schillern der Oberfläche über einer unergründlichen Tiefe. Noch zu Beginn des 20. Jahrhunderts gruselte sich das europäische Publikum illustrierter Reiseberichte bei der Vorstellung, was im Reiche China und im Reiche Japan hinter den Masken des Lächelns ausgebrütet werden mochte. Das freimütig befragte gelbe Gesicht gab ja nur unpersönliche Floskeln von sich. Dem europäischen Eindringling blieb verborgen, wie den Maskierten »innerlich zumute« war,

▶[60] Brigitte Granier: a.a.O., S. 31–33. ▶[61] *Der Spiegel*, Nr. 33 v. 18.8.1994, S. 83. ▶[62] Angela Terzani: Die Erben der Samurai, a.a.O., S. 42.

falls er nicht, wie zur Zeit des Boxeraufstands, schriftliche Botschaften von Geheimgesellschaften abgefangen hatte, in denen »im dunkelsten Lapidarstil« zum Abschlachten aller Fremden aufgerufen wurde.[63] Gelb an den Gelben war Grausamkeit, Falschheit, Undurchsichtigkeit, mit einem Wort: Schlitzäugigkeit.

Ernüchterte Ostasienfahrer und solche, die auf neue, kühle Weise lieben, bestimmen heute die Durchsichtigkeit als das wahre Geheimnis des Fernen Ostens. Roland Barthes hat das asiatische Gesicht mit Ruhe betrachtet. In diesem Gesicht spiegle sich nichts Tiefgründiges, bemerkt er. Geheimnislos glatt spalteten Mund und Augen die glatte Gesichtsfläche. Die Pupille im flachen asiatischen Auge erfahre »keine Dramatisierung durch die Augenhöhle«. Dieses Auge halte nichts zurück, sei keine Trennscheibe zwischen verborgener Seele und Außenwelt (wie das tiefliegende europäische).[64] Auch die öffentlichen Räume Japans, einschließlich der Natur, repräsentierten nichts. Zwar glichen sie Teppichen voller auffälliger Zeichen (Blumen, Fenster, Blattwerk, Bilder und Schriften). Doch alle diese Zeichen seien *leer*.[65]

Nun ist die Leere zwar eine alte europäische Metapher für Ostasien. Ende des 19. Jahrhunderts tadelten Reiseschriftsteller den Mangel an Tiefe und »Innerlichkeit« im japanischen Gesellschaftsleben und die gefühlserstickende chinesische Etikette. Aber damals setzte man noch auf die Heimtücke und andere verborgene Leidenschaftskammern in der asiatischen Seele. Auf chinesischem und japanischem Boden war man bei jedem Schritt auf Eruptionen gefaßt. Am Ende des 20. Jahrhunderts hingegen beobachtet man, wie die Leere aus dem Charakter ins ganze Land quillt.

Da wuchern die grauen Wohnblocks chinesischer Millionenstädte »gleichförmig und gesichtslos ins scheinbar Endlose«.[66] In China werde die Wirklichkeit »mit der Leere, mit dem Nichts« gefüllt, seufzt Angela Terzani in Peking.[67] Später verschlägt es sie in das »graue, form- und grenzenlose Labyrinth Tokyos«, eine Welt bloßer Erscheinung, aus der jede Substanz, aller Sinn und alle Hoffnung verschwunden sind.[68] Um sich auf das

---

▶[63] Vgl. Paul Hoebel: a.a.O., S. 24. ▶[64] Roland Barthes: a.a.O., S. 137 und 140. ▶[65] Ebenda, S. 147–149. ▶[66] Helga und Jürgen Bertram: a.a.O., S. 14. ▶[67] Angela Terzani: Chinesische Jahre, a.a.O., S. 106. ▶[68] Angela Terzani: Die Erben der Samurai, a.a.O., S. 207 und 307.

Begräbnis Kaiser Hirohitos einzustimmen, begibt sie sich zum Ise-Schrein, Japans größtem Shinto-Heiligtum, wo seit über tausend Jahren die Sonnengöttin verehrt wird. Dort bestätigt sich, was sie schon befürchtete: »Nie... ist mir so wahr erschienen wie in Ise, was manche sagen: daß in Japans Mitte die Leere liegt. Der dunkle, einheitliche Zedernwald war leer; leer war der Marsch über den Kies und besonders der Ritus, der verlangt, daß man den Kopf vor leeren, unbetretbaren Tempeln senkt, in denen ein Spiegel aufbewahrt wird.«[69]

Auch das Zentrum der japanischen Hauptstadt durchschaut der Europäer als *leer:* als einen »verbotenen und zugleich indifferenten Ort«, an dem der Kaiser wohnt, einen »undurchsichtigen Ring aus Mauern, Wassergräben, Dächern und Bäumen«, der das heilige Nichts verbirgt – als eine »flüchtige Idee«, die keine Macht ausstrahlt, sondern lediglich dem Zweck dient, dem Chaos Tokyos »den Halt ihrer zentralen Leere zu geben«.[70] Japans Geheimnis ist demnach die Geheimnislosigkeit.

Gewiß ist auch die Leere eine abendländische Konstruktion. Wir bilden uns eine bestimmte Fülle in der Tiefe ein, und wenn die Einbildung vergeht, überführen wir Japan und China des Entleertseins.[71] Gewiß. Am liebsten treffen wir mit *unserem* China, *unserem* Japan zusammen. Die Quintessenz des europäischen Fernen Ostens ist die Leere. Aber sage niemand, daß unser Asien bei diesen Treffen nicht von anderen Asien begleitet wird.

Was sehen wir in einem Land, dessen Inneres leer ist? Wir sehen einen mit verwaisten Dingen prall gefüllten Raum. Nachgestelltes, Ausgelegtes, Wachsendes, das mit seinen Namen erst dem Dasein Namen gibt. Schriftzeichen, geneigte Köpfe, Wagenherden, Spielhallen, Vulkankegel mit »unbeschreiblich graziöser mathematischer Kurve«. So viele höflich zusammengeführte Erscheinungen, daß wir, rasch ermüdend, nach ihrer Sinnlizenz fragen. Doch keine Bedeutung steht hier über den Dingen und ihrer Anordnung. Die Bedeutung ist hier selbst eine Figur. Wir heben Dosen aus Schachteln aus Dosen aus Schachteln. Wir praktizieren nach einem Regel- und Normenwerk, das

---

▶[69] Angela Terzani: Die Erben der Samurai, a.a.O., S. 209. ▶[70] Roland Barthes: a.a.O., S. 47 und 50. ▶[71] Vgl. Klaus Vollmer: Orientalismus und Postmoderne oder von der Unmöglichkeit, »aus dem abendländischen Gehege herauszukommen«. Zum »Reich der Zeichen« von Roland Barthes. In: Peter Pörtner (Hrsg.): Japan. Lesebuch II. Tübingen 1990, S. 108–110.

keinen Deut Spielraum läßt, da kein Zweck es heiligen kann. Im Museum liegt ein Tiefdruckprospekt; in ihm sind Bilder der Zwergbaumnatur. Wir reißen Geschöpfe mit flachen Gesichtern aus ihrer Versunkenheit. Sie beginnen zu nicken, sie verstehen uns, wir bitten sie um Orientierungshilfe, stundenlang, und muten ihnen dabei gar nichts zu, denn »sie haben mehr die Natur von Schmetterlingen als von gewöhnlichen menschlichen Wesen«.[72] Dem logischen Zusammenhang entrissen, trotzt jeder Fahrplan und jedes Holzutensil seiner Unmöglichkeit. Dem, der für ihr Rätsel eine Lösung sucht, geht es wie jenem Autor, der vor der Rückkehr nach Europa resignierte: »Eine Art Traumstimmung erfaßte mich. Meine Reise durch China erschien mir erbärmlich. Berührte ich denn überhaupt dieses Land?«[73]

Und ob er es berührt hat! Hätte er nur auf Richard Wolf gehört, der 1943 nach einigen Jahrzehnten China-Erfahrung zu der Erkenntnis gelangte: »In China ist es so: an jedem Tage sieht man mehr – und begreift weniger.«[74] Dann hätte er nicht mehr die Wirklichkeitsfrage gestellt und eingesehen, daß der Traum des Abendlands, im Fernen Osten das Wunderland zu finden, in Erfüllung geht: Jedes Ding ein Wunder eigener Art. Peter Pörtner bezeugt es für Japan: »Wenn man nicht einfach probehalber annimmt, daß A und Nicht-A dasselbe sind, kann man Japan nicht nur nicht verstehen, man kann es dann noch nicht einmal beschreiben. Alle, die längere Zeit in Japan leben, machen diese Erfahrung, die sich auf die Formel bringen läßt: Es ist unmöglich, was ich sehe, aber es ist so.«[75]

Chinesen und Japaner lächeln, lachen über anderer Leute Leid oder wenn gerade ihre Häuser zusammengestürzt sind. Sie lächeln, lachen beim Ein- und Mißverständnis mit Fremden und unter tausend anderen Umständen. Dafür gibt es Erklärungen: Ihr Lachen kompensiere die vom Unglück ausgelöste Störung der Harmonie. Sie lachten, weil sie die Frage des Fremden nicht verstünden oder sie für indiskret oder töricht hielten. Sie lachten aus Verlegenheit. Sie lachten, weil sie weder ja noch nein

---

▶[72] Edwin Arnold, britischer Autor im Japan des ausgehenden 19. Jahrhunderts. Zitiert von: Basil Hall Chamberlain: a.a.O., S. 283. ▶[73] Gerhard Amanshauser: a.a.O., S.128. ▶[74] Richard Wolf: a.a.O., S.34. ▶[75] Peter Pörtner/Noboru Miyazaki: Japanophilie als Selbstverkenntnis oder Das neue Land der Träume. In: Peter Pörtner (Hrsg.): Japan. Ein Lesebuch. *Konkursbuch*, Nr. 16/17. Tübingen 1986, S. 307.

sagen wollten. Sie lachten, weil sie fürchteten, die Antwort könne den Fremden kränken.

Alle diese Erklärungen sind nichtsnutzig. Denn denkbar ist es doch auch, daß Menschen aus den genannten Gründen weinen. Oder erstarren, sich abwenden, stumm zur Seite blicken oder die Augen schließen. Aber nein, Chinesen und Japaner lachen. Um des Lachens willen.

Gelbe sehen Schwarze

9. bis 19. Jahrhundert: Sklaventeufel[1]

Die Chinesen entdeckten Afrika beiläufig bei der Erforschung des südwestlichen Meeres. Die Rückständigkeit der Eingeborenen ließ es ihnen geraten erscheinen, Abstand zu wahren. Doch zu Beginn des 12. Jahrhunderts wurden in Kanton schwarze Afrikaner in großer Zahl als Torwächter und Hausdiener gehalten – von Kaufleuten aus islamischen Ländern, vielleicht auch von reichen Chinesenfamilien. Man nannte sie »wilde Menschen« *(ye ren)* und »Sklaventeufel« *(gui nu)*. Ein Literat der Region schrieb 1119 auf, was er von ihnen wußte: »Ihre Hautfarbe ist schwarz wie Tinte, ihre Lippen sind rot und ihre Zähne weiß, ihr Haar ist gekräuselt und gelb(!). Es gibt männliche und weibliche Exemplare... Sie leben in den Bergen oder auf Inseln jenseits der Meere. Sie essen rohe Dinge. Wenn sie in der Gefangenschaft mit gekochten Speisen

---

[1] Für dieses Kapitel wurden insbesondere die folgenden Quellenwerke und Monographien verwendet (in alphabetischer Reihenfolge der Autoren): Frank *Dikötter:* The Discourse of Race in Modern China. Stanford, Calif., 1992; Jan J. L. *Duyvendak:* China's Discovery of Afrika. London 1949; J(oseph) *Heco:* Erinnerungen eines Japaners. Schilderung der Entwicklung Japans vor und seit der Eröffnung bis auf die Neuzeit. Nach dessen Originalaufzeichnungen bearbeitet, übersetzt und mit einer Einleitung versehen von Ernst Oppert. Stuttgart o. J. (ca. 1900); Peter *Kapitza:* Japan in Europa. Texte und Bilddokumente zur europäischen Japankenntnis von Marco Polo bis Wilhelm von Humboldt. Bd. 1 und Bd. 2. München 1990; Philip *Snow:* The Star Raft. China's Encounter with Africa. Ithaca, New York, 1989.

gefüttert werden, bekommen sie einige Tage später Durchfall. Man nennt das den ›Wechsel der Gedärme‹ *(huan chang)*. Einige erkranken und sterben daran. Wenn sie nicht sterben, kann man sie halten, und wenn man sie längere Zeit gehalten hat, fangen sie an, die menschliche Sprache (d. h. Chinesisch) zu verstehen, obwohl sie sie nicht sprechen können... Sie sind von schlichter Natur, und sie laufen nicht davon... Die Laute, die sie von sich geben, und ihre Wünsche sind unverständlich.«[2] Schon im frühen 7. Jahrhundert sollen die ersten Negersklaven nach China gebracht worden sein.

Ein »Wechsel der Gedärme« war auch als Rückfall in die Rohkost möglich. Wehe dem Zivilisierten, der sich in Afrika mit Afrikanern einließ.

Daß Schwarze keine richtigen Menschen waren, erkannten Chinesen bereits daran, daß sie in der Fremde ihre Familien vergaßen. »Man sagt, daß sie keine Sehnsucht nach ihren Familien haben.«[3] Das genügte, um sie richtig einzuschätzen.

Chinesischen Historikern zufolge kamen die Chinesen schon in der Zeit der Han-Dynastie (206 v. u. Z. bis 220 u. Z.) mit afrikanischen Völkern in Berührung. Belegen läßt sich für diese Zeit aber nur der Transport von Handelswaren zwischen China und Ostafrika in beiden Richtungen. Vielleicht begegneten sich Kaufleute beider Sphären in der Mitte des 6. Jahrhunderts in Ceylon. Hätte die Nachricht, daß schwarze Menschen seetüchtige Schiffe bauten, das chinesische Weltbild irritiert?

Der erste Chinese, der nachweislich seinen Fuß auf afrikanischen Boden setzte, war Du Huan, ein Offizier der Tang-Dynastie. Er geriet 751 in arabische Gefangenschaft, schlug sich in die afrikanischen Königreiche von Molin und Axum (im heutigen Eritrea) durch und kehrte 762 nach China zurück, wo er seinen Reisebericht *(Jingxingji)* verfaßte, von dem noch eine Passage erhalten ist. Die Sitten der Schwarzen, erzählte er, seien »wunderlich« im übelsten Sinn. In Molin erwiesen die Einheimischen weder ihrem König noch ihren Vätern und Müttern Achtung. Sie zechten tagelang und praktizierten den Inzest. In dieser Hinsicht seien sie »die schlimmsten von allen Barbaren«.[4]

▶[2] Zhu Yu: Dinge aus Pingzhou (*Pingzhou ketan*, 1119). Wiedergegeben in: Jan J. L. Duyvendak: a. a. O., S. 24, und Philip Snow: a. a. O., S. 19. Übersetzung durch den Autor. ▶[3] Zhao Rugua: Verzeichnis der Fremden (*Zhufanzhi*, 1225). Wiedergegeben in: Philip Snow: a. a. O., S. 19. ▶[4] Philip Snow: a. a. O., S. 4 f.

Die Tang-Dynastie (bis 907) und die Südliche Song-Dynastie (1127 bis 1279) förderten den Überseehandel. Es gibt Anhaltspunkte dafür, daß in diesen Zeiten einige chinesische Kaufleute mit ihren riesigen Schiffen auch den Weg zur afrikanischen Küste fanden. Das im 12. Jahrhundert entdeckte Madagaskar erhielt den Namen *Kunluncengqi*. Der Name bezeichnet die Hautfarbe der Bewohner gleich doppelt. *Kunlun* hieß das Gebirge, das in der altchinesischen Kosmologie die Erde nach Südwesten hin begrenzte, und *kunlun* hießen daher auch die dunkelhäutigen Völkerschaften südwestlich von China. *Cengqi* war die chinesische Transkription des arabischen Worts für »Schwarze«, *zang*. In einer südchinesischen Landeskunde aus dem 12. Jahrhundert ist von der Insel Madagaskar zu lesen, auf ihr vegetierten viele Wilde mit Körpern »so schwarz wie Lack« und »Kaulquappen-Haar«.[5]

Nach zeitgenössischen Berichten jagte der Anblick von Schwarzen den Chinesen Furcht ein. Der kultivierte Zustand der Furcht schloß individuelle Reaktionen wie Pulsrasen, Mundtrockenheit und Schweißausbruch nicht aus. Es war jedoch ein grundsätzliches, unabänderliches Merkmal der Schwarzen, furchterregend zu sein. Die Hautfarbe des Schreckens verlor durch Gewöhnung an sie nicht ihren Charakter. Vertraute schwarze Gestalten wie die gezähmten Sklaven von Kanton wurden kaltblütig gefürchtet, manche von ihnen sogar mit Sympathie.

Chinesische Seefahrer gaben zu Protokoll, daß die Schwarzen außer Palmenhütten auch Häuser bauten, von Königen und Ministern regiert wurden und in bestimmten Reichen sogar »die Rechtschaffenheit der alten Zeiten« bewahrten. Und selbst im Zustand der Wildheit wurden die Lackhäutigen nicht ausschließlich verachtet. Berichte vom wilden Dasein weckten unter gebildeten Chinesen auch Gefühle des Bedauerns, die Unschuld des Unverbildetseins eingebüßt zu haben.[6] Neben anderen Gefühlen. Nach einem »Wechsel der Gedärme« schließlich stiegen auch die Schwarzen eine Menschlichkeitsstufe höher.

Von gesittetem Umgang jedoch waren sie für immer ausgeschlossen. Wer im Chaos oder an dessen Rand gehaust hatte,

▶[5] Almut Netolitzky: Das Ling-wai tai-ta von Chou Ch'ü-fei. Eine Landeskunde Südchinas aus dem 12. Jahrhundert. Wiesbaden 1977, S. 49. ▶[6] Philip Snow: a. a. O., S. 14 und 16.

konnte ihm unversehens wieder anheimfallen. Zwischen Tieren und Menschen waren die Grenzen fließend; das begünstigte die Tiere, aber bedrohte die Menschen. An den nach Arabien und China entführten Afrikanern haftete stets die Niedrigkeit.[7]

Manche schwarze Küstenbewohner, berichteten Afrikafahrer der späten Song-Zeit, beherrschten die Kunst, Menschen in Vögel, Säugetiere oder Meeresgeschöpfe zu verwandeln. Wenn sie mit der Besatzung eines fremden Schiffes verhandelten und sich über Preisforderungen ärgerten, belegten sie das Schiff mit einem Zauber, so daß es nicht mehr von der Stelle kam. Jedes Dorf stand im unaufhörlichen Kampf mit den Nachbardörfern um die regionale Vorherrschaft. Im Reich von Bibaluo (Nordsomalia) pflegte man grausame Bräuche: Um ein Heiratsversprechen zu besiegeln, mußte die Familie des Mädchens einer trächtigen Kuh den Schwanz abreißen. Die Familie des Bräutigams erwiderte diese Gunstbezeugung, indem sie einen abgerissenen menschlichen Penis als Geschenk präsentierte – freudig mit Musik und Tanz begrüßt.[8]

Hörte man die Schwarzen in China gleichwohl menschlich sprechen, verstärkte das nur den Eindruck des Unstimmigen. Als der Jesuit Matteo Ricci (Ende des 16. Jahrhunderts) in Peking noch auf Dolmetscher angewiesen war, beschäftigte er zunächst schwarze Seeleute, die das Chinesische und andere Sprachen beherrschten. Doch die Chinesen entsetzten sich vor den sprechenden Höllengeistern, und Ricci mußte sie durch Einheimische ersetzen.[9]

Spätestens in der ausgehenden Tang-Zeit entstand in den großen chinesischen Küstenstädten im Bewußtsein der Oberschicht ein Sittenbild von der schwarzen Barbarei. Im Jahr 850 legte der »erfolglose Bürokrat« Duan Chengshi eine kurzweilige Schrift unter dem Titel »Gemischtes Geschirr aus Youyang« *(Youyang zazu)* vor, die auch das Thema der schwarzen Länder aufgriff. Von den Bewohnern der nordsomalischen Küstengegend teilte Duan mit: »Das Land von Po-pa-li (Berbera) liegt im südwestlichen Meer. Die Leute dort essen keine der Fünf Getreidearten, sondern ausschließlich Fleisch. Sie stechen oft mit einer Nadel in die Adern der Rinder, zapfen das Blut ab und trinken es roh, vermischt mit Milch. Sie tragen keine Kleidung außer einem Lendenschurz aus Schaffell. Ihre Frauen sind

▶[7] Vgl. Frank Dikötter: a.a.O., S.10. ▶[8] Philip Snow: a.a.O., S.14. ▶[9] Frank Dikötter: a.a.O., S.17.

sauber und verhalten sich anständig. Die Bewohner von Popa-li selbst entführen sie, und wenn sie sie an fremde Kaufleute verkaufen, erzielen sie einen besonders guten Preis.«[10] Das besagte, daß die Schwarzen sich gegenseitig selbst zu Sklaven machten, bevor die fremden Sklavenhändler kamen.

Schon im klassischen Zeitalter der Zhu (11. Jahrhundert v. u. Z. bis 221 v. u. Z.) war Dunkelhäutigkeit schandbar. Die verachtete Feldarbeit unter glühender Sonne brandmarkte den Körper. Zugleich symbolisierte Schwarz den kosmischen Gegenpol zum Zentrum der Erde. Beides ergänzte sich. (Die Symbolik unmittelbar aus der Verächtlichkeit abzuleiten, ist Spekulation.) »Schwarzköpfe« waren niedriggestellte Menschen, »schwarze Teufel« die Barbaren der Berge und Dschungel im Süden.[11] Wenn Chinesen von Schwarzhäutigen aus Übersee hörten, wußten sie, daß von Sklaven die Rede war. Folgerichtig wurde ihnen später berichtet, daß die Araber diese Schwarzen zu Tausenden als Sklaven verkauften, nachdem sie sie mit Nahrungsködern angelockt und verschleppt hatten.

Der »Kunlun-Sklave« geisterte durch die Literatur der frühen Song-Zeit als ein mit Zauberkräften versehener, unwirklicher Retter unschuldiger Opfer. Nichtsdestoweniger waren »schwarz« und »Sklave« Synonyme. Edel oder rachsüchtig, die »Schwarzen« entstammten der Unterwelt ruheloser, getriebener Seelen. Auch die Höllengottheiten des im 3. Jahrhundert in China eindringenden Buddhismus trugen ein schwarzes Äußeres. In der chinesischen Wahrnehmung des »Schwarzen« durchdrangen sich die Schreckenswelten der Dämonie, der Sklaverei und der Bestialität.

Im 15. Jahrhundert inspizierte das chinesische Reich Arabien und Afrika. Unter dem Kommando Cheng Hos, eines Eunuchen islamischen Glaubens, stießen zwischen 1417 und 1433 auf drei Expeditionen Teile der gewaltigen chinesischen Flotte (bis zu 300 Schiffe mit bis zu 30 000 Seeleuten, Soldaten und Beamten) über die Südostküste der Arabischen Halbinsel nach Ostafrika vor. Angelaufen wurden Mogadischu, Brava und Jumbo im heutigen Somalia und Malindi und Mombasa im heutigen Kenia. Der Anblick der somalischen Küste löste in der Besatzung tiefe Beklommenheit aus. Ein zwangsrekrutierter Soldat faßte sie in Worte:

▶[10] Wiedergegeben in: Jan J. L. Duyvendak: a. a. O., S. 13. Übersetzt vom Autor. ▶[11] Frank Dikötter: a. a. O., S. 12.

*Dein Blick irrt umher – nichts als Seufzen und Starren –
Verlassenheit – nichts als Hügel, das ganze Land!*[12]

An Landnahme und Kolonisierung in der den Erdenrand umgebenden Dunkelheit dachte niemand. Das Ziel war die Fahrt selbst, die Verbreitung des vom Kaiserthron ausgehenden »sternengleichen Glanzes« in den äußersten Zonen. Ausgedehnter Kontakt mit den Schwarzen war unerwünscht und unnötig. An nautischen Informationen, Gewürzen, Heilkräutern und seltenen Tieren bestand mehr Interesse als an den menschenähnlichen Bewohnern. Man nahm Giraffen, Zebras, Löwen, Leoparden und Strauße an Bord; sie fesselten nach der Rückkehr die ganze Aufmerksamkeit der Chinesen. Immerhin gelangten auch Repräsentanten von drei afrikanischen Gebieten zum Thron der Ming-Dynastie und entrichteten vor ihm Tribut.

Die Flotte setzte keine Kolonisten aus. Obwohl die Soldaten und Beamten nicht in Begleitung ihrer Frauen reisten, hinterließen sie in Afrika keine Nachkommen.

Wenige Jahre nach dem Ende der letzten großen Erkundung machte der Kaiserhof den maritimen Streifzügen ein Ende. 1480 wurden alle Fahrtenbücher und Seekarten der Expeditionen vernichtet. Die Flotte verfiel. Überseehandel und Auswanderung wurden mit strengen Strafen geahndet.[13]

In den folgenden Jahrhunderten materialisierten sich die »schwarzen Teufel« *(hei gui)* zumeist als Begleiter der »weißen Teufel« *(bai gui)*. In der britischen Armee des 19. Jahrhunderts standen die beiden Teufelsgattungen Schulter an Schulter. Der Literat Jin He verglich sie zur Zeit der Opiumkriege in einer Abhandlung über Geister: »Die Weißen sind kalt und matt wie die Asche von Fröschen, die Schwarzen sind häßlich und schmutzig wie Kohle.«[14] Es gab aber noch einen weiteren, bedeutsamen Unterschied. Die Weißen waren geborene Herrscher, die Schwarzen geborene Sklaven. Die Herrscher bedienten sich der Sklaven als Kampfmaschinen ohne Furcht und Verstand.

▶[12] Aus: Fei Xin: Glorreiche Fahrt des Sternenfloßes (*Xingcha shenglan*, 1436). Wiedergegeben in: Philip Snow: a.a.O., S. 26. Übersetzt vom Autor.
▶[13] Vgl. Roderich Ptak: Cheng Hos Abenteuer in Drama und Roman der Ming-Zeit. Stuttgart 1986, S. 13–30. Vgl. Thomas O. Höllmann: Das Reich ohne Horizont. Berührungen mit dem Fremden jenseits und diesseits der Meere. In: Wolfgang Bauer (Hrsg.): China und die Fremden. 3000 Jahre Auseinandersetzung in Krieg und Frieden. München 1980, S. 161–171. ▶[14] Jin He: Über Geister *(Shuogui)*. Wiedergegeben in: Frank Dikötter: a.a.O., S. 14 und 38.

Stumpfsinnig ergäben sie sich in ihr Schicksal, sagte man von den nach Übersee Verkauften. Niemals versuchten sie, in die Heimat zurückzukehren.

Den Schwarzafrikanern war das dreifache Stigma, primitiv, verkäuflich und gespenstisch zu sein, im 19. Jahrhundert eingebrannt wie tausend Jahre zuvor. Neben Südamerika und Australien wurde Afrika den »Tierstaaten« *(qin shou zhi guo)* zugerechnet. Man schilderte es als eine dem chaotischen Frühstadium des Universums *(hun dun)* ähnliche Vorhölle. In der Mitte des 19. Jahrhunderts präsentierte ein populäres geographisches Werk die Äthiopier als insektenverzehrende Höhlenbewohner und die Westafrikaner als halbnackte Wilde, die nicht einmal ihre Genitalien bedeckten und sich wahllos paarten, »ohne zwischen den Rassen zu unterscheiden«. Steckte man die verschmorten Teufel aber in europäische Kleidung und Umgebung, verwandelten sie sich in Homunculi mit »Eisengesichtern und silbernen Zähnen«. Das hatte ein chinesischer Gesandter in London erlebt.[15]

Unstet wie die Farben des Chaos änderten die Kreaturen Afrikas ihre Erscheinungsweise. Der Zivilisierte blieb unbeschadet im Kreis der Seinen. Gebleckte weiße Zähne und rollende Augen im Lackgesicht mochten ihn frieren lassen. Das erbärmliche Schicksal dieser Gespenster vor Augen, faßte er wieder Mut. In den Erbhof der Kultur drang die Vorwelt nicht ein. Ansteckend waren die Schwarzen nur in Afrika. Wer zwischen schwarzen Körpern lebte und deren Nahrung zu sich nahm, versank im Ungestalten. Er vergeudete dreitausend Jahre Formung.

Japan grenzte nicht an Barbarenländer. Bevor die Europäer kamen, war kein Japaner über das Chinesische Meer hinausgelangt. Wohl gab es in Japan Dunkelhäutige, durch niedrige Arbeit Gezeichnete. Aber sie zu kennen, bereitete nicht auf den Anblick völlig geschwärzter Menschen vor. Als Mitte des 16. Jahrhunderts solche Geschöpfe auf portugiesischen Kauffahrern eintrafen, weigerten sich viele Menschen, den Gerüchten zu glauben. Scharen von Schaulustigen legten fünfzehn bis zwanzig Meilen zurück und lagerten drei oder vier Tage an der Reede, um die Schwarzen zu begaffen.[16]

▶[15] Frank Dikötter: a.a.O., S. 49f. und 53. ▶[16] Vgl. den Bericht des portugiesischen Kapitäns Jorge Alvares aus dem Jahr 1547. Wiedergegeben in: Peter Kapitza: a.a.O., Bd. 1, S. 64.

Überliefert ist eine Anekdote vom Zusammentreffen des Shogun Nobunaga mit einem Schwarzen im Jahr 1581: Ein Schiff war eingelaufen, das außer einigen Jesuiten-Missionaren auch einen Schwarzafrikaner an Bord hatte. Nobunaga verlangte ihn zu sehen. »Als das seltsame Geschöpf vor ihm stand, wollte er es genau untersuchen und rieb ihm eigenhändig die Wangen, um sicher zu sein, daß die Farbe echt war.«[17]

Wäre die Farbe abgegangen, hätte Nobunaga vielleicht weitergerieben, um zu sehen, was unter der hellen Haut zum Vorschein kommen würde. Der Schock über die Aufspaltung der Welt in Japan und Nicht-Japan weckte unstillbares Mißtrauen gegen die Außenhaut der Fremden. Wenn Ungeheuer leugneten, Ungeheuer zu sein, hatten sie gewiß ihre Gründe dafür. Eine weitere Aufspaltung bereitete sich vor.

Die erste, unerwartete Konfrontation mit den geschwärzten Wesen enthüllte den Japanern noch zuverlässig den Diener der Weißen als Dämon. Ein ehemaliger japanischer Fischer, den es 1851 als Schiffbrüchigen nach San Francisco verschlagen hatte, erinnerte sich in seinen Memoiren an das Grauen der ersten Begegnung mit einem Schwarzen, einem Kutscher mit rotem Schal und Filzhut: »Das schwarze Gesicht mit den weißen Zähnen und den roten Lippen, die so sehr voneinander abstachen, war schrecklich und grausenerregend. Mir schien es nicht menschlich zu sein und mehr einem *Oni* (Teufel) denn irgend etwas anderem zu gleichen. Denn obschon ich von der Existenz von Leuten mit kurzen Körpern und langen Armen und Beinen gehört hatte, so war mir doch nie etwas von einem solchen Geschöpf zu Ohren gekommen. Ich konnte es daher nur für einen Teufel halten. Und wenn dies der Fall war, so mußte er von *Jigoku* (aus der Hölle) kommen, denn in der Hölle befanden sich, wie man uns gelehrt hatte, viele rote und schwarze und weiße Teufel. Und dann konnte die Hölle ja auch nicht weit entfernt sein.«[18]

Bald darauf überzeugte man den Schiffbrüchigen davon, daß der Dämon ein Mensch war. Die nächsten Schwarzen betrachtete der junge Japaner bereits »mit Furcht und Bewunderung«.[19] Der Dämon war deswegen aber nicht aus der neuen Welt verschwunden. Er hatte sich nur aus dem Äußeren entfernt und ins Dunkel unter der schwarzen Hülle verkrochen.

▶[17] Mirko Ardemagni: Japan lächelt anders. Stuttgart 1955, S. 38. ▶[18] Joseph Heco: a.a.O., S. 62 f. ▶[19] Ebenda, S. 66 f.

20. Jahrhundert: Unberührbare

Ende des 18. Jahrhunderts setzten sich einige Tausend chinesische Handwerker und Kaufleute auf der Insel Mauritius fest, die von vielen Schiffen auf der Fahrt von Europa nach Ostasien angelaufen wurde. Sie kamen auf eigene Faust, doch ein französischer Admiral hatte sie auf die Geschäftsidee gebracht, als er 1760 dreihundert Chinesen zur Zwangsarbeit nach Mauritius entführt hatte. (Vergeblich – die Entführten erklärten, es müsse sich um einen Irrtum handeln, sie seien keine schwarzen Sklaven, und traten in den Streik.) Von Mauritius aus erschlossen sich chinesische Händler unauffällig das kolonisierte Afrika. Ende des 19. Jahrhunderts sickerten sie in Madagaskar ein, später in Mozambique, Südafrika, Rhodesien und Belgisch Kongo.[1]

Einige Tausend Seemeilen vom Reich der Mitte entfernt beschränkten die chinesischen Pioniere ihre Abstandsvorbehalte gegen Afrikaner auf den Schutz eines kulturellen Kernbereichs. Da sie die Weißen als Kunden nicht gewinnen konnten, umwarben sie die schwarzen Stammesangehörigen. Sie brachten Lebensmittel, Wolldecken und Kredite direkt in den Busch und in die Kraale und kauften den Eingeborenen Kaffee und Vanille ab. Sie behandelten die Schwarzen respektvoll und höhnten nicht über deren Rückständigkeit. Sympathien für sie – als von den Europäern ebenfalls unterdrückte Gruppe – empfanden sie dennoch nicht. Sie waren ja darauf aus, den sozialen Rang der Europäer zu erreichen.

Unter afrikanischer Sonne indes schmolz auch die Zivilisation. Die Händler wohnten, aßen und kleideten sich wie ihre Stammkundschaft und übernahmen – zumindest formal – deren Religion. Gewöhnlich waren sie ohne ihre Gattinnen, deren Füße verkrüppelt waren, emigriert. Lebenspartnerinnen

---

[1] Für dieses Kapitel wurden insbesondere die folgenden Schriften verwendet (in alphabetischer Reihenfolge der Autoren): Frank *Dikötter:* The Discourse of Race in Modern China. Stanford, Calif., 1992; Cullen Tadao *Hayashida:* Identity, Race and the Blood Ideology of Japan. Dissertation. University of Washington, Mai 1976; Emmanuel John *Hevi:* Schwarzer Student im roten China. Ein afrikanischer Student in China. Zürich 1968; Kenzaburo *Oe:* Der Fang. Frankfurt am Main 1994; Philip *Snow:* The Star Raft. China's Encounter with Africa. Ithaca, New York, 1989; Jared *Taylor:* Shadows of the Rising Sun. A Critical View of the »Japanese Miracle«. New York 1983.

fanden sie bei den Einheimischen, vorzugsweise unter dunkelbraunen Kreolenmädchen malaiischer und indonesischer Abstammung. Manche ließen ihre Liaison von den Kolonialbehörden legalisieren. Was man in der Fremde beschwor, berührte die Bindungen in China ohnehin nicht.

Ein heikles Problem entstand, wenn aus diesen Verbindungen Kinder hervorgingen. Die Chinesen erkannten die Kinder als Nachkommen an, aber häufig nur unter der Bedingung, daß sie zur Schulung der Sprache und der Sitten nach China geschickt werden würden. In China jedoch sträubte man sich, die dunkelhäutigen Sprößlinge der unter anderem Himmel lebenden Gatten und Söhne aufzunehmen.

1899 kehrte eine Gruppe chinesischer Händler aus Mauritius in Begleitung ihrer kreolischen Frauen und Kinder nach Südchina zurück. Die Familien der Händler verschlossen ihre Häuser vor dem illegitimen Anhang, und die Heimkehrer, übergeordneter Verpflichtungen eingedenk, setzten Frauen und Kinder mittellos in Hongkong aus. Von einer dort umherirrenden Madegassin erzählte man sich, sie habe mit ihrem jammervollen Gebaren solches Aufsehen erregt, daß sie auf Kosten der französischen Kolonialregierung repatriiert werden mußte.[2]

Für die neokonfuzianischen Reformer, die um die Jahrhundertwende in China den Ton angaben, lag Afrika in einer anderen Welt. Wanderer zwischen den Welten wechselten nach dieser Auffassung jeweils unbestimmbare Teile ihrer menschlichen Substanz. Argumentiert wurde dabei weniger mit der Entfernung zwischen China und Afrika (die ja im Zeitalter der Raddampfer und Telegraphen bedenklich abnahm) als mit den unterschiedlichen klimatischen Verhältnissen. Letztere kreierten nach Überzeugung der Reformer sowohl den »verworrenen Geist« der Schwarzen als auch Wissen und Macht der Weißen und Gelben. »In den Tropen vermehren sich die Leute, haben aber keinen Geist«, schrieb der Reformer Ling Qichao.[3] Dieser geographische Determinismus teilte die Erde in lichte, geordnete und dunkle, anarchische Zonen.

Er wurde häufig mit der These kombiniert, daß die Menschheit nicht einen, gemeinsamen biologischen Ursprung, sondern zwei Ursprünge habe. (Die These wurde aus der anthropologischen Diskussion im Westen herausgepflückt und paßte vortrefflich zu den Erdraumkonzepten der konfuzianischen Geistes-

▶[2] Philip Snow: a.a.O., S. 187.   ▶[3] Frank Dikötter: a.a.O., S. 91.

geschichte.) Als Abkömmlinge der »ersten Art« bestimmten die chinesischen Geopolitiker stets die Angehörigen der gelben Rasse. Der zweite Ursprung blieb dann den anderen drei oder vier Rassen vorbehalten. Jiang Zhiyou, ein Mitarbeiter Liang Qichaos, vertrat 1910 in seiner »Untersuchung über die chinesische Rasse« *(Zhongguo renzhongkao)* die Ansicht, Europäer und Afrikaner stammten vom afrikanischen Affen ab, die Asiaten vom asiatischen Affenmenschen. Der Ursprungsthese eines anderen Reformers zufolge war der östliche Affe groß und schwanzlos, der westliche hingegen kleiner und »tierähnlicher«.[4]

Die am Ende des 19. Jahrhunderts vorgenommene Klassifizierung der Menschen nach Erdteilen, Rassen und Ursprüngen wurde in den zwanziger Jahren durch einzelne Erkenntnisse der westlichen Evolutionsforschung ergänzt.[5] Bis zur Niederlage der Republik auf dem Festland im Jahr 1949 blieb sie die herrschende Lehrmeinung der chinesischen Anthropologie. Sie deckte sich mit weitverbreiteten Vorstellungen im chinesischen Volk. Der britische Missionar T. G. Selby beispielsweise hörte an Bord eines Küstenschiffs zwei chinesische Bauern davon sprechen, daß die Ausländer entweder völlig weiß oder völlig schwarz zur Welt kämen – so wie in einem Wurf Welpen die Farbe des Fells variieren konnte.[6] Die Weißen standen demnach den Schwarzen näher, als ihnen lieb sein konnte, waren aber wohl durch die Wahl ihrer Siedlungsgebiete dem Schlund des Ursprungs entkommen. Die aus China nach Afrika emigrierten Händler jedenfalls wußten, daß sie Exemplaren einer fremden Art in die Augen blickten.

Kang Youwei, der prominenteste Philosoph Chinas in der ersten Hälfte des 20. Jahrhunderts, wies 1902 den »monströs häßlichen Schwarzen« folgende Erkennungsmerkmale zu: »Eisengesichter«, »Silberzähne«, »vorstehende Mäuler wie die eines Schweines«, eine »Vorderansicht wie ein Ochse«, »volle Brüste«, »lange Haare«, »dunkelschwarze Hände« und die Dummheit von »Schafen oder Schweinen«.[7] In einer chinesischen Zeitschrift des Jahres 1903 wurde behauptet, daß die Schwarzen ihre eigene Hautfarbe verabscheuten und deswegen manchmal ihr Gesicht

[4] Frank Dikötter: a.a.O., S. 74. [5] Vgl. Frank Dikötter: a.a.O., S. 147. [6] E. John Hardy: John Chinaman at Home. Sketches of Men, Manners and Things in China. London 1905, S. 321. [7] Kang Youwei: Eine Welt *(Datongshu*, 1902, neu aufgelegt 1956). Zitiert in: Frank Dikötter: a.a.O., S. 89.

mit weißem Puder beschmierten.[8] Das Hauptkennzeichen der Schwarzen aber war den chinesischen Menschenforschern zufolge der »ekelhafte Gestank«, der durch ihre dicken Lippen strömte (Gu Shoubai 1924 in einer populären Rassenkunde). Kang Youwei spezifizierte ihn als »Fischgeruch« *(xing chou)*, der Anthropologieprofessor Gong Tingzhang als »Geruch von verdorbenem Fleisch, den man schon aus großer Entfernung wahrnehmen kann« (1926), sein Kollege Zhu Qichang als »faulig« (1927 in einem Lehrbuch über die Ursprünge der Menschheit). Bis zum Ende der zwanziger Jahre war »schwarze Sklavenrasse« die vertrauteste Bezeichnung für »Afrikaner«. Chinesischen Schülern wurde beigebracht, daß die »wilden und grausamen« Schwarzen auf »niedrige und häßliche« Weise, nämlich nur von Freß- und Geschlechtsgier getrieben, ihr Leben verbrachten.[9] Zugute hielt man ihnen immerhin, daß sie »gerne singen und tanzen und Ornamente lieben«.[10]

Auch die nach Amerika eingewanderten Chinesen achteten streng darauf, mit den Schwarzen nicht in einen Minderheitentopf geworfen zu werden – und ihren Nachfahren ist heute daran mindestens ebensosehr gelegen wie den Pionieren. Für das soziale Elend in den Negerghettos machten chinesische Intellektuelle die Schwarzen mit ihrer »Faulheit« selbst verantwortlich. Chinesische Honoratioren bemängelten das schlampige Englisch der Schwarzen und wiesen sie aus ihren Lokalen. Da wollten auch hohe Staatsgäste aus China nicht die Grenzen verwischen. So weigerte sich die Gattin des chinesischen Präsidenten, die ostentativ westlich fühlende »Madame« Chiang (»an mir ist nur mein Gesicht orientalisch«), sich von schwarzen Journalisten interviewen zu lassen, als sie 1943 die Vereinigten Staaten besuchte. In den Nachkriegsjahrzehnten machten in der Hochzeitsstatistik der chinesischen Amerikaner Eheschließungen mit Schwarzen weniger als ein Prozent aus.[11] Die Tendenz ist fallend.

In den siebziger und frühen achtziger Jahren landeten insgesamt etwa 150 000 hochmotivierte chinesische Entwicklungshelfer bei Mao Tse-tungs afrikanischen Vertragspartnern und

▶[8] Frank Dikötter: a.a.O., S.115. ▶[9] Ebenda, S.142 und 147. ▶[10] Liu Huru: Allgemeine Grundsätze der menschlichen Geographie (*Rensheng dili gaiyao*, 1931). Zitiert in: Frank Dikötter: a.a.O., S.149. ▶[11] Carlos Widmann: Neues aus dem Schmelztiegel. In: *Süddeutsche Zeitung*, Nr. 286 vom 12./13.12.1987, S.141.

bauten Straßen, Stadien, Kliniken, Theater und Kanalisationsnetze und vor allem die legendäre Tan-Sam-Eisenbahn von Dar-es-Salaam in Tansania bis zur zentralen Minenregion von Sambia. Laut chinesischer Propaganda vollbrachten die Ingenieure, Techniker und Ärzte damit ein heroisches Werk der Solidarität mit den unterdrückten *farbigen* Völkern in ihrem Kampf gegen den *weißen* Imperialismus.

Die interkontinentalen Helfer verhielten sich wie die Besatzung von Cheng Hos Geschwader im 15. Jahrhundert: Sie kamen und erledigten ihren Auftrag, wobei sie alle persönlichen Kontakte mit den Schwarzen mieden, und dann verschwanden sie wieder. Zum Abendessen bei afrikanischen Mitarbeitern eingeladen, saßen sie wortkarg herum, nahmen ein paar Anstandsbissen von den Speisen, die sie grundsätzlich nicht vertrugen, und zogen sich bestürzend früh zurück. In kleinen Gruppen schlichen sie um Marktstände herum und richteten beim Prüfen und Kaufen kein einziges Wort an die Händler. (Diese nannten sie die »stummen Leute«.) Den Tanzabenden der Afrikaner blieben sie stets angewidert fern: »Sie wissen doch, daß wir so etwas nicht tun. Warum kommen sie immer wieder?« Mit Leichtigkeit widerstanden sie den Verführungsversuchen neugieriger Afrikanerinnen. Keiner der 25000 männlichen Chinesen, die an der Tan-Sam-Bahn arbeiteten, riskierte ein Abenteuer mit einer Schwarzen. Wie Cheng Hos Soldaten und Beamte ließen Maos Männer keine Kinder zurück. Auch nach Maos Tod, als in China Gespräche mit Ausländern geduldet wurden, tauten die Gäste nicht richtig auf. Es war nicht Parteidisziplin, die sie von Kontakten mit Einheimischen abhielt.[12]

Ebenso autistisch ging die Aufbauarbeit selbst vonstatten. Die chinesische Methode war es, ein Projekt allein durchzuführen, das Bauwerk schlüsselfertig zu übergeben und abzuziehen. Nur auf Drängen ratloser afrikanischer Bedienungsteams wurden chinesische Experten zurückbeordert. Man baute chinesische Bahnhöfe, Theater und Stadien im Maßstab 1:1 nach: Afrika als Neues China. Entwürfe lagen nur in chinesischer Sprache vor, und selbst sie pflegten die Helfer nach getaner Arbeit mitzunehmen, so daß viele Anlagen nach der ersten Panne ruiniert waren. Die Experten unterrichteten fast ausschließlich ihresgleichen; die afrikanischen Eigentümer wurden nur halbherzig instruiert. Man verließ sich nicht nur auf die eigenen

[12] Philip Snow: a.a.O., S. 192–195.

Leute, sondern brachte auch gleich noch das Baumaterial mit: Marmor, Bitumen, sogar Zement und Sand aus China. Die bereits vorhandene nationale Infrastruktur (kolonialer Herkunft) strafte man mit Mißachtung: Die Tan-Sam-Eisenbahn endete, eine Meile von der alten Sambia-Bahn entfernt, im Nirgendwo.[13] Chinas Internationalisten plagten sich zum Ruhme Chinas. Nicht einmal zu ihrem Kommunismus wollten sie die Schwarzen überreden.

Denn die Afrikaner waren noch nicht reif für die Geschenke ihrer asiatischen Mentoren. Immer wieder bewahrheitete sich die Befürchtung der chinesischen Techniker, daß in einer Welt grenzenlosen Schlendrians keine Ordnung zu schaffen war. Die afrikanischen Mitarbeiter hielten sich – unfaßbar – nicht an Termine, die sie selbst vereinbart hatten. Sie sabotierten mit ihrem Halbwissen und ihrer Selbstüberschätzung den Produktionsprozeß, ja sie stahlen Material am eigenen Arbeitsplatz in volkseigenen Fabriken. Nach der Fertigstellung der Tan-Sam-Eisenbahn im Jahr 1977 verfolgten die Chinesen beklommen, wie die Nutznießer das Freundschaftswerk allmählich heruntwirtschafteten. Höchste Zeit, die Segel zu streichen und sich wieder dem eigenen Fortschritt zu widmen.[14]

Der Gedanke, ihrerseits etwas von den Afrikanern zu lernen, wie es Verfechtern des Prinzips der Rassengleichheit doch geziemte, erschien den Chinesen wie eine bizarre Zumutung. Von beflissenen Journalisten gefragt, welche Anregungen sie während ihres Einsatzes in Afrika erhalten hatten, schwiegen chinesische Diplomaten und Techniker minutenlang gequält. Ein Ingenieur, der in Benin gearbeitet hatte, zerbrach sich lange den Kopf, bevor ihm der erlösende Einfall kam. Die afrikanischen Handwerker, sagte er, seien sehr gut darin – Bodenplatten herzustellen.[15]

China schickte keine Studenten nach Afrika, es vergab Stipendien an afrikanische Studenten. Anfang der sechziger Jahre nahmen 118 Sprachen-Studenten aus elf Ländern die Einladung an. In Peking waren sie nun zwar Staatsgäste, gleichwohl aber immer noch Schwarze. Also sorgten die Gastgeber dafür, daß sie niemanden mit afrikanischer Rückständigkeit infizieren konnten. Afrikaner durften ihre Zimmer nur mit Afrikanern teilen. Während es europäischen Studenten erlaubt war, in

▶[13] Philip Snow: a.a.O., S. 164–171. ▶[14] Ebenda, S. 170–175. ▶[15] Ebenda, S. 206 f.

exklusiven Geschäften mit Sondergenehmigung einzukaufen und mit Chinesinnen zu verkehren, ja diese unter Umständen zu heiraten, wurde dies ihren schwarzen Kommilitonen verwehrt.[16] »Wir Afrikaner werden verachtet«, heißt es in einer Protestresolution sansibarischer Studenten vom Frühjahr 1962. »Man behandelt uns eher wie Tiere denn wie Menschen. Für Afrikaner ist es ein *Verbrechen*, wenn sie einige Hotels und einige Geschäfte hier in Peking betreten. In Dancings werden Afrikaner scharf beobachtet, und später werden unsere Tanzpartner eingehend verhört.«[17] Alle Begegnungen von Afrikanern mit Chinesen wurden observiert. Mädchen, die sich mit Afrikanern mehrmals getroffen hatten, sperrte man ein oder verurteilte sie zum Arbeitsdienst in den Landkommunen.[18]

Pekings Bürger empfingen die auf ihren Straßen wandelnden Schwarzen mit Feindseligkeit und höhnischer Neugier. Ist die schwarze Haut aufgemalt? fragten sie scheinheilig. Oder durch die Hitze verkohlt? Oder handelt es sich einfach um haftengebliebenen Dreck? Ein chinesischer Arzt fragte einen Ghanaer, warum dieser nach dem Waschen immer noch eine schwarze Haut habe.[19] Solche Fragen wurden wider besseres Wissen gestellt. Die Provokateure beharrten auf der Einheit von symbolischer Zuschreibung und Wahrnehmung. Da Schwarz und Schmutz zusammengehörten, denunzierten sie die Körperschwärze als unsauber beziehungsweise aufgetragen. Zugleich bestanden sie aber weiterhin darauf, daß Schwarz als Wesensmerkmal nicht abwaschbar sei.

Nachdem fast sämtliche afrikanischen Studenten China fluchtartig verlassen hatten, machte die chinesische Regierung dem schwarzen Kontinent zunächst keine weiteren Bildungsangebote. In den frühen siebziger Jahren hielt man es aber aus politischen Gründen für erforderlich, das Studienprogramm für Afrikaner zu erneuern. Jetzt erlaubte man, daß Schwarze mit Chinesen zusammenwohnten und sich mit chinesischen Mädchen trafen. Nichtsdestoweniger waren die Stipendiaten nach kurzer Zeit so unglücklich wie ihre Vorgänger. Dozenten, Studienkollegen und um Auskunft gebetene Passanten sprachen in einer Weise auf sie ein, als ob sie Schwachsinnige vor sich hätten. Die Behörden bevormundeten sie wie unzurechnungsfähige Kinder.

[16] Emmanuel John Hevi: a.a.O., S. 127 f. und 135. [17] Ebenda, S. 157.
[18] Ebenda, S. 93 und 96. [19] Ebenda, S. 138; Philip Snow: a.a.O., S. 198.

Auch der Kontaminierungsalarm wurde nicht aufgehoben. Ein Student aus Sierra Leone wurde 1980 von der Polizei zusammengeschlagen, weil er ein chinesisches Mädchen auf seinem Zimmer hatte. Mitte der achtziger Jahre ging in Peking das Gerücht um, alle Afrikaner seien HIV-infiziert. In Shanghai und Nanking löste die aufdringliche Selbstdarstellung von Schwarzen (laute Musik, Tanzen, Händegefuchtel) tagelange Krawalle aus. Die stärkste dieser Eruptionen des Volkszorns erschütterte im Mai 1986 Tianjin, Chinas drittgrößte Stadt. Ausgerechnet am Vorabend des großen Tags der chinesischen Hochschulexamen feierten Afrikaner mit voll aufgedrehten Transistorradios ausgelassen den Tag der Afrikanischen Einheit – und auch einige törichte Chinesinnen tanzten mit. Eine studentische Abordnung kehrte ergebnislos und beleidigt zurück – da schlossen Hunderte von Examenskandidaten die Afrikaner im Ballsaal ein und bewarfen sie mit schweren Steinen. Erst fünf Uhr früh hob die Polizei die Belagerung auf. Am folgenden Tag demonstrierten die Chinesen dafür, die *hei ren* (hier am besten mit »Nigger« zu übersetzen) hart zu bestrafen.[20]

Die Aufsichtsorgane erlaubten den afrikanischen Studenten sogar, chinesische Freundinnen zu heiraten – und sie mit sich fortzunehmen, versteht sich, nicht etwa, mit ihnen in China zu leben. Und tatsächlich waren einige Chinesinnen bereit, schwarze Männer zu ehelichen, weil sie glaubten, daß das Leben selbst in Guinea oder Mali heiterer sein würde als daheim. Binnen Jahresfrist kehrte ein Teil der ausgewanderten Bräute zurück und beklagte sich öffentlich darüber, daß das afrikanische Essen ungenießbar sei. Zudem habe sich in Afrika herausgestellt, daß die Ehegatten jeweils schon mehrere Frauen hatten. Eine Welle der Empörung lief durch das chinesische Publikum. Dabei hatte sich nur bestätigt, daß Afrika, wie seit mehr als tausend Jahren bekannt, ein Kontinent debiler Unzucht war.

Heute hüten sich chinesische Dozenten, die Gehirne ihrer schwarzen Studenten, wie vordem üblich, als »Porridge« zu bezeichnen. Doch das Befremden über die tänzelnden dicklippigen Schwarzen scheint in China auch in der Ära politischer und sozialer Reformen anzudauern.[21] Indizien dafür gibt es auch in

▶[20] Philip Snow: a.a.O., S. 199–202. ▶[21] Vgl. Mark Salzman: Eisen und Seide. Begegnungen mit China. München 1988, S. 284; Gerhard Amanshauser: Der Ohne-Namen-See. Chinesische Impressionen. Zürich 1988, S. 35.

den Aussagen der 1996 in München befragten Chinesen (siehe Seite 137 ff.). Die zehn Gesprächspartner erläuterten jeweils kurz, »wie Chinesen schwarze Afrikaner und Amerikaner sehen« und »wie Chinesen über Ehen zwischen Chinesen und Afrikanern denken«. Nach der persönlichen Sicht der Gesprächspartner wurde nicht gefragt. Die Antworten sind auf Seite 280 f. dokumentiert.

Daß Menschen mit schwarzer Hautfarbe als unzivilisiert, unrein und sozial minderwertig qualifiziert werden und an Tiere erinnern, entspricht dem seit dreitausend Jahren überlieferten chinesischen Weltentwurf. An der Entstehung und Wandlung dieses Entwurfs, in den das Schwarzen-Schema eingebettet ist, war Erfahrung *beteiligt*. Auch an der Bestätigung des Schemas im China der Gegenwart ist Erfahrung *beteiligt*. Zwischen Weltbild und Erfahrung kommt es in China nicht zur Zerreißprobe. (Erfahrung ist nicht alles. Allein findet sie nicht statt.) Die Symbolik der Menschenfarben steht im Zusammenhang mit dem geographischen Determinismus und der Selbstverortung Chinas. Die Schwarzen-Sichtung ist keine persönliche oder kollektive Einstellung, die eines Besseren zu belehren wäre. Sofern Chinesen persönliche Beziehungen aufnehmen – etwa bei einer Tätigkeit im Ausland oder für transnationale Einrichtungen –, schätzen sie Schwarzafrikaner auch individuell ein: vielleicht als hochgebildet (primitiv), adrett (übelriechend), achtbar (verächtlich) und einnehmend (widerlich). Chinas Pioniere machten es vor hundert Jahren in Afrika nicht anders. Die Konstellation der Kontinente bleibt dabei unangetastet. »Sie sind ein schmutziges Tier, aber anziehend und kultiviert«, könnte ein Chinese zu einem Schwarzen sagen. Nur daß er so etwas nicht sagen würde.

Und was heißt in China schon »Tier«? Nämlich mancherlei. Weil die Namen »schwarzer Teufel« und »häßlicher Wilder« in der Rubrifizierung von Erdteilen gründen, geistern sie, auf einzelne Menschen übertragen, auf einem weiten Bedeutungsfeld umher. Den Primitiven stehen Kräfte zu Gebote, die den Zivilisierten längst abhanden gekommen sind; nicht zuletzt deshalb flößen sie ja Furcht ein. Tiere sind so neugierig und vorwitzig wie die Angehörigen der chinesischen Förmlichkeitskultur schon seit Jahrtausenden nicht mehr. Die Minderwertigen entziehen sich der Kontrolle; woher sie kommen und was sie suchen, beschäftigt die Einbildungskraft. Schwarz ist auch die Farbe des Unergründlichen. (Konfuzius, heißt es, hatte einen schwarzen Teint.) Der Weiße fordert den Chinesen heraus; der Schwarze gemahnt ihn an die fortwährende Vorzeit.

Zwischen *Japanern* und Afrikanern haben keine jahrzehntelangen, jahrhundertelangen Geschichten stattgefunden wie zwischen Chinesen und Afrikanern. Im 20. Jahrhundert gab es nur ein wenige Jahre dauerndes Zwangsverhältnis (Beschmutzung), gefolgt von einer schmählichen Reinigung, und seitdem

---

Aus Gesprächen mit zehn Chinesen (1996 in München)
- Frage 1: »Wie sehen Chinesen schwarze Afrikaner und Amerikaner?«
- Frage 2: »Was denken Chinesen über Ehen zwischen Chinesen und Afrikanern?«

- *Medizinstudentin aus Peking, zwischen 35 und 40.* 1: »Afrikaner werden von Chinesen gewöhnlich ›schwarze Teufel‹ genannt... Die Chinesen denken, daß schwarze Leute faul und nicht zuverlässig sind und die Zeit totschlagen. Chinesische Unternehmen im Ausland stellen viele Europäer ein, aber keine Afrikaner... Ich kenne einige Ingenieure, die bei Hilfsprojekten in Mozambique und anderen afrikanischen Staaten eingesetzt worden sind. Ich habe selbst gehört, wie diese Leute sehr schlecht von Afrikanern gesprochen haben. Afrikaner sind sehr unzuverlässig und sehr unpünktlich. Zum Beispiel gibt es eine Verabredung für neun Uhr früh, und sie kommen eine Stunde oder zwei Stunden zu spät oder gar nicht. Mit solchen Leuten kann man nichts aufbauen.« 2: »Ich kenne keine Chinesin, die einen Afrikaner geheiratet hat, und ich kenne keinen Chinesen, der eine Afrikanerin geheiratet hat. Das gibt es nicht.«

- *Kaufmann aus Hongkong, etwa 40.* 1: »Afrikaner sind in den Augen der Chinesen neugierig, geheimnisvoll, bedrohlich, minderwertig (eine Klasse tiefer stehend). Sie sehen wilder aus als Chinesen und Europäer. Wegen ihrer Hautfarbe und der Art, wie sie sich bewegen.« 2: »Ehen mit Afrikanern werden von Chinesen abgelehnt.« Etwa zwei Monate nach dem Interview rief dieser Gesprächspartner an und erklärte, er lege Wert darauf, seine Aussagen bezüglich der Schwarzen zu präzisieren: »Viele Schwarze, besonders Ägypter und Äthiopier, werden von den Chinesen als schöne Menschen betrachtet. Als häßlich betrachtet werden von Chinesen – auch von mir selbst – nur die Schwarzen aus Zentral- und Südafrika mit platten Nasen. Häßlich sind nur die Schwarzen, die so ähnlich wie Tiere aussehen... In China gibt es keine Rassenvorurteile.«

- *Übersetzerin aus Peking, etwa 30.* 1: »Schwarze gelten für die meisten Chinesen als unsauber... Chinesen sagen, die weiße Haut ist schön, die dunkle Haut ist häßlich... Schwarze sehen wie Affen aus. Sie sind laut und aggressiv. Daher halten Chinesen sie für unkultiviert, für primitiv... Wenn sie auf der Straße gehen, sieht es immer so aus, als ob sie Tanzschritte machen. Sie sind immer in Bewegung, wie betrunken.«

erfolgreiche Bemühungen, den Schwarzen dorthin zu bannen, wo ihn die Japaner am liebsten haben: ins Videoprogramm der verhinderten hygienischen Katastrophen. Überblickt man die kleinen Schwarzen-Episoden der sechziger, siebziger, achtziger und neunziger Jahre, so wird frappierend klar, daß der Schwarze Mann in Japan im wesentlichen ein Problem der Ansteckungsprophylaxe ist.

Zunächst der Nachkriegsunfall: Nach 1945 brachten Japanerinnen etwa 200000 Kinder von amerikanischen Besatzungs-

---

2: »Junge chinesische Frauen verabreden sich manchmal mit Afrikanern, aber sie heiraten keine Afrikaner.«

▶ *Unternehmer aus Taiwan, etwa 50.* 1: »Die meisten Leute auf dem Festland und in Taiwan haben eine schlechte Meinung von Schwarzen. Vor allem auf dem Dorf und beim ersten Blick.« 2: »Die Chinesen lehnen solche Verbindungen ab.«

▶ *Fremdsprachensekretärin aus Singapur, zwischen 25 und 30.* 1: »Schwarze haben in China, in Singapur und anderen chinesischen Gemeinden ein sehr geringes Ansehen.« 2: »Chinesische Eltern wollen nicht, daß ihre Töchter Schwarze heiraten.«

▶ *Sozialwissenschaftler aus Peking, etwa 35.* 1: »Die schwarze Hautfarbe wird in China mit ›wild‹, ›unzivilisiert‹, ›schmutzig‹ und ›häßlich‹ assoziiert... Wir wollen mit Negern nichts zu tun haben.« 2: »Mit einem afrikanischen Partner oder einer afrikanischen Partnerin würde man verachtet werden. Verwandte würden so etwas nie tolerieren.«

▶ *Hausfrau, geboren in Südchina, etwa 25.* 1: »Chinesen sehen in Schwarzen ›schwarze Teufel‹. Der Kontakt mit Schwarzen ist den Chinesen unangenehm... Die Schwarzen erinnern sie an Tiere... Dunkle Haut erscheint den Chinesen häßlich.« 2: »Heute ist es in China modern, mit Negern zu gehen. Aber einen Schwarzen zu heiraten, ist etwas ganz anderes. So etwas ist so gut wie unmöglich.«

▶ *Informatiker, geboren in Südchina, etwa 30.* 1: »Starke Körperbehaarung oder schwarze Hautfarbe werden in China mit einem Zustand der Unterentwicklung gleichgesetzt. Deshalb sehen Chinesen in Afrikanern unwillkürlich primitive Menschen.« 2: »Beziehungen von Chinesen zu Afrikanern halten die Angehörigen für völlig unmöglich.«

▶ *Künstlerin aus Shanghai, zwischen 35 und 40.* 1: »Chinesen sagen über Schwarze, sie seien ›Monster‹ oder ›Teufel‹. Sie sagen, sie seien ›unsauber‹ und ›unzivilisiert‹.« 2: »Mischehen zwischen Chinesen und Afrikanern werden sehr schlecht angesehen.«

▶ *Chemiker aus dem äußersten Norden Chinas, etwa 40.* 1: »Chinesen haben das spontane Empfinden, daß die Schwarzen nicht zivilisiert sind, daß sie Tiere, wie Affen sind.« 2: »Schwarze Menschen haben es in China sehr schwer. Eine Chinesin, die einen Schwarzen heiratet, würde es noch schwerer haben.«

soldaten zur Welt. Ein Teil dieser Kinder hatte schwarze Väter. (Wie viele es waren, scheint ungeklärt: Ein deutscher Japankenner spricht von 40000, ein amerikanischer von einigen hundert.) Einige der verzweifelten Mütter setzten ihre Schwarzenkinder einfach aus, andere versuchten, sie irgendwo abzugeben, die übrigen Mütter und Kinder wurden praktisch aus dem Land gejagt. Viele von ihnen emigrierten nach Brasilien. Dort versuchte eine katholische Japanerin, Angehörige einer Großindustriellenfamilie, eine Art Kibbuz für Negermischlinge aufzubauen, doch das Projekt scheiterte. Ein großer Teil der Mischlinge wurde schließlich von amerikanischen und europäischen Familien aufgenommen. Kein einziges Kind fand japanische Adoptiveltern.[22]

Auch den Frauen, die weiße Besatzungskinder geboren hatten, wurde das Leben in Japan nicht leichtgemacht. Aber sie wurden geduldet – wie ihre Kinder, die sich letztlich unaufdringlich einbürgerten.

Ein japanischer Diplomat in Westafrika, der mit einem amerikanischen (weißen) Kollegen befreundet war, weigerte sich zwei Jahre lang beharrlich, von afrikanischen Gerichten auch nur einen einzigen Bissen zu sich zu nehmen. Der Grund war offenbar nicht die Furcht, die Nahrung könnte verdorben oder verseucht sein, denn er wies sie auch dann zurück, wenn sie in der Hochglanzküche seines Kollegen zubereitet wurde. Nein, er ließ es erst gar nicht auf eine Kostprobe ankommen. »Diese Leute haben keine Kultur«, pflegte er zu sagen. Wie die Leute, so die Küche.[23]

Obwohl in New York 30000 bis 40000 Japaner leben, von denen sicherlich viele das Bedürfnis haben, sich von Zeit zu Zeit in einem japanischen Bad zu reinigen, will kein Geschäftsmann in entsprechende Projekte investieren. Warum nicht? Man stelle sich vor, eines Tages würde ein Schwarzer das Bad benutzen. Dann würden die japanischen Gäste fernbleiben. »Sie würden wahrscheinlich befürchten, schwarz zu werden«, spotten Japaner im sicheren Tokyo.[24]

Japanische Unternehmen halten manchmal Ausschau nach Lehrern aus den Vereinigten Staaten oder Kanada, um die Englischkenntnisse ihrer Angestellten aufzubessern. Gelegentlich

▶[22] Jared Taylor: a.a.O., S. 64f.; Gerhard Dambmann: 25mal Japan. Weltmacht als Einzelgänger. München 1979, S. 67f. ▶[23] Jared Taylor: a.a.O., S. 64. ▶[24] Ebenda.

versuchen weiße Lehrer, die schon in Japan tätig sind, eine solche Stelle einem schwarzen Kollegen zu vermitteln. Vergeblich. Man suche leider einen echten Amerikaner, erklärt dann der zuständige Manager.[25] — Das erinnert an den Fall der japanischen Schulklasse, die mit einer Klasse amerikanischer Kinder korrespondierte. Plötzlich befahl der Direktor, den Briefverkehr einzustellen. Man hatte entdeckt, daß es sich bei den amerikanischen Brieffreunden um Schwarze handelte.[26]

Japanern muß es widersinnig erscheinen, daß sich ausgerechnet Schwarze um die Weltgesundheit kümmern wollen. Am 6. Februar 1995 meldeten die Agenturen, daß der Generaldirektor der Weltgesundheitsorganisation (WHO), Hiroshi Nakajima, in der Genfer Zentrale seine Besorgnis über »Probleme beim Transfer afrikanischen Personals« geäußert habe. Bei einer Sitzung mit Vertretern Tansanias, Zaires und Swazilands Ende 1995 hatte Nakajima festgestellt, Mitarbeiter aus Afrika seien »leider unfähig, sich der westlichen Kultur anzupassen«. Sie ständen unter »zusätzlichem Druck ihrer Familie«, hätten »Sprachprobleme« und »mangelnde Fähigkeiten beim Schreiben und Redigieren von Dokumenten«.[27]

Japanische Kultursoziologen versuchten in den sechziger Jahren, dem Abscheu ihrer Nation vor Schwarzen auf den Grund zu kommen. Sie erkannten in ihm einen Sonderfall der »rituellen« japanischen Furcht, beschmutzt zu werden. Als Hauptquelle der Erregung von Beschmutzungsekel ermittelten sie den »anstößigen Körpergeruch einer nichtjapanischen Gruppe«.[28] In einem Zeitschriftenartikel unter der Überschrift »Warum wir keine Schwarzen heiraten können« führte der Kulturanthropologe Fujishima aus: »Die Rassendiskriminierung beruht, so glaube ich, hauptsächlich auf dem physiologischen Widerwillen, den ein auffälliger Körpergeruch auslöst. Alle anderen klugen Überlegungen und Theorien in dieser Angelegenheit sind nichts als nachträgliche Rationalisierungen... Humanismus ist eine Sache, der physiologische Widerwille vor bestimmten Menschen eine andere.«[29]

▶[25] Vgl. Elmar Schenkel: In Japan. Reisetagebuch. Stuttgart 1985, S. 28. ▶[26] *Der Spiegel*, Nr. 3 vom 12.1.1987, S. 119. ▶[27] Vgl. *die tageszeitung*, Nr. 4538 vom 6.2.1995, S. 2. — Zur Genugtuung der Japaner wurden sie im Südafrika der Apartheid zu den Weißen gezählt. ▶[28] Vgl. Cullen Tadao Hayashida: a.a.O., S. 122. ▶[29] Zitiert in: Cullen Tadao Hayashida: a.a.O., S. 123. Übersetzt vom Autor.

Die Soziologen verwiesen auch auf die bei relativ ungebildeten Japanern verbreitete Vorstellung von der »Verfärbung« des Körperinneren: Von einem Neger geschwängert, »schwärze« sich die Gebärmutter der japanischen Frau. Das zweite und sogar noch das dritte Kind, das sie empfange, komme dann ebenfalls »geschwärzt« zur Welt, selbst wenn ein japanischer Mann der Vater sei.[30]

Ob es sich bei solchen Vorstellungen um Ursachen oder Folgen oder Parallelphänomene des Schwarzen-Abscheus handelt, sei dahingestellt. Wesentlich ist hier das enge Wechselverhältnis von Schwarzsein und Schmutzigsein. Japaner, die einem Schwarzen nahekommen, sehen sich durch Ausdünstungen und mit innerer »Schwärzung« bedroht. Der Schwarze kann durch Sauberkeit nicht vergessen machen, daß er schmutzig ist. Aber wie in China erweist sich in Japan, daß der Topos Schwarz-und-Schmutz über die Grenzziehungen der ostasiatischen Erdkunde hinaustriftet. Der Schwarze steht gleichsam mit einem Bein außerhalb der Zivilisation. Er nimmt somit immer wieder andere Gestalt an, ohne sich dabei zu verstellen, und löst heftige widersprüchliche Empfindungen aus. Die Schwarzenfurcht kann der Fürsorglichkeit weichen, der Schwarzenabscheu der Begierde.

Der japanische Schriftsteller Kenzaburo Oe hat in seiner Erzählung »Der Fang« *(Shiiku)* aus dem Jahr 1958 solche Verwandlungen des Schwarzen Mannes aus der Perspektive eines Dorfjungen aufgezeichnet. Die Erzählung umrankt eine wahre Begebenheit: In den letzten Kriegstagen im August 1945 wurde ein abgeschossener amerikanischer »Negersoldat« von Dorfleuten gefangengesetzt und, während man in der Kreisstadt über sein Schicksal beriet, vom Ich-Erzähler und seinen Freunden verpflegt. Der Schwarze fiel vom Himmel und raubte der Dorfgemeinschaft durch seine schiere Anwesenheit die Unschuld abgeschiedenen Daseins – ein mythisches, kein psychosoziales Motiv.

Das erste, was der Junge von dem Soldaten wahrnahm, war dessen »intensiver und durchdringender Körpergeruch, der wie Übelkeit die Kehle hochstieg und wie ein zersetzendes Gift alles durchdrang«.[31] Dieser Geruch ließ den Jungen »erröten« und »Empfindungen entstehen, die dem Wahnsinn nahekamen«. Im Keller des Vaters wurde der »Fang«, »umhüllt von seiner

[30] Cullen Tadao Hayashida: a.a.O., S. 123.   [31] Kenzaburo Oe: a.a.O., S. 39.

abstoßenden Ausdünstung«, »wie ein Stück Vieh« gehalten.[32] Wenn der Junge dem Gefangenen das Essen brachte, blickte dieser seinen Wärter »aus blutunterlaufenen Augen mit einem beharrlich herausfordernden Ausdruck an«. Dem Jungen prägten sich die körperlichen Merkmale des Schwarzen unvergeßlich ein: die »unglaublich langen« Arme, die »dicken Finger, auf denen borstige Haare wuchsen«, die »dicken, gummiartigen Lippen« und die kurzen, krausen Locken, »die sich wie rußende Flammen über den wolfsmäßig spitzen Ohren erhoben«.[33]

In seinen Panikanfällen beim Anblick des wilden Tiers phantasiert der Junge die Zerstörung des Dorfes: »Vielleicht brach er aus dem Keller aus, brachte im Dorf die Menschen und die Hunde um und setzte die Häuser in Brand.«[34] Aber zu seiner freudigen Überraschung erlebte der Junge, wie das Füttern und Baden den Schwarzen zähmte. Diese »gefährliche, von Gift erfüllte Masse«, die ihm fast die Besinnung geraubt hatte, war nun »ein schwarzes dumpf-träges Tier«. »Was konnte er uns schon antun? Er war doch bloß ein Neger«, ein Wesen, das alle Dorfleute nun für ein freundliches, kluges Haustier ansahen. Zuneigung erwachte: »Der Neger sprach mit uns – er sprach mit uns, als ob das Vieh im Stall mit uns redete... Einer der Jungen sagte leise: ›Schau, er ist ganz wie ein Mensch.‹«[35]

Angstlos betrachtet war der Neger ein Wunderwerk mit großen weißen Zähnen, die »wohlgeordnet wie die Einzelteile im Inneren einer Maschine« nebeneinanderstanden, einem »riesigen, rosaschimmernden Mund« und »Lippen, die – geradezu schmerzlich anzusehen – wie eingeschnürtes überreifes Fruchtfleisch wirkten«.[36] Die Pfleger fühlten sich animalisch angezogen. »Seine nasse nackte Haut... glänzte wie das Fell eines Rappen. Er war schön und vollkommen.«[37] Als die Jungen der gutmütigen Kreatur im Keller gelassen gegenübersaßen, nahm sie unversehens menschliche Züge an: »Der Negersoldat lachte. Und wir hatten das Gefühl, daß uns eine tiefe und leidenschaftliche, eine menschliche Freundschaft mit ihm verband.«[38]

Am Ende mutierte der Menschenneger zurück in das »schwarze, wilde Tier« mit ausdruckslosem Blick, »das man nicht verstehen konnte«, und wurde vom Vater des jungen Erzählers erschlagen.[39]

[32] Kenzaburo Oe: a.a.O., S. 26 u. 67. [33] Ebenda, S. 37f. u. 39. [34] Ebenda, S. 29. [35] Ebenda, S. 50–52 u. 66. [36] Ebenda, S. 38f. [37] Ebenda, S. 61. [38] Ebenda, S. 53. [39] Ebenda, S. 65f.

Japaner tun sich in Europa schwer, die Reaktion ihrer Landsleute auf den Anblick von Schwarzen zu schildern. Auf seine diffamierende Bedeutung reduziert, schrumpft der japanische »Tier«-Begriff zu unentrinnbarer Trivialität. Und wer wüßte nicht, daß Afrikaner Menschen sind? Sofern die Japaner mit dem westlichen Humanismus der Menschenrechte vertraut sind, sehen sie sich in der Defensive und versuchen zu differenzieren:

Aus Gesprächen mit zehn Japanern (1994 in München und Düsseldorf)
▶ Frage 1: »Wie sehen Japaner schwarze Afrikaner und Amerikaner?«
▶ Frage 2: »Was denken Japaner über Ehen zwischen Japanern und Afrikanern?«

▶ *Hausfrau, zwischen 30 und 35.* 1: »Afrikaner sehen tierisch aus, ganz schwarz, dann diese Augen... Und auch die Hände sind ganz schwarz. Überall sind sie schwarz, auch am Rücken – und die Japaner haben einfach Angst vor ihnen... Alles, was schwarz ist, ist nicht so gut. Die meisten Japaner sagen nichts Schlechtes über Afrikaner. Aber sie gehen ganz schnell weg... Japanische Kinder reagieren auf schwarze Kinder ganz anders als auf weiße Kinder. Dann gehen sie schnell weg: Oh, ich habe Angst... Mein Sohn hat geweint, als er zum erstenmal einen Neger gesehen hat... Vor Asiaten und Weißen hatte er keine Angst... Er hatte Angst vor der dunklen Farbe.« 2: »In den Augen der Japaner sind Mischlinge keine Japaner... Aber ein halbschwarzes Kind ist noch viel schlimmer als ein halbweißes Kind... Deshalb heiraten Japaner keine Afrikaner.«

▶ *Vizepräsident eines Unternehmens im Informationssektor, zwischen 50 und 55.* 1: »Die meisten Japaner fürchten sich vor Afrikanern, und zwar wegen der Hautfarbe. Auch ich fürchte mich vor Afrikanern, wenn ich ihnen in der U-Bahn begegne... Vielleicht kann man das so erklären: Japaner haben viel von Europäern übernommen. Von Afrikanern haben sie nichts übernommen. Afrikaner waren nie Vorbild für Japaner.« 2: »Sie würden eine solche Ehe nicht akzeptieren. Wenn eine Japanerin einen Afrikaner heiratet, müßte sie im Ausland leben.«

▶ *Modedesignerin, etwa 26.* 1: »Schwarze werden von Japanern als Angehörige von Naturvölkern gesehen. Als Barbaren, als Primitive. Viele sehen in Schwarzen Kriminelle.« 2: »Wenn Schwarze in das Leben einer japanischen Familie treten, ist das eine Katastrophe. Wenn ein Japaner eine schwarze Frau heiraten würde, gäbe das gewaltige Schwierigkeiten.«

▶ *Lehrer, etwa 38.* 1: »Ich habe keine Vorurteile gegenüber Schwarzen.« 2: »Ich würde nicht schlecht darüber denken. Aber die meisten Menschen in Japan denken ganz anders.«

▶ *Journalistin, etwa 30.* 1: »Als Kind hatte ich Angst, daß die Hand, die ich einem Neger reiche, schwarz bleiben würde... Beim ersten Blick denkt man nicht an die Frage der Kultur, sondern lehnt einfach ab... Wenn Japaner Afrikaner sehen, empfinden sie Angst vor etwas Schmutzigem.«

zwischen Japanern im Ausland und daheimgebliebenen, gebildeten und ungebildeten, welterfahrenen und provinziellen, jungen und alten.

Die zehn Japaner, die 1994 von ihrer Europäersicht berichteten (siehe Seiten 35ff.), gaben auch jeweils kurz Auskunft über ihr Afrikanerbild beziehungsweise das ihrer Landsleute (siehe die Zusammenstellung der entsprechenden Äußerungen auf

2: »Japanerinnen, die Afrikaner heiraten, werden verachtet. Man hat mir erzählt, daß eine Japanerin, die mit einem Neger verheiratet war, im Restaurant einfach von fremden Leuten angesprochen wurde: ›Ist es gut mit ihm?‹«

▶ *Geschäftsmann, zwischen 45 und 50.* 1: »Wir haben ein Wort für Schwarze: *fuketsu.* Das heißt ›Neger‹ und ›unsauberer Mensch‹... Ich persönlich habe Angst vor Negern. Wenn ich Neger sehe, frage ich mich: Was denken sie wohl? Haben sie unsere Art von Normalität?... Ich habe Angst, weil die Schwarzen unberechenbar sind. Und ich habe das Gefühl, daß sie minderwertig sind. So ein Gefühl wie: Es sind ›Schokoladen-Leute‹.« 2: »Wenn ein Japaner oder eine Japanerin mit Schwarzen zusammenlebt, sind sie keine Japaner mehr.«

▶ *Musikstudentin, etwa 26.* 1: »In Japan gibt es viele Vorurteile, viele schlechte Meinungen von Afrikanern... Afrikaner gelten in Japan oft als ›schmutzig‹ und als ›Virenträger‹... Ich hatte einen schwarzen Brieffreund. Da hat mir meine Mutter verboten, ihm Briefe zu schreiben.« 2: »Sie denken sehr schlecht darüber. In Japan geht so etwas nicht.«

▶ *Manager, etwa 30.* 1: »Japaner betrachten Schwarze als Wilde. Japaner glauben, daß Afrikaner viele Kontakte mit Tieren haben. Sie glauben, daß Afrikaner mit Tieren in der ursprünglichen Natur zusammenleben. Man hält sie für halbe Tiere... Japaner fürchten sich vor Schwarzen... Japaner denken: je weißer, desto besser, je schwärzer, desto schlimmer.« 2: »Heiraten zwischen Schwarzen und Japanern sind so gut wie unmöglich. Ich kenne aber einen solchen Fall.«

▶ *PR-Expertin, 36.* 1: »Die schwarze Hautfarbe wirkt auf Japaner bedrohlich. Afrikaner haben in Japan ein Image als ›Sklaven‹.« 2: »Eine Heirat zwischen Afrikaner und Japanerin oder zwischen Japaner und Afrikanerin ist in Japan noch viel schwieriger als eine Heirat mit anderen Ausländern.«

▶ *Naturwissenschaftler, etwa 60.* 1: »Ich empfinde gegenüber Negern Verachtung. Mit einem Neger will ich nicht befreundet sein. Wer in Europa dazu auffordert, man solle mit Schwarzen Freundschaft schließen und die Vorurteile gegenüber Schwarzen aufgeben, ist ein Heuchler, der über seine Empfindungen hinwegtäuschen will.« 2: »Wenn meine Tochter mit einem Neger daherkäme, würde ich weinen bis zum Tod... Die Eltern in Japan würden so ähnlich reagieren. Es wäre eine große Schande für sie, wenn ihre Kinder mit Negern zusammenwären.«

Seite 286 f.). Wie die Thesen der Kultursoziologen und Kenzaburo Oes Erzählung lassen ihre Antworten erkennen, was der Kontakt mit schwarzen Menschen im japanischen Sensorium provoziert: Kontaminierungsfurcht, den Eindruck »tierischen Aussehens«, Atavismus-Verdacht und die Erfahrung von Unberechenbarkeit. Das japanische Schema der Schwarzen-Wahrnehmung stimmt in hohem Maß mit dem chinesischen überein. Japaner scheinen jedoch im Gegensatz zu den Chinesen nicht darauf zu drängen, daß Mund und Körper des Schwarzen das Geständnis ablegen, verworfen zu sein.

Während die Befragten den Schwarzenabscheu ihrer Landsleute teilweise bedauerten und zu erklären versuchten, hielten sie dies hinsichtlich der Ablehnung von Ehen mit Afrikanern offenbar für unangebracht. Zu dieser Ablehnung sahen sie – mit einer Ausnahme – wohl keine Alternative. Der Sammelbegriff »Japaner« schloß hier auch die eigene Person ein. (Niemand im Westen kann Japanern zur Last legen, daß sie bestimmte Menschen nicht *vorziehen* beziehungsweise nicht *heiraten*.) Die Aufnahme sexueller oder gar verwandtschaftlicher Beziehungen zwischen Japanern und Afrikanern überstieg das Tolerierungsmaß, das die Japaner im Westen als verbindliche Mehrheitsnorm auch für sich selbst akzeptierten. Das rigoroseste Bekenntnis legte ein Naturwissenschaftler ab, der zum Zeitpunkt des Gesprächs schon länger als dreißig Jahre in Deutschland gelebt hatte: »Wenn meine Tochter mit einem Neger daherkäme, würde ich weinen bis zum Tod.« Diese Tochter übrigens hatte eine europäische Mutter.

15. bis 18. Jahrhundert: Im Treibhaus[1]

Den europäischen Seefahrern der frühen Neuzeit schob sich die afrikanische Landmasse als überhitzte Brutstätte ins Bewußtsein. Vegetation und Tierreich bildeten ein unentwirrbares Gezücht, in dem auch Menschen sprossen. In aller Ausführlichkeit beschrieben die Entdecker die Flora und Fauna der afrika-

[1] Die Darstellung in diesem Kapitel beruht auf der Auswertung insbesondere folgender Monographien und Textsammlungen (in alphabetischer Reihenfolge der Autoren): Urs *Bitterli:* Die Entdeckung des schwarzen Afrikaners. Versuch einer Geistesgeschichte der europäisch-afrikanischen Beziehungen an der Guineaküste im 17. und 18. Jahrhundert. Zürich 1970; Urs *Bitterli:* Die »Wilden« und die »Zivilisierten«. Grundzüge einer Geistes- und Kulturgeschichte der europäisch-überseeischen Begegnung. 2. Auflage. München 1991; Bodo von *Borries:* Kolonialgeschichte und Weltwirtschaftssystem. Europa und Übersee zwischen Entdeckungs- und Industriezeitalter 1492 bis 1830. Düsseldorf 1986; James *Bruce:* Zu den Quellen des Blauen Nils. Die Erforschung Äthiopiens 1768–1773. Hrsg. von Herbert Gussenbauer. Stuttgart 1986; Robert und Marianne *Cornevin:* Geschichte Afrikas von den Anfängen bis zur Gegenwart. Frankfurt am Main 1980; Basil *Davidson:* Vom Sklavenhandel zur Kolonialisierung. Afrikanisch-europäische Beziehungen zwischen 1500 und 1900. Reinbek 1966; Otto Friedrich von der *Gröben:* Guineische Reise-Beschreibung. Leipzig 1925; Michael *Harbsmeier:* Wilde Völkerkunde. Andere Welten in deutschen Reiseberichten der Frühen Neuzeit. (= Historische Studien. 12.) Frankfurt am Main 1994; Michael *Herkenhoff:* Der dunkle Kontinent. Das Afrikabild im Mittelalter bis zum 12. Jahrhundert. (= Weltbild und Kulturbegegnung. 2.) Pfaffenweiler 1990; Janheinz *Jahn:* Wir nannten sie Wilde. Begegnungen in Übersee einst und jetzt. München 1969; Peter *Kolb:* Reise zum Vorgebirge der Guten Hoffnung. Bearbeitet von

nischen Küsten, insbesondere die eßbaren Früchte und Tiere; anschließend erst befaßten sie sich kurz mit den Landschaftsanhängseln, den »wunderbaren, unschamhaften« Zweibeinern. Eine Kurzbeschreibung des nordwestafrikanischen Küstenstrichs aus dem Jahr 1505 lautet: »In diesem Land gibt es viele Palmbäume, Kühe, Hühner, Kuskus: es ist ein gar heißes Land mit sehr großen Wäldern, alles Volk schwarz, mit krausem Haar.«[2]

Am Eigenleben der eingeborenen Handelspartner und Sklaven waren die Afrikareisenden lange Zeit nicht interessiert. Im 18. Jahrhundert erwachte die Neugier, doch immer noch stellte sich dieses Eigenleben als Ergänzung des Pflanzen- und Tierlebens dar. In der Hitzeeinwirkung sah man die Hauptursache der schwarzen Hautfarbe; jedoch gaben schon 1580 der Benediktinermönch Gilbert Genebrardus und 1616 der italienische Historiker Agostino Torniello zu bedenken, daß südamerikanische Indianer in denselben geographischen Breiten lebten und sehr viel heller gefärbt seien.[3] Es mußte also mehr dahinterstecken. Die nackten Bewohner von Grashütten und Erdlöchern waren wesenhaft nachtschwarz, und auch ihre vorstehenden Oberkiefer und extrem langen Köpfe kündeten nicht allein von Launen der Natur. Dunkel wie die Haut der Neger waren ihre Absichten. Man scheute sich, den Sonnenglutgespenstern Menschenstatus zuzusprechen. Ohne rechte Herberge und Tagesordnung lebten sie im »Müßiggang der wilden Tiere«.[4] Sie

Paul Germann. Leipzig 1922; Klaus *Kreimeier:* »In die schwarze Farbe der Nacht gehüllt...« Afrika und wir. In: Thomas Theye (Hrsg.): Wir und die Wilden. Einblicke in eine kannibalische Beziehung. Reinbek 1985, S. 96–131; Peter *Martin:* Schwarze Teufel, edle Mohren. Afrikaner in Bewußtsein und Geschichte der Deutschen. Hamburg 1993; Horst G. W. *Nußer* (Hrsg.): Frühe deutsche Entdecker. Asien in Berichten unbekannter deutscher Augenzeugen 1502–1506. 2. Auflage. München 1990; Mungo *Park:* Reisen ins innerste Afrika 1795–1806. Hrsg. von Heinrich Pleticha. Tübingen 1976; Marilia dos *Santos Lopes:* Afrika. Eine neue Welt in deutschen Schriften des 16. und 17. Jahrhunderts. (Beiträge zur Kolonial- und Überseegeschichte. 53.) Stuttgart 1992; Frank M. *Snowden:* Before Color Prejudice. The Ancient View of Blacks. Cambridge (Mass.)/London 1983; Karl Peter *Thunberg:* Reise durch einen Theil von Europa, Afrika und Asien, hauptsächlich in Japan, in den Jahren 1770 bis 1779. Erster Band, Teil 1 und 2. Berlin 1792; Andreas Josua *Ultzheimer:* Warhaffte Beschreibung ettlicher Reisen in Europa, Afrika, Asien und America 1596–1610. Die abenteuerlichen Weltreisen eines schwäbischen Wundarztes. Bearbeitet von Sabine Werg. Tübingen 1971. ▶[2] Horst G.W. Nußer: a.a.O., S.153. ▶[3] Peter Martin: a.a.O., S. 282–285. ▶[4] So der portugiesische Chronist G.E. de Zurara im 16. Jahrhundert. Zitiert in: Marilia dos Santos Lopes: a.a.O., S. 54.

nährten sich von dem, was die Natur ihnen hinwarf, und sie bevorzugten blutiges oder bereits angefaultes Fleisch mitsamt der – allenfalls kurz angebratenen – Gedärme. Die Guineer lagen »auf der Erde miteinander wie das Vieh, jung und alt durcheinander«, die Hottentotten legten sich in ihren Erdlöchern »auf einander, bis das Loch voll ist«, und »alsdann der, welcher oben zu liegen kommt, sich mit dem Felle eines hier so genannten Dachses... gegen Wind und Kälte zudeckt«.[5] Ihre Frauen gebaren so mühelos, »als Tigerinnen und Löwinnen nur werfen können«.[6]

Und eben das, was die Schwarzen vom unvernünftigen Vieh am weitesten entfernte, ihre Sprache, trennte sie auch von der Menschheit. Diese Sprache nämlich tönte in West- und Ostafrika wie ein an- und abschwellendes Geschnatter und am Kap der Guten Hoffnung wie ein einziges Gurgeln und Schnalzen (bei dem die Hottentotten hühnergleich die Hälse vorstreckten und einzogen). Für Nichtafrikaner sei diese Sprache nicht erlernbar, schrieb der holländische Privatgelehrte Olfert Dapper 1668 und verfiel dabei selbst in Lautmalerei: »Denn (die Hottentotten) klatschen bei einem jeden Wort mit ihrem Munde, eben als wenn man mit dem Daumen ein Knüppchen schlüge, dergestalt, daß ihr Mund fast wie eine Klapper oder Klatsche geht, indem sie mit der Zunge überlaut klatschen, und jedes Wort beinahe ein Klatsch ist.«[7] Davon abgesehen luden die »häßlich verschrumpften« Gesichter der Hottentotten mit den »zwinkernden Augen«, »platten Nasen und dicken Lippen« nicht eben zum Lauschen ein.

Die ausladenden Kinnbacken und das ungewöhnliche Längenverhältnis von Unter- und Oberarm brachten den Neger in den Geruch der Affenähnlichkeit.[8] Diese Ähnlichkeit leuchtete

▶[5] Andreas Josua Ultzheimer: a.a.O., S.150; Karl Peter Thunberg: a.a.O., Erster Band, Teil 2, S.136. – War es so? Oder war es nicht so? (Es war nicht ganz so.) Auf diese Frage versteift sich die kulturgeschichtliche Vorurteilsforschung. Aber Besucher wie die Europäer registrierten nicht nur, sondern stifteten auch Wirklichkeit. Die Erdlöcher-Geschichten wurden einhundert, zweihundert Jahre lang weitererzählt und geglaubt. Sie sind durch Erzählungen davon, »wie es wirklich war«, nicht zu dementieren. Die Khoi-Khoin (nach dem Klang ihrer Sprache zu »Hottentotten« verballhornt) leisteten, so wie sie den Europäern entgegentraten, einen wesentlichen Beitrag zur Legende. ▶[6] So der deutsche Anthropologe Christian Meiners 1787, zitiert von Urs Bitterli: Die »Wilden« und die »Zivilisierten«, a.a.O., S.343. ▶[7] Zitiert in: Peter Kolb: a.a.O., S.28. ▶[8] Vgl. Urs Bitterli: Die »Wilden« und die »Zivilisierten«, a.a.O., S.355 und 358.

ein, denn in Europa galt es als verbürgt und obendrein offensichtlich, daß sich in Afrika Affen und Menschen geschlechtlich vermischten. Man brauchte nicht viel Phantasie, um sich auszumalen, daß zu den Vorfahren der Neger sowohl vermenschlichte Affen als auch dschungelgängerische Menschen zählten.[9] Winckelmann stellte in seiner »Geschichte der Kunst des Altertums« von 1764 den Schwarzafrikaner – im Gegensatz zum Weißafrikaner des Nordens – ins Abseits der schönen Menschennatur: »Der aufgeworfene schwülstige Mund, welchen die Mohren mit den Affen im Land gemein haben, ist ein überflüssiges Gewächs und ein Schwulst, welchen die Hitze ihres Klimas verursacht.«[10] Auch Herder ermittelte ein intimes Verhältnis zwischen der »glühenden Sonne« Afrikas, der strotzenden Vegetation, dem Schädel des afrikanischen Affen, der Gesichtsform des Negers und seiner »von Leidenschaften kochenden Brust«: »Trat der Mund hervor, so ward eben dadurch die Nase stumpf und klein, die Stirn wich zurück, und das Gesicht bekam von fern die Aehnlichkeit der Konformation zum Affenschädel. Hiernach richtete sich die Stellung des Halses, der Uebergang zum Hinterkopf, der ganze elastische Bau des Körpers, der bis auf Nase und Haut zum tierischen sinnlichen Genuß gemacht ist. Wie in diesem Weltteil, als im Mutterlande der Sonnenwärme, die saftreichsten höchsten Bäume sich erzeugen; wie in ihm Herden der größten, muntersten, kräftigsten Tiere, und insonderheit die ungeheure Menge Affen ihr Spiel haben, so daß in Luft und Strömen, im Meer und im Sande alles von Leben und Fruchtbarkeit wimmelt, so konnte auch die sich organisierende menschliche Natur ihrem animalischen Teil nach nicht anders, als diesem überall einfachen Principium der bildenden Kräfte folgen.«[11]

Was dem Neger an »feinerer Geistigkeit« versagt war, wurde ihm an »Sinneslust« beschert. Diese entzündete sich auch an den europäischen Beschauern. Sich von brünstigen Negerinnen bedrängt zu sehen, bereitete den artbewußten Weißen Angstlust. »Diese Weiber sind sehr hurenhaft und sehr begierig nach Männern fremder Nation«, kolportierte der schwäbische Wundarzt Ultzheimer zu Beginn des 17. Jahrhunderts.[12] Daß sie »im

▶[9] Vgl. Peter Martin: a.a.O., S. 203–215. ▶[10] Johann Joachim Winckelmann: Geschichte der Kunst des Altertums. Weimar 1964, S. 127. ▶[11] Johann Gottfried Herder: Ideen zur Philosophie der Geschichte der Menschheit. Zweiter Band. Leipzig 1869, S. 23. ▶[12] Andreas Josua Ultzheimer: a.a.O., S. 150.

höchsten Grad zudringlich« waren, bekam der schottische Chirurg Mungo Park zweihundert Jahre später am eigenen Leib zu spüren.[13]

Was mußte wohl geschehen, damit der schwarze Afrikamensch zum Vorbild des Europäers werden konnte? Nun, gar nichts. Er mußte nur bleiben, was er war: Naturwesen. Von der Warte gesitteter Kultur aus betrachtet, repräsentierte der Neger die »Unbändigkeit«. Und nacktes, gesetzloses Volk war von alters her Freiwild. Der Europäer jedoch trauerte zugleich dem unverbildeten Naturzustand nach, und insofern vergötzte er den Neger. Er tat dies schon, bevor in der Mitte des 18. Jahrhunderts die anmutige Unschuldsfigur des »Edlen Wilden« vor das überspannte Publikum in Paris und London trat.

Derselbe holländische Kompilator, der 1668 die Schwarzen geil und lügnerisch, sittenlos und diebisch nannte, bescheinigte ihnen, »wohlgebildet von Gliedern und an ihrem Leibe allzeit rein« zu sein. Sie brauchten keine »Landessatzungen«, bemerkte er, weil sie »allein dem Gesetze der Natur folgen«.[14] Die der immerwährenden Gegenwart Hingegebenen hüteten ganz ohne Ehrgeiz und Klagen ein naives Glück. Ihr Leibesebenmaß beschämte die Europäer, die sich zeitlebens erst vor dem Spiegel erschufen. Kein Sklavenhändler hatte jemals schwarze Verwachsene, Bucklige und Lahme auszusondern. Selbst die häßlichen Hottentotten erwiesen sich, näher besehen, als »wohlproportioniert, nicht zu mager und auch nicht zu fett«.[15] Die Negerinnen waren, sah man von der Hautfarbe ab, »ebenso vollkommen geschaffen wie die Europäerinnen«.[16]

Als Inbegriff des Menschenlebens nach Naturgesetz galt die Genügsamkeit. Der brandenburgische Kolonisator Otto Friedrich von der Gröben behauptete zum Lobe des naturgemäßen Daseins, er habe 1682 an der westafrikanischen Goldküste etliche »Mohren« getroffen, die lange Jahre in europäischen Herrenhäusern gedient, dann doch wieder das »armselige afrikanische Leben der europäischen Wollust vorgezogen« hätten: »Als ich die Ursache von ihnen zu wissen begehrte, ward geantwortet: ein Mensch, der sich mit wenigem behelfen könne, sei der reichste und vergnügteste. In Europa müssen sie von

▶[13] Mungo Park: a.a.O., S. 45. ▶[14] Bodo von Borries: a.a.O., S. 81; Urs Bitterli: Die Entdeckung des schwarzen Afrikaners, a.a.O., S. 57. ▶[15] Peter Kolb: a.a.O., S. 35. ▶[16] Jacques Le Maire 1695, zitiert in: Urs Bitterli: Die »Wilden« und die »Zivilisierten«, a.a.O., S. 359.

ihren Freunden entfernt leben, für Essen und Trinken sorgen, da sie hergegen in ihrem Lande bei ihren Verwandten sein, die Scham mit einem von Binsen geflochtenen Lappen bedecken, mit einem Trunk Wasser und einer Handvoll Milie wie die vergnüglichsten und reichsten Leute der Welt leben können. Die Wahrheit zu bekennen, muß ich ihnen Beifall geben und schließlich sagen: diejenigen sein die Glückseligsten, deren Natur mit wenigem sich begnüget.«[17] Hier gehörte die verfemte Wollust den Europäern, der Anstand den Nackten.

Erbärmlicherweise jedoch schändeten die Schwarzen ihre Herrin, die Natur, und verzerrten deren Antlitz zur Dämonenfratze. Verstand und Willkür hatten sie den wilden Tieren voraus, und dennoch oder eben deshalb entarteten sie zu grausamen Untieren. Keinerlei Konstitution zügelte den Blutdurst der Stammesherrscher. Die kriegerische Königin Nzinga von Matamba riß nach dem Tod ihres Sohnes in ihrer Wut zahlreichen Kindern das Herz aus dem Leib.[18] Wenn eine Hottentottenfrau Zwillinge bekam und eines von beiden Kindern ein schwächliches Mädchen war, so begrub man es lebendig. Der Geograph Peter Kolb beschrieb, wie die Eltern dabei vorgingen: »Sie suchen eine Höhle, worin ein Stachelschwein, Wolf (Hyäne), Tiger (Leopard) oder ein anderes wildes Tier gehaust hat, und stecken es in diese hinein, werfen Erde darüber und legen, damit es nicht ausgegraben und von den genannten Tieren gefressen werden kann, einen Haufen schwerer Steine darüber ... Macht es ihnen aber zuviel Mühe ..., nehmen sie ihre Zuflucht zu dem nächsten besten Baum. Auf diesem binden sie es fest, daß es nicht herabfallen kann, und lassen es sich nun entweder zu Tode schreien oder zu Tode hungern, wenn sich nicht ein Raubtier darüber erbarmt, es herabholt und auffrißt. Ist es ihnen endlich auch noch zuviel, weit nach einem dicken und astreichen Baum zu suchen, so laufen sie nur ein Ende von ihrem Kral hinweg und legen das unschuldige Kind nackend auf das freie Feld zwischen das Gesträuch und lassen es dort verderben oder von wilden Tieren verzehren.«[19] Ähnlich verfuhren die Hottentotten mit »alten abgelebten Leuten«.[20]

Und erst recht wie Tiere wurden all jene behandelt, die nicht dem eigenen Stamm angehörten. Die westafrikanischen

▶[17] Otto Friedrich von der Gröben: a.a.O., S. 50. ▶[18] Giovanni Antonio Cavazzi 1687. Vgl. Marilia dos Santos Lopes: a.a.O., S. 78. ▶[19] Peter Kolb: a.a.O., S. 67. ▶[20] Ebenda, S. 133.

Küstenvölker kauften bei ihren Nachbarn im Landesinneren Sklaven en gros und trieben sie in die Küstenforts der Europäer. Nach europäischer Münze oder wertlosem glitzerndem Tand begierig, verschacherten sie bisweilen sogar ihre eigenen Eltern, Kinder, Geschwister und Freunde.[21] Der im Kongo-Reich missionierende Pater Cavazzi berichtete, 1654 habe in der Kirche der Stadt San Salvatori ein Mann weinend und schreiend um Barmherzigkeit gefleht. »Unsere Patres vermeinten anfänglich, er wäre wahnwitzig; als sie ihn aber hernach um dessen Ursach fragten, gab er ihnen eine vernünftige Antwort und entdeckte ihnen die Ursache seines so betrübten Herzens mit Vermeldung, daß, weilen er seine leiblichen Brüder, ein Schwester und endlich auch sein Vater und Mutter für Sklaven verkaufet, er wegen dieser abscheulichen Missetat einen sehr scharfen Gewissens-Wurm empfinde und sein äußerstes Elend beweine.«[22] Wie kam der Elende zu einem Gewissen und damit zur Menschlichkeit?

Doch wie auch immer – mit gutem Grund waren die Afrikaner mit der Teufelsfarbe gestraft und durfte man sie Teufelsanbeter schimpfen. Um sich vor Hitze und Kälte zu schützen und überdies mit ihrem Viehreichtum zu prahlen, beschmierten die Hottentotten sich mit Schafsfett und Butter; der »wilde und widerwärtige Gestank« wallte ihnen »weit über 100 Schritt« voraus und hinterher.[23] Er mischte sich mit dem Faulgeruch der Därme von Opfertieren, die auserlesenen Männern als Hals- oder Kopfschmuck verehrt wurden. Von Peter Kolb zu Beginn des 18. Jahrhunderts und späteren Besuchern bezeugt ist auch die Kapnegersitte, jungen Männern den linken Hoden herauszuschneiden (um Zwillingsgeburten vorzubeugen). Als abstoßende Kaprice der Natur erschien den Europäern der wulstige Fettansatz am Steiß der Negerfrauen (Steatopygie) und deren sogenannte Hottentottenschürze, »ein langes, wie eine dicke Haut gestaltetes und ... festgewachsenes Stück Fell, das über ihrer Scham hinabhängt«.[24] Daß die Neger am Kap den Mond anbeteten und hier wie überall sonst alles mögliche Getier und Zeug zu Fetischen erwählten, war keinesfalls naiver Gottesdienst, sondern finstere Abgötterei.

▶[21] Vgl. Otto Friedrich von der Gröben: a.a.O., S. 47. Vgl. Jean Barbot 1704, zitiert in: Urs Bitterli: Die Entdeckung des schwarzen Afrikaners, a.a.O., S. 49. Vgl. Basil Davidson: a.a.O., S. 101 f. ▶[22] Zitiert in: Janheinz Jahn: a.a.O., S. 156. ▶[23] Peter Kolb: a.a.O., S. 32 f. ▶[24] Ebenda, S. 54–59.

Doch damit nicht genug. Um keine Abscheulichkeit auszulassen, verspeisten die Schwarzen auch noch Menschen. Das hatte sich in Europa so weit herumgesprochen, daß die Reisenden davon nicht viel Aufhebens machten. Ultzheimer kennzeichnete 1603 das an der Elfenbeinküste lebende häßliche Volk beiläufig mit dem Satz: »Sie feilen ihre Zähne spitz wie Hundezähne und sind Menschenfresser.«[25] Am Äquator hörte er, daß hier vor kurzem etliche Weiße gefressen worden seien. Wenig später wurde er nach einem mißglückten Handel mit Talmiware selbst körperlich haftbar gemacht. Ein Haufen Schwarzer forderte unzerbrechliche Kupferringe, »oder sie wollten mich nicht wieder an Bord lassen, sondern mich fressen. Sie redeten sehr spöttisch zu mir, ja die Weiber tanzten schon um mich herum, freuten sich und sangen, nahmen mich bei der Hand und taten so, als wollten sie mich in die Hand beißen. Sie griffen mir an den Leib, ob ich fett sei, und jeder bestellte sich schon seinen Teil bei mir«.[26] Ultzheimer prahlte, er habe seinen Leib nur mit knapper Not in einem Stück erhalten. Vom Kap der Guten Hoffnung kam die Kunde von verspeisten Matrosen (1644) und Kriegsgefangenen (1676). Der Beauftragte des Kurfürsten von Brandenburg, von der Gröben, gab 1682 an der gesamten afrikanischen Westküste Kannibalenalarm, nachdem ihm zu Ohren gekommen war, daß weißes Fleisch den Negern noch besser mundete als schwarzes. Am Ende der Fahrt erreichte das Grauen seinen Höhepunkt: »Die Einwohner der Bucht Kamerun sind noch gar wilde Leute, fressen nicht allein die Weißen, sondern auch ihre Toten...«[27]

Die Schwarzen ihrerseits ahnten hinter der Gier der Weißen nach Sklaven den Hunger auf Menschenfleisch.[28] Diese Ahnung überführte sie endgültig. Sie erwarteten nichts anderes, als verschlungen zu werden, weil sie wußten, was ihren eigenen Gefangenen widerfuhr.[29]

▶[25] Andreas Josua Ultzheimer: a.a.O., S. 118. ▶[26] Ebenda, S. 136. ▶[27] Otto Friedrich von der Gröben: a.a.O., S. 78. ▶[28] Vgl. Mungo Park: a.a.O., S. 216. Vgl. Basil Davidson: a.a.O., S. 93 f. ▶[29] Aßen die Schwarzen Menschen? Oder war das Schwarzmalerei? (Sie aßen. Und es war Schwarzmalerei.) Solchen abträglichen Gerüchten geht die kulturgeschichtliche Vorurteilsforschung nach. Doch dem Tatbestand überlegen ist der Umstand, daß die Weißen das Kannibalengarn bis ins 20. Jahrhundert weiterspannen. Sie hätten es nicht getan, wenn der Kannibalismus Schwarze und Weiße nicht eng verbunden hätte. Und dazu brauchte es mehr als das Verspeisen von Menschen. Vereinfacht gesagt, machten die Schwarzen die Weißen zu Kannibalenfindern

Gleichzeitig lag tief eingebettet in der schwarzen Hölle ein wunderbares Afrika. In einigen Reisebeschreibungen reihen sich Idyllen und Prunkgemälde an Schilderungen von Greueltaten. Voraussetzung war, daß der Erzähler das Schiff verließ und landeinwärts zog (was nach den frühen portugiesischen Vorstößen erst wieder im 18. Jahrhundert geschah). Dann traf er nicht nur auf Opfer von Menschenjagd und Fieber, sondern auch auf beschützte Untertanen.

Die Hauptstadt des Kongo-Königreichs empfing die Portugiesen 1491 »mit Liebenswürdigkeit, mit Gesang und dem Spiel von Trompeten und Zimbeln«, wie ein Chronist respektvoll vermerkte. »Und mit Staunen sei gesagt, daß entlang der 150 Meilen, die man vom Meer zur Stadt des Heils zurücklegt, die Straßen vollkommen sauber und gefegt und reichlich versorgt waren mit Nahrungsmitteln und Bequemlichkeiten für die Portugiesen.«[30] Zwischen 1512 und 1540 stand König Manuel von Portugal im Briefverkehr mit seinem königlichen »Bruder«, dem *Manikongo*. Im 17. Jahrhundert bewunderten europäische Kaufleute die Gastfreundlichkeit der ehrbaren Bürger der Stadt Benin (im heutigen Nigeria).[31] Und im folgenden Jahrhundert unterhielten Briten und Franzosen profitable Beziehungen mit einer Vielzahl von »Negerkönigen«, die über manches zu gebieten schienen, was in Europa Staatlichkeit schuf: Minister, Verwaltung, Militär, Ordnungskräfte und Zollbeamte.

Ganz ernst nahm man solche fürstlichen Rohstoff- und Menschenhändler indessen nicht mehr. Durch allerlei Bizarrerien beim Hofhalten, Sklaventreiben und Hinrichten entlarvten sich die Potentaten als Popanze. Man spielte mit ihnen große Diplomatie, solange keine europäischen Rivalen nahten. Ansonsten ließ man die innerafrikanischen Reiche im wahrsten Sinne des Wortes links liegen. Durch den Nebel europäischer Gleichgültigkeit drangen meist nur ergötzliche Schauergeschichten. Einige handelten von Herrscherweisheit, die meisten (auch) von der Herrschaft des Dschungelgesetzes. Wie beides zusammenhing, war ohne Belang – im großen Treibhaus der Tropen brachen kannibalische Schlachtfeste ebenso regellos aus wie märchenhafte Zivilisationen.

---

und die Weißen gleichzeitig die Schwarzen zu Kannibalen. Kurzum, die Schwarzen waren Kannibalen. ▶[30] Odoardo Lopez 1570, zitiert in: Bodo von Borries: a.a.O., S. 82. ▶[31] Vgl. Janheinz Jahn: a.a.O., S. 131–137. Vgl. Bodo von Borries: a.a.O., S. 69.

Schwarzafrikas Kulturlandschaften und Dynastien waren Fälle für die Pflanzenkunde. Raschem Erblühen folgte langsames Verfaulen. Kollektive Erinnerung an die Dekadenz der Vorväter unterspülte jeden Aufschwung. Der Gesamteindruck, den die »Negerei« bei den frühneuzeitlichen Europäern hinterließ, war der einer ungestümen Erschlaffung. Mit der sittlichen Verkommenheit der Schwarzen seien Faulheit und Müßiggang verschwistert, erklärte William Bosman 1721 in einer Beschreibung Guineas. »Diesen sind sie so verfallen, daß nur die äußerste Notwendigkeit sie zur Arbeit zwingen kann. Im übrigen sind sie so unglaublich liederlich und stumpf und so wenig betroffen von ihren Mißgeschicken, daß man kaum je anhand einer Veränderung an ihnen beobachten kann, ob ihnen Gutes oder Schlimmes zugestoßen ist. Ein Beispiel dafür ist, daß, haben sie einen Sieg über ihre Feinde erfochten, sie heimkehren und sich mit Springen und Tanzen erheitern; werden sie jedoch ihrerseits geschlagen im Kampf und allesamt zur Flucht getrieben, so tafeln sie trotzdem, sind lustig, tanzen und können sich fröhlich um ein Grab tummeln.«[32]

Über die Stumpfheit der Schwarzen lamentierten Europäer an allen afrikanischen Küsten. (»Viele schlafen ihre ganze Lebenszeit.«[33]) Die Physiognomiker der Aufklärung schlossen von plattgedrückten Nasen auf die Trägheit des Geistes. Schwarze sind Menschen, die gegen Sklaverei und Pestilenz nicht aufbegehren: Zu diesem Fazit gelangten Europas Konquistadoren im Westen, Süden und Osten des brütenden Kontinents.

19. Jahrhundert:
Der Kannibale als Mündel

Wiederholt wurde in den letzten Jahrzehnten die Idee einer solidarischen Völkerkunde beschworen. Statt andere Kulturen mit westlichen Methoden auszuspähen, sollte die Wissenschaft mithelfen, sie aus der westlichen Vormundschaft zu befreien. Die ethnologischen Entwicklungshelfer übersahen,

▶[32] Zitiert in: Bodo von Borries: a.a.O., S. 81. ▶[33] Karl Peter Thunberg: a.a.O. Erster Band, Teil 2, S. 169.

daß sie mit ihrer Forderung sogar die Selbstherrlichkeit der Kolonialherren übertrafen: Sie sprachen sich einfach die Fähigkeit zu, nach Belieben aus der eigenen weißen Haut zu schlüpfen und wieder in sie zurückzuschlüpfen. Wohl deshalb, weil sie glaubten, sich selbst im Griff zu haben, unterstellten sie die Möglichkeit, andere Kulturen in den Griff zu bekommen. Nur die eigene Zurückhaltung, meinten sie, schütze die Eigenständigkeit der anderen.[1]

Die Forschungsreisenden des 19. Jahrhunderts waren da skeptischer, obwohl sie erklärtermaßen als Wegbereiter von Interessengruppen aufbrachen. Auf der Landkarte Afrikas gab es noch weiße Flecken. Wer in sie vordrang, griff ins Herz des dunklen Kontinents. Der couragierte Naturforscher Georg Schweinfurth machte 1872, zwischen zwei Expeditionen, seinen Verleger mit den folgenden Worten lüstern: »Das, was ich im

▶[1] Die Darstellung in diesem Kapitel beruht auf der Auswertung insbesondere folgender Monographien und Textsammlungen (in alphabetischer Reihenfolge der Autoren): Heinrich *Barth:* Die große Reise. Forschungen und Abenteuer in Nord- und Zentralafrika 1849-1855. Hrsg. von Heinrich Schiffers. Tübingen/Basel 1977; Reinhart *Bindseil:* Ruanda im Lebensbild des Offiziers, Afrikaforschers und Kaiserlichen Gouverneurs Gustav Adolf Graf von Götzen (1866-1910). Berlin 1992; Basil *Davidson:* Vom Sklavenhandel zur Kolonialisierung. Afrikanisch-europäische Beziehungen zwischen 1500 und 1900. Reinbek 1966; Cornelia *Essner:* Deutsche Afrikareisende im neunzehnten Jahrhundert. Zur Sozialgeschichte des Reisens. (= Beiträge zur Kolonial- und Überseegeschichte. 32.) Stuttgart 1985; Georg Wilhelm Friedrich *Hegel:* Vorlesungen über die Philosophie der Geschichte. Werke in zwanzig Bänden. Auf der Grundlage der Werke von 1832-1845 neu edierte Ausgabe. Redaktion Eva Moldenhauer und Karl Markus Michel. Bd. 12. Frankfurt am Main 1970; Mary *Kingsley:* Die grünen Mauern meiner Flüsse. Aufzeichnungen aus Westafrika. München 1989; Gottfried *Mergner*/Ansgar *Häfner* (Hrsg.): Der Afrikaner im deutschen Kinder- und Jugendbuch. Untersuchungen zur rassistischen Stereotypenbildung im deutschen Kinder- und Jugendbuch von der Aufklärung bis zum Nationalsozialismus. Oldenburg 1985; Carlo *Piaggia:* Nella terra dei Niamniam (1863-1865). Da i »Viaggi di Carlo Piaggia nell'Africa centrale«. A cura di Enzio Bassani. Lucca 1978; Gerhard *Rohlfs:* Quer durch Afrika. Die Erstdurchquerung der Sahara vom Mittelmeer zum Golf von Guinea 1865-1867. Hrsg. von Herbert Gussenbauer. Stuttgart 1984; Amadou Booker *Sadji:* Das Bild des Negro-Afrikaners in der deutschen Kolonialliteratur (1884-1945). Ein Beitrag zur literarischen Imagologie Schwarzafrikas. Berlin 1985; Georg *Schweinfurth:* Im Herzen von Afrika: 1868-1871. Hrsg. von Herbert Gussenbauer. Stuttgart 1984; Henry M. *Stanley:* Mein erster Weg zum Kongo. Leipzig 1925; Arnold Hillen *Ziegfeld:* Im Reiche des Meergottes. Bilder aus dem Blühen und Vergehen einer Kultur des atlantischen Afrika. Mit einem Vorwort von Leo Frobenius. Stuttgart/Berlin/Leipzig 1923.

tiefsten Innern, im Centralkern Afrikas wahrgenommen, läßt sich mit den Erfahrungen keines einzigen der früheren Reisenden vergleichen, selbst Livingstone nicht ausgenommen... In den Monbuttu lernte ich ein Volk kennen,... so eigenartig und so fremd, daß ich behaupten darf, die Überraschung eines Cortez in Mexiko oder die des Pizarro in Peru konnte keine größere gewesen sein als die meinige, im unbekannten Innern eines unerforschten Weltendes eine derartig entwickelte Culturstufe wahrzunehmen.«[2] Auf dieser Kulturstufe übrigens wurden nach Schweinfurths Beobachtung Menschen verspeist.

Solange sich in Afrika eine Außenwelt befand, barg diese das Geheimnis der Schwarzen. Als der Kontinentalkern erschlossen und unter Europas Mächten aufgeteilt war, wanderte das Geheimnis aus der Landschaft in die Köpfe. Die Weißen vermaßen die Schädel der Schwarzen, doch diese blieben unberechenbar. Letztlich überforderten die Schwarzen die Ausbeutungskraft der Kolonisatoren: *the white man's burden.*

In den überraschenden Reaktionen der Eingeborenen auf das Eindringen von Fremden sahen diese Heimtücke und Verrat. 1875 war Henry Morton Stanley, »der edle Menschenfreund«, mit seinen Leuten an den Ufern des Viktoriasees auf der Suche nach den Quellflüssen des Nils. Eines Tages winkten Männer des Wawuma-Volks die Fremden näher zu sich heran und überschütteten sie dann mit Steinen. Dorfbewohner kredenzten den Expeditionsteilnehmern Bananenwein und rückten am nächsten Morgen mit Speeren, Pfeil und Bogen und Hackmessern gegen sie vor. Andere Anwohner näherten sich »freundlich lächelnd« Stanleys Boot und verwandelten sich von einem Augenblick zum anderen in »kreischende, heulende schwarze Dämonen«.[3] Der Eingeborene sei unterwürfig und aufsässig zugleich, warnte der Kongo-Experte John H. Weeks. Er betrachte den Weißen als großen Zauberer, als Herrn über Wetter, Waffen und Krankheit, und erhebe dennoch die Hand gegen ihn. Abergläubische Furcht reize in ihm »den Dämon der Grausamkeit und Rachsucht«. Er sei »weder treu in der Liebe noch groß im Haß«, sondern in allem unbeständig.[4] Gleiches traf für die afrikanischen Reiche zu. Wie Blüten, »mit einer fast tropischen Üppigkeit«, breiteten sich »über Nacht« neue Kulturen aus, berichtete Hermann von Wißmann, der spätere erste Gouverneur

▶[2] Zitiert in: Cornelia Essner: a.a.O., S.111f. ▶[3] Henry M. Stanley: a.a.O., S.61 und 76. ▶[4] Arnold Hillen Ziegfeld: a.a.O., S.215–217.

von Deutsch-Ostafrika.[5] Sie schossen aus dem Boden, um nach kurzer Zeit zu verdorren...

Welchen Wert hatten Vereinbarungen mit Menschen, die für sich selbst nicht einstehen konnten? Daß die Eingeborenen sich zum Islam oder zum Christentum bekehrten, besagte wenig. Sie frönten weiterhin ihrem uralten Fetischdienst. Hunderte verschiedener Pflanzen-, Wasser-, Tier- und Menschengeister wetteiferten um Opfergaben[6] – und stifteten hundertfache Verwirrung. Fast gelähmt vor Angst, verhext zu werden, belauerten sich die Stammesangehörigen. »Ich habe gesehen, wie sanfte freundliche Männer und Frauen in einem Augenblick zu leibhaftigen Teufeln wurden, bereit, die zu zerreißen und zu zerstören, die ihnen eine Sekunde vorher noch die nächsten und liebsten Menschen waren«, schrieb die britische Tropenforscherin Mary Kingsley.[7] Fast täglich versetzten sich die Dorfgemeinschaften trinkend, Hanf rauchend und tanzend in Raserei. Solche Menschen beherrschten weder die Natur noch sich selbst.

Sie steckten sich keine Ziele, die über den Tag hinausgingen. Ihre Gemütsverfassung war nur eine Laune des Augenblicks. Wilder Trotz wich plötzlich der Feigheit, Hochmut der Kriecherei. Zärtliche »Affenliebe« schlug in entmenschte Grausamkeit um, Eifer verlor sich in Trägheit. Wurden sie gewaltsam aus ihrem gewohnten Leben herausgerissen, ergaben sie sich nach kurzem Sträuben in ihr Schicksal. Frauen, die etwa beim Wasserholen Sklavenjägern in die Hände fielen, reihten sich »gleichgültig« in die Karawane ein.[8] Als die schwarzen Völker mit den ersten Weißen in Berührung kamen, war ihre Lebens- und Gestaltungskraft bereits verbraucht. Ihre ekstatischen Feste unterbrachen den »Dämmerzustand des vegetativen Daseins«[9] ebensowenig wie ihre Aufstände den Zustand tiefer Selbstverachtung. »In der Menschenverachtung der Neger ist es nicht sowohl die Verachtung des Todes als die Nichtachtung des Lebens, die das Charakteristische ausmacht«, sagte Hegel gegen 1830 in seinen Vorlesungen über die Philosophie der Geschichte. »Dieser Nichtachtung des Lebens ist auch die große, von ungeheurer Körperstärke unterstützte Tapferkeit der Neger zuzuschreiben, die sich zu Tausenden niederschießen lassen im

▶[5] Arnold Hillen Ziegfeld: a.a.O., S. 256. ▶[6] Vgl. Gerhard Rohlfs: a.a.O., S.226f. und 331f. ▶[7] Mary Kingsley: a.a.O., S. 247. ▶[8] Vgl. Georg Schweinfurth: a.a.O., S. 277 und 279. ▶[9] Arnold Hillen Ziegfeld: a.a.O., S. 255.

Kriege gegen die Europäer. Das Leben hat nämlich nur da einen Wert, wo es ein Würdiges zu seinem Zwecke hat.«[10] Die kochenden Leidenschaften der Schwarzen entsprangen der Abgestumpftheit.

Mutter Afrika wütete erbarmungslos unter ihren Kindern. Säuglinge, die abnormal erschienen, wurden gleich nach der Geburt beseitigt. Schwächliche Babys wurden lebendig in den Busch geworfen. Zwillingsgeburten lösten bei Eltern und Nachbarn Panik aus. Im Nigerdelta und in anderen afrikanischen Gebieten war es Brauch, Zwillinge zu töten.

In Kenntnis solcher Bräuche richteten die Forschungsreisenden einen sondierenden Blick auf neu entdeckte Völker. Die Wald- und Steppenmenschen sollten sich entweder als tierisch entartet oder als menschlich emporstrebend zu erkennen geben. Anregungen für zoologische Analogien gab es im Übermaß. Prognathie und Schmalköpfigkeit bei häufig kugelförmiger Schädelwölbung, aufgeworfene und wulstige Lippen über fliehendem Kinn, vorstehende Backenknochen und abgeplattete Nasen verliehen den Gesichtern »schnauzenartige« Konturen. Bei manchen Völkern Zentralafrikas imitierten »schnabelartig geschweifte« Lippen die »spaltförmige Mundbildung der Affen«.[11] Ähnliche Metaphern stellten sich ein, wenn ein großer Kopf auf schmalem Hals oder ein vorgestreckter Bauch und ein »hochgepolstertes Gesäß« auf dünnen Beinen balancierte, künstlich gedehnte Ober- und Unterlippen beim Sprechen »geräuschvoll aufeinanderklappten« oder sich die Wilden zum Schutz gegen Insekten mit Asche, Mist und Kuhharn tünchten (»verschimmelte Kadaver«). Beim Anblick gravitätisch einherschreitender Bongo-Frauen mit ausladenden, abstehenden Fettsteißen dachte Georg Schweinfurth an »tanzende Paviane«.[12] Er ließ sich berichten, daß die Bongo Allesesser waren und die verwesenden Reste von Löwenmahlzeiten, den halbverdauten Mageninhalt von Rindern, fette Riesenskorpione und die mehlwurmartigen Leiber von Termiten für erlesene Leckerbissen hielten.[13] »Daß Menschen und Tiere in vielen Gebieten ... etwas Gemeinschaftliches in der Summe ihrer Merkmale haben, ist gewiß«, dozierte er. »Einen der frappantesten Belege für derartigen Parallelismus bieten die drei Völker, welche an ... sumpfigen Flußniederungen ansässig sind, Schilluk, Nuer und Dinka.

▶ [10] Georg Wilhelm Friedrich Hegel: a.a.O., S.125f. ▶ [11] Georg Schweinfurth: a.a.O., S. 257. ▶ [12] Ebenda, S. 95f. ▶ [13] Ebenda, S. 85f.

Man kann sie ›Sumpfmenschen‹ nennen, und ihre sonderbare Gewohnheit, nach Art der Sumpfvögel stundenlang auf einem Bein zu stehen, das andere aber mit dem Knie zu unterstützen, steht dieser Bezeichnung wirksam zur Seite. Ihr gemessener, langer Schritt im hohen Schilf ist mit dem des Storches zu vergleichen. Dürre und langschüssige Gliedmaßen, ein ebenso verlängerter dürrer Hals, auf dem ein kleiner und schmaler Kopf ruht, vervollständigen diese Übereinstimmung.«[14]

Doch so gut wie nie kam den weißen Artensammlern ein perfektes Schreckbild »tierhaft wilder« Anthropoiden vor Augen. Physiognomie und Statur schwarzer Völker wiesen immer auch angenehme Merkmale auf. Die Prädikate »wohlgestaltet«, »wohlproportioniert«, »stattlich« oder »schön« vergaben die Forschungsreisenden regelmäßig dann, wenn sie »feine europäische oder kaukasische Züge«[15] erblickten. Eine »hellbraune« oder »goldbronzene« Hautfarbe erhöhte die Wahrscheinlichkeit des Auftretens von »weniger platten« Nasen, »weniger gewulsteten« Lippen und »feurigen Augen«. Dieses sympathische Merkmalsensemble wurde durch männlichen Bartwuchs und weibliche Anmut vervollständigt. Sogar Menschen von tiefschwarzer Hautfarbe konnten sich der Häßlichkeit entringen, falls ihre Miene sprechend war – wie die mancher »cäsarischer« Herrschergestalten – oder ihr Auftreten »geschmeidig« und »stolz«. Man fahndete nach dem Ausdruck, der Person, und erschrak vor der »Larve aus dunkelbraunem Holz«.[16]

Meist mißglückte der Versuch einer eindeutigen Zuordnung. Die Erscheinung des Negers schwankte zwischen dem Holzschnitt des amorphen Gattungsexemplars und der Feinzeichnung des treuen, klugen, offenherzigen Begleiters.

Beunruhigt durch die Vermählung von Tier- mit Menschengestalten suchten die Afrikareisenden Zuflucht in der Idee, die Schwarzen seien reine Naturwesen. Gingen die dunklen Männer und Weiber nicht nahezu nackt umher? Entsprach ihr Gebaren nicht allen Vorstellungen vom primitiven Dasein? »Der Neger stellt«, sagte Hegel, »den natürlichen Menschen in seiner ganzen Wildheit und Unbändigkeit dar; von aller Ehrfurcht und Sittlichkeit, von dem, was Gefühl heißt, muß man abstrahieren, wenn man ihn richtig auffassen will.«[17] Man konnte die

▶[14] Georg Schweinfurth: a.a.O., S. 38. ▶[15] Gerhard Rohlfs: a.a.O., S. 165. ▶[16] Henry M. Stanley: a.a.O., S. 134. ▶[17] Georg Wilhelm Friedrich Hegel: a.a.O., S. 122.

Eingeborenen mit zivilisierter Kleidung behängen; doch wenn sie die »alte wilde Neigung« überkam, streiften sie in wenigen Augenblicken alles Andressierte ab und tummelten sich wieder nackt mit ihren Stammesgenossen im Busch.[18]

Doch diese einleuchtende Idee trug nicht weit (was sie nicht weniger zählebig machte). In Mißkredit geriet sie weniger durch Berichte über die Entfaltung von Künstlertum, Musikalität, Urteilskraft und Witz in prunkvollen königlichen Palasthallen Schwarzafrikas.[19] Auch die Beobachtung, daß manche afrikanischen Völker große Mühe auf die Reinhaltung der Behausungen, die Zubereitung der Speisen (*gekochter* Speisen) und die Ordnung des Zusammenlebens[20] verwandten, tat der These vom Naturzustand keinen Abbruch. Denn bei allen diesen Beobachtungen konnte es sich um Einzelphänomene handeln.

Nein, das Bild vom natürlichen Wilden verlor an Überzeugungskraft durch die Art und Weise, in der es sich bestätigte. Die unmittelbare Anschauung offenbarte, wie künstlich der Naturzustand sein konnte. Die Nackten legten keine Kleidung an, aber kultivierten die Nacktheit. Georg Schweinfurth dokumentierte auf seinem Streifzug von Khartum nach Zentralafrika in den Jahren 1868 bis 1871 eine Fülle absonderlicher Durchlöcherungen und Verstümmelungen des Körpers. Der Wilde gebe sich »in gewissem Sinn noch weit mehr als Knecht einer freiwillig erduldeten Mode zu erkennen als der verfeinerte Kulturmensch«, kommentierte er.[21]

Da wurden die unteren Schneidezähne herausgebrochen oder spitzgefeilt, die Ober- und Unterlippen mit eisernen Stiften, Glaszylindern, Quarzstücken und Grashalmen durchbohrt oder durch Holzpflöcke und -platten erweitert, bis sie das Fünf- bis Sechsfache ihres natürlichen Volumens erreichten. Da wurden Eisen- und Kupferringe durch die Nasenscheidewand getrieben, die Mundwinkel geklammert und die Ohrränder und -muscheln perforiert und mit Stäbchen und Ringelchen geschmückt. Da gab es »wohl Frauen im Lande, die an mehr als hundert Stellen

▶[18] Vgl. Johanna Wittum: Unterm Roten Kreuz in Kamerun und Togo. Heidelberg 1898, S. 80 f. ▶[19] Solche Berichte verdanken wir Forschungsreisenden, denen man heute europäischen, wenn nicht rassistischen Überlegenheitsdünkel nachsagt: Georg Schweinfurth, Gerhard Rohlfs, Carlo Piaggia, Henry M. Stanley, Hermann von Wißmann u. a. ▶[20] Beispielsweise verboten die Bongo und andere zentralafrikanischen Völker allen Kindern, die nicht mehr gesäugt wurden, in der Hütte ihrer Eltern zu schlafen. Vgl. Georg Schweinfurth: a.a.O., S. 99. ▶[21] Georg Schweinfurth: a.a.O., S. 94.

ihres Körpers durchlöchert« waren; die Durchlöcherung der Bauchhaut über dem Nabel war ein Privileg der Männer. Ergänzt wurden diese »schreienden Eingriffe in die Natur« und die »fratzenhafte Verunstaltung des Gesichts« durch künstliche Streckung des Halses (mittels Schmiedekunst und Schnürungen), klirrende Zierate »von tausenderlei Gestalt« an sämtlichen Gelenken, durch Tätowierungen, Körperschminke, Ausraufen der Wimpern und Brauen und bizarre Kopfbedeckungen, insbesondere lange zylindrische Chignons.

Die der Natur entfremdeten Europäer waren angesichts dieser Unnatur des Naturzustands entgeistert.

Was nun? Die Kolonisatoren fanden einen letzten Deutungsausweg, indem sie – wiederum mit Hegel – in den *Natur*kindern die Natur*kinder* entdeckten. Im »Kinderland« Afrika spielten die Schwarzen seit Jahrtausenden ziellos mit Verstandes- und Zauberkräften. Trotz ihres unbestreitbaren Scharfsinns hatten sie ja »noch nie, außer unter Aufsicht oder Anleitung von Weißen, ein einziges, wirklich ordentliches Stück Stoff, einen Topf, ein Werkzeug, Haus, Bild oder eine Maschine, Straße oder Brücke zustande gebracht«.[22] Aber sie waren vergreiste, gänzlich unkindliche Kinder, eher bösartig und verdorben als unschuldig. Im Zustand permanenter Selbstgefährdung bedurften sie der europäischen Aufsicht – und zeigten sich als Schutzbefohlene eines willensstarken Vormunds durchaus kindlich dankbar.

Die Kolonialherren wollten Baumwolle, Palmöl, Gummi, Elfenbein und Diamanten ernten und den Einfluß europäischer Rivalen begrenzen. Wie die Häuptlinge mit Untertanen und Feinden umsprangen, kümmerte sie nur insoweit, als es die Autorität der Verwaltung beschädigte. Umerziehung fiel ins Ressort der Missionare. Schon die Forschungsreisenden, die das Terrain erkundeten, entwickelten im Umgang mit den Eingeborenen und deren Despoten eine »Reisetechnik des höheren Humors«.[23] Ihre Gelassenheit als Beobachter von Sklavenjagden und blutigen Ritualen beruhte teilweise auf eigenen Geschäfts- und Sammelinteressen (Bedarf europäischer Museen an Schädeln und Skeletten!) und teilweise auf zynischem Einverständnis

▶[22] Mary Kingsley: a.a.O., S. 226. ▶[23] Der Ausdruck stammt von Georg Schweinfurth. Vgl. Cornelia Essner: a.a.O., S. 85. Die Autorin sieht in der »Reisetechnik des höheren Humors« einen »klassischen Bestandteil der rassistischen Wahrnehmung des 19. Jahrhunderts«.

mit dem ehrlichen *struggle of life*, aber auch auf der Achtung vor autochthonem Brauchtum.

Bei seinem Vorstoß in das Herz von Afrika lernte Georg Schweinfurth, wodurch sich anthropophage Völker verrieten: Sie waren versessen auf Hundefleisch.[24] Die Völker der Mittu, der Niamniam und der Monbuttu mästeten Hunde. In der Nähe ihrer Wohnhütten hingen menschliche Arme und Füße in halb skelettiertem Zustand an den Ästen der Bäume. »Das waren keine Wirtshausschilder, welche dem Wanderer zu einem gastlichen Asyl entgegenwinkten«, spottete Schweinfurth. »Aber wir ließen uns nicht beirren und machten es uns in den niedlichen Hütten so bequem, als ein jeder es vermochte.«[25] Bei den Monbuttu kaufte Schweinfurth zu Forschungszwecken Menschenschädel auf; doch einige Exemplare waren stark abgenutzt: »Der Zustand, in welchem ich viele Stücke empfing, ließ erkennen, daß sie in Wasser gekocht und mit Messern abgeschabt worden waren; einige schienen direkt von den Mahlzeiten der Eingeborenen zu kommen, denn sie waren noch feucht und trugen den Geruch von frisch Gekochtem an sich...«[26]

Die kultivierten Monbuttu, die das zarte Fleisch von Kindern allen anderen Leckerbissen vorzogen, luden fremde Gäste nur ungern zu ihren Festessen ein. Immerhin gelang es Schweinfurth, die Feinschmecker zweimal bei der Zubereitung von Menschenfleisch zu überraschen. »Das eine Mal stieß ich auf eine Anzahl junger Weiber, die eben damit beschäftigt waren, vor der Tür ihrer Hütte auf dem geglätteten Estrich von Ton die ganze untere Hälfte eines Kadavers durch Brühen mit kochendem Wasser von seinen Haaren zu säubern... Ein anderes Mal fand ich in einer Hütte den noch frischen Arm eines Menschen, über dem Feuer hängend, um ihn zu dörren oder zur räuchern.«[27] Der italienische Forscher Carlo Piaggia durfte sogar dabei zusehen, wie die Niamniam das Fleisch erschlagener Feinde »aus Haß und wilder Blutgier« verspeisten.[28]

Die Kannibalen machten auch gar kein Hehl aus ihrer Vorliebe, sondern rühmten sich selbst »vor aller Welt ihrer wilden Gier«. »Fleisch, Fleisch« *(puschio, puschio)* war der gefürchtete Kriegsschrei der Niamniam. Der weiße Mann fühlte sich in ihrer Mitte einigermaßen sicher – »da er zum ersten Mal zu uns

▶[24] Georg Schweinfurth: a.a.O., S.127 und 194. ▶[25] Ebenda, S.160. ▶[26] Ebenda, S.210. ▶[27] Ebenda, S.230. ▶[28] Carlo Piaggia: a.a.O., S.90f.

gekommen, soll er allein abziehen dürfen«, hieß es. Anders sollte es den verhaßten Nubiern (»Türken« genannt) ergehen. »Alle Türken... sollen umkommen, keiner soll aus dem Land hinaus... in den Kochtopf mit den Türken! Fleisch! Fleisch!«[29]

Georg Schweinfurth und andere Forscher des 19. Jahrhunderts widersprachen der Annahme, daß Menschenfresserei die tiefste Stufe der menschlichen Entwicklung kennzeichne. Nach Schweinfurth waren oft gerade jene Völker Anthropophagen, »welche sich durch eine auffällig hohe Kulturstufe von solchen unterscheiden, die den Genuß von Menschenfleisch verabscheuen«. Sein Paradebeispiel waren die Liebhaber des Menschenfetts, die Monbuttu, »eine edlere Rasse von Menschen, ein Volk, das sogar einen gewissen Nationalstolz an den Tag legt, Menschen, in einem Grade begabt mit Verstand und Vernunft wie wenige Bewohner der afrikanischen Wildnisse...«[30] Im Anschluß an seinen Bericht von Paul Belloni du Chaillu über seine Reise zum kunstfertigen Volk der Fang (im heutigen Gabun) kam der deutsche Kompilator Hermann Wagner zu der Einsicht, daß die Liebhaber von Menschenfleisch dessen Verächtern »sittlich wie geistig« überlegen sein könnten.[31]

Beim Durchstöbern entlegener Tropengebiete gelangte 1893 auch die resolute Mary Kingsley, eines der ersten weiblichen Mitglieder der Royal Geographical Society, zu den »anspruchslosen Fangkannibalen«. Von europäischen Handelsagenten betreut, verfolgte sie mit heiterer Neugier das halbnomadische Leben der rührigen Plantagenbauer, die mit Vorliebe schwarze Händler und andere Fremde aßen, notfalls aber auch mit versprengten Nachbarn vorliebnahmen: »Sie zerstückeln sie in handliche Teile, schmausen nach Belieben davon und räuchern den Rest für zukünftige Verwendung.«[32] Diese Vorratswirtschaft gehörte zur Folklore des Dschungelvolks und hatte wie alle Negersitten etwas Drolliges an sich. Für Weiße bestehe keine Gefahr, meinte Mary Kingsley, denn die Fang äßen Menschen nicht aus rituellen Gründen (um sich deren Stärke anzueignen), sondern einfach deshalb, weil ihnen Menschenfleisch sehr gut schmecke. Trotzdem stellte ihr eines Tages unweit Lambarene im Wald ein Wilder nach, der sie »anscheinend für gute Beute

[29] Georg Schweinfurth: a.a.O., S.118. [30] Ebenda, S. 230f. [31] Hermann Wagner: Die neuesten Entdeckungsreisen an der Westküste Afrikas. Leipzig 1863, S.71ff. [32] Mary Kingsley: a.a.O., S.134. Zum Kannibalismus der Fang vgl. Ewald Volhard: Kannibalismus. Stuttgart 1939. S. 51ff.

hielt«. Miss Kingsley verbuchte den Zwischenfall als »sportliche Herausforderung« unter anderen unvermeidlichen Todesrisiken (wie Leoparden, Kentern des Kanus und Elefanten). Sie ließ sich auch nicht abschrecken, als sie in ihrer Schlafhütte eine menschliche Hand, drei große Zehen, vier Augen und andere Überbleibsel vom letzten Festmahl entdeckte. Im Gegenteil – mit einem Anflug von Schadenfreude notierte sie, daß eine bestimmte Fang-Gemeinschaft »einen Kommunikanten der katholischen Mission auf seinem Heimweg umgebracht und aufgegessen« habe.[33]

Zwischen der unvoreingenommenen Forscherin und den Fang entstand allmählich eine besondere Art von Freundschaft: »Wir wußten, daß wir uns bei ausreichendem Anlaß gegenseitig töten würden, deshalb bemühte sich jeder von uns um ein bestimmtes Maß von Vorsicht, gerade damit kein solcher Anlaß entstehen konnte.«[34]

Einander herzlich unbegreiflich zu sein, war nicht die schlechteste Voraussetzung für eine Koexistenz von Schwarzen und Weißen. Durch Verständnisbemühungen nämlich erwarben sich die Weißen auch das Recht, die anderen zu ändern. Wieder anders sah es aus, wenn man sich wie Mary Kingsley dafür entschied, *allein* unter Schwarzen im Dschungel zu leben. »Tut man dies, versteht man langsam ihr ›Wald-Denken‹. Am Anfang erkennt man nichts außer konfuser Dummheit und Verbrechen. Aber hat man erst gelernt zu sehen, ja dann!«[35] Und was? Was hat man dann gelernt? »Es übersteigt meine Fähigkeiten, diesen Prozeß zu beschreiben.« Mehr sagte Mary Kingsley nicht.

Wenn sie zu verstehen weder fähig noch bereit waren, blieben die Kolonialherren heiter. Rohstoffexport und territoriale Kontrolle waren ihnen genug. Der Extremfall Kannibalismus bezeichnete das Innerste des unzugänglichen Afrika. In Europa ereiferte man sich zwar über diese grauenhafteste aller Entartungen, aber Strafexpeditionen gegen bekennende Kannibalen gab es nicht. Eine Art von ehrfürchtigem Ekel schützte sie.

▶[33] Mary Kingsley: a.a.O., S. 97, 134, 138 und 187. ▶[34] Ebenda, S. 143.
▶[35] Ebenda, S. 46.

20. Jahrhundert: Die Grenzgänger[1]

Nach unzähligen Massakern an Schwarzen durch Weiße und an Schwarzen durch Schwarze brach in den frühen achtziger Jahren in Zaire ein Massaker an Weißen aus. Zu dieser Zeit mühte sich der britische Ethnologe Nigel Barley bei den Dowayo, einem hinterwäldlerischen Bergvolk in Nordkamerun, mit Feldforschung ab. Als er einmal die Distrikthauptstadt be-

▶ [1] Für dieses Kapitel wurden insbesondere die folgenden Schriften ausgewertet (in alphabetischer Reihenfolge der Autoren): Nigel *Barley:* Traumatische Tropen. Notizen aus meiner Lehmhütte. Stuttgart 1990; Emmy *Bernatzik:* Afrikafahrt. Eine Frau bei den Negern Westafrikas. Wien 1936; Tania *Blixen:* Schatten wandern übers Gras. Stuttgart 1986; Tania *Blixen:* Briefe aus Afrika 1914–1931. Hrsg. von Frans Lasson. Stuttgart 1988; Rea *Brändle:* Wildfremd, hautnah. Völkerschauen und Schauplätze Zürich 1880–1960. Bilder und Geschichten. Zürich 1995; Heinrich *Dauber* (Hrsg.): »Nicht als Abentheurer bin ich hierhergekommen...« 100 Jahre Entwicklungs-»Hilfe«. Tagebücher und Briefe aus Deutsch-Ostafrika 1896–1902. Frankfurt am Main 1991; Basil *Davidson:* Vom Sklavenhandel zur Kolonisierung. Afrikanisch-europäische Beziehungen zwischen 1500 und 1900. Reinbek 1966; Richard *Dooling:* Grab des weißen Mannes. München 1996; St. Clair *Drake:* Black Folk here and there. Vol. 1, Vol. 2. Los Angeles 1987; Kasimir *Edschmid:* Afrika nackt und angezogen, Frankfurt am Main 1929; Helmut *Fritz:* Negerköpfe, Mohrenküsse. Der Wilde im Alltag. In: Thomas Theye (Hrsg.): Wir und die Wilden. Einblicke in eine kannibalische Beziehung. Reinbek 1985, S. 132–142; Gerald *Götting:* Sternstunde Afrikas. Erlebnisse und Begegnungen. Berlin (DDR) 1962; Mary Ellen *Goodman:* Race Awareness in Young Children. New York/London 1964; Darius *James:* Negrophobia. New York 1992; Klaus *Kreimeier:* Geborstene Trommeln. Afrikas zweite Zerstörung. Frankfurt am Main 1985; Klaus *Kreimeier:* »In die schwarze Farbe der Nacht gehüllt...« Afrika und wir. In: Thomas Theye (Hrsg.): Wir und die Wilden. Einblicke in eine kannibalische Beziehung. Reinbek 1985, S. 96–131; David *Lamb:* Kulturschock. In: Ilija Trojanow/Peter Ripken (Hrsg.): Afrikanissimo. Ein heiter-sinnliches Lesebuch. Wuppertal/München 1991, S. 7–14; Hans *Leuenberger:* Die Stunde des schwarzen Mannes. München 1960; Hans-Jürgen *Lüsebrink:* »Tirailleurs Sénégalais« und »Schwarze Schande« – Verlaufsformen und Konsequenzen einer deutsch-französischen Auseinandersetzung (1910–1926). In: János Riesz/Joachim Schultz (Hrsg.): »Tirailleurs Sénégalais«. Zur bildlichen und literarischen Darstellung afrikanischer Soldaten im Dienste Frankreichs. Frankfurt am Main 1989, S. 57–73; Carlotta von *Maltzan:* Schwarze Herrin und weißer Sklave. Sexualität und Wunschverhalten in Klaus Manns »Mephisto«. In: Acta Germanica. Jahrbuch des Germanistenverbandes im südlichen Afrika. Beiheft 2/1991. Frankfurt am Main 1992, S. 151–166; Patrick *Marnham:* Die Weißen kommen! Eine afrikanische Chronik. Zürich 1990; Walter *Mittelholzer*/René *Gouzy*/Arnold *Heim:* Afrikaflug. Im Wasserflugzeug »Switzerland« von Zürich über den dunklen Erdteil nach dem Kap der guten Hoffnung. 2. Auflage. Zürich 1928; Jan

suchte, erklärte ihm ein Student vom Volk der Fulbe, den Weißen sei ganz recht geschehen, denn sie seien *Rassisten* gewesen. Allesamt? Durchaus, denn alle Ermordeten seien *Weiße* gewesen.

Der listige Ethnologe fragte den Studenten daraufhin, ob er sich denn vorstellen könne, unter Umständen auch eine Dowayo-Frau zu heiraten. Der andere sah ihn verdutzt an. Keinesfalls, sagte er. Ein Fulbe könne keine Dowayo heiraten. Die Dowayo seien Hunde, nichts als Tiere.[2] Mit Rassismus habe das nichts zu tun.

Tatsächlich entsteht das Bewußtsein von der Zusammengehörigkeit der dunkelhäutigen Völker Afrikas nur unter dem Blick der Euroamerikaner. Diese nehmen an jenen Völkern zuerst und hauptsächlich das Negroide wahr. Erst allmählich läßt die Blendung durch den Schwarz-Weiß-Kontrast nach, und annähernd sechshundert Völker mit annähernd tausend verschiedenen Sprachen treten hervor, alle Schattierungen von Tiefschwarz, Blauschwarz, Schwarzbraun, Braunschwarz, Rotbraun, Kaffeebraun und Gelbbraun (wobei jeweils die Helleren auf die Dunkleren herabsehen). Man fragt sich, ob es mehr als ein Willkürakt der Weißen ist, dieses Farbenspektrum auf einen Begriff zu bringen.[3] Sobald man näher hinblickt, sind *die* Afrikaner nicht mehr zu erkennen.

Blickt man noch näher hin, tauchen sie wieder auf.

Nederveen Pieterse: White on Black. Images of Africa and Blacks in Western Popular Culture. New Haven/London 1992; Paul *Parin:* Zu viele Teufel im Land. Aufzeichnungen eines Afrikareisenden. Frankfurt am Main 1985; Gulla *Pfeffer:* Die weiße Mah. Allein bei Urvölkern und Menschenfressern. Minden i. W. 1929; Marie-Simone *Rollin:* Reißaus nach Afrika: Mali − die festgefahrene Reise. In: *Konkursbuch,* Nr. 21. Tübingen 1989, S. 143−156; Jean *Rouch:* Jean Rouch erzählt. In: *Filmkritik,* Nr. 253 (22. Jg., 1. Heft) vom 1.1.1978, S. 5−33; Amadou Booker *Sadji:* Das Bild des Negro-Afrikaners in der deutschen Kolonialliteratur (1884−1945). Ein Beitrag zur literarischen Imagologie Schwarzafrikas. Berlin 1985; George *Sinkler:* The Racial Attitudes of American Presidents. From Abraham Lincoln to Theodore Roosevelt. New York 1971; Christoph *Staewen:* Kulturelle und psychologische Bedingungen der Zusammenarbeit mit Afrikanern. Ansatzpunkte für eine komplementäre Partnerschaft. (= Afrika-Studien. 120.) München 1991; Uwe *Timm:* Morenga. Roman. München 1978; Arnold Hillen *Ziegfeld:* Im Reiche des Meergottes. Bilder aus dem Blühen und Vergehen einer Kultur des atlantischen Afrika. Mit einem Vorwort von Leo Frobenius. Stuttgart/Berlin/Leipzig 1923. ▶[2] Die Dowayo wiederum verachten die benachbarten Koma wegen ihrer verkommenen Sprache und Lebensführung und ihrer Häßlichkeit. Vgl. Nigel Barley: a.a.O., S. 212. ▶[3] Nigel Barley: a.a.O., S. 198f.

Bei den Völkern im Zentrum, Westen, Osten und Süden Afrikas finden sich Gemeinsamkeiten. Verblüffend ähnlich sind die Praxis der Kinderaufzucht, die Einstellung der Frauen zur Frage der Fruchtbarkeit, die Teilhabe am Gemeinschaftsleben, die Sippenhierarchie, das magische Weltbild, die Geburts- und Jugendgeschichten der Könige und vieles mehr.[4] Dann wieder zerfällt die kulturelle Einheit im schweifenden Besucherblick – nichts, was es hier nicht gibt. Und sie erneuert sich, eben dadurch, daß die Differenzierung zum Prinzip gemacht wird: Dann ist der große Unterscheider, der Weiße, gefordert. Und der Gegenweiße. Blicken wir also gefaßt auf unsere Afrikabilder. Sie sind ebenso beständig wie unvereinbar.

Was die Schwarzen nicht zu wissen scheinen oder nicht wahrhaben wollen, ist, daß wir sie beneiden. Diese erregend schönen Männer und raubtierhaft gewachsenen Frauen mit »weichen üppigen Bewegungen« und blitzendem Lächeln. Ihren »glänzend marmorhaften Charme«. Ganz der Außenwelt zugewandt, ruhen sie in sich. Trotz der sieben ägyptischen Plagen, die sich Afrika unterworfen haben, sind sie sanft und *ganz* geblieben. Beredt spricht ihr ganzer Körper. Aufkommende Spannungen führt er sofort ab. Wie sie sich auf andere einlassen, intuitiv deren Stimmungen erfühlen. Wurzelt diese Fähigkeit darin, daß sie als Kinder unausgesetzt am Körper der Mutter hängen und später nur hocken, gehen und laufen, ihren Körper also ganz anders beherrschen als wir in unserer Sitzkultur?

Jedenfalls strahlen sie ruhiges Glück aus, das Glück von Menschen, die Schmerzen und Tod nicht als Schmach der *Person* erleiden. Lebendig oder tot sind sie Teil eines lebendigen Kosmos. Sie stehen auf den Schultern früherer Geschlechter. Trunk und Tanz vereinigen den einzelnen mit seinen Ahnen, der Sippe, den Fremden, selbst den Feinden. Arbeit erlangt keine Macht über sie. Das Nötige verrichten sie singend und lachend. In sexuellen Dingen sind sie ehrlich, können auf Sublimierung verzichten. (Verliebte Schwarze gibt es nicht. Sätze wie »Sage mir, daß du mich liebst« kommen nicht über ihre Lippen.) Ihre Welt ist ein vibrierendes Feld von Lebenskräften.[5]

▶[4] Christoph Staewen: a.a.O., S.10-13. ▶[5] Vgl. Tania Blixen: Briefe aus Afrika 1914–1931, a.a.O., S. 41 und 43; Kasimir Edschmid: a.a.O., S. 205 und 234; Klaus Kreimeier: »In die schwarze Farbe der Nacht gehüllt...« a.a.O., S.112 und 127f.; Hans Leuenberger: a.a.O., S. 187 und 215; Paul Parin: a.a.O., S.127f.; Jean Rouch: a.a.O., S. 20.

Dieselben Weißen aber, die den schwarzen Leib zum Fetisch machen, scheuchen ihn in seiner Lebenslässigkeit auf. Und nur als Störenfriede, nicht als Bewunderer kommen sie der afrikanischen Selbstwahrnehmung nahe. Beispielsweise bedauerte Ugandas Präsident Museveni, daß die Afrikaner dazu neigten, »das Leben als gegeben hinzunehmen«.⁶ Daß sie die Arbeit dem Lustprinzip unterwerfen wollen, ist das erste, was den Kolonisatoren auffällt. Als ein junger deutscher Offizier Ende des 19. Jahrhunderts durch Ostafrika streift, hält er in seinem Tagebuch fest: »7 km war ich an diesem Abend durch Bananen marschiert. Es ist das Einzige, was die faulen Neger hier pflanzen. Und warum? Die Bananen wachsen hier ganz von selbst, nicht einmal ausputzen tut sie der Neger. Er liegt den ganzen Tag auf der faulen Haut herum, schläft, ißt oder raucht. Ist das eine erledigt, folgt das andere...«⁷ Zwei Dinge zur gleichen Zeit zu besorgen, ist dem afrikanischen Gemüt zuwider. »Stumpfheit« und »Schlappheit« wird das zu Beginn des 20. Jahrhunderts genannt. Die löbliche Kehrseite der Apathie ist die »fatalistische Unbekümmertheit«. Sie disponiert die schwarzen Kolonialsoldaten zu Sturmangriffen in den Materialschlachten des Ersten Weltkriegs. Außerdem rechtfertigt sie den europäischen Paternalismus: Erzieht man den Schwarzen nicht beizeiten, fällt er den »allerschlechtesten Seiten der Zivilisation anheim«.⁸

Heute zieht man dem »Faulheits«-Verdikt mildere Bezeichnungen wie »Nachlässigkeit« oder »Bequemlichkeit« vor. Die Afrikaner verbrächten ihr Leben vor allem mit Warten, stellt man fest. Sie liebten das süße Nichtstun und verschwendeten die im Überfluß vorhandene Zeit. »Am stärksten hat mich in Afrika die Untätigkeit (nicht Faulheit) beeindruckt«, schreibt der amerikanische Journalist David Lamb. »Ich erinnere mich an Tausende von Kenyanern, die auf den Grünflächen Nairobis ausgestreckt vor sich hindösen; an Menschenmassen, die auf städtischen Plätzen herumsitzen; an häuserblocklange Schlangen vor Behörden; an Hunderte von Leuten, die ruhig in einem Notaufnahmeraum auf einen Arzt warten – darunter manche mit Knochenbrüchen und eiternden Wunden.«⁹

▶⁶ *Der Spiegel*, Nr. 52 vom 14.12.1992, S. 157. ▶⁷ Zitiert in: Heinrich Dauber (Hrsg.): a.a.O., S. 279f. ▶⁸ Tania Blixen: Briefe aus Afrika 1914–1931. a.a.O., S. 201. ▶⁹ David Lamb: a.a.O., S. 8. Vgl. Marie-Simone Rollin: a.a.O., S. 146 und 150; Hans-Jürgen Lüsebrink: a.a.O., S. 58; Amadou Booker Sadji: a.a.O., S. 248; Leo Frobenius: Vom Schreibtisch zum Äquator. Afrikanische Reisen. Hrsg. von Ute Luig. Frankfurt am Main 1982, S. 54.

Wie ist diese Verhinderung jeglicher Zeitökonomie einzuschätzen? Nehmen sich die Afrikaner einfach die Freiheit, die wir alle ersehnen, wie der Dokumentarist Jean Rouch meint?[10] Leben sie auf einer Minimalsubsistenz »im Einklang mit der Natur«? Nigel Barley bezweifelt das. Sein Naturvolk, die Dowayo, wußten von den Tieren im Busch weniger als er – beispielsweise nicht, daß aus Raupen Schmetterlinge werden und Kobras giftig sind. Sie gingen mit Unkrautvertilgungsmitteln auf Fischfang und hätten die letzten Antilopenrudel gern mit Maschinengewehren zur Strecke gebracht.[11] Nach offizieller Deutung der Realkommunisten war die als Faulheit verleumdete Passivität vieler Afrikaner »Teil ihres Kampfes gegen die fremden Eindringlinge«.[12]

Der deutsche Arzt Christoph Staewen, der 1963 bis 1974 in West- und Zentralafrika tätig war, untersuchte die normale Entwicklung der afrikanischen Persönlichkeit von der symbiotischen Geborgenheit des an die Mutter geschmiegten Kleinkinds (dem zwei bis drei Jahre lang jeder Wunsch augenblicklich erfüllt wird) bis zur Festigung einer optimistischen Anspruchshaltung in der reglementierenden Sippe. Staewen zufolge versucht der Afrikaner zeit seines Lebens, den schmerzlich vermißten Infantilzustand ohne Hunger, Angst und Sättigungsaufschub wiederzuerlangen. Er habe ein starkes Selbstwertgefühl, überschätze häufig seine Fähigkeiten und gebe sich Allmachtsphantasien hin, breche nach Frustrationserfahrungen zusammen und gehe allen Mühen und Spannungen geschickt aus dem Weg. Seine kaum gehemmte Oralität begünstige eine »Lebenshaltung der Gier«. Werde ihm verwehrt, was er zuversichtlich begehrt, vermute er stets den bösen Einfluß eines Widersachers.[13] Alles wird gut, aber die Welt ist voller Teufel!

Fatalerweise können wir Euroamerikaner nicht einfach dabei zusehen, wie der Kampf zwischen Lustprinzip und Realitätsprinzip unter der afrikanischen Sonne verläuft. Die Regeln

▶[10] Jean Rouch: a.a.O., S. 22f. ▶[11] Nigel Barley: a.a.O., S.124. ▶[12] So der Stellvertreter des Vorsitzenden des Staatsrats der DDR und Ost-CDU-Vorsitzende Gerald Götting nach einem Besuch bei Albert Schweitzer in Lambarene im Jahr 1960. Siehe Gerald Götting: a.a.O., S. 79. In den siebziger und achtziger Jahren wurde die Verweigerungsthese von westdeutschen Ethnologen verbreitet. Vgl. Hans Bosse: Diebe, Lügner, Faulenzer. Zur Ethno-Hermeneutik von Abhängigkeit und Verweigerung in der Dritten Welt. Frankfurt am Main 1979. ▶[13] Christoph Staewen: a.a.O., S.14–59.

wurden außer Kraft gesetzt – von uns, den Kolonisatoren. Wir haben uns eingemischt und sind seitdem für alles zuständig, was in Afrika glücken und scheitern könnte. Afrika an und für sich ist untergegangen. Was heute den Namen Afrika trägt, ist unser Afrika und darf es doch nicht sein. Wir sind verantwortlich für die Folgen unseres Rückzugs und die Folgen unseres Bleibens. Wir stehen Pate bei der Auflösung der Sippenordnung in anarchischen Staatsgebilden und sind die Bauherren der Entwicklungshilfe-Ruinen.

Keine Beschreibung Afrikas und der Afrikaner soll zulässig sein ohne das Eingeständnis unseres Anteils. Zugleich sollen wir die Eigenständigkeit des Afrikanertums achten, indem wir unsere Beschreibungstechniken einer scharfen Prüfung unterziehen. Praktisch läuft beides auf Beschreibungsverzicht hinaus. Doch dieser ehrenwerte Verzicht setzt die euroamerikanische Selbstbefragung als globalen Souverän ein. Der Souverän verkündet, daß er Afrika auch ganz anders als bisher wahrnehmen könnte. Beliebig anders. So wie die transnationalen Konzerne aus jeder Wirtschaftskrise gestärkt hervorgehen, so bekräftigt das westliche Gewissen mit jeder Selbstzerknirschung seinen Anspruch auf Universalkompetenz.

Demgegenüber ist es ein Akt der Selbstbescheidung, wenn wir im postkolonialen Afrika nach alter Gewohnheit, erstaunt und gebieterisch, den eigenen Augen trauen: In den großen Städten ersetzen Korruption, Vetternwirtschaft und Parasitismus die Schutzfunktionen der Großfamilie. Schon kleine Dienste wie die Vermittlung eines Telefongesprächs sind schmiergeldpflichtig. Krankenhauspersonal bietet in Vorstadtläden gestohlene Medikamente, Spritzen, Bettwäsche und Lebensmittel feil. Die Frauen wehren sich gegen Geburtenkontrolle und halten zäh am Brauch der Klitorisbeschneidung fest. In den Dörfern brechen Panikepidemien aus. Die Wüste dringt vor, der Busch überwuchert die Fernstraßen und Fabriken der Kolonialzeit (und wird andernorts zerstört). Auf den befahrbaren Straßen liefern sich Beschleunigungssüchtige blutige Duelle. »In Nigeria ähnelt die neue, knapp 100 Kilometer lange Schnellstraße von Lagos nach Ibadan einem tödlichen Karnevalsspiel. Klapprige Autos zischen mit Kamikaze-Fahrern links und rechts an einem vorbei, fahren dicht auf andere Fahrzeuge auf und weichen erst im letzten Moment aus oder treten auf die Bremse.«[14]

▶ [14] David Lamb: a.a.O., S.9.

Bahn- und Busfahrpläne sind nicht viel mehr als der Ausdruck frommer Wünsche. In West- und Ostafrika blüht verdeckter Sklavenhandel. Regierungsapparate entziehen sich der Kontrolle. Despotische Cliquen und Truppenführer drangsalieren die Untertanen. Zwischen Völkern und Religionsgemeinschaften wächst der Argwohn. Die zu Beginn der sechziger Jahre angekündigte Wiedergeburt der afrikanischen Kultur ist abgesagt. Bis ins kleinste kopiert man die Lebensart der Europäer. Statt afrikanischer Verkehrssprachen verbreiten sich Englisch und Französisch.[15]

Die aus weißer Vorherrschaft befreiten Afrikaner beeindruckt es nicht, wenn die Weißen ihnen versichern, sie seien nichts Besseres oder Anderes. Sie erwarten, daß die Weißen ihre Rolle spielen: die Richtung weisen und Geld verteilen.

Während der afrikanische Gemeinschaftsgeist verkümmert, verselbständigen sich seine archaischen Gebote. Es waren die Gruppe der Altersgefährten und die strafende, bergende Sippe, die das aus der Muttersymbiose vertriebene Kind auffingen und einer zweiten Prägung unterzogen. Nun, in den traditionsfernen Städten, neutralisieren die Blutsbande die staatliche Gewalt. Mitleid und Solidarität des schwarzen Afrikaners reichen nur bis zur Stammesgrenze. Verhungern die Angehörigen anderer Völker, bleibt das Clansgewissen ruhig. Selbst Staatspräsidenten fühlen sich im Katastrophenfall nur der eigenen Volksgruppe verpflichtet.[16] So trotzen die Schwarzen dem Diktat der Weißen, auf deren Hilfe sie bestehen.

Der Schwarze das duldsame Opfer von Willkür und Heimsuchung? Nein, wir empfinden anders. Unser schwarzer Mann besitzt überlegene sexuelle Potenz. So verläßt er den Opferstatus und gelangt in die Rolle des Angreifers. Die weißen Männer empfinden dumpfe Furcht vor Leistungsvergleichen, die weißen Frauen vor der sinnlichen Grazie sonnengereifter Konkurrentinnen. Doch diese Furcht ist von eigener Art. Sie wird sorgsam geschürt in Werbung und Mode und im Sport- und Schaugeschäft. Desillusionierende Berichte, Ergebnisse von Penismessungen inbegriffen, kommen nicht an. Denn, wie Frantz Fanon uns Nordatlantikern vorwirft, der Neger ist in

▶[15] Vgl. Richard Dooling: a.a.O., S.185 und 269; Klaus Kreimeier: Geborstene Trommeln, a.a.O., S.73; Paul Parin: a.a.O., S.96f.; *Der Spiegel*, Nr. 51 vom 14.12.1992, S.152; Christoph Staewen: a.a.O., S.162–196. ▶[16] Vgl. Christoph Staewen: a.a.O., S.55–107 und 183.

unserem Weltschaukasten zum *Glied* geworden. »Er *ist* Penis«[17], Geschlechtstier, zur freudigen Bestürzung der Weißen.

Der Schwarze ein achtbarer Gegenspieler? Nein, wir empfinden anders. Ohne Aktivierungsimpulse von außen, d. h. von uns, treten die muskelstarken Leiber nicht an uns heran. Wir wittern ihre eingefleischte Passivität. »Statt etwas zu werden, wünschen sie sich, etwas zu sein«, kommentiert der Ethnopsychoanalytiker Paul Parin.[18] Wieder zu sein, was sie einst waren. Doch die Allmacht der frühen Jahre ist unwiederbringlich. Die Schwarzen hängen ihr nach, und nur auf diese Weise nähern sie sich ihr. Daß sie die Mühsal des Lebens mit zutraulicher Großsprecherei ertragen, reizt die Weißen immer wieder zu der Platitüde, sie seien »große Kinder«. »In der Gutmütigkeit eines reinen Herzens lachten sie gleich wieder versöhnt auf, wenn nur ein freundliches Wort oder ein derber Scherz als zündender Funke in ihr empfängliches Kindergemüt einschlug.«[19] So sagte es ein deutscher Kolonialarzt. Unschuldige Hingabebereitschaft suchen weiße Männer bei der schwarzen Frau, zu der sie aus komplizierten Rollenspielen flüchten.[20] Neben animalischer Gelöstheit ist es gerade die asexuelle Aura schwarzer Männer, die weiße Frauen anzieht. Die schwarzen Spielgefährten empfehlen sich für eine neue, gemeinsame Entdeckung der Genitalität, nachdem die erste vieldeutig mißriet. Wie Kinder sind die Schwarzafrikaner schamlos bei ihresgleichen (in der eigenen Sippe) und schamerfüllt vor den Blicken anderer.

Gieriges Geschlechtswesen und kindliches (d. h. vorgeschlechtliches) Gruppenwesen – folgt nun die Aufhebung dieses Gegensatzes? Nein, sie bleibt aus. Unser Schwarzer ist ein Unwesen. Freilich sagen wir gutmütig von ihm, er sei ein Naturkind. Aber mit der Natur ist oftmals nicht zu spaßen.

Wenn ihre naiven Sprößlinge unter den Einfluß größenwahnsinniger Führer geraten, sind sie bei der Verfolgung anderer Volksgruppen zu schwersten Greueltaten bereit, ohne das geringste Schuldgefühl zu empfinden.[21] Im Kreis der Angehörigen hingegen löst dieselbe »mordlustige, blutdürstige Rotte« aufkommenden Ärger durch »ungekünsteltes, anstecken-

---

[17] Frantz Fanon: Schwarze Haut, weiße Masken. Frankfurt am Main 1980, S. 107. [18] Paul Parin/Fritz Morgenthaler/Goldy Parin-Mathéy: Fürchte deinen Nächsten wie dich selbst. Frankfurt am Main 1971, S. 546. [19] August Hauer: Kumbuke – Erlebnisse eines Arztes in Deutsch-Ostafrika. Berlin 1921, S. 49. [20] Carlotta von Maltzan: a.a.O. [21] Christoph Staewen: a.a.O., S. 46 f.

des Lachen« in Luft auf. Hier begegnen den weißen Naturpilgern jene »kindlichen Gemüter«, jene »lebendigen Kunstwerke der Natur«, deren Anmut und Arglosigkeit sie in wahren Andachtsgebeten verehren. Das Entzücken steigert sich noch, wenn die Naturkinder den Gast bestaunen: »Sie sahen zu mir herauf, so unbeweglich und still, als ob sich ihnen ein Wunder offenbarte. Ich sah von einem schwarzen Augenpaar in das andere und vertiefte mich in diese klaren, unbeirrten Blicke aus einer anderen Welt.«[22]

Das erste Genrebild zeigt den Ausbruch wilder Grausamkeit, das zweite die unschuldig empfangende Seele, »die Weisheit des Naturmenschen, der den Gesetzen der Natur folgt und nicht dem menschlichen Wollen« (Laurens van der Post). Wiederum ergeben unsere Schwarzenansichten kein Gesamtbild.

Die jahrhundertelange Leidenschaft für das zwiespältige schwarze Naturwesen dient der kritischen Kulturforschung als Paradebeispiel der Rassendiskriminierung. Es steht schon in den Schulbüchern, daß die beliebten Tiervergleiche (»Affen«, »junge Katzen«, »schlangenhafte Gewandtheit«) keine andere Bedeutung haben, als unsere Überlegenheit zu suggerieren: Wir wollen das Gehirn der Welt sein und würdigen daher die Schwarzen zu vernunftlosen Kraftpaketen herab.

Diese Kritik ignoriert jedoch den Rahmen der europäischen Afrikaner-Erfahrung, nämlich den Kontinent Afrika selbst. Seit fünf Jahrhunderten erleben wir Afrika als *den* Naturkontinent schlechthin. In unseren Reiseberichten, Bilder-, Jugend- und Kinderbüchern über Afrika stehen Landschaft und Tierwelt im Mittelpunkt; »die Afrikaner selbst kommen in den meisten Fällen nur als Nebenrolle oder Staffage vor«.[23] Unsere eigentlichen Reiseziele in Afrika sind das »überquellende Leben«, die »schwüle Pflanzendichte« der zeitlosen Tropen und die »Unendlichkeit der halbschwimmenden Graswüste«. Die Schwarzen gibt es dazu. Somit bleiben sie Naturerscheinungen.

In den Afrikaromanen britischer, französischer, deutscher, dänischer, italienischer und anderer Farmer geht es in erster Linie um die Beziehungen der Weißen untereinander, in zweiter Linie um die Tiere, in dritter Linie um das weite dampfende Land und in vierter Linie um die *natives*. Die dänische Erzählerin Tania Blixen, die es den Engländern ankreidet, daß sie die Eingeborenen nicht als Menschen betrachten, macht da keine Aus-

[22] Emmy Bernatzik: a.a.O., S.103.   [23] Helmut Fritz: a.a.O., S.135.

nahme. Ihr Verhältnis zu den Schwarzen ist im höchsten Grade natursentimental: »Es kommt mir so vor«, schreibt sie 1926 an ihre Mutter, »als hätte ich eine gewisse Gabe, mit wilden Tieren umzugehen – kannst Du Dich erinnern, wie in kurzer Zeit auch die Eule zahm wurde? Vielleicht ist es die gleiche Eigenschaft, die mich befähigt, mit den Natives so gut auszukommen...«[24] In einem anderen Brief aus Kenia nach Dänemark bemerkt sie (1930): »Natives haben in meinen Augen immer etwas zutiefst Poetisches wie die Natur selbst...«[25] Sie sinniert auch darüber, ob dunkelhäutige Menschen in den Fängen der Großstadtbürokratie ähnliche Ängste ausstehen wie ein Baum, dessen Wurzeln der Forstmann aus dem Boden zieht.[26]

Den Schwarzen Kultur abzusprechen, ist ein nachgeordneter europäischer Impuls. Um dies zu belegen, erübrigt es sich, Referenzen über Kunsttraditionen, komplexe Umgangsformen, Initiationsriten, Einfühlung und Lernleistungen der Schwarzen einzuholen. Primär und beherrschend in der europäischen Wahrnehmung Schwarzafrikas ist der Verdacht, daß hier außermenschliche Geister und Menschengeist auf geheime Weise zusammenwirken (nicht: im *Einklang* miteinander stehen). Die Vegetation greift auf die Tierwelt über, und diese auf die Menschen, und umgekehrt. Natur treibt ihre eigene Kultur hervor. In deren Entfaltungsbereich verlieren die nordländischen Normen an Überzeugungskraft. »Es ist schwer, in Afrika human zu sein«, sagt Albert Schweitzer. (Auffällig ist, daß weiße Autoren, die in den letzten Jahrzehnten von kannibalistischen Praktiken in Afrika berichteten, sich nicht zu Sittenrichtern aufschwangen, sondern die animistische Bedeutung des Leichenschmauses hervorhoben oder über das Thema ihre Späße machten.[27])

Richard Dooling zitiert in seinem schauerlich komischen Westafrika-Roman »Grab des weißen Mannes« aus dem Vorwort eines mysteriösen »Berichts über die Prozesse gegen Leopardenmenschen vor dem Sondergericht der Britischen Krone« aus dem Jahr 1915. Der Verfasser rätselt darüber, was ihm wohl im sierraleonischen Busch die Haare zu Berge stehen läßt. Er sieht den »Hauptgrund für dieses unheimliche Gefühl« im »Vorhan-

▶[24] Tania Blixen: Briefe aus Afrika 1914–1931, a.a.O., S.331. ▶[25] Ebenda, S.464. ▶[26] Tania Blixen: Schatten wandern übers Gras., a.a.O., S.72. ▶[27] Vgl. Paul Parin: a.a.O., S.83f. und 86f.; Richard Dooling: a.a.O., S.456–458; Hans Leuenberger: a.a.O., S.84. Die Affinität von Hunde- und Menschenopfer klingt an bei: Jean Rouch: a.a.O., S.30.

densein der zahlreichen halbmenschlichen Schimpansen mit ihrem dämonischen Geschrei. Der Busch schien mir von etwas Übernatürlichem durchdrungen, von einem Geist, der versuchte, die Kluft zwischen Mensch und Tier zu überbrücken. Einige der unheimlichen Geister dieses Landes sind, so glaube ich, in die Menschen eingedrungen, und das erklärt ihre unheimlichen Sitten und Gebräuche. Diese Menschen sind keineswegs primitive Wilde. Ich stellte fest, daß viele von ihnen scharfsinnig und hochintelligent waren, daß sie über außerordentlich viel Humor verfügten und die staunenswerte Fähigkeit besaßen, alles zu verbergen, was sie nicht offenbaren wollten...«[28] Jüngere Beispiele für jenen Verdacht sind die Theorien über die Entstehung von AIDS im zentralafrikanischen Busch und das neugeweckte, fast ehrfürchtige Interesse an Voodoo-Zeremonien in Westafrika und der Karibik.

Die weißen Beobachter nehmen zur Grenzgängerei im Naturreich drei Haltungen ein. Erstens: Bei den Phänomenen handelt es sich um Einbildung oder um Hokuspokus, der einer Nachprüfung nicht standhält. Zweitens: Die Zauberei wirkt bei den Schwarzen und − wie diese selbst einräumen − meist nicht bei den Weißen (These der Massensuggestion). Drittens: Die afrikanische Tradition ist mächtiger als das weiße Denken[29] − wir werden nie wissen, was hier vorgeht, halten wir uns heraus. Sicher ist nur, daß man eingeweiht sein muß, um zu verstehen. Schwarz zu sein, genügt nicht. Schwarze Amerikaner (»schwarze Weiße« genannt) werden nicht als Afrikaner betrachtet, und zugleich gelingt es einzelnen Weißen, einer Geheimgesellschaft zaubernder Krieger beizutreten. Die Kraft zur angewandten Metaphysik erwächst aus dem Bund und der Geheimhaltung.

Was sich die Weißen in Afrika erzählen:

In den siebziger Jahren kam im Norden Nigerias plötzlich das Gerücht auf, daß eine Geheimgesellschaft tückische Anschläge verübe. Ihre Mitglieder verfügten über die Gabe, willkürlich ausgewählte Männer durch bloßes Berühren von Schultern oder Händen impotent zu machen. In den folgenden zwei Wochen wurden vierzehn Personen totgeprügelt, von denen sich Männer an überfüllten Orten auf verdächtige Weise berührt sahen. Um die Panik einzudämmen, schossen nigerianische

[28] Richard Dooling: a.a.O., S. 330f. Vgl. Birger Lindskog: African Leopard Men. Uppsala 1954, S. 179–191. [29] Patrick Marnham: a.a.O., S. 345.

Soldaten ohne Vorwarnung auf Menschen, die vermeintliche Attentäter angriffen.[30]

Ungeachtet der allgegenwärtigen Bedrohung überwiegt in Afrika der Optimismus.

Zauber macht krank und wieder gesund. Mancher Zauber macht die Zähne sauber, ein anderer sorgt für guten Ertrag in der Landwirtschaft. Man versteckt böse Medizin im Haus eines anderen, und dieser verwandelt sich in eine Fledermaus oder eine Würgeschlange. Sucher spüren solche Nester auf. Zauberer fangen sich in Netzen über dem Türsturz. Auftragsgemäß beschwören Hexen machtvolle Geister und zerschmettern Tonfigürchen, in die sie Haare oder Fingernägel des Opfers hineingeknetet haben. Wer argwöhnt, Ziel solcher Anschläge zu sein, trägt Abwehrzauber am Leib. Hysterie verbreitet sich und kurz darauf Sorglosigkeit. Zwar ist das Böse scharf getrennt vom Guten, aber kein anderes Prinzip, sondern lediglich eine dem Guten eng verwandte Art lenkbarer Lebenskraft.

Die Toten sind nicht endgültig tot. Ihre Geister bewohnen bestimmte Orte im Busch oder die Körper lebender Tiere und Menschen. Die Lebenden versuchen sich gut mit ihnen zu stellen, schon allein deshalb, weil sie in der Minderheit sind. Auch sind sie ihrer Seelen nicht sicher, denn diese gehen träumend eigene Wege in der Landschaft. Im Traumleben der Schlafenden ziehen Seelenfresserinnen auf Raubzug aus. Kein Grund, nicht einzuschlafen. Träumen und Wachen, Angriff und Abwehr. Alles ist *Power*.

Einzelgänger sind Ausgestoßene. Die Großstadtbevölkerung ist eine Zwangsgesellschaft Versprengter. Deshalb wird in der afrikanischen Großstadt häufiger gezaubert als im Dorf.

Was nützt es dem Weißen zu wissen, daß die afrikanische Welt aus Sippen und Völkern und nicht aus Einzelmenschen besteht? Was folgt aus der Erkenntnis, daß die Sippe über alle brisanten Angelegenheiten Stillschweigen bewahrt? Wen hat der Weiße im Gespräch mit Dorf- oder Stadtbewohnern eigentlich vor sich? Man warnt ihn davor, seinem afrikanischen Gegenüber lange in die Augen zu blicken. Dieser werde dann unruhig, heißt es, blicke demonstrativ beiseite und schirme in seiner Not gar die Augen mit der Hand ab – denn er fürchte sich vor dem bösen Blick des Fremden. Daher sei es ratsam, am Ohr des Gegenübers vorbeizuschauen.[31]

▶[30] Patrick Marnham: a.a.O., S.341f. ▶[31] Christoph Staewen: a.a.O., S.193.

1▶ Französischer General mit Zigarre
Tonfigur, Benin, frühes 20. Jahrhundert
Staatliches Museum für Völkerkunde, Dresden, Kat.-Nr. 36 299

2 ▶ Bewaffneter portugiesischer Edelmann
Elfenbeinschnitzerei (Fuß eines Salzfasses),
Benin (Nigeria), 17. Jahrhundert
British Museum, London

3 ▶ Portugiesischer Krieger,
umgeben von Armspangen (»Manilla-Währung«)
Bronzerelief, Benin (Nigeria), 17. Jahrhundert
Museum für Völkerkunde, Wien

Die Gelben, die Schwarzen, die Weißen

324 **Schwarze sehen Weiße**

4 ▶ Europäische Seeoffiziere
auf den Schultern afrikanischer Träger
Elfenbeinschnitzerei, Kongogebiet, Mitte des 19. Jahrhunderts
Museum voor Land- en Volkenkunde, Rotterdam

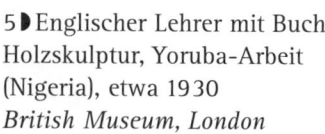

5 ▶ Englischer Lehrer mit Buch
Holzskulptur, Yoruba-Arbeit
(Nigeria), etwa 1930
British Museum, London

6 ▶ Europäerin und europäischer Seemann
Elfenbeinfiguren, Angola, erste Hälfte des 19. Jahrhunderts
Peabody Museum, Salem

8▶ Sitzende Missionarin mit Buch
Holzskulptur, Ewe-Arbeit (Togo), 20. Jh.
Galerie Jahn, München

7▶ Europäischer Kaufmann mit Ginflasche und Glas
Holzskulptur (Fuß einer Trommel), Kongogebiet, erste Hälfte des 19. Jh.
Peabody Museum, Salem

Die Gelben, die Schwarzen, die Weißen

Schwarze sehen Weiße

9 ▶ Reitender britischer Korporal
Bemalte Holzskulptur, Yoruba-Arbeit (Nigeria),
spätes 19. oder frühes 20. Jahrhundert
Privatbesitz, London

10 ▶ **Weißer Beamter mit zwei schwarzen Polizisten**
Bemalte Holzskulptur, Yoruba-Arbeit (Südnigeria),
frühes 20. Jahrhundert
British Museum, London

11 ▶ Kaiser Wilhelm II.
in Uniform
Holzskulptur, Tansania,
frühes 20. Jahrhundert
*Horniman Museum,
London*

12 ▸ Militärischer Verwaltungsbeamter, ein Protokoll verfassend
Specksteinskulptur, Mboma-Arbeit (Westkongo), 20. Jahrhundert
Musée royal de l'Afrique centrale, Tervuren (Belgien)

13/14 ▶ Die Forschungsreisende Mary Kingsley
Holzskulptur, Ibo-Arbeit (Nigeria), spätes 19. oder frühes 20. Jahrhundert; Photographie von 1897
Liverpool Museum; Mary Kingsley: Travels in West Africa, London 1897

15 ▶ Europäer mit Jacke und Brille
Holzskulptur, Ovibundu-Arbeit (Angola), frühes 20. Jahrhundert
Musée royal de l'Afrique centrale, Tervuren (Belgien)

17 ▶ Belgischer Industrieller
und Chauffeur im Auto
Holzskulptur, Luba-Arbeit (Ko
frühes 20. Jahrhundert
*Musée royal de l'Afrique centr
Tervuren (Belgien)*

16 ▶ Europäischer Offizier
in Galauniform
Holzskulptur, Bakongo-Arbeit
(Kongogebiet), 20. Jahrhundert
Privatbesitz, Brüssel

18 ▶ Léo Bittremieux, belgischer Missionspriester und Ethnologe
Holzskulptur, Woyo-Arbeit (westlicher Kongo), 20. Jh.
Musée royal de l'Afrique centrale, Tervuren (Belgien)

19 ▶ Mami Wata-Gruppe im Kanu
Holzskulptur von Joseph Chukwu vom Volk der Ibibio
(Nigeria), fünfziger Jahre des 20. Jahrhunderts
Oron Museum (Nigeria)

20 ▶ Mami Wata-Gruppe
Holzskulptur von Joseph Chukwu vom Volk der Ibibio (Nigeria),
fünfziger Jahre des 20. Jahrhunderts
Privatbesitz (Jill Salmons, USA/Nigeria)

21 ▶ Der weiße Mann steigt aus einem Erdloch in die Welt (westafrikanischer Mythos). Schlammskulptur in einer Kultstätte, Ibo-Arbeit (Nigeria), 20. Jahrhundert
Umuedi Ofekelem in Biafra (Nigeria)

1997: Dreizehn Interviews

Im Frühjahr 1997 befragte ich in Münchner Restaurants und *African Markets* dreizehn Westafrikaner[1] nach ihrem Europäerbild[2]. Ich ging in diese Gespräche mit einem guten Vorgefühl und einem Handicap. Meine Zuversicht beruhte auf der

> [1] In Schwarzafrika lebt eine sehr große Zahl von Völkerschaften mit einer schwer bestimmbaren Zahl verschiedener Kulturtraditionen. Um mein Thema nicht der Erörterung von Fragen der Vereinbarkeit unterzuordnen, konzentriere ich die Darstellung auf die Europäerwahrnehmung der Bewohner des *atlantischen Westafrika* (vom Senegal bis Kamerun). Hier, an den alten »Pfeffer«-, »Elfenbein«-, »Gold«- und »Sklaven«-Küsten, entwickelten sich die frühesten und relativ engsten Kultur- und Handelsbeziehungen zwischen Europäern und Schwarzafrikanern. Hier und nur hier läßt sich die Geschichte des afrikanischen Rück-Blicks auf Europa – seit dem 15. Jahrhundert – nahezu kontinuierlich verfolgen. [2] Ich befragte meine Gesprächspartner jeweils nach ihren Wahrnehmungen in europäischen Ländern und dem Bild, das sie und ihre Landsleute in Afrika von weißen Menschen gewonnen hatten. Im Gespräch über die Wahrnehmungen in der Emigration war meist von »den Deutschen« die Rede, weil alle Gesprächspartner hierzulande ihre intensivsten Erfahrungen mit Europäern gemacht hatten. Diejenigen unter ihnen, die auch andere europäische Länder kennengelernt hatten (meist Frankreich und/oder Großbritannien), sprachen abwechselnd von »den Deutschen« und »den Europäern« (und ich paßte mich der Ausdrucksweise jeweils an). Den Begriff »Europäer« lege ich im folgenden nur jenen Afrikanern in den Mund, die sich in mehreren europäischen Ländern aufgehalten hatten. Sämtliche Gesprächspartner unterstellten – aus afrikanischer Perspektive – eine weitgehende Übereinstimmung der Lebensverhältnisse und der Einstellungen gegenüber den Schwarzen in den mittel-, west-, nord- und südeuropäischen Ländern. Amerika hatte noch keiner von ihnen besucht.

Die Gelben, die Schwarzen, die Weißen

Expertenmeinung, daß die Schwarzafrikaner lieber Beobachtungen mitteilten, als um Worte für Empfindungen zu ringen. Mit dieser Meinung vertrug sich wiederum die These, daß im afrikanischen Kinder- und Sippenkollektiv keine Fragen nach Ursachen und Gründen erlernt werden. Wenn dem so war, würde ich Geschichten und keine Theorien zu hören bekommen.

Belastet war ich, weil ich die Absicht hatte, bei den Gesprächen eine bestimmte Miene aufzusetzen. Mir war es schon immer peinlich gewesen zu sehen, daß Europäer ihr Lächeln anknipsen und mechanisch zu nicken beginnen, sobald ein Schwarzer das Wort an sie richtet. Ich würde gern wissen, wann diese Beflissenheit über uns kam. Die Alternative scheint mißtrauisches Schweigen zu sein. Um so mehr wollte ich meinen eigenen Lächel- und Nick-Antrieb zügeln. Ich empfing also meine Gesprächspartner mit ernster Miene und legte hin und wieder die Stirn in Falten.

Doch in keinem Gespräch hielt ich diese Normalitätspose länger als einige Minuten durch. Wenn bei meinen Gegenübern die erste Beklommenheit gewichen war, begannen sie ihre Rede mit einer zweiten Ausdrucksfolge zu begleiten oder zu konterkarieren – ausschweifender Mimik, Händefechterei und Rumpfgymnastik. Dabei fixierten sie meist einen Punkt neben oder hinter mir, als sprächen sie zu einem unsichtbaren Publikum. Jede meiner Mienen war nun offensichtlich verlorene Liebesmüh. Ich gab meinen Vorsatz auf und bemühte mich nur noch, meinen Fragen Geltung zu verschaffen. (Immer nur *eine* Frage stellen! Nie das Schweigen nach einer Frage durch eine weitere, präzisierende Frage füllen!) Als letzten Akt der Selbstdressur legte ich mir die Pflicht auf, den anderen so selten wie möglich zu fixieren.[3] Wie der bekennerischste Fremdenfreund lachte und nickte ich in Richtung des großporigen dunklen, durch Ritualnarben geschmückten Gesichts.

Und, ja, es muß heraus – das lebhaft schwatzende und mich zutraulich berührende Gegenüber trug mir in der Mehrzahl der Fälle wortlos die Rolle des fürsorglichen Willensträgers an. Nichts als Projektion? Das leugne ich. Vielleicht gewann ich ja diesen Eindruck nur deshalb, weil ich mit dem Übermaß der gestischen Exaltation nichts anfangen konnte und es auf den winzigen Kern der Aussage zurechtstutzte. Aber nennt man

▶[3] Vgl. das Ende des vorangegangenen Kapitels.

nicht Menschen, die durch eben jenes Übermaß alle Fragen vergessen machen, »Kinder« oder »große Kinder«?

Ich traf sieben Männer und sechs Frauen aus acht westafrikanischen Staaten. Nach ihren Andeutungen zu schließen, waren neun von ihnen in Deutschland eingebürgert beziehungsweise langfristig aufenthaltsberechtigt und hatten drei von ihnen einen Asylantrag gestellt, über den noch nicht entschieden worden war. (Ich vermied es, eine entsprechende Frage zu stellen.) Die Gespräche wurden in englischer, französischer oder deutscher Sprache geführt und dauerten jeweils anderthalb bis drei Stunden. Meine Gesprächspartner waren:

▶ *Herr A.*, 29, aus *Togo*, Muttersprache Cotocoli, Zweitsprache: Französisch, Muslim, *Textilarbeiter*, seit drei Jahren in Deutschland. Die Deutschen seien risikoscheu und mutlos, erklärte er.

▶ *Frau B.*, etwa 30, aus *Kamerun*, Muttersprache: Bafu, Zweitsprache: Englisch, Christin, *Hausfrau*, mit Europäer verheiratet, seit einem Jahr in Deutschland. Ihr Eindruck war, daß die Deutschen ihren Reichtum und ihren Charakter versteckten.

▶ *Herr C.*, 56, aus *Guinea*, Muttersprache: Gono, Zweitsprache: Französisch, *Naturwissenschaftler*, seit dreißig Jahren in Europa. Sein Kommentar zur Veränderung der hiesigen Verhältnisse: Seitdem den Deutschen die Arbeit ausgehe, seien sie lockerer und zugleich aggressiver geworden.

▶ *Frau D.*, 33, aus *Togo*, Muttersprachen: Kabje, Mina und Yoruba, Viertsprache: Französisch, Muslimin, *Geschäftsfrau*, mit Europäer verheiratet, seit neun Jahren in Europa. 70 Prozent der Europäer seien unglücklich, meinte sie.

▶ *Herr E.*, 28, aus *Ghana*, Muttersprache: Ga, Zweitsprache: Englisch, *Hotelkaufmann*, mit Europäerin verheiratet, seit zwei Jahren in Deutschland. Er hielt die Deutschen für Menschen ohne Sehnsüchte (vom Gewinnstreben abgesehen) und ohne Interesse an der eigenen Seele.

▶ *Frau F.*, 30, von der *Elfenbeinküste*, Muttersprache: Ebrier, Zweitsprache: Französisch, *Friseuse*, seit fünf Jahren in Deutschland. Sie sprach den Deutschen alle guten Eigenschaften ab, mit Ausnahme einer einzigen: reich zu sein.

▶ *Herr G.*, 36, aus *Nigeria*, Muttersprache: Ibo, Zweitsprache: Englisch, Christ, *Kellner*, seit acht Jahren in Deutschland. Trotz einer Kette kleiner Demütigungen hatte er seine Zuneigung zu den »ernsten«, »arbeitsamen« und »zuverlässigen« Deutschen bewahrt.

▶ *Frau H.*, aus dem *Senegal*, Muttersprache: Wolof, Zweitsprache: Französisch, Muslimin, *Kauffrau*, seit fünf Jahren in Deutschland. Ihre Meinung von den Deutschen: gute, stolze und zärtliche Leute – leider zu pingelig und überorganisiert.

▶ *Herr I.*, etwa 50, aus *Nigeria*, Muttersprache: Yoruba, Zweitsprache: Englisch, Muslim, *Kunstmaler*, seit dreißig Jahren in Europa. Nach seiner Einschätzung sind die Europäer am Ende: zu weit von der Natur entfernt, um sich ihres Lebens noch freuen zu können.

▶ *Frau K.*, 25, aus *Benin*, Muttersprache: Yoruba, Zweitsprache: Englisch, *Großhändlerin*, seit fünf Jahren in Europa. Freudlose, allzu direkte, überarbeitete Menschen lebten hier, gab sie zu Protokoll – in Ländern, die Afrika an Schönheit überträfen.

▶ *Herr L.*, 55, aus *Nigeria*, Muttersprache: Yoruba, Zweitsprache: Englisch, Christ, *Handwerker*, seit 31 Jahren in Europa. Er sah in den Deutschen »hundertprozentig glückliche, lebenslustige Menschen«. Nirgendwo lebe man so frei wie hier, meinte er – zu frei.

▶ *Frau M.*, 48, aus *Ghana*, Muttersprache: Aschanti, Zweitsprache: Englisch, *Verkäuferin*, seit einem Jahr in Deutschland. Das Land, die Leute hier? Alles in bester Ordnung.

▶ *Herr N.*, aus dem *Senegal*, Muttersprache: Wolof, Zweitsprache: Französisch, Muslim, *Spediteur*, seit zwanzig Jahren in Europa. »Stur«, »hektisch«, »oberflächlich«, diese Europäer, urteilte er. »Hier geht's ruckzuck, sonst geht man unter.«

In der Fremde sichern sich Schwarzafrikaner bei jedem Schritt mehrfach ab. Sie werden von tausend Rücksichten und Befürchtungen gehemmt. Im europäischen Exil gehen sie jahre- und jahrzehntelang immer dieselben wenigen Stationen ab und wechseln nur selten die Stadt; im Bayerischen Wald oder im Spessart wurde vermutlich noch keiner von ihnen gesehen. Spazieren gehen sie nur ihren weißen Freundinnen und Freunden zuliebe. Sie, die »Ziellosen«, wandern nie ziellos umher. Allein umherzuschweifen ist, wie es ein Befragter ausdrückte, *tabu*. Zugleich bezweifeln sie angesichts der europäischen Zielstrebigkeit, daß ihre afrikanischen Ziele wirklich *Ziele* sind.

Ich will damit sagen, daß keiner der dreizehn Afrikaner aus purem Vergnügen mit mir sprach. Sie wurden jeweils von Freunden (*Freundinnen*[4]) um diese Gefälligkeit gebeten und gaben der Bitte nach. Honorare zahlte ich nicht, und keinen der Dreizehn drängte es dazu, sich bei einem Wildfremden etwas von der Seele zu reden. Überdies mißtrauen einige von ihnen meinen Absichten. Zu meinem Glück hatten die Gespräche jeweils eine Eigendynamik. Jeder der Dreizehn kam in Fahrt.

Afrikanerinnen, die nicht mit Europäern verheiratet waren, für Interviews zu gewinnen, erwies sich als überaus schwierig. Außerdem hatte ich auf einen gewissen Länder-Proporz zu achten. Ich telefonierte stundenlang herum und setzte die Vermittlerinnen unter Druck. Am Ende gelang es mir gerade noch, Ausländerbeauftragten und quasi-offiziellen Begegnungsstätten auszuweichen. Männliche Afrikaner, die ich um Kontakthilfe bat, waren alles andere als erfreut und gaben mir ausnahmslos negativen Bescheid. In fünf Fällen sagten Frauen nach Rücksprache mit ihren Angehörigen das Treffen ab, und einige versetzten mich. Die Gründe sind unklar. Da ich vergleichsweise wenig Mühe hatte, mit Männern zu sprechen, halte ich dafür, daß die Furcht, ausgespäht zu werden, den Motiven der Patronage nachgeordnet war. Nicht einmal meine Bereitschaft, die Frauen im Beisein ihrer Männer zu befragen, bewirkte einen Stimmungsumschwung.

»Unsere Frauen sind ein Problem für uns«, sagte einer meiner älteren Gesprächspartner. »In Europa fangen sie an, uns zu verachten.« Dabei spielen nicht nur Einkommens- und Statusvergleiche mit. Auch Vergleiche mit der sichtbaren Hilfsbereitschaft und Zärtlichkeit mancher europäischer Männer ihren Frauen gegenüber fallen zuungunsten der afrikanischen Männer aus. »Bei uns sind die Männer zu den Frauen völlig kalt«, äußerten drei der sechs befragten Frauen. Eine vertrat die Gegenmeinung.

Zu Beginn des Gesprächs forschte ich jeweils nach den persönlichen Erfahrungen der Afrikaner in Deutschland beziehungsweise Europa. Das Thema der Auswanderungsmotive umging ich. Die wichtigste Frage war: »Was sagen Ihre Landsleute in … von den Weißen?« Ich stellte sie immer erst ein, zwei Stunden nach Gesprächsbeginn. Die Antworten stimmten, von

---

▶[4] Insbesondere drei Freundinnen, denen ich unmittelbar oder mittelbar sämtliche Gesprächsgelegenheiten verdanke.

terminologischen Unterschieden abgesehen, nahezu völlig überein. (Einer der Dreizehn wies auf eine historische Zäsur hin und verglich die Zeit vorher mit der Zeit nachher.) Sie sind so erhellend, daß ich die entsprechenden Aussagen aller Gesprächspartner wiedergeben möchte:

◗ »Man denkt in Togo, daß alle Weißen reich, mächtig und glücklich sind.« (Herr A.)

◗ »Die Weißen gelten als wohlhabend und stehen in hohem Ansehen.« (Frau B.)

◗ »In den fünfziger Jahren dachten in Guinea alle, die Europäer seien ausnahmslos reich und Alleskönner. Man hatte großen Respekt. Erst in den sechziger Jahren erzählten Heimkehrer aus Frankreich, daß es auch arme Franzosen gebe. Da sank die Achtung vor den Europäern.«[5] (Herr C.)

◗ »Bisher halten wir in Togo die Weißen für Götter.« (Frau D.)

◗ »Im Land der Ga denken wir: Die Weißen wurden von Gott bevorzugt. Wir respektieren die Weißen und haben großes Vertrauen zu ihnen.« (Herr E.)

◗ »Meine Landsleute in der Elfenbeinküste haben nur gute Vorstellungen von den Weißen. Sie halten sie für freundlich und reich.« (Frau F.)

◗ »Mein erster Eindruck von den Weißen war, daß sie wie Engel sind. Im Ibo-Land lieben wir die Weißen. Wir respektieren sie und vertrauen ihnen. Man erzählt sich, daß die Weißen immer die Wahrheit sagen.« (Herr G.)

◗ »Im Senegal haben wir große Achtung vor den Weißen, abgesehen von den Frauen, die in kurzen Röcken durch die Straßen gehen. Die Kinder haben keine Angst vor den Weißen. Sie freuen sich, wenn ein Weißer kommt, und laufen auf ihn zu.« (Frau H.)

◗ »Mit acht Jahren habe ich den ersten Weißen gesehen, einen englischen Matrosen. Für uns Kinder war er wie ein Gott... Im Yoruba-Land glaubt man, daß alle Weißen reich sind... Zwischen Engländern, Franzosen und Deutschen machen wir keine Unterschiede. Wer einen Weißen als Freund hat, steht turmhoch über den anderen.« (Herr I.)

◗[5] Ich gewann den Eindruck, daß die Kinder und Enkel der von Frankreich Kolonisierten ihre Weißen ein wenig skeptischer betrachteten als die Menschen in den ehemals britischen Kolonien. Täuschung? Späte Auswirkung unterschiedlicher Auffassungen von Afrikanerverwaltung? Nähe der Briten zu den Amerikanern, »denen die Zukunft gehört«?

▶ »Wir fühlen uns den Weißen unterlegen. Die meisten von uns halten die Weißen für reich und mächtig. Wir haben Respekt vor ihnen.« (Frau K.)
▶ »In Nigeria erzählt man sich, daß in Europa alle Menschen reich sind und im Luxus leben. Alle Weißen haben hohes Ansehen.« (Herr L.)
▶ »Die Weißen sind reich und erfolgreich.« (Frau M.)
▶ »Wir respektieren die Weißen sehr.« (Herr N.)

Es kostet uns Europäern Überwindung, Ansichten von solch schmeichelhafter Entschiedenheit zu ertragen, ohne zu relativieren. Offenbar sind die Spuren der Sklavenjagden aus dem Gedächtnis der Westafrikaner gelöscht oder von frischeren Spuren überdeckt. Auch scheinen die Stimmen der Rückkehrer aus Europa bisher wenig Gehör zu finden. Überwinden wir uns. Für die Afrikaner ist die Beherrschung der Materie, zum Beispiel die Beschleunigung eines Kraftwagens, ein spirituelles Phänomen. Wir werden bewundert, weil man uns für potentiell unbegrenzt reich und damit potentiell unbegrenzt mächtig hält. Macht, Energie, Lebenskraft sind die Schlüsselbegriffe.

Als die Westafrikaner den Europäern Namen gaben, entstanden keine Bannworte wie »fremde Teufel« oder »die Stummen« und keine geographischen Bezeichnungen wie »Menschen aus dem Norden«. Das Merkmal, auf das es ankam, war die Hautfarbe. Auch heute sind Briten, Franzosen, Deutsche, Russen und Amerikaner europäischer Abstammung in den Umgangssprachen Westafrikas immer nur *die Weißen*. Der jeweilige Name läßt sich mühelos abfragen: *mukala* bei den Bafu in Kamerun, *beké* bei den Ibo und *oyinbo* bei den Yoruba in Nigeria, *yowo* bei den Mina in Togo, *glofome* bei den Ga in Ghana, *gangan* bei den Ebrier der Elfenbeinküste, *koui* bei den Gono in Guinea und Liberia, *toubab* bei den Wolof im Senegal und so weiter.

Ich erfuhr auch, daß in manchen Fällen die wörtliche Bedeutung des Namens von der praktischen Bedeutung abweicht. Sie wirft dann ein Licht auf die Begriffsgeschichte. *Oyinbo* heißt in wörtlicher Übersetzung »Menschen von weit her«. *Toubab* ist arabischen Ursprungs (*tabíb* = Arzt, Zauberer) und erinnert die Wolof ständig daran, daß die so Genannten über außergewöhnliche Fähigkeiten verfügen. Im Gebrauch sind auch diese Begriffe trennscharf und eindeutig. Sie bezeichnen die »Menschen mit weißer Haut«, so wie es die meisten westafrikanischen

Europäernamen wörtlich tun, und jeweils unter Ausschluß der ebenfalls weißhäutigen Araber. Die Benennung der Hautfarbe wird demnach mit einer historisch-kulturellen Differenzierung kombiniert. Die Araber waren schon vor den Europäern da.

Aber wie nennen die Westafrikaner diese Weißen im Zorn und im Spott? Nicht anders als wiederum *die Weißen*. Für *die Weißen* stünden keine verächtlichen, hämischen oder verdammenden Worte parat, versicherten zu meiner Enttäuschung dreizehn Leute aus zehn Volksstämmen, die sich über dreitausend Kilometer Atlantikküste verteilen. Beim ersten Gespräch wollte ich dieser Auskunft nicht trauen. Meinte es mein Gegenüber vielleicht zu gut mit mir? Doch alle mißtrauischen Nachfragen förderten nichts zutage als die Erklärung, daß im jeweiligen Herkunftsland niemand so vermessen sei, für allseits respektierte Menschen Schimpfworte zu suchen.

In den folgenden Gesprächen stellte ich mich ungläubig, um doch noch an irgendwelche Entsprechungen von »Nigger«, »Bimbo« oder »Menschenfresser« zu gelangen. Waren die Weißen nicht notorische Schwarzenschinder? Keine Ermunterung fruchtete. Meine ganze Ausbeute bestand aus »Regenwürmern« (Herr C.) und »Schweinen« (Frau D.) – unspezifischen Gelegenheitskraftworten, die im Ernstfall auch für die Weißen herhalten müssen.

Ansonsten sind die Weißen in Westafrika der Gegenstand einiger unschuldigen Neckereien. In Nigeria und Benin wurde einst ein Liedchen geträllert, das eine Warnung an Freunde gutgewürzter Speisen enthielt: »Wenn ihr Pfeffer eßt, werdet ihr weiß.« Auf diese Zeile spielt der Scherzname *oyinbo pépé* (»weißer Mann – Pfeffer«) an, den sich die Yoruba zurufen, wenn Weiße vorübergehen. In Kamerun behauptet man dagegen: »Ein Weißer kann keinen Pfeffer essen, weil er sonst rot wird.« Auch im Sonnenbad werden die Weißen »rot wie Krebse« oder »Krabben« und bekommen »rote Ohren«. Die »roten Ohren« sind bei mehreren Völkern ein Synonym für »weißer Mensch« (z. B. *xhonxhe noppe*, ausgesprochen »chonchenopp«, bei den Wolof). Lieber als die roten Weißen nehmen die Westafrikaner sich selbst auf den Arm. Weil Salat von den Schwarzen meist gemieden wird, spottet man bei den Cotocoli über einen Salatliebhaber: »Du willst wohl weiß werden.« Die einen bleicht der Pfeffer, die anderen der Salat. Furcht erregt die Vorstellung, weiß zu werden, kaum.

»Bieten denn die Weißen in den Augen Ihrer Landsleute eher ein angenehmes oder eher ein abschreckendes Bild?« fragte ich. Die Antwort war einhellig und kam stets ohne Zögern. Ausgemacht schöne Menschen seien die Weißen. Effektvoll kontrastierten alle Merkmale im europäischen Gesicht und fügten sich doch harmonisch zusammen. Markante Züge wechselten mit feinen. In den Städten schätze man besonders weiße Mädchen mit Stupsnasen und kleinen Mündern, langen Beinen und langen Fingernägeln. Man mache sich gegenseitig auf sie aufmerksam und bestaune sie geradezu.

Herr G. präzisierte: auf einzelne Körpermerkmale komme es bei den Weißen gar nicht an. Schön sei die unbestimmbare *Aura* der Weißen. Herr I., der nigerianische Künstler, ging noch weiter. Seiner Auffassung nach legt der Afrikaner beim Anblick von Weißen keine ästhetischen Maßstäbe an. »Weil alle Europäer ähnlich aussehen, können die Afrikaner Schön und Häßlich gar nicht unterscheiden.« Auch Europäer ohne die positiven Standardmerkmale Groß, Blond, Blauäugig und Schlank gefielen den Afrikanern wegen ihres Vorzugs, Europäer zu sein.

Demnach wäre die weiße Schönheit eine nachgeordnete Gratisprämie für Macht und Ansehen der Weißen.

Doch auch bei innerafrikanischen Vergleichen wählt der Schönheitssinn der Westafrikaner in erster Linie nach dem Kriterium der Hautfarbe und bevorzugt meist die relativ Hellhäutigen. Die überregionale Wertskala der Negro-Afrikaner beginnt unten bei Tiefschwarz und ist nach oben offen. Die arabischen Weißafrikaner und die »gelben« hamitischen Äthiopier wurden von allen Befragten als attraktiv eingeschätzt. »Je hellhäutiger man ist, desto höher steht man im Kurs«, bemerkte Frau B. aus Kamerun. Laut Herrn I. und Herrn L. gelten die Fulani unstrittig als die schönsten Menschen in Nigeria. Sie erfreuen sich einer vergleichsweise hellen Hautfarbe. Außerdem heben sie sich durch eine relativ schmale Nase, einen weniger wulstigen Mund und dichtes, fülliges Haar von ihren Nachbarn ab.

Unverkennbar haben die westafrikanischen Völker eine Schwäche für helle Haut und den europäischen Gesichtsschnitt. Fast alle meine Gesprächspartner berichteten von Frauen, die ihr Gesicht mit Aufhellungscremes traktieren. Manche kommentierten das abfällig: Solche Frauen folgten einer Tagesmode, verführt von Film und Fernsehen und der euroamerikanischen Werbung.

Jedenfalls erlauben die Versuche vieler Schwarzer, auf der Hautfarbenskala voranzukommen, nicht den Umkehrschluß, daß die Schwarzen sich für häßlich halten. (Nur eine der Befragten meinte, daß in ihrem Land die Dunkelschwarzen abstoßend wirkten.) Nach allem, was ich hörte, reagiert das Schönheitsempfinden in Westafrika mehrdimensional. Mit sexuellem Begehren ist es nicht gleichzusetzen. »Menschen mit ganz heller Haut sind schön, aber auch Menschen mit sehr dunkler Haut«, sagte der Textilarbeiter aus Togo. Ähnlich empfanden die Verkäuferin aus Ghana (»Weißsein ist attraktiv, aber nicht attraktiver als Schwarzsein«) und die Friseuse von der Elfenbeinküste (»Schwarz ist schöner als Weiß oder Braun«). Solche Äußerungen lassen vermuten, daß neben überregionalen *Vergleichs*normen auch innerethnische *Wahl*normen beachtet werden. Keiner der dreizehn Befragten gab an, generell weißen Partnern den Vorzug zu geben. »Für mich persönlich ist die dunkle Hautfarbe schöner als die helle«, bekannte der Naturwissenschaftler aus Guinea. Auch der Maler aus Nigeria favorisierte »persönlich« dunkelhäutige Frauen.

Daß Bewunderung und Wahl in Westafrika auseinandergehen, belegen im übrigen eine ganze Reihe sekundärer Kriterien der Attraktivität (von Schwarzen) und des Unsympathischen beziehungsweise Lächerlichen (bei Weißen). Beide haben sexuelle Bedeutung. Meine männlichen und weiblichen Gesprächspartner hielten im Hinblick auf die Heiratschancen von Afrikanerinnen große Stücke auf den ausladenden Hintern (»Pferdepopo«) in Tateinheit mit breiten Hüften, schweren Brüsten und »einer kleinen Lücke zwischen den Schneidezähnen«, manche von ihnen auch auf ein rundes Gesicht. Zugleich bekundeten einige Befragte, daß bei ihren Landsleuten der flache Hintern einer wachsenden Zahl weißer Frauen (»Autofahrerinnen«) sowohl Belustigung als auch Aversion auslöse.

Was erscheint sonst noch merkwürdig an den Weißen? Daß sie in der Sonne liegen und braun werden wollen. Daß viele Frauen schon mit dreißig, fünfunddreißig Jahren »Linien« im Gesicht bekommen. Daß junge Leute schmuddelig sind und sich piercen lassen. Die erstarrten Gesichter von Touristen und Beamten. Ihre gutturalen Stimmen. Ihre Küsse und Umarmungen in aller Öffentlichkeit.

Übrigens, wie schneiden Chinesen und Japaner in Westafrika ästhetisch ab? Schlecht, gelinde gesagt. »Sie gefallen uns nicht. Sie sind nicht schön.« Das war das einhellige Urteil meiner Gesprächspartner. »Schlitzaugen sind häßlich.« (Frau D.) »Die meisten von ihnen sind zu klein. Besonders unschön ist ihr watschelnder Gang.« (Herr N.)

Wer als westafrikanischer Student, Emigrant oder Flüchtling nach Europa gelangt, hofft auf Teilhabe an der Kraft, die den Wohlstand erzeugt. Er weiß, daß man von ihm Großes erwartet, wenn er besuchsweise oder endgültig heimkehrt. Es umgibt ihn der Nimbus des Beutemachers, sofern er nicht den Anschein zu erwecken sucht, in Europa selbst ein Weißer geworden zu sein, und mit den Manieren der Weißen die Daheimgebliebenen einschüchtert. In jedem Fall hatte er Einblick in das Geheimnis der Geld- und Energiegewinnung.

Doch bei seiner Ankunft in Europa lüftet sich ein ganz anderes Geheimnis: Die Weißen behandeln ihn wie Luft oder rücken von ihm ab. Niemand spricht, lacht und tanzt mit ihm. Die Kinder spotten, die Alten murmeln böse Worte. Im Vergleich zu den Auftritten der Geschäftsleute, Helfer und Touristen in Afrika sind die Weißen in ihren *homelands* wie ausgewechselt.

Die Verachtung der Weißen bannt die Schwarzen in einen Zustand, dem sie durch ihre Ankunft in Europa entkommen zu sein glaubten. Die Mittellosen fühlen sich entmutigt, und die nach Europa delegierten Kinder der afrikanischen Oberschicht sehen sich erniedrigt. »Die Deutschen meinen, daß alle Afrikaner gleich sind: arm und ungebildet. Die Deutschen sehen nur Horrorberichte über Afrika im Fernsehen. Sie haben keine Ahnung von Afrika.« Diese Worte des Textilarbeiters aus Togo geben die Erfahrung nahezu aller schwarzen Neuankömmlinge wieder: Weil man unten ist, soll man unten bleiben. Der Hotelkaufmann aus Ghana hat ungeachtet seiner vergleichsweise vorteilhaften Stellung als Ehemann einer Europäerin nach zwei Jahren Deutschlandaufenthalt resigniert: »Für die Deutschen sind die Afrikaner niedriger als Tiere. Sie glauben, Afrikaner haben keine Seele.«

Diese Zurückweisung durch die Deutschen verstehen meine Gesprächspartner ausschließlich als Akt sozialer Deklassierung, zu dem das Stigma des Schwarzseins die Deutschen aufreizt. Die Erfahrung der schwarzen Diaspora sperrt sie in die Opferrolle. In ihrer Ohnmacht sind sie weder fähig noch bereit, dem übermächtigen Wirtsvolk zuzugestehen, es könne in ihnen, der winzigen Minderheit, auch Handelnde, Eindringlinge, *Vorboten* von Millionen anderen sehen. Von den Einheimischen observiert oder sich völlig selbst überlassen, im Streß zeitzerstückelnder Arbeit oder arbeitslos, begreifen die Afrikaner immer nur das eine. Man hat sie dazu verurteilt, draußen zu bleiben.

Vor diesem Hintergrund glich meine Bitte an die Westafrikaner, die Lebensweise der Deutschen zu schildern, der Aufforderung zu einem abwegigen Rollenspiel. Ich brachte die Objekte der Geringschätzung dazu, ihre passive Rolle zu verlassen und die Betrachter selbst zu betrachten. Brachte ich sie damit auch dazu, ihrerseits Geringschätzung zu zeigen?

Vielleicht verleiteten meine Fragen einige Westafrikaner, auf die Warte der Kulturkritik zu steigen. Sie flüsterten ihnen aber nicht ein, was sie von dieser Warte aus sahen.

Alle Befragten diagnostizierten eine extreme Vereinzelung der Deutschen beziehungsweise der Europäer. »Die Europäer unter sich sind gleichgültig, nach dem Motto ›Mensch ist Mensch‹... Sie haben kalte Herzen und wollen nichts als Geld verdienen. Ihre eigene Seele ist ihnen egal... Jeder ist auf sich selbst konzentriert... Modern sein heißt, jeder lebt für sich... Die Menschen in Frankreich und Deutschland leben separiert... Es gibt keine Gastfreundschaft, die Eheleute verstehen sich nicht, keiner hat Zeit für die Familie, in der U-Bahn sitzt man schweigend nebeneinander – das ist doch kein Leben!... Die Deutschen sind meistens verschlossen. Jeder von ihnen will total selbständig sein. Sie sind sauber, zuverlässig und stur... Die Kinder beuten ihre Eltern aus und haben keinen Respekt vor ihnen... Mit zwanzig Jahren vergessen sie ihre Eltern. Warum? Die Eltern haben es mit ihren eigenen Eltern genauso gemacht, und die Kinder machen es ihnen nach...« Beim Thema der sozialen Beziehungen sprachen die Westafrikaner unisono. Es erübrigt sich, die Sprecher anzugeben.

Nun stellte sich den Kritikern aber unausgesprochen die Frage, wie die Deutschen und die anderen Weißen von der Vereinzelung profitierten. Brächte sie ihnen nämlich nur Ungemach, geriete das afrikanische Weltmodell mit den machtvollen Weißen auf dem höchsten Plateau ins Wanken. »In Paris war ich schockiert über die Clochards«, erinnerte sich der Naturwissenschaftler. »Da begriff ich, daß hier nicht jeder wie in Afrika sein eigenes Grundstück hatte. Also gab es sogar in

Europa arme Menschen. Darauf war ich nicht vorbereitet.« Die Europäer fallen tief, wenn sich herausstellt, daß sie gar nicht (alle) reich sind. Glücklose Weiße kommen den Stadtstreichern nahe — denn wie sollte der Starke nicht glücklich sein? »In Europa gibt es viele Selbstmorde. Die große Angst der Europäer ist es, alt und einsam zu werden.« (Herr I.) — »Die deutschen Frauen haben große Angst vor dem Altwerden.« (Herr N.) — »Die Deutschen verstehen es nicht, sich zu freuen. Alles dreht sich um die Arbeit.« (Frau K.) — »Die Jungen sind von Alkohol und Drogen zerrüttet.« (Herr C.) — »Die Deutschen sind nervös, weil sie so viele Probleme haben. Sie fürchten, ihre Arbeit zu verlieren.« (Herr G.) — »Wer keine enge Beziehung zu seiner Mutter hat, lebt wie ein Tier.« (Frau D.) — »Kein Kind zu haben, das ist kein Leben.« (Frau F.) — »Die Europäer sind immer in Eile. Sie können nie ganz abschalten.« (Frau B. und Herr N.) — »Sie sind schwach. Sie fürchten, ihren Besitz zu verlieren. Wenn sie unter Druck geraten, wollen sie sich gleich umbringen.« (Herr A.) Wenn das Glück die Weißen flieht, sinkt ihr Ansehen. Im selben Maß steigt das Ansehen der verachteten afrikanischen Werte.

Aus der Sicht von sieben Befragten jedoch kann die unmenschliche Separatexistenz der Europäer durchaus im Einklang mit deren Zufriedenheit und Stärke stehen. Im Gegensatz zu den Afrikanern wüßten die Europäer genau, was sie wollen, lobte Herr A., nachdem er eben diesen Europäern Schwäche, Risikoscheu und sogar Lebensmüdigkeit bescheinigt hatte. Die Friseuse von der Elfenbeinküste räumte ein, daß die vielfach kinderlosen, somit mutmaßlich unglücklichen Deutschen »untereinander freundlich« seien. »Ich liebe die Deutschen«, erklärte Herr G. nach acht Jahren einschlägiger Erfahrungen. Was denn, diese nervösen und selbstsüchtigen Individuen? »Ja. Sie verstehen es, Arbeit und Freizeit auseinanderzuhalten. Wenn sie arbeiten, dann arbeiten sie richtig. Und nach der Arbeit genießen sie das Leben. Sie sind sehr klug, aber sie geben nicht damit an.« Frau H. schauderte es vor dem Einzelzellendasein der Deutschen und sprach ihnen dennoch »Lebensart« zu. »Sie respektieren sich und wissen, was sie wollen... Nein, sie sind keine Maschinen. Sie können lieben, zärtlich und verzweifelt sein.« Der nigerianische Handwerker verwahrte sich gegen die eingefahrene Vorstellung von den »kalten« und »mürrischen« Deutschen. Seine in dreißig Jahren entstandene Beurteilung der Deutschen lautete: »hart arbeitend«, »offenherzig«, »lebenslustig«, »erfolgreich«. Und ihre Fehler? Sie behandelten Konkurrenten manchmal zu arrogant und Kriminelle meist zu liberal.

Die doppelte Wahrnehmung Europas durch die Schwarzen widersteht auch einer Widerspruchstherapie durch europäische Optiker. Doch als Bewunderer der reichen, erfolgsverwöhnten Weißen werden die Afrikaner nicht fertig damit, daß viele der Reichen arm, viele der Erfolgreichen schwach und viele der Schwachen glücklich sind.

Wie soll man das den Daheimgebliebenen beibringen? Nicht nur, daß es grausam ist, erwartungsvollen Menschen einzureden, das Reich der Prosperität existiere gar nicht. Bei solcher Desillusionierung muß der schwarze »Dagewesene« selbst den Offenbarungseid leisten. »Ein Afrikaner in Europa gilt als Millionär« (Herr I.), aber irgendwann wird seinen Angehörigen und Freunden klar, daß er gescheitert ist. Erzählt er deshalb solche schlechten Dinge von den Europäern?

»Wenn die Nigerianer zu Besuch nach Hause kommen, behandeln sie ihre Erfahrungen in Deutschland wie ein Geheimnis«, offenbarte mir Herr G., der in einer Münchner Gaststätte arbeitete. Ich fragte nach dem Grund. Herr G. dachte nach und schüttelte den Kopf. »Den Grund dafür kenne ich nicht.« Ich ließ nicht locker. Lag es daran, daß man ihnen womöglich selbst die Schuld für das abweisende Verhalten der Deutschen geben würde? Erneutes Nachdenken. »Sie würden uns gar nicht glauben, was hier geschieht«, befand er. »Sie würden denken, wir sind verrückt geworden.«

Etwa jeder zweite meiner Gesprächspartner fürchtete das gleiche. »Wenn ich in Togo die Wahrheit erzähle, glauben mir die Leute nicht«, sagte Frau D. Sie wollte sich aber ebensowenig wie die meisten anderen davon abbringen lassen, in Afrika zu bezeugen, wie es bei den Weißen wirklich zuging.

Stellen Sie sich vor, bat ich, daß in Afrika einer Ihrer jüngeren Brüder von Ihnen wissen will, wie die Menschen in Deutschland leben. Welche Antwort würden Sie ihm geben?

Zwei Befragte würden Gutes über die Deutschen sagen. »Die Afrikaner hoffen auf die Götter«, formulierte Herr A. »Die Deutschen sind anders. Sie nehmen alles in die eigenen Hände. Sie sind viel genauer und pünktlicher.« Frau M. würde nach einem Jahr in Deutschland immer noch dasselbe sagen wie vor ihrer Abreise aus Ghana: daß die Deutschen fleißige Menschen seien und damit gut zurechtkämen.

Vier Westafrikaner kündigten an, daß sie dem kleinen Bruder die ungeschminkte, traurige Wahrheit zumuten würden: »In Deutschland leben keine guten Menschen.« (Herr E.) – »Die Deutschen haben traurige Herzen, aber sie wollen es nicht wahrhaben.« (Frau D.) – »In Deutschland kannst du auf der Straße verrecken, und keiner beachtet dich.« (Herr N.) – »Wenn ihr wüßtet, wie die Weißen uns behandeln, würdet ihr in Afrika die Weißen auch anders behandeln.« Mit dieser vorwurfsvollen Drohung brachte Frau F. zum Ausdruck, daß ein *häßliches* Europa an den Grundfesten des Vertrauensverhältnisses zwischen Schwarzen und Weißen rüttelte.

Sieben Befragte verzichteten bei der Formulierung ihres Fazits darauf, die Deutscheuropäer zu bewerten. Statt dessen sprachen sie von der Härte des Daseins in Deutschland – und erwiesen damit zugleich ihrem eigenen Durchhaltevermögen Reverenz. Neugierigen kleinen Brüdern würden sie folgendes sagen:

- »Es ist schwierig, in Deutschland zu überleben.« (Herr G.)
- »Die Deutschen sind ernste Menschen und haben nie Zeit.« (Frau B.)
- »Die Leute sind ganz anders, als du glaubst. Sie wissen, daß man erst arbeiten muß, bevor man gut leben kann.« (Herr C.)
- »Man muß in Deutschland sehr hart arbeiten.« (Frau K.)
- »Man muß fleißig sein. Man muß viel arbeiten.« (Herr L.)
- »Das Leben in Deutschland ist überorganisiert, die Leute sind diszipliniert und gestreßt, und ich kann dort nicht reden oder lachen, wann ich will, ohne daß die Leute denken: die Blöde!« (Frau H.)
- »Ich würde von der Einsamkeit, der Sauberkeit und der Ordnung erzählen – und von der Polizei. Europa ist das Polizeiland. Weil man wegen jeder Angelegenheit zur Polizei gehen muß.« (Herr I.)

Der weiße Mann und die weiße Frau wahren ihre Chance auf Reichtum durch Entsagung. Die Weißen haben die Macht. Wer aber sind die Weißen? Die einzelnen Weißen kommen mit ihrer Bemühung, reich zu werden, zu keinem Ende. Sie machen immer weiter. Haben sie die Macht?

Ich hätte meine Gesprächspartner gern gefragt, wo ihrer Meinung nach die verstorbenen Deutschen umhergeistern, falls sie nicht wirklich tot sind. Leider war die Gesprächsreihe schon fast beendet, als mir diese Frage einfiel. Nachträglich, das heißt telefonisch, konnte ich sie nicht stellen, und mein letzter Gesprächspartner weigerte sich zu antworten.

Vorkoloniales Afrika: Die Günstlinge Gottes[1]

Menschen sondern sich von Gott ab, indem sie Fehler machen, und weil sie gefehlt haben, sind sie schwarz. Menschen können gegen Gott nicht gewinnen. Sie wissen ja nicht, wann er sie auf die Probe stellt. Einmal zu lange geschlafen, den leichteren Weg gewählt, ein Verbot mißachtet – und für

[1] Die Darstellung in diesem Kapitel beruht auf der Auswertung insbesondere folgender Monographien und Textsammlungen (in alphabetischer Reihenfolge der Autoren): Hermann *Baumann:* Schöpfung und Urzeit des Menschen im Mythus der afrikanischen Völker. Berlin 1936; Cottie A. *Burland*/Werner *Forman:* So sahen sie uns. Das Bild der Weißen in der Kunst der farbigen Völker. Wien/München 1968; Armand *Duchâteau:* Das Bild des Weißen in frühen afrikanischen Mythen und Legenden. In: Grete Klingenstein/Heinrich Lutz/Gerald Stourzh (Hrsg.): Europäisierung der Erde? Studien zur Einwirkung Europas auf die außereuropäische Welt. München 1980, S. 55–72; Armand *Duchâteau:* Benin. Kunst einer afrikanischen Königskultur. Die Benin-Sammlung des Museums für Völkerkunde Wien. München 1995; Ekpo *Eyo*/Frank *Willett* (Hrsg.): Kunstschätze aus Alt-Nigeria. Mainz 1983; Veronika *Görög-Karady:* Noirs et Blancs. Leurs images dans la littérature orale africaine. Etude – Anthologie. Paris 1976; Fritz W. *Kramer:* Der rote Fes. Über Besessenheit und Kunst in Afrika. Frankfurt am Main 1987; Andrea *Lauser:* Die exotischen Europäer. Außereuropäische Europäerdarstellungen. In: Gerhard Bott (Hrsg.): Focus Behaim Globus. Nürnberg 1992, S. 457–472; Hans *Leuenberger:* Die Stunde des schwarzen Mannes. München 1960; Julius *Lips:* Der Weiße im Spiegel der Farbigen. Leipzig 1983; Felix von *Luschan:* Die Altertümer von Benin. Berlin 1919; Edward Graham *Norris:* Colon im Kontext. In: Jens Jahn (Hrsg.): Colon. Das schwarze Bild vom weißen Mann. München 1983, S. 13–64; H. Ling *Roth:* Great Benin. Its Customs, Art and Horrors. London 1903; Edwin W. *Smith:* The Golden Stool. Some Aspects of the Conflict of Cultures in Modern Africa. London 1927; Tobias *Wendl:* Mami Wata oder Ein Kult zwischen den Kulturen. (= Kulturanthropologische Studien. 19.) Münster 1991; Siegfried *Wolf:* Benin. Europäerdarstellungen der Hofkunst eines afrikanischen Reiches. Aus dem Staatlichen Museum für Völkerkunde Dresden. (= Die Schatzkammer. 28.) Leipzig 1972.

immer verstoßen aus dem Stand der Unschuld. Andere Wesen hingegen, die Glückskinder Gottes, tun einfältig immer das Richtige, weswegen ihnen Gott die hellere Haut überläßt.

Ursprünglich waren alle Menschen weiß.[2] Aber es war verboten, die Früchte des *mringa*-Baums zu essen, und einige Menschen mißachteten das Verbot. Sie wurden zur Strafe von Gott geschwärzt. Die Weißgebliebenen waren fortan Gottes Lieblinge. (Mythos der *Dschagga* im heutigen Kenia und Tansania) Weil die Menschen ihren Leib nicht rein hielten, befahl ihnen der Schöpfergott, sich im Wasser zu säubern. Aber da es gerade die kühle Jahreszeit war, scheuten einige Leute die Berührung mit dem kalten Naß, wärmten sich statt dessen am Feuer und drängten sich in den Rauch. So dunkelte ihre Haut und blieb schwarz. (Mythos der *Vili* im heutigen Kongo-Zaire) Gott schickte seine beiden Söhne auf die Erde zur Feldarbeit. Der eine war faul, der andere fleißig. Den Faulen beschmierte Gott mit Holzkohle. (Mythos der *Songe* im heutigen Kongo-Zaire) Gott befahl den Menschen, die gesündigt hatten, sich vor ihre Grashütte zu stellen und die Hände auf den Dachrand zu legen. Dann pinselte er sie mit schwarzer Farbe an. Die aufgelegten Handflächen und die Fußsohlen übersah er... (Mythos der *Kunama* im heutigen Eritrea) Als einer der Gottessöhne sich anmaßte, einen Menschen zu bilden, wurde diese Ausgeburt von Gott geschwärzt. (Mythos der *Warega* im Nordosten des heutigen Kongo-Zaire) Eine Mutter spielte mit ihrem Kind und setzte es aus Übermut unter einen rußigen Topf. Der Ruß ließ sich nicht mehr abwaschen... (Mythos der *Dinka* im heutigen Sudan) Aus Neugier betrat eine Frau mit ihrem Liebhaber einen

▶[2] Die afrikanischen Menschenschöpfungsmythen wurden ausschließlich mündlich überliefert, bevor am Ende des 17. Jahrhunderts Europäer damit begannen, sie aufzuzeichnen. Zur Kontrastierung der »schwarzen« bzw. »dunklen« Hautfarbe gebrauchten die frühen Erzähler wahrscheinlich häufig Bezeichnungen wie »hell(häutig)«, »rot« oder »gelb« und nur selten die Bezeichnung »weiß«. Dort, wo Europäer auftraten, wurden kursierende Legenden im Sinne der nun im Vordergrund stehenden Polarisierung von Schwarz und Weiß abgewandelt.

Die im folgenden verkürzt wiedergegebenen Schöpfungslegenden haben vermutlich ein hohes Überlieferungsalter. Sie behandeln die schuldhafte Selbstaussonderung der Schwarzen und führen dabei notwendigerweise die Gegengruppe der Nichtschwarzen ein. Durch die mythische Unterscheidung verschiedener Menschenarten nach dem Kriterium der Hautfarbe waren die Schwarzen dazu disponiert, eintreffenden Weißen die Sonderstellung des privilegierten Widerparts einzuräumen.

Die Gelben, die Schwarzen, die Weißen

verbotenen Raum, in dem schöne Dinge hergestellt wurden. Da fiel ihnen eine Tonne Pech auf den Kopf... (Mythos der *Angoy* im heutigen Kongo-Zaire)

Ursprünglich waren alle Menschen schwarz. Aber Gott befahl ihnen, in einem See zu baden. Die Eifrigen säuberten sich im klaren Wasser und wurden weiß, die Säumigen fanden nur noch schmutziges Wasser vor... (Mythos der *Bambara* im heutigen Mali und der *Fon* im heutigen Benin) Die ersten Menschen sollten durch einen Fluß waten, um sich zu waschen. Aber die Faulen verschliefen, und als sie zum Fluß kamen, hatten sich die Fleißigen schon hell gewaschen. Für die Faulen reichte das restliche Wasser nur noch für Sohlen und Handflächen. (Mythos der *Marawi* im heutigen Sambia und der *Musserongo* im heutigen Kongo) Die beiden ersten Menschenpaare wohnten an einem Brunnen. Eines der beiden Paare erhob sich frühzeitig und wusch sich weiß. Die Langschläfer mußten sich mit Schmutzwasser begnügen. (Ein Mythos vom unteren Kongo.)[3]

In welcher Farbe Gott die Menschen auch geschaffen hat, am Ende stecken die Nachlässigen und Unglücklichen in der schwarzen und die Tüchtigen und Glücklichen in der weißen Haut. Der Sündenfall schwärzt. Die Schwarzen büßen für einen angeborenen Charaktermangel oder werden das Opfer eines Mißgeschicks – dem Menschenvater werden die modellierenden Hände schmutzig, der Menschenmutter geht bei den zuletzt Geborenen das Badewasser aus. In keiner einzigen der aufgezeichneten Schöpfungslegenden Schwarzafrikas ist den Schwarzen das bessere Los beschieden.

In einem Völkergürtel, der an der Guineaküste beginnt und sich in Zentral- und Ostafrika verbreitet, erzählen die Schöpfungsmythen von Menschen, die den Himmel bevölkern und dem Hochgott Gesellschaft leisten. Man schildert sie als »weiße, helle, glänzende oder mit Schwänzen und langen Haaren versehene Wesen«.[4] In den Legenden der *Baule*, einem Volk der *Agni*-Gruppe an der Elfenbeinküste, klettert das Himmelsvolk an einer Kette zur Erde herab, um seine Toten zu bestatten.[5] (Weiß ist zugleich die Farbe des Todes und der Unterwelt.[6])

▶[3] Siehe insbesondere: Hermann Baumann: a.a.O., S. 330–333, und Veronika Görög-Karady: a.a.O., S. 263–414. ▶[4] Hermann Baumann: a.a.O., S. 210. ▶[5] Vgl. Veronika Görög-Karady: a.a.O., S. 402, Text No. 141. ▶[6] Vgl. Hermann Baumann: a.a.O., S. 94.

Durch die helle Haut, das helle Haar und den Gebrauch von Spinnweben als Leitern geben sich die Himmelsmenschen als Sonnenkinder zu erkennen.[7]

In jeder afrikanischen Zone präsentiert sich das Pantheon »in bemerkenswerter Zersplitterung und Mannigfaltigkeit«. Zwar wissen viele schwarze Volksstämme nichts von weißen Himmelsmenschen, doch schwarze Himmelsmenschen kommen offenbar überhaupt nicht vor. Entsprechendes offenbaren die Mythologien von den Schöpfergöttern (Hochgöttern) selbst und den ihnen an Macht nahezu ebenbürtigen Totengöttern. Sofern ihnen überhaupt eine *Farbe* eignete, war diese sonnenhell. Der Hochgott Nyambi oder Nzambi im nordwestlichen Kongogebiet sollte eine »leuchtende Helligkeit« ausstrahlen und den Weißen ähnlich sein. Der Name des ostafrikanischen Hochgotts Mulungu diente häufig zugleich als Name der Weißen. Bei den *Edo* im Norden Nigerias und Kameruns war den Obergottheiten jeweils die weiße Fahne geweiht.[8]

War der weiße Mann demnach mythisch ins Recht gesetzt? War er, mit höchsten christlichen *und* heidnischen Weihen versehen, in seiner gottähnlichen Willkür unangreifbar?

Der Mythos versetzt die Scheidung der Menschenarten in den Menschheitsursprung. Der Ursprung ist der Geschichte entrückt. Er hört nie auf, sich zu vollziehen. Wenn die Schwarzen sich in der Idee des *Anderen* spiegeln, begründen sie damit noch keine historischen Rassenunterschiede. Die Schöpfungslegende der Afrikaner muß nicht in der Geschichte verwirklicht werden wie der Talmud durch die Ankunft des Messias. Die Weißen sind nicht mit den hellhäutigen Pendants der schwarzen Sünder gleichzusetzen. »Die mythische Überlieferung vermeidet die Anerkennung des Neuen«, schreibt Fritz Kramer. »Die erste Begegnung mit dem Unbekannten, der fremden Kultur ... wird nicht, wie wir erwarten, als historisches Ereignis gedeutet, sondern als Wiederkehr von etwas, das in der Urzeit unwiderruflich geschaffen wurde und das deswegen auch in der Zukunft nicht verändert werden kann.«[9]

Sei's drum, hätten die weißen Okkupanten Afrikas erwidern können. Wir verzichten gern auf das historische Recht des Stärkeren und begnügen uns damit, ein Gleichnis der ursprünglichen Fügung zu sein. Läßt sich denn Herrschaft besser recht-

[7] Hermann Baumann: a.a.O., S. 212. [8] Ebenda, S. 41 f., 65, 115, 132 f. und 135. [9] Fritz W. Kramer: a.a.O., S. 38.

fertigen als dadurch, daß sie einer unwiderruflichen Setzung entspricht? Wir sind zwar erst im Lauf der Geschichte nach Afrika gekommen, aber *alles paßt zusammen.*

Ein völliges Mißverständnis, erklärt Fritz Kramer. Die »Weißen« spielten in den afrikanischen Mythen nur eine Nebenrolle. Im Grunde seien sie austauschbar. Nicht austauschbar seien einzig die wahren Akteure des Mythos, die schwarzen Vorfahren selbst. In ihrer fundamentalsten Schicht erzählten die Schöpfungslegenden davon, »wie der Mensch zu dem wurde, was er ist, sterblich, verurteilt zu Mangel und Arbeit. Das Ungenügen am Vorhandenen, das den Urmenschen dazu bringt, gegen den Vater und Schöpfer zu rebellieren, die Faulheit, die ihn die Botschaft von der Unsterblichkeit verschlafen läßt..., all dies sind Bestimmungsmerkmale des Menschen, der, modern zu sprechen, die Schwelle vom Naturzustand zur kulturellen Ordnung überschreitet, der sich mit der Natur entzweit.«[10] Danach spielen die Europäer nur die Rolle des Anderen, dessen Identität »mit einer gewissen Beiläufigkeit und Beliebigkeit« bestimmt werde. Auch die Araber oder die Türken oder das jeweilige Nachbarvolk könnten die Rolle des Anderen übernehmen. Dieser Andere repräsentiere einfach den fortbestehenden Zustand der Unschuld (dem gegenüber der Schwarze als der wahre Mensch diesen Zustand verwirke). Die ihm zugedachte Überlegenheit sei nichts anderes als die Umkehrung der eigenen menschlichen Ohnmacht.

So weit, so schlüssig. Nur ein einziger, strenggenommen sachfremder Einwand kommt bei der Zurückweisung des europäischen Anspruchs auf eine Sonderrolle in die Quere: Der Mythos vom Verlust der Unschuld verlor selbst die Unschuld. Er wurde zum Mythos in der Geschichte. Die ihn vernahmen und weitererzählten, deuteten mit seiner Hilfe die Situation nach dem Kommen der Weißen. Ursprünglich, mythisch, war der Europäer austauschbar. Indessen wurde er bisher nicht ausgetauscht.

Abgesehen von seiner Geltung »für alle Zeiten« galt der Mythos von der Bevorzugung des Nichtschwarzen irrtümlicherweise auch im 16., 17., 18. und 19. Jahrhundert und wohl auch noch später. Abgesehen von der unveränderlichen Auszeichnung des vom Schöpfergott protegierten Anderen hatten es die

▶[10] Fritz W. Kramer: a.a.O., S. 40.

Schwarzen auch mit dem Genius der wunderwirkenden – und doch keineswegs unschuldigen – Europäer zu tun.

Im mythischen Erdenraum gibt es nichts Neues. Wo waren die Weißen, als sie sich nicht sehen ließen? Unter und über dem Sichtbaren anwesend. Niemand erwartete sie, doch boten sie keine Überraschung. Als sie zur Stelle waren, wurde in vielen Gebieten ihr Kommen prophezeit. Niemandem fiel es ein, ihnen einen Ort in der Ferne zu geben. Seereisen über große Entfernungen hinweg waren unbekannt. Der Schrecken und das Entzücken über die Weißen galt einheimischen Geistern. Zwischen Geistern und Schwarzen bestanden seit jeher enge Beziehungen. Einer Legende der *Senufo* zufolge erklärten sie die Geburt von Albinos.

Die Schiffe der Weißen kamen nicht aus der Weite des Meeres. *Sie tauchten auf.* Als erstes sah man den Mast am Horizont, dann hob sich das Schiff, gefüllt mit hellen, durchsichtigen Kreaturen, langsam aus dem Wasser. Die an der Goldküste siedelnden *Fanti* nennen den Weißen *obrufino*, das heißt wörtlich: »Person, die aus dem Loch am Horizont des Meeres kommt«.[11] Der Mast war auch das letzte, was man sah, wenn das Schiff wieder im Meer versank.

Die Haut der Weißen war so hell wie die Haut von Wasserleichen. (Leichen mit schwarzer Hautfarbe verlieren im Wasser allmählich ihre Pigmentierung.) Die schwarzen Völker an den Küsten und im Landesinneren glaubten, daß auf dem Grund der Seen, der Flüsse und des Meeres hellhäutige Wassergeister lebten, blendend schön und grauenerregend, menschlich und fischig zugleich und völlig unberechenbar für Landbewohner. Wer die weißen Schiffsbesatzungen waren, stand außer Frage. Ihre Kleidung ähnelte der Haut von Seetieren. Sie brachten Perlenschmuck und Gerätschaften mit, die nur von hochmögenden Geistern geschaffen sein konnten. Bei den *Masai* (im heutigen Kenia) hatte einst ein Komet die Ankunft bleicher, grünlicher Wasserwesen angekündigt.[12] Die *Ewe* (im heutigen Togo) stellten sich vor, daß Wassergeister auf dem Meeresgrund europäische Kleidung webten.[13]

Gerätselt wurde darüber, ob die sichtbaren Weißen selbst die Arbeit taten. Mehrere schwarze Völker gewannen den Eindruck, daß die Seefahrer als geschickte Zwischenhändler die eigent-

▶[11] Tobias Wendl: a.a.O., S.106. ▶[12] Vgl. Veronika Görög-Karady: a.a.O., S. 352, Text No. 98. ▶[13] Tobias Wendl: a.a.O., S.107.

lichen Produzenten ausbeuteten. Die *Malinke* in Guinea erzählten, daß die Waren, mit denen die Europäer an der Küste einen profitablen Handel trieben, in Wirklichkeit gar nicht von den Europäern selbst, sondern von »Wesen ohne Augenlider« im Wasser stammten: »Weil diese unsichtbaren Wesen sich nicht zeigen und niemanden sehen wollen, haben sie am Rand des Meeres eine große Glocke aufgehängt. Wenn nun die Europäer neue Waren brauchen, läuten sie die Glocke und legen Geld hin, sowie eine Liste der Sachen, die sie haben wollen. Dann entfernen sie sich. Und die Wesen ohne Augenlider holen das Geld und legen die gewünschten Sachen auf die gleiche Stelle zum Abholen hin. Bevor sie verschwinden, läuten sie die Glocke, um die Europäer wissen zu lassen, daß es soweit ist. So ist es um die Waren bestellt, die die Europäer mitbringen, ohne sagen zu wollen, wo sie herkommen.«[14]

Einst schwammen die Schiffe der Weißen den Kongofluß hinauf und ankerten bei den Dörfern der *Ngala* (Bangala). Diese begrüßten die Weißen ehrerbietig als Gesandte des Gottessohnes Ibanza, dessen prächtige Residenz im Flußwasser lag. Sie fragten die Landgänger, welche Botschaft Ibanza ihnen übermitteln lasse.[15] Wahrscheinlich bestritten die Weißen, von solch edler Herkunft zu sein, und wahrscheinlich hielten das die Schwarzen für eine Finte. Denn sie beobachteten, wie die Weißen jedesmal, bevor sie ihre Güter an Land brachten, in den Bauch des Schiffes hinabstiegen. Es stand zu vermuten, daß sie durch eine Tür am Boden des Schiffes zum Grund des Flusses gelangten und dort ihre Schätze holten. Die Ngala hüteten sich, selbst nachzusehen, um nicht den Zorn des Flußgotts zu erregen.

Sie hatten noch einen anderen, düsteren Grund, den Gästen Achtung zu erweisen: Die Wasserwesen waren Heimkehrer. Gräßlich verändert, ausgebleicht und vermummt, kamen die Ahnen zurück und sahen nach dem Rechten. Bei den *Zulu* im Süden des Kontinents wurde prophezeit, daß demnächst die Geister der Vorfahren aus den Seen steigen würden.[16] Die *Ngala* nannten ihre Weißen *midjidji*, die »Zurückgekommenen«. An Fluß-, See- und Meeresufern gab man den Weißen die Namen schwarzer Vorfahren. Noch gegen Ende des 19. Jahrhunderts

▶[14] Vgl. Veronika Görög-Karady: a.a.O., S.409f., Text No.154. Übersetzung durch den Autor. Vgl. Tobias Wendl: a.a.O., S.107. ▶[15] Tobias Wendl: a.a.O., S.107. ▶[16] Vgl. Veronika Görög-Karady: a.a.O., S.349, Text No.93.

wurden die deutschen Forschungsreisenden Paul Pogge und Hermann von Wissmann im belgisch verwalteten Kongogebiet mit den Namen »Kasongo« und »Kabasu Babu« angeredet. Man hatte in ihnen zwei vor kurzem tödlich verunglückte Stammeshelden erkannt.[17] Die *Bapende* (im heutigen Kongo-Zaire) überlieferten den folgenden Bericht vom Auftauchen der ersten Europäer: »Unsere Väter lebten behaglich in der Lualaba-Ebene. Sie hatten Vieh und Ackerfrüchte; sie hatten Salzbecken und Bananenbäume. Plötzlich erblickten sie ein großes Schiff auf der See. Es hatte weiße Segel, die wie Messer blitzten. Weiße Männer kamen aus dem Wasser, sie sprachen in einer Weise, die niemand verstand. Unsere Ahnen fürchteten sich, sie sagten, das seien *vumbi:* Geister, die zur Erde zurückkämen... Die Häuptlinge und Seher sagten, daß diese *vumbi* früher die Besitzer des Landes waren. Unsere Väter verließen die Lualaba-Ebene, weil sie eine Rückkehr des Schiffs *Umlungu* fürchteten...«[18]

Andere schwarze Völker sahen in den Weißen Wiedergänger, die dem Inneren der Erde entstiegen (wie der Engländer Andrew Battell bereits 1610 aus Angola berichtete).[19]

Man bestaunte die Weißen, weil sie Fremde waren, und entsetzte sich vor ihnen, weil sie Verwandte waren. Die Rückkehrer aus dem unterseeischen oder unterirdischen Exil mochten auf die Rückgabe von Besitztümern pochen oder für altes Unrecht Genugtuung fordern. In jedem Fall war ihre Macht durch den Aufenthalt im Geisterreich gewachsen. Die Völker im Südwesten des Kongogebiets hielten die Weißen für ehemalige Schwarze, die nach ihrem Hinscheiden das Meer durchquert hatten und dabei ausgebleicht waren. Im Meer hatte man ihnen Künste gezeigt, die den Schwarzen verborgen blieben. Die Aufgesuchten begannen zu begreifen, daß das Wasserland der Weißen *anderswo* lag. Die Völker an der Gold- und Sklaven-

▶[17] Vgl. Julius Lips: a.a.O., S. 22. ▶[18] Zitiert nach: Ruth Slade: King Leopold's Congo. London 1962, S. 55. *Umlungu*, ein im Osten und Südwesten Afrikas gebräuchlicher Europäer-Begriff verschiedener Bantu-Sprachen, gehört derselben Wortfamilie an wie *Mulungu*, der Name eines ursprünglich ostafrikanischen »Hochgotts«, dessen Herrschaftsbereich in südwestlicher Richtung expandierte. *Mulungu* nennt man bei einigen Volksstämmen die Gesamtheit der Totengeister. Bei anderen Völkern bedeutet *mulungu* sowohl »Regen« als auch »der Weiße«. Vgl. Hermann Baumann: a.a.O., S. 40–44. Der Gebrauch *beider* Begriffe bei ein und denselben Bantu-Völkern ist aber nicht verbürgt. ▶[19] Vgl. Armand Duchâteau: Das Bild des Weißen..., a.a.O., S. 57.

küste glaubten, daß ihre Toten in dieses Land gebracht und dort in Weiße verwandelt würden.[20]

Die Erscheinungen der ersten Weißen in Schwarzafrika zeigen nicht verschiedene Seiten ein und derselben Gestalt. Sie spiegeln verschiedene Sphären des Übersinnlichen: den Weißen aus den Wassern, den Rückkehrer aus dem Totenreich, den im Land der Weißen verwandelten Schwarzen – und den Boten der Götter. In den afrikanischen Kosmologien sind Unterirdisches und Überirdisches nur ansatzweise getrennt; was die Europäer mit »Himmel« übersetzen, befand sich nach der Vorstellung vieler Völker unter Wasser, in den Bergen oder unter dem Boden.

Doch keine Relativierung schützt vor der Erkenntnis, daß die Weißen im Ruf standen, Götter oder Gottgesandte zu sein (oder *Hingegangene*). Sie traten in der Lichtgestalt des Hochgotts auf.

Ende des 16. Jahrhunderts schilderte der italienische Kompilator Francesco de Pigafetta, wie die Portugiesen bei ihrer Ankunft im Kongoreich als zum Menschenvolk herabgestiegene Götter empfangen wurden.[21] Nicht nur gewässerferne Buschvölker verstiegen sich zu solchen Huldigungen. Die *Agni*-Stämme an der Elfenbeinküste ehrten die Weißen als Himmelsbewohner.[22] Selbst wenn die Weißen Heiligtümer entweihten und den Stammeszauberer beleidigten, blieben sie verschont. Sie hatten ja göttliche Rückendeckung.

Als die Bewohner von Nyassaland (im heutigen Tansania und Mozambique) auf dem See das erste große Schiff der Weißen erblickten, waren sie wie gelähmt vor Angst und sagten: »Das ist Gott. Er geht auf dem Wasser.« Angesichts der weißen Haut des Mannes, der an Land kam, sagten sie: »Das muß Gott sein. Er ist in Menschengestalt zu uns gekommen.« Als der weiße Mann in ihrer Gegenwart Bananen aß, sagten sie: »Nein, nicht Gott. Aber ein Freund von ihm.«[23] Europäer, die Zentralafrika bereisten, brachten sich fluchtartig in Sicherheit, als ihnen bewußt wurde, daß man sie für fähig hielt, Regen zu machen oder das Land verdorren zu lassen.[24]

Materialisiert sich die unirdische Natur der Seefahrer auch auf den berühmten Europäerplastiken von Benin, die im 16. Jahrhundert geschaffen und 1897 als Kriegsbeute der Briten nach Europa gebracht wurden? Auf den Bronzereliefs (die nicht

▶[20] Vgl. Armand Duchâteau: Das Bild des Weißen..., a.a.O., S.56f. ▶[21] Ebenda, S.57f. ▶[22] Vgl. Veronika Görög-Karady: a.a.O., S.218 und 402, Text No.141. ▶[23] Edwin W. Smith: a.a.O., S.72f. ▶[24] Ebenda, S.73.

wie die Holzplastiken von Termiten gefressen werden konnten) sind afrikanische Hofbeamte, Soldaten, Händler und Jäger in derselben Größe und Prägnanz wie die portugiesischen Soldaten, Kaufleute und Matrosen dargestellt. Waren die Europäer, sobald es ums Geschäft und um Diplomatie ging, also doch nichts Besonderes? »Solche Kunstzeugnisse erwecken den Eindruck, daß in dieser ersten portugiesisch-afrikanischen Begegnung die Wahrnehmung des jeweils anderen nicht als fundamental verschieden erlebt wurde«, schreibt eine deutsche Ethnologin unserer Tage. »Man interagierte mehr auf der Ebene von Gleichberechtigten mit ähnlichen Interessen.«[25]

Europäer frohlocken heute, wenn sie bei der Durchsicht ihrer Expansionsgeschichte gleichberechtigte Partner erkennen. Der *Oba*, der sakrale Beherrscher eines mächtigen Reichs der *Edo* in der Niger-Mündung, schmückte sich in seiner Hauptstadt Benin mit den Abbildern geharnischter Fremder, die den Zauber des Feuerspeiens aus Eisenrohren beherrschten. Er und seine Würdenträger interagierten als Großmagier, die Portugiesen als Ritter der nationalen Industrie und der römischen Kirche. Die Schwarzen offerierten Naturalien wie Sklaven, Pfeffer, Elfenbein, Bernstein und Indigo, die Weißen Seidenes, Gläsernes, Zierendes und Schützendes (aber keine Kanonen). Bei diesem 1486 einsetzenden Tauschhandel akkumulierte die eine Seite gebieterisches Ansehen, die andere Kapital und Seelenheil. Der ständige Gesandte des Königs von Benin in Lissabon meldete seinem Herrn sicherlich nicht, daß die Waffen und Schiffe der Weißen nur Erzeugnisse fortgeschrittener Handwerkskunst seien. Herrscher afrikanischer Stammesstaaten betrieben keine Fremdaufklärung, allenfalls Fremdeinwirkung.

Zwar hatte Benins Hofbürokratie eine Vorstellung vom *irdischen* Entlegensein des Landes der Weißen. Dieses Wissen vom Hort des portugiesischen Reichtums war in der hierarchisierten Benin-Gesellschaft aber zunächst nur dazu geeignet, die Macht des Sakralherrschers zu stärken. So exklusiv wie die überseeische Brüderschaft der Könige war die Aufgabe des Bildhandwerks in Benin. Die Bronzegießer und -schmiede der Region hatten schon zwei oder drei Jahrhunderte vor dem Auftauchen der Portugiesen die Köpfe der königlichen Familie in »fast realistischer« Manier nachgeformt. Es war ihnen bei Todesstrafe verboten, für andere Auftraggeber als den König zu

▶[25] Andrea Lauser: a.a.O., S. 464.

arbeiten. Ihre Platten zeigten überwiegend Szenen des höfischen Lebens und verkleideten die dachtragenden Holzsäulen des Palastes. Sie bildeten nicht das Alltagsleben ab, sondern Menschen, Tiere und Gegenstände, die an Kulthandlungen beteiligt oder in sie symbolisch einbezogen waren. In diese Staats-Galerie reihte man zu Beginn des 16. Jahrhunderts die Porträts der verdienstvollen Portugiesen ein.

Wir sehen schlanke Männergestalten, sitzend oder stehend, mit betont schmaler und gerader Nase und langem, bis zu den Schultern hinabreichendem Haupthaar, glatten, rasierten Wangen, häufig mit gestutztem und gewelltem Kinnbart, Backenbart und S-förmig herabhängendem Schnurrbart. Sämtliche dargestellten Europäer tragen Kopfbedeckungen – eiserne Feldhauben, Filzhüte oder Lederhüte. In ihrer großen Mehrheit sind sie uniformiert und reich bewaffnet. Das ganze Kriegsarsenal der Zeit Kaiser Maximilians I. wird vorgeführt: Luntenbüchsen, Hakenbüchsen, Armbrüste, Sturmlanzen, Schwerter und Dolche. Eine der Platten präsentiert den *Oba*, gefolgt von portugiesischen Soldaten.

Obwohl die Europäerfiguren auf Bronze – oder auch in Elfenbein – die Zeremonien zu Hofe umrahmen und nicht etwa dokumentieren sollen, dokumentieren sie das Ensemble der Zeichen, das die westafrikanische Europäerwahrnehmung jener Zeit angesprochen hat: Helm oder Hut, Nase, Kopfhaar, Bart, machtvolle Ausrüstung. Diese Leitmerkmale werden von den Porträthandwerkern nicht als neutrales Signalement eines im übrigen frei zu gestaltenden Körperbilds aufgegriffen, sondern gewissermaßen plastisch aufgezählt. Die Europäerdarstellung in Benin war in hohem Maß standardisiert. Aber eben die Standardisierung von Merkmalen schuf die Bahn, auf der die Europäer, aus ihrem Jenseits kommend, in Benin eintreffen konnten.

Unter europäischen Kunsthistorikern wurde lange darüber diskutiert, ob die Plastiker in Benin um realistische Darstellung bemüht waren, das heißt, auch individuelle Züge bewußt nachgestalteten. Felix von Luschan versicherte 1919, man könne »aus den Europäern der Benin-Kunst meist ganz leicht auf die wirklichen Europäer schließen«.[26] Julius Lips glaubte in den dreißiger Jahren auf einer Bronzeplatte einen portugiesischen Juden »mit anthropologischer Pointierung seiner Rassenmerkmale« zu erkennen und gewahrte etwa in der Darstellung eines

▶ [26] Felix von Luschan: a.a.O., S. 27.

portugiesischen Händlers »das schlau Berechnende, nachdenklich Kalkulierende... in dem versunkenen Blick der Augen und vor allem in dem typischen Griff an den Bart«.[27] Siegfried Wolf stellte 1972 die Angemessenheit solcher einfühlenden Bildbetrachtung in Frage und sprach von einer »auf das Typische gerichteten Art der Menschendarstellung«: »Sie kennzeichnet selten durch Hervorhebung individueller Eigenheiten, meist durch beigegebene Gegenstände, Kleidung und Ausstattung, Haltung, Körperbemalung, Tatauierung, Haartracht und Kopfbedeckung.«[28]

Hinter der Fixierung an den Gegensatz von Individuellem und Typischem steht die alte europäische Auseinandersetzung zwischen Realisten und Relativisten. Die einen unterstellen den »Europäer, wie er wirklich ist«; die anderen geben ihn völlig auf und sehen in den Europäerbildern der Nichteuropäer nur noch deren kulturinterne Privatsache (die wir dann als gleichberechtigtes Fertigprodukt hinzunehmen haben). Wie sich Europäer und Afrikaner gegenseitig affizieren, nehmen weder die einen noch die anderen wahr. Mir scheint, daß die in Benin porträtierten Europäer sehr gut getroffen und zugleich afrikanische Machwerke sind. Möglicherweise eingearbeitete individuelle Züge haben sich in Europäerzeichen verwandelt und deren Zahl vergrößert. Einmal erfaßt, nahmen sie sogleich Fetischcharakter an. Die Bronzeschmiede in Benin jedoch hätten ihre europäischen Besucher beziehungsweise ihre Europäerzeichen nie und nimmer erfinden können. Weder nach afrikanischen noch nach europäischen Maßstäben waren die Portugiesen des 16. Jahrhunderts (oder die Franzosen, Briten und Holländer) und die Untertanen des *Oba* gleichwertige Partner. In ihren Begegnungen ereigneten sich vielmehr verschiedene Sonderwertungen.

Die westafrikanischen Stammesstaaten befanden sich unausgesetzt in Kriegszuständen verschiedener Art. Wie der Kongo-König entfaltete der *Oba* von Benin Pracht und Macht, um Untertanen und Vasallen bei der Stange zu halten und die Feinde zu schrecken. Es lag ihm daran, sich mit Fremden zu zeigen, die das Geheimnis der Feuerwaffen und mehrerer Gußmetalle hüteten. Auf den Bronzeplatten war zu sehen, wie solche Machthaber sich dem Herrscher zur Verfügung stellten. Nie wurde dargestellt, daß Europäer dem Fieber oder der Pest

▶[27] Julius Lips: a.a.O., S.126 und 212. ▶[28] Siegfried Wolf: a.a.O., S.XII.

erlagen und ihre respektablen Pferde zusammenbrachen. Obwohl der Herrscher selbst die Taufe verweigerte, gewährte er christlichen Missionaren Einlaß. So demonstrierte er den Feinden, daß ihn der Gott der Weißen unterstützte.

Auf einem großen Teil der Platten erscheinen die Europäer wie verkleidete Afrikaner. Auf anderen sind schwarze Würdenträger mit bestimmten europäischen Attributen wiedergegeben. Hungrig nach fremder Macht lädt sich der *Oba* die Europäer ins Land. Gegenstand von Bronze-, Elfenbein- und Holzarbeiten werden sie nicht um ihrer Fremdartigkeit willen. Mit Gewehren und Armbrüsten bewaffnete Portugiesen rühmen den Sieg des Königs über die *Igala*. Bärtige Portugiesengesichter verzieren elfenbeinerne Armbänder. Auf einer Elfenbeinmaske, die der *Oba* bei den Riten zum Gedenken an seine verstorbene Mutter trägt, bildet ein Ring kleiner Portugiesenköpfe eine Art Krone.[29] Gepriesen und beschworen wird die Kraft des Herrschers, sich die Kraft der Weißen anzueignen.

Der Herrscher selbst wurde im Reiche Benin als Platzhalter des Seegottes Olokun verehrt. Mit seiner Außenhandelspolitik und seiner Europäerplastik verkündete er: Seht, selbst die Zauberer, die in großen Booten aus dem Land des Meergottes gekommen sind, halte ich im Zaum.[30] Bei der Ankunft in Benin wurden die Portugiesen trotz und wegen ihrer Menschenähnlichkeit wie Meereskreaturen behandelt und in die Nähe Olokuns gerückt. Dieser aber war nicht nur der Herrscher der Gewässer, sondern auch der Bringer des Reichtums. Die Portugiesen wurden ihrer Sendung gerecht. Noch auf den Europäer-Reliefs, die Jahrzehnte nach der Ankunft entstanden, finden sich Darstellungen von Tieren aus Olokuns Welt: Schlangen, Schlammfische und Krokodile.[31]

Doch schon 1540 verbot der neue *Oba* jede Missionstätigkeit, obwohl er auf Geheiß seines Vaters als einziger seines Geschlechts zum christlichen Glauben übergetreten war. Mittlerweile waren den Portugiesen europäische Rivalen erwachsen und hatten die Europäer ihrerseits mit mehreren Rivalen Benins Handelskontakte angeknüpft. Bei den Hofbeamten schwand das Vertrauen in das Charisma der Weißen. Auf den Bronzeplatten erschienen Europäer nur noch in Ausnahmefällen als Hauptmotiv. Meist bildeten nun Halbfiguren (Brustbilder) mit euro-

[29] Fritz W. Kramer: a.a.O., S.199. [30] Vgl. Cottie A. Burland/Werner Forman: a.a.O., S.130. [31] Armand Duchâteau: Benin, a.a.O., S.17.

päischen Signaturen das Beiwerk von Afrikanerporträts. Häufig wurden Europäer auch bei verächtlichem Tun fixiert: wie sie bei Hofe aßen und tranken, unbeherrscht gestikulierten, sich trink- und streitsüchtig gebärdeten, das Gleichgewicht verloren, ins Handgemenge gerieten. Auf Schmuckanhängern waren junge Europäer abgebildet, die sich vergebens bemühten, ihre widerspenstigen Pferde zu zügeln. Die Bringer des Reichtums trugen nicht mehr uneingeschränkt zum Prestige des Herrschers bei. Längerer Aufenthalt unter afrikanischen Betrachtern, so scheint es, bekam ihnen nicht.

Am Ende des 18. und zu Beginn des 19. Jahrhunderts wurde der weiße Mann in verschiedenen Teilen Schwarzafrikas immer wieder zum Objekt distanzierter Wahrnehmung. Beispielhaft ist die Figur eines europäischen Kaufmanns mit voller Ginflasche und Glas in den Händen (als Fuß einer geschnitzten Holztrommel), die mutmaßlich aus dem Kongogebiet stammt.[32] Dennoch erkühnte sich in dieser Zeit kein Afrikaner, das Machtpotential der Weißen, das der Allmacht nahekam, zu leugnen und diesem Potential seine Achtung zu versagen. Wie fügt sich das eine zum anderen?

Das Auftauchen der Weißen hat das mythische Weltgehäuse der Schwarzen nicht erschüttert. Plötzlichkeit war die Art der Götter, in Erscheinung zu treten. Schrecken erregte das Vertraute, nicht das Unvertraute des weißen Gesichts. Mit Schrecken erkannte man das Langerwartete.

Erst die Gewöhnung erschütterte das Weltgehäuse. Die Weißen verschwanden nicht, wie sie gekommen waren. Sie kehrten nicht wieder ins Jenseits zurück, sondern richteten sich bei den Menschen ein. Der Ausnahmezustand wurde zum Dauerzustand, und die Gesichter der blitzartig Wiedererkannten entfremdeten sich.

Allmählich sprach sich herum, daß die Weißen in eigenen Ländern auf der Erde lebten. Das warf die Frage auf, wie es zuging, daß die Weißen als Erdbewohner ganz andere Dinge besaßen und taten als die Schwarzen. Die Ursprungslegenden wurden zu Zivilisationslegenden erweitert. Kein Vorwurf erhob sich gegen Gott, obwohl die Weißen, wie es schien, in jeder Hinsicht den besseren Teil abbekamen. Die Schwarzen bestanden auf der Auserwähltheit der Weißen, und gewiß nicht, um ihnen zu schmeicheln.

[32] Vgl. Cottie A. Burland/Werner Forman: a.a.O., S.75 und Abb. 47.

Nach Mythen über die Entzweiung von Schwarzen und Weißen mußten die Ethnologen in Afrika nicht lange suchen. Jeder schwarze Volksstamm scheint seine besondere Mißgeschicksgeschichte überliefert zu haben. Diese Geschichten ähneln sich so frappant, als wären sie allesamt Varianten weniger Kernlegenden. Zwei Arten von Schwarz-Weiß-Geschichten unterscheiden sich deutlich und machen zusammengenommen etwa neunzig Prozent der aktualisierten Ursprungsmythen aus: Fatalitätsmythen und Wahlmythen. Erstere führen die zivilisatorische Überlegenheit der Weißen auf einen göttlichen Willkürakt zurück, letztere auf eine törichte Wahl oder ein feiges Versäumnis der Vorfahren der Schwarzen.

Bei den *Temne* in Sierra Leone wurde in der Mitte des 19. Jahrhunderts eine Geschichte aufgezeichnet, in der Gott die Kulturhöhe der Menschen nach der Hautfarbe festlegt: Das erste Menschenpaar bekam erst einen schwarzen Jungen, dann ein weißes Mädchen und schließlich ein Zwillingspärchen, bei dem der Junge weiß und das Mädchen schwarz war. Gott befahl einem seiner Diener, die Kinder zu trennen. Die weißen Kinder wurden zur Küste des Meeres gebracht, die schwarzen ins Landesinnere. »Gott nahm verschiedene Arten von Werkzeugen, gab sie dem Diener und sagte: ›Geh.‹ Die Menschen im Landesinneren bekamen Werkzeuge für die Feldarbeit, die Menschen an der Küste bekamen Sachen, mit denen sie alle Arbeiten auf dem Meer verrichten konnten (Navigationsinstrumente). Den Weißen sandte Gott Handwerker und Schreiber, den Leuten auf dem Land sandte er Schmiede. Die Handwerker bauten für die Weißen Häuser und ›Boote des weißen Mannes‹ (Schiffe), mit denen man auf dem Meer fahren konnte. So konnten die Weißen Geld verdienen und *gentlemen* sein... Die schwarzen Kinder, die er ins Landesinnere auf die Hügel und in die Wälder geschickt hatte, lehrte Gott, wie man mit Stroh und Ton Hütten baute... Er hieß sie alle schweren Arbeiten verrichten. Die Weißen dagegen mußten solche Arbeiten nicht verrichten. Sie brauchten auch nicht zu zaubern oder Amulette zu tragen oder Prophezeiungen zu machen. Diese Dinge gab Gott nur den Schwarzen. Aus diesem Grund waren die Weißen den Schwarzen überlegen an Macht, Besitz und Verstand. Und daher sind die Schwarzen den Weißen untergeordnet. Selbst wenn es sich um einen weißen Knaben handelt, wagen die Schwarzen nicht, sich mit ihm zu messen. Alle

Völker dieser Welt stammen von diesen weißen und schwarzen Kindern ab.«[33]

In einer Ursprungsmythe der *Dan* (im heutigen Liberia) bringt Gott den Weißen das Schreiben und Lesen bei und hat dann keine Zeit mehr, auch noch die Schwarzen zu schulen (weswegen er sich bei ihnen mit einigen Bauernregeln bescheidet).[34] Bei den *Kalabari* (im heutigen Nigeria) wurde erzählt, daß der hellhäutigen Tochter des Erdgotts aus dem Himmel ein Lehrbuch über Kriegstechniken und anderes Wissenswerte zugeworfen wurde, mit dessen Hilfe sie dann die Schwarzen mitsamt ihrem schwarzen Zwillingsbruder vertrieb. (Dabei begünstigte der Erdgott die Schwarzen und der Himmelsgott die Weißen.)[35] Einer Legende aus Guinea zufolge stach der jüngere Gottessohn dank seiner weißen Hautfarbe seinen älteren, schwarzen Bruder bei den Frauen aus.[36]

Die Wahlmythen häufen sich bei den Völkern an der westafrikanischen Atlantikküste. Überwiegend folgen sie einem simplen Schema moralischer Legitimierung: Vor die Wahl zwischen zwei Gaben oder Behältnissen gestellt, greifen die Vorfahren der Schwarzen übereilt und gierig zu, während die Vorfahren der Weißen eine überlegte Entscheidung treffen, die ihnen die Vorherrschaft sichert. Willem Bosman notierte 1705 an der Guineaküste die folgende Fabel: »Gott schuf am Anfang der Welt sowohl schwarze als auch weiße Menschen, um mit ihnen die Erde zu bevölkern... Dann bot er ihnen zwei Gaben zur Auswahl: entweder Gold zu besitzen oder lesen und schreiben zu können. Die Schwarzen durften zuerst wählen. Sie entschieden sich für das Gold und überließen den Weißen die Kenntnis der Schrift. Gott erkannte ihre Wahl an. Aber da er über die Habsucht der Schwarzen verärgert war, gebot er zugleich, daß die Weißen für immer über die Schwarzen herrschen und diese ihnen als Sklaven dienen sollten.«[37] Nach anderen, teilweise noch früher aufgezeichneten Legenden wählten die Weißen beziehungsweise ihre Urahnen Papier, Feder, Fernglas, Gewehr und Schießpulver (und wurden von Gott über den

---

▶[33] Wiedergegeben in: Veronika Görög-Karady: a.a.O., S.277f., Text No.17. Übersetzung durch den Autor. ▶[34] Eberhard Fischer: Erzählgut der westlichen Dan in Liberia. In: *Anthropos*, 62.Jahrgang (1962), S.706. ▶[35] Vgl. Veronika Görög-Karady: a.a.O., S.284, Text No.29. ▶[36] Julius Lips: a.a.O., S.24 und 29. ▶[37] Veronika Görög-Karady: a.a.O., S.299, Text No.51. Übersetzung durch den Autor.

Ozean geschickt)[38] oder ein unscheinbares beschriebenes Blatt und damit alle Weisheit[39] oder ein Schriftstück, aus dem sich alles erlernen ließ[40], oder ein Buch.[41]

Oberflächlich betrachtet gelangen die Weißen in den Fatalitätsmythen ohne eigenes Verdienst in die Gnadensonne, in den Wahlmythen dagegen infolge eines pflichtgemäßen oder besonnenen Verhaltens. Vorentschieden und gottgewollt ist aber auch der Ausgang der Wahl, denn die Gabe der Weisheit besitzen nur die Ahnen der Weißen. Die doppelte Herleitung von Unterschieden verrät indes keine Unschlüssigkeit der schwarzen Menschheitsdeuter. Beide Mythengruppen zusammengenommen bearbeiten das tragische Motiv schuldloser Schuld.

Im Stand der Auserwähltheit gewinnen die schreibenden, Schiffe bauenden und gottähnlich wütenden Weißen jene überirdische Nähe zurück, die sie bei längerer Anwesenheit im Wahrnehmungsbereich der Schwarzen verlieren. Solange sie auserwählt sind, tauchen sie als begünstigte Geschwister, aber eben als Geschwister der Schwarzen auf. Sie wenden ihren weißen Wissenschaftszauber an und sind auf schwarze Magie nicht angewiesen. Die Attribute und Kräfte dieser Auserwählten können sich die Schwarzen blitzartig (wie vom Blitz getroffen) aneignen, so als wären sie deren schuldhaft-schuldlos verlorenes Erbteil. Erst wenn sich die Weißen als ebenso unglücklich wie die Schwarzen erwiesen, wären die Schwarzen ganz und gar verloren.

Koloniales Afrika:
Die Makler der Dinge[1]

In Afrika ließen sich die Weißen viel Zeit mit der Kolonialisierung. Wohl gab es plausible wirtschaftliche Motive für die »Balgerei um Afrika«, und das stärkste war sicherlich der Wunsch, die Gewinneinbußen nach der Einstellung des Sklavenhandels zu kompensieren. Aber die desinteressierten

[38] Vgl. Armand Duchâteau: Das Bild des Weißen..., a.a.O., S. 59. [39] Vgl. Veronika Görög-Karady: a.a.O., S. 299, Text No. 53. [40] Vgl. Ebenda, S. 300, Text No. 54. [41] Vgl. Hermann Baumann: a.a.O., S. 333.

[1] Die Darstellung in diesem Kapitel beruht auf der Auswertung insbesondere folgender Monographien und Textsammlungen (in alphabetischer Reihenfolge der Autoren): Chinua *Achebe:* Obi. Ein afrikanischer Roman.

europäischen Regierungen erklärten sich erst unter öffentlichem Druck bereit, den Schutz von Handelsniederlassungen zu gewährleisten. Die Annexion Afrikas erfolgte dann überstürzt am Ende des 19. Jahrhunderts. Um das zu verstehen, müssen wir nicht die plausiblen Motive kennen, wohl aber die

Wiesbaden 1963; Benjamin *Akiga:* Selbstdarstellung. In: Diedrich Westermann: Afrikaner erzählen ihr Leben. Elf Selbstdarstellungen afrikanischer Eingeborener aller Bildungsgrade und Berufe aus allen Teilen Afrikas. Berlin (DDR) 1952, S. 229-242; Martin *Aku:* Selbstdarstellung. In: Diedrich Westermann: Afrikaner erzählen ihr Leben. Berlin (DDR) 1952, S. 243-291; Karl-Eugen *Bleyler:* Religion und Gesellschaft in Schwarzafrika. Sozialreligiöse Bewegungen und koloniale Situation. Stuttgart 1981; Cottie A. *Burland /* Werner *Forman:* So sahen sie uns. Das Bild der Weißen in der Kunst der farbigen Völker. Wien/München 1968; Robert und Marianne *Cornevin:* Geschichte Afrikas von den Anfängen bis zur Gegenwart. Frankfurt am Main 1980; Mamadou *Diawara:* Der Blick vom anderen Ufer. Oder: Die Entdeckung des Weißen. In: Jörg A. Schlumberger/Peter Segl (Hrsg.): Europa – aber was ist es? Aspekte seiner Identität in interdisziplinärer Sicht. Köln/Weimar/Wien 1994, S. 255-283; Armand *Duchâteau:* Das Bild des Weißen in frühen afrikanischen Mythen und Legenden. In: Grete Klingenstein/Heinrich Lutz/Gerald Stourzh (Hrsg.): Europäisierung der Erde? Studien zur Einwirkung Europas auf die außereuropäische Welt. München 1980, S. 55-72; Marina *Duell:* Das Verhältnis der Igbo zu den Briten in Igboland von 1830 bis 1906. Magisterarbeit. Unveröff. Typoskript. Universität München, April 1984; Bonifatius *Foli:* Selbstdarstellung. In: Diedrich Westermann: Afrikaner erzählen ihr Leben. Berlin (DDR) 1952, S. 22-83; Werner *Glinga:* Literatur in Senegal. Geschichte, Mythos und gesellschaftliches Ideal in der oralen und schriftlichen Literatur. Berlin 1990; M. *Heepe* (Hrsg.): Jaunde-Texte von Karl Atangana und Paul Messi nebst experimentalphonetischen Untersuchungen über die Tonhöhen im Jaunde und einer Einführung in die Jaunde-Sprache. Hamburg 1919; Elizabeth *Isichei:* The Ibo People and the Europeans. The Genesis of a Relationship – to 1906. London 1973; Janheinz *Jahn:* Muntu. Die neoafrikanische Kultur. Blues, Kulte, Négritude, Poesie und Tanz. Köln 1986; Jens *Jahn:* Einleitung: In: Jens Jahn (Hrsg.): Colon. Das schwarze Bild vom weißen Mann. Eine Ausstellung im Münchner Stadtmuseum, 18. Februar bis 17. April 1983. München 1983, S. 6-8; Gustav *Jahoda:* White Man. A Study of the Attitudes of Africans to Europeans in Ghana before Independence. London/New York/Accra 1961; Maria *Kecskési:* Kunst aus dem alten Afrika. Innsbruck 1982; Fritz W. *Kramer:* Die Fremdheit afrikanischer Colon-Figuren. In: Jens Jahn (Hrsg.): Colon. Das schwarze Bild vom weißen Mann. München 1983, S. 205-215; Fritz W. *Kramer:* Der rote Fes. Über Besessenheit und Kunst in Afrika. Frankfurt am Main 1987; Andrea *Lauser:* Die exotischen Europäer. Außereuropäische Europäerdarstellungen. In: Gerhard Bott (Hrsg.): Focus Behaim Globus. Nürnberg 1992, S. 457-472; Hans *Leuenberger:* Die Stunde des schwarzen Mannes. München 1960; Julius *Lips:* Der Weiße im Spiegel der Farbigen. Leipzig 1983; Edward Graham *Norris:* Colon im Kontext. In: Jens Jahn (Hrsg.): Colon. Das schwarze Bild vom weißen Mann. München 1983, S. 13-64; S. N. *Nwabara:* Iboland. A Century of Contact with Britain,

Regeln des Spiels um Überlegenheit und Gleichgewicht zwischen den europäischen Mächten. Die Annexion vollzog sich als politische Kettenreaktion.

Noch 1850 waren – aus europäischer Sicht – mehr als drei Viertel der Fläche Afrikas unerforscht. 1885 hatten die Europäer erst etwa fünfundzwanzig Prozent dieses Kontinents in Besitz genommen. Dann beschleunigte sich die Aufteilung des »afrikanischen Kuchens« rapide: Die Positionskämpfe der rivalisierenden Staaten in Europa griffen auf Afrika über und machten jeden Punkt auf der Landkarte zum Zankapfel. Als letzte sicherten sich Deutschland und Italien ihren Anteil. 1912 standen fünfundneunzig Prozent Afrikas unter europäischer Kuratel.

In Westafrika (auf das sich die folgende Darstellung konzentriert) kontrollierten Großbritannien und Frankreich zunächst nur einige Häfen und Stützpunkte auf küstennahen Inseln. Erst nach 1890 stießen ihre Expeditionskorps ins Hinterland vor und brachen den Widerstand afrikanischer Militärbündnisse. Die Grenzen wurden am grünen Tisch gezogen.

Gegen 1960 dankten Briten, Franzosen und Belgier in Afrika ab; nur die Portugiesen, die ersten Eindringlinge, lahmten beim Abzug. (Die deutschen und italienischen Nachzügler waren bereits in den Weltkriegen ausgeschieden.) Für die große Mehrheit der afrikanischen Völker dauerte die Kolonialzeit etwa siebzig bis achtzig Jahre. Bezogen auf den gesamten Zeitraum der europäischen und euroamerikanischen Einwirkung auf den Dunklen Kontinent war sie eine Episode.

1860 bis 1960. London 1977; Paul *Parin*/Fritz *Morgenthaler*/Goldy *Parin-Mattèy:* Die Weissen denken zuviel. Psychoanalytische Untersuchungen bei den Dogon in Westafrika. Zürich 1963; R. Sutherland *Rattray:* Ashanti Proverbs. London 1914; Anna *Rein-Wuhrmann:* Mein Bamumvolk im Grasland von Kamerun. Stuttgart/Basel 1925; Jean *Rouch:* Jean Rouch erzählt. In: *Filmkritik,* 22. Jahrgang (1978), 1. Heft. S. 5–32; Jean *Rouch:* Les maîtres fous. In: Jens Jahn (Hrsg.): Colon. Das schwarze Bild vom weißen Mann. München 1983, S. 217–232; Katesa *Schlosser:* Propheten in Afrika. (= Kulturgeschichtliche Forschungen. 3.) Braunschweig 1949; Edwin W. *Smith:* The Golden Stool. Some Aspects of the Conflict of Cultures in Modern Africa. London 1926; The *South Bank Centre* (Ed.): Exotic Europeans. London 1991; Wole *Soyinka:* Isarà. Eine Reise rund um den Vater. Zürich 1994; Ruth-Gaby *Vermot*/Rudolf *Hadorn* (Hrsg.): Das war kein Bruder. Das Bild des Weissen aus der Sicht ehemals kolonisierter Völker. Basel 1982; Tobias *Wendl:* Mami Wata oder Ein Kult zwischen den Kulturen. (= Kulturanthropologische Studien. 19.) Münster 1991; Diedrich *Westermann:* Der Afrikaner heute und morgen. Essen 1937.

Im übrigen brachte die Kolonialherrschaft keine flächendeckende militärische Okkupation und keine vollständige administrative Erschließung der einzelnen Gebiete mit sich. Jeweils nur eine kleine Minderheit der einheimischen Bevölkerung wurde von Weißen unterrichtet, ausgebildet, beschäftigt oder direkt beliefert beziehungsweise zu Kriegs- und Arbeitsdiensten gezwungen. Unter der *indirect rule* der Briten war dieser Anteil noch geringer als im Bereich der französischen *mission civilisatrice*.[2] Die meisten Schwarzen bekamen ihre weißen Herren nie oder so gut wie nie zu Gesicht.

Die mittelbaren Auswirkungen der Kolonialherrschaft kamen in Afrika jedoch einer Weltenwende gleich. Die Weißen erzwangen den Anbau von *cash crops*, Exportprodukten – Exporthoffnungen, besser gesagt – wie Baumwolle und Kakao in Monokulturen und leisteten der Auflösung der dörflichen Traditionen Vorschub. Sie dämmten Seuchen, Kindersterblichkeit, Hungersnöte und Stammeskriege ein und ermöglichten so eine fast ungehemmte Vermehrung der Bevölkerung (nach Jahrtausenden der Stagnation). Um die Tsetsefliege auszurotten, schlachteten sie Millionen von Wildtieren ab.

Während ihrer großen Intervention in Afrika entblößten sich die Weißen vor den Schwarzen, ohne ihr Geheimnis zu verlieren. Daß sie Menschen und Steuern vereinnahmten, entzauberte sie ebensowenig wie die Beobachtung, daß sie sich für bestimmte Ziele verausgabten. Unbegreiflich war die Macht, mit der sie fast alles erreichten. Wie diese Macht zu erlangen war, wußten die Schwarzen weder als Unterworfene noch als Freigesetzte. Aber das Geheimnis der Weißen nahm im Verlauf der Kolonialzeit Konturen an.

In der frühen Kolonialzeit erregte es Argwohn, daß der Weiße seine Füße »in Pakete einpackte«, so daß die Zehen nicht sichtbar waren, und am ganzen Körper Kleider trug. Verhüllung verriet einen bösen Geist.[3] Obwohl den Weißen viele Geschichten vorauseilten, war ihre Erscheinung bisweilen noch furchterregend. Als sich im Land der *Ibo* (in Nigeria) eine weiße Frau dem Marktplatz eines Dorfes näherte, ergriffen die schwarzen Frauen in Scharen die Flucht. Das geschah im Jahr 1903.[4] Gerüchte

▶[2] Vgl. Lewis H. Gann/Peter Duignan (Ed.s): Colonialism in Africa. 1870 bis 1960. Vol. I und II. Cambridge 1970; vgl. Edward Graham Norris: a.a.O., S.48f. ▶[3] Vgl. Marina Duell: a.a.O., S.60; vgl. Henry M. Stanley: Mein erster Weg zum Kongo. Leipzig 1925, S.132. ▶[4] Marina Duell: a.a.O., S.62.

besagten, daß Gewalttaten gegen Weiße üble Folgen hatten. Beleidigte Weiße konnten Tod und Krankheit verhängen oder den Regen zurückhalten.[5] Angeblich wurden Gräber von Weißen geöffnet und den Toten die Augäpfel geraubt, weil diese nach allgemeiner Überzeugung die Wirkung von Zaubergetränken potenzierten.[6] Dagegen erwies sich die Beschwörung magischer Kräfte *gegen* die Weißen meist als stumpfe Waffe.

Und noch am Ende der Kolonialzeit hielten es die Priester afrikanischer Kulte für ratsam, jeden Europäer, der gerade anwesend war, einzeln zu ehren. »Wenn ich vier oder fünf Europäer sehe, so werde ich mich nicht mit einem allein befassen und die anderen ignorieren, denn auch sie könnten Macht besitzen und mich hassen«, äußerte ein Priester der *Aschanti* (im heutigen Ghana).[7] Der britische Soziologe Gustav Jahoda erlebte es Mitte der fünfziger Jahre in einem Dorf im ghanaischen Busch, daß ihn ein »Fetischpriester« während eines Rituals zur Reinigung einer Hexe aufforderte, seine Hand auf die Frau zu legen. Die Kraft eines weißen Mannes werde das Ritual besonders wirksam machen, erklärte der Priester.[8] Unter Intellektuellen in Ghana war zu dieser Zeit die Vorstellung verbreitet, daß der technische Fortschritt in Europa und Amerika ohne die Einwirkung von Zauberkraft nicht zustande gekommen wäre.[9] Diese Vorstellung hinderte niemanden daran, dem europäischen Rationalismus zu huldigen.

Manch einer der mit Wunderkräften ausgestatteten Weißen beschloß, die Ernennung zum Halbgott anzunehmen und auch geschäftlich zu nutzen – und wurde enttäuscht. Man nahm sich die Freiheit, die Weißen zu betrügen und zu bestehlen. Man befragte sie nach ihrem Herkunftsland und nach dem König, der dort regierte. Weiße Gesandte und Händler wies man an, in Gegenwart von Stammesfürsten zu stehen wie gewöhnliche Untertanen. Man verweigerte ihnen den Zutritt zu Plätzen, an denen sich ein Orakel befand. Vereinzelt hatte man sogar versucht, sie als Sklaven zu verkaufen. Springt man so mit höheren Wesen um? Und leistet man ihnen militärischen Widerstand?

All dies nahmen sich Schwarze gegenüber Weißen heraus, und zwar keineswegs erst, nachdem sie deren menschliche

▶[5] Marina Duell: a.a.O., S. 59. ▶[6] Vgl. Mary Kingsley: Die grünen Mauern meiner Flüsse. Aufzeichnungen aus Westafrika. München 1989, S. 236 f. ▶[7] Zitiert in: Fritz W. Kramer: Der rote Fes, a.a.O., S. 45. ▶[8] Gustav Jahoda: a.a.O., S. 77. ▶[9] Ebenda, S. 77 f.

Schwächen und Herren-Attitüden kennengelernt hatten. Die *Aro*, Nachbarn der Ibo, traten den Briten von Anfang an »arrogant« und »trotzig« entgegen, denn sie betrachteten sich als direkte Nachfahren des Hochgotts.[10] Andere Völker hörten von den Europäern Märchenhaftes und nahmen dennoch den Kampf mit ihnen auf. Von Kindern wurde berichtet, daß sie beim ersten Zusammentreffen mit Weißen keinerlei Erstaunen zeigten. (Andere begannen zu weinen.)

Die Anerkennung der weißen Herrschaft hielt die Kolonisierten nicht davon ab, die neuen Herren scharf zu beobachten und ihnen passende Namen zu geben. »Die Ewe nannten einen beleibten Herrn *podoga* (Dickbauch) und einen anderen *soso:* den, der viel haut. Büttokofer wurde von den liberischen Vey *suiégbwuru kai* (Tierabhäuter) oder *kunde fah kai* (Vogeltöter) genannt und hörte auch die Spitznamen anderer Europäer wie *gbwéki eh ké* (Watschler), den treffenden Beinamen eines deutschen Handelsagenten, oder *boja bah* (Großbart), die Bezeichnung für einen Mann mit gewaltigem Bart. Aus Togo sind die Spottnamen dreier früherer deutscher hoher Verwaltungsbeamten bekannt. Der schlanke Gouverneur Graf Zech hieß *dogo* (groß, lang); der Hauptmann von Seefried wurde *tsuntsun goro* genannt (der Name eines Vogels mit besonders langem Hals, eine ausgezeichnete Beobachtung); und *angulu* war der Name eines bekannten Bezirksamtmannes – *angulu* hieß in der Haussasprache: Aasgeier.«[11]

Der gewöhnliche Weiße, der Fremdling, der sich festgesetzt hatte, lud zu Vergleichen ein. Er hatte einen beachtlichen, aber gewiß keinen übermenschlichen Körper. Der Schwarze übertraf ihn an Stärke und Ausdauer und war ihm an Schönheit, Ausstrahlung und Feinheit unterlegen. Jedenfalls war es ein leichtes, ihn ins Naturreich einzugliedern. Er hatte Augen »wie eine Katze«, häufig eine langgestreckte oder Hakennase, die dem Schnabel des Pfeffervogels glich, feingeschwungene Lippen wie die der Meerkatzen und unerreichbar langes weiches Haar.[12] Mädchen in Ghana gaben unverhohlen kund, daß sie sich von Weißen stärker angezogen fühlten.[13] Eine junge Frau aus dem

---

[10] Marina Duell: a.a.O., S.103. [11] Julius Lips: a.a.O., S.29f. [12] Gustav Jahoda: a.a.O., S.23; Wole Soyinka: a.a.O., S.251; Gerhard Rohlfs: Quer durch Afrika. Die Erstdurchquerung der Sahara vom Mittelmeer zum Golf von Guinea 1865–1867. Stuttgart 1984, S.192 und 298. [13] Gustav Jahoda: a.a.O., S.24.

Volk der *Dogon* (im heutigen Mali) zeigte sich 1960 im Gespräch mit dem Völkerseelenforscher Paul Parin an den Unterschieden der Hautfarbe sehr interessiert: »Ganz genau möchte sie wissen, wie die Kinder der Weißen gefärbt sind, wenn sie auf die Welt kommen. Sobald sie das erfahren hat, erklärt sie ganz offen, wie sehr die weiße Haut ihr gefällt, und daß sie mich anziehend findet.« Anders ihre ältere Schwester. Sie »spricht nochmals ganz unbefangen von der schwarzen und der weißen Haut, stellt lange Vergleiche an und findet die schwarze Haut schöner als die weiße. Schwarze Frauen wirken anziehender und auch angezogener, nicht so nackt wie die Weißen.«[14]

In Weissagungen schwarzer Propheten aus der Kolonialzeit hingegen stand der mächtige, gefährliche Weiße in einem fahlen Untergangslicht, »bleich wie ein Frosch« und »mit Haaren wie ein Kuhschwanz«.[15] Manche, die seiner leuchtenden Haut zum erstenmal ansichtig wurden, glaubten weiße Schminke zu sehen, versuchten sie wegzuwischen und gestanden dann ihren Mißerfolg mit einem Schrei der Verwunderung ein.[16] Der gewöhnliche Weiße wiederum hatte bei Licht besehen oftmals gar keine weiße, sondern eine rote Haut. Trotzdem wurde er nur selten »Rothaut« geheißen und behielt den Gattungsnamen des *Weißen:* des Guten, Sauberen, Löblichen, Tüchtigen (unter Schändlichen und Schmutzigen).[17]

Die gewöhnlichen Weißen, rothäutig, hakennasig und watschelnd, zogen die Weißen schlechthin nicht in Mitleidenschaft. Letztere sahen alle zum Verwechseln ähnlich aus und waren von höheren Mächten ausgezeichnet worden; erstere gerieten sehr unterschiedlich und reizten zu Spott und Aufruhr. Doch stets fiel auch auf sie der Abglanz der Auszeichnung. Überirdisch waren sie beide nicht.

Wenn somit die Verehrung der Weißen nicht deren Gewöhnlichkeit ausschloß, und diese nicht jene – worin bestand dann der ganz gewöhnliche Zauber der Weißen? Mit den Worten von

[14] Paul Parin/Fritz Morgenthaler/Goldy Parin-Mattèy: a.a.O., S.129 und 134. [15] Armand Duchâteau: a.a.O., S.69. [16] Vgl. Arnold Hillen Ziegfeld: Im Reiche des Meergottes. Bilder aus dem Blühen und Vergehen einer Kultur des atlantischen Afrika. Stuttgart 1923, S.273; vgl. Emmy Bernatzik: Afrikafahrt. Eine Frau bei den Negern Westafrikas. Wien 1936, S.130. [17] Vgl. Gustav Jahoda: a.a.O., S.23f.; vgl. Armand Duchâteau: a.a.O., S.64; vgl. Pater Placidus Tempels: Im Reiche Kongo. In: Janheinz Jahn (Hrsg.): Wir nannten sie Wilde. Begegnungen in Übersee einst und jetzt. München 1969, S.162.

Schuljungen im Ghana der frühen fünfziger Jahre: »Alle Europäer sind Zauberer *(witches)*, aber sie benutzen ihren Zauber nicht dazu, um Leute zu töten, sondern um nützliche Dinge zu machen.«[18] (»Leute zu töten« bedeutete, einzelne persönliche Feinde zu beseitigen.) Von der Herstellung nützlicher Dinge sprachen die Afrikaner stets mit Ehrfurcht, mochten die Hersteller persönlich auch lästig oder lächerlich sein. Solches Herstellen war ein Erscheinenlassen, und auf die industriell gefertigten Dinge übertrug sich etwas vom Wunder der Fertigung. Ungebildete Sippenangehörige glaubten, daß geheime Kräfte den weißen Mann befähigen, mit einem Minimum an körperlicher Anstrengung im Luxus zu leben.[19] Gebildete Afrikaner erkannten, daß letztlich nur das *Wissen* den »Wilden« vom »Europäer« unterschied[20] – und kamen doch nicht über den simplen Umstand hinweg, daß es der Europäer war, der wußte. Die Macht des Könnens bestand im Tun. »Wenn ihr einen Weißen seht, nehmt den Hut vor ihm ab! Das einzige, was die Weißen nicht können, ist, künstlich Menschen zu machen.«[21]

Es war die Schwäche der Schwarzen, die Dinge der Weißen zu begehren (statt sie zu verschmähen). Als offenkundig wurde, daß der einzelne Weiße ein schwaches Wesen war, blieb diese Schwäche bestehen. Die Weißen brachten die Fülle der Utensilien. Der verzauberte Blick der Schwarzen fiel auf den Hut, den Regen- und Sonnenschirm, die Pfeife, die Körperbedeckung. Die Dinge hatten Eigenmacht und waren zugleich die Kennzeichen derer, die sie brachten. »Wenn ich tot bin, setze mir deinen Hut auf, dann denken die im Totenreich, es kommt ein Europäer«, bat ein alter Sklave in Kamerun einen Missionar.[22] Man sah die Weißen mit Tafelgeschirr hantieren. Musikinstrumente, Signalhörner und andere gebannte Hilfsgeister riefen in die Stille. Uhr und Kompaß geboten über Zeit und Raum. In Schlüsseln, Büchern und Gewehren konzentrierte sich nahezu unbegrenzte Macht. An festlichen Tagen betätigten die Weißen ihre Menschenfangmaschine (den Lichtbildapparat). Sie errichteten hohe, vielstöckige Häuser, die nicht zusammenfielen, wenn es regnete. Später brachten sie selbstfahrende Geräte hervor. Sie setzten die Eisenbahn in die Landschaft und schufen dann ihren jüngeren Bruder, das Auto.

▶[18] Gustav Jahoda: a.a.O., S.29. ▶[19] Vgl. ebenda, S.77, Fußnote 1. ▶[20] Vgl. S. N. Nwabara: a.a.O., S.66; vgl. Gustav Jahoda: a.a.O., S.97. ▶[21] Chinua Achebe: a.a.O., S.22. ▶[22] Julius Lips: a.a.O., S.147.

Vom Fluidum der herbeigebrachten Güter waren die Schwarzen fasziniert, und somit auch von den Weißen als den Hütern des Zaubers. »Ihr Weißen seid für uns wie die Götter, weil ihr alles könnt«, sagten sie.[23] Wie die Götter, nicht die Götter selbst. Die Weißen handhaben nur die Macht, die den Reichtum gewährte. Sie hatten die Fähigkeit erhalten, zu lesen und zu schreiben und von Dingen zu erfahren, die sie nie gesehen hatten.[24] Ihre Bücher erzählten ihnen, wie der Zauber auszuüben war. Lesend entdeckten die Weißen alle Länder und erfanden immer neue Dinge. Sie sagten voraus, wann es regnen würde, zählten die Elemente der Natur und bauten die Wasserstoffbombe. In ihrer Technik und Wissenschaft regten sich übernatürliche Kräfte. Die angelernten Schwarzen kamen über die Stellung der Zauberlehrlinge nicht hinaus. In bedrucktem Papier, sogar in unbedrucktem, wähnten sie die Machtgrundlage europäischer Zivilisation. Angehörige westafrikanischer Geheimkulte streuten Papierschnitzel aus, um gefährliche einheimische Geister fernzuhalten.[25]

Wer wollte, wenn er die Wahl hätte, kein Weißer sein? »Wenn jemand schon vor seiner Geburt gewußt hätte, daß er in Armut leben würde, wäre er zu den Weißen gegangen, um von ihnen geboren zu werden«, lautete ein Sprichwort der *Aschanti* (im heutigen Ghana) zu Beginn des 20. Jahrhunderts.[26] Daß alle Weißen Geld und Güter im Überfluß hatten, war im kolonialen Schwarzafrika eine Binsenweisheit.[27] Schwarze Heimkehrer aus Europa schwärmten von den dort herrschenden paradiesischen Zuständen und genossen »eine besondere Achtung, nur weil sie das Land des weißen Mannes hatten sehen dürfen«.[28]

Wer dieses Vorrecht hatte, erstattete in gebührender Form Bericht: »Deutschland ist so: Wenn du dahin gehst, da soll dir der Mund offen bleiben. Zuallererst habe ich ihren Seehafen gesehen, den sie Hamburg nennen. Du siehst ihn nur wie wenn du bei den Geistern wärst. An zweiter Stelle siehst du ihr Land und die Häuser, die sie gebaut haben, und ihre Straßen, außerordentlich schön!« Diese Worte stammen von Paul Messi, einem Angehörigen des Volkes der *Jaunde* (im heutigen Kamerun), der

---

[23] Paul Parin/Fritz Morgenthaler/Goldy Parin-Mattèy: a.a.O., S. 329.
[24] Marina Duell: a.a.O., S. 60. [25] Fritz W. Kramer: Der rote Fes, a.a.O., S. 216. [26] R. Sutherland Rattray: a.a.O., S. 145. [27] Vgl. Paul Parin/Fritz Morgenthaler/Goldy Parin-Mattèy: a.a.O., S. 105 und 141. [28] Martin Aku: a.a.O., S. 262.

1913 als »Sprachgehilfe« zum Hamburger Seminar für Kolonialsprachen reisen durfte. Ihm schwirrte der Kopf beim Anblick der Dampfer, Eisen- und Straßenbahnen, Kraftwagen und Flugzeuge und der Wege für Fußgänger, Fahrräder und Wagen. »Wenn du diese verschiedenen Arten von Sachen betrachtest, geht dir der Verstand im Leibe verloren.«[29] Ein Togolese gelangte 1928 in das Getriebe von Amsterdam und schrieb in seinen Erinnerungen: »Für meine Begriffe stand die Welt auf dem Kopf. Wozu diese ganze Jagd und Hetze, dieses Treiben? Wo kommen so viele Menschen auf einmal her? Wie eilig hatten sie es, diese ununterbrochenen Reihen von Autos, Motor- und Fahrrädern!«[30]

Karl Atangana, ein »Oberhäuptling« der Jaunde, erlebte im Zug auf der Strecke von Hamburg nach Berlin, wie die Büsche, Häuser und Felder ineinanderflossen. Anschließend ließ man ihn durch ein Mikroskop blicken und zeigte ihm die Vergrößerung des Kleinsten ins Riesenhafte. Er berichtete, daß die Beine, Augen und Ohren einer Fliege so groß wie die eines Elefanten waren. Übergangslos fügte er hinzu: »Wenn ich im Jaundelande erzählen würde, daß ich in Deutschland gesehen habe, wie Elefanten und Pferde Klavier spielen, auf Musik hören und danach tanzen, Hunde Kunststücke machen wie ein Mensch, ich glaube, die Jaunde würden denken, ich erzähle nur Märchen.«[31] Die noch nie gesehenen Dinge gipfelten in den Dressurakten altbekannter Lebewesen.

Als die wahren Füllhörner der Weißen aber wurden die Kaufhäuser entdeckt. »Von den verschiedenen Kaufhäusern besuchten wir in Berlin: das Geschäft von Herzog, Wertheim und Jordan, außerdem noch viele andere Häuser, alles gleich als wenn man einen Zauber besitzt und das so alles macht«, schrieb der Jaunde-Chef (in wörtlicher Übersetzung aus seiner Sprache).[32] Den Togolesen in Amsterdam beschlichen beim Anblick der Güter-Arsenale erste Zweifel, ob eine Welt von Wundern in unermeßlicher Zahl dem Menschen überhaupt zunutze sein könne: »Auf unserem Weg gingen wir an riesigen Warenhäusern vorbei. Wie viele Herrlichkeiten der Welt waren dort ausgestellt! Ich hatte keine Zeit, sie zu betrachten, sie flogen an mir vorbei, ach, wie gern wäre ich für eine Weile stehengeblieben. Ist das wirklich eine Zauberwelt?«[33] Konfrontiert mit

▶[29] M. Heepe: a.a.O., S. 242. ▶[30] Martin Aku: a.a.O., S. 269. ▶[31] M. Heepe: a.a.O., S. 110f. ▶[32] Ebenda, S. 116. ▶[33] Martin Aku: a.a.O., S. 269.

der Industrialisierung des Zaubers verging den Afrikanern das Reichtums-Maß und damit das Vergleichen.

In der Gesellschaft der reichen Weißen begannen die Schwarzen, über die Quelle des Reichtums nachzudenken. Sprudelte sie in den Weißen selbst oder hatte eine höhere Macht die Weißen zu ihr geführt? Wie waren die Weißen fündig geworden? Mit dem Verhältnis der Weißen zu ihrem Reichtum würde sich auch das Verhältnis der Schwarzen zu den Weißen klären... Die gewöhnlichen, einzelnen Weißen waren anders, aber möglicherweise vergleichbar anders als die Schwarzen. »Es gibt Unterschiede zwischen den Weißen und uns«, erklärte eine aufgeregte junge *Dogon*-Frau dem weißen Psychologen. »Die Haut, die Haare, die Gedanken, die Gefühle. Es gibt viele Unterschiede zwischen Ihnen und uns. Der Kopf ist nicht derselbe.«[34] Zugleich fragten sich die Schwarzen, ob die Künste der Weißen göttlich beglaubigt, in christlicher Terminologie: ob die Weißen wirklich die Kinder Gottes seien. Der Nigerdelta-Prophet Elias II., der in den zwanziger Jahren gegen das Übel des europäischen Branntweins stritt, verkündete, »daß, wären die Engländer die wahren Kinder Gottes, sich die Wasser des Nigers vor ihnen geteilt haben würden wie die Wasser des Roten Meeres vor den Kindern Israel – doch sie teilten sich nicht, und der weiße Mann mußte eine Brücke über den Niger bauen«.[35] Solche Zweifel an der göttlichen Dignität der Weißen lösten in der Anhängerschaft des Propheten Spekulationen aus, daß die Herrschaft der Weißen von der Herrschaft der Schwarzen abgelöst werden könnte. Die alte defensive Formel der von Weißen heimgesuchten Schwarzen (»euer Gott ist nicht unser Gott«) hatte keine Gültigkeit mehr. Hatte Gott den Weißen das Anrecht auf die Erschaffung des Reichtums nur befristet oder nur bedingt gewährt? Oder hatten sich die Weißen ihren Zauber etwa eigenmächtig angeeignet?

Wie auch immer, die Weißen schreckten vor nichts zurück, um ihre Macht zu behaupten und zu erweitern. Ihr ganzes Leben unterstellten sie einem Programm. »Alles, was sie sagen in ihrem Lande machen zu wollen, das führen sie auch auf der Stelle aus.«[36] Sie legten Wert auf Pünktlichkeit und Zuverlässigkeit. In jeder Lage machten sie zunächst einen Plan und führten dann Buch über jeden zurückgelegten oder unterlasse-

▶[34] Paul Parin/Fritz Morgenthaler/Goldy Parin-Mattèy: a.a.O., S.272.
▶[35] Katesa Schlosser: a.a.O., S.270. ▶[36] M. Heepe: a.a.O., S.242.

nen Schritt. Als halsstarrig, unbeugsam und pedantisch galten die Weißen im gesamten Schwarzafrika. »Mir flößt solches Volk Furcht ein«, bekannte der südafrikanische Autor Samuel Yosia Ntara in den fünfziger Jahren. »Sie haben eine schreckenerregende Art. Zwar sehen sie wie menschliche Wesen aus, aber sie sind Streiter. Wenn sie gehen, setzen sie Schritt vor Schritt. Sie schreiten vorsichtig und bewegen sich steif.«[37] Die vorsichtigen, steifen Bewegungen der Weißen ließen nicht auf Unsicherheit schließen, sondern waren die Fortbewegungsweise dämonischer Kämpfer, die bei keinem Schritt ihr Ziel aus den Augen verloren und von niemandem aufgehalten werden konnten. »Die Weißen haben eine faszinierende Art, ihre Angelegenheiten zu erledigen«, erzählte 1936 ein schwarzer Beobachter im südlichen Nigeria. »Nicht so wie viele Schwarze, die sich erst der einen Sache zuwenden, dann eine zweite in Angriff nehmen und am Schluß dann doch nichts erledigen. Die Weißen sind äußerst buchstabengläubig. Ich glaube kaum, daß sie etwas im Kopf behalten können, wenn sie es nicht aufgeschrieben haben.«[38]

Sie sprachen nicht alle gleichzeitig, sondern ließen einen nach dem andern zu Wort kommen. Ganz ähnlich hielten sie ihre Empfindungen säuberlich getrennt. Sie zeigten entweder Liebe oder Haß, Mut oder Verzweiflung, Freude oder Trauer, als ob ihr Herz der Diener des Willens sei. Auf Afrikaner wirkte solche emotionale Einseitigkeit unheimlich.[39] Die Weißen unterwarfen selbst ihre Bindung an die Ahnen der Effizienz. Wenn sie erwachsen waren und geheiratet hatten, dachten sie nur noch an den Ehepartner, die Kinder und den Beruf und vernachlässigten ihre Eltern.[40]

Um in Afrika Fuß zu fassen, griffen sie bedenkenlos zu Mitteln der Gewalt, der Täuschung und der Verführung. Sie stifteten Verwirrung unter den Schwarzen und weckten deren Gier.[41] In ihrer Zielstrebigkeit verleugneten sie sogar die naturgesetzten Grenzen. »Wenn die Europäer wissen wollen, was auf dem Mond los ist, schicken sie an einem Tag fünf Leute ins Verderben und lassen am nächsten Tag sechs weitere folgen.« Dieses

▶[37] Zitiert in: Peter Sulzer: Schwarze Intelligenz. Ein literarisch-politischer Streifzug durch Süd-Afrika. Zürich 1955, S. 36. ▶[38] Ruth-Gaby Vermot/Rudolf Hadorn (Hrsg.): a.a.O., S. 243. ▶[39] Hans Leuenberger: a.a.O., S. 36f. ▶[40] Gustav Jahoda: a.a.O., S. 38. ▶[41] Vgl. Ismael R. Mbise: Blutendes Land. Wuppertal 1979, S. 66f.

Gleichnis wählte ein Schüler in Ghana, um die Wissensgier der Weißen zu erläutern. »Afrikaner würden sich nicht tausend Meilen von der Erde entfernen. Europäer versuchen immer, auf den Mond zu kommen, um alles zu sehen, was man nur sehen kann. Aber sie können den Mond nicht erreichen.«[42] Da sie rastlos waren, erlangten sie nie die Zufriedenheit der Menschen in den Dörfern Afrikas. Ein Dorfchef der *Dogon* erklärte das Dilemma der Weißen auf erschöpfende Weise: »Die Weißen denken zuviel und dann machen sie viele Sachen, und je mehr sie machen, desto mehr denken sie. Und dann verdienen sie viel Geld, und wenn sie viel Geld haben, machen sie sich Sorgen, daß das Geld verlorengehen könnte und sie keines mehr haben. Dann denken sie noch mehr und machen noch mehr Geld und haben nie genug. Dann sind sie nicht mehr ruhig. So kommt es, daß sie nicht glücklich sind.«[43]

Glücklich wohl nicht, aber im Vollbesitz ihrer exklusiven Zaubermacht. Um sie nicht teilen zu müssen, verbrachten die Weißen in Afrika die meiste Zeit in ihren Büros und zu Hause, hielten Abstand von den Schwarzen und verbargen ihre Pläne. Die weißen Verwaltungsbeamten lebten in den Kolonien praktisch auf exterritorialem Gebiet, im Kreise weniger weißer Mitarbeiter und weniger schwarzer Handwerker, Diener und Zuträger, der sogenannten weißen Schwarzen.[44] Der Weiße gab sich geheimnisvoll und eigenbrödlerisch, aber selbst dieses Verhalten war berechnend. Indem er nur selten unter die Leute ging, zeigte er keine Blöße. »Einsamkeit ist die Quelle des Geheimnisses und der fast schon sakrale Raum, in dem der Weiße seine Wünsche entwirft, die andere dann befriedigen müssen«, resümierte der westafrikanische Ethnologe Mamadou Diawara. »Und da er all das allein vorbereitet, entzieht sich der Weiße dem Einfluß anderer Menschen; er ist immer in der stärkeren Position. Seine herrschaftliche Einsamkeit wird zu einer uneinnehmbaren Festung.«[45] Selbst unter seinesgleichen in Europa neigte er dazu, sich abzusondern – wie ein Mensch, der keine Ahnen hatte. Im Schutze seiner Einsamkeit jedoch, geschieden von Nachbarn und Angehörigen, arbeitete er enger und weniger eigennützig mit den anderen Einsamen zusammen als die Afrikaner in ihrer Sippenwelt. Er opferte sein Glück und nöti-

▶[42] Gustav Jahoda: a.a.O., S.28. ▶[43] Paul Parin/Fritz Morgenthaler/Goldy Parin-Mattèy: a.a.O., S.32. ▶[44] Vgl. Edward Graham Norris: a.a.O., S.45f.
▶[45] Mamadou Diawara: a.a.O., S.270.

genfalls die Familie einem umfassenden Plan, den die Organisation der Eingeweihten entworfen hatte.[46]

Solche abgeklärten, unerschrockenen Betrachtungen (um nicht zu sagen Begutachtungen) entsprechen nicht dem Klischee vom ohnmächtigen schwarzen Beutewesen, dem der weiße Aufpasser außer der Lebensweise auch noch die Wahrnehmung vorschrieb. Wer sich so selbstgewiß verglich wie die Dorf- und Stadtleute, die oben zitiert wurden, preßte nicht nur die Fülle neuer Eindrücke auf ein überliefertes Weltrelief, sondern nahm zugleich eine entschlossene Haltung gegenüber dieser Fülle ein. Er hatte mit der Zivilisation der Weißen seine Pläne. Wir müssen uns fragen, was die Schwarzen ihren Herren abforderten, indem sie ihnen gehorchten. Dann sehen wir, was selbst die unterschiedlichsten Vorstellungen vom weißen Mann im kolonialen Afrika einte.

Schon beim Auftauchen der ersten großen Schiffe wurden die Schwarzen von den glänzenden, tickenden, brütenden Mitbringseln der Weißen angezogen und beanspruchten sie für sich selbst. Was da herangeführt wurde, weckte den Wunsch nach Teilhabe. Die kostbaren Dinge waren in Besitznähe geraten. Wenn es nur gelänge, sie den Weißen abzujagen, oder sich gar herausstellte, daß die Weißen kein Monopol auf sie hatten! 1951 bemerkte Bronislaw Malinowski, es sei das letzte Ziel des Afrikaners, »wenn schon nicht ein Europäer, so doch Herr ... über all diese Erfindungen, Besitztümer und Einflüsse zu werden, die in seinen Augen die Überlegenheit des Europäers ausmachen«.[47] Daß die Afrikaner sich am liebsten in Europäer verwandeln würden, ist tiefenpsychologische Spekulation. Wie sollte man wohl Verwandlungswünsche und Aneignungswünsche auseinanderhalten? Die Äußerungen der Afrikaner selbst kreisten stets um das zentrale Thema der Unterschiede zwischen Schwarzen und Weißen. Davon abgesehen unterschätzte Malinowski den magnetischen Eigenreiz von Geräten, Waffen und Kleidung. Der Besitz solcher Dinge war in sich selbst erstrebenswert und nicht nur ein Mittel, dem Europäer näherzukommen.

Der nigerianische Philosoph Adebayo Adesanya unterstellte seinen Vorfahren vom Volk der *Yoruba* eine »rationale« Einstellung gegenüber Fremden: »Bei der Ankunft von Fremden – möglicherweise der Europäer – wurde der vernünftige Schluß

▶[46] Vgl. Gustav Jahoda: a.a.O., S. 41. ▶[47] Bronislaw Malinowski: Die Dynamik des Kulturwandels. Wien 1951. S. 63.

gezogen, daß, wenn die Neuankömmlinge wirklich von den Yoruba verschieden wären, dies nur bedeuten könne, daß sie etwas haben müßten, was auch für die Yoruba von Vorteil sein müsse und umgekehrt. Es wurde also entschieden, die Fremden willkommen zu heißen.«[48] Jedes der eingeführten Dinge besaß einen Vorteil, und zwar einen je einzigartigen und unvergleichlichen, nach dem Maß eines Nutzens, der oft nur erahnt werden konnte.

Von den *Ibo*, den Nachbarn der Yoruba, wurde berichtet, daß sie den weißen Mann für den Angehörigen eines Volkes hielten, das der Hochgott bevorzugte. Und warum glaubten das die Ibo? »Weil der weiße Mann im Besitz so vieler Güter war.«[49] Die Ibo drängten europäische Missionare zum Austausch von Geschenken und erwarteten dabei, mehr zurückzuerhalten, als sie gegeben hatten. Geld lehnten sie anfangs ab, denn sie griffen nach den Dingen der Weißen selbst.[50] Später gingen sie vom Geschenkaustausch zum Handel über, um die begehrten Dinge nach Belieben beschaffen zu können. Doch auch beim Geldmachen hofften sie, daß sich der Wert ihrer eigenen Waren (gewöhnlich Nahrungsmittel) am Ende im unbestimmbaren Mehrwert europäischer Güter auszahlen würde. In der Erwartung eines günstigen Tauschs konkurrierten die Ibo-Dörfer um die Ansiedlung britischer Händler und verkauften sie bereitwillig Land.[51]

Sich kolonisieren zu lassen, war für die Ibo ein Akt der Gastfreundschaft in der großen Zeremonie des Gütertauschs. Diese Zeremonie sollte und mußte das Anrecht der Ibo bestätigen, überreich beschenkt zu werden: der magischen Güter der Weißen teilhaftig zu werden.[52] Die Ibo waren bereit, für die Briten da zu sein, wenn diese dann um so mehr den Ibo zur Verfügung standen. Ihre eigenen Gebräuche wollten sie dabei nicht preisgeben. Gegen Intrigen der Missionare zur Verhinderung von Menschenopfern setzten sie sich zur Wehr.

Sobald die Ibo ihre Absicht, »reich gemacht zu werden«, gefährdet sahen, leisteten sie passiven oder militärischen Widerstand. 1882 überfielen sie Stationen der *United African Company*, die den Handel am Niger monopolisierte und somit den symbolischen Gewinn der Ibo-Händler gefährdete. »Dabei entstand eine merkwürdige Situation: Sobald sich (britische)

▶[48] Zitiert in: Janheinz Jahn: a.a.O., S.122. ▶[49] Marina Duell: a.a.O., S.64.
▶[50] Ebenda, S.64f. ▶[51] Ebenda, S.65f. ▶[52] Vgl. ebenda, S.66f.

Kriegsschiffe in der Nähe der Handelsstationen aufhielten, blühte der Handel; während der Trockenzeit aber, wenn die Kriegsschiffe den Niger nicht befahren konnten, nahm die Bevölkerung ihre Angriffe wieder auf. Bemerkenswert ist, daß die Ibo trotz ihrer feindlichen Einstellung zur *United African Company* nicht vom Handel mit den Briten abließen.«[53] Handelsgewinne nutzten sie auch zum Erwerb von Statussymbolen und Titeln, um in der Hierarchie der Dorfgesellschaft aufzusteigen.

Ähnliches spielte sich in der frühen Kolonialzeit bei vielen westafrikanischen Völkern ab.

Die anfängliche Scheu der Schwarzen gegenüber dem Werben protestantischer und katholischer Missionen wich großer Aufgeschlossenheit, als sich herumsprach, daß die Konvertierten mit einträglichen Verwaltungsposten und anderen Privilegien belohnt wurden. In manchen Missionsstationen wetteiferten nun schwarze Schüler um das innigste Bekenntnis zum Evangelium. Ein weißer Missionar im Iboland beklagte sich 1912, er habe »eine undankbare Aufgabe bei undankbaren Menschen« übernommen. Die Religion diene hier nur materiellen Zwecken.[54] Der Kameruner Schriftsteller Mongo Beti erzählt in seinem Roman »Der arme Christ von Bomba« aus dem Jahr 1956, wie ein Missionar am Sinn seines Lebenswerks in Afrika verzweifelt. Warum öffnen sich die Leute nicht mehr dem Christentum wie vor zwanzig Jahren? fragt der Missionar. Und sein treuer afrikanischer Koch antwortet: »Die ersten von uns strömten eurer Religion zu, als sei sie eine Schule, wo sich ihnen euer Geheimnis offenbaren würde, das Geheimnis eurer Macht, die Macht eurer Flugzeuge, eurer Eisenbahnen und all das. Statt dessen habt ihr ihnen von Gott erzählt, von der Seele, dem ewigen Leben und so weiter. Glaubst du denn wirklich, sie hätten das nicht alles zuvor schon gewußt, vor eurer Ankunft?«[55]

Schon nach wenigen Jahren als Handelspartner, Angestellte und Untertanen der Weißen sahen sich die Schwarzen betrogen. Sie mußten erkennen, daß die Europäer sie mit Abfällen aus der Produktion des Reichtums abspeisen wollten. »Die Europäer machen Geld mit einer Maschine. Warum geben sie dann so wenig davon her, warum sind sie so geizig?« witzelte eine ältere *Dogon*-Frau.[56] Obwohl nun in den Küstenstädten die Häuser mit

▶[53] Marina Duell: a.a.O., S.85. ▶[54] Ebenda, S.129. ▶[55] Zitiert in: Janheinz Jahn: a.a.O., S.216f. ▶[56] Paul Parin/Fritz Morgenthaler/Goldy Parin-Mattèy: a.a.O., S.136f.

Plänen und Steinen errichtet wurden und das Import-Export-Geschäft florierte, blieb den Schwarzen der Zugang zum Geheimnis des guten Lebens inmitten der schönen Dinge verwehrt. Unter der Herrschaft der Weißen waren die Schwarzen für die eigentliche Arbeit, nämlich die Handarbeit, zuständig, während die Weißen mit Herumsitzen, Telefonieren, Planen, Lesen und Schreiben immer reicher wurden. Maschinen und Afrikaner taten die ganze Arbeit für sie (weswegen sie allerdings ohne Maschinen und Afrikaner verloren waren).[57]

Nun gut, sie wollten nichts abgeben, aber warum gelang es den Schwarzen nicht dennoch, sich ihren Teil zu holen?

Die Weißen halten uns absichtlich unten, antworteten die einen. Sie plündern uns aus, manipulieren die Weltmarktpreise für Rohstoffe.

Auch unsere Vorfahren haben nichts von Büchern gewußt, antworteten die anderen. Wir haben nur Ahnen und keine große Vergangenheit. Schwarze Hände können nicht schreiben wie weiße Hände, schwarze Köpfe nicht denken wie weiße. Obwohl wir die gleichen Anlagen haben, machen die Weißen mehr daraus. »Meiner Meinung nach sind die Afrikaner und die Europäer vor Gott alle gleich, aber auf der Erde sind sie ungleich.«[58] Oder aber: »Gott selbst hat dafür gesorgt, daß die Europäer zivilisiert sind, und deshalb hat er ihnen die Macht gegeben, über die Afrikaner zu herrschen.«[59]

Den Weißen auf die Spur gekommen und doch nichts abgewonnen ... Eine andere Erkenntnis der Kolonialzeit aber war geeignet, noch mehr Verwirrung zu stiften. Man hatte gemeint, die einzige Arbeit der Weißen sei das Schreiben, und »Leute, die das Feld bestellen und andere Arbeiten tun«, gebe es im Land der Weißen überhaupt nicht.[60] Man hatte gemeint, daß die Europäer »ihr ganzes Wissen schon von vornherein als Kinder mitbekommen«.[61] Und man hatte den Reichtum nicht als Errungenschaft, sondern als Natur der Weißen betrachtet. Dann aber hörte man Stimmen, die Zweifel säten. Benjamin Akiga vom Volk der *Munschi* im Norden Nigerias und andere schwarze Diener durften Ende der zwanziger Jahre ihre weißen Herren nach Europa begleiten und sahen vor der Abfahrt ihr erstes Seeschiff. »Was uns aber am meisten wunderte«, sagte Akiga

▶[57] Vgl. Gustav Jahoda: a.a.O., S. 24–26. ▶[58] Ebenda, S. 42. ▶[59] Ebenda, S. 30. ▶[60] Bonifatius Foli: a.a.O., S. 67. ▶[61] Paul Parin/Fritz Morgenthaler/Goldy Parin-Mattèy: a.a.O., S. 129.

später, »war die Tatsache, daß wir Europäer im Dienst von Europäern arbeiten sahen; sogar der Koch und die Matrosen waren Weiße. Ich hatte nie gedacht, daß ein Europäer einem anderen dienen könne, sondern hatte angenommen, der Weiße arbeite nur als sein eigener Herr.«[62] Verwunderung erregte die Behauptung von Weißen, daß auch die Europäer anfangs dumm wie kleine Afrikaner seien und wie diese zur Schule gehen müßten.[63] Und damit nicht genug. Man sollte auch noch glauben, daß viele Europäer kein eigenes Haus und nicht genug Geld besäßen, sich eines zu kaufen oder selbst zu bauen – und daß sie den Besitzer bezahlten, um im Haus wohnen zu dürfen...[64]

Solche Enthüllungen lösten bei den Kolonisierten keine Schadenfreude aus, denn sie dämpften die Erwartung, vom Reichtum angesteckt zu werden wie durch Zauberhand. Sie verzerrten das Bild des Weißen und damit auch das in Gegenwart des Weißen erstehende Selbstbild. Sie wurden gehört und abgetan, gehört und vergessen. Bis man erfuhr, daß auf der ganzen Welt, selbst in Afrika, Europäer gegen Europäer kämpften. Davon Kenntnis zu haben, bedeutete, nicht mehr zu wissen, wer der richtige Weiße war und ob es überhaupt einen richtigen Weißen gab.[65]

Nun fiel es den schwarzen Beobachtern plötzlich auf, daß der Weiße von seinem Reichtum keinen rechten Gebrauch zu machen verstand. Im Besitz von Batterien duftender Körperpflegemittel wuschen sich manche Europäer des Morgens nur flüchtig das Gesicht. »Es ist der weiße Mann, der die Messer verkauft«, lautete ein Sprichwort der Aschanti. »Aber sein Kopf ist von Haaren überwuchert.«[66] Und was machte er mit seinem Geld? Obwohl er sich viele Frauen leisten konnte, wollte er nur mit einer einzigen gesehen werden. Er unterhielt eine riesige Textilindustrie und produzierte vielerlei Stoffe, doch ließ ganze Körperteile nackt. Wenn er sich einen Anzug schneidern ließ, trug er ihn so eng wie möglich, um Stoff zu sparen. Darum kennzeichnete man den Weißen bei bestimmten Völkern in Mali als »Kind von dem, der Stoff hat, aber die Kleider fehlen«.[67]

Darüber hinaus erwies er sich häufig als närrisch. Er entwickelte Vorlieben für Dinge, von denen er nicht leben konnte,

▶[62] Benjamin Akiga: a.a.O., S.238. ▶[63] Paul Parin/Fritz Morgenthaler/Goldy Parin-Mattèy: a.a.O., S.129. ▶[64] Ebenda, S.105. ▶[65] Vgl. Edwin W. Smith: a.a.O., S.74f. ▶[66] R. Sutherland Rattray: a.a.O., S.144. ▶[67] Mamadou Diawara: a.a.O., S.270.

beispielsweise für die Gartenkunst und die Einrichtung seines Hauses.[68] Ein Polizeisergeant beispielsweise, der gerade noch seine hundert schwarzen Askaris angeschrien hatte, pflückte auf der Wiese vor seinem Bungalow Blumen, stellte sie in eine Vase auf seinen Tisch und schnupperte manchmal an ihnen.[69] Er aß häufig mit der linken Hand, die doch der Reinigung diente, so wie das kleine Kinder taten. Er frühstückte, ohne sich vorher den Mund zu spülen. Bestand vielleicht ein Zusammenhang zwischen solchen Kindereien und dem Umstand, daß er und seine Frau nicht beschnitten waren? »Unbeschnittene« wurden die Weißen in Mali genannt.[70] Unreife, Sonderlinge, Verrückte.

Das mythische Weltgehäuse Afrikas wurde während der Kolonialzeit nicht zur Werkhalle europäischer Zivilisation umgebaut. Zivilisation und Mythos herrschten nebeneinander, ohne sich in Frage zu stellen. Sie verschränkten sich, ohne ein Gemeinsames, Drittes herauszubilden. Sie verbanden sich, fielen auseinander und wucherten fort. Die Weißen bewegten sich durch beide Welten. Bei ihrem ersten Auftauchen hatte man sie als Geister identifiziert; nun identifizierte man bestimmte Geister als Europäer.

Vor allem die mythische Unterwasserwelt erschien als Heimstätte und Tummelplatz der Weißen. Ihre Bewohner waren hellhäutig, lang- und glatthaarig, und sie heckten den Reichtum. Zu Beginn des 20. Jahrhunderts opferten die *Ewe* (im heutigen Togo) vor den Kultbildern einer kleinen Wassergottheit, Wumetro genannt, dargestellt als reitender Europäer, umgeben von Gattin, Angestellten und Booten. Die Verehrung Wumetros sollte sich vorteilhaft auf Geschäfte mit Europäern auswirken.[71] Die meisten westafrikanischen Wassergeister aber waren von weiblichem Geschlecht. Mit ihrem hellen Äußeren fiel es ihnen leicht, die Gestalt europäischer Frauen anzunehmen und sich Menschen zu nähern. Sie trugen Kämme, Spiegel, Ohrringe und Halsschmuck, die Insignien der Schönheit und des Reichtums. In der Kolonialzeit erhielten diese Sirenen den Pidgin-Namen *Mammy Water* oder *Mama Wata*.[72]

Vor dem Beginn des Ersten Weltkriegs bekamen die *Mama Wata*-Kulte Westafrikas starken Auftrieb durch ein Zirkusplakat

▶[68] Ruth-Gaby Vermot/Rudolf Hadorn (Hrsg.): a.a.O., S.244. ▶[69] Hans Leuenberger: a.a.O., S.37. ▶[70] Mamadou Diawara: a.a.O., S.271. ▶[71] Fritz W. Kramer: Der rote Fes, a.a.O., S.230. ▶[72] Tobias Wendl: a.a.O., S.108.

aus Hamburg, das auf den Märkten reißenden Absatz fand. Es zeigte den Ober- und Unterkörper einer Schlangenbändigerin, einer Mänade mit aufgelöstem, wallendem Haar, die entrückt ins Leere starrte. Das suggestive Porträt sparte die Beine – den *Fischschwanz* – dieses Wesens aus. Die Afrikaner identifizierten es als Fotografie eines Wassergeistes aus Europa. Bald war das Abbild der Schlangenbändigerin die zentrale Ikone eines Kultes, der einen magischen Zugang zur europäischen Allwissenheit inszenierte. Nach dem Hamburger Modell schufen die Afrikaner in wenigen Jahren Tausende von Skulpturen, Wandmalereien, Masken, Kultfiguren und Ladenschildern für Wahrsager und Heiler.[73]

Die Nixen mit den Zügen von Europäerinnen gehörten zu den Fremdgeistern, die – wie die toten Ahnen – den Geist der Afrikaner befielen. Besessen zu werden, war gewöhnlich die Sache der Frauen, während es die Sache der Männer war, Masken zu tragen (bei deren Anblick die Frauen in Trance gerieten). Besessen machten die *Dinge* der Weißen: ein Hemd, ein Hut, ein Tropenhelm, Messer und Gabel, Schmuck, ein Apparat, aber auch die plötzliche Erscheinung des Trägers solcher Dinge. Die Dinge signalisierten die Gegenwart der Geister.

Gesichtsmasken und Maskenkleider der Männer wurden den Uniformen der weißen Richter, Priester, Soldaten und Polizisten nachgestaltet. Schauspieler in groteskem europäischem Habit verkörperten den weißen Bezirksamtmann an seinem Schreibtisch bei der Befehlsausgabe, den König von England auf seinem Thron und andere Machthaber.[74] Das Kommandieren und Vollziehen, das Beraten und Machen aller möglichen Dinge hielt die schwarzen Adepten in Bann.

Von den Kolonialbehörden gefürchtet und bekämpft wurde ein Besessenheitskult, der die Geisterfamilie der *Hauka* herbeirief: die Herren des Wahnsinns und der europäischen Kultur. In einem Dorf der *Sonrai* (Songai) am nördlichen Nigerbogen wurden in den zwanziger Jahren Frauen und Männer aus heiterem Himmel von unbekannten Geistern heimgesucht. Sie offenbarten sich den Besessenen als *Hauka*, Gäste des mächtigen Gewittergottes Dongo.[75] Von den Sonrai wurden sie als Götter betrachtet, »die nichts mehr gemein haben mit den Göttern des

▶[73] Fritz W. Kramer: Der rote Fes, a.a.O., S.221–223; Tobias Wendl: a.a.O., S.108 und 120f.   ▶[74] Vgl. Fritz W. Kramer: Der rote Fes, a.a.O., S.155–167.   ▶[75] Tobias Wendl: a.a.O., S.54.

Windes, des Donners oder des Wassers, sondern als Götter, die aus ferneren Gegenden kommen«.[76] Unschwer erkennbar waren die »typischen, machtbegabten Vertreter« der Kolonialgewalt.

Wanderarbeiter der Sonrai verbreiteten in den folgenden Jahrzehnten den *Hauka*-Kult an der Goldküste (im heutigen Ghana). Hier wurde das von der französischen Militär- und Zivilhierarchie inspirierte Geister-Ensemble um Charaktere aus der britischen Kolonialkultur erweitert. Es umfaßte schließlich mehr als fünfzig Figuren: den Gouverneur, den Kommandanten, den obersten Richter, den General des Roten Meeres, dessen Gattin, den Gardekorporal, den »Jungen, der Geld von der Erde aufzuheben versteht«, die Lokomotive, den Kapitän, den Arzt, dessen Frau und andere. Jede Figur trug ihre erregenden Attribute zur Schau. Der Ablauf der *Hauka*-Rituale war bis ins kleinste festgelegt. Man paradierte und salutierte vor dem Gouverneurspalast, zog den *Union Jack* auf, fuhr die Lokomotive zum Altar, auf dem ein Hund geopfert und verspeist werden sollte, beschimpfte sich in fiktiven europäischen Sprachen, inspizierte und tötete.[77]

1954 baten *Hauka*-Priester in Accra den Ethno-Cineasten Jean Rouch, eines ihrer Rituale zu filmen. Die Aufzeichnung sollte bei den Proben für künftige Konvente als Lehrfilm dienen. Jean Rouch führte den Auftrag aus – und handelte sich nach der Premiere von *Les maîtres fous* im Pariser Musée de l'Homme den Vorwurf ein, er betreibe rassistische Hetze. Europäische Ethnologen und afrikanische Studenten waren einträchtig empört. Die Mehrzahl der Zuschauer verließ unter Protest den Saal.

Der Film dokumentiert das Inventar der europäischen Macht in Afrika, Protagonisten, Zeichen, Gesten und Utensilien ohne Hintersinn. Jeder und jedes einzelne von ihnen ist ein unersetzliches – und darum besessen machendes – Kraft-Stück. Das *Hauka*-Ritual vollführte zugleich eine Phantasmagorie afrikanischer Macht: Der Hund war für Europäer tabu; töteten und aßen ihnen die *Hauka* dennoch, so bewiesen sie, »daß sie die Grenzen ›normalen‹ Menschseins aufgehoben hatten«.[78] Jean Rouch kommentierte später: »Ich habe den Afrikanern, die den Film ablehnten, erklärt, daß dieser Film in erster Linie ein Film

▶[76] Jean Rouch: Jean Rouch erzählt, a.a.O., S.30. ▶[77] Fritz W. Kramer: Der rote Fes, a.a.O., S.135f.; Tobias Wendl: a.a.O., S.54f. ▶[78] Fritz W. Kramer: Der rote Fes, a.a.O., S.136.

über uns, die Weißen, ist, über das Bild, das die Afrikaner sich von uns machen. Man könnte es, was theoretisch schon viel weiter ausformuliert ist, eine Studie in reziproker Anthropologie nennen. Offenkundig wird dies am Gesamtbild der Gesten. In allen anderen Filmen, die ich zum Besessenheitstanz gedreht habe, sind die Gesten der Tänzer abgerundet, weich, gelöst selbst in der größten Heftigkeit, während sie in *Les maîtres fous* eckig, grobschlächtig und lächerlich sind.«[79]

Auszüge aus Jean Rouchs Filmprotokoll:

Langsam beginnt die Besessenheit im linken Fuß, dann im rechten; sie wandert hinauf zu den Händen, den Armen, in die Schultern und den Kopf. Der erste Besessene erhebt sich, der Gardekorporal. *Er salutiert, begrüßt alle und bittet um eine brennende Fackel, um zu zeigen, daß er kein Mensch mehr ist, sondern ein Hauka. Ein anderer Besessener brüllt: es ist* Gerba, *der* Lokomotivführer, *einer der Bestraften aus dem Busch, besessen vom Hauka Zinkaki. Er krempelt sich seine Shorts hoch und sammelt die Gewehre ein, um sie zum Opferaltar zu bringen. Der* Gardekorporal *hat die rote Schärpe des Befehlshabers erhalten. Und der dritte Besessene erhebt sich, es ist* Kapitän Maliya, *der* Kapitän des Roten Meeres, *der den ›slow march‹, den Paradeschritt der britischen Armee, nachahmt. Auch der* Lokomotivführer *hat seine rote Schärpe bekommen. Und da – der vierte Besessene, der sich ziert und Frauenkleider bekommt –* Mme. Lokotoro, *die Frau des Arztes. Der* Gardekorporal *salutiert beflissen weiter. Die* Lokomotive *bewegt sich zwischen Gouverneurspalast und Opferaltar hin und her. Es kommen mehr Besessene hinzu, wie z. B. der* Leutnant des Kapitäns. *Sein Atem geht schwer, seine Augen verdrehen sich. Der* Gouverneur *kommt herbei. Der* Leutnant *ruft um Hilfe. Der* Korporal *hilft dem* Gouverneur. *Der* Gouverneur *steht da; er spricht französisch und beschimpft alle. Er ruft seinen* Leutnant, *der ihm ein Zeichen gibt, und sagt: »Ich höre dich, aber ich bin noch nicht angekommen.« Der* Leutnant *kommt, um seinen* Gouverneur *zu begrüßen.*

Eine Frau ist zu Boden gefallen. Es ist Magasiya, *eine der Königinnen der Prostituierten von Accra. Sie ist von einem weiblichen Hauka besessen:* Mme. Salma, *der Frau des Leutnants Salma, einem der ersten französischen Offiziere, die im*

---

[79] Jean Rouch: Jean Rouch erzählt, a.a.O., S. 31.

vergangenen Jahrhundert an den Niger kamen. Mme. Salma *hat das Kolonialkostüm und den Kolonialhelm bekommen. Sie wird die neue Statuette des Gouverneurs inspizieren.* Der Leutnant *zerbricht ein Ei auf dem Kopf der Statuette, um so den Federbusch auf dem Helm der britischen Gouverneure zu imitieren.*
...
Der in Blau gekleidete Mann ist vom General *besessen. Der* Gouverneur *schimpft auf den* General. *Der Kapitän sagt: »Ich* Gouverneur, *ich werden den* General *holen.« Der jähzornige* General *hat einen leichten Wutanfall. »Es ist immer das gleiche«, sagt er, »man will nicht auf mich hören.« Da kommt der* Gouverneur *und lädt ihn zu einer »round-table-Konferenz« ein. Der* General *ruft seine* Ordonnanz: *der* Soldat Tiémoko, *halb am Boden, erhebt sich und bietet dem* General *seine Dienste an. Die letzten Besessenen kommen aus dem Busch: der* Sekretär des Generals, *der* Lastwagenfahrer Malmota, Hauptmann Mogu, *der böse Kommandant, der seinem* General *die Ehrenbezeugung macht. Der* General *sagt zu ihm: »Verbrenne dich wie die anderen! Zeige, daß du wirklich der böse Kommandant bist.« Der* Kommandant *nimmt eine viel zu kleine Fackel, weswegen ihn der* General *beschimpft und verlangt, daß man ihm eine größere bringe. Der* Kommandant *nimmt die Fackel und steckt damit sein Nylonhemd in Brand. Man muß den* Kommandanten *löschen.*[80]

Es waren Europäergeister, die über die afrikanischen Seelen Macht erlangten, aber es waren die Afrikaner, die sie kommen und gehen hießen. Die erste Heimsuchung war eine Katastrophe, doch dann übernahmen die Heimgesuchten die Regie. Sie nominierten die mitwirkenden Dämonen und entrückten nach Belieben den Kolonialzustand in die Geisterwelt. Dort fließt alles Wissen der Weißen in den Fetisch (Uniform, *slow march*, Ehrenbezeugung und Rage), sammelt sich das zeitraubende Tun im Sein.

Andere Kulte bannten die Magie der Fremden und ihrer Ausrüstung in Statuetten, Masken, Schreinen und Totengedenkstätten. Machart und Gebrauch der Europäerfiguren waren so symptomatisch für die Zeit zwischen 1890 und 1960, daß der Münchner Galerist Jens Jahn diesen Figuren den Genrenamen

---

[80] Jean Rouch: Les maîtres fous, a.a.O., S. 222–224. Vgl. Jean Rouch: La religion et la magie Songhay. Paris 1960.

Colon verlieh.[81] (Nach der gleichnamigen Ausstellung 1983 im Münchner Stadtmuseum kam es zu einem Run auf afrikanische Skulpturen der Kolonialzeit und somit zu einer Art Rückaneignung der Europäerfiguren durch Europäer.)

Die Hersteller von Figuren europäischer Chargen im kolonialen Afrika porträtierten keine Individuen. Sie kombinierten auffällige Kennzeichen und luden so die Figuren mit Fremdenergie auf. Für die Skulpturen von Soldaten und Offizieren schnitzte man Gewehre, Schirmmützen, Epauletten, Säbel, Uniformjacken, Knöpfe, Trompeten, Rangabzeichen und Auszeichnungen. Zivileuropäer summierte man aus Mütze, Hut oder Tropenhelm, enger Kleidung, Stehkragen, Pfeife, Gamaschenschuhen, Spazierstock, Schirm, Spiegel, Flasche, Becher, Trog und Topf, den wichtigen Macht-Attributen Buch, Stuhl, Sonnenschirm und Hängematte und Händen, die in Hosentaschen steckten: Menschen, die nicht arbeiteten. Neben ihnen figurierten Missionare (mit Rosenkranz und Fotoapparat), Kinder (mit Puppen), Pensionsvorsteherinnen (mit Keulenärmeln und Gürtelschloß), Lehrerinnen, Inspektoren, der Gouverneur, die schmuckbehangene Königin Victoria und der behelmte Kaiser Wilhelm II. Wenn Europäer standen, dann meist in strammer Haltung. Die Europäerphysiognomie setzte sich aus einer langen gebogenen Nase, schmalen Lippen, gepflegtem Schnurr- und Backenbart und glatten Haaren zusammen.

Als eigenschaftslose Träger charaktervoller Einzelheiten stehen diese Europäer vor uns. Die Hervorhebung der Einzelheiten ist so afrikanisch wie ihre Komposition. Die verselbständigten Europäerteile wurden im Stil altafrikanischer Plastik integriert. Ihr Größenverhältnis bezeichnet ihre Bedeutung: Die Dinge und die Gesichter sind sehr groß (und in den Gesichtern die Nase und die kreisförmigen, starrblickenden Augen), die Beine sind sehr kurz.[82]

Die erstaunliche Ähnlichkeit mancher *Colon*-Stücke mit den europäischen Modellen war ein unbeabsichtigter Nebeneffekt. Man wollte sich kein Bild von den geheimnisumwitterten Eindringlingen machen, sondern ihre Kräfte in Dienst nehmen. Ihr Anblick versetzte in Trance. Stammes- und Sippenoberhäupter, die ihre Würde durch die Hegemonie der Weißen bedroht sahen,

---

▶[81] Jens Jahn: a.a.O. ▶[82] Fritz W. Kramer: Die Fremdheit afrikanischer Colon-Figuren, a.a.O., S. 207f.; Fritz W. Kramer: Der rote Fes, a.a.O., S. 194; Maria Kecskési: a.a.O., S. 84f.

ließen die Figuren ihrer Ahnen auf Stühlen mit vier Beinen sitzen und verzierten sie mit europäischen Kleidungsstücken, Schlüsseln, Flaschen, Briefen und Gewehren. Gottheiten der *Ibo* wurden als Europäer dargestellt, weil deren Autorität die göttliche Kraft glaubwürdig repräsentierte.[83] Europäerbilder auf Masken der *Yoruba* sollten die bei Ritualen versteckt anwesenden Hexen unterhalten und besänftigen.[84] Bei den *Fante* im Süden der Goldküste lieferten sich Exerzier- und Paradier-Kompanien erbitterte Kämpfe um das Vorrecht, die Wahrzeichen europäischer Technologie in ihren Kultschreinen aufstellen zu dürfen.[85] Europäische Embleme mit überragender magischer Potenz wie Kanonen, Maschinengewehre, Uhren, Schlösser, moderne Instrumente, Autos und Flugzeuge führten ein Eigenleben als Trophäen.

Sinnbilder der kolonialen Herrschaft als Allegorien der alten, Europäerplastiken als Fetische der Allgewalt – wo war da der Europäer selbst mit seinem Körper und seinem Geist?

Ganz gegenwärtig. Er wurde vollständig abgebildet. Als Trägermedium machthaltiger Geräte und Fähigkeiten trat er in Afrika auf, und als solcher war er weit eindrucksvoller als die Persönlichkeit hinter der Ausstattung. Die Gaben des Weißen hatten einen höheren Wirklichkeitsrang als seine korrekten körperlichen Proportionen. Europäer, die sich von Kunsthandwerkern ihr Abbild schnitzen ließen und Abweichungen reklamierten, verkannten die Situation. Unabhängig von ihren Attributen hatten sie in Afrika keine Existenz. Mit *Colon* boten die Kolonisierten den Zauber der Weißen gegen die weiße Gefahr auf. Sie erkannten die Eigenmacht der von den Weißen entbundenen Dinge. Vielleicht bedeutete sie ihnen sogar mehr als die Macht, die diese Dinge erzeugte. »Die Telefone, Gewehre, Eisenbahnen und Flugzeuge, all die Gesten und Instrumente des Militärs, der Mission und der Industrie, sind, wenn sie zweckentfremdet und spiritualisiert in diesen Kulten und irritierenden Bildwerken wiederkehren, mehr als Accessoires und Embleme der Macht; sie sind die *Personen* des rituellen Dramas; ihr Spiel ist Katharsis.«[86]

Weil das eingeführte Gerät die Götter und die Ahnen faszinierte, war ihr Spiel mehr als ein Psychodrama des Selbst-

---

▶[83] The South Bank Centre (Ed.): a.a.O., S. 26. ▶[84] Edward Graham Norris: a.a.O., S. 53. ▶[85] Fritz W. Kramer: Der rote Fes, a.a.O., S. 202. ▶[86] Fritz W. Kramer: Die Fremdheit afrikanischer Colon-Figuren, a.a.O., S. 213.

schutzes. Haben die Kolonisatoren also doch die Kolonisierten bereichert?

Mit den Weißen empfingen die Schwarzen die Treuhänder der Kraft, die den Reichtum schuf. In der Kolonialzeit offenbarten sich die Weißen durch das, was sie brachten, und das, was sie vorenthielten. Ihre Gerätschaften einschließlich der kolonialen Funktionsträger (vom Gouverneur bis zum Händler) wurden von den Kolonisierten magisch entwendet. Sie gliederten sich bruchlos in die mythische Szenerie des vorkolonialen Afrika ein.

Aber das innerste Geheimnis der machthaltigen Objekte, ihre Erfindung und unbegrenzte Fertigung, enthielten die Weißen den Schwarzen vor. Die Zivilisation blieb ihr Monopol. In der von den Weißen dominierten Welt waren die Weißen eine grenzenlose Enttäuschung.

Nachkoloniales Afrika: Die durchschauten Weißen[1]

Seit der ausgehenden Kolonialzeit gedeiht die Gattung des afrikanischen autobiographischen Bildungsromans. Die Werke sind in französischer oder englischer Sprache und im konventionellen Erzählstil verfaßt. Viele von ihnen gleichen eher Sozialreportagen als Prosastücken. Jeweils im zweiten oder dritten Kapitel brechen die jungen Leute zu ihrem Studien-

[1] Für dieses Kapitel wurden insbesondere die folgenden Titel ausgewertet (in alphabetischer Reihenfolge der Autoren): Mariama *Bâ:* Der scharlachrote Gesang. Roman. Unterägeri (Zug) 1982; Nigel *Barley:* Traumatische Tropen. Notizen aus meiner Lehmhütte. Stuttgart 1990; Rolf *Brockmann/*Gerd *Hötter:* Szene Lagos. Reise in eine afrikanische Kulturmetropole. München 1994; Odile *Cazenave:* Blanche Othello. La femme blanche dans le couple interracial à travers le roman ouest-africain à l'expression française. Dissertation. Pennsylvania State University 1988; Rita *Cruise O'Brien:* White Society in Black Africa: The French of Senegal. London 1972; Elisabeth *D.:* Les mots de la tribu. Paris 1986; Bernard B. *Dadié:* Un Nègre à Paris. Paris 1959; Aly *Diallo:* Die Täuschung. Frankfurt am Main 1987; Mamadou *Diawara:* Der Blick vom anderen Ufer. Oder: Die Entdeckung des Weißen. In: Jörg A. Schlumberger/Peter Segl (Hrsg.): Europa – aber was ist es? Aspekte seiner Identität in interdisziplinärer Sicht. Köln/Weimar/Wien 1994, S. 254 bis 283; Richard *Dooling:* Grab des weißen Mannes. München 1996; Cyprian *Ekwensi:* Jagua Nana. Roman. Frankfurt am Main/Berlin 1987; Buchi *Emecheta:* Die

und Liebesschicksal nach Europa auf. Dort werden sie herausgefordert, dort geraten sie in die Krise und erleben ihre Katharsis. Und von dort aus kehren die meisten geläutert zu den Wurzeln zurück. Manche bleiben in Europa hängen; aber auch sie wissen nun ihre afrikanische Herkunft zu schätzen. Nur wenige dieser Bildungsromane und Lebenschroniken sind in Afrika erschienen. Im Falle Afrikas gilt wie im Falle Ostasiens: die reflektierte Empörung über Europa ist hauptsächlich eine innereuropäische Angelegenheit. Das europäische Publikum liest Geschichten des Scheiterns an Europa, die zugleich Geschichten des Gelingens — der Abgrenzung von Europa — sind.

Amar, ein dreißigjähriger Student vom Volk der *Fulbe*, kommt Mitte der achtziger Jahre aus Mali nach Norddeutschland.[2] Er besucht die Sprachkurse des Goethe-Instituts in Lüneburg und schreibt sich anschließend an der Universität Hamburg ein. Dort will er in Ethnologie promovieren. In einem Café spricht ihn die blonde Studentin Angela an und beschenkt ihn mit ihrer

---

Geschichte der Adah. Roman. München 1987; Melville J. *Herskovits:* The Human Factor in Changing Africa. New York 1962; Martine et Pierre *Kakpo:* La feuille d'ordonnance d'un cordonnier immigré. Paris 1986; Ahmadou *Kourouma:* Der schwarze Fürst. (Originaltitel: Les soleils des indépendences) Wuppertal 1980; Tété-Michel *Kpomassie:* Ein Afrikaner in Grönland. Wien 1982; Sonja *Lehner:* Schwarz-weiße Verständigung. Interkulturelle Kommunikationsprozesse in europäisch-deutschsprachigen und englisch- und französischsprachigen afrikanischen Romanen (1970–1990). (= Studien zu den frankophonen Literaturen außerhalb Europas. 10.) Frankfurt am Main 1994; Sarah L. *Milbury-Steen:* European and African Stereotypes in Twentieth-Century Fiction. New York/London 1981; Blaise *N'Djehoya*/Massaër *Diallo:* Un regard noir. Les Français vus par les Africains. Paris 1984; Chima *Oji:* Unter die Deutschen gefallen. Erfahrungen eines Afrikaners. Wuppertal 1992; Ferdinand *Oyono:* Chemin d'Europe. Paris 1973; Peter *Pieck:* Lassen sich afrikanische Tradition und europäische Moderne versöhnen? Alltagskultur in der Romanliteratur des frankophonen Schwarzafrika. Konstanz 1990; Cyril A. *Rogers:* A Study of Race Attitudes in Nigeria. In: *Rhodes-Livingstone Journal*, Vol. 26 (1959), S. 51–64; Jean *Rouch:* »Petit à petit«. Spielfilm. Frankreich 1970. Hauptdarsteller: Damouré Zika; Mineke *Schipper-de-Leeuw:* Le blanc et l'occident — au miroir du roman négro-africain de langue française. Assen 1973; Ousmane *Soce:* Mirages de Paris. Paris 1977; Christoph *Staewen:* Kulturelle und psychologische Bedingungen der Zusammenarbeit mit Afrikanern. Ansatzpunkte für eine komplementäre Partnerschaft. (= Afrika-Studien. 120.) München/Köln/London 1991; Tobias *Wendl:* Kamm und Spiegel. Notizen zum Europäerbild in einem westafrikanischen Besessenheitskult. In: *KEA — Zeitschrift für Kulturwissenschaften*, 2. Jahrgang (1991), S. 57–67. ▶[2] Aly Diallo: a.a.O.

Adresse und Telefonnummer. (Die Initiative ist ein Privileg der Weißen.) Amar spürt ein »unbeschreibliches Siegesgefühl«, das sich zur »Hysterie« steigert. Weil er seit seiner Landung in Hamburg von einer blonden Freundin mit Auto träumt, ist er beim nächsten Treffen unangenehm berührt: Angela fährt nur Fahrrad.[3]

Sie schläft einige Male mit ihm. Sie stellt die Fragen, sie gliedert sein Leben mit Terminabsprachen. Sie besteht auf eindeutigen Antworten, er reagiert ausweichend, sie kommentiert ironisch.

Als in einer Vorlesung ein Professor über andere Kulturen spricht, formt sich in Amars Bewußtsein der Satz: »Ein alter Mann weiht auf gefährliche Weise Kinder in die Kenntnis anderer Völker ein.«[4] Der Raum und die Zeit der Kulturwissenschaften sind der Raum und die Zeit des Westens. Das Verständnis des Westens für andere Kulturen arretiert diese Kulturen für den Kommunikationsbetrieb des Westens. Dieser will die Plattform aller Räume und Zeiten sein.[5]

Amar hat sich vor denen, die ihm wohlwollen, ständig zu rechtfertigen. Besorgte Antiimperialisten und allzuständige Feministinnen treiben ihn in die Enge. Zum Beispiel die Beschneidung der Afrikanerinnen. Drei Frauen verhören Amar. Er mag es nicht, wie die Weißen aus diesem Thema Vorteile ziehen, und bestreitet, daß die Beschneidung Kastration sei: Beschnittene Frauen können Kinder haben, kastrierte Männer nicht. Das sei nicht der Punkt, sagt eine der Frauen. »Zeugung oder nicht, wir sprechen hier vom Recht der Frau, ihre Sexualität zu genießen.« »Vielleicht haben wir verschiedene Vorstellungen von der Sexualität«, erwidert Amar.[6] Er ist entlarvt.

Amar seinerseits nimmt bei Angela eine »bedrohliche Fäulnis« wahr. In selbstgefälliger Offenheit erzählt sie ihm von anderen Schwarzen, mit denen sie geschlafen hat.[7] Die Antirassisten vom »Internationalen Zentrum« avancieren kraft ihrer Solidarität mit der Dritten Welt zum »Maß aller Dinge«. Tanzend, trinkend, diskutierend bieten sie ein Schauspiel der Selbstgerechtigkeit. Was sie zusammenhält, ist wilde Entschlossenheit, sich zu behaupten. Von der Isolation und der Hektik der Großstadt zermürbt, treten sie als »Fahnenträger von Freiheit und Gleichheit« auf.[8]

▶[3] Aly Diallo: a.a.O., S. 25. ▶[4] Ebenda, S. 20. ▶[5] Ebenda, S. 97. ▶[6] Ebenda, S. 24. ▶[7] Ebenda, S. 38. ▶[8] Ebenda, S. 46.

Erbittert verflucht der schwarze Student den zweideutigen Freiheitsbegriff des Abendlands: Die Ritter der Menschenrechte wollen den Menschen isolieren. »Nachdem er die Rassen gegeneinander aufgehetzt und einen Keil zwischen die Generationen getrieben hat, versucht der Westen jetzt, die Frau gegen den Mann, die Mutter gegen den Vater, die Schwester gegen den Bruder aufzuwiegeln.«[9] Alle Befreiungen des Westens laufen auf Separation hinaus.

Angelas Küsse sind dem schwarzen Geliebten bald unangenehm. Was ist eine Liebe wert, die sich dem Überschwang des Gefühls verdankt, ohne Rückhalt und Loyalität und ohne »das Wissen um die gleichen Hoffnungen«? Was ist sie anderes als eine eitle, gekünstelte Laune? Die Weißen sind kaltherzige Opfer wetterwendischer Sentimentalität. Immer aufs neue wählen sie sich etwas Gutes, um dessentwillen die Menschheit zu belehren und nötigenfalls zu bestrafen ist. Vor Amars kühlem Ethnologenblick zieht eine Menschenmenge mit Plakaten vorbei; man protestiert gegen eine Steuererhöhung für Hunde und Katzen.[10] Seinem einzigen Freund, dem Inder Murti, gesteht Amar: »Ich habe es dir übelgenommen, als du eines Tages zu mir sagtest, ich würde den Westen nicht verstehen.«[11] Nun gibt er dem anderen recht.

Um den Westen in Schranken zu weisen, zitiert Amar afrikanische Dorfszenen herbei. Er memoriert alte Gespräche, die er mit seiner Großmutter, seinem Vater und seiner Mutter geführt zu haben glaubt. Sie enthalten eine Mitteilung, die ihn erst jetzt erreicht: was es bedeutet, Afrikaner zu sein.

Die Berichte der Schwarzafrikaner vom Leben in Europa sind Anklage und Abrechnung (und finden als solche das Interesse französischer, englischer und deutscher Verlage). Als Nachfolger der Edlen Wilden des 18. Jahrhunderts fallen heute die schwarzen Zivilisierten unter die Weißen. Einer von ihnen ist Chima Oji, 1947 im *Ibo*-Land als Sohn eines weitgereisten Geschäftsmanns geboren.[12] Er besucht eine regionale Internatsschule, die von bigotten schottischen Patres geleitet wird, und ein Elitegymnasium in Lagos. 1967, kurz vor dem Ausbruch des nigerianischen Bürgerkriegs, entkommt er nach London. Bald reist er weiter nach Hannover, wo zwei seiner Schwestern leben. Diese empfangen ihn freundlich, doch er spürt, daß sie –

▶[9] Aly Diallo: a.a.O., S.173. ▶[10] Ebenda, S.169. ▶[11] Ebenda, S.48.
▶[12] Chima Oji: a.a.O.

bedrohlich unafrikanisch — mit ihren »ganz persönlichen Sorgen« ausgelastet sind. Also beginnt er in Münster Medizin zu studieren und wird das Opfer einer schier endlosen Reihe von Schikanen.

Oji ist ein Heros des Erduldens und der Entrüstung. Jeder heimtückische Anschlag auf seine Karriere stärkt seine Entschlossenheit. Er heiratet eine Deutsche, promoviert, bemüht sich vergebens um eine Assistenzarztstelle und schlittert in eine neue Odyssee der Demütigungen, ein zahnmedizinisches Zweitstudium. Der doppelten Moral im Land der Weißen, in dem Oji sich auf Dauer eingerichtet hat, macht er nicht einmal, nicht zehnmal, nein, mehr als hundertmal den Prozeß. Vor welchem Gericht? Vor dem Gericht der Weißen.

Schon in London überkommt den Reisenden ein Gefühl tiefer Trostlosigkeit. Er streift durch schmutzige Straßen, an grauen, heruntergekommenen Häusern vorbei, und betrachtet konsterniert die Massen gehetzter Menschen mit angespannten Mienen, die niemals stehenbleiben, um miteinander zu sprechen.[13] Was verbindet die Europäer eigentlich? Oji weiß es nicht. Spürbar ist nur der gemeinsame Wunsch, einander aus dem Weg zu gehen, indem man banale Sprüche und abgedroschene Witze austauscht.

In deutschen Wohnheimen, Kliniken und Fabriken bestätigt sich ein ums andere Mal, daß die Weißen, die in Afrika unwiderstehlich mit ihrem Lebensstil warben, jeden zurückweisen, der ihrem Ruf nach Europa folgt. In Münster wird Oji wie ein abstoßendes fremdes Wesen angestarrt und in bestimmten Lokalen für unerwünscht erklärt. Selbsternannte Betreuer tun sich am armen Fremdling mit herablassender Herzlichkeit gütlich; sie tauchen tags und nachts unangemeldet in seinem Zimmer auf, überzeugt, dem Schwarzen damit eine Freude zu machen. Im Universitätsbereich wiederum erzwingt man künstliche Distanz: »zwei verschiedene Seiten einer Medaille«.[14] In der Zahnklinik der Medizinischen Hochschule in Düsseldorf bemüht sich ein Kollektiv weißbekittelter Gestalten, den Eindringling zu ignorieren. »Mir kommt kein Neger ins Haus!« wettert der Vater der Braut.[15] Nicht nur die Deutschen drängen Oji ungerührt ins soziale Abseits (wie sie es auch mit ihren Alten und Kranken tun); auch die hellhäutigen Ausländer »in ihrer

▶[13] Chima Oji: a.a.O., S. 43. ▶[14] Ebenda, S. 51, 61f., 66f. und 84. ▶[15] Ebenda, S. 117.

Gesamtheit« geben sich Mühe zu zeigen, daß sie mit Schwarzen nicht auf einer Stufe stehen.[16]

All dieses besagt: Neger, bleib uns vom Hals. Sind somit die Fronten geklärt? Nein, eben nicht. (Und darum vermutlich hört Oji nicht auf, vor den Schranken der unsichtbaren Instanz Europa zu klagen.) Wie findet ein schwarzer Arzt in Deutschland Patienten? Nach dem, was Oji widerfahren ist, müssen wir annehmen, daß es deutsche Patienten abscheulich fänden, sich von Schwarzen untersuchen zu lassen. Doch dem ist nicht so. »Im allgemeinen sind afrikanische Ärzte bei den deutschen Patienten sogar sehr beliebt«, bemerkt Oji, »ohne daß ich eine Erklärung wüßte, warum das so ist.«[17] Beunruhigender noch als die allseitige Ablehnung ist für den europakundigen Schwarzen, daß er nicht weiß, ob ihn die Weißen verstoßen oder an sich ziehen. Den Vorwurf »Ihr seid alle Rassisten« kann man getrost als Appell verstehen: Europa, erkläre dich.

Die Berichte der Schwarzafrikaner vom Leben in Europa sind Dokumente der Bewunderung. Nach zwanzig Jahren Deutschlandaufenthalt macht Chima Oji vier Wochen Urlaub in Nigeria. Nach Deutschland zurückgekehrt, erscheinen ihm die kleinen und großen Bequemlichkeiten des Westens besonders angenehm: »Ich fühlte mich sicher als Teilnehmer an einem geregelten Verkehr, genoß das reibungslose Zusammenspiel der Verkehrsampeln, sog das gepflegte Landschaftsbild mit seinem planvollen Wechsel von Bebauung und grünen Nutzflächen in mich ein, und meine Augen erfreuten sich an dem wohltuenden Anblick der ansprechenden Fassaden liebevoll gepflegter Häuser.«[18]

Oji setzt diese Eloge auf das gepflegte Deutschland an den Beginn seines Berichts, um den rechten Kontrast zu der dokumentierten Herabwürdigung der Schwarzen in Deutschland herzustellen. In so einem Land müßte es doch anders zugehen, will er sagen. Wohlgemerkt, er konfrontiert die Fremdenfeindschaft nicht etwa mit den Menschenrechten, sondern mit der fortgeschrittenen Infrastruktur und dem Komfort in Europa. *Das* ist die Zivilisation.

Buchi Emecheta, 1944 in Lagos geboren, erkämpft sich bildungshungrig ein Stipendium der Methodist Girls High School. Der Lehrkörper des Internats besteht aus weißen Engländerinnen und Australierinnen. Diese sehen in den Mädchen die künftigen

▶[16] Chima Oji: a.a.O., S.96. ▶[17] Ebenda, S.164. ▶[18] Ebenda, S.7.

Ehefrauen der neuen nigerianischen Staats- und Wirtschaftsführer und bringen ihnen bei, wie man sich in der gehobenen Gesellschaft zu benehmen hat und mit Angestellten umgeht.

Heute ist Buchi Emecheta Nigerias erfolgreichste Schriftstellerin. 1993 stirbt eine ihrer alten Lehrerinnen, und man lädt die prominente Schülerin zur Beerdigungsfeier ein. Dort trifft sie die Brüder der Lehrerin, die sich daran erinnern, wie sie mit ihrer Schwester einst durch die Wälder streiften und glücklich in der Sonne lagen – *ganz einfache Dorfleute, aus Yorkshire, kleine Hütten ohne Bad*. »Am Grab sah ich nur ärmste Arbeiterklasse, die sich nicht einmal einen richtigen Mantel leisten konnte.«[19] Nach zwanzig Jahren Aufenthalt in London hat Buchi Emecheta noch nicht genug gestaunt über den Unterschied zwischen der weißen Göttin in Nigeria, der *Herrschaft persönlich*, und der Häuslerin in England. »Was haben die uns damals bloß vorgemacht?«[20] Offenbar schickte man ihnen aus Europa nicht immer die besten Leute, »sondern häufig genug Straßenkehrer, die vorgaben, sonst was zu sein«.[21]

Achtzehnjährig, als junge Ehefrau und Mutter zweier Kinder, schifft sich Buchi Emecheta 1962 mit ihrem nichtsnutzigen Ehemann nach Liverpool ein. Sie erwartet dort das Reich Gottes, in dem alle Menschen reich sind, und will es auch sein. Nie zuvor hat sie sich gefragt, wer im Land der Weißen eigentlich die Straßen reinigt. Dann geht sie an Land und sieht sich um – England stürzt aus lichten Höhen ins Bodenlose. Aber Emecheta denkt nicht an Rückkehr. Enttäuschungen allein können das alte wunderwirkende Verhältnis zwischen weißen Besitzern und schwarzen Bewerbern nicht beenden. Ein Teil der Hoffnung lebt fort, vielleicht sogar die ganze. Die Schattenseiten im Land der Weißen werden zum Dauerthema der schwarzen Exilanten (und oft erlauben es erst die Maßstäbe der Weißen, die Schattenseiten zu bezeichnen). Das heißt, man klagt die Erfüllung alter Versprechen ein. Kalifornien zum Beispiel, sagt Buchi Emecheta, besteht nicht nur aus Universal Studios, Bungalows und reichen Dynastien. In Kalifornien schlafen die Leute auf der Straße. In New York sind die U-Bahn-Stationen voll von Obdachlosen. Und im feuchtkalten London müssen sich manche unter die Brücken verkriechen. Verglichen damit sind die Leute in Nigeria in vielem sogar reicher…[22]

▶[19] Rolf Brockmann/Gerd Hötter: a.a.O., S.264.   ▶[20] Ebenda, S.164.
▶[21] Ebenda, S.267.   ▶[22] Ebenda, S.265 und 267.

Die Existenz elender, ausgestoßener Weißer ist für die Ankömmlinge ein Menetekel. Sie weckt den bösen Gedanken, daß man in Europa nicht vorhat, die Schwarzen besser zu behandeln als die Weißen zweiter Klasse. Daß im Land der Weißen jeder reich sei, verhieß: bald auch wir. Emechetas autobiographischer Romanfigur Adah schwant bereits beim Eintreffen in Liverpool Übles. Die Stadt sieht grau und rauchig aus, und die weißen Bewohner sind darauf bedacht, Abstand von den Gästen zu wahren. »Aber wenn es, wie die Leute sagten, in England soviel Geld gab, warum bereiteten die Einwohner ihren Besuchern einen so kühlen Empfang?«[23] Weil diese Besucher schwarz sind. In England gibt es keinen anderen Platz für sie als winzige schäbige Wohnungen mit Außentoilette in abbruchreifen Häusern. Selbst häßliche, gebrechliche und ungepflegte Engländer weisen schwarze Menschen von der Tür. Diese Behandlung grenzt an Betrug. Schließlich ist man nicht grundlos hergekommen. Die weißen Lehrer in Nigeria müssen instruiert worden sein, bevor sie in die Tropen ausschwärmten, denkt Adah. »Denn sie ließen aus ihren vorsichtigen Mündern nie ein Wort über die Tatsache fallen, daß Schwarz in ihren Ländern etwas Minderwertiges war.«[24] Europa hält nicht, was seine in Afrika entfaltete Macht verspricht. Es spart sie für unbekannte Zwecke auf.

Die Enttäuschten aus Afrika raffen sich nicht zu Theorien über das wirkliche Europa auf. Sie brauchen alle Kraft für die Enttäuschung. Während die europäische Afrikaliteratur nach dem Anderen Kontinent und in ihm nach dem Anderen Menschen forscht, kreist die afrikanische Reiseliteratur der letzten vier Jahrzehnte um das eigene Selbst.[25] Wie stehen wir in den Augen der Weißen da? ist die erste, wesentliche Frage. Worin unterscheiden wir uns von ihnen? ist die zweite, abgeleitete. Es ist, als wäre man auf einem fremden Stern gelandet und fast ausschließlich damit befaßt, was einem die Sternbewohner antun. In bestimmter Hinsicht sind die Weißen, von denen man alles erwartet, selbst völlig unerheblich. Doch dieses Schweigen über Europa (Euroamerika) ist beredt. Auch nach dem Ende der europäischen Vormundschaft über Afrika wagt der afrikanische Blick nicht den Hegemonialblock im Norden der

▶[23] Buchi Emecheta: a.a.O., S.61. ▶[24] Ebenda, S.122. ▶[25] Vgl. Edith Ihekweazu: Auf der Suche nach dem Goldenen Vlies. Literarische Berichte afrikanischer Studenten in Europa und Amerika. In: *Peripherie*, Nr.8 (Frühjahr 1982), S.57–70. Hier: S.59.

Erde anzutasten. Man wagt es noch nicht, Europa Namen zu geben. Die Abbildlosigkeit Europas in Afrika dauert an. Zunächst sind es wieder die Weißen (wie ich in diesem Buch), die befinden, es sei an der Zeit, daß die Schwarzen ihren Blick zu den Weißen erheben.

Allerdings kommen die Dekolonialisierten nicht mit Indifferenz davon, nachdem sie, von den Weißen heimgesucht, ihre Unschuld verloren haben. Sie wollen um fast jeden Preis den Reichtum erlangen, der die Verfügung über die wunderbaren Dinge bedeutet. So hat sich nach dem Erreichen der staatlichen Unabhängigkeit in Afrika die Frage zugespitzt, warum der Reichtum noch immer auf sich warten läßt. In einer von den Weißen organisierten Staatenwelt verspricht die Unabhängigkeit den freien Zugang zur Bau- und Gebrauchsanweisung der Wohlstandsmaschine oder zumindest − falls man für Konstruktionspläne wenig übrig hat − zum großen Markt, auf dem alles zu bekommen ist. Aber statt Reichtum hat die Unabhängigkeit Armut gebracht.

Was haben die »Sonnen der Unabhängigkeiten« denn reifen lassen? fragt sich 1965 ein verarmter Kaufmann vom Volk der *Malinke* (Elfenbeinküste und Mali) in Ahmadou Kouroumas gleichnamigem Roman. Gewiß brachte die Kolonisierung viele Leiden mit sich: Zwangsarbeit, Holzfällen in den Wäldern, Straßen- und Brückenbau, Steuern über Steuern und hundert andere Eintreibungen. »Aber das Wichtigste für einen Malinke ist die Freiheit des Handels. Und die Franzosen bedeuteten auch und in erster Linie Freiheit des Handels, der... den Malinke zu Wohlstand kommen läßt. Handel und Krieg, auf diesen beiden gingen, mit beiden sahen und durch beide atmeten, so wie sich's gehört, die Malinke... Die Kolonisierung ächtete und beendete gewaltsam den Krieg, aber den Handel begünstigte sie; die Unabhängigkeiten zerschlugen den Handel, der Krieg aber kam auch nicht wieder. Und das Geschlecht der Malinke, ihre Stämme, ihr Land, ihre Kultur, alles stirbt ab, wird lahm, taub und blind... und unfruchtbar.«[26] Nun, in einige Regionen Westafrikas ist mittlerweile der Krieg zurückgekehrt, wenn auch noch nicht zu den Malinke.

In einer Umfrage unter zweihundert Studenten der Universität Ibadan (Nigeria) im Jahr 1959 zeigten nur 6 Prozent der Befragten eine ablehnende Haltung gegenüber den abziehenden

[26] Ahmadou Kourouma: a.a.O., S. 24.

Europäern.[27] Ein einziger Befragter bestätigte die vorgegebene Aussage *I hate all Europeans*.[28] Fast niemand wollte die Europäer den gleichen Ungerechtigkeiten und Erniedrigungen aussetzen, die man von ihnen erfahren hatte.[29] Etwa 63 Prozent stimmten der folgenden Aussage zu: »Ich bin der Meinung, daß die Europäer an der Regierungstätigkeit solange beteiligt werden sollten, bis die Afrikaner imstande sind, sich selbst zu regieren.«[30] Zwei Drittel glaubten, daß viele Afrikaner es vorzögen, unter europäischen Vorgesetzten zu arbeiten, obwohl zugleich etwa 78 Prozent der Vorstellung widersprachen, Europäer seien den Afrikanern geistig überlegen.[31] Und etwa 59 Prozent der künftigen Führungselite Nigerias billigten Europäern das Recht zu, in Afrika zu leben. (In den französischen Kolonien hätten solche Umfragen in jener Zeit mutmaßlich zu einem für die Europäer weniger günstigen Ergebnis geführt.)

Was auch immer die Bewohner der anglophonen und frankophonen Staaten Westafrikas heute, dreißig bis vierzig Jahre nach dem Ende der Kolonialzeit, von »Hilfe« aus Europa halten, ihre Erwartungen und Befürchtungen bleiben auf das Land der Weißen ausgerichtet. »Der Westen ist wie eine Wolke an unserem Horizont«, sagt 1993 die aus Ghana stammende Schriftstellerin Ama Ata Aidoo einer deutschen Literaturwissenschaftlerin. »Dort steht sie jetzt schon mindestens fünfhundert Jahre, und sie hat sich nicht aufgelöst. Sie verlagert sich zwar – einmal steht sie im Osten, ein andermal im Westen. Sie wissen schon, was ich meine. Aber ihr seid immer da, an unserem Himmel. Unser Leben in Afrika ist heute sogar noch bedrückender, als es vor zehn, zwanzig Jahren war. Wollen wir hoffen, daß es in London, Paris, Bonn, New York oder Washington einen Sinneswandel gibt...«[32] An der dunklen, bedrückenden Wolke über Afrika hängt zugleich Afrikas Hoffnung.

»Hut ab vor der Macht der Weißen / Gott nur kann man mächtger heißen«, reimt Nigerias Großstadtjugend zu Beginn der sechziger Jahre.[33] In den achtziger Jahren glaubt man in Sierra Leone, daß der weiße Mann weder Frauen noch Kinder noch Felder brauche, weil er überall in der Welt Bankkonten habe. Seine Taschen seien voller Medizin, die ihn und seine Günstlinge vor allem Übel bewahrten und alle Annehmlich-

[27] Cyril A. Rogers: a.a.O., S.60. [28] Ebenda, S.57f. [29] Ebenda, S.58. [30] Ebenda, S.62. [31] Ebenda. [32] Sonja Lehner: a.a.O., S.241. [33] Cyprian Ekwensi: a.a.O., S.82.

keiten des Lebens verschafften.[34] »Weißer Mann, hallo, Guten Tag, kannst du zaubern, gib mir fünf Cent«, lautet die Grußformel der schwarzen Kinder. Die Technik und ihre Erfinder bestehen nach Überzeugung afrikanischer Wohlstandsaspiranten aus Konzentraten lenkbarer Allmacht, und eine andere Technik als die der Weißen gibt es nicht. Ein nigerianischer Medizinmann äußert in den siebziger Jahren gegenüber dem deutschen Arzt Christoph Staewen: »Wir Afrikaner verwenden all unsere Power, um das Leben schön zu machen. Ihr Weißen aber legt all eure Power in eure Gehirne, und deshalb habt ihr all' die wunderbaren Dinge erfunden.«[35] Die Weißen haben das Auto und den Kühlschrank erfunden, aber nicht unbedingt deshalb, um sich das Leben schön zu machen. Was könnten sie also gegen andere, genießerische Nutzanwender einzuwenden haben?

Zu Beginn seiner »Afrika-Lehrzeit« schenkt Christoph Staewen einem jungen nigerianischen Hausangestellten, der monatelang gut für ihn gearbeitet hat, zu Weihnachten ein zusätzliches Monatsgehalt. Der »Boy« sieht sich (wie Staewen später klar wird) plötzlich in der Gunst und Obhut eines mächtigen »guten Geistes«. Konsequenterweise ersucht er den Arzt, den vereinbarten Brautpreis für seine künftige Frau zu bezahlen. Staewen ergreift die Flucht nach vorn und enthüllt dem Angestellten, er habe sein Geld schon anderweitig verplant. Damit ist die Sache erledigt. Der »Boy« arbeitet weiterhin gut, denn die Wege des weißen Mannes sind unerfindlich.[36]

Ein Geist, der solche Dinge erfindet, wie sie der Weiße erfindet, ist nicht menschlich im vertrauten Sinne. Worum es sich bei ihm nun eigentlich handelt, ist jedoch nicht weiter von Bedeutung. Wichtig ist, was er tut. Bei den Völkern der westafrikanischen Sahelzone identifiziert man den Weißen mit seiner Industrie, wie der malische Ethnologe Mamadou Diawara ermittelt hat.[37] Die *Soninko* unterscheiden zwei verschiedene Garnarten: das von Hand gesponnene Garn, »Faden des Menschen« genannt, und das maschinenproduzierte Garn, »Faden des Weißen« genannt. Dementsprechend unterscheidet man Menschen-Reis und Maschinen-Reis, »Häuser« schlechthin und »Häuser der Weißen« (aus Beton und Zement). Man kann sich die Weißen nicht als Handwerker vorstellen.[38] Sie sind Maschinen-Geister, die Maschinen der Maschinen.

▶[34] Richard Dooling: a.a.O., S.147. ▶[35] Christoph Staewen: a.a.O., S.124.
▶[36] Ebenda, S.37. ▶[37] Mamadou Diawara: a.a.O., S.273f. ▶[38] Ebenda, S.274.

Staewen zufolge wünscht sich heute eine breite Mehrheit der Schwarzafrikaner kaum etwas sehnlicher, als Reichtum und Lebensstil, ja das gesamte System der technischen Zivilisation des weißen Mannes übernehmen zu können. Die Angehörigen der herrschenden Schicht führten öffentlich vor, daß die Verwirklichung dieses Wunschtraums per Luftfracht *from outside* möglich sei.[39] Demnach ist das eigene Lebensziel nur durch das Wohlwollen der Herren der Außenwelt zu erreichen. Was liegt dann näher, als diesen Reichtumsquell selbst aufzusuchen und die Qualifikation für lebenslanges Wohlleben und Ansehen nach Hause mitzubringen? Wer es sich leisten kann oder ein Stipendium ergattert, geht auf Bildungsreise nach Europa. Er zieht aus, um »das goldene Vlies des Wissens und der Führerschaft zu gewinnen«. Seine Vorstellungen von Paris oder London speisen sich aus dem Geographieunterricht, den aufschneiderischen Reiseberichten heimgekehrter Landsleute und alten Katalogen Pariser Warenhäuser.[40]

Die europäischen Zustände sind dann weit mehr als böse Überraschungen. Sie verbiegen den Rahmen aller Erwartungen, die man in Afrika auf Europa richtet. Um diesen »Kulturschock« kümmerten sich im Frankreich der sechziger Jahre die Sozialwissenschaften. Die Auftraggeber entsprechender Umfragen interessierte vor allem das Urteil und so gut wie nie die Wahrnehmung der jungen Afrikaner.[41] Zumindest einmal jedoch, im Winter 1965/66, führte man eine offene Befragung (ohne Antwortvorgaben) unter 162 Studenten aus Frankreichs ehemaligen afrikanischen Kolonien durch. »Welche Unterschiede zwischen Europa und Afrika waren für Sie zu Beginn Ihres Europaaufenthalts am auffälligsten?« hieß eine der Fragen. (Es waren jeweils mehrere Antworten möglich.) 86 Prozent der Befragten umschrieben den *Individualismus* der Europäer. 54 Prozent sprachen die *von der Technik geprägte Mentalität* der Europäer an: die rigorose Zeiteinteilung, den Zeitdruck, unter dem fast alle Verrichtungen stehen, die Sparsamkeit und ähnliches. Etwa 48 Prozent der Befragten nannten die Überzeugung der Europäer, den Afrikanern überlegen zu sein *(Ethnozentrismus)*.[42]

▶[39] Christoph Staewen: a.a.O., S. 4-8. ▶[40] Vgl. Ousmane Soce: a.a.O., S. 15; Ferdinand Oyono: a.a.O., S. 45; Cyprian Ekwensi: a.a.O., S. 35; Peter Pieck: a.a.O., S. 160f. ▶[41] Vgl. Jean-Pierre N'Diaye: Elites africaines et culture occidentale. Assimilation ou résistance? Paris 1969. ▶[42] Ebenda, S. 70.

Lassen wir das dritte Antwortbündel, die indirekte Einschätzung des Selbstfremdbilds, beiseite. Die am häufigsten gegebenen Antworten charakterisieren unmittelbar die Weißen im eigenen Land. In der afrikanischen Reiseliteratur der nachkolonialen Ära sind diese Erfahrungen reich illustriert. Die kühlen, anonymen Beziehungen zwischen den Menschen, das Einanderignorieren auf Straßen und in Verkehrsmitteln und Lokalen, machen den stärksten Eindruck, zumal sie die eigene Isolation widerzuspiegeln scheinen.

Mit abweisendem Gesichtsausdruck verschanzen sich die Menschen in der Metro hinter ihren Zeitungen. Personen, die kürzlich noch miteinander gesprochen haben wie beispielsweise Patient und Krankenschwester oder Kunde und Verkäufer, gehen grußlos aneinander vorüber. Im Getümmel der Städte jagt ein jeder mutterseelenallein seinen Zielen nach; was die anderen treibt, läßt ihn kalt.[43]

»Die Männer tragen alle graue Anzüge, ohne lebhafte Farben«, berichtet ein Togolese 1981 von seinem ersten Tag in Paris. »Sie gingen rasch und erschienen mir nervös. Die Frauen hatten das Haar in allen Schattierungen gefärbt. In der allgemeinen Hast liefen sie mit vorgebeugtem Oberkörper und hoben den Kopf nur, um sich hier und da eilig, beinahe verstohlen, umzublicken… Höchstwahrscheinlich gestattete es ihnen die hastige Pariser Lebensweise nicht, anders als in dieser aufgeregten, abgehackten Art zu gehen.«[44] Jeder dieser ungeduldigen, leicht verärgerten, zurückhaltenden, ungeselligen und bei aller Angespanntheit gelangweilten Menschen scheint der Rivale aller anderen zu sein.

Wofür leben sie eigentlich, jeder für sich? Das Leben der Weißen bemißt sich nach dem Zeittakt des Geldmachens. Über ihren Zeitverbrauch legen sie Rechenschaft ab. Ihre Gespräche drehen sich ums Geld und um Gelegenheiten, etwas gratis zu bekommen. Vertragsgespräche, »Papiergespräche«.[45] Keiner tut dem anderen einen Gefallen aus purer Freundschaft. Selbst die Beziehungen zwischen Eltern und Kindern und zwischen Geschwistern sind vertraglich geregelt.

Ein schwarzer Fabrikarbeiter nennt Deutschland »ein mechanisches Zauberstück, in dem der Mensch seit langer Zeit

▶[43] Vgl. Camara Laye: Dramouss. Paris 1974, S. 66f. ▶[44] Tété-Michel Kpomassie: a.a.O., S. 79. ▶[45] Vgl. Bernard B. Dadié: a.a.O., S. 26; Bernard B. Dadié: Légendes et poèmes. Paris 1966, S. 205.

gestorben ist«.[46] Von Geldsorgen niedergedrückt, irren die Menschen allein durch enge dunkle Straßenfluchten. Und was in Afrika niemand für möglich gehalten hätte – viele Weiße kämpfen mit Krankheiten, Kakerlaken und Gerichtsvollziehern. Und viele nehmen sich das Leben.

Der einzelne Weiße ist ein anfälliges Geschöpf. Seine helle, durchscheinende Haut macht ihn schutzlos. Als der britische Ethnologe Nigel Barley die *Dowayo* (in Kamerun) durch unwegsames, felsiges Gelände begleitet, erweckt er ihr Mitgefühl. Die Schwarzen wundern sich, daß der Weiße überhaupt imstande ist, sich zu Fuß fortzubewegen. »Sie hatten die übertriebensten Vorstellungen von unserer Hilflosigkeit, Krankheitsanfälligkeit und Empfindlichkeit und erklärten sich das mit unserer ›weichen Haut‹.«[47] In Ama Ata Aidoos Roman »Our Sister Killjoy« aus dem Jahr 1977 geht der jungen Ghanaerin Sissie beim Anblick ihrer deutschen Freundin durch den Sinn, »daß es ganz schön gefährlich sein muß, weiß zu sein. Es macht einen furchtbar nackt und schrecklich verletzlich. Als ob man ohne Haut geboren wäre. Wie wenn der Schöpfer den Körper eines Menschen geformt, in eine dünne Plastikfolie gestopft und so in die Welt gesetzt hätte. Mein Gott, fragte sie sich, ist das vielleicht der Grund, warum sie so entsetzlich grausam sind? Vielleicht fühlen sie sich nur auf diese Weise sicher auf der Erde...«[48]

Diese anfällige Kreatur hat sich der Wissenschaft, der Industrie und der Kontrolle verschrieben. Ihnen zuliebe gibt sie ihr Lebensglück und das ihrer Mitmenschen preis. Erbarmungslos saugt sie den Lebensatem der farbigen Völker aus, um ihre Macht zu vervollkommnen. Rassismus ist nichts anderes als der Weltherrschaftsanspruch der Weißen. Die meisten Schwarzafrikaner sind davon überzeugt, daß die soziale Sicherheit der Bürger Europas auf der Ausbeutung der Schwarzen beruht. »Sie haben ihre Vergünstigungen, ihre Löhne, ihre Arbeitslosenunterstützung, ihren Schwangerschaftsurlaub, ihre Altersversicherung... und all das Geld kommt von Afrika. Es ist das Blut der afrikanischen Völker. Wissen sie, daß das Geld, das sie ausgeben, Blutgeld ist?« fragt Fela Anikulapo Kuti, Nigerias prominentester Popstar, im Jahr 1993.[49] Er formuliert die all-

▶[46] Abd'el Aziz Mayoro Diop: L'ailleurs et l'illusion. Dakar/Abidjan/Lomé 1983, S. 82. ▶[47] Nigel Barley: a.a.O., S. 104. ▶[48] Ama Ata Aidoo: Our Sister Killjoy or Reflections from a Black-Eyed Squint. London 1977, S. 76. ▶[49] Rolf Brockmann/Gerd Hötter: a.a.O., S. 24f.

gemeinverständliche Version der Dependenztheorie, nach der die bestehende Weltwirtschaftsordnung die Nationen des Nordens füttert und die des Südens plündert.

Auch die Liebe der weißen Frau, von schwarzen Karrieristen ersehnt, gilt als eine Form von Machtergreifung. Europäische Frauen stehen bei Westafrikanern in dem Ruf, daß sie mit Rechthaberei und ständigem Lamentieren den Gatten und Hausangestellten das Leben zur Hölle machen.[50] »Die Weiße behandelt ihren Mann wie einen Hampelmann«, warnt in einem Roman der Senegalesin Mariama Bâ eine Mutter ihren verliebten Sohn. »Sie betrachtet ihren Ehemann als ihr Eigentum. Sie allein verwaltet das Haushaltsgeld, sie ist die einzige Nutznießerin davon. Nichts geht an ihre Schwiegerfamilie!«[51] Der nigerianische Maler Twins Seven Seven weiß, wie man eine Weiße glücklich macht – man geht mit ihr aus, treibt Sport mit ihr und spült das Geschirr. Aber er weiß auch, warum er mit einer solchen Frau nicht verheiratet sein möchte: »Was mich an weißen Frauen beunruhigt, ist die Tatsache, daß sie dich einfach verlassen, Schluß mit dir machen, wenn sie ärgerlich sind oder wenn sie beschließen, nicht mehr verliebt zu sein ... Europäische Liebe ist das, was wir besitzergreifende Liebe nennen. Und sie ist künstlich, eigentlich keine Liebe, weil sie materialistisch begründet ist ... Dieses und jenes darf man nicht tun, weil man einen Kontrakt unterzeichnet hat. Die Ehe ist ein Symbol, das einen niederhält. Die Liebe wird außerdem zerstört, wenn Wettbewerb ins Spiel kommt: Wettbewerb im Verstehen, bei Diskussionen, sexueller Wettbewerb, ökonomischer Wettbewerb.«[52]

Wer aus Eigennutz »der Natur zu viele Fragen stellt« (Kuti), wird schließlich auch dazu neigen, die Natur in die Ecke zu stellen. Dann konkurrieren Frauen mit Männern und trainieren sich schwellende Muskeln an. Dann sehen sie am Ende noch wie Männer aus. In neueren schwarz-weißen Liebesgeschichten afrikanischer Autoren sind weiße Frauen entweder frigide oder nymphoman.[53] »Das sexuelle Interesse ist hier nicht so wichtig«, sagt Twins Seven Seven. »In Europa wird Sex so hoch gehandelt, hier dient er in erster Linie der Fortpflanzung.«[54] Junge Afrikaner sind traditionsgemäß darin geübt, ihre Gefühle im

---

[50] Vgl. Sarah L. Milbury-Steen: a.a.O., S.117–121.   [51] Mariama Bâ: a.a.O., S.125.   [52] Rolf Brockmann/Gerd Hötter: a.a.O., S.213f.   [53] Sarah L. Milbury-Steen: a.a.O., S.117f.   [54] Rolf Brockmann/Gerd Hötter: a.a.O., S.214.

Zaum zu halten. Die verfeinerte Leidenschaft und erfinderische Zärtlichkeit der Europäer erscheint ihnen würdelos und aufdringlich. »Hier gibt es nur Sex«, erkennt Jean Rouchs nigerischer Gefährte Damouré Zika bei einer ethnologischen Inspektion des Volks von Paris.[55] Beschämt wenden Afrikaner in Paris, München und London den Kopf ab, wenn sich vor ihren Augen junge Pärchen exhibitionieren.[56] Das ist die Art der »Unbeschnittenen«... Was Wunder, daß dort, wo Männlich und Weiblich durcheinandergeraten, auch die Generationsschranken niedergerissen werden und die Knirpse in hochfahrendem Tonfall ihre Eltern tadeln und belehren.[57]

Seltsame Weiße – eigennützig und selbstverleugnend, hedonistisch und unglücklich, entartet und erfolgreich. Vereinsamt und asozial, wie sie sind, ziehen sie doch alle an einem Strang.

Und die äußere Erscheinung der Weißen ist heute wie zu Kolonialzeiten ein Anreiz zur Mimesis. In den afrikanischen Gemischtwarenhandlungen füllen die Mittel zum Aufhellen der Haut und zur Glättung des Haars einen großen Teil der Regale.[58] Geradezu hypnotisch ziehen die seidene Haarpracht und die langen Wimpern der Weißen den Schwarzen an. Sie wachsen im zaubrischen Überfluß, und sie mildern die Schroffheit des Nasenprofils und die Kälte des Blicks aus den hellen Augen.

Auch die frostigen, düsteren, hektischen Städte Europas haben ein zweites Gesicht: das eines fein gegliederten, polierten, bebenden Körpers mit unzähligen Organen und Nervenbahnen. Zu fühlen, wie eigenwillige Hochleistungsapparate unter und über der Erde zusammenwirken, macht die Migranten süchtig, ebenso wie das dumpfe Dröhnen dieses Körpers, seine Krämpfe, Strömungen und Lichtkaskaden.[59] Es ist, als würde ein Zauberstab allem, was der Blick erfaßt, verführerischen Glanz verleihen.[60]

Die Abrechnungsliteratur schwarzer Akademiker hat das glänzende Europabild der breiten Bevölkerungsmehrheit in den ehemaligen britischen und französischen Kolonien nicht getrübt. Das Bramarbassieren der einfachen *been to* (Europa-

▶[55] Jean Rouch: a.a.O. ▶[56] Blaise N'Djehoya/Massaër Diallo: a.a.O., S.14 und 21. ▶[57] Vgl. Melville J. Herskovits: a.a.O., S.453. ▶[58] Vgl. Ama Ata Aidoo: Alles zählt. In: Rüdiger Jestel (Hrsg.): Der Neger vom Dienst. Afrikanische Erzählungen. Frankfurt am Main 1980, S.63–67. ▶[59] Vgl. Ousmane Soce: a.a.O., S.72. ▶[60] Tété-Michel Kpomassie: a.a.O., S.82.

veteranen) macht da entschieden mehr Eindruck. »Das Bild des Weißen, der reich ist und daher vollkommen glücklich, besteht ungebrochen fort«, folgert der Ethnologe Mamadou Diawara. »Es wird unentwegt bestätigt, da es in seiner Einfachheit von den in ihren Ghettos lebenden ausländischen Experten vorgelebt, schließlich in Zeitschriften und in jüngster Zeit vor allem in städtischem Milieu im Fernsehen reproduziert wird.«[61] Das Fernsehgerät läuft in den meisten Haushalten der westafrikanischen Städte ununterbrochen und ist zu einem »für den sozialen Status unverzichtbaren Familienmitglied geworden, dem man viel verzeiht«.[62] Die Dekolonialisierten versuchen mit Projekten, die ihre Kräfte häufig übersteigen, den Respekt Europas zu erringen. Sie bleiben »Europas Gefangene«.[63] Im übrigen schreiben sich heutzutage die meisten afrikanischen Studenten in Europa nicht mehr in geisteswissenschaftlichen, sondern in technisch-naturwissenschaftlichen Fächern ein. Als Rückkehrer schüren sie die Begeisterung für das Genie der Gehirne im Norden.

Was diese Gehirne erfunden haben, gehorcht nur ihnen selbst aufs Wort. Viele Schwarze weigern sich, ein Flugzeug zu besteigen, wenn der Pilot ebenfalls ein Schwarzer ist.[64]

Ist also Ambivalenz das Schlüsselwort für die Europa-Erfahrung der Schwarzen? Die von den wunderbaren Dingen benommenen Besucher beschuldigen Europa, es unterwerfe den Menschen der Vorherrschaft der Dinge.[65] Sie beanstanden die »Künstlichkeit« des Lebens in Europa, der sie selbst verfallen sind. Dieselben Verhältnisse, die den Menschen isolieren, sorgen für den begehrten Komfort. »Egoismus« ist eine durch und durch ambivalente Diagnose der unter Weißen lebenden Schwarzen. »Machtgier«, »Geldgier«, »Zauberei« und »Materialismus« sind andere. Aber was besagt denn die Haßliebe, der Zwiespalt der Schwarzen, vom Gegenstand dieser Haßliebe, Europa? Sympathien und Antipathien einer Gruppe lassen nur wenig von dem erkennen, was die Gruppe *sieht*. Dieser Zwiespalt jedoch, der ja die begehrten Dinge betrifft, erzählt

▶[61] Mamadou Diawara: a.a.O., S.275f. ▶[62] Thierry Perret: Afrika zappt sich durch. In: *Le Monde Diplomatique* vom April 1996. Beilage in *die tageszeitung*, S.20. ▶[63] So äußerte sich der beninische Philosoph P. Houtondji. Siehe Peter Pieck: a.a.O., S.283. ▶[64] Buchi Emecheta in: Rolf Brockmann/ Gerd Hötter: a.a.O., S.262. ▶[65] Vgl. Bernard Nanga: La trahison de Marianne. Dakar/Abidjan/Lomé 1984, S.57.

die ganze Geschichte der afrikanisch-europäischen Begegnung und ihr derzeitiges Ende. Die Entthronung der Weißen inthronisiert sie erneut. Die Weißen sind durchschaut, und sie sind unbegreiflich.

Männer, die über Himmel, Erde und Wasser gebieten, verschaffen sich bei ihren Frauen Respekt. Nicht so die weißen Männer. Diese Männer werden von den Frauen ausgeschimpft und schweigen dazu. Sie spielen im eigenen Haus die Rolle von Kindern, die gesagt bekommen, was sie anzuziehen und zu essen haben. Sie tun Frauenarbeit, und das auch noch häufig mit der linken Hand, die dazu da ist, den Hintern abzuwischen und den Zipfel anzufassen und andere unreine Dinge zu tun.[66]

Alles verdanken sie ihren Gehirnen und dem beschriebenen Papier, auf dem die Weisheit die Zeiten überdauert. Zugleich verabscheuen sie das Alter und verleugnen es mit Hilfe von Kosmetika und Schlankheitsmitteln. Ihre Alten schämen sich vor den Jungen, die zur Führerschaft noch ungeeignet sind. Frauen und Männer braten in der Sonne, um ihre weiße Haut loszuwerden. Hat man schon jemals gehört, daß hellhäutige Menschen dunkel zu werden versuchen?

Unansprechbar in ihren Schaltzentralen arbeiten die Weißen an Plänen, wie die Erde noch einmal umzugraben ist und mehr Erträge abwirft. Anderntags überrascht man sie dabei, wie sie in ihren Gärten ganz leise mit großen Hunden sprechen. Zärtlich streichen sie den Tieren übers Fell, nehmen die spitzen Köpfe in beide Hände und scheinen Fragen zu stellen. Die Tiere blicken aufmerksam zurück, was die Weißen veranlaßt, sie an sich zu drücken. Sie sind Freunde und Kinder, vielleicht die einzigen. Sie sind Automaten mit warmem Blut.[67]

Im westafrikanischen Hinterland halten sich Gerüchte, daß alle Weißen, die längere Zeit im Land der Schwarzen weilen, ins Leben zurückgekehrte Geister von schwarzen Zauberern sind. Das bedeutet, ihre weiße Haut ist nur übergestreift. Man hat schon weiße Lehrer und Ethnologen dabei beobachtet, wie sie abends die Vorhänge zuziehen, die Tür verriegeln und dann ihre Haut abstreifen und aufhängen. Wenn die Ethnologen von solchen Gerüchten Wind bekommen, fragen sie ihre schwarzen Begleiter enthusiastisch aus, und diese versichern,

▶[66] Vgl. Melville J. Herskovits: a.a.O., S.454; Francis Bebey: Eine Liebe in Duala. Wuppertal 1987, S.33; Richard Dooling: a.a.O., S.189f. ▶[67] Vgl. Blaise N'Djehoya/Massaër Diallo: a.a.O., S.24.

sie selbst glaubten natürlich nicht daran, das sei unzivilisiertes Geschwätz.[68]

Weißen Frauen sagt man in Westafrika nach, sie hätten den bösen Blick. Die Ungetrübtheit, die Wässrigkeit des Blicks, verbunden mit Verfügungsgewalt, ergibt unmittelbar das Böse. Mariama Bâ beschreibt in ihrem Roman »Der scharlachrote Gesang«, wie eine senegalesische Mutter zum erstenmal die weiße Frau ihres Sohnes in Fleisch und Blut vor sich sieht: »Bis zur letzten Sekunde hatte sie gehofft, eine ganz gewöhnliche Frau auf sich zukommen zu sehen, die die Kunst des Photographen übermäßig verschönt hatte. Der Schock, den Mireilles Schönheit bei ihr auslöste, machte sie sprachlos. ›Eine ihrer Welt entflohene Djinné!‹ ging es ihr durch den Sinn. Von ihren blaugrünen Augen ging eine magische Verführungskraft aus.«[69]

In Mali und im Senegal werden den Geistern, den *djinn*, eine weiße Farbe, lange Haare, eine gerade Nase und Augen »hell wie frische Milch« zugeschrieben. Die Geister leben unsichtbar in den Bäumen nahe am Wasser, aber man glaubt, daß Europäer die Geister sehen können, weil sie mit ihnen wesensgleich sind.[70] Die am Wasser wohnenden Feen sind Verwandte der *Mami Wata*, die in Palästen auf dem Meeresgrund residiert. (Das erzählt man heute in mindestens achtzehn Ländern zwischen Senegal und Tansania.) *Mami Wata* stammt von alten Wasser- und Schlangengeistern ab und trägt die Züge einer modernen Europäerin. Sie erregt Begierde und Grauen, verspricht Erfüllung und Untergang. Als weiße Herrin empfängt sie ihre Günstlinge zum Festmahl und überhäuft sie mit Reichtum; doch die glücklichen Verehrer versinken alsbald in Krankheit und Einsamkeit.[71]

Die Anhänger des *Mami Wata*-Kults bei den *Ewe* (in Togo und Ghana) staffieren ihre Altäre, die großen Frisiertischen nachgebildet sind, mit allem aus, »was für *Mami Wata* schön anzuschauen ist«. Das sind vor allem europäische Frisier- und Kosmetikartikel, aber auch Schmuck, Geschirr und Besteck, Kinderspielzeug, Ritualwaffen, Nahrungsmittel, Geisterdarstellungen und anderes. Der *Mami Wata*-Forscher Tobias Wendl bezweifelt, daß die Ewe Europäerinnen beim Kosmetikritual für Geister hielten. »Vielmehr nahmen sie wahrscheinlich an den Handlungen der Europäerinnen einen Geist wahr, den man

[68] Nigel Barley: a.a.O., S. 69f. [69] Mariama Bâ: a.a.O., S. 136. [70] Mamadou Diawara: a.a.O., S. 271f. [71] Tobias Wendl: a.a.O., S. 58.

vielleicht als ›Geist des Europäertums‹ bezeichnen könnte.«[72] Der zentrale Gegenstand, mit dem *Mami Wata* hantiert, ist der Spiegel. Er gleicht der Oberfläche des Wassers und der Oberfläche des weißen Gesichts, dessen Macht nicht zuletzt darauf beruht, daß es keinem Ding-Fetisch verfallen kann, weil es vorab von der Selbstbetrachtung verzaubert ist. Nur dieses weiße Gesicht ist immun gegen den bösen Blick.

Die von *Mami Wata* besessenen schwarzen Frauen »präsentieren sich als eitle Damen, stützen den Arm herrisch in die Hüfte und verlangen lauthals nach Limonade, Süßigkeiten und Gebäck. Oder sie stelzen kreuz und quer über den Tanzplatz und lüpfen bei jedem Schritt ihren Rock... Manche lassen sich Kamm und Spiegel reichen und zupfen sich umständlich ihre Frisur zurecht. Andere überschütten sich mit Puder und Parfüm, oder sie paffen Zigaretten und süffeln teuren Likör«.[73] Von der Spiegelbildlichkeit des Europäertums, der Reflexivität, behalten die Afrikaner nur die Luxusartikel, mit denen sie sich rahmt. Je genauer die Afrikaner dem Weißen ins Gesicht, auf die Finger und seine Dinge schauen, desto geheimnisvoller wird die Stellung des Weißen in der Welt; und doch sind es unverkennbar das Gesicht, die Verrichtungen und die Dinge des Weißen, die sie nachbilden. Als Ritus wird das Europäertum zu jener Zauberwerkstatt, die in Europa, wo der Zauber auf sich selbst gerichtet ist, nicht entsteht.

Der Weiße kann zaubern und heilen. Er öffnet und schließt den Bauch eines Kranken. Der Operierte erwacht aus der Vollnarkose, als sei er zu neuem Leben wiedergeboren. »Das einzige, was er nicht kann, ist die Seele in den Körper hineinzulegen«, sagen die *Soninke* (in Mali) von Weißen. Aber er behält sein außergewöhnliches Wissen für sich. Nie verläßt er sein Haus, ist somit das »vollendete Rätselwesen«.[74] Er bringt neuartige Maschinenwesen hervor und hat die industrielle Fertigung von Konsumartikeln erfunden. »Der Weiße verzaubert den Kunden. Er macht ihn erst abhängig und kümmert sich dann nicht mehr um ihn. Der Kunde wird immer wieder kommen, er wird den Weißen immer brauchen. Er ist zu einem Besessenen geworden.«[75] Der Schwarze begehrt die Dinge, denen die Macht des Weißen mitgegeben ist, aber der Weiße läßt seine Dinge einfach zurück und nimmt die Macht wieder mit...

▶[72] Tobias Wendl: a.a.O., S. 67. ▶[73] Ebenda, S. 70f. ▶[74] Mamadou Diawara: a.a.O., S. 272f. ▶[75] Ebenda, S. 273.

...und damit einen Teil der Kraft des Kunden. Das Begehren des Kunden ist wie eine Photographie, die der Weiße von ihm macht. Der Weiße hat das Negativ, den Schatten des Kunden. Er legt ihn in eine Schachtel, holt ihn bei Bedarf heraus, handelt mit ihm, läßt ihn für sich arbeiten und vervielfältigt ihn.[76]

An einem Oktobertag im Jahr 1974 steigt der Student Blaise N'Djehoya vom Stamm der *Bassa* (in Kamerun) auf dem Flughafen Orly aus einer Maschine der *Air France*. Zum erstenmal steht er auf dem Boden der Weißen. Sein Telegramm an Freunde in Paris hat sich verirrt. Er wartet vergebens. Niemand im Menschengewimmel erwidert seinen Blick. Der erste, den er anspricht, schrickt zusammen, weicht aus und entfernt sich, wobei er dem Schwarzen über die Köpfe der anderen hinweg scheue Blicke zuwirft.[77]

Blaise N'Djehoya ist bekennender Kosmopolit. Er trifft ohne wirksamen Schutz in Frankreich ein. Seine Mutter hat es nicht mehr geschafft, ein Amulett zu besorgen, das die Sirenen der *Mammy Water* fernhält.

Im vollbesetzten Bus sitzt hinter ihm ein Pärchen, das in seinem Liebesspiel die Umgebung ignoriert. N'Djehoya lernt: Je dichter sich die Weißen zusammendrängen, desto abgeschiedener sind ihre Körper.

Die Metro trägt den Debütanten in die Eingeweide von Paris. Er folgt der Linie auf der Karte mit dem Finger und liest, daß andere Linien noch tiefer in die Erde führen. Viele Stationen tragen die Namen von Toten.[78] Kreuz und quer durch das Totenreich haben die Weißen Röhren gelegt, um ihre Wege abzukürzen.

In den folgenden Jahren erforscht der Student das Volk der *Parigos*, nicht um mit den Weißen die Rollen zu tauschen, sondern weil er heimisch werden will. Er verfolgt die Verkehrsströme durch die Erdröhren und Avenuen zu den gläsernen Arbeitspalästen, den Einkaufshallen und den Schlafbauten an der Peripherie, wo die Fernsehgeräte warten. Obwohl er ganze Berge französischer Literatur gelesen hat, weiß er vom Gemeinschaftsleben dieses Volkes fast gar nichts. Was er im Jardin du Luxembourg sieht, läßt viele Fragen offen. So steigt er in die unterirdischen Kammern und Gänge hinab, wo die unbeobachteten

▶[76] Vgl. Blaise N'Djehoya/Massaër Diallo: a.a.O., S.45. ▶[77] Ebenda, S.14.
▶[78] Ebenda, S.15.

Riten der Eingeborenen stattfinden. Beim Studium der Kritzeleien in den Toiletten der Universität wird er fündig. Hier entziffert er die Klagen und Sehnsuchtsseufzer des weißen Mannes: das SOS der Päderasten, die Warnung vor der jüdisch-freimaurerischen Weltverschwörung, die Kopulationsgebete, die Parolen der terroristischen Internationale und die Bannsprüche gegen die gelbe Gefahr und den makrophallischen Neger.[79]

Doch auch diese Entladungen verraten nicht das Geheimnis der Weißen. Es findet sich im Bauch der Stadt nicht mehr und nicht weniger als auf den Straßen, in den Geographiebüchern, der Körperkultur, dem pluralistisch-demokratischen Einerlei der tausend Minderheiten und Jargons, im Aberglauben und in den Eßgewohnheiten. Das Geheimnis der Weißen verbirgt sich in ihrer Entrücktheit.[80]

N'Djehoyas Großvater galt unter den Zauberern der Bassa als gefährlicher Fetischpriester. Sein Sohn schlug dieses Erbe aus, ließ die Amulette und Kakaofelder liegen und ging in die Stadt, um zu studieren. Blaise wurde mit dem »französischen Fläschchen« großgezogen. Dennoch wußte sein Vater zu verhindern, daß Blaise sich weißen Kameraden anschloß. Auf dem Gymnasium der Jesuiten verschlimmerte sich die afro-europäische Schizophrenie des Jungen. Er hörte Rockmusik, las europäische Klassiker und Kriminalromane und weigerte sich beharrlich, zwischen Afrika und Europa eine Wahl zu treffen.[81]

In Paris nun erfährt er, daß es kein Niemandsland zwischen den Kulturen und keinen intellektuellen Orbit über ihnen gibt. Auf dieser Erde fehlt das Land, zu dem er stehen könnte. Das Viertel, in dem er seit sieben Jahren wohnt, wird nach und nach von südostasiatischen Immigranten erobert. Die Trottoirs werden regelmäßig gefegt wie Wohnstuben, und die schlitzäugigen Passanten begegnen dem Schwarzen mit fassadenhafter Höflichkeit. Die letzten Franzosen verlassen das Viertel und wollen es dennoch nicht wahrhaben, daß die Dritte Welt an ihre Tore klopft. N'Djehoya bleibt, denn er weiß, daß er auch anderswo nicht zu Hause wäre.[82] Für seine Reportagen braut er sich eine neue Sprache zusammen, ein »gebrochenes, vergewaltigtes, kolonisiertes Französisch«. Aber diese Sprache hat kein Territorium.[83]

▶[79] Blaise N'Djehoya/Massaër Diallo: a.a.O., S. 20. ▶[80] Vgl. ebenda, S. 44–62 und 77–92. ▶[81] Elisabeth D.: a.a.O., S. 127. ▶[82] Ebenda, S. 131f. ▶[83] Ebenda, S. 139.

Verzweifelt wünscht er sich einen neuen Körper. »Um in einer Welt leben zu können, die er ertragen könnte, müßte er sich von oben bis unten neu erfinden.«[84] Wie sollte er so etwas bewerkstelligen können? Nur auf eine einzige Weise: »Er müßte zu den Fetischmännern gehen.«[85] Der Kreis schließt sich.

Der Zauber der Fetischmänner jedoch ist in Europa nicht wirksam. Die Weißen üben ihren eigenen Zauber aus. Sie mieten die Fetischmänner aller Kulturen, lassen sie in ihren Städten praktizieren und saugen ihnen dabei unbemerkt die Magie aus dem Leib. Dieser Zauber findet bei Tageslicht und vor aller Augen statt, ohne daß man ihn nachahmen kann. Niemand beherrscht ihn. Die wahre Wildnis ist das Land der Weißen.

▶[84] Elisabeth D.: a.a.O., S.128. ▶[85] Ebenda.

Innen ohne Außen

Die Vernunft der Weißen duldet freiwillig keine anderen Geister neben sich. Nach Rückzügen in Asien und Afrika hat sie heute einen Weg gefunden, doch noch allein zu herrschen. Statt auf Abenteuer geht sie in sich und entdeckt dort, daß sie an allem schuld ist. Somit, folgert sie, gibt es da draußen nichts außer ihr selbst. Das ist der Zauber der Reflexivität.

Dieser Salto aus der Ohnmacht in die Allmacht erscheint mir seltsam vertraut. Ich schlug ihn selbst unzählige Male, als ich – im Alter von vierzehn bis siebzehn – gegenüber Eltern, Lehrern und Freunden die triumphale Lehre des Existentialismus vertrat. Wie viele andere souveränitätshungrige Jünglinge in den fünfziger Jahren quälte ich die Überlebenden der ersten Jahrhunderthälfte mit der Erkenntnis, sie hätten sich Vernichtung und Verderben frei gewählt. Ich haßte Hinweise auf Schicksal, Herkommen und Natur. Ich haßte Festlegungen. Jeder Schritt, den ich tat, sollte bedingungslos sein. Aber mit diesem Anspruch fiel mir konsequenterweise, ob ich wollte oder nicht, zugleich die ganze Welt zu. »Der Mensch ist, wozu er sich macht«, sagte Sartre. »Indem wir sagen, daß der Mensch sich wählt, verstehen wir darunter, daß jeder unter uns sich wählt; aber damit wollen wir ebenfalls sagen, daß, indem er sich wählt, er alle Menschen wählt. Tatsächlich gibt es nicht *eine* unserer Handlungen, die, indem sie den Menschen schafft, der wir sein wollen, nicht gleichzeitig ein Bild des Menschen schafft, so wie wir meinen, daß er sein soll... So bin ich für mich selbst und für alle verantwortlich.«[1]

Verantwortung tragen ist wie Zauberei. Zwar bindet mich der andere mit seiner Wahl, zwar binden mich alle Wahlakte der Vergangenheit, aber alle diese Akte werden augenblicklich durch meine Entscheidung überholt. Kein Haus steht in Moskau, keine Sonne geht auf, kein Mensch geht in Timbuktu über die Straße, ohne daß ich es bewerkstelligt habe, indem ich es durch meine Wahl beiläufig ratifiziere. Es gibt eben nichts, worauf wir uns hinausreden können, also sind wir zuständig.

Die Blödheit dieser Botschaft entsprach exakt ihrer Unwiderlegbarkeit. Diejenigen, die so fahrlässig waren, mit mir zu diskutieren, bemühten das Gefängnis- und das Sterbebeispiel. »Zur Freiheit verurteilt? Wo bleibt denn deine Freiheit in der Gefängniszelle, abgesehen davon, daß du dich umbringen kannst? Und wenn es ans Sterben geht?« Nichts einfacher als das: Es gibt kein Sterben schlechthin. Es kann auf tausenderlei verschiedene Weise erlebt und gestaltet werden. Über mein Absterben entscheidet demnach niemand außer mir selbst.

Die totale Verantwortung der Existenz für die Menschheit kehrt heute wieder in der totalen Verantwortung von uns, den Weißen, für die Fremden.

»Das Fremde ist nicht weitab, in fernen Ländern zu suchen – es ist gleich hier: in uns«, erklärt Aurel Schmidt. »Der Fremde bin ich selber.«[2] Nicht *ein* Fremder, sondern *der* Fremde, jeder Fremde. Die Reise nach draußen verfolgt das Ziel, uns selber zu begegnen. Aus dem Inneren, Eigenen gibt es kein Entkommen. Die Fremden werden von uns gemacht oder, wie man es mit wonniger Brutalität bezeichnet, konstruiert. »Der Ethnograph findet letztlich, was er sucht: nicht ein wirklich fremdes, unbekanntes Land, sondern eines, das er selbst – in seinem Kopf – konstruiert hat.«[3] Chinesen, Japaner, Araber, Schwarze, Indios – ein bunter Strauß abendländischer Erfindungen.

Solche Aussagen scheinen zwar noch die Deutung zuzulassen, *das* Fremde sei zunächst nur eine Projektionsfläche unserer

▶[1] Jean-Paul Sartre: Ist der Existentialismus ein Humanismus? In: derselbe: Drei Essays. Frankfurt am Main 1977, S. 11–13. ▶[2] Aurel Schmidt: Der Fremde bin ich selbst. Auf der Suche nach der verschütteten Utopie. Ein Bericht. Basel 1982, S. 72. ▶[3] Heike Behrend: Zur Ethnologie der Anderen. Bemerkungen zu zwei Filmen von Jean Rouch. In: *Berliner Hefte*, Nr. 12 (September 1979), S. 58–63. Hier: S. 61.

Wünsche und Ängste, so daß wir Sorge tragen könnten, durch unsere Einbildung hindurch zum Wesen des Fremden vorzudringen. Aber solche Zweideutigkeiten unterlaufen nur Amateuren der Fremdenkunde. (Da könnte man ja meinen, das wahre Fremde sei vor unseren Projektionen geschützt – wo bliebe da die Verantwortung?) Strenge Analytiker des Eigenen geben das Fremde nicht frei. Schließlich ist über Angehörige anderer Kulturen nichts in Erfahrung zu bringen, das nicht durch vorformulierte Codes definiert, anders gesagt, nicht von »vorgegebenen Wertvorstellungen und Zielsetzungen der eigenen Kultur geprägt« ist.[4] Niemand kann uns von der Verantwortung für unsere Wahrnehmung entbinden. Somit bleibt das Wahrgenommene unser Produkt, so wie nach Johann Gottlieb Fichtes »Wissenschaftslehre« aus dem Jahr 1794 selbst noch das Kantische »Ding an sich« als Gedanke im Ich entsteht. Wir starren auf das Fremde wie in einen Brunnen, dessen Wasseroberfläche uns spiegelt und in dessen Tiefe wir noch mehr von uns verborgen ahnen.[5]

Die Vorstellung von Sphären jenseits des Eigenen nimmt sich hier aus wie eine plumpe Rationalisierung historischer Schuld. Alle Wissenschaften gründen in der Selbsterforschung. Nichts weht von draußen herein. Konstrukte wie »die Fremden«, »die Frauen«, »das Weltall« und »die Vorgeschichte« verdienen es, dekonstruiert zu werden. Um wessenthalben? Um anderer Konstrukte willen. »Der andere, das ist mein (eigenes) Unbewußtes«[6], dazu bestimmt, die Selbstreflexion zu bereichern.

Seitdem Sigmund Freuds Analysen von den Kulturwissenschaften requiriert worden sind, gilt es als ausgemacht, daß die Begegnung mit dem Fremden wie ein Magnet die abgespaltenen und verleugneten Gestalten unseres Innersten aus der Tiefe emporzieht. Je entlegener, desto vertrauter und schmerzlicher. Die Ethnologie betreut das Wiedersehen mit verbannten Doppelgängern. So wie der häusliche Computer alle Orte der Welt auf einen Jedermannsort reduziert, bestimmt die kritische Fremdenkunde alles Auswärtige als Projektion dessen, was

---

▶[4] Karl-Heinz Kohl: Abwehr und Verlangen. Zur Geschichte der Ethnologie. Frankfurt am Main 1987, S.139. ▶[5] Utz Jeggle: Das Fremde im Eigenen. Ansichten der Volkskunde. In: Alois Wierlacher (Hrsg.): Kulturthema Fremdheit. Leitbegriffe und Problemfelder kulturwissenschaftlicher Fremdheitsforschung. München 1993, S.235–242. Hier: S.236. ▶[6] Julia Kristeva: Fremde sind wir uns selbst. Frankfurt am Main 1990, S.200.

die Kinder ängstigt und fasziniert – als Projektion der *Nicht-Mutter*.

Auf Sigmund Freud selbst kann sich die Fremdheitspsychologie indessen nicht berufen. Die Vorurteile der Weißen (einschließlich der Juden) gegenüber anderen Rassen waren kein Sujet des Meisters. Anläßlich einer Deutung des Antisemitismus vertrat Freud in den späten dreißiger Jahren vielmehr die Ansicht, daß die Intoleranz der Massen »sich merkwürdigerweise gegen kleine Unterschiede stärker als gegen fundamentale Differenzen« äußere.[7] In dem häufig angeführten Aufsatz »Das Unheimliche« aus dem Jahr 1919, einem Streifzug durch die Wortbedeutungsgeschichte und die phantastische Literatur, findet sich der Begriff des »Fremden« nur ein einziges Mal, wenn wir davon absehen, daß der Ausdruck »fremdes Ich« beziehungsweise »fremde Person« zweimal als Synonym für »andere Person« verwendet wird. Nachdem Freud erläutert hat, daß das Unheimliche ein wiederkehrendes Verdrängtes sei, ergänzt er: »Zweitens, wenn dies wirklich die geheime Natur des Unheimlichen ist, so verstehen wir, daß der Sprachgebrauch das Heimliche in seinen Gegensatz, das Unheimliche übergehen läßt, denn dies Unheimliche ist wirklich nichts Neues oder Fremdes, sondern etwas aus dem Seelenleben von alters her Vertrautes, das ihm nur durch den Prozeß der Verdrängung entfremdet worden ist.«[8]

Es bleibt der Lektüre der Rechtgläubigen unserer Zeit vorbehalten, den Begriff des Fremden in diesem Zusammenhang mit dem Begriff des Unheimlichen gleichzusetzen. (Und selbst, wenn wir es tun und herauslesen, daß das Fremde das je schon Vertraute ist, müßten wir mitlesen, daß es zunächst und zugleich das Unvertraute ist, denn sonst wäre die Deutung keine Überraschung mehr. Freud reduziert nicht, sondern entdeckt.) An anderer Stelle assoziiert Freud das »Gehaßte« und

▶[7] Sigmund Freud: Der Mann Moses und die monotheistische Religion: Drei Abhandlungen. In: Freud-Studienausgabe. Band IX. Frankfurt am Main 1974, S. 538. Freuds These wurde selbst durch das Verhalten des erklärten Rassisten Adolf Hitler bestätigt. Dieser befahl Genozide an Weißen, nämlich an den europäischen Juden und »arischen« Slawen, sowie an den ebenfalls »arischen« Zigeunern, und verbündete sich mit den Japanern. Im Februar 1945 äußerte Hitler: »Im eigentlichen Sinn des Wortes und vom genetischen Standpunkt aus gibt es keine jüdische Rasse.« (Vgl. *Der Spiegel*, Nr. 15 vom 10.4.1995, S. 174.) ▶[8] Sigmund Freud: Das Unheimliche. Frankfurt am Main 1963, S. 70.

»Schlechte« beziehungsweise den Unlustanteil der Außenwelt mit dem »Fremden«, nicht umgekehrt. Er assoziiert, aber er identifiziert nicht.[9]

Freud verfolgt die Umtriebe der verleugneten Ich-Anteile. Er leuchtet in die toten Winkel der Wahrnehmung und fördert schwindelerregende Heimlichkeiten ans Licht. Die bürgerlichen Patienten leisten nach Kräften Widerstand. Heute schürfen Freuds vorgebliche Nachfolger von Amts wegen nach schädlichen Ängsten vor Ausländern und führen unbewußte Vorgänge wie Indizienbeweise vor. Das falsche Unbewußte ist zum diskriminierten, persönlich zurechenbaren Tatbestand geworden. Und wir, die Therapierten, beteiligen uns eifrig an den Säuberungen. Wir ertappen uns beim Verdrängen und Verwünschen und überführen uns, die Welt zu dem gemacht zu haben, was sie ist. Wo bleibt der Widerstand?

Ich schlage vor, diese neuartige Vormundschaft über die Welt, die per Selbstanklage und Reue ausgeübt wird, geständigen Imperialismus zu nennen. Früher kamen wir als Eroberer über die Fremden, heute führen wir sie bußfertig auf uns zurück. Sobald etwas Unbekanntes auftritt, beschlagnahmen wir es als Eigenes oder als ein »versäumtes Eigenes«[10], dem wir hinterhertrauern. Unser Grauen vor der ungebändigten Natur dechiffrieren wir als Angst vor der Wildnis selbstgeschaffener Probleme. Innerlich kolonisiert und manipuliert, wie wir sind, verfolgen wir in blinder Wut all jene, »die in der bunten, chaotischen, fröhlichen Abweichung leben«[11] – weil wir doch unbewußt selbst abzuweichen wünschen, geben wir's doch endlich zu. Üppige Tropen und bildschöne Eingeborene gaukeln uns Trieberfüllungen vor, die wir uns verkneifen.

Die schuldbeladene Expansionsgeschichte des Abendlands ist ins Unbewußte abgesunken, aber an der Symptomatik unserer Fremdenaversion für jeden Sozialpsychologen erkennbar. Im Medienklischee vom fanatischen, gefährlichen Moslem zum Beispiel irrlichtert unser angstvoller Haß aus der Zeit der Kreuzzüge und Türkenkriege. Ein weites Feld für kommunale Konfliktgruppenarbeit tut sich auf.

▶[9] Sigmund Freud: Triebe und Triebschicksale. In: Freud-Studienausgabe. Band III. Frankfurt am Main 1975, S. 98 f. Derselbe: Die Verneinung. In: ebenda, S. 374. ▶[10] Adolf Muschg: Die Erfahrung von Fremdsein. München 1987, S. 10 und 22 f. ▶[11] Aurel Schmidt: Der Fremde bin ich selbst. Auf der Suche nach der verschütteten Utopie. Ein Bericht. Basel 1982, S. 214.

Wir projizieren auf den Fremden unseren Schatten. Wäre der Schatten realitätsgerecht aufgearbeitet, würden wir gewahr, daß der Fremde genauso ist wie wir...

Die AusländerInnenbeauftragte der Landeshauptstadt München empfiehlt 1995 den MitarbeiterInnen in der sozialen Arbeit ein »Training zur Fremdheitskompetenz«. Der Einladungstext in einer städtischen Broschüre erinnert an den Erkenntnisstand: »Was einem fremd ist und was jemand als fremd wahrnimmt, hängt mit der eigenen Situation, den eigenen Wünschen, Sehnsüchten und Ängsten oder Befürchtungen zusammen *und nicht mit den Besonderheiten des anderen.* Um das Fremde kennenzulernen, empfiehlt sich eine Reise zum eigenen persönlichen und kulturspezifischen Fremden. Die individuellen personen- und gruppenspezifischen ›wunden Punkte‹ müssen entdeckt werden. Sie haben immer etwas mit den jeweils herrschenden Machtverhältnissen in den Gruppen und Gesellschaften und mit den Beziehungen zwischen den Geschlechtern zu tun.«[12]

Diese Feststellungen geben eine unangefochtene offiziöse Lehrmeinung wieder: Nichts, was wir wahrnehmen, ist von außen. Sie sind allerdings in einem Punkt nicht ganz konsequent. Wenn die Fremdenwahrnehmung nichts mit den »Besonderheiten des anderen« zu tun hat, könnte man meinen, jenseits unserer Wahrnehmung bestünden solche Besonderheiten. Hier klafft eine Lücke in der Ableitung der Menschheit aus unseren Projektionen; Rassisten könnten sich bestätigt fühlen. Hieb- und stichfest ist die imperiale Schuldzuschreibung erst dann, wenn jedem klar wird, daß die Begegnung mit vermeintlich anderen Menschen sich in der Wahrnehmung erschöpft, die wir von ihnen haben, und daß diese Wahrnehmung unsere ureigene Sache ist.

Doch was bleibt vom »inneren Ausland«, wenn wir den Reiz des Fremden mechanisch als Spiegelbild bestimmen? Was ist gewonnen, wenn die projektive Fremdensicht glücklich auf bestimmte »historische Erfahrungsapriioris« des abendländischen Bewußtseins[13] zurückgeführt worden ist? Wir haben dann eine andere Projektion zu wählen. Solange, bis wir in jeder Polari-

▶[12] AusländerInnenbeauftragte der Landeshauptstadt München Dr. Chong-Sook Kang (Hrsg.): Konflikte lösen – der Gewalt vorbeugen. Modelle und PartnerInnen zur gewaltfreien Konfliktbearbeitung und Gewaltprävention. Ausgewählt von Ulrike Lenz-Engelhardt. München, Juli 1995. 2. Auflage, S. 44. Hervorhebung durch den Autor. ▶[13] Hinrich Fink-Eitel: Die Philosophie und die Wilden. Über die Bedeutung des Fremden für die europäische

sierung von Eigenkulturellem und Anderskulturellem einen Rest von Ungleichheit bemerken, die abzutragen uns aufgegeben ist. Dann versöhnten wir uns endlich mit dem Fremden in der eigenen Brust und wüßten, daß wir auf die Japaner und Patagonier die gleichen Wünsche richten wie diese auf uns. Das Unheimliche im Eigenen, das Sigmund Freud mit diskretem Spürsinn umkreiste, wäre sozial kompatibel – »darüber können wir doch reden«, vielleicht in einer interkulturellen Traumgruppe oder beim Outing vor einem Millionenpublikum.

Was mag auf diese Weise wohl zum Vorschein kommen, zumal der Befund ja schon feststeht und nur noch die Geständnisse der vorurteilsvollen Seelen fehlen? Das Unheimliche als Platitüde, das Faszinosum als touristisches Sonderangebot? Der moralische Impetus der Fremdheitstherapie ist groß. Nicht weniger als der globale Kulturfriede scheint auf dem Spiel zu stehen. Zwar schwächt es diesen Impetus, wenn gelassene Ethnologen wie Karl-Heinz Kohl zu dem Ergebnis kommen, daß bisher noch jeder Versuch, »die eurozentrischen Beschränktheiten der eigenen Sichtweise zu überwinden«, zum Scheitern verurteilt gewesen sei, und das Beste, was wir erreichen könnten, ein »reflektierter Eurozentrismus« sei.[14] Wir wären überfordert, wenn wir die Sinnesreize nicht durch bewährte Vor-Urteile auswählten und bewerteten.[15] Trotzdem sind wir weder verstockt noch allzuständig. Doch die Kreuzzüge werden fortgesetzt – für die Rettung des Fremden vor unseren Projektionen und zur endgültigen Unterwerfung des Fremden unter das Eigene (das sich, gründlich zur Verantwortung gezogen, zur Menschheit aufbläht). Im Wall der euroamerikanischen Selbstreflexion öffnet sich kein Spalt, durch den Asiaten und Afrikaner eindringen könnten. Man generalisiert sie (»das Fremde« schlechthin), ontologisiert sie (»der Andere«), soziologisiert sie (als Faktoren der Bevölkerungs- und Beschäftigungsentwicklung) und psychoanalysiert sie (sperrt sie in die westliche Seele).

Den integrierten Gelben und Schwarzen bringen wir dann grenzenloses Verständnis entgegen. Ihre/unsere Spiritualität, ihr/unser rhythmisches Gefühl, ihre/unsere Naturnähe...

Geistesgeschichte. Hamburg 1994. ▶[14] Karl-Heinz Kohl: Abwehr und Verlangen. Zur Geschichte der Ethnologie. Frankfurt am Main 1987, S.141. ▶[15] Thomas Theye: Optische Trophäen. Vom Holzschnitt zum Foto-Album: Eine Bildgeschichte der Wilden. In: derselbe (Hrsg.): Wir und die Wilden. Einblicke in eine kannibalische Beziehung. Reinbek 1985, S.18–39. Hier: S.22.

Der geständige Imperialismus ist ein Wahnsystem, das recht behält, solange man in ihm Fehler sucht. Er bedient sich des europäischen Kunstgriffs der Selbstreflexion durch Reduktion. Man fragt nach den Bedingungen einer Erfahrung und führt dann das Erfahrene (die Existenz von Schwarzen) auf das Bedingende (die diskriminierende Schwarz-Weiß-Polarität oder die Motive der Fahrten nach Afrika) zurück, als sei dieses Bedingende eine übergeordnete, umfassende Realität. Dann fragt man nach der Bedingung des Bedingenden und so fort. Die Aufnahme der Europäer durch die Japaner im 16. Jahrhundert reduziert sich auf die europäische Wahrnehmung dieser Aufnahme, und von dieser Wahrnehmung weiß man, daß sie abendländisch-subjektiv und dogmengeleitet erfolgt ist.

Was sehe ich und warum sehe ich es? beharrt die Selbstreflexion. Wie bestimmen die Strukturen der Sprache unser Wissen? Und wie konstituiert das Wissen die Welt? Der Kunstgriff der Selbstreflexion besteht darin, daß eine von unzähligen Bedingungen einer Sache (die Übertragung) isoliert und zum Sein des Seienden erhöht wird, obwohl sich auf dem Weg zu den Möglichkeitsgründen der Erfahrungsgehalt verflüchtigt. Beispielsweise führt man den Heuschnupfen auf ein seelisches Dilemma zurück und das Dilemma letztlich auf den Kastrationskomplex. Schlußfolgerung: Der Kastrationskomplex erschafft den Heuschnupfen und die Täler, Höhen und Städte und Himmel und Erde. Wir weißen Männer fürchten den Tod, die Frau und den unbeherrschten Trieb. Diese Furcht erschafft den begehrens- und hassenswerten Schwarzen, Braunen, Gelben und Roten.

Wenn wir die Fremden abwehren oder verachten, kämpfen wir gegen unser Unbewußtes, das Fremde in uns.[16] Wer sein Land gegen Fremde verteidigt, hat es narzißtisch besetzt; er kann aber behutsam zu der Einsicht geführt werden, daß er nur »treuhändischer Lehensverwalter« und nicht Besitzer seines Landes ist.[17] In der Furcht vor dem Verlust von Privilegien, Arbeitsplätzen und Wohlstand kommen verdrängte historische Schuldgefühle gegenüber den Immigranten zum Ausdruck.

▶[16] Julia Kristeva: Fremde sind wir uns selbst. Frankfurt am Main 1990, S. 208 f. ▶[17] Christian Scharfetter: Im Fremden das Eigene erkennen. Erfahrungen aus der Psychiatrie. In: Helga Egner (Hrsg.): Das Eigene und das Fremde. Angst und Faszination. Solothurn/Düsseldorf 1994. S.13–27. Hier: S.19.

Wenn wir die Fremden bewundern, so deshalb, weil uns die Mutter frustriert hat und wir nun bei anderen Liebe suchen.[18]

Kurioses Unterfangen, die Auseinandersetzung zwischen Morgenland und Abendland oder die Koexistenz von Japan und Europa nach der Neurosenlehre zu behandeln. Wir kennen keine Weltgeschichte mehr, weder Zivilisationen noch Institutionen, wir kennen nur noch Patienten... Sind Japan und Europa im 16. Jahrhundert zwei Partner, die es sich unnötig schwermachen, weil sie die Erwartungen des anderen falsch einschätzen?

Ein Reich oder ein Kulturkreis ist kein psychischer Apparat, der Lust zu maximieren und Unlust zu minimieren strebt. Diese Binsenweisheit ist heute fast schon tabu. Die Begegnung zwischen Japan und Europa geht außerdem nicht in bilateraler Wahrnehmung auf. Es ist sogar fraglich, ob es sich um *gegenseitige* Beziehungen handelt. Ein gemeinsames Medium des Austauschs von Gütern und Kenntnissen fehlt. Was stattfindet, ist einseitiges Verführen und einseitiges Bekriegen, einmal durch Europa, ein andermal durch Japan. Europas Japanbilder machen in Japan Eindruck, Geschichte, und können somit nicht zur Überprüfung in die europäische Seelenwerkstatt zurückgerufen werden. Weil sie Japan Anträge stellen, werden sie teils angenommen, teils abgewiesen.[19] Sie sind ebenso Europas Spiegelungen wie Anmutungen Japans.

Aber nichts wäre dümmer, als die an Erklärung fixierte Fremdenwissenschaft unter Berufung auf Unerklärtes bekehren zu wollen. Denn das Unbekannte, von der Wissenschaft ausgesondert, ist kein verfügbarer Faktor. Es ist nicht zitierbar. An unserer Wahrnehmung der japanischen Gesichter wirken diese Gesichter auf unbekannte Weise nachhaltiger mit als wir mit unseren Übertragungen; ich sage das um so zuversichtlicher, als ich es nicht darlegen kann. Die japanische Sprache webt, formt und klingt ungeachtet gewisser struktureller Analogien unbestimmbar anders als europäische Sprachen. Die Verantwortung des expansiven europäischen Geistes für die Differen-

▶ [18] Mario Erdheim: Das Eigene und das Fremde. Über ethnische Identität. In: Mechthild M. Jansen/Ulrike Prokop (Hrsg.): Fremdenangst und Fremdenfeindlichkeit. Frankfurt am Main 1993, S.163–182. Hier: S.166f. ▶ [19] Das sind keine kulturrelativistischen Aussagen. Kulturrelativismus ist eine Methode, die Kulturen auf Selbstreflexion und Einfühlung zu reduzieren. Er legt die Welt still und teilt sie in unabhängige Wahrnehmungsbezirke auf.

zierung der Menschenarten ist diesem Geist am Ende unbegreiflich; aber der europäische Geist erwirkt bravourös den Aufschub dieser Erkenntnis und findet im Aufschub seine Selbstgewißheit.

Die »konstruierten« Kulturen halten nicht still wie die durch Geschenke verführten Papuas und Indianer vor unseren Apparaten. Sie sind keine leeren Flächen, in die wir unsere Vorurteile stanzen. Sie antworten auf unser Ansinnen, aber mit anderer Münze. Wir kommen zu ihnen mit unseren Blicken; sie lassen sich von anderen Sinnen oder anderen Augenkünsten leiten. Wir trachten danach, ferne Landschaften wie Pläne mitzunehmen und daheim auszurollen und die Bewohner vor uns hinzustellen und abzubilden. Die Chinesen wiederum suchen nach dem richtigen Kataster und der richtigen Ordnungszahl. Es gibt Völker, die ihre Fremden ertasten, und andere, die sie erriechen. Von den Indianern an der Küste Venezuelas weiß Bartolomé de las Casas Ende des 15. Jahrhunderts zu berichten, »daß sie an allem rochen: an den Booten, an uns, an unseren Waffen. Ihr Geruchssinn, nicht ihre Augen, nicht ihre Hände, schien ihnen der verläßlichste Ratgeber zu sein«.[20] »Fremdheit« ist kein Oberbegriff für die Resultate verschiedener Wahrnehmungsweisen. Was den Gelben, Schwarzen, Weißen begegnet, ist jeweils eine unbekannte Welt und nicht beispielhaft.

Die Reflexion der Verdrängungsprozesse bereitet den weißen Psychologen auf das Zusammentreffen mit wild-fremden Menschen vor. Wenn die Stunde der Bewährung kommt, stürzt der Psychologe in Ambivalenzen. Um die Situation unter Kontrolle zu bringen, wuchert er mit seiner eigenen de- und rekonstruierten Wildheit: der Angst, verstoßen, verschlungen, vernichtet zu werden, der Aggression gegen den Vater, der Mutterleibsphantasie, der Geschwisterrivalität. Jede Irritation gibt Anlaß zu neuer, eindringlicher Selbstbefragung. Aber gerade sie, die das Andere aneignet und gleichmacht, provoziert immer wieder den äußeren, unberechenbaren Anderen. Das erwartete, verpönte Unbehagen ist der Rassismus. Der plötzliche, ungezähmte, überwältigende Schrecken hingegen überblendet die Selbstbefragung. »Durch den Schrecken treten wir ... aus uns selbst heraus, und, nach draußen geworfen, machen wir in der Gestalt

▶[20] Zitiert von: Stefan Goldmann: Wilde in Europa. Aspekte und Orte ihrer Zurschaustellung. In: Thomas Theye (Hrsg.): Wir und die Wilden. Einblicke in eine kannibalische Beziehung. Reinbek 1985, S. 243–269. Hier: S. 264.

des Erschreckenden die Erfahrung dessen, was gänzlich außer uns und anders als wir ist: das Außen selbst.«[21]

Über dieses Außen, dessen kolonisierter Ableger der »innere Fremde« ist, schweigen wir. Es ist nicht gegeben. Mit ihm können wir nicht rechnen. Es genügt zu wissen, daß wir im wesentlichen schweigen, wenn wir von unseren Projektionen auf andere sprechen.

Oben habe ich unsere anmaßende Verantwortung für Asiaten und Afrikaner ein Wahnsystem genannt. Dieses Urteil läßt erwarten, ich hätte das Modell einer gesunden, angemessenen Fremdenwahrnehmung anzubieten. Aber ich habe kein solches Modell, weiß ich doch nicht einmal, was »Fremde« sind. Ich übe keine Kritik am geständigen Imperialismus, will ihn nicht füttern. Ich könnte mich sogar mit dem psychologischen Exotismus, der die Außenwelten verdampfen läßt, abfinden – wenn unsere Außenexperten nur eingestünden, daß die Aneignung der Welt durch Selbstreflexion Zauberei ist. Nicht geheuer ist es doch wahrlich, wenn man die Welt errichtet, indem man sie zum Verschwinden bringt. Mächtige, unerschöpfliche, an Kritik und Selbstkritik sich nährende Magie. Die Magie der Weißen im Kriegszustand.

Unsere Außenexperten bestreiten das. Sie halten permanente Selbstbefragung und kulturelle Relativierung (Universalismus genannt) für geeignete Mittel, um Asiaten und Afrikaner vor uns selbst zu schützen. Heuchelei oder nicht – wer sich weigert, das Eigene auch *gegen* Anderes zu setzen, wird am Ende beides verachten, nämlich auf Techniken der Entgrenzung reduzieren.

Amerikaner

Die einst die Neue Welt erreichten, wollten nicht länger in den Schranken von Stand, Land und Obrigkeit leben. Noch heute hat diese Weigerung in den Vereinigten Staaten eine das Gesetz relativierende Geltung. Zumal im Mittleren Westen, wo die Räume weit sind, wittern viele Bürger in jeder Form von Staatlichkeit das Unamerikanische. Die Idee *Amerikas* ist es

▶[21] Maurice Blanchot: Erkenntnis des Unbekannten. In: derselbe: Das Unzerstörbare. München 1991, S. 95.

nicht, Land unter Ländern, sondern Land schlechthin zu sein. Als Nicht-Nation kehrt die Union der Eingewanderten der übrigen Welt den Rücken zu; als Über-Nation greift sie wie vom Orbit aus in alle Händel der Erde ein. *Amerika* geziemt es, nur an Küsten von Ozeanen enden zu müssen. Seine unüberwindliche Paradoxie ist die mexikanische Grenze.

Doch um von der alten Welt freizukommen, mußte die neue eigenständig sein. Ihrer Gründungsidee entgegen schuf sie sich Staatsmacht, Staatsgebiet und Staatsvolk. Die Abgrenzung nach außen bedingte eine gewisse Vereinheitlichung im Inneren. Man stellte sich vor, daß ein homogenes Amerikanertum die eingewanderten Kulturen zusammenschmelzen würde, und förderte den Kult um Besitzindividualismus, Freiheitsrechte und Aufstiegschancen. Amerikaner zu werden, nicht Europäer zu bleiben, begehrten katholische Iren und Italiener, protestantische Schwaben und galizische Juden. Selbst die widerwillig aufgenommenen Chinesen und Japaner entgalten ihr Aufenthaltsrecht mit nachbarschaftlicher Kulanz und politischer Loyalität. Die Nachfahren der über den Atlantik verschleppten schwarzen Sklaven wurden zum großen Konsens nicht hinzugebeten, kämpften aber verbissen um Teilhabe. Nur die überlebenden Altamerikaner blieben im erzwungenen und selbstgewählten Abseits.

Vereinigte Staaten, Die Staaten, Amerika – Namen für das allmähliche Verschwinden der Rassen und Kulturen in einer egalitären *rainbow coalition* der zehntausend Hautfarben und Lebensarten. *Amerika*, sagt man, bestimme den Kurs des Raumschiffs Erde. Es sei der Restwelt stets um zehn bis zwanzig Jahre voraus.

Seit drei Jahrzehnten mehren sich aber die Anzeichen dafür, daß im Führungsland Zentrifugalkräfte die Oberhand gewinnen. Der »Schmelztiegel« scheint erkaltet zu sein und von einem »Mosaik« oder einer »Salatschüssel« abgelöst zu werden. Die an *Amerika* teilnehmenden Gruppen identifizieren sich als Rassen und Ethnien – nicht mehr durch das, was sie verbindet, sondern durch das, was sie trennt. Die Weißen grenzen sich in erster Linie gegen die Asiaten ab, die Schwarzen gegen die Weißen und Asiaten, die sogenannten Hispanics (Latinos, Chicanos) gegen die Schwarzen und die Asiaten gegen die Schwarzen und Hispanics (wobei sie sich irrtümlicherweise von den Weißen als »Nichtschwarze« akzeptiert glauben). Jeweils etwa die Hälfte der Schwarzen und Hispanics verleumdet die Chinesen, Koreaner und Japaner als »skrupellos, schlau und verschlagen bei Geschäften«, jeweils etwa ein Drittel der Hispanics und Asiaten die Schwarzen als arbeitsscheu.[1]

»Ich finde es besser, wenn wir Frauen unserer eigenen Hautfarbe nehmen«, sagt der Schwarzenführer Louis Farrakhan.[2] »Ich meine, daß wir durch Mischehen etwas verlieren«, sagt eine schwarze Buchhalterin in Chicago. »Wir verlieren unsere Identität.«[3] Allenfalls ein Prozent der US-amerikanischen Schwarzen heiratet Weiße. In den gesamten Vereinigten Staaten kommt es schätzungsweise zu zweitausend bis dreitausend schwarz-weißen Ehen pro Jahr, wobei der Anteil der schwarzen Frauen dem der schwarzen Männer die Waage hält.[4]

Weit überwiegend werden nur kleine ethnische Differenzen eingeschmolzen. Der Soziologe Steven Martin Cohen hat die Existenz eines *Triple Melting Pot*, eines dreifachen Schmelztiegels, nachgewiesen: Schwarze (aus den USA und Britisch Westindien) heiraten fast ausschließlich Schwarze, Hispanics (aus Mittelamerika und der Karibik einschließlich Puerto Ricos) fast ausschließlich Hispanics, Weiße fast ausschließlich Weiße unterschiedlicher Volkszugehörigkeit (mit Ausnahme der Juden, die fast ausschließlich Juden heiraten). In New York befanden sich Ende der siebziger Jahre unter den jeweils »drei besten Freunden« der Schwarzen immerhin je vier Prozent Weiße und Hispanics. Im engsten Freundeskreis der New Yorker Latinos hatten je neun Prozent eine schwarze und eine weiße Hautfarbe. Am Freundeskreis der Weißen hatten die Schwarzen einen Anteil von knapp zwei Prozent und die Latinos einen Anteil von etwa einem Prozent.[5] Bei Chinesen, Japanern und Koreanern erübrigten sich entsprechende Erkundungen.

Infolge der Masseneinwanderung von Asiaten und Lateinamerikanern zersplittert die Vereinigten Staaten demographisch. Die Weißen befürchten, in Kalifornien, Texas, New Mexico und Florida bald »enteignet« zu werden, d.h. in die Minderheit zu geraten. Die aufstrebenden Minderheiten der

[1] *Frankfurter Allgemeine Zeitung*, Nr. 54 vom 5.3.1994, S. 9f. [2] *Der Spiegel*, Nr. 42 vom 16.10.1995, S. 184. [3] Studs Terkel: Die sind einfach anders. Die Angst vor der anderen Hautfarbe – der alltägliche Rassismus in Amerika. Wien 1994, S. 180. [4] Beth Day: Sexual Life Between Blacks and Whites. The Roots of Racism. Einleitung von Margaret Mead. London 1974, S. 10 und 15. [5] Steven Martin Cohen: Interethnic Marriage and Friendship. New York 1980, S. 103–107 und 288.

Gegenwart kündigen ihre Teilnahme an der *common culture* der englischsprachigen Mehrheitsbevölkerung. Sie setzen Unterricht in ihren Muttersprachen beziehungsweise afro-amerikanische Lehrpläne durch. *Ebonics*, das Englisch der Schwarzen in den Armenvierteln, entfernt sich in Aussprache und Grammatik zusehends vom Standard-Englisch und wird an vielen Schulen bereits als vollwertige Sprache anerkannt.

Falls nicht Kriege oder Katastrophen den Kontinent verheeren, werden die *Vereinigten* Staaten der Zukunft ein Konglomerat von fünf Kulturen sein: der europäisch-amerikanischen, der afro-amerikanischen, der asiatisch-amerikanischen, der latinoamerikanischen und der indianischen. Die Nordstaaten werden wohl ihr angelsächsisch-protestantisches Gepräge behalten. Aber die Südweststaaten treiben auf eine »hispanische« Vorherrschaft und die Südoststaaten auf eine Majorität der Schwarzen zu. Niemand weiß, ob die ethnische Dreigliederung der USA eine politische Aufspaltung in drei Nationen vorbereitet, und manche machen sich bereits Gedanken über eine allfällige Verteilung der Nuklearwaffen.

Vielleicht wird die Spaltung von den unzähligen Enklaven verhindert – Schwarzenghettos, Chinatowns, Koreatowns, Little Saigons, Latinovorstädten, weißen »Wagenburgen« und Indianerreservaten, die jedes große Territorium zum sozialen Fleckenteppich machen. In den Innenstädten der Metropolen separieren sich die Rassen und brüten in »ethnisch abgeschlossenen« Wohn- und Arbeitswelten ihre wechselseitigen Rassismen aus. Die Viertel der Westküstenstädte werden von Streetgangs beherrscht, die mit Schmähreden, Wandgemälden und Maschinenpistolen, vereinzelt sogar mit Raketenwerfern, um den *turf*, das Territorium, kämpfen. Schwarze gegen Koreaner, Latinos gegen Schwarze, Weiße gegen alle.[6]

Das Einsickern der Schwarzen in Schulen, Restaurants, Kinos und Wohnviertel löst bei den Weißen Fluchtreflexe aus. Wir haben sie lesen und schreiben lernen lassen, sagen die Weißen. Und nun drehen sie den Spieß um. Sie fordern Entschädigung für ein Jahrhundert Sklaverei. Das lähmt unsere Kraft, sie in die Schranken zu weisen.[7]

Aber die Schwarzen üben keine Revanche. Sie fordern Respekt für die eigenen »Wurzeln« und nicht das Recht, nun

▶[6] Vgl. Andrian Kreye: Aufstand der Gettos. Die Eskalation der Rassenkonflikte in Amerika. Köln 1993. ▶[7] Vgl. Studs Terkel, a.a.O. S. 90, 305 u. 322.

selbst die Herren zu sein. Vielmehr verkünden sie neuerdings, Schwarze und Weiße seien unrettbar verschieden. »Ein Pudel ist kein Schäferhund«, höhnen sie, und: Sonnenmenschen sind keine Eismenschen.[8] Die Weißen klammerten sich mit allen Mitteln an Macht und Besitz. (Und ihre gierigsten Anführer seien die Juden. Sie herrschten über Hollywood, die Medien, die Zentralbank und das Weiße Haus.) Das aufbegehrende schwarze Volk kujonierten sie mit Aids und Crack, quetschten es in Ghettos und stapelten es in Wohnsilos. Integration sei eine Falle der Weißen. Ihren Fängen entgehe man nur mit eigenen Institutionen, eigenen Unternehmen, eigenen Schulen und eigenen Medien – und auf einem autonomen Territorium.

Taub gegen Integrationsparolen ist auch die Mehrheit der rasch wachsenden Gemeinde der Spanischsprechenden. (Eine Minderheit hat entdeckt, daß sie von Weißen kaum zu unterscheiden ist, und versucht in Florida und Kalifornien, im *mainstream* mitzuschwimmen.) Ihre Wortführer prophezeien den Triumph einer vitalen Chicano-Kultur über die dekadente Anglo-Kultur. Sie rechnen die jährliche Menge der illegalen Einwanderer aus Mexiko auf zwei, drei Jahrzehnte hoch. Wurden den Mexikanern nicht einst von betrügerischen Anglos Kalifornien, Utah und New Mexico geraubt? Wiedergutmachung scheint möglich.

Zur Aufteilung ausgeschrieben ist die soziale und kulturelle Vorherrschaft der Weißen. Zum erstenmal seit der Unabhängigkeitserklärung scheinen in den Vereinigten Staaten mehrere selbstgewisse Kulturen neben- und gegeneinander zu existieren. Weil ihre Kräfte sich erst erproben, sind die möglichen Kräfteverhältnisse zwischen ihnen nicht absehbar. Sie werden noch ausgefochten. In keinem Fall wird das Ergebnis eine pluralistische Gesellschaft sein, denn die Rassen- und Volkskulturen machen sich die Räume und die Haushaltsmittel streitig.

Alle Menschenarten geben sich hier ein Stelldichein. Ist *Amerika* demnach die Welt im kleinen oder ist es gerade in seiner Zersplitterung bloß amerikanisch? Jean Baudrillard scheint ersteres anzunehmen: »In Amerika ... bildet jede Rasse und jedes Volk eine wettbewerbsfähige Kultur aus, die manchmal sogar der ›autochthonen‹ überlegen ist. Jede Gruppe gewinnt im Laufe der Zeit einmal die Oberhand. Es geht nicht um formale Gleichheit oder Freiheit, sondern um tatsächliche Freiheit, die

▶[8] Vgl. Andrian Kreye: a.a.O, S. 94 und 102.

sich in Rivalität und Kampf äußert. Sie verleiht dem Rassenwettstreit eine besondere Lebendigkeit und eine offene Tonalität.«[9]

Soll mir denn Hören und Sehen vergehen? mag mancher Amerikareisende nach der Lektüre der letzten Seiten denken. Ich war doch erst kürzlich in New York (Miami, Los Angeles, Chicago). Vom Auseinanderfallen des Landes habe ich nichts bemerkt. Der Autor hebt bestimmte Faktoren willkürlich hervor, andere unterschlägt er.

Nun gut, ich habe für diese Darstellung vor allem Reportagen und Interviews von Journalisten ausgewertet. Journalisten haben ein weitaus größeres Interesse an Konfrontationen, Krisen und Kämpfen als an der Entwicklung des zivilen Zusammenlebens. Wer *Amerika* über die aktuelle Berichterstattung kennenlernt, ist auf urbanen Bürgerkrieg abonniert. Touristen dagegen erzählen vom reibungslosen Verkehr. Sie beschreiben ein grandioses Panoptikum und großzügige Umgangsformen und merken meist nicht einmal, daß sie damit etwas dementieren. Ganz nebenbei erfährt man von ihnen, daß die Integration der Schwarzen Fortschritte macht, der Rassismus bekämpft wird, gemischtrassige Viertel entstehen und der schwarze Antisemitismus auf wenige Brennpunkte beschränkt ist.

Merkwürdigerweise versteht man Integrationsmeldungen gewöhnlich als Belege dafür, daß es mit der multikulturellen Gesellschaft vorangeht, und Konfliktmeldungen als Menetekel des Scheiterns multikultureller Konzepte. Dabei legt schon eine flüchtige Überlegung eher das Gegenteil nahe: Wo Trennlinien verblassen, fließt das Getrennte zu einem Ganzen zusammen. *Bunt* und *multikulturell* sind Gegensätze. Wenn Exeuropäer, Exafrikaner und Exasiaten in einem Appartementhaus kohabitieren und ihre Kinder in die gleichen Schulen schicken, vom Medienkonsum ganz abgesehen, erweist sich der Stolz auf die eigene Kultur und Ethnie als Treue zum Trachtenverein. Hautfarben und Haß allein bewahren keine Kulturen. Die Hoffnungsträgerin der Amerikakorrespondenten, die wirtschaftlich integrierte schwarze Mittelklasse, bringt den Typus des Hobbyafrikaners hervor: Im Urlaub gräbt man nach den *roots*.

Vielfalt bedarf einer gewissen Segregation, aus der heraus projiziert und verweigert wird. Segregation kann auch sekundärer Art, *Folge* kultureller Assimilation, sein — nur macht das

▶[9] Jean Baudrillard: Amerika. München 1987, S. 118 f.

die Namensgebung kritisch. Die Werbung für eine Promiskuität der Rassen in den europäischen und amerikanischen Medien verläßt sich darauf, daß die Verpackung einen exklusiven Inhalt hat. Darauf besteht aber nur solange Aussicht, als sich Traditionen und Lebensstile durch gegenseitige Anziehung auch abstoßen. Die Sezessionsbestrebungen der Schwarzen, Hispanics, Asiaten und Indianer machen multikulturelle Hoffnung. Berechtigterweise?

Am Kampf der Kulturen in den Vereinigten Staaten erscheint mir typisch amerikanisch, daß er nach einem gemeinsamen Kanon ausgetragen wird. Er gleicht einer auf alle Bildschirme übertragenen Anhörung, in der jede Partei das schmutzige Geheimnis der anderen Parteien aufdeckt. Und dieses Geheimnis ist immer das gleiche, altvertraute – der Rassismus. »Der weißen Gesellschaft fällt es schwer, ihren Rassismus endlich einzugestehen«, erklärt ein schwarzer Journalist. »Der Rassismus und seine Leugnung gehören zum Fundament der amerikanischen Gesellschaft.«[10] Die Weißen zahlen es den Schwarzen mit gleicher Münze heim. Das Prinzip der Auseinandersetzung ist, daß der Rassismus im verborgenen schwelt und erst das volle Geständnis der Beschuldigten die Besserung der Verhältnisse ermöglicht. Rassismus ist ein allgegenwärtiger Straftatsbestand. »Seitdem nicht nur gegen ›intentionalen Rassismus‹, sondern auch gegen ›strukturellen Rassismus‹ geklagt werden kann, akzeptieren die Gerichte statistische und historische Beweisführung für Diskriminierung. (Etwa: der Nachweis, daß die Grenzen eines Schuleinzugsbereichs verändert wurden, als Schwarze ins Viertel zogen. Oder der Nachweis, daß die ethnische Beschäftigungsstruktur eines Unternehmens deutlich von der ethnischen Zusammensetzung der Arbeitssuchenden im Umkreis des Unternehmens abweicht...) Diese Gutachter-Literatur ist immens.«[11] Ethnotherapeuten versprechen, auch hartnäckige Fälle von Rassismus in einigen Sitzungen erfolgreich zu behandeln. Vor New Yorker Kinos verteilen sie Handzettel mit der Frage: »Sind Sie ein Rassist?«[12]

Bei dem Wechselspiel von Schuldzuweisungen, Unschuldsbeteuerungen und freimütigen Geständnissen (»Wir sind alle

▶[10] Studs Terkel: a.a.O., S.186. ▶[11] Donata Elschenbroich: Eine Nation von Einwanderern. Ethnisches Bewußtsein und Integrationspolitik in den USA. Frankfurt am Main 1986, S.111. ▶[12] *Der Spiegel*, Nr.48 vom 23.11.1992, S.242.

Rassisten«) handelt es sich fraglos um einen Machtkampf. Aber der Kampf ist ritualisiert. Alle Parteien unterwerfen sich demselben Vorverständnis ihrer Motive und Ziele. »Sobald ich unter Schwarzen (Weißen, Hispanics, Chinesen, Koreanern) bin, spüre ich ihren Rassismus. Jede Sekunde lang.« Amerikanische Kinder atmen den Rassismus ein wie die Luft. Es wird immer schlimmer. Die Litanei ersetzt den Versuch, das (vormals) Beunruhigende der anderen in Worte zu fassen. Glaubt hier überhaupt noch jemand an eine tiefere Bedeutung von unterschiedlich gestalteten Körpern? Das manisch wiederholte Enthüllen offener Geheimnisse gemahnt an den neuinszenierten Kampf der Geschlechter in der westlichen Welt. Man ist sich schon so nahe gekommen, daß keine Versöhnung mehr möglich ist.

Die Selbstbeschreibung der farbigen Minoritäten in den Vereinigten Staaten stammt nicht aus dem Erbe der Ursprungskulturen, sondern wird von aktuellen Erfordernissen diktiert. Man sucht sich aus den Plädoyers der Konkurrenz die Argumente heraus, die Wirkung erzielen. Das Rassenbewußtsein der *communities* ist eine politische Neuschöpfung, *blackness*, »schwarze Erfahrung«, eine Imagetechnik. Durch Separation festigt man die eigene Position im Verteilungskampf. Ja, wenn die Schwarzen nur fleißiger, sauberer, nüchterner und weniger gewalttätig wären, munkeln die Weißen. Dann hätten wir nichts gegen sie (und spielte die Hautfarbe keine Rolle). Ich habe den Verdacht, daß es die meisten von ihnen genauso empfinden, wie sie es sagen.

Es wird noch immer mit zweierlei Maß gemessen, erwidern die Schwarzen und die Latinos. Sie wollen damit sagen, daß mit *einem* Maß, dem der Weißen, gemessen wird, und daß sie nun gleichfalls das Maß der Weißen anlegen wollen, um besser abzuschneiden. Warum wird krauses Haar verachtet? fragen sie. Der Reichtum ist ungerecht verteilt. Wiedergutmachung, Egalisierung der Gruppenrechte, Ebenbürtigkeit. Gebt uns, was uns zusteht, dann verzichten wir auf Rasse und bekennen, nichts anderes als Amerikaner zu sein.

Amerikaner scheinen dazu verdammt, die Ausrottung der Ureinwohner, die das Land verfügbar machte, fortgesetzt durch die Ausrottung der Unterschiede zu wiederholen. Das Land soll verfügbar bleiben. Dabei bestehen die Unterschiede fort, aber als Spielarten der Gleichheit. Auf diese Weise produziert

Amerika mehr Originalität als die anderen Weltteile zusammengenommen.

Die Hoffnung der Amerikaner, das Andere, das Land, zu gewinnen, ruht auf der Sezession. Andernfalls wird der Nordkontinent zwischen Atlantik und Pazifik von einer hybriden Menschenart bevölkert werden, die per Interessenausgleich auf den Bildschirmen in allen Hautfarben entsteht und ins Land zurückgespiegelt wird. Sie wird in Englisch, Ebonics, Spanisch, Koreanisch und in anderen Sprachen reden, ohne daß etwas von der Bedeutung der Worte jenseits der Übersetzbarkeit zurückbleibt. Und auch das Land schrumpft dann auf seine Teilbarkeit und Nutzbarkeit zusammen: Bildschirmnatur, ein jedes Ding identisch mit seinem Bild. Wesen jedoch, die nichts Opakes haben, so daß wir mit unseren europäischen Projektionen alleingelassen werden, sind gänzlich fremde Wesen, *aliens*. Was diese tun, ist unberechenbar.

Keine Vielfalt

● Seien wir diskret, sprechen wir nicht vom Kampf der Kulturen, sprechen wir von ihren uneingestandenen Rivalitäten auf religiöser, politischer und wirtschaftlicher Ebene.

Im Kräftemessen der Weltkulturen behält die christlich-abendländische gegenüber dem Islam vorerst die Oberhand, erkennbar daran, daß sie bestreitet, überhaupt zu rivalisieren. Der orthodoxe Islam erweist sich trotz oder wegen seines exklusiven Absolutheitsanspruchs als die eigentliche Vielfaltspartei. Er sucht im Westen um Anerkennung als kulturelles Gegenüber nach, allein der Westen verweigert ihm den Gegnerstatus.

Kulturen befinden sich in ständiger Entwicklung und im ständigen Austausch und haben viel Gemeinsames, lehren die Vertreter des europäischen Universalismus. Ihr Angebot an die Muslime lautet: Wir dementieren, überlegen zu sein, und ihr erkennt stillschweigend an, daß Wahrheit Verhandlungssache ist. Schaffen wir Anschlüsse und Übergänge, fordern sie. Entgrenzen wir die Kulturen oder, besser noch, geben wir zu, daß sie bereits entgrenzt sind.

Während die Toleranz des Abendlands keine Grenzen kennt, entspringt die Toleranz des orthodoxen Islam der Intoleranz. Die Muslime bieten den Andersgläubigen Dialoge an, in der Gewißheit, daß die Differenz zu ihnen gottgewollt ist und nicht zur Disposition steht. In der Koransure 5, Vers 49 heißt es von den »Schriftbesitzern« (Juden, Christen, Muslimen): »Einem jeden von euch haben wir eine klare Satzung und einen deutlichen Weg vorgeschrieben. Und hätte Allah es gewollt, er hätte euch alle in einer einzigen Gemeinschaft zusammengeführt. Doch er wünscht euch auf die Probe zu stellen durch das, was er euch anvertraut hat. Wetteifert daher miteinander in guten Taten. Zu Gott ist euer aller Heimkehr. Dann wird er euch aufklären über das, worüber ihr uneinig gewesen seid.«[1] Der religiöse Dialog kann nicht im Synkretismus enden, denn Allah wünscht »keinen Einheitsbrei«.[2] Er verlangt die streitbare Glaubensheimkehr des Gottesvolks, doch nicht die Bekehrung Andersgläubiger. So wie die islamische Tradition keinen Begriff für das erkennende Subjekt und das autonome Individuum hat, stellt sie sich dem Anderen weder gleich noch entgegen, sondern verharrt – dialogbereit – in Abgeschiedenheit.[3] Zwischen Orient und Okzident besteht ein Verhältnis wesenhafter Ungleichheit. Dem Gläubigen steht es nicht zu, mit dem Westen etwas auszuhandeln oder gar die Ungleichheit in Frage zu stellen.

Wie überlebt aber nun der orthodoxe Islam in der universalistischen Diaspora, etwa in Frankreich und Deutschland? Was setzt er der haltlosen Selbstentgrenzung des Westens entgegen?

Eine Minderheit kompromißbereiter Muslime läßt sich über die Gefahren einer Verkündung exklusiver Wahrheit aufklären und praktiziert einen weltoffenen Islam westlichen Typs. Sie hegt den Absolutheitsanspruch im Inneren und interpretiert ihn historisch für die Demokratie.

Die Mehrheit der bekennenden Muslime in Westeuropa antwortet auf die Gleichgültigkeit des Kulturen-Konsums durch Betonung trennender Merkmale. Die Männer beten regelmäßig, die Frauen tragen Kopftücher, die Mitglieder der Großfamilien rücken zusammen. Solche Selbstinszenierung hat aber auf die

▶[1] Zitiert von: Muhammed S. Abdullah: Grundwerte im christlichen und islamischen Verständnis. In: H. Elçin Kürşat-Ahlers (Hrsg.): Die multikulturelle Gesellschaft: Der Weg zur Gleichstellung? Frankfurt am Main 1992, S. 195. ▶[2] Ebenda. ▶[3] Zeynep B. Sayin: Von Konquistadoren und Glaubenskriegern. In: *die tageszeitung* vom 23.9.1997, S. 14 f.

Europäer die Wirkung eines moralischen Appells: Seht her, wir sind authentisch, nehmt uns ernst. Mit demonstrativer Zeichengebung erzwingen die Ausgeschlossenen die Beachtung der Ausschließenden. Sie drängen auf Anerkennung des Rechts, verschieden zu sein, unter Berufung auf Gleichheitsnormen. »Da man Anerkennung nur für etwas bekommt, was den Maßstäben der anderen entspricht, impliziert die Suche nach Anerkennung auch, daß man sich immer bis zu einem gewissen Grad selbst aufgibt.«[4] Nein sagend signalisiert man, dabei sein zu wollen. Mit jedem Identitätsbeweis und jedem Identitätsverzicht paßt sich die zugewanderte Kultur enger an die westlichen Verkehrsverhältnisse an. Der Islam konvertiert zum Multikulturalismus. Die Wahrheit übt sich, als Rechtsanspruch aufzutreten.

Strenggläubigen Marokkanern in Frankreich und Türken in Deutschland bietet Selbstghettoisierung die Möglichkeit, in der Form der Rückbesinnung auf das Eigene abendländisch zu werden. Zunächst lernt man, *Teil* zu sein, später, zu relativieren. Die Auswanderung hat Folgen. Zur Erneuerung des Glaubens würde man sich nicht ausgerechnet ins Abendland begeben. Der Koran behält recht: »O ihr Gläubigen, nehmt weder Juden noch Christen zu Freunden; denn sie sind nur einer dem anderen Freund. Wer aber von euch sie zu Freunden nimmt, der ist einer von ihnen.«[5]

Die meisten Süd-Nord-Emigranten sind Armutsflüchtlinge. In der einen oder anderen Weise bezahlen sie ihre Hoffnung auf Wohlstand in Europa mit schleichender kultureller Auszehrung.

Experten der interkulturellen Migrationsprozesse sehen darin ausschließlich die Folgen gebieterischer Not: Kapitalflüsse werden umgeleitet, das Land verdorrt, die Menschen hungern. Und im Norden nistet unerschöpflicher Reichtum. Wer dessen Magnetwirkung als gegenseitige Anziehung von Kulturen beschreibt, macht sich der Schönfärberei verdächtig. Denn die Elenden verlassen mit der Heimat auch die Traditionen.

Die Visionäre kultureller Vielfalt lassen sich davon nicht entmutigen. Vielmehr treten sie nun als Pragmatiker auf. »Es geht gar nicht darum, ob wir eine multikulturelle Gesellschaft haben wollen«, erklären sie. »Wir haben sie bereits. In der modernen,

[4] Werner Schiffauer: Kulturdynamik und Selbstinszenierung. In: *die tageszeitung* vom 4.3.1997, S.14f. [5] Der Koran, Fünfte Sure, Vers 52. Nach der Übertragung von Ludwig Ullmann. München 1959, S.97.

global vernetzten Welt wird das Zusammenleben von Volksgruppen verschiedener nationaler, religiöser und kultureller Herkunft zum Normalfall.«[6]

So schwadronieren die Entgrenzungsspekulanten. Auf einer schnell schrumpfenden Erde erübrigt es sich, in jedem Quadratkilometer Kulturen zu mischen. Das erhöhte nicht die Vielfalt, sondern die Monotonie. Man ist sich ja bereits auf wenige Flugstunden nahegekommen. Gerade die Nutznießer der globalen Vernetzung haben keinen Anlaß, sich auf den Leib zu rücken. Tatsächlich sind es ja auch nicht die (Post-)Modernen, die nach Norden und Westen emigrieren, sondern die Vormodernen.

Aber Multikulturalisten fragen nicht danach, wer da zu ihnen kommt. Sie benutzen die Einwanderung als Vorwand für erzieherischen Tugendterror. Die Notdurft der Asiaten und Afrikaner verzaubern sie in bereichernde Vielfalt zur Steigerung des Lebensgefühls. Sie predigen Achtung für alle Lebensstile und achten dabei allein das westliche Gleichheitsmaß. Für keine der vielen Herkünfte haben sie etwas übrig, aber alle zusammen sind gut genug, um die nationale Gesellschaft durch den erstrebten kulturellen Pluralismus abzulösen.[7] Fremde Kulturen werden wie Anschaffungen gezählt – drei sind mehr als zwei, fünf mehr als vier. Schwangere Frauen empfinden Genugtuung bei dem Gedanken, daß ihre Kinder »mindestens zwei Kulturen in sich tragen« werden[8], und deren Kinder einst vielleicht vier oder fünf. Man schwelgt in Differenzen, die sich im allseitigen Austausch multiplizieren. Mehr Sprachen, Märchen und Emotionen. Mehr Frisuren und Kochrezepte. Buntere Musik und Mode. Mehr von den »wundervollen Gesichtern« der *cross culture people*.

Ohne etwas davon zu wissen, sind Türken, Pakistani, Vietnamesen, Nigerianer und Indios als Entwicklungshelfer der europäischen Lebensfreude tätig. Sie sorgen für Abwechslung, sollten dabei allerdings die wichtigsten Regeln des Zusammenlebens in der Toleranzgesellschaft einhalten: Ansprüche der Familienehre sind dem Recht des Individuums auf freie Selbstentfaltung nachzuordnen. Frauen sind als gleichwertige Wesen zu behandeln, Kinder nach dem Erreichen des achtzehnten

▶[6] Überall. ▶[7] Vgl. Frank-Olaf Radtke: Die Konstruktion des Fremden im Diskurs des Multikulturalismus. In: Elçin Kürşat-Ahlers (Hrsg.): Die multikulturelle Gesellschaft: Der Weg zur Gleichstellung? Frankfurt am Main 1992, S. 129–141. ▶[8] *die tageszeitung* vom 2.10.1993, S.19.

Lebensjahres freizugeben. Klitorisbeschneidung widerspricht der Menschenwürde. Versuche, den Koran oder andere heilige Bücher zum Leitfaden der Staatstätigkeit zu machen, sind zu unterlassen. Der Neubürger sollte weder lebende Tiere herunterschlucken noch Hunde schlachten. In der Öffentlichkeit hält er sich zurück, zügelt spontane Aktionsimpulse und unterdrückt den Wunsch zu schreien. Er distanziert sich von reaktionären Institutionen und unlogischen Glaubenssätzen. Außerdem unterläßt er es, das Wirtsvolk erziehen zu wollen. Dann steht seiner Gleichbehandlung nichts im Wege.

Multikulturalismus ist die Herablassung der Weißen. Unter Berufung auf überethnische Werte, die es nur im Westen gibt, lähmt er im Bemühen um die Anerkennung der Rechte des Anderen dessen Fähigkeit, die Fragen der Weißen unbeantwortet zu lassen. Multikulturalismus ist der Rassismus, der den Anderen demütigt, indem er ihm nichts entgegensetzt. Er klebt am »*privilegierten leeren Punkt der Universalität*«, von wo aus er imstande ist, sich allein durch Entfaltung des Respekts für die Anderen von deren Gaben zu nähren.[9] Als Anwalt der Rassengleichheit schenkt der Weiße den Farbigen sich selbst; die anderen Kulturen relativierend, erntet er sie. Sein Interesse an Migranten dient der Selbstbestätigung und der Reparatur seiner Bevölkerungspyramide. Er stutzt den Anderen auf *den Menschen* zurecht, oder er weist ihm Intoleranz nach, was ihn zur Umerziehung berechtigt. Schließlich verwischt er noch die Spuren seiner Machtergreifung, indem er erfolgreich verdrängt, daß Toleranz als Wert und Forderung ein abendländisches Erzeugnis ist (mit dem er die Waffe der Relativierung schmiedet).[10]

Westliche Denker der Globalisierung befinden sich heute in einer Art Vielfaltswettbewerb. Die einen bestehen auf Autonomie und Gleichbehandlung für jede einzelne Volkskultur. Die anderen sehen alle Kulturen in wechselseitiger Durchdringung und Interaktion begriffen und frohlocken über eine immense »Vielheit unterschiedlicher Lebensformen von transkulturellem Zuschnitt«.[11] Nach ihrer Überzeugung schaffen Aus-

▶[9] Slavoj Žižek: Der leere Punkt der Universalität. In: *Süddeutsche Zeitung*, Nr. 156 vom 10.7.1997, S.13. ▶[10] Panajotis Kondylis: Universalismus, Relativismus und Toleranz in der westlichen Massendemokratie und in ihrem geistigen Leben. In: *Dialektik. Enzyklopädische Zeitschrift für Philosophie und Wissenschaften*, Nr. 3/1996, S.11–21. Hier: S.18f. ▶[11] Wolfgang Welsch: Transkulturalität – Gestaltungsaufgaben für die Welt von morgen. In: *Kunst & Kultur*, Nr. 9/1995, S.14.

tauschprozesse mehr kulturelle Komplexität, als durch die Auflösung der Kulturen an Differenzmannigfaltigkeit verloren gehen kann. Die gehegte Kulturvielfalt geht im Entgrenzungstaumel unter, wird aber täglich, ja stündlich neu aufgelegt. Wie kommt diese Steigerung zustande? Durch »globale Vernetzung der Kommunikationstechniken«, Angleichung des Warenangebots und den Aufenthalt bestimmter Berufsgruppen in Übersee träten, so erfahren wir, gleiche Problemstellungen und Bewußtseinslagen in allen Weltteilen auf, erkennbar etwa an Menschenrechts-Diskussionen und ökologischem Bewußtsein.[12]

Das ist ernüchternd. Der Begriff der Transkulturalität ist offenbar ein Synonym für die sogenannte Verwestlichung der Welt.

Gewiß hat bisher nur der Westen Prozesse weltweiter Entgrenzung in Gang gesetzt. »Die anderen Kulturen haben weder Universalität noch Differenz beansprucht... Sie leben von ihrer Einzigartigkeit, ihrer Ausnahme, von der Unhinterfragbarkeit ihrer Riten, ihrer Werte.«[13] Medien, Waren und Verfahren des Westens erschaffen jedenorts eine fragmentarische Zweitkultur, ohne die autochthonen abzulösen und ohne die westliche Lebenswelt greifbar zu machen. Infolge der Dauerpräsenz seiner Kulturtechniken scheint der Westen selbst nur noch eine Kulturtechnik ohne Ursprungsterritorium zu sein, die auf der Suche nach eigenem Grund und Boden die Märkte der Erde zu usurpieren trachtet.

Zwar unterhält der Westen die einzige real existierende Ganzweltkultur mitsamt einer Kommunikationssphäre, der alle Nationen beitreten können. Diese verbindende, zusammenführende Sphäre jedoch verbreitet zugleich die Weltmaßstäbe, nach denen die Mitgliedskulturen nun untereinander in Konflikt geraten. Zu Kulturkampf und Rassenhaß kommt es nur zwischen einander Nahegerückten. (Davon wollen die Multi- und Transkulturalisten nichts wissen.) Transkultureller Krieg ist Bürgerkrieg, in dem bekanntlich alle Regeln außer Kraft gesetzt sind.

Im transkulturellen Alltag entsteht Konfliktstoff dadurch, daß die Unzahl der Gelegenheiten zum kulturellen Austausch im Interesse der Verständigung und gemeinsamer, globaler

▶[12] Wolfgang Welsch: a.a.O, S.12. ▶[13] Jean Baudrillard: Transparenz des Bösen. Ein Essay über extreme Phänomene. Berlin 1992, S.152.

Projekte auf einige wenige »Durchdringungen« reduziert werden müssen.

Über die Gesichtspunkte der Selektion aber läßt sich selten Einvernehmen erzielen. Die einen wollen vor allem unter binnenwirtschaftlichen Aspekten mit den anderen kommunizieren, die anderen in Freihandelsmanier, die dritten militärisch, die vierten nach Geboten der Entwicklungshilfe und andere wieder ökologisch und kulinarisch. Transkulturelle Beziehungen sind nämlich weder innenpolitischer noch außenpolitischer Natur. Hier sind nicht nur die Regeln strittig, sondern auch die Bereiche, für die man Regeln benötigt.

In der Einen Welt sind kulturelle Unterschiede ausnahmslos politisch aufgeladen. Hier für Vielfalt plädieren, heißt Kulturkonflikte erdulden. Ein Nebeneinander autonomer Kulturen ist im Einen Multiversum ausgeschlossen.[14] Willkürliche Toleranz wird mit grundloser Intoleranz erkauft. Wer nicht ertragen möchte, daß komplexe Verständigungsprobleme rigoros vereinfacht werden und nahezu alle Möglichkeiten des kulturellen Austauschs ungenutzt bleiben, sollte sein Herz nicht an Vielfaltskonzepte hängen. Und Kulturaustausch nach Programm ist eine erstickende Prozedur.

Der Westen – mit vielen inneren Brüchen – existiert weiterhin, zumal er seine Hegemonie ja auch durch Entgrenzungsforderungen sichert. In der euroamerikanischen Sphäre ermöglicht die ersehnte Zerrüttung kulturellen und ethnischen Eigensinns (sogenannter Identität) eine unbegrenzte Zahl von Übergangskulturen und Momentpersönlichkeiten – mit den Worten Ulrich Becks: »Im globalen Mit- und Gegeneinander der Religionen, Lebensformen, Lagen, Gewißheiten und Hautfarben verlieren *alle* Traditionen ihre innere Selbstverständlichkeit. Alles muß von nun an im globalen Konkurrenzkampf der Kultur-Alternativen erstens in einen Dialog zueinander treten, zweitens gewählt und drittens begründet werden – egal, ob es sich um den Zölibat, die wissenschaftliche Wahrheit, die Kleinfamilienordnung, das Verständnis von Bürgerrechten oder die Prioritäten des Wirtschaftswachstums und der Berufskarriere handelt.«[15]

▶ [14] Vgl. Panajotis Kondylis: Symbolische Waffen in der globalisierten Gesellschaft. In: *Frankfurter Allgemeine Zeitung*, Nr. 210 vom 10.9.1997, S. N 6.
▶ [15] Ulrich Beck: Fit für die Verteidigung. Die Globalisierung und der Standort Deutschland. In: *Süddeutsche Zeitung*, Nr. 32 vom 8.2.1996, S. 13.

Es ist erreicht. Aber wie nur den Bedarf an Begründung decken, wo diese doch selbst nur kurzfristig und übergangsweise gerinnen kann? Alle durch die Erosion der Herkünfte und Gründe bedingten Einbußen an Selbstverständlichkeit müssen nun *situationär* wettgemacht werden – mit der Verve bedingungsloser Selbsterhaltung. Die wahllos erledigte Identität kehrt als unwiderlegbare Wahl des Augenblicks zurück: *Das ist mein Standpunkt. Wenn er euch nicht paßt, dann wählt einen anderen. Oder wartet bis morgen, dann bin ich ein anderer.* Und die flexible Identität steht für nichts als die Selektion von Möglichkeiten. Sie bekennt mit jedem ihrer Standpunkte, daß sie auch anders könnte. Anstatt durch begründete Intoleranz einen Beitrag zur Vielfalt zu leisten, emigrieren wir aus der Überlieferung in die Möglichkeitsform, die Vielfalt als solche. Das Mit- und Gegeneinander trocknet zum Terminus »Vielfalt« ein. Das zeigen bereits die Thesenpapiere der Transkulturalisten.

Asiaten und Afrikaner können im Vielfaltsbetrieb nichts richtig machen. Entweder landen sie im Ghetto oder sie ordnen sich in den Übergangsverkehr der Augenblickskulturen ein. In beiden Fällen erliegen sie dem Imperativ der Selbsterhaltung, der Kurzfassung westlicher Kultur.

Der Universalismus des Westens ist und bleibt partikular. Warum also machen wir uns die Mühe, unser unduldsames Anderssein zu verleugnen?

Alles Vergleichen überdauernde Einfalt

Die Leidenschaft des Sammlers für das Komplettieren paart sich häufig mit abfälligem Desinteresse am Gegenstand. Was in Schränke und Vitrinen eingeschreint wird, sind Trophäen. Jäger und Sieger archivieren gern, was sie erlegt haben. Das euroamerikanische *Human Genom Diversity Project (HGDP)* baut eine Blutbank als Genarchiv der Menschheit auf und widmet sich dabei vor allem den sogenannten Urvölkern, die vom Aussterben bedroht sind. Die Wissenschaft soll auch künftig noch imstande sein, die genetischen Unterschiede zwischen den

Erstbewohnern der Erdteile und die »Wurzeln der Menschheit« zu erforschen.

Indessen scheint bald jede Menschengruppe, die eigentümlich aussieht, wahrnimmt und lebt, ein künstlich beatmetes Urvolk zu sein. Prophezeit wird der globale Siegeszug eines dunkelhaarigen und kaffeebraunen Standardmenschen in einer einheitlichen Weltkultur. Daher befinden sich die anthropologischen Spurensicherer im Wettlauf mit der Genverschmelzung. »Es ist ein absoluter Glücksfall«, dozierte eine Münchner Boulevardzeitung, »daß es jetzt, unmittelbar vor dem massiv einsetzenden Super-Ethnomix, zwei Wissenschaftlern unabhängig voneinander gerade noch rechtzeitig gelungen ist, den Stammbaum der Völker und Rassen zurückzuverfolgen bis zum ersten modernen Menschen.«[1]

Gemeint sind die kalifornischen Professoren Luca Cavalli-Sforza und Allan Wilson. Ihnen ist es gelungen, die Häufigkeit bestimmter Gene − Blutgruppen, Proteine, Enzyme und anderer DNS-Moleküle − bei den Bewohnern aller Erdteile zu analysieren und zu vergleichen. Aus Messungen genetischer Distanzen schließen sie, wann und wie sich der afrikanische Wurzelstock des Homo sapiens sapiens über die Erde verzweigt hat. Ins Erbgut gestanzt ist der Auszug unserer Urahnen aus Afrika nach Vorderasien − vor 100000 bis 90000 Jahren − und eine erste Aufteilung der Wanderer in zwei Gruppen. Die erste bevölkerte Indien und Südostasien und, etwa 40000 Jahre später, Neuguinea, die Pazifischen Inseln und Australien. Die andere erschloß die nord- und ostasiatischen Landmassen. Vermutlich vor 45000 bis 35000 Jahren erfolgte eine weitere Scheidung, von der die Erde bis heute gezeichnet ist. Von Westasien aus drangen die als Cro-Magnons bekannten Stämme in den östlichen und westlichen Mittelmeerraum und später in alle Teile Europas vor. Die räumliche, sprachliche und physiognomische Aufteilung der Menschheit in die drei Großgruppen der Negriden, Mongoliden und Europiden vollendete sich, gefolgt von einer Kontrastierung der Hautfarben. Die letzte und größte Erdwanderung vollzog sich vor 35000 bis 12000 Jahren, als mongolide Nomaden von Nordostasien aus in mehreren Wellen bis zur Südspitze des amerikanischen Doppelkontinents gelangten.[2]

▶[1] Reinhold Dürrzapf: Nicht mehr lange, dann sehen alle aus wie Michael Jackson. Genforscher entdecken den Stammbaum der Völker − doch von nun an wird's durchrasst. In: *Abendzeitung* vom 11.2.1992, S. 3. ▶[2] Luca und

Je länger die Zeit der Trennung, desto größer der genetische Abstand. Die Untergruppen der Europiden (Indoeuropäer, Semiten, Berber) gehen erst wenige tausend Jahre getrennte Wege, Europäer und Indianer etwa 40000 Jahre, Europäer und Schwarzafrikaner etwa 100000 Jahre.

Der Erfolg ihrer Arbeit bringt die Stammbaumforscher in Verlegenheit. Sie zeichnen eine Erdkarte aus genetischen Distanzen. Düpieren sie damit nicht die UNESCO, die festgeschrieben hat, daß es zwischen den menschlichen Rassen keine nennenswerten Unterschiede gebe? Prompt ergänzen Luca Cavalli-Sforza und sein Sohn Francesco ihr Buch der Unterschiede durch einen Exkurs über die Nichtigkeit der Rassenunterschiede. Äußere Merkmale wie Hautfarbe, Haarfarbe und Gesichtsschnitt würden nur durch eine verschwindend geringe Zahl von Genen festgelegt, führen sie aus. Alle anderen drei Milliarden DNS-Faktoren seien in allen Völkern hochvariabel. Selbst bei den Aborigines Australiens zeigten sich zwischen einzelnen Individuen größere genetische Diskrepanzen als zwischen Eskimos und Bantu-Völkern. »Wir unterscheiden uns nur sehr geringfügig voneinander.«[3]

Diese Feststellung trifft freilich auch für Menschen und Schimpansen zu, die sich 98,4 Prozent ihrer Gene teilen. (Und konsequenterweise kämpft eine kleine amerikanische Bürgerbewegung für Sonderrechte von Menschenaffen in der Gesellschaft der Menschen-Menschen.)

Genetik mag ein probates Mittel sein, um der Entwicklung einer Menschheit ohne schriftliche Hinterlassenschaft nachzuspüren. Doch sollten wir davon ablassen, die Verwandtschaft zwischen Menschengruppen genetisch abzumessen. Fragen wir statt dessen nach dem Alter einer bestimmten Gruppe und den Wegen, die sie durch Jahrzehntausende hindurch wandernd, sprechend, bauend und ordnend eingeschlagen hat.

»Rassisten sind Leute, die davon überzeugt sind, daß eine Rasse allen anderen biologisch überlegen ist«, erläutern die Cavalli-Sforzas.[4] Ich empfehle eine Erweiterung dieser Defini-

---

Francesco Cavalli-Sforza: Verschieden und doch gleich. Ein Genetiker entzieht dem Rassismus die Grundlage. (Titel des italienischen Originals: Chi siamo. La storia della *diversità* umana.) München 1994, S.195-202. Vgl. Josef H. Reichholf: Das Rätsel der Menschwerdung. München 1993, S. 230 bis 234. ▶[3] Luca und Francesco Cavalli-Sforza: a.a.O., S.203. ▶[4] Ebenda, S. 369.

tion: Rassisten sind Leute, die das Verhältnis zwischen Völkern verschiedener Erdgegenden nach dem Kriterium der Gleichwertigkeit/Ungleichwertigkeit regeln wollen und dabei mit biologischen Methoden arbeiten. Biologisten, die eine weitgehende genetische Übereinstimmung zwischen Gelben, Schwarzen und Weißen diagnostizieren, tun »die großen Tragödien und Grausamkeiten, die auf die Verschiedenheit der Rassen auf der Welt zurückzuführen sind« (!), als bedeutungslose Narretei ab.[5] Um diesen Tragödien ein Ende zu setzen, müßten demnach nur die Narren darüber aufgeklärt werden, daß der Gegenstand ihres Abscheus biologisch gleichartig ist. Die Ultima ratio der Therapie von Rassenhaß wäre dann eine systematische Kreuzung von Menschen mit unterschiedlichen äußeren, also belanglosen Merkmalen.

Ganz im Sinne dieser Therapie geben uns Journalisten und Sachbuchautoren zu bedenken, daß die Menschen vorzeiten auch äußerlich alle gleich gewesen seien. Von genanalytischen Befunden, wonach die Wiege der Menschengattung vor rund 200000 Jahren in Ostafrika gelegen ist, versprechen sie sich, so abstrus das auch sein mag, eine Aufwertung der Schwarzen bei entsprechender Abwertung der Weißen: »In Zeiten zunehmender Fremdenfeindlichkeit lehrt uns die moderne Paläoanthropologie: ... nicht die schwarze, sondern die weiße Hautfarbe (hat) als ›degeneriert‹ zu gelten.«[6] Seit Jahrzehnten treibt man uns auf Universitäten das Ursprungsdenken aus, und nun das. »Glauben Sie es doch endlich: Wir sind alle Afrikaner! Die Hautfarbe ist nur äußere Tünche, das Haar ein Flachs an der Oberfläche: die größten und schlanksten Menschen leben ohnehin nach wie vor in unserer afrikanischen Urheimat, in den Steppen und Savannen Ostafrikas.«[7]

Ich weiß schon, das ist positive, ausgleichende Diskriminierung. Aber wir Weißen in unserer Verstocktheit wollen trotzdem nicht Afrikaner sein. Wer will schon in den Schoß zurück, aus dem er einst gekrochen ist?

Wir sind Geschöpfe eines Weges, nicht eines Ursprungs. Was sich in Jahrzehntausenden zu uns hin differenziert und vereint hat, zeichnet uns aus – eine durch alles Vergleichen nicht zu erschöpfende Einfalt. Wir sind Geschöpfe eines Werdeganges

▶[5] Luca und Francesco Cavalli-Sforza: a.a.O., S. 206. ▶[6] *Süddeutsche Zeitung*, Nr. 22 vom 21.12.1995, S. 22. ▶[7] Josef H. Reichholf in der *Frankfurter Allgemeinen Zeitung*, Nr. 253 vom 30.10.1996, S. 12.

durch die Dämonie des Erdkörpers und seiner Horizonte, die durch die Bahnung des Weges erst befragbar wurde. Pfade, die bei uns enden, bezeichnen unsere Art. Im Zweistromland, in den Steppen Innerasiens, an den Südhängen des Kaukasus und endlich im kleinräumigen Europa faßten die Vorfahren Fuß, und auch ihr Verweilen war Wanderung.

Die vorgeschichtliche Ökumene umfaßte keinen einheitlichen, neutralen Raum, in dem Mythen und Techniken den Ort wechselten oder sich wellenförmig verbreiteten. Vielmehr gelangten Orte (Bahnen) zu anderen Orten und nahmen diese für sich ein. Wie Luca Cavalli-Sforzas Expansionsanalysen im Erbgut erwiesen haben, war die Verbreitung des Ackerbaus eine Verbreitung von Bauern und nicht von Anbautechnologien. Ähnlich verhielt es sich mit der Verbreitung von Verfahren des Hausbaus, der Herstellung von Kleidern und des Jagens und Fischens. Längs der Verbreitungswege formten sich Sprachen und Dialekte heraus.[8]

Im 20. Jahrhundert untersuchen Ethnologen und Anthropologen die Mythen der schriftlosen Völker historisch, psychoanalytisch und strukturvergleichend. Sie fragen nach Motiven, Symbolen, Botschaften, Armaturen, Codes, Matrices und Gestaltungsähnlichkeiten und nicht mehr nach dem scheinbar Selbstverständlichen: was es bedeutet, daß sämtliche schriftlosen Völker Ursprungs- und Schöpfungsmythen überliefern. Ursprung des Feuers, des Wassers, der fixen Position der Sonne, des Fleisches, des Menschenvolkes...

Vom Ursprung erzählen Menschen, denen die Kreisläufe der Gestirne und des eigenen Daseins entrückt sind. Die Kluft zwischen Mensch und Welt überbrücken die mythischen Beziehungen der Kreaturen zu den Göttern. Der Weg in die Ferne auf einer lebendigen Erde ist selbst eine dieser Beziehungen und die Wanderung ein mythisches Geschehen; daß die Menschen überhaupt aufbrechen können, setzt den Einbruch des Unheimlichen voraus. Sichtbares und Verborgenes sind auseinandergetreten. Der suchende Blick prallt im Gelände ab und wird zurückgeworfen.

Die Wanderer durchqueren einen offenen Raum, dessen verborgenes Gesetz sich an ihnen erfüllt. Sprache, Ritus und Sippenordnung räumen eine Lichtung im Dickicht des Unbekannten und hinterlassen eine Route symbolischer Einkerbun-

▶[8] Luca und Francesco Cavalli-Sforza: a.a.O., S. 231–252.

gen. So fassen die Aufgebrochenen das Rätsel ein und höhlen zugleich eine Form, die das Numinose empfängt. Ihr Vordringen in Steppe, Wald und Wüste ist eine Art des Horchens. Dahinziehend hören sie, wie sie geschaffen wurden.

Wohin sie gehören, erfahren sie jedoch allein in der Begegnung. Die Anderen sind eine Gestalt des Unfaßbaren und doch faßbare Gegenüber. Sie offenbaren den Eingetroffenen, was diese nicht sind, und somit, was sie sind: den Namen, den Feind, die Bedrohung, das Auserwähltsein.

Ich bin nicht so dreist, im Vorübergehen eine Theorie der Vorgeschichte entwerfen zu wollen. Ich berufe mich nur auf die Evidenz, daß die Unterscheidung der großen Kulturen in Äonen ohne objektivierende Rückbezüglichkeit eingesetzt hat – in einer Unzeit, die man wohl, ohne Esoteriker zu sein, als das Dasein des Menschen in einer unbekannten Welt umschreiben darf. Geschichte ist keine Selbsterzeugerin. Ungeschichte geht ihr voraus und begleitet sie. Oben sage ich etwas darüber, was die Wegsuche heute, auf einer kartierten Erde, jedenfalls nicht mehr ist. Ich projiziere ex negativo und versuche nicht, mich in die Sphäre der Vorfahren einzufühlen: Wenn sich Kulturen auf Wegen in eine fremde Ferne kristallisieren und auf verschiedenen Kontinenten entfalten, haben sie in gewisser Weise die Gestalt ihres Herkommens und sind insofern unvergleichlich. Jeder Pfad durch Jahrzehntausende erschließt eine andere Erde.

Wenn heute Asiaten, Europäer, Afrikaner, Amerikaner und Australier aufeinandertreffen, finden sie zahllose Anlässe, nach gemeinsamen Maßstäben Vergleiche anzustellen. Doch dazu reizt sie gerade das Unvergleichliche in Physiognomie, Sprache, Gesellschaft und Welt-Anschauung der anderen.

Zum Weg gehört es, daß er sich mit anderen Wegen kreuzt und vereint und von ihnen trennt. Jede Kultur ist wesentlich Mischkultur und eben darum der Willkür der Auswahl enthoben. In einem bestimmten Landstrich sind die anderen jeweils schon ansässig oder kommen als Eroberer oder Händler. »Kann eine Gesellschaft im Jahre 1988 monokulturell sein, in Ansehung der Verschmelzungen von Populationen, der Völkerwanderungen, der Einwanderung?« fragt Didier Eribon rhetorisch, und Claude Lévi-Strauss antwortet: »Monokulturell sagt nichts aus, weil es nie eine Gesellschaft gegeben hat, die so beschaffen gewesen wäre. Alle Kulturen erwachsen aus Verschmelzungen, Anleihen, Mischungen, die sich unaufhörlich weitervollziehen, wenn auch in anderen Rhythmen, seit Anbeginn der Zeiten. Obschon aufgrund ihrer Entstehungsweise allesamt plurikulturell, haben die Gesellschaften im Laufe der Jahrhunderte doch jeweils eine originäre Synthese erarbeitet. An dieser Synthese, die ihre Kultur zu einem gegebenen Zeitpunkt konstituiert, halten sie mehr oder weniger streng fest.«[9] Und diese Synthese, zumal die in Jahrtausenden entstandene, nimmt physische Gestalt an. Der Gesichtsschnitt der Europäer, der Han-Chinesen, der Indianer ist mehr als eine Erbinformation unter drei Milliarden anderen. Im wörtlichen Sinne *bildet* er den Ausgang einer Entdeckung der Erde.

Neben der *einen* Erde, wie sie in Atlanten, von Raumstationen aus und in UNO-Deklarationen auftaucht, existieren unbestimmt viele irdische Parallelplaneten. Organisierte Kommunikation zwischen ihnen schwächt die Gravitation und fördert die Neigung zur Selbstabkapselung. Nur jeweils *zwei* Kulturen können sich begegnen. Nur dort, wo starke Kräfte der Selbstbeharrung wirken, ist gegenseitige Anziehung möglich. Neigung zum Anderen verschmäht den reibungslosen Verständigungsverkehr, der binnen kurzem die Medien des Austauschs zu dessen eigentlichem Inhalt macht. Erschöpft sich der Widerstand gegen den Austausch, kommt dieser selbst zum Erliegen.

So wenig sich Weiblichkeit und Männlichkeit aus einem Dritten ableiten lassen – obwohl es zahllose geschlechtliche Zwischenformen gibt –, so wenig sind zwei Kulturen in ihrem Mit- und Gegeneinander auf ein Drittes reduzierbar. Wie Frau und Mann sind sie einander unvergleichlich, und ob sie sich ergänzen, steht dahin. China und Europa, Japan und Nordamerika, Schwarze und Weiße haben miteinander Affären, die jeweils für eine Seite oder auch beide Seiten katastrophisch enden können. Jede Seite treibt mit der anderen ihre Spiele, versucht ihr auszuweichen und näherzukommen, bekriegt sie, strebt nach Synthese und fühlt sich abgestoßen. Das für »Kommunikation« und »Vermittlung« förderliche Gleichgewicht im bilateralen Verhältnis tritt selten ein. Schon nach dem ersten Tag der Begegnung ist das Verhältnis weiter gediehen, als es regulärer Austausch bewerkstelligen könnte – beispielsweise der Austausch von buddhistischen und christlichen Mönchen oder gemeinsame Tagungen von Mystikern und Schamanen.

▶[9] Claude Lévi-Strauss: Das Nahe und das Ferne. Eine Autobiographie in Gesprächen. Frankfurt am Main 1989, S. 222.

Das entdeckte und das gewaltsam geöffnete Japan begreift von Anfang an sprachlos alles, was es vom Westen zu begreifen gibt. Das gierige Europa entert Afrika, das introvertierte flieht es. Nie stellt Europa Fragen und wartet auf Antwort. Obwohl es längst verstanden hat, daß die anderen sich selbst nicht verstehen und darin ihre Stärke besteht, rüstet es unablässig zur Verständigung. Immer hat Europa wahllos okkupiert und respektiert, mit Ausnahme der Zeit, als es in China und Japan sich selbst wiederzufinden hoffte.

Darum bedarf die Befreiung des europäischen Eigensinns der europäischen Selbstentfremdung. Als Sprecher der Menschheit ist Europa irritiert, wenn sich ihm Teile der Menschheit konfrontieren. Wird es nicht geliebt, beginnt es, sich über sich selbst zu wundern. Was bleibt von Europa, wenn es nicht Menschheit repräsentiert? In seine engen Grenzen verwiesen, macht es die Entdeckung, daß es nur Weltideen und keine Idee seiner selbst besitzt.

Doch Zukunft hat Europa nur durch die Anerkennung seiner Dürftigkeit. Entmachtet ist es wieder auf dem Weg. Schon heute sind es viele seiner Bewohner – Osteuropäer zieht es nach Westeuropa. Und künftig, soviel ist absehbar, werden Westeuropäer nach Osteuropa und Sibirien ziehen.

Vom Amt des Weltgeists Abschied zu nehmen, fällt Europa schwer. Den Abgang ins planetarische Altenteil vor Augen, sucht es sein Heil in einer Utopie der Gleichgültigkeit. Für eine diffuse, apolitische und kulturlose Vorstellung von Eintracht zwischen den Menschen (die an den Frieden zwischen vernetzten Singles in Appartements erinnert) ist man bereit, in wenigen Jahrzehnten das Erbe von hunderttausend Jahren hinzugeben.

Oder man tröstet sich mit dem Begriff des Westens (der immer schneller ausfranst und allenfalls noch in Asien und Afrika Bestand hat). Im transatlantischen Gespann ist Europa wieder um die ganze Welt besorgt.

Tatsächlich erringt die amerikanische Exportversion des Westens in Asien und Afrika Sieg um Sieg – bis zum völligen Verblassen ihrer Urheberschaft. Das transkulturelle Design des Westens hat große absorbierende Kraft, und die Strategie der amerikanischen Außenhandelspolitik zielt auf eine feindliche Übernahme aller Märkte und die Umwandlung der Kulturen in exotische Disneylands. Doch was die Absorptionskraft betrifft, erweisen sich die asiatischen und afrikanischen Wirtskörper den Verführern des Westens gegenüber als weit überlegen. Sie traktieren die Modelle von Demokratie, Individualismus und Wohlstand nach den Regeln unerbittlicher Gastfreundschaft, bauen die Importe im Überfluß an Zeit und Arbeit nach und nehmen an ihnen Handlungen vor, die unserer Vorstellung vom Konsumieren spotten...

Nahe daran, auf das Überdauern der großen Kulturen Wetten einzugehen, gerate ich mit solchen Thesen in das Dilemma einer Logik der Bestandserhaltung. Ich nehme dann just die herablassende Haltung des geständigen Imperialisten ein, der die Gesichtsformen, Hautfarben, Haarfarben, Verwandtschaftssysteme und Riten der Völker auf die Liste der schützenswerten Kulturdenkmäler setzt.

Nachdem ich aber die Geheimnisse der Alterität auf diesem Planeten gestreift habe, ohne einen Begriff der Fremdheit einzurichten, stelle ich fest, daß ich mich für das Schicksal der Gelben und der Schwarzen nicht verantwortlich fühle. Gewiß, ich habe leicht reden, denn mir ist um die Zukunft ihrer Kulturen nicht bange. Als Bewohner eines Ausläufers des großen Zentralkontinents der Erde jedoch sollte ich diese Kulturen – mitsamt der nordamerikanischen – weniger begönnern als fürchten, jedenfalls als Gegenfügungen menschlichen Daseins respektieren. Wir Europäer haben von ihnen Eingriffe zu erwarten, auf die wir selbst kaum Einfluß nehmen können.

Wir sind Europäer, die Fremden der Asiaten, Afrikaner und Amerikaner. Wir werden unsere Ungeheuerlichkeit nicht los, und ständig um Einfühlung in andere bemüht, weitestmöglich von uns selbst absehend, verlieren wir den Rest unserer Glaubwürdigkeit. Nun, da wir die Zentralposition auf der Erde verloren haben, sollten wir uns für jene Ungeheuerlichkeit interessieren, nicht in therapeutischer Absicht, sondern aus Neugier auf den Weg, von dem sie kündet. In der Randlage gewinnen wir die Freiheit zur Unfertigkeit, die wir in globaler Vormundschaft vermißten. Die Erdprovinz Europa wird sich Freunde, Nächste, suchen, dabei auch Feinde finden und mit dem, woran ihre Besucher scheitern, zaubern lernen, anstatt es in das Erdenrund zu projizieren.

Dank an die Mitwirkenden

Das neue Pharisäertum in Deutschland verwechselt Ortlosigkeit mit Weltoffenheit. Unter seinem Gesinnungsdruck droht mehr an Eigenart zu ersticken als im Provinzialismus der fünfziger Jahre und selbst in den Schreckensjahren zuvor. Unverfrorene Geister machten mir Mut, an Fremdartigkeiten zu erinnern, die sich nicht katalogisieren lassen (und die es insofern nicht *gibt*). Sie machten mir Mut, und ich schrieb, um ihnen Mut zu machen: ein Lob der Fremdheit. Eine Annäherungsarbeit.

Während ich schrieb, mußte ich gleichzeitig nach Material für die jeweils folgenden Kapitel und Gesprächspartnern für die nächste Interviewserie suchen. Da war die Not groß. Grundsätzlich sind ja Literaten beziehungsweise Wissenschaftler heute nichts anderes als fliegende Händler (»Minderkaufleute«, wie das Finanzamt sagt) im Verdrängungswettbewerb. Und die *community* der Forschenden und Lehrenden ist nicht viel mehr als ein Forum der Sprachregelung und der Sublimierung von Mißgunst.

Deswegen geschehen Wunder. Wer eingesteht, bedürftig zu sein, und sich an mit Leidenschaft forschende Einzelne wendet, dem wird geholfen. Man muß sich vorstellen, da klopft einer an, erzählt von einem abenteuerlichen Projekt und äußert die Bitte, *en passant* den Lebenswissensschatz des Betreffenden plündern zu dürfen, und seine Bibliothek. Oder er bittet um komplizierte Vermittlungs- und Übersetzungsdienste. Geht's nicht gleich morgen oder übermorgen?

Ohne Sympathie, ohne Freundschaft wäre keine Seite des Buches geschrieben worden. Freundschaft ist mehr als ein Tauschgeschäft, aber ohne Tausch besteht sie nicht – also hoffe ich, wenigstens einigen der unten Genannten meinerseits einmal helfen zu können.

Es wirkten mit:

der Bochumer Japanologe NORBERT R. ADAMI als Warner

ANITA ALBUS (München) als Geburtshelferin

MONIKA BRÄCKELMANN als segensreiche falsche Verbindung im Münchner Telefonnetz

RAMA DIOP (München/Dakar) als Rechercheurin

GERDA FISCHER † als Interpretin des obersten christlichen Gebots: Wer sich selbst nicht liebt, kann auch seinen Nächsten nicht lieben

RAINER KREMPIEN, Leiter der Ostasienabteilung der Staatsbibliothek Berlin

ANNA LEUBE (München), die rasende Agentin

die Berliner Afrikanistin UTE LUIG

die Münchner Übersetzerin MICHAELA MESSNER

ULRICH PAULY (Tokyo) als Wegweiser

der Münchner Ostasienwissenschaftler PETER PÖRTNER

der Hamburger Völkerkundler GERNOT PRUNNER

SUSANNE ROECKL (München) als Kontaktvermittlerin

COCO SAKAGUCHI (München) als Namenskundlerin

PHILIPP SCHWIND (München) als Geschichtenerzähler

der Münchner Sinologe DENNIS SCHILLING

SIMON WERLE (München), Wortschatzartist in mehreren Sprachen

Nicht genannt werden wollen und sollen meine annähernd fünfzig Gesprächspartner, deren Berichte eine Art Gegenprobe ermöglichten. Ich danke ihnen für ihren Mut und Freimut.

DIE GELBEN, DIE SCHWARZEN, DIE WEISSEN, ein Essay von Frank Böckelmann, ist im März 1998 als einhundertneunundfünfzigster Band der ANDEREN BIBLIOTHEK im Eichborn Verlag, Frankfurt am Main, erschienen. Für die Illustrationen des Bandes hat der Autor selbst gesorgt. Das Lektorat lag in den Händen von Caroline Gutberlet.

Dieses Buch wurde in der Borgis Rotis Serif von Wilfried Schmidberger, Nördlingen, gesetzt und bei der Fuldaer Verlagsanstalt gedruckt und gebunden. Ausstattung und Typographie von Franz Greno.

Bildnachweis der Seiten 123 bis 136 (Bildteil I) und 321 bis 338 (Bildteil II):
▶ Julia Blackburn: The White Men. The first response of aboriginal peoples to the white man. London 1979. (Abb. 21 im Bildteil II) ▶ Cottie A. Burland/ Werner Forman: So sahen sie uns. Das Bild der Weißen in der Kunst der farbigen Völker. Wien/München 1968. (Abb. 1, 2, 7, 9, 10, 11, 12 und 13 im Bildteil I und Abb. 2, 4, 5, 6, 7, 11, 12, 15, 17 und 18 im Bildteil II) ▶ Gerhard Dambmann: Wie Japan den Westen entdeckte. Eine Geschichte in Farbholzschnitten. Stuttgart 1988. (Abb. 3, 4, 5, 6 und 8 im Bildteil I) ▶ Jens Jahn (Hrsg.): Colon. Das schwarze Bild vom weißen Mann. Eine Ausstellung im Münchner Stadtmuseum vom 18. Februar bis 17. April 1983. München 1983. (Abb. 8 und 16 im Bildteil II) ▶ Mary Kingsley: Die grünen Mauern meiner Flüsse. Aufzeichnungen aus Westafrika. München 1989. (Abb. 14 unten im Bildteil II) ▶ Jill Salmons: Mammy Wata. In: *African Arts*, Vol. X, No. 3 (April 1977), p. 8-15. (Abb. 19 und 20 im Bildteil II) ▶ The South Bank Centre (Ed.): Exotic Europeans. Ausstellungskatalog. London 1991. (Abb. 9, 10 und 13 im Bildteil II) ▶ Staatliches Museum für Völkerkunde Dresden (Abb. 1 im Bildteil II: Fotografie von Eva Winkler) ▶ Städtische Galerie München (Hrsg.)/ William Fagg (Bearb.): Nigeria. 2000 Jahre Plastik. Ausstellung vom 29. September 1961 bis 7. Januar 1962. München 1961. (Abb. 3 im Bildteil II)

Die Gelben, die Schwarzen, die Weißen